기본서 반영
최신 개정판

합격으로 가는 하

토마토패스

tomatoTV 방송용 교재

# 원산지관리사

## 핵심정리요약집

변달수 편저

예문에듀
EDU

# 머리말

더 늦기 전에 책을 집필하게 되어 다행입니다.

효율적인 자격증 공부방법의 부재로 자격증 취득을 위해 먼 길을 돌아가시는 많은 분들이 참 안타까웠습니다. 따라서 이 책은 수험생분들이 먼 길을 돌아가지 않도록 저자가 여러 자격증 시험을 준비할 때 쓰던 방식 그대로 쓰여졌습니다.

## 첫 번째, 조금만 공부하세요. 시험목적상 중요치 않은 내용은 이 교재가 다 편집해놨습니다.

저자는 원산지관리사 시험문제 선정위원 출신 전문강사입니다. 원산지관리사 시험제도에 이해가 뛰어난 본 저자가 시험목적상 필요한 내용과 불필요한 내용을 명쾌히 구분해줌으로써 절대적인 공부량을 가시적으로 절감시켜드립니다. 이론을 위한 이론은 확 줄이고 합격을 위해서만 구성하였습니다. 60점만 넘으면 되는 시험에 100점을 맞기 위한 공부를 하는 것은 낭비입니다. 시험목적상 불필요한 규정은 과감히 생략함으로 수험생들이 더 쉽게 시험준비를 할 수 있도록 구성하였습니다.

## 두 번째, 기출 분석하지 마세요. 이 교재가 다 해놓았습니다.

저자가 역대 모든 원산지관리사 시험 문제를 직접 풀어보고 그중 중요한 기출문제 및 최근 기출 16회분의 모든 기출문제를 분석하여 교재에 반영하였습니다. 파트별로 출제된 개념에 기출 표시를 하는 차원을 넘어서, 문제별 선지까지 모두 분석하여 출제빈도를 체크하여 교재를 구성하였습니다. 또한 시험으로 출제된 문구와 이론서상 문구에 법률개정으로 인한 괴리감이 존재하는 경우 문구를 법률에 맞게 합치시켰습니다. 결과적으로 이 책은 기출문제를 분석한 내용을 이론서에 반영하였기 때문에 수험생 입장에서 별도의 기출문제 경향 분석이 필요없도록 구성되었습니다.

## 세 번째, 공부방법 찾아 헤매지 마세요. 이 교재는 싫어도 기억하게 만듭니다.

지금까지 자격증 공부를 할 때 하릴 없이 본문 텍스트들만 쭉 읽으셨나요. 이 교재는 문장별로 중요도를 한눈에 볼 수 있게 출제빈도수가 표시되어 있고, 수많은 예시와 해설들이 담겨 있어서 본 교재를 부담없이 읽는 것만으로도 효율적인 암기가 가능합니다.

## 네 번째, 원산지관리 전문가가 되려고 노력하지 마세요. 이 교재의 저자가 전문가입니다.

저자의 약력을 확인하세요. 저자는 FTA 원산지분야의 최고 수준의 전문가입니다. 이 교재는 저자의 지식과 경력이 총동원되었습니다. 이 교재는 시험합격에 있어 최고의 효율을 내는 수험서임과 동시에 필드에서 바로 써먹어도 손색없을 정도의 실무지침서이기도 합니다. 이 교재를 반복학습하는 것만으로도 자동적으로 FTA 원산지관리 전문가가 될 것입니다. 이 교재에서 부족한 부분은 시험주관처인 한국원산지정보원에서 발간되는 공식교재를 참조하시면서 공부하시면 더욱 완벽한 학습을 할 수 있습니다.

## 마지막으로, 자신을 믿으세요.

어떤 일이든 익숙해지기 전까지는 어렵게 느껴집니다. 하지만 이는 실제로 어려운 것이 아니라 익숙하지 않은 것입니다. 자격증 시험도 이와 마찬가지입니다. 어렵다고 생각하지 마시고 익숙해질 때까지 반복하십시오. 반드시 합격할 것입니다. 목표를 위해 부단하게 움직이고 있는 당신을 항상 응원합니다.

변달수 드림

# GUIDE
# 시험안내

## 원산지관리사 소개

- 원산지관리사는 FTA 활용을 위한 물품의 원산지 충족여부 확인 및 관리, 원산지 증빙서류 발급 등을 담당하여 원산지인증수출자 등의 제조·수출기업에서 원산지관리전담자로서 역할을 할 수 있는 FTA 전문가이다.
- 원산지관리사는 자격기본법 제17조에 의거한 민간자격이며, 동법 제19조에 의거하여 2012년 12월 27일 관세청으로부터 국가공인을 승인받았다.

## 원산지관리사 시험제도

- 응시자격 : 제한 없음
- 문제형식 : 필기시험(객관식 4지선다형)
- 시험과목 및 배점

| 교시 | 시험과목 | 주요 내용 |
|---|---|---|
| 1교시<br>(120분) | FTA 협정 및 법령 | FTA관세특례법, 원산지증명제도, FTA 및 원산지 관련 제도 |
| | 품목분류 | 품목분류 제도, 관세율표 해석에 관한 통칙, 관세율표 해설 |
| | 원산지결정기준 | 원산지 규정, 일반기준, 품목별기준 |
| | 수출입통관 | 관세법 일반/수출입 통관, 보세제도/무역조건 |

※ 시험에서 법률 등을 적용하여 정답을 구하는 문제는 "시험공고일" 현재 시행 중인 법률 등을 적용

- 합격기준 : 과목별 100점 만점으로 과목별 과락(40점 미만) 없이 평균 60점 이상 획득
- 응시현황

| 연도 | 응시자 수 | 합격자 수 | 합격률(%) |
|---|---|---|---|
| 2022 | 1,516 | 526 | 34.7% |
| 2021 | 1,462 | 793 | 54.24% |
| 2020 | 1,377 | 746 | 54.18% |
| 2019 | 1,556 | 752 | 48.33% |
| 2018 | 1,922 | 655 | 34.08% |

## 시험일정

| 구분 | 원서접수 | 시험일 |
|---|---|---|
| 제33회 | 2023.10.13.~2023.10.25 | 2023.11.11 |
| 제32회 | 2023.4.14.~2023.4.26 | 2023.05.13 |

- 시험 관련 사항은 변동이 있을 수 있으니 자세한 시험일정은 반드시 FTA원산지아카데미(www.ftaedu.or.kr) 홈페이지를 확인하시기 바랍니다.

## 32회 원산지관리사 직장인도 한 번에 합격할 수 있습니다 - 김*지

### 1. 토마토패스 강의 선택 이유

합격자가 많고 강의가 챕터별로 일목요연하게 구성되어 있는 것을 확인하고 더 비교하지 않고 토마토 패스로 선택하였습니다. 실제로 강의 방식이 잘 맞았고, 각 강의별로 pdf 교안이 업로드되어 있어서 오늘은 이 pdf 내용만이라도 다 흡수하면 되겠다는 안도감이 있었고 실제로 접근하기가 수월했습니다. 좋은 강사님과 교안이 있어서 빠르게 합격할 수 있었던 것 같습니다.

### 2. 공부방법

준비한 시간은 약 1개월 가량이었습니다. 직장인이다 보니 순 공부시간을 많이 확보하기는 다소 어려웠고 자투리 시간을 활용한 것이 주효했던 것 같습니다. 출퇴근 시간에는 국제무역사, 무역영어, 외환전문역 자격증을 취득한 바 있어서 상대적으로 익숙했던 품목분류, 수출입통관 강의를 듣고 점심시간을 활용해서 두 과목 기출을 익혔습니다. 퇴근 이후 시간에는 다소 생소했던 원산지결정기준, FTA 협정 및 법령 강의 듣고 기출문제를 푸는 방식으로 공부했습니다. 특히 원산지결정기준은 국가별로 기준이 나뉘는 등 외워야 하는 양이 다소 많아서 막막했는데 처음부터 생암기를 하기 보다는 챕터별로 기출문제를 모아놓은 책으로 각 협정별 기준을 다소 귀납적으로 암기를 했습니다. 다만 휘발성이 강해서 시간 여유가 있으시다면 해설 부분도 꼼꼼하게 읽으시면서 "이 나라는 이렇구나, 저 나라는 저렇구나"라고 이해하면서 공부하시는 걸 추천드립니다.

### 3. 합격 꿀팁

N배속으로 빠르게 강의를 다 보시고 기출을 많이 돌리시는 게 정말 중요합니다. 이론 강의/서적을 다회독하시는 것보다 기출유형을 파악하여 자주 틀리는 부분 확인하는 것이 수험생으로서 가장 중요하다고 생각합니다. 저의 경우는 따로 시간 내에 푸는 연습을 하지는 않았고 기출문제를 여러 번 회독하면서 확실히 아는 것은 빠르게 체크하면서 풀다 보니 부족하지는 않았습니다. 개인차는 물론 있겠지만, 보통 시험 때 항상 시간에 쫓기는 분들이 아니라면 이 시험도 특별히 시간에 발목 잡히지는 않을 것 같습니다. 특히 모든 과목을 빠짐없이 정복하겠다는 생각을 버리고 과락 없이 60점씩만 맞자는 마음으로 아는 것부터 빨리 가져가고 그 외는 시간 남으면 채워 넣는 방식으로 공부하신다면 빠르게 합격할 수 있을 거라고 생각합니다.

# 32회 원산지관리사 합격 - 이*영

## 1. 취득동기

무역학과 학생으로서, 취업 준비를 위해 자격증을 준비하고 있습니다. 우선 국제무역사를 취득한 이후, 유용하면서 국제무역사보다는 높은 난이도의 자격증을 찾아보던 중에 원산지관리사를 알게 되었습니다. 원산지관리사가 고용 시 기업에 혜택이 있다는 점과 업무 중에 원산지증명서 관련 질문이 들어오는 경우가 많다는 얘기를 듣고 취득하게 되었습니다.

## 2. 공부방법

우선 인강을 처음부터 끝까지 한 번씩 다 들었습니다. 이후 각 과목마다 강의자료를 한 번 돌렸습니다. 이때, 암기도 같이 해주었습니다. 강의자료만 봐도 내용이 많아서 한 번에 완벽히 다 외울 순 없었고, 한 번씩 머리에 넣어보는 시도를 해보자는 느낌으로 외웠습니다. 다행히 수출입통관은 국제무역사와 내용이 거의 겹치는 느낌이라 공부가 수월했습니다. 처음 배우시는 분들은 숫자 암기에 또 고통을 받으실 것 같습니다.

공부기간은 3월 24일에 시작했습니다. (시험일은 5월 13일) 7주 정도 했네요. 이론 강의는 3주 반 정도 걸렸는데, 이 중 5일은 안 했고, 또 7일 정도는 한 개씩만 들었습니다. 그러면 총 2주 반 정도에 하루에 평균적으로 4개씩 본 것 같습니다. 영상은 평균 45~50분 정도였던 것 같습니다. 이론 복습은 13일, 기출은 25회~31회차까지 12일 걸렸습니다.

## 3. 합격꿀팁

4과목 각각 인터넷에서 정리된 자료를 찾아서 보는 것을 매우 추천드립니다. 뒤죽박죽했던 머리가 한결 정리되는 느낌입니다.

기출을 많이 풀고 맞았다고 넘기지 않고, 그 문제에서 떠올릴 수 있는 것들을 같이 정리하고 복기하는 게 좋았던 것 같습니다. 달달 외우고만 있는 게 싫어서 그런 식으로 복습을 계속 해주었습니다.

※ 해당 합격후기는 모두 합격증이 웹상에 인증되어 있으며,
토마토패스 홈페이지 수강후기에서 더 많은 후기들을 확인하실 수 있습니다.

# 이 책의 구성

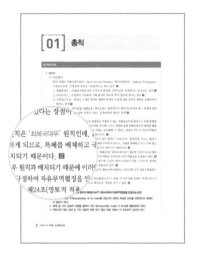

[중요도(★)] 최근 약 8개년의 원산지관리사 역대 기출문제를 선지별로 분석하고 개정을 반영, 시험에 등장한 빈도와 중요성을 고려하여 표시하였습니다.

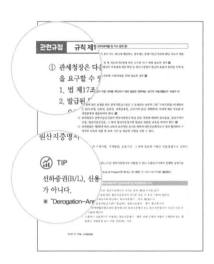

[참조] 해당 개념을 공부하면서 시험 목적상 같이 보아야 하는 관련 내용을 수록하였습니다.

[심화] 고득점을 노리는 수험생들을 위해 원산지관리사 수험범위에 포함되어 있는 내용이나, 시험 목적상 자주 출제되지 않는 개념을 별도로 구성하였습니다.

[예시] 원산지관리사 시험에 출제되는 계산문제를 대비하기 위하여 예시 문제를 수록하였습니다.

CONTENTS
# 목차

토마토패스

P / A / R / T

# 01

토 마 토 패 스　원 산 지 관 리 사　핵 심 정 리 요 약 집

# FTA
# 관세특례법

 **2016년~2023년 총 16회 원산지관리사 기출문제 분석**

- **1** 시험에 한 번 출제됨
- **2** 시험에 두 번 출제됨
- **3** 시험에 세 번 출제됨
- **4** 시험에 네 번 출제됨
- **5** 시험에 다섯 번 출제됨
- **6** 시험에 여섯 번 출제됨
- **7** 시험에 일곱 번 출제됨
- **8** 시험에 여덟 번 출제됨
- **9** 시험에 아홉 번 출제됨

# CHAPTER [01] 총칙

## WTO와 FTA

1. W6TO
   (1) 기본원칙

   WTO 체제는 최혜국대우(MFN ; Most Favored Nations), 내국민대우(NT ; National Treatment), 시장접근보장, 투명성의 원칙을 기본원칙으로 하고 있다. **3**

   ① 최혜국대우 : 특정국가에게 다른 국가보다 불리한 교역조건을 부여해서는 안 된다는 원칙 **1**

   ② 내국민대우 : 수입품이 국산품에 비해 불리한 대우를 받지 않아야 한다는 원칙 **1**

   ③ 시장접근보장 : 관세나 조세를 제외한 재화와 용역의 공급에 대한 일체의 제한을 철폐하여야 한다는 원칙 **1**

   ④ 투명성 원칙 : 의사결정, 법률운용, 제도운용이 합리적이며 예측가능하여야 하고 결정에 관한 이유를 고지하며 그러한 결정의 자료는 공개되어야 한다는 원칙 **3**

   (2) FTA 등장배경

   ① 다자주의를 기본으로 하는 WTO 체제에서 적용하고 있는 최혜국대우의 원칙으로 인해 발생할 수 있는 자국 산업의 피해를 양자주의를 추구하는 FTA 체결을 통해 최혜국대우의 예외를 활용함으로써, 개방에 따른 이익은 얻고 피해는 최소화할 수 있다는 장점이 FTA가 자유무역협정의 대표적 형태로 자리매김하게 된 원인이다. **1**

   ② WTO 체제의 기본원칙 중 FTA와 관련이 깊은 원칙은 '최혜국대우' 원칙인데, FTA는 협정의 대상이 된 국가 또는 지역에 대하여 특혜를 부여하게 되므로, 특혜를 배제하고 국가 간에 평등하게 대우할 것을 규정한 최혜국대우 원칙과 배치되기 때문이다. **2**

   ③ 자유무역협정은 WTO 체제의 기본원칙 중 최혜국대우 원칙과 배치되기 때문에 이러한 모순을 해결하기 위해 GATT는 제24조에 최혜국대우의 예외를 규정하여 자유무역협정을 인정하고 있다. **3**

   ④ WTO는 GATT의 원칙과 협정을 수용하였으며, GATT 제24조(영토적 적용, 국경무역, 관세동맹 및 자유무역지역)에 의하여 FTA가 허용되고 있다. **1**

   ⑤ 따라서, 모든 형태의 조약과 협정이 GATT 제24조에 부합하는 것이라면 모두 자유무역협정으로 인식한다. **1**

   ⑥ 현재 FTA는 '관세 및 무역에 관한 일반협정(GATT) 체제' 시기에 비해 현재의 '세계무역기구(WTO)체제'에서 오히려 급속도로 확산되는 경향을 보이고 있다. **2**

   > 📈 **TIP**  WTO 최혜국대우 원칙의 예외로 GATT 제24조에서 자유무역협정을 인정하는 요건
   >
   > 1. 실질적으로 모든 무역(substantially all the trade)을 대상으로 하면서 특정한 분야를 전면적으로 배제하지 않아야 한다.
   > 2. 관세 및 기타 상업적 제한을 합리적 기간 내(reasonable length of time)에 철폐하여야 한다.
   > 3. 역외국에 대한 관세 및 기타 상업적 제한 등이 협정 체결 전보다 더 후퇴하지 않아야 한다.

(3) FTA 특징

　　① FTA는 WTO 체제를 바탕으로 체약국간 추가적 관세 및 비관세장벽의 제거를 목적으로 한다.

> **📈 TIP**
>
> WTO 체제의 목적은 다자간 관세/비관세장벽 제거이며, FTA 목적은 WTO 체제를 바탕으로 체약국간 추가적 관세/비관세장벽의 대폭제거이다. [1]

　　② FTA는 WTO의 최혜국대우 원칙의 예외를 허용하면서 상호이익균형 및 민감성을 존중한다. [1]

> **📈 TIP**
>
> WTO 체제는 최혜국대우 원칙과 내국민대우 원칙을 기본원칙으로 하나, FTA는 최혜국대우 원칙의 예외를 허용하고 상호이익균형/민감성 존중을 기본원칙으로 한다. [1]

　　③ 비체약국에 대해 FTA 체결 전보다 높은 관세부과는 WTO에 위배된다. [1]

(4) WTO와 FTA

　　① 공통점 : 자유무역을 통해 회원국의 경제발전을 이루고 고용을 촉진하여 국민들의 경제적 후생을 증대시키려한다는 측면에서 WTO와 FTA가 추구하는 자유무역의 목적이 동일하다고 볼 수 있다. [4]

　　② 차이점

　　　　㉠ GATT는 법인격이 없는 협정체제로 운영되었고, WTO는 법인격이 있는 기구이다. 반면 FTA는 협정 당사국 간 협의하여 운영된다. [1]

　　　　㉡ 회원국 간 무차별적 자유무역을 지향하는 WTO식 자유무역과 달리 FTA는 특정국가 간의 배타적 호혜조치가 가능하다. [1]

　　　　㉢ WTO 체제의 주요대상은 공산품, 농산물, 서비스, 지적재산권, 정부조달, 환경, 노동, 규범 등으로 확대하고 있으나, FTA는 공산품, 농산물, 서비스, 지적재산권 등을 기본으로 하고 환경, 노동 등 논란분야는 회피하고 있다. [1]

> **🧑‍🏫 해설**
>
> WTO 원칙에 상호주의는 없다(상호주의 원칙은 WTO 체제에 대한 특징이 아니고, 상대국의 시장개방 정도에 맞추어서 자국의 시장개방을 결정하려는 입장이다). [2]

　　　　㉣ WTO 체제는 무역구제수단으로 긴급수량제한(Safeguard)을 허용하고 반덤핑관세/상계관세를 부과하며, FTA는 이와 같은 조치에 더하여 세관당국에 의한 원산지 검증이 추가된다. [1]

## 1. FTA와 5단계 경제통합이론 **1**

① FTA는 상품 및 서비스 교역 등에 있어서 관세와 기타 무역장벽의 제거를 통해 체약국간 자유무역을 실현하는 지역무역협정의 일종으로서 Bela Balassa교수는 '5단계 경제통합이론'에서 경제통합의 심화정도에 따라 지역무역협정을 구분하였다. **1**

② 자유무역협정에서는 체약국 사이에서 관세 및 수량제한을 철폐하여 역내무역을 자유화하고 비체약국에 대해서는 각국이 개별적으로 관세수준을 유지한다. **1**

> 제1단계, 자유무역협정(FTA)에서는 체약국 사이에서 관세를 철폐하여 역내무역을 자유화하고, 비체약국에 대해서는 각국이 개별적으로 관세수준을 존속시키는 단계이다.
>
> 제2단계, 관세동맹(Customs Union)은 체약국 사이에서 관세뿐만 아니라 수량제한을 철폐하고, 비체약국에 대해서는 대외공동관세를 설정하여 적용하는 경제통합의 단계이다. **2**
>
> 제3단계, 공동시장(Common Market)에서는 관세동맹 수준의 경제협력과 더불어 노동 및 자본 등 생산요소의 역내국간 자유로운 이동이 보장된다.
>
> 제4단계, 경제동맹(Economic Union)에서는 경제정책 측면의 체약국 간 차이를 제거하기 위해 역내 각국의 경제정책에 있어 어느 정도 조정과 통일을 추진한다.
>
> 제5단계, 완전경제통합(Complete Economic Union)은 통화 · 재정 · 사회정책 등을 통합하여 초국가기관을 수립하게 된다.
>
> ※ 경제통합의 심화정도 : 자유무역협정 < 관세동맹 < 공동시장 < 경제동맹 < 완전경제통합

## 2. 자유무역협정(FTA)

(1) 흐름

① FTA는 지역무역협정(RTA ; Regional Trade Agreement)의 일종이다. **1**

② 자유무역협정은 명칭과 상관없이 FTA, CEPA, EPA, SECA 등 다양한 형태로 체결되고 있다. **1**

  예시 우리나라의 경우 포괄적 경제동반자협정인 CEPA는 상품의 관세인하, 비관세장벽 제거 등의 요소를 포함하면서 무역원활화 및 여타 협력분야 등에 중점을 두고 있는 협정으로 한-인도 CEPA가 있다. **1**

③ 근래 자유무역협정의 체결형태가 대륙권과 경제규모를 달리하는 다수의 개별국가(경제권)들이 당사자가 되는 새로운 유형의 Mega-FTA로 변모하고 있다. **1**

(2) 특징

① FTA가 중복될 때 유리한 조건에 따라 수출자 또는 수입자가 선택하여 활용할 수 있다. **1**

② FTA에서는 체약국별로 다른 관세체계를 적용한다(대외공동관세를 목적으로 한 것은 관세동맹이다). **1**

(3) 효과

① 관세인하로 체결국 간 기존 무역의 확대 및 신규무역이 창출되며 상품무역에 있어 수출입거래선이 FTA 비체결국에서 체결국으로 전환되는 효과가 발생한다. **1**

② 대륙권과 경제규모를 달리하는 다수의 개별국가(경제권)들이 당사자가 되는 '1+ … + n' 방식의 Mega-FTA는 FTA 활용에 장애요인인 '스파게티 볼 효과'를 완화할 수 있다. **2**

## 제1조(목적)

이 법은 우리나라가 체약상대국과 체결한 자유무역협정의 이행을 위하여 필요한 관세의 부과·징수 및 감면, 수출입물품의 통관 등 「관세법」의 특례에 관한 사항과 자유무역협정에 규정된 체약상대국과의 관세행정 협조에 필요한 사항을 규정함으로써 자유무역협정의 원활한 이행과 국민경제의 발전에 이바지함을 목적으로 한다.

> 👤 **해설** 원산지 표시는 대외무역법에서 규정하고 있다.

> 👤 **해설**
>
> 수입물품에 부과되는 내국세(📑 부가가치세)는 FTA관세특례법의 목적과 무관하다. 🔳 즉, FTA는 관세 철폐 및 세율의 인하를 목적으로 하는 것이며, 내국세 철폐 및 세율의 인하와는 관련성이 없다. 🔳

---

### FTA특례법 개요

1. 목적
   ① FTA관세특례법은 FTA 이행의 실효성을 확보하고 FTA 체결 시마다 이행절차법을 제정하여야 하는 번거로움을 해소하며 관세행정 절차의 공정성과 투명성을 제고하여 통관 및 납세편의를 증대하기 위함에 있다. 🔳
   ② 우리나라가 이미 체결하였거나 향후 체결될 모든 FTA 이행의 실효성을 확보하고 FTA 체결 시마다 이행절차법을 제정하여야 하는 번거로움을 해소하기 위함이다. 🔳

   > 👤 **해설**
   >
   > FTA 관세특례법은 자유무역협정을 FTA에만 국한하지 않고 '무역의 자유화'를 목적으로 체결한 모든 형태의 조약과 협정을 포괄(📑 한-인도 CEPA)한다고 명시하고 있다. 🔳

   ③ 관세행정 절차의 공정성과 투명성을 제고하여 통관 및 납세편의를 증대하기 위함이다. 🔳
   ④ FTA관세특례법이 제정되기 전부터 시행된 한-칠레 FTA관세특례법은 2010년 1월 1일부로 폐지되면서 FTA관세특례법으로 통합되었다.

2. 특징
   ② FTA관세특례법은 FTA에서 규정된 수출입물품의 원산지검증, 체약상대국과의 관세분야 상호협력 및 무역원활화 등의 시행을 위하여 세부사항 등을 규정하고 있다. 🔳
   ③ FTA의 원활한 이행 수단으로 관세의 부과, 징수와 감면 및 수출입물품의 통관 등을 위하여 관세법의 특례에 관한 사항과 체약상대국과의 관세행정 협조에 필요한 사항 등을 규정하고 있다. 🔳
   ④ 우리나라가 체결한 FTA들은 효력 발생을 위해 국회비준 절차를 거치기 때문에 별도의 입법조치를 하지 않더라도 법률적 효력이 발생된다. 🔳

## 제2조(정의)

① 용어의 정의

이 법에서 사용하는 용어의 뜻은 다음과 같다.

1. "자유무역협정"이란 우리나라가 체약상대국과 관세의 철폐, 세율의 연차적인 인하 등 무역
   의 자유화를 내용으로 하여 체결한 「1994년도 관세 및 무역에 관한 일반협정」에 따른 국제
   협정과 이에 준하는 관세의 철폐 또는 인하에 관한 조약·협정을 말한다.

2. "체약상대국"이란 우리나라와 협정을 체결한 국가(국가연합·경제공동체 또는 독립된 관
   세영역을 포함한다)를 말한다.

3. "체약상대국의 관세당국"이란 체약상대국의 관세 관련 법령이나 협정(관세분야만 해당한
   다)의 이행을 관장하는 당국을 말한다.

> **해설**
>
> "관세당국"이란 우리나라의 기획재정부장관, 관세청장, 세관장 및 체약상대국의 관세관련 법령, 협정(관세분야
> 만 해당)의 이행을 관장하는 당국을 말한다.

4. "원산지"란 관세의 부과·징수 및 감면, 수출입물품의 통관 등을 할 때 협정에서 정하는 기
   준에 따라 물품의 생산·가공·제조 등이 이루어진 것으로 보는 국가를 말한다.

5. "원산지증빙서류"란 우리나라와 체약상대국 간의 수출입물품의 원산지증명서와 그 밖에 원
   산지 확인을 위하여 필요한 서류·정보 등을 말한다.

> **해설**
>
> 원산지증빙서류에는 원산지증명서와 원산지소명서, 원산지확인서, 국내제조확인서, 기타 원산지확인을 위하여
> 필요한 서류 및 정보가 포함된다.

6. "협정관세"란 협정에 따라 체약상대국을 원산지로 하는 수입물품에 대하여 관세를 철폐하거
   나 세율을 연차적으로 인하하여 부과하여야 할 관세를 말한다.

> **해설**
>
> 협정관세는 한 나라가 타국과의 FTA에 따라 체약상대국의 원산지상품에 대하여 실행세율과 달리 인하 또는
> 철폐하도록 정한 관세를 말한다.

> **심화**
>
> FTA는 GATT 제24조에 부합하는 협정이고, 아시아태평양무역협정(APTA)은 GATT 제24조가
> 아닌 개도국 Waiver에 의한 예외조항이므로 FTA 협정관세에 포함되지 아니한다.

② 관세법 적용

제1항에 규정된 것 외의 용어에 관하여는 이 법에서 특별히 정한 경우를 제외하고는 「관세법」에서 정하는 바에 따른다.

**관련규정** **규칙 제2조(정의)**

이 규칙에서 사용하는 용어의 뜻은 다음과 같다.

1. "영역"이란 다음 각 목의 구분에 따른 지역을 말한다.

가. 대한민국 : 대한민국의 주권이 미치는 영토·영해 및 영공과 국제법 및 국내법에 따라 주권적 권리 또는 관할권이 행사되는 영해의 외측한계선에 인접하거나 외측한계선 밖의 해저·해저층을 포함한 해양지역

 **해설** 우리나라가 체결한 FTA에서 영역은 영해밖의 배타적 경제수역도 포함된다. **1**

나. 칠레 : 칠레의 주권이 미치는 영토·영해·영공 및 국제법과 칠레의 국내법에 따라 칠레의 주권적 권리 또는 관할권이 행사되는 배타적 경제수역과 대륙붕지역

다. 싱가포르 : 싱가포르의 주권이 미치는 영토·영해(내륙수로를 포함한다) 및 영공과 영해 밖의 해양지역(해저 및 해저층을 포함한다) 중 천연자원의 탐사 및 개발을 위하여 국제법 및 싱가포르의 국내법에 따라 싱가포르가 주권적 권리 또는 관할권을 행사하는 지역

라. 유럽자유무역연합 회원국 : 아이슬란드공화국, 리히텐슈타인공국, 노르웨이왕국 및 스위스연방("유럽자유무역연합회원국")의 주권이 미치는 영토·영해 및 영공과 국제법 및 유럽자유무역연합회원국의 각 국내법에 따라 주권적 권리 또는 관할권이 행사되는 영해의 외측한계선에 인접하거나 외측한계선 밖의 해저·해저층을 포함한 해양지역 **1**

마. 인도 : 인도의 주권이 미치는 영토·영해·영공 및 국제법과 인도의 국내법에 따라 인도의 주권적 권리 또는 관할권을 행사하는 대륙붕과 배타적 경제수역을 포함한 해양지역

바. 페루 : 페루의 국내법과 국제법에 따라 페루의 주권, 주권적 권리 또는 관할권이 행사되는 본토영역·도서·해양수역 및 그 상공

사. 미합중국 : 50개의 주, 콜럼비아 특별구와 푸에르토리코를 포함하는 미합중국의 관세영역, 미합중국과 푸에르토리코에 위치하는 대외 무역지대 및 국제법과 미합중국의 국내법에 따라 미합중국이 해저 및 하부토양과 그 천연자원에 대하여 주권적 권리를 행사할 수 있는 미합중국 영해 밖의 지역

아. 튀르키예 : 튀르키예의 주권이 미치는 영토·영해·영공 및 국제법에 따라 생물 또는 무생물 천연자원의 탐사, 개발 및 보전을 목적으로 튀르키예가 주권적 권리 또는 관할권을 갖고 있는 해양지역

자. 콜롬비아 : 콜롬비아의 주권이 미치는 영토·영해·영공 및 콜롬비아의 국내법과 국제법에 따라 콜롬비아의 주권, 주권적 권리 또는 관할권이 행사되는 그 밖의 지역

차. 호주 : 호주의 주권이 미치는 영역과 국제법에 따라 호주가 주권적 권리 또는 관할권을 행사하는 영해, 접속수역, 배타적 경제수역 및 대륙붕

카. 캐나다 : 캐나다의 주권이 미치는 영토·영공·내수 및 영해, 국제법과 캐나다의 국내법에 따른 배타적 경제수역 및 대륙붕

타. 뉴질랜드 : 뉴질랜드의 주권이 미치는 영역과 국제법에 따라 천연자원과 관련하여 주권적 권리를 행사하는 배타적 경제수역, 해저 및 하층토

파. 베트남 : 국내법과 국제법에 따라 베트남이 주권, 주권적 권리 또는 관할권을 행사하는 본 토와 섬을 포함한 영토·내수·영해 및 영역 위의 상공, 대륙붕, 배타적 경제수역 및 대륙 붕과 배타적 경제수역의 천연자원을 포함한 영해 밖에 있는 해양지역

하. 중국 : 육지·내수·영해 및 상공을 포함한 중국의 전체 관세영역과 중국이 그 안에서 국 제법과 그 국내법에 따라 주권적 권리 또는 관할권을 행사할 수 있는 중국의 영해 밖의 모 든 지역

거. 중미 공화국들 : 코스타리카·니카라과의 국내법과 국제법에 따른 영역과 엘살바도르· 온두라스·파나마의 주권이 미치는 영토·영해·영공, 엘살바도르·온두라스·파나마 의 국내법과 국제법에 따라 엘살바도르·온두라스·파나마의 주권적 권리 또는 관할권이 행사되는 배타적 경제수역 및 대륙붕

너. 인도네시아 : 영토·영해·영공 및 국제법과 인도네시아의 국내법에 따라 주권, 주권적 권리 또는 관할권이 행사되는 배타적 경제수역과 대륙붕

더. 이스라엘 : 이스라엘의 영역

러. 캄보디아 : 캄보디아왕국의 영역과 캄보디아왕국이 국제법에 따라 주권적 권리 또는 관할 권을 행사하는 영해의 외측 한계에 인접한 해저 및 하층토를 포함한 해양지역 및 상공

> **TIP**
> ① 영역에 대한 규정은 FTA 체결당사국마다 차이가 있다. **1**
> ② 우리나라가 체결한 FTA 중에는 체약당사국의 주권적 권리가 인정되는 대륙붕까지를 영역으로 인정한 경우도 있다. **1**
> ③ FTA 영역규정에는 영공을 명시하지 않는 경우도 있다. 한-미FTA, 한-호주FTA, 한-뉴질랜드 FTA에서 미국, 호주, 뉴질랜드의 영역에는 영공이 명시되어 있지 않다. **1**

2. "류"·"호" 또는 "소호"란 「관세법 시행령」에 따라 기획재정부장관이 고시하는 「관세·통계통 합품목분류표」에 따른 품목분류상의 2단위·4단위 또는 6단위의 품목번호를 각각 말한다. **1**

3. "재료"란 다른 물품의 생산에 사용되는 원재료·구성물품·부분품 또는 부속품을 말한다. **2**

> **TIP** 생산 물품에 직접적으로 결합되지 않는 간접재료도 재료에 포함한다. **1**

4. "생산"이란 재배·채굴·수확·어로·번식·사육·수렵·제조·가공·조립 또는 분해 등의 과정을 거쳐 물품을 획득하는 행위를 말한다.

5. "원산지물품" 또는 "원산지재료"란 협정과 이 규칙에 따라 해당 물품 또는 재료의 원산지가 대 한민국 또는 체약상대국으로 인정되는 물품 또는 재료를 말한다. **2**

> **TIP** 원산지재료생산품이란 최종제품 생산단계에서 원산지재료만 사용하여 생산한 상품을 말한다. **1**

6. "비원산지물품" 또는 "비원산지재료"란 협정과 이 규칙에 따라 해당 물품 또는 재료의 원산지가 대한민국 또는 체약상대국으로 인정되지 아니하는 물품 또는 재료를 말한다.

7. "대체가능물품"이란 원산지물품과 비원산지물품이 상업적으로 동일한 질과 특성을 가지고 상호 대체사용이 가능한 물품(재료를 포함한다)을 말한다.

8. "완전생산기준"이란 법 제7조제1항제1호에 따라 해당 물품 전부를 생산한 국가를 원산지로 인정하는 기준을 말한다.

9. "세번변경기준"이란 법 제7조제1항제2호가목에 따라 해당 물품이 2개국 이상에 걸쳐 생산된 경우로서 해당 물품의 통합품목분류표상의 품목번호와 해당 물품의 생산에 사용된 비원산지재료의 품목번호가 일정 단위 이상이 다른 경우 해당 물품을 최종적으로 생산한 국가를 원산지로 인정하는 기준을 말한다.

> **TIP**  통상적으로 변경 단위 숫자가 커질수록 원산지 기준을 충족하기 쉽다.

10. "부가가치기준"이란 법 제7조제1항제2호나목에 따라 해당 물품이 2개국 이상에 걸쳐 생산된 경우 해당 물품에 대하여 일정 수준 이상의 부가가치를 창출한 국가를 원산지로 인정하는 기준을 말한다.

> **TIP**
>
> 부가가치기준은 역내 부가가치비율이 일정수준 이상일 것을 요구하는 RVC법과 역외 부가가치비율이 일정수준 이하일 것을 요구하는 MC법으로 나눌 수 있다.

11. "공장도거래가격"이란 물품을 생산공장에서 반출할 때에 해당 물품의 생산자에게 실제로 지급하였거나 지급하여야 하는 가격으로서 그 물품이 수출될 때 환급되는 내국세를 공제한 가격을 말한다. 🖐

12. "본선인도가격(FOB)"이란 해당 물품을 본선에 인도하는 조건으로 실제로 지급하였거나 지급하여야 할 가격으로서 최종 선적항 또는 선적지까지 운송하는 데 드는 운송비를 포함한 가격을 말한다. 🖐

13. "조정가격"이란 「관세법」 제30조부터 제35조까지의 규정에 따라 결정된 수입물품의 과세가격에서 같은 법 제30조제1항제6호에 따라 결정된 수입항까지의 운임·보험료, 그 밖에 국제적 운송에 관련되는 비용을 제외한 가격을 말한다. 🖐

14. "영해"란 협정에서 다르게 정하는 경우를 제외하고는 「해양법에 관한 국제연합 협약」에 따라 결정된 기선으로부터 12해리 이내의 수역으로서 국제법 및 각 체약당사국의 국내법에 따라 주권이 미치는 수역을 말한다.

15. "원산지증명서"란 우리나라와 체약상대국 간의 수출입물품의 원산지를 증명하는 서류를 말한다.

16. "원산지포괄증명"이란 장기간에 걸쳐 반복적으로 선적되거나 수입신고되는 동종동질의 물품에 대하여 각 협정에서 정하는 기간 동안 최초의 원산지증명서를 반복하여 사용하는 것을 말한다.

## 제3조(다른 법률과의 관계)

① FTA특례법 우선적용 **8**

이 법은 「관세법」에 우선하여 적용한다. 다만, 이 법에서 정하지 아니한 사항에 대해서는 「관세법」에서 정하는 바에 따른다.

② 협정 우선적용 **6**

이 법 또는 「관세법」이 협정과 상충되는 경우에는 협정을 우선하여 적용한다.

---

### FTA협정문

1. 일반적인 구성요소
   ① 협정문 구성요소는 전문(Preamble), 협정본문(Chapter, 장), 부속서(Annex), 부록(Appendix), 서한(Letter) 등이 있다. Commenntary(예해)는 WTO 협정에서 평가 등 적용 사례의 내용을 담은 부분으로 FTA 협정의 구성요소가 아니다. **4**
   ② 부속서는 품목별 원산지기준, 관세양허안 등과 같이 내용이 방대한 것을 별도로 정리하거나 협정의 내용을 명확히 하기 위해 주로 사용된다. **1**

2. 효력
   ① 우리나라가 체결한 FTA들은 국회비준 절차를 거치기 때문에 별도의 입법조치를 하지 않더라도 법률적 효력이 발생된다. **3**
   ② 영문본과 국문본의 내용이 상충될 경우 협정에서 따로 정하고 있는 경우를 제외하고는 영문본을 우선 적용한다. **3**

| 구분 | 영문을 우선하도록 규정하고 있는 협정 | 국문과 영문을 동등하게 정본으로 규정하고 있는 협정 |
|---|---|---|
| 협정 | 칠레, 싱가포르, EFTA, 아세안, 인도, 페루, 튀르키예, 콜롬비아, 중국, 베트남, 중미, 이스라엘, 캄보디아, 인도네시아 **2** | 미국, EU, 호주, 캐나다, 뉴질랜드 **5** |

예시 한미 FTA는 국영문본을 동등하게 인정한다.

예시 한중 FTA는 한국어, 중국어 그리고 영어로 작성된다. 그 세 가지 협정문은 동등하게 유효하며 정본이다. 불일치가 있는 경우 영어본이 우선한다.

예시 한-EU FTA에서는 국문본과 EU 회원국의 23개 언어본을 사용할 수 있다.

# 협정관세의 적용

## 제4조(협정관세)

① 협정관세 **4**

협정관세의 연도별 세율, 적용기간, 적용수량 등은 협정에서 정하는 관세의 철폐비율, 인하비율, 수량기준 등에 따라 대통령령으로 정한다.

協정별로 적용되는 협정관세율은 FTA관세특례법 시행령에 별표의 형태로 규정하고 있다. **1**

| 관련규정 | 영 제2조(협정관세율) 상호대응세율 |
|---|---|

④ 한-아세안 FTA 적용물품

법 제4조제1항 및 아세안회원국과의 협정에 따라 동남아시아국가연합 회원국(브루나이다루살람 · 캄보디아왕국 · 인도네시아공화국 · 라오인민민주주의공화국 · 말레이시아 · 미얀마연방 · 필리핀공화국 · 싱가포르공화국 · 태국왕국 및 베트남사회주의공화국)을 원산지로 하는 수입물품에 대하여 협정관세를 적용할 물품 및 세율은 별표 4와 같다. 다만, 아세안회원국과의 협정 부속서에 따라 별표 4의 협정관세가 적용되지 아니하는 아세안회원국 및 물품은 별표 5와 같다.

⑤ 상호대응세율

제4항 단서에 따른 별표 5에서 규정한 물품 중 아세안회원국이 우리나라를 원산지로 하는 물품에 적용하는 관세율이 100분의 10 이하인 물품으로서 그 아세안회원국이 아세안회원국과의 협정 부속서에 따라 우리나라에 통보한 물품에 대해서는 「관세법」 제50조에 따른 적용세율("최혜국세율")을 초과하지 아니하는 범위에서 다음 각 호의 세율 중 높은 세율("상호대응세율")을 적용한다. 이 경우 상호대응세율이 적용되는 물품, 세율 및 적용기간 등은 기획재정부장관이 정하여 고시한다. **2**

1. 아세안회원국이 우리나라를 원산지로 하는 상호대응세율 적용 물품과 같은 물품에 적용하는 관세율 **3**
2. 별표 4에 따른 협정관세율

| 상호대응세율 |
|---|

1. 도입배경

한-ASEAN FTA 협정에 따라 2008년 9월 10일부터 아세안국가로부터 수입되는 일부 물품에 대하여 상호대응세율제도가 도입되었다. **2**

## 2. 개념

① 상호대응세율이란 산업보호를 목적으로 상호대응세율 적용대상은 민감품목 중 우리나라로 수입될 경우 향후 국내산업 피해가 우려되는 69개 품목에 대해 적용하는 것이다.

② 체약상대국이 자국산업보호를 위해 양허를 하지 않고 고관세를 유지하는 품목(민감품목)을 상대국에 수출할 경우, 수입국도 FTA 협정에서 관세를 철폐하기로 약속한 품목이라 하더라도 상호주의에 따라 관세철폐를 하지 않거나 상대국 관세율 수준으로 관세를 부과할 수 있는 제도이다.

## 3. 예시

**문제1**

한국과 태국의 자동차부품(동일한 자동차부품)에 대한 한-아세안 FTA 양허 및 관세정보가 아래 표와 같고 협정에서 허용한 상호대응세율을 적용할 수 있다고 가정하자. 우리나라와 태국은 상호대응세율을 적용받기 위하여 관세율 정보를 이미 상대국에 통보하였다. 태국에서 동 자동차부품이 한국으로 수입되는 경우, 해당 제품에 적용할 관세율은?

| 한국 | 태국 |
|---|---|
| • 한-아세안 FTA 양허 : 즉시철폐 품목 | • 한-아세안 FTA 양허 : 민감품목 |
| • 최혜국(MFN) 관세율 : 8% | • 최혜국(MFN) 관세율 : 6% |

👤 **해설**

한-아세안 협정문 부속서1 제6항에 의거, 상호대응세율에 따라 태국에서 수입되는 자동차부품에 대해서는 우리나라의 MFN 관세율과 태국의 MFN 관세율 중 낮은 관세율을 적용한다.

**정답** 6%

**문제2**

한-아세안 FTA에 따라 필리핀이 '민감품목'으로 지정한 물품 A의 관세율이 다음과 같다고 할 때 필리핀에서 A품목을 우리나라로 수입할 때 적용되는 관세율로 맞는 것은? (단, A품목에 대한 필리핀의 관세율은 5%이다.)

| | |
|---|---|
| • 기본세율 : 8% | • 한-아세안 FTA 협정세율 : 2% |
| • WTO 양허세율(MFN 관세율) : 7% | • APTA(아시아-태평양무역협정) 관세율 : 7% |

👤 **해설**

한-아세안 FTA에 따른 상호대응세율 적용물품은 아세안 국가가 자국산업 보호 등을 목적으로 우리나라 수출품에 대해 고관세를 유지하고 있는 품목(민감품목) 중 당해 품목이 우리나라로 수입될 경우 향후 국내산업 피해가 우려되는 품목에 대해 협정에서 약속한 협정관세 혜택을 부여하지 않고 관세법 제50조에 따른 적용세율(최혜국세율)을 초과하지 않는 범위에서 아세안국가와 동일한 관세율(상호대응 세율)과 FTA 관세특례법 시행령 별표 4에서 규정하는 협정관세율 중 높은 세율을 적용한다.

**정답** 5%

**관련규정**　영 제3조(수량별 차등협정관세의 적용)

① 차등협정관세

　　법 제4조제1항에 따라 세율 중 일정 수량에 대하여 더 낮은 세율(동일한 물품에 대하여 수량기준에 따라 둘 이상의 세율을 정한 경우에는 그중 낮은 세율을 말한다. 이하 "한도수량 내 협정관세율")이 적용되도록 양허된 물품이 있는 경우로서 한도수량 내 협정관세율을 적용받으려는 자는 주무부장관 또는 그 위임을 받은 자의 추천을 받은 후 그 추천서를 수입신고 수리 전까지 세관장에게 제출해야 한다. **3** 다만, 해당 물품이 보세구역에서 반출되지 않은 경우에는 수입신고 수리일부터 15일이 되는 날까지 제출할 수 있다. **1**

② 수량 배정방법

　　관세청장은 제1항에도 불구하고 기획재정부령으로 정하는 물품에 대해서는 한도수량 내 협정관세율이 적용되도록 양허된 물품의 수량("적용수량")을 선착순(보세구역에 해당 물품을 장치한 후 수입신고한 날을 기준으로 한다)의 방법으로 배정하고, 적용수량에 이르는 날에는 남은 적용수량을 그날 수입신고되는 수량에 비례하여 배정한다. **2**

③ 관세청장고시 **1**

　　선착순의 방법으로 배정하는 물품의 적용수량, 배정수량 및 남은 적용수량 등의 적용과 관련된 정보의 관리 및 공개에 관한 사항은 관세청장이 정하여 고시한다.

④ 협의 및 통보

　　주무부장관은 기획재정부령으로 정하는 체약상대국(유럽연합당사자, 미합중국, 중국 및 영국)과 한도수량 내 협정관세율 적용과 관련한 추천 방안에 대하여 협의하는 경우 협의 결과가 한도수량 내 협정관세율 적용에 영향을 미치는 사항이면 그 사실을 기획재정부장관에게 통보하여야 한다. **2**

## 협정관세율의 특징

① 기본관세율은 관세법 별표 관세율표에 규정되며 모든 품목에 기본관세율이 존재한다. 협정관세율은 관세율표 품목별로 규정되므로, 기본관세율이 존재하지 않는 품목에 협정관세율이 존재할 수는 없다.

② 수입물품에 적용되는 관세율은 FTA관세특례법 제5조 및 관세법 제50조에 규정된 세율적용 원칙에 따라 결정되며, 협정관세율이 늘 최우선 적용되는 것은 아니다.

③ 동일한 물품일지라도 협정에 따라 관세율이 서로 다른 것은 많으며, 협정세율 적용은 협정상대국에서 수입되는 물품에 대해서만 적용된다. 협정관세의 세율이 관세법 제50조에 따른 적용세율과 같은 경우 FTA관세특례법 제8조 제1항에 따른 수입자가 협정관세의 적용을 신청하는 때에는 협정관세의 세율을 적용할 수 있다.

④ 협정관세율은 단일세율로 규정되기도 하지만, 시차를 두고 점진적으로 인하하거나 일정시점에 폐지되는 변경세율로 규정되기도 한다.

## 제5조(세율 적용의 우선순위)

① 세율 적용의 우선순위

협정관세의 세율이 「관세법」 제50조에 따른 적용세율과 같거나 그보다 높은 경우에는 「관세법」 제50조에 따른 적용세율을 우선하여 적용한다. 다만, 협정관세의 세율이 「관세법」 제50조에 따른 적용세율과 같은 경우 수입자가 협정관세의 적용을 신청하는 때에는 협정관세의 세율을 적용할 수 있다.

※ FTA 체약국인 수출국과 수입국은 각기 별도로 합의한 양허표의 관세율을 적용한다. **1**

예시 FTA 협정관세가 WTO 양허관세보다 높은 경우 WTO 양허관세가 적용된다.

예시 실제로 부과되는 세율

> 가. 기본관세 8%  　　　　　　나. WTO 양허관세 15%
> 다. APTA 양허관세 3%  　　　　라. 조정관세(3순위) 10%
> 마. FTA 협정관세 5%

> 🧑‍🏫 **해설**
>
> FTA 협정관세는 관세법상의 세율보다 낮은 경우에 우선 적용되고, WTO 양허관세 및 APTA(아태무역협정) 양허관세도 조정관세 및 기본관세보다 낮을 경우 우선 적용됨에 따라 가장 낮은 세율인 APTA 양허관세 3%가 적용된다.

② 세율경합시 **1**

제1항에도 불구하고 「관세법」 제51조(덤핑방지관세), 제57조(상계관세), 제63조(보복관세), 제65조(긴급관세), 제67조의2(특정국물품긴급관세), 제68조(특별긴급관세) 및 제69조(조정관세)제2호에 따른 세율은 협정관세의 세율보다 우선하여 적용한다.

예시 실제로 부과되는 세율

FTA관세특례법령상 중국에서 수입되는 물품 A의 관세율이 다음과 같고, 수입자가 요건을 갖추어 협정관세 적용을 신청한다고 할때 수입물품에 실제 적용되는 관세율로 맞는 것은?

• 기본세율 : 8%  　　　　　　　• 한-중 FTA 협정세율 : 5%
• WTO 양허세율(MFN 관세율) : 6%  　• 덤핑방지관세율 : 13%

> 🧑‍🏫 **해설**
>
> 덤핑방지관세가 부과될 때는 세율적용 최우선순위는 덤핑방지관세율이다. 이 경우 적용세율은 협정세율(실행세율인 경우)에 덤핑방지관세율을 합한 세율이 된다.

정답 18%

※ 덤핑방지관세, 상계관세는 실행관세율(FTA 협정관세 등)에 추가하여 적용한다.

## 제6조(협정관세의 적용요건)

협정관세는 다음 각 호의 요건을 모두 충족하는 수입물품에 대하여 적용한다.

1. 해당 수입물품이 협정에 따른 협정관세의 적용대상일 것 ❷
2. 제7조에 따라 결정된 해당 수입물품의 원산지가 해당 체약상대국일 것 ❷
3. 해당 수입물품에 대하여 제8조 또는 제9조에 따라 협정관세의 적용을 신청할 것 ❷

## 제7조(원산지결정기준)

① 원산지결정기준

협정 및 이 법에 따른 협정관세의 적용, 수출입물품의 통관 등을 위하여 물품의 원산지를 결정할 때에는 협정에서 정하는 바에 따라 다음 각 호의 어느 하나에 해당하는 국가를 원산지로 한다.

1. 해당 물품의 전부를 생산·가공 또는 제조한 국가
2. 해당 물품이 둘 이상의 국가에 걸쳐 생산·가공 또는 제조된 경우에는 다음 각 목의 어느 하나에 해당하는 국가
   가. 해당 물품의 품목번호가 그 물품의 생산·가공 또는 제조에 사용되는 재료 또는 구성물품의 품목번호와 일정 단위 이상 다른 경우 해당 물품을 최종적으로 생산·가공 또는 제조한 국가
   나. 해당 물품에 대하여 일정 수준 이상의 부가가치를 창출한 국가
   다. 해당 물품의 생산·가공 또는 제조의 주요 공정을 수행한 국가
3. 그 밖에 해당 물품이 협정에서 정한 원산지 인정 요건을 충족시킨 국가

② 제1항에 따라 원산지로 결정된 경우에도 해당 물품이 생산·가공 또는 제조된 이후에 원산지가 아닌 국가를 경유하여 운송되거나 원산지가 아닌 국가에서 선적된 경우에는 그 물품의 원산지로 인정하지 아니한다. 다만, 해당 물품이 원산지가 아닌 국가의 보세구역에서 운송 목적으로 환적되었거나 일시적으로 보관되었다고 인정되는 경우에는 그러하지 아니하다.

③ 제2항에도 불구하고 협정에서 직접 운송의 요건 등에 관하여 다르게 규정한 경우에는 협정에서 정하는 바에 따른다.

**해설** FTA 특혜적용요건

① FTA 특혜적용을 위해서는 협정에서 정한 품목요건, 원산지상품요건, 거래당사자요건, 원산지증명요건 등 관련 조건이 충족되어야 한다. ■

② FTA 특혜관세는 협정당사국 간에 관세를 인하 또는 철폐하기로 합의(양허)한 품목에 한해서 부여하며 주의할 점은 상대국과 우리나라의 특혜관세율이 다를 수 있다는 점인데 이는 국가별로 동일한 품목이라 하더라도 적용하는 세율이 다르게 결정되어 있기 때문으로, 이로 인해 협정문에서도 우리나라 관세양허표와 상대국 관세양허표를 따로 게시하고 있다. ■

| 구분 | 내용 |
|---|---|
| 품목요건 | FTA에 의하여 관세가 양허된 품목일 것(협정별 · 국가별 · 연도별 · 품목별로 적용되는 세율도 상이) |
| 원산지상품요건 | 원산지결정기준을 충족한 물품일 것 ■ |
| 거래당사자요건 | 체약국의 당사자(수출자, 수입자, 생산자) 간 거래되는 물품일 것 |
| 운송요건 | 체약국 간 직접운송요건을 충족한 물품일 것 |
| 원산지증명요건 | 유효한 원산지증명서류에 근거하여 협정관세를 신청하고, 관련 서류를 일정 기간 동안 보관하여 당국의 검증을 받을 것 |

## 거래당사자 요건

### 1. 거래당사자
거래당사자란 일반적으로 당사국 영역에 소재하면서 상품을 생산, 수출, 수입하는 자로 원산지증명서 발급 및 발급신청의 주체이다. ■

### 2. 당사국(a Party)의 개념
① 당사국(a Party)은 협정을 이행하고 특혜가 적용되는 주체이다. ■

 **해설** 체약상대국의 당사국이 다수인 협정은 EU, EFTA, 아세안, RCEP, 중미와 맺은 FTA이다.

② 한-EU FTA에서는 EU 각 회원국과 EU 그 자체도 당사국으로 인정되므로 EU 역내에서 가공생산되고 협정상 원산지기준을 충족하는 물품은 협정관세적용 대상이 된다. ■

③ 한-아세안 FTA와 한-EFTA FTA, RCEP에서는 개별 회원국만이 당사국으로 인정되며, 동남아시아국가연합(ASEAN)이나 유럽자유무역연합(EFTA), RCEP 그 자체는 당사국으로 인정되지 않는다. ■

④ 한-미 FTA와 한-캐나다 FTA에서는 NAFTA 자체를 당사국으로 인정하지 아니한다. ■

### 3. 협정별 거래당사자 개념
FTA는 협정에 따라 생산자, 수출자, 수입자의 개념을 모두 규정하는 경우, 생산자와 수출자의 정의만 규정하는 경우, 생산자의 정의만 규정하는 경우로 구분된다. ②

> **심화**
> FTA 협정별로 거래당사자 중 생산자에 대한 정의는 규정하고 있으나, 수출자와 수입자의 정의는 협정에 따라 규정하지 않은 경우도 있다. ■

① 생산자 : FTA에서 생산자란 일반적으로 체약당사국의 영역에 소재하면서 생산에 종사하는 자연인이나 법인을 의미한다.

② 수출자

   ㉠ FTA에서 수출자란 통상적 의미의 거래계약 당사자, 수입신고서의 해외공급자와 다른 개념으로 원산지증명서 발급 또는 발급신청의 주체로서 관련 자료의 보관의무를 부담한다. **1**

   ㉡ 원산지증명서의 수출자 란에 기재되는 '수출자'는 FTA 체약당사국 '영역'에 '소재'하는 자연인 또는 법인이어야 한다. **2**

③ 수입자 : FTA에서 수입자란 일반적으로 당사국 영역에 소재하면서 상품을 수입하는 자연인이나 법인을 의미한다.

## 4. 비당사국 인에 의한 송장 발행

① 거래당사자가 아닌 자(제3국 소재하는 자)가 원산지증명서를 발급하였을 경우에는 일반적으로 FTA 특혜관세 혜택이 배제된다. **1**

② 중개무역 등의 이유로 비당사국(제3국)인으로부터 송장이 발급된 경우에는 협정관세 적용을 배제하지는 않는다. 다만, 원산지증명서는 유효한 거래당사자에 의해 발급되어야 하며 원산지증명서에 제3국 송장 발급(비당사국 인으로부터 송장 발급)정보를 기재하여야 하는 협정이 있다.

〈제3국 송장 정보 협정별 기재유무〉

| C/O상 제3국 송장 발급정보 기재협정 | C/O상 제3국 송장 발급정보 미기재협정 |
|---|---|
| 칠레, 아세안, 인도, 중국, 베트남, RCEP, 캄보디아, 인도네시아 | 튀르키예, 호주, 뉴질랜드, 콜롬비아, 중미, 싱가포르, EFTA, EU, 페루, 미국, 캐나다, 영국, 이스라엘 |

> **참조**
>
> EFTA. EU. 튀르키예, 영국, 이스라엘의 경우와의 FTA협정에서는 제3자가 발행한 송품장에 원산지문구를 기재하면 유효한 원산지신고서로 인정받을 수 없고 반드시 체약당사국 내 수출자가 발행한 상업서류에 작성한 원산지신고서만 유효하다. **2**
>
> 정형화된 서식이 없이 일반적으로 인정되는 상업서류에 원산지 문구를 기재하여 원산지신고서로 인정받는 FTA(예 EU)하에서는 송품장에 원산지문구를 기재하는 방식의 '원산지신고서'는 반드시 체약당사국 내에서 발행되어야 한다. 송품장 원산지신고서는 원산지증명서이므로 제3국 발행되면 무효이다. **3**

**예시** 한-미 FTA하에서는 중개무역 등의 이유로 체약당사국이 아닌 제3국 소재회사가 발행한 원산지증명서는 유효한 것으로 인정되지 않는다. 원산지증명서를 겸하지 않은 순수한 송품장은 제3국 발행이 허용된다. **1**

**예시** 한국의 수입자가 중국에 거주하는 중개인을 통해 칠레산 와인을 수입하는 경우 중국도 한국과 FTA를 체결하고 있으므로 그 중개인이 발행한 한-칠레 FTA 원산지증명서는 유효한지 여부에 대해, 한국의 수입자가 한-칠레 FTA 특혜관세를 신청하기 위해서는 당사국(칠레)에 소재하는 인 또는 법인이 발급한 원산지증명서가 필요하다. 따라서 중국(제3국)에 거주하는 중개인은 유효한 거래당사자가 아니기 때문에 중개인이 발급한 원산지증명서는 인정되지 않는다. **1**

## 제8조(협정관세의 적용신청 등)

### ① 협정관세의 적용신청 🔳

협정관세를 적용받으려는 자("수입자")는 수입신고의 수리 전까지 대통령령으로 정하는 바에 따라 세관장에게 협정관세의 적용을 신청하여야 한다.

### ② 원산지증빙서류 제출 🔳

협정관세의 적용을 신청할 때에 수입자는 원산지증빙서류를 갖추고 있어야 하며, 세관장이 요구하면 제출하여야 한다. 다만, 세관장은 대통령령으로 정하는 물품에 대해서는 관세 탈루의 우려가 있는 경우를 제외하고는 원산지증빙서류 제출을 요구할 수 없다.

---

**관련규정** | **영 제4조(협정관세의 적용신청)**

③ 원산지증명서 제출생략
법 제8조제2항 단서에서 "대통령령으로 정하는 물품"이란 다음 각 호의 어느 하나에 해당하는 물품을 말한다.
1. 과세가격이 미화 1천 달러(자유무역협정에서 금액을 달리 정하고 있는 경우에는 자유무역협정에 따른다) 이하로서 협정에서 정하는 범위 내의 물품. 다만, 수입물품을 분할하여 수입하는 등 수입물품의 과세가격이 미화 1천달러를 초과하지 아니하도록 부정한 방법을 사용하여 수입하는 물품은 제외한다. 🔳
   ※ "소액물품"이란 영 제4조제3항제1호의 과세가격이 미화 1천 달러(협정에서 다르게 정하고 있는 경우에는 협정에 따른다) 이하로서 협정에서 정하는 범위 내의 물품을 말한다. 🔳
2. 동종 · 동질 물품을 계속적 · 반복적으로 수입하는 경우로서 해당 물품의 생산공정 또는 수입거래의 특성상 원산지의 변동이 없는 물품 중 관세청장이 정하여 고시하는 물품 🔳
3. 관세청장으로부터 원산지에 대한 사전심사를 받은 물품(사전심사를 받은 때와 동일한 조건인 경우만 해당한다) 🔳
4. 물품의 종류 · 성질 · 형상 · 상표 · 생산국명 또는 제조자 등에 따라 원산지를 확인할 수 있는 물품으로서 관세청장이 정하여 고시하는 물품 🔳
④ 변경사항 통보
수입자는 협정관세 적용신청서를 세관장에게 제출한 후 제2항제1호부터 제3호까지에 해당하는 기재사항이 변경되었음을 알았을 때에는 즉시 그 변경사항을 세관장에게 통보하여야 한다.
⑤ 유효기간 이내 제출
수입자가 협정관세의 적용을 신청할 당시에 갖추어야 할 원산지증명서는 수입신고일을 기준으로 원산지증명서 유효기간 이내의 것이어야 한다. 이 경우 다음 각 호의 구분에 따른 기간은 유효기간을 계산할 때 제외한다. 🔳
1. 유효기간이 지나기 전에 물품이 수입항에 도착한 경우 : 물품이 수입항에 도착한 날의 다음 날부터 해당 물품에 대한 협정관세 적용을 신청한 날까지의 기간
2. 천재지변 등 불가항력에 따른 운송지연, 그 밖에 이에 준하는 사유가 발생한 경우 : 그 사유가 발생한 날의 다음 날부터 소멸된 날까지의 기간 🔳

⑥ 원산지증명서 원본제출대상

수입자가 원산지증명서를 제출할 때에는 다음 각 호의 어느 하나에 해당하는 경우 외에는 사본을 제출할 수 있다.

1. 협정에서 원본으로 제출하도록 정하고 있는 경우 **1**
2. 세관장이 원산지증명서의 위조 또는 변조를 의심할 만한 사유가 있다고 판단하는 경우 **1**
3. 해당 물품이 법 제37조제1항에 따라 협정관세 적용제한자로 지정된 자로부터 수입하는 물품인 경우 **1**

## ③ 협정관세 미적용

세관장은 수입자가 요구받은 원산지증빙서류를 제출하지 아니하거나 수입자가 제출한 원산지증빙서류만으로 해당 물품의 원산지를 인정하기가 곤란한 경우에는 협정관세를 적용하지 아니할 수 있다.

## ④ 수리 후 심사 **2**

세관장은 협정관세의 적용신청을 받은 경우에는 수입신고를 수리한 후에 심사한다. 다만, 관세채권을 확보하기가 곤란하거나 수입신고를 수리한 후 원산지 및 협정관세 적용의 적정 여부를 심사하는 것이 부적당하다고 인정하여 기획재정부령으로 정하는 물품은 수입신고를 수리하기 전에 심사한다.

**관련규정** | **규칙 제6조(수입신고수리 전 협정관세의 적정 여부 심사 물품)**

① 수리 전 심사물품

법 제8조제4항 단서에서 "기획재정부령으로 정하는 물품"이란 다음 각 호의 어느 하나에 해당하는 물품을 말한다.

1. 협정관세 적용제한자가 생산하거나 수출하는 물품
2. 관세를 체납하고 있는 자가 수입하는 물품(체납액이 10만원 미만이거나 체납기간이 7일 이내인 경우는 제외)
3. 그 밖에 협정관세율과 「관세법」에 따른 세율의 차이가 큰 물품 등 수입신고 수리 후에 원산지 및 협정관세 적용의 적정 여부를 심사하는 것이 부적당하다고 인정되는 물품으로서 관세청장이 정하여 고시하는 물품

## 제9조(협정관세 사후적용의 신청)

## ① 협정관세 사후적용 **1**

수입신고의 수리 전까지 협정관세의 적용신청을 하지 못한 수입자는 해당 물품의 수입신고 수리일부터 1년 이내에 대통령령으로 정하는 바에 따라 협정관세의 적용을 신청할 수 있다.

② 경정 등에 의한 사후적용 **4**

수입자(제8조 및 이 조 제1항에 따라 협정관세 적용을 신청한 수입자는 제외한다)는 세관장이
수입자가 신고한 품목분류와 다른 품목분류를 적용하여「관세법」제38조의3제6항(경정) 또는
제39조제2항(부족액 징수)에 따라 관세를 징수하는 경우 납부고지를 받은 날부터 3개월 이내
로서 대통령령으로 정하는 기간 이내(45일)에 협정관세의 사후적용을 신청할 수 있다.

---

**관련규정** ┃ 영 제5조(협정관세 사후적용의 신청 등)

① 첨부서류
수입신고를 수리한 이후에 협정관세의 적용을 신청하려는 자는 협정관세 적용신청서에 다음
각 호의 서류를 첨부하여 세관장에게 제출하여야 한다. **2**
1. 원산지증빙서류 **1**
2. 「관세법 시행령」에 따른 경정청구서 **1**
※ 수출물품 원재료 공급자가 작성한 원산지확인서는 필수적 제출서류가 아니다. **1**
② 유효기간 이내 제출
수입자가 협정관세의 적용을 신청할 당시에 갖추어야 할 원산지증빙서류 중 원산지증명서는
수입신고일 또는 협정관세 적용신청일을 기준으로 유효기간 이내의 것이어야 한다. **3**
이 경우 다음 각 호의 구분에 따른 기간은 유효기간을 계산할 때 제외한다.
1. 유효기간이 지나기 전에 물품이 수입항에 도착한 경우 : 물품이 수입항에 도착한 날의 다음
날부터 해당 물품에 대한 협정관세 적용을 신청한 날까지의 기간 **1**
2. 천재지변 등 불가항력에 따른 운송지연, 그 밖에 이에 준하는 사유가 발생한 경우 : 그 사유
가 발생한 날의 다음 날부터 소멸된 날까지의 기간 **1**
⑥ 사본제출
수입자는 원산지증빙서류 중 원산지증명서를 제출할 때에는 영 제4조제6항 각 호의 어느 하나
에 해당하는 경우 외에는 사본을 제출할 수 있다. **1**

---

**영 제4조 제6항**

수입자가 원산지증명서를 제출할 때에는 다음 각 호의 어느 하나에 해당하는 경우 외에는 사본을 제출할
수 있다.
1. 협정에서 원본으로 제출하도록 정하고 있는 경우
2. 세관장이 원산지증명서의 위조 또는 변조를 의심할 만한 사유가 있다고 판단하는 경우
3. 해당 물품이 협정관세 적용제한자로 지정된 자로부터 수입하는 물품인 경우

---

③ 원산지증빙서류 제출 **2**

수입자는 제1항 또는 제2항에 따른 신청을 할 때에 원산지증빙서류를 제출하여야 한다. 다만,
원산지 정보교환 시스템을 구축·운영하고 있는 체약상대국으로부터 물품을 수입하는 경우로
서 원산지증명서에 포함된 정보가 전자적으로 교환된 경우에는 원산지증빙서류 중 원산지증명
서를 제출하지 아니할 수 있다.

④ 원산지증명서 제출요구

세관장은 제3항 단서에 따라 원산지증명서를 제출하지 아니하는 수입자에 대하여 원산지증명
서의 확인이 필요한 경우로서 대통령령으로 정하는 경우에는 원산지증명서의 제출을 요구할
수 있다.

---

**관련규정    영 제5조(협정관세 사후적용의 신청 등)**

④ 법 제9조제4항에서 "대통령령으로 정하는 경우"란 다음 각 호의 경우를 말한다.
  1. 원산지에 관한 조사를 위하여 필요한 경우
  2. 협정관세 적용제한자가 수출하거나 생산한 물품을 수입하려는 경우
  3. 그 밖에 세관장이 관세탈루의 우려가 있다고 인정하는 경우

---

⑤ 경정청구 **8**

협정관세의 적용을 신청한 수입자는 대통령령으로 정하는 바에 따라 해당 물품에 대하여 이미
납부한 세액의 경정을 청구할 수 있다. 이 경우 경정청구를 받은 세관장은 그 청구를 받은 날부
터 2개월 이내에 협정관세의 적용 및 세액의 경정 여부를 청구인에게 통지하여야 한다.

⑥ 환급

세관장은 경정을 청구한 세액을 심사한 결과 타당하다고 인정하면 대통령령으로 정하는 바에
따라 그 세액을 경정하고 납부한 세액과 납부하여야 할 세액의 차액을 환급하여야 한다.

⑦ 준용 **2**

제5항 및 제6항에 따른 세액의 경정 및 환급에 관하여는 「관세법」 제38조의3제3항부터 제6항
까지, 제46조, 제47조 및 제48조(환급가산금)를 준용한다.

---

**심화    관세법상 준용규정**

제38조의3(수정 및 경정)
  ③ 납세의무자는 최초의 신고 또는 경정에서 과세표준 및 세액의 계산근거가 된 거래 또는 행위
    등이 그에 관한 소송에 대한 판결(판결과 같은 효력을 가지는 화해나 그 밖의 행위를 포함한다)에
    의하여 다른 것으로 확정되는 등 대통령령으로 정하는 사유가 발생하여 납부한 세액이 과다한
    것을 알게 되었을 때에는 제2항에 따른 기간에도 불구하고 그 사유가 발생한 것을 안 날부터
    2개월 이내에 대통령령으로 정하는 바에 따라 납부한 세액의 경정을 세관장에게 청구할 수 있다.
  ④ 세관장은 제2항 또는 제3항에 따른 경정의 청구를 받은 날부터 2개월 이내에 세액을 경정하거
    나 경정하여야 할 이유가 없다는 뜻을 그 청구를 한 자에게 통지하여야 한다.
  ⑤ 제2항 또는 제3항에 따라 경정을 청구한 자가 제4항에 따라 2개월 이내에 통지를 받지 못한 경
    우에는 그 2개월이 되는 날의 다음 날부터 CHAPTER 05에 따른 이의신청, 심사청구, 심판청
    구 또는 「감사원법」에 따른 심사청구를 할 수 있다.
  ⑥ 세관장은 납세의무자가 신고납부한 세액, 납세신고한 세액 또는 제2항 및 제3항에 따라 경정청
    구한 세액을 심사한 결과 과부족하다는 것을 알게 되었을 때에는 대통령령으로 정하는 바에 따
    라 그 세액을 경정하여야 한다.

제46조(관세환급금의 환급)

① 세관장은 납세의무자가 관세·가산세 또는 강제징수비의 과오납금 또는 이 법에 따라 환급하여야 할 환급세액의 환급을 청구할 때에는 대통령령으로 정하는 바에 따라 지체 없이 이를 관세환급금으로 결정하고 30일 이내에 환급하여야 하며, 세관장이 확인한 관세환급금은 납세의무자가 환급을 청구하지 아니하더라도 환급하여야 한다.

② 세관장은 제1항에 따라 관세환급금을 환급하는 경우에 환급받을 자가 세관에 납부하여야 하는 관세와 그 밖의 세금, 가산세 또는 강제징수비가 있을 때에는 환급하여야 하는 금액에서 이를 충당할 수 있다.

③ 납세의무자의 관세환급금에 관한 권리는 대통령령으로 정하는 바에 따라 제3자에게 양도할 수 있다.

④ 제1항에 따른 관세환급금의 환급은 「국가재정법」 제17조에도 불구하고 대통령령으로 정하는 바에 따라 「한국은행법」에 따른 한국은행의 해당 세관장의 소관 세입금에서 지급한다.

제47조(과다환급관세의 징수)

① 세관장은 제46조에 따른 관세환급금의 환급에 있어서 그 환급액이 과다한 것을 알게 되었을 때에는 해당 관세환급금을 지급받은 자로부터 과다지급된 금액을 징수하여야 한다.

② 세관장은 제1항에 따라 관세환급금의 과다환급액을 징수할 때에는 과다환급을 한 날의 다음 날부터 징수결정을 하는 날까지의 기간에 대하여 대통령령으로 정하는 이율에 따라 계산한 금액을 과다환급액에 더하여야 한다.

제48조(관세환급가산금)

세관장은 제46조에 따라 관세환급금을 환급하거나 충당할 때에는 대통령령으로 정하는 관세환급가산금 기산일부터 환급결정 또는 충당결정을 하는 날까지의 기간과 대통령령으로 정하는 이율에 따라 계산한 금액을 관세환급금에 더하여야 한다. 다만, 국가 또는 지방자치단체가 직접 수입하는 물품 등 대통령령으로 정하는 물품에 대하여는 그러하지 아니하다.

---

**심화** 📈 **체약상대국에서 협정관세 사후적용**

칠레, 미국 등과의 협정에서는 사후적용 신청기간을 수입 후 1년 이내로 정하고 있고, 호주, 캐나다 등과의 협정에서는 특정기간 또는 수입국의 법령에 따라 명시된 그 이상의 기간 이내로 하고 있다.

| 협정 | 신청시기 |
|---|---|
| 칠레 | 수입된 일자 이후 1년 이내 |
| 싱가포르 | 수입당사국의 국내법 및 규정에 따른 기간 내 |
| EFTA | 수입당사국의 법령에 명시된 기간 내 |
| 인도 | • 수입일 이후 적어도 1년<br>• 수입 당사국의 법과 규정에 명시된 그 이상의 기간 이내 |
| EU, 튀르키예, 영국 | • 수입 후 2년 **1**<br>• 수입 당사자의 법령 기간 내 |
| 페루 | • 수입한 날 다음 날부터 1년 이내<br>• 당사국의 법령에 명시된 기간 내 |

| 미국 | 수입일 후 1년 이내 |
|---|---|
| 콜롬비아 | • 수입된 날 후 최소 1년<br>• 수입 당사국의 법과 규정에 명시된 보다 더 긴 기간 이내 |
| 호주 | • 수입된 날 후 최소 1년<br>• 수입 당사국의 법과 규정에 명시된 보다 더 긴 기간 이내 |
| 캐나다 | • 수입된 날 이후 최소 1년<br>• 수입 당사국의 법과 규정에 의하여 명시되는 그 이상의 기간 이내 |
| 중국 | 수입일 후 1년 이내 |
| 뉴질랜드 | • 수입된 날 후 최소 1년<br>• 수입당사국의 국내법과 규정에 명시된 보다 더 긴 기간 내 |
| 베트남 | 수입일 후 1년 이내 |
| 중미 | 수입일부터 1년 이내 |
| RCEP | 수입당사국의 국내법과 규정에 명시된 기간 내 |
| 이스라엘 | • 수입당사국의 국내법과 규정된 명시된 기간 내<br>• 수입통관 시점으로부터 6개월 내 |
| 캄보디아 | 수입당사국의 국내법과 규정에 명시된 기간 내 |
| 인도네시아 | 수입당사국의 국내법과 규정에 명시된 기간 내 |

**심화** **한-아세안 국가별 협정관세 사후신청규정**

한-아세안 FTA에서는 협정관세 사후적용 신청에 대해 명시적 규정이 없지만 아세안 각국 국내법령에 따라 신청이 가능하다.

| 국가 | 신청기간 |
|---|---|
| 브루나이 | 수입 후 1년 이내 |
| 캄보디아 | 소급기간 없음 |
| 인도네시아 | 소급기간 없음 |
| 라오스 | 수입 후 1년 이내 |
| 말레이시아 | 수입 후 1년 이내 |
| 미얀마 | 소급기간 없음 |
| 필리핀 | 수입일 후 6개월 이내 |
| 싱가포르 | 수입 후 1년 이내 |
| 태국 | 수입 후 1년 이내 |
| 베트남 | 수입신고일로부터 30일 이내 |

# CHAPTER [03] 원산지증명

## 제10조(원산지증명)

### ① 원산지 증명

수입자는 협정관세를 적용받으려는 수입물품에 대하여 협정 및 이 법에서 정하는 바에 따라 원산지를 증명하여야 한다.

### ② 원산지증빙서류 작성

수출자 및 생산자는 체약상대국에서 협정관세를 적용받으려는 수출물품에 대하여 협정 및 이 법에서 정하는 바에 따라 원산지증빙서류를 작성하거나 발급받아야 한다.

---

**관련규정** **영 제6조(원산지증명서)**

① 기재사항 및 기재방법
원산지증명서의 기재사항 및 기재방법은 협정에서 다르게 규정하는 경우를 제외하고는 다음 각 호와 같다.
1. 해당 물품의 수출자 · 품명 · 수량 · 원산지 등 기획재정부령으로 정하는 사항이 기재되어 있을 것 **1**
2. 영문으로 작성될 것 **4**
3. 원산지증명서에 서명할 자가 지정되어 있어야 하고, 그 서명할 자가 서명하여 발급할 것 **4**
※ 원산지증명서에 서명할 자를 지정하면 되고 반드시 대표자가 서명할 필요가 없다. **1**
② 원산지증명서 유효기간
각 협정에 따른 유효기간은 다음 각 호의 경우를 제외하고는 발급일 또는 서명일부터 1년으로 한다. **9**
1. 칠레와의 협정 : 서명일부터 2년 **3**
2. 아세안회원국과의 협정 : 발급일부터 1년. 다만, 아세안회원국과의 협정에 따라 잘못 발급된 원산지증명서를 대체하기 위하여 재발급되는 원산지증명서의 경우에는 당초 발급된 원산지증명서의 발급일부터 1년으로 한다. **4**
3. 페루와의 협정 : 서명일부터 1년. 다만, 원산지증명서에 기재된 물품이 비당사국 관세당국의 관할하에 일시적으로 보관된 경우에는 2년으로 한다. **5**
4. 미합중국과의 협정 : 서명일부터 4년 **6**
6. 호주와의 협정 : 발급일 또는 서명일부터 2년 **3**
7. 캐나다와의 협정 : 서명일부터 2년 **3**
8. 뉴질랜드와의 협정 : 서명일부터 2년 **3**
9. 베트남과의 협정 : 발급일 다음 날부터 1년. 다만, 베트남과의 협정에 따라 잘못 발급된 원산지증명서를 대체하기 위하여 재발급되는 원산지증명서의 경우에는 당초 발급된 원산지증명서의 발급일 다음 날부터 1년으로 한다. **5**

**TIP**

예시 ㈜상사는 베트남에 식료품을 수출하고 2021년 6월 1일 한–베트남 FTA 원산지증명서를 발급받았으나 잘못 발급된 사실을 알고 이를 대체하기 위하여 2021년 7월 1일 원산지증명서를 재발급받았다. 재발급된 원산지증명서의 유효기간은?

정답 2021년 6월 2일부터 1년

11. 인도네시아와의 협정 : 발급일부터 1년. 다만, 인도네시아와의 협정에 따라 잘못 발급된 원산지증명서를 대체하기 위하여 재발급되는 원산지증명서의 경우에는 당초 발급된 원산지증명서의 발급일부터 1년으로 한다.

12. 이스라엘과의 협정 : 발급일 또는 서명일부터 12개월

③ 기획재정부령으로 정하는 사항

원산지증명서의 작성·발급 및 시행 등에 필요한 사항으로서 다음 각 호의 사항은 기획재정부령으로 정할 수 있다.

1. 체약상대국별 원산지증명서의 인정범위 및 세부기준에 관한 사항
2. 법 제11조제1항제1호에 따라 발급하는 원산지증명서의 발급신청 및 발급절차에 관한 사항
3. 원산지증명서 신청 및 발급 현황 등의 보고·관리를 위하여 필요한 사항
4. 법 제11조제1항제2호에 따라 수출자·생산자 또는 수입자가 자율적으로 작성하는 원산지증명서의 작성·서명 방법 및 절차에 관한 사항
5. 원산지증명서 작성대장의 기재사항·작성방법 및 보관기간에 관한 사항
6. 그 밖에 원산지증빙서류와 관련하여 협정의 시행에 필요한 사항

 **해설** **기관발급과 자율증명방식 1**

1. 관세 및 비관세 장벽을 철폐함으로써 시장을 개방하고 무역을 촉진한다는 취지에서 발급절차가 신속, 편리하고 비용이 거의 들지 않는 자율증명방식이 기관증명방식보다 효과적이다.
2. 기관증명방식은 자율증명방식에 비해 공신력이 높고 우회수입방지를 기대할 수 있다.
3. 자율증명방식은 계약당사자간 자율책임이 높고 허위증명의 가능성이 높은 것이 특징이다.

## 제11조(원산지증명서 작성·발급 등)

 **해설**

원산지증명서 발급은 법령에 규정된 자가 법령에 정해진 방식으로 발급하여야 한다.

① 원산지증명서 작성·발급

원산지증명서는 다음 각 호의 어느 하나에 따라 작성·발급하여야 한다.

1. 협정에서 정하는 방법과 절차에 따라 기획재정부령으로 정하는 기관이 해당 물품에 대하여 원산지를 확인하여 발급할 것

① 기관발급

법 제11조제1항제1호에 따른 원산지증명서는 다음 각 호와 같다.

1. 싱가포르와의 협정에 따라 발급기관이 발급한 것 **1**

   ※ 한–싱가포르 FTA 원산지증명서의 발급신청은 수출자 및 수출자로부터 권한을 서면으로 위임받은 자가 할 수 있다. **1**

2. 유럽자유무역연합회원국과의 협정 중 「대한민국과 스위스연방 간의 농업에 관한 협정」 부속서I에 따라 스위스치즈에 대하여 발급기관이 발급한 것

3. 아세안회원국과의 협정에 따라 발급기관이 발급한 것 **1**

   ※ 한–아세안 FTA 원산지증명서는 FORM AK 서식이며, 세 번변경기준을 충족하는 물품에 대하여 "CTC"로 기재한다.

4. 인도와의 협정에 따라 발급기관이 발급한 것 **2**

   ※ 한–인도 CEPA 원산지증명서의 발급신청은 수출자 또는 생산자, 생산자 또는 수출자로부터 권한을 서면으로 위임받은 대리인이 할 수 있다. **1**

6. 호주와의 협정에 따라 발급기관이 발급한 것 **2**

   ※ 한–호주 FTA에서 호주를 원산지로 하는 물품은 자율발급, 기관발급 모두 허용하며 원산지증명서 식은 권고서식을 사용할 수 있다.

7. 베트남과의 협정에 따라 발급기관이 발급한 것 **1**

   ※ 한–베트남 FTA 원산지증명서는 FORM KV 서식이다. **1**

   ※ 한–베트남 FTA 원산지증명서의 발급신청은 수출자 또는 생산자, 생산자 또는 수출자로부터 권한을 서면으로 위임받은 자가 할 수 있다. **1**

8. 중국과의 협정에 따라 발급기관이 발급한 것 **1**

   ※ 한–중 FTA 원산지증명서의 발급신청은 수출자, 생산자 또는 수출자로부터 권한을 위임받은 대리인이 할 수 있다. **4**

   ※ 한–중 FA 원산지증명서는 제6란에 물품의 연번 최대 20개까지 기재가 가능하며, 세 번변경기준, 부가가치기준 등 품목별원산지결정기준을 충족한 경우 "PSR"로 기재한다. **1**

9. 인도네시아와의 협정에 따라 발급기관이 발급한 것

10. 이스라엘과의 협정에 따라 발급기관이 발급한 것

11. 「역내포괄적경제동반자협정」에 따라 발급기관이 발급한 것

12. 캄보디아와의 협정에 따라 발급기관이 발급한 것

① 싱가포르와의 협정에 따라 원산지증명서를 발급하는 기관은 다음 각 호와 같다.

1. 싱가포르를 원산지로 하는 물품 : 싱가포르 관세당국 **1**

2. 대한민국을 원산지로 하는 물품 : 세관, 자유무역지역관리원(「자유무역지역의 지정 및 운영에 관한 법률」에 따른 자유무역지역에 입주한 기업체가 신청하는 경우에 한한다) 및 「상공회의소법」에 따라 설립된 상공회의소·대한상공회의소("증명서발급기관") **1**

② 유럽자유무역연합회원국과의 협정 중 스위스치즈에 대하여 원산지증명서를 발급하는 기관은 스위스연방농업국이 인증한 기관으로 한다.

③ 아세안회원국과의 협정에 따라 원산지증명서를 발급하는 기관은 다음 각 호와 같다.

1. 브루나이다루살람을 원산지로 하는 물품 : 브루나이 재정경제부

2. 캄보디아왕국을 원산지로 하는 물품 : 캄보디아 상무부

3. 인도네시아공화국을 원산지로 하는 물품 : 인도네시아 통상부

　　※ 인도네시아는 세관이 아닌 통상부에서 원산지증명서 발급

4. 라오인민민주주의공화국을 원산지로 하는 물품 : 라오스 산업통상부 또는 상공회의소

5. 말레이시아를 원산지로 하는 물품 : 말레이시아 국제통상산업부

6. 미얀마연방을 원산지로 하는 물품 : 미얀마 상무부

7. 필리핀공화국을 원산지로 하는 물품 : 필리핀 세관

8. 싱가포르공화국을 원산지로 하는 물품 : 싱가포르 세관

9. 태국왕국을 원산지로 하는 물품 : 태국 상무부

10. 베트남사회주의공화국을 원산지로 하는 물품 : 베트남 산업무역부

11. 대한민국을 원산지로 하는 물품 : 증명서발급기관(자유무역지역관리원을 제외). 다만, 개성공업지구에서 생산된 물품의 원산지증명서를 발급하는 기관은 세관으로 한다. 1

④ 인도와의 협정에 따라 원산지증명서를 발급하는 기관은 다음 각 호와 같다.

1. 인도를 원산지로 하는 물품 : 인도수출검사위원회, 섬유위원회(Textile Committee) 및 수산물수출개발원(Marine Products Export Development Authority) 3

2. 대한민국을 원산지로 하는 물품 : 증명서발급기관(자유무역지역관리원 제외). 다만, 개성공업지구에서 생산된 물품의 원산지증명서를 발급하는 기관은 세관으로 한다. 1

⑥ 호주와의 협정에 따라 호주를 원산지로 하는 물품에 대하여 원산지증명서를 발급하는 기관은 호주상공회의소(Australian Chamber of Commerce and Industry, ACCI)와 호주산업협회(Australian Industry Group, AiG), 국제수출증명서비스(International Export Certification Service, IECS), Trade Window Origin Pty Limited로 한다. 1

---

**📈 TIP**

한-호주 FTA는 수출자와 생산자가 자율발급하는 방식이며 호주만 기관발급(호주상공회의소, 호주산업협회 등)을 병행하고 있다.

---

⑦ 베트남과의 협정에 따라 원산지증명서를 발급하는 기관은 다음 각 호와 같다.

1. 베트남을 원산지로 하는 물품 : 베트남 산업무역부

2. 대한민국을 원산지로 하는 물품 : 증명서발급기관(자유무역지역관리원 제외). 다만, 개성공업지구에서 생산된 물품의 원산지증명서를 발급하는 기관은 세관으로 한다. 1

⑧ 중국과의 협정에 따라 원산지증명서를 발급하는 기관은 다음 각 호와 같다.

1. 중국을 원산지로 하는 물품 : 중국해관총서 또는 중국국제무역촉진위원회 2

2. 대한민국을 원산지로 하는 물품 : 증명서발급기관(자유무역지역관리원 제외). 다만, 개성공업지구에서 생산된 물품의 원산지증명서를 발급하는 기관은 세관으로 한다. 3

⑨ 인도네시아와의 협정에 따라 원산지증명서를 발급하는 기관은 다음 각 호와 같다.

1. 인도네시아공화국을 원산지로 하는 물품 : 인도네시아 통상부

2. 대한민국을 원산지로 하는 물품 : 증명서발급기관(자유무역지역관리원 제외). 다만, 개성공업지구에서 생산된 물품의 원산지증명서를 발급하는 기관은 세관으로 한다. 1

⑩ 이스라엘과의 협정에 따라 원산지증명서를 발급하는 기관은 다음 각 호와 같다.

1. 이스라엘을 원산지로 하는 물품 : 재무부 이스라엘조세당국 관세국
2. 대한민국을 원산지로 하는 물품 : 증명서발급기관(자유무역지역관리원 제외). 다만, 개성 공업지구에서 생산된 물품의 원산지증명서를 발급하는 기관은 세관으로 한다.

⑪ 「역내포괄적경제동반자협정」에 따라 원산지증명서를 발급하는 기관은 다음 각 호와 같다.

1. 브루나이다루살람을 원산지로 하는 물품 : 브루나이 재정경제부
2. 캄보디아왕국을 원산지로 하는 물품 : 캄보디아 상무부
3. 인도네시아공화국을 원산지로 하는 물품 : 인도네시아 통상부
4. 라오인민민주주의공화국을 원산지로 하는 물품 : 라오스 산업통상부 또는 상공회의소
5. 말레이시아를 원산지로 하는 물품 : 말레이시아 국제통상산업부
6. 미얀마연방을 원산지로 하는 물품 : 미얀마 상무부
7. 필리핀공화국을 원산지로 하는 물품 : 필리핀 세관
8. 싱가포르공화국을 원산지로 하는 물품 : 싱가포르 세관
9. 태국왕국을 원산지로 하는 물품 : 태국 상무부
10. 베트남사회주의공화국을 원산지로 하는 물품 : 베트남 산업무역부
11. 호주를 원산지로 하는 물품 : 다음 각 목의 기관으로 한다.
   가. 호주상공회의소, 호주산업협회 또는 Trade Window Origin Pty Limited
   나. 관세청장이 「역내포괄적경제동반자협정」에 따른 사무국으로부터 통보받은 바에 따라 관세청장이 지정하는 정보통신망에 게시한 기관
12. 중화인민공화국을 원산지로 하는 물품 : 중국해관총서 또는 중국국제무역촉진위원회 **1**
13. 일본국을 원산지로 하는 물품 : 일본 상공회의소
14. 뉴질랜드를 원산지로 하는 물품 : 다음 각 목의 기관으로 한다.
   가. 뉴질랜드 상공회의소 또는 Trade Window Origin Limited
   나. 관세청장이 「역내포괄적경제동반자협정」에 따른 사무국으로부터 통보받은 바에 따라 관세청장이 지정하는 정보통신망에 게시한 기관
15. 대한민국을 원산지로 하는 물품 : 증명서발급기관(자유무역지역관리원 제외). 다만, 개성 공업지구에서 생산된 물품의 원산지증명서를 발급하는 기관은 세관으로 한다.

⑫ 캄보디아와의 협정에 따라 원산지증명서를 발급하는 기관은 다음 각 호와 같다.

1. 캄보디아를 원산지로 하는 물품 : 캄보디아 상무부
2. 대한민국을 원산지로 하는 물품 : 증명서발급기관(자유무역지역관리원 제외). 다만, 개성 공업지구에서 생산된 물품의 원산지증명서를 발급하는 기관은 세관으로 한다.

**관련규정** 고시 제21조(원산지증명서 신청인)

협정별 기관발급 원산지증명서 발급신청자를 정리하면 다음과 같다.

| 협정 | 발급신청자 |
|---|---|
| 싱가포르와의 협정 | 수출자<br>※ 수출자 또는 수출자로부터 권한을 위임받은 대리인 |
| 아세안회원국과의 협정 | 생산자 및/또는 수출자 또는 그로부터 권한을 받은 대리인<br>※ 수출자, 생산자 또는 권한을 위임받은 그들의 대리인 |
| 인도와의 협정 | 수출자 또는 생산자<br>※ 수출자, 생산자 또는 권한을 위임받은 그들의 대리인 |
| 베트남과의 협정 | 생산자나 수출자 또는 그의 책임하에서 그로부터 권한을 부여받은 대리인<br>※ 수출자, 생산자 또는 권한을 위임받은 그들의 대리인 |
| 중국과의 협정 | 수출자, 생산자 또는 수출자의 책임하에 그의 권한을 부여받은 대리인<br>※ 수출자, 생산자 또는 수출자로부터 권한을 위임받은 대리인 |
| RCEP | 수출자, 생산자 또는 권한을 받은 그들의 대리인<br>※ 수출자, 생산자 또는 권한을 위임받은 그들의 대리인 |
| 이스라엘과의 협정 | 수출자, 생산자 또는 수출자의 책임하에 그의 권한을 부여받은 대리인<br>※ 수출자, 생산자 또는 수출자로부터 권한을 위임받은 대리인 |
| 캄보디아와의 협정 | 수출자, 생산자 또는 권한을 받은 그들의 대리인<br>※ 수출자, 생산자 또는 권한을 위임받은 그들의 대리인 |
| 인도네시아와의 협정 | 생산자나 수출자 또는 그의 책임하에서 그로부터 권한을 부여받은 대리인<br>※ 수출자, 생산자 또는 권한을 위임받은 그들의 대리인 |

**관련규정** 규칙 제10조(수출물품에 대한 원산지증명서의 발급절차)

① 발급신청

원산지증명서의 발급을 신청하려는 자는 수출물품의 선적이 완료되기 전까지 원산지증명서 발급신청서에 다음 각 호의 서류를 첨부하여 증명서발급기관에 제출해야 한다. 다만, 원산지인 증수출자의 경우에는 첨부서류의 제출을 생략할 수 있다. **4**

1. 수출신고의 수리필증 사본(증명서발급기관이 수출사실 등을 전산으로 확인할 수 있는 경우에는 제출을 생략할 수 있다) 또는 이를 갈음하는 다음 각 목의 어느 하나에 해당하는 서류. 이 경우 수출신고가 수리되기 전에 원산지증명서의 발급을 신청한 자는 수출신고가 수리된 후에 제출할 수 있다. **1**

가. 자유무역지역에서 생산된 물품 및 「자유무역지역의 지정 및 운영에 관한 법률」 제29조 제1항제3호(비거주자등이 국외반출을 목적으로 자유무역지역에 보관하려는 특정내국물품)에 해당하는 물품의 경우에는 「자유무역지역의 지정 및 운영에 관한 법률 시행령」에 따른 국외반출신고서 사본 **3**

나. 개성공업지구에서 생산된 물품의 경우에는 「관세법 시행령」에 따른 보세운송신고서 사본 **2**

① 원산지증명서의 발급을 신청하려는 자는 규칙 제10조제1항의 절차에 따라 전자적인 방법으로 증명서발급기관에 신청하는 것을 원칙으로 한다. 다만, 증명서발급기관의 장이 인정하는 경우에는 서면으로 신청할 수 있다.

③ 증명서발급기관의 장은 신청인이 제출한 규칙 제10조제1항제1호부터 제4호까지의 서류로 다음 각 호의 요건을 확인할 수 있는 경우에는 원산지소명서 입증서류의 제출을 생략하게 할 수 있다.

1. 원산지증명서 발급 신청물품이 발급 신청일로부터 1년 이내에 발급받은 원산지증명서의 물품과 동일하고 수출국이 동일한 경우 **1**

2. 원산지 결정에 영향을 미칠 수 있는 실질적 내용이 원산지증명서 발급 신청물품의 원산지소명서에 기재된 것과 발급 신청일로부터 1년 이내에 발급받은 원산지증명서의 원산지소명서에 기재된 것과 동일한 경우

3. 원산지증명서 발급 신청인이 원산지증명서 발급 신청시 제1호나 제2호의 요건에 해당되는 것을 확인할 수 있는 원산지증명서의 발급번호(Reference No)를 제출하는 경우

④ 증명서발급기관의 장은 규칙 제10조제1항제4호에 따라 신청인이 원산지증명서 발급 신청 수출물품에 대해 다음 각 호의 구분에 따른 서류를 제출하는 경우에는 원산지소명서와 원산지소명서 입증서류의 제출을 생략하게 할 수 있다. **1**

1. 최종물품의 생산자와 수출자가 동일한 물품이거나, 최종물품의 생산자와 수출자가 다른 물품으로서 최종물품의 생산자로부터 공급받아 수출자가 추가 가공없이 수출하는 물품인 경우 : 「관세청장이 인정하는 원산지(포괄)확인서 고시」에 따라 원산지확인서 또는 원산지포괄확인서로 인정되는 서류

2. 원산지간이확인물품에 해당하는 경우 : 국내제조확인서 또는 국내제조포괄확인서

3. 원산지인증수출자가 생산하여 원산지를 확인한 물품을 원산지인증수출자로부터 공급받아 수출자가 추가 가공없이 수출하는 물품인 경우 : 업체별 원산지인증수출자 인증서 또는 품목별 원산지인증수출자 인증서 사본 **1**

② 서류제출요청

증명서발급기관은 제출된 서류로 해당 물품이 원산지결정기준에 적합한지를 확인할 수 없다고 인정하는 경우에는 원산지소명서에 기재된 내용을 입증할 수 있는 서류·정보 및 국내제조확인서의 제출을 원산지증명서 발급을 신청한 자에게 요청할 수 있다. 이 경우 요청을 받은 자는 해당 서류를 증명서발급기관에 제출하되, 수출자와 생산자가 다른 경우 생산자가 해당 서류를 증명서발급기관에 직접 제출할 수 있다.

③ 사후발급 **8**

제1항에도 불구하고 수출자의 과실·착오 또는 그 밖의 부득이한 사유로 인하여 수출물품의 선적이 완료되기 전까지 원산지증명서의 발급을 신청하지 못한 자는 수출물품의 선적일부터 1년 이내에 원산지증명서의 발급을 신청할 수 있다.

④ 현지확인

증명서발급기관은 다음 각 호의 어느 하나에 해당하는 경우 원산지증명서를 발급하기 위하여 관세청장이 정하는 바에 따라 신청인의 주소·거소·공장 또는 사업장 등을 방문하여 원산지의 적정여부를 확인("현지확인")할 수 있다. 다만, 원산지인증수출자의 경우에는 그 확인을 생략할 수 있다. **3**

1. 국내 생산시설이 없는 자가 원산지증명서 발급을 최초로 신청한 경우 **2**

   2. 해당 물품을 직접 생산하지 아니하는 자가 원산지증명서 발급을 최초로 신청한 경우 **1**

   3. 원산지증명서 신청 오류의 빈도, 협정·법·영 및 이 규칙의 준수도, 생산공장의 유무, 제조공정 및 물품의 생산특성 등을 고려하여 관세청장이 정하여 고시하는 현지확인의 기준에 해당하는 자가 신청한 경우

   4. 속임수 또는 부정한 방법으로 원산지증명서의 발급을 신청한 것으로 의심되는 경우

   5. 체약상대국의 관세당국으로부터 원산지의 조사를 요청받은 수출자 또는 생산자가 신청한 경우 **1**

   6. 그 밖에 신청자가 제출한 서류만으로 원산지를 확인하기 곤란하다고 인정하는 경우

⑤ 현지확인요청 **3**

제4항에도 불구하고 상공회의소 및 대한상공회의소의 장은 원산지증명서 발급을 위하여 현지확인이 필요할 때에는 관세청장이 정하는 바에 따라 세관장에게 현지확인을 요청해야 한다. 이 경우 요청을 받은 세관장은 그 요청받은 날부터 7일 이내에 현지확인을 완료하고 그 결과를 상공회의소 및 대한상공회의소의 장에게 통보해야 한다.

⑥ 발급기간

증명서발급기관은 신청을 받았을 때에는 원산지결정기준에 적합한지의 여부를 확인한 후 신청받은 날부터 다음 각 호의 구분에 따른 기간 이내에 원산지증명서를 발급하여야 한다.

   1. 현지확인이 필요한 경우 : 10일 이내 **1**

   2. 현지확인이 필요하지 않은 경우 : 3일 이내 **1**

⑦ 기간산정제외

제5항 및 제6항에 따른 기간을 산정하는 경우에는 다음 각 호에 해당하는 날은 제외한다.

   1. 토요일 및 일요일

   2. 「공휴일에 관한 법률」에 따른 공휴일 및 대체공휴일

   3. 「근로자의 날 제정에 관한 법률」에 따른 근로자의 날

⑧ 보정요구 **6**

증명서발급기관은 제출된 서류가 미비한 경우에는 5일 이상 10일 이내의 기간을 정하여 보정을 요구할 수 있다. 이 경우 보정기간은 원산지증명서의 발급기간에 산입하지 아니한다.

⑨ 재발급 및 정정발급 **2**

증명서발급기관은 원산지증명서를 발급받은 자가 분실·도난·훼손 또는 그 밖의 부득이한 사유로 원산지증명서 재발급을 신청하거나 원산지증명서의 기재내용에 잘못이 있어 원산지증명서의 정정을 신청하는 경우에는 원산지증명서를 재발급하거나 정정발급할 수 있다.

※ 분실·도난·훼손의 경우 기관발급 모든 FTA는 규칙 제10조 제9항에 따라 재발급이 가능하다.

⑩ 재발급등 서류제출

재발급 또는 정정발급을 신청하려는 자는 원산지증명서 발급신청서에 다음 각 호의 구분에 따른 서류를 첨부하여 당초 원산지증명서의 발급을 신청한 증명서발급기관에 제출해야 한다.

   1. 재발급의 경우 : 재발급 신청사유서

   2. 정정발급의 경우 : 다음 각 목의 서류

     가. 원산지증명서 원본. 다만, 정정발급의 신청일부터 30일 이내에 원본을 제출하는 것을 조건으로 사본을 제출할 수 있다. **1**

나. 정정발급 신청사유서

다. 정정사유를 입증할 수 있는 서류

⑪ 전자발급 **2**

원산지증명서의 발급신청 및 발급(재발급신청, 정정발급신청, 재발급 및 정정발급을 포함한다)은 관세청장이 정하는 바에 따라 전자문서의 방식으로 할 수 있다.

⑫ 재발급 **3**

증명서발급기관은 「역내포괄적경제동반자협정」, 캄보디아, 아세안회원국 및 베트남 및 인도네시아와의 협정에 따라 수출자 또는 생산자가 잘못 발급된 원산지증명서를 대체하기 위한 원산지증명서의 재발급을 신청한 경우에는 원산지증명서를 재발급할 수 있다. 이 경우 증명서발급기관은 당초 발급한 원산지증명서의 발급일을 확인하여 재발급하는 원산지증명서에 기재해야 한다.

※ (잘못 발급된 경우) RCEP, 캄보디아, 아세안, 베트남 FTA만 재발급 가능, 나머지 기관발급 FTA는 정정발급

다. 우편물 · 탁송품 및 별송품의 경우에는 영수증 · 선하증권 사본 또는 그 밖에 체약상대국으로 수출하였거나 수출할 것임을 나타내는 서류 **1**

2. 송품장 또는 거래계약서

3. 원산지확인서(최종물품에 대한 원산지확인서로서 해당 물품의 생산자와 수출자가 다른 경우로 한정한다)

4. 원산지소명서(다음 각 목의 어느 하나에 해당하는 물품의 경우에는 해당 목에서 정하는 서류로 대신할 수 있다). 다만, 수출자와 생산자가 다른 경우 생산자는 원산지소명서를 증명서발급기관에 직접 제출할 수 있다. **1**

 **TIP**

"원산지소명서"란 원산지증명서의 발급 · 신청 시 첨부하는 서류로서 해당물품의 원산지를 입증하기 위해 원산지결정기준, 주요 생산공정, 사용된 원재료 등을 소명하는 서류를 말한다. **3**

가. 최종물품의 생산자와 수출자가 동일한 물품이거나 최종물품의 생산자로부터 공급받아 추가 가공없이 수출하는 물품 : 관세청장이 원산지확인서로 인정하여 고시하는 서류

나. 관세청장이 제조공정의 특성상 국내에서 제조 · 가공한 사실만으로 원산지를 확인할 수 있는 물품으로 인정하여 고시하는 물품("원산지간이확인물품") : 국내제조확인서 또는 국내제조포괄확인서 **1**

다. 원산지인증수출자가 생산 후 원산지를 확인하여 공급한 물품으로서 추가 가공없이 수출하는 물품 : 원산지인증수출자 인증서 사본

2. 협정에서 정하는 방법과 절차에 따라 수출자·생산자 또는 수입자가 자율적으로 해당 물품에 대한 원산지를 확인하여 작성·서명할 것

---

**관련규정**　**규칙 제7조(원산지증명서의 발급방식)**

② 자율발급

법 제11조제1항제2호에 따른 원산지증명서는 다음 각 호와 같다.

1. 칠레와의 협정에 따라 수출자가 자율적으로 작성·서명한 것 **3**

　※ 한–칠레 FTA는 수출자만이 자율적으로 원산지증명서를 발급할 수 있다.

2. 유럽자유무역연합회원국과의 협정에 따라 수출자 또는 생산자가 자율적으로 작성·서명한 것(발급기관이 발급한 것은 제외한다). 다만, 원산지인증수출자가 상업송장 또는 이를 갈음하는 서류에 기재된 사항에 대한 서면확인서를 관세청장 또는 세관장에게 사전에 제출한 경우에는 원산지증명서의 서명을 생략할 수 있다. **2**

> (📊) **TIP**　FTA관세특례법 시행규칙 별표 16, 17, 18
>
> • 한–EFTA FTA에서는 모든 수출자가 원산지신고를 할 수 있으므로 인증수출자 번호를 기재하지 않아도 인정된다.
> • 한–EU FTA의 경우 원산지를 'EU' 또는 국명(또는 ISO 부호)을 기재하나, 한–EFTA에서는 원산지로 EFTA가 허용되지 않는다.

3. 유럽연합당사자와의 협정에 따라 다음 각 목의 어느 하나에 해당하는 수출자가 자율적으로 작성·서명한 것. 다만, 원산지인증수출자가 상업송장 또는 이를 갈음하는 서류에 기재된 사항에 대한 서면확인서를 관세청장 또는 세관장에게 사전에 제출한 경우에는 원산지증명서의 서명을 생략할 수 있다. **7**

가. 유럽연합당사자와의 원산지 관련 의정서에 따른 원산지인증수출자

나. 총가격이 6천유로(유로화 외에 유럽연합당사자의 자국통화로 작성된 경우에는 제3항에 따라 관세청장이 게시하는 금액을 말한다)를 초과하지 아니하는 물품의 수출자. 이 경우 물품의 총가격은 단일 운송서류(운송서류가 없는 경우에는 송품장을 말한다)에 의하여 단일 수출자로부터 단일 수하인에게 송부된 물품의 총가격(단일 수출자로부터 단일 수하인에게 동시에 송부된 물품이 여러 개인 경우에는 동시에 송부된 물품 가격의 합계를 말한다)을 기준으로 계산한다. **6**

※ 한–EU FTA 적용 시 원산지인증수출자는 상품의 금액에 관계없이 원산지증명서를 자율적으로 작성할 수 있다. **2**

※ 한–EU FTA에서 6천유로 이하 물품에 대해서는 인증수출자가 아닌 경우에도 원산지신고가 가능하다.

수출자는 송품장 또는 기타 상업서류에 아래 문안을 작성하여 원산지신고서로 사용할 수 있다.

> The exporter of the products coverd by this document (인증수출자 번호 또는 공란) declares that, except where otherwise clearly indicated, these products are of (해당물품 의 원산지) preferential origin.
> (Place and date)
> (Signature of the exporter, in addition the name of the person signing the declaration has to be indicated in clear script)
> (수출자의 성명, 서명)

• 원산지신고문안은 송품장 등의 상업서류에 타이핑·스탬핑·프린팅 등의 방법으로 작성한다. 수기로 작성할 경우에는 잉크를 사용하되, 대문자로 기재한다.
• 장소 및 일자란에는 원산지증명서를 작성한 장소 및 작성일을 적는다. 다만, 이들 정보가 상업서류 자체에 명시된 경우에는 생략할 수 있다.
• 수출의 성명 및 서명란에는 수출자의 성명을 정확하게 적고, 수기로 서명을 한다.

5. 페루와의 협정에 따라 수출자 또는 생산자가 자율적으로 서면 또는 전자적 방식으로 작성·서명한 것 [2]
   ※ 한-페루 FTA 원산지증명서는 12개월 이내의 기간을 정하여 포괄확인기간을 설정할 수 있으며, 완전생산기준을 충족한 경우 "A"로 기재한다. [1]

6. 미합중국과의 협정에 따라 수출자, 생산자 또는 수입자가 자율적으로 서면 또는 전자적 방식으로 작성한 것 [6]
   ※ 섬유나 의류제품이라 하여 다른 물품과 달리 별도의 증명서식을 사용해야 하는 것은 아니다. [1]
   ※ 한-미 FTA 원산지증명서는 협정에서 정한 기재항목을 포함하여 작성된 경우 형식을 불문하고 유효성이 인정된다. [1]

7. 튀르키예와의 협정에 따라 수출자가 자율적으로 작성·서명한 것 [3]
   ※ 한-튀르키예 FTA는 인증수출자 제도를 적용하지 아니한다. [2]
   ※ 한-튀르키예 FTA는 생산자에게 원산지증명서 작성 및 서명권한이 없다. [3]

8. 콜롬비아와의 협정에 따라 수출자 또는 생산자가 자율적으로 서면 또는 전자적 방식으로 작성한 것 [2]

9. 호주와의 협정에 따라 수출자 또는 생산자가 자율적으로 서면 또는 전자적 방식으로 작성·서명한 것 [3]

10. 캐나다와의 협정에 따라 수출자 또는 생산자가 자율적으로 작성·서명한 것 [2]

11. 뉴질랜드와의 협정에 따라 수출자 또는 생산자가 자율적으로 작성·서명한 것 [2]

12. 중미 공화국들과의 협정에 따라 수출자 또는 생산자가 자율적으로 서면 또는 전자적 방식으로 작성·서명한 것

13. 영국과의 협정에 따라 다음 각 목의 어느 하나에 해당하는 수출자가 자율적으로 작성·서명한 것. 다만, 원산지인증수출자가 상업송장 또는 이를 갈음하는 서류에 기재된 사항에 대한 서면확인서를 관세청장 또는 세관장에게 사전에 제출한 경우에는 원산지증명서의 서명을 생략할 수 있다.

가. 영국과의 원산지 관련 의정서에 따른 원산지인증수출자

나. 총 가격이 6천유로(유로화 외에 영국의 자국통화로 작성된 경우에는 제4항에 따라 관세청장이 게시하는 금액을 말한다)를 초과하지 않는 물품의 수출자. 이 경우 물품의 총 가격은 단일 운송서류(운송서류가 없는 경우에는 송품장을 말한다)에 의하여 단일 수출자로부터 단일 수하인에게 송부된 물품의 총 가격(단일 수출자로부터 단일 수하인에게 동시에 송부된 물품이 여러 개인 경우에는 동시에 송부된 물품 가격의 합계를 말한다)을 기준으로 계산한다.

14. 이스라엘과의 협정에 따라 다음 각 목의 어느 하나에 해당하는 수출자가 자율적으로 작성·서명한 것

가. 이스라엘과의 협정에 따른 원산지인증수출자

나. 물품의 가치가 미화 1천달러를 초과하지 않는 물품의 수출자

15. 「역내포괄적경제동반자협정」 및 이 법에 따른 원산지인증수출자가 자율적으로 서면 또는 전자적 방식으로 작성·서명한 것

16. 캄보디아와의 협정 및 이 법에 따른 원산지인증수출자가 자율적으로 서면 또는 전자적 방식으로 작성·서명한 것

 **TIP**

송품장 신고방식으로 원산지증명이 가능한 협정은 한-EFTA, 한-EU, 한-튀르키예, 한-뉴질랜드이다.

③ 한-EU 정보통신망 게시 **2**

관세청장은 유럽연합당사자와의 원산지 관련 의정서에 따라 유럽연합 집행위원회가 매년 10월 15일까지 대한민국에 통보하는 제2항제3호나목의 6천유로에 상당하는 유럽연합당사자의 자국통화로 환산된 금액을 관세청장이 지정하는 정보통신망에 지체 없이 게시해야 한다.

④ 한-영 정보통신망 게시

관세청장은 영국과의 원산지 관련 의정서 제25조에 따라 영국이 매년 10월 15일까지 대한민국에 통보하는 제2항제13호나목의 6천유로에 상당하는 영국의 자국통화로 환산된 금액을 관세청장이 지정하는 정보통신망에 지체 없이 게시해야 한다.

⑤ 제3항 및 제4항에 따라 게시한 금액은 게시한 해의 다음 해 1월 1일부터 12월 31일까지 적용된다. **2**

**규칙 제14조(수출입물품에 대한 원산지자율증명절차 등)**

① 자율발급 **1**

수출자 · 생산자 또는 수입자가 법 제11조제1항제2호에 따라 원산지증명서를 자율적으로 작성하는 경우에는 원산지확인서, 별지 제4호서식의 원산지소명서 또는 그 밖에 원산지를 확인할 수 있는 서류 · 정보 등을 근거로 하여야 한다.

② 기재사항

법 제11조제1항제2호에 따라 원산지증명서를 작성하는 수출자, 생산자 또는 수입자는 원산지증명서 작성대장에 다음 각 호의 사항을 기재 · 관리하여야 한다. **1**

1. 작성번호 및 작성일
2. 수출입신고번호 및 수출입신고 수리일(생산자의 경우에는 기재를 생략할 수 있다) **1**
3. 품명 · 품목번호(6단위) · 수량 · 금액 및 원산지 **1**
4. 원산지증명서를 작성하는 수출자, 생산자 또는 수입자의 거래 상대방에 대한 다음 각 목의 사항
   가. 수출자 : 생산자 또는 공급자(생산자 또는 공급자가 따로 있는 경우에 한정한다) 및 체약상대국의 수입자 · 수입국명 **1**
   나. 생산자 : 수출자 또는 물품을 공급받는 자
   다. 수입자 : 체약상대국의 수출자 · 수출국명 **1**
5. 해당 물품에 적용된 협정의 명칭 및 원산지결정기준

② 기관발급 수수료 **1**

제1항제1호에 따른 원산지증명서를 발급받으려는 자는 기획재정부령으로 정하는 금액과 방법 등에 따라 수수료를 납부하여야 한다.

**규칙 제16조(수수료)**

원산지증명서 발급 수수료는 건당 7천원 범위 내에서 증명서발급기관이 정하는 바에 따른다. 다만, 세관장이 원산지증명서를 발급하는 경우에는 원산지증명서 발급 수수료를 면제한다. **1**

③ 발급기관 감독

관세청장은 원산지증명서 발급의 적정성 확인 또는 효율적 관리를 위하여 필요한 경우에는 제1항제1호에 따라 원산지증명서를 발급하는 기관에 대하여 기획재정부령으로 정하는 바에 따라 자료제출 요구를 하거나 지도 · 감독(원산지증명서 발급을 담당하는 직원에 대한 교육을 포함한다)을 할 수 있다.

**관련규정** | 규칙 제9조(증명서발급기관의 의무 등)

① 변경사항 통보

증명서발급기관은 증명서발급기관이 된 날부터 10일 이내에 다음 각 호의 사항을 관세청장에게 통보하여야 하며, 통보한 내용이 변경되었을 때에는 그 변경사항을 즉시 통보하여야 한다.

1. 증명서발급기관의 명칭·주소·전화번호 및 팩스번호
2. 원산지증명서의 발급을 담당하는 자의 소속·직위·성명 및 서명 견본
3. 원산지증명서에 날인하는 증명서발급기관의 인장의 견본

② 관세청장은 제1항에 따른 통보내용을 체약상대국의 관세당국에 통보하여야 한다.

③ 발급대장 기재사항

증명서발급기관은 원산지증명서 발급대장에 다음 각 호의 사항을 기재·관리하여야 한다.

1. 발급번호 및 발급일
2. 원산지증명서 발급신청자
3. 수출신고의 번호 및 수리일
4. 수출자 또는 생산자
5. 수입자
6. 품명·품목번호(6단위)
7. 해당 물품에 적용된 협정의 명칭 및 원산지결정기준

④ 보관기간 **2**

증명서발급기관은 원산지증명서 발급대장, 원산지증명서의 발급신청서류 원본 또는 사본을 5년간 보관하여야 한다. 다만, 중국의 경우에는 중국과의 협정에 따라 3년간 보관하여야 한다.

⑤ 발급내역 통보 **1**

증명서발급기관은 원산지증명서의 발급내역을 매일 업무를 마칠 때에 관세청장에게 통보하여야 한다.

⑥ 반려사실통보

증명서발급기관은 신청자가 원산지증명서의 발급을 속임수 또는 부정한 방법으로 신청한 사실을 알게 되었거나 원산지결정의 기준을 충족하지 아니하여 원산지증명서의 발급신청을 반려하였을 때에는 지체 없이 다음 각 호의 사항을 관세청장에게 통보하여야 한다. 이 경우 관세청장은 통보받은 사실을 지체 없이 다른 증명서발급기관에 알려야 한다. **1**

1. 신청자 및 수출자
2. 품명·품목번호·금액
3. 수출신고번호(알고 있는 경우에 한정한다)
4. 수입국명
5. 속임수·부정신청 또는 발급 반려 요지

⑦ 관세청장은 아세안회원국과의 협정에 따라 아세안회원국 관세당국의 요청이 있거나 필요하다고 인정할 경우에는 제5항에 따른 원산지증명서의 발급내역(발급번호, 발급일자, 수출자, 생산자 및 품명을 말한다)을 해당 물품이 수출된 아세안회원국의 관세당국에 제공할 수 있다.

⑧ 발급담당자 지정 **1**

증명서발급기관은 기획재정부장관, 관세청장 또는 증명서발급기관이 자체적으로 실시하는 원산지증명서의 발급과 관련된 교육(품목분류, 물품가격의 산정 및 이 규칙에 따른 원산지결정기준을 포함한다)을 받은 소속 직원을 우선하여 원산지증명서 발급담당자로 지정하여야 한다.

**규칙 제11조(자료제출 및 지도·감독 등)**

① 관세청장은 다음 각 호의 어느 하나에 해당하는 경우에는 증명서발급기관에 해당 자료의 제출을 요구할 수 있다.
  1. 법 제17조제1항 및 법 제18조제1항에 따른 조사를 하기 위해 필요한 경우
  2. 발급된 원산지증명서의 적정성에 대한 확인 등 원산지증명서 발급의 효율적 관리를 위해 필요한 경우
  3. 중소기업의 원산지증명 지원사업을 위해 필요한 경우

> 🔰 **TIP**
>
> 원산지 표시방법의 적정 여부를 확인하기 위해 필요한 경우에는 상기의 자료제출요구 대상이 아니다.

② 제1항에 따른 요청을 받은 증명서발급기관은 그 요청받은 날부터 7일(「국세기본법」에 해당하는 날(토요일, 일요일, 공휴일, 대체공휴일, 근로자의 날)은 제외한다) 이내에 해당 자료를 관세청장에게 제출하여야 한다.
③ 관세청장은 증명서발급기관의 원산지증명서 발급 담당 직원에 대하여 품목분류, 물품가격의 산정, 원산지결정기준, 그 밖에 원산지증명서의 발급과 관련된 교육을 하여야 한다.
④ 관세청장은 제3항에 따른 교육의 효과적인 실시를 위하여 대한상공회의소의 장과 협의하여 구체적인 교육의 내용 및 교육 시간 등 필요한 사항을 정할 수 있다.

### ④ 위임

원산지증명서의 기재사항, 기재방법, 유효기간, 그 밖에 필요한 사항은 대통령령으로 정한다.

선하증권(B/L), 신용장(L/C)은 원산지증명서로 사용할 수 있는 수출당사국에서 발행한 상업서류가 아니다.
※ "Derogation–Annex Ⅱ(a) of Protocol"은 한–EU, 한–영국, 한–튀르키예 FTA만 해당한다.

**규칙 제15조(체약상대국과의 협정에 따른 원산지증명서의 서식)**

① 칠레와의 협정에 따른 원산지증명서의 서식은 별지 제8호서식과 같다.
② 싱가포르와의 협정에 따른 원산지증명서의 서식은 다음 각 호의 구분에 따른다.
  1. 싱가포르 관세당국이 발급하는 원산지증명서 : 별지 제9호서식
  2. 대한민국 증명서발급기관이 발급하는 원산지증명서 : 별지 제10호서식
③ 유럽자유무역연합회원국과의 협정에 따른 원산지증명서 또는 원산지증명서의 서식은 다음 각 호의 구분에 따른다.
  1. 수출자가 자율적으로 작성하는 원산지증명서 : 별표 16에 규정된 사항이 기재되어 있는 해당 물품의 상업송장 또는 이를 갈음하는 서류

2. 스위스연방농업국이 인증한 기관이 발급하는 원산지증명서 : 별지 제11호서식

④ 아세안회원국과의 협정에 따른 원산지증명서의 서식은 별지 제12호서식과 같다. 다만, 다수의 품목에 대하여 원산지증명서를 발급하는 경우에는 별지 제13호서식을 추가적으로 사용할 수 있다.

⑤ 인도와의 협정에 따른 원산지증명서의 서식은 별지 제14호서식과 같다.

⑥ 유럽연합당사자와의 협정에 따른 원산지증명서는 별표 17에 규정된 사항이 기재되어 있고 품명ㆍ규격 등 해당 물품을 확인하는 데 필요한 상세 정보가 포함된 상업송장, 인도증서 또는 그 밖의 상업서류(포장명세서, 영사송장, 세관송장)로 한다. 다만, 유럽연합당사자와의 원산지 관련 의정서 부속서 2-가에 따라 법 제12조제1항에 따른 원산지인증수출자가 별표 6 제5호에 규정된 물품에 대하여 같은 호에 따른 완화된 원산지결정기준을 적용받으려는 경우에는 원산지증명서에 "Derogation-Annex Ⅱ(a) of Protocol"이라는 영어문구를 포함하여야 한다. **3**

⑦ 페루와의 협정에 따른 원산지증명서는 별지 제16호서식에 따른다.

⑧ 미합중국과의 협정에 따른 원산지증명서는 다음 각 호의 어느 하나에 해당하는 서류로 한다.

　　1. 별지 제17호서식에 따라 작성된 서류

　　2. 다음 각 목의 사항을 적은 서류

　　　　가. 작성자의 성명ㆍ주소ㆍ전화번호

　　　　나. 수입자의 성명ㆍ주소ㆍ전화번호(작성자가 알고 있는 경우만 해당한다)

　　　　다. 수출자의 성명ㆍ주소ㆍ전화번호(생산자와 다른 경우만 해당한다)

　　　　라. 생산자의 성명ㆍ주소ㆍ전화번호(작성자가 알고 있는 경우만 해당한다)

　　　　마. 해당 물품의 품목번호(6단위) 및 품명

　　　　바. 해당 물품이 원산지물품임을 증명하는 정보

　　　　사. 원산지포괄증명 유효기간(원산지포괄증명 대상 물품인 경우만 해당한다)

　　　　아. 작성일

⑨ 튀르키예와의 협정에 따른 원산지증명서는 별표 19에 규정된 사항이 기재되어 있고 품명ㆍ규격 등 해당 물품을 확인하는 데 필요한 상세 정보가 포함된 상업송장, 인도증서 또는 그 밖의 상업서류로 한다. 다만, 튀르키예와의 협정 중「원산지 규정 및 원산지 절차에 관한 의정서」(이하 "튀르키예와의 원산지 관련 의정서"라 한다) 부속서 2-가에 따라 수출자가 별표 9 제4호에 규정된 물품에 대하여 같은 호에 따른 완화된 원산지결정기준을 적용받으려는 경우에는 원산지증명서에 "Derogation-Annex Ⅱ(a) of Protocol"이라는 영어문구를 포함하여야 한다. **1**

⑩ 콜롬비아와의 협정에 따른 원산지증명서의 서식은 별지 제18호서식과 같다.

⑪ 호주와의 협정에 따른 원산지증명서의 서식은 별지 제19호서식과 같다.

⑫ 캐나다와의 협정에 따른 원산지증명서의 서식은 별지 제20호서식과 같다.

⑬ 뉴질랜드와의 협정에 따른 원산지증명서는 다음 각 호의 어느 하나에 해당하는 서류로 한다.

　　1. 제7조제2항제11호에 따라 수출자 또는 생산자가 자율적으로 작성하는 원산지증명서 : 별표 20에 규정된 사항이 기재되어 있는 해당 물품의 상업송장 또는 이를 갈음하는 서류

　　2. 뉴질랜드와의 협정에 따른 원산지증명서 : 별지 제21호서식

⑭ 베트남과의 협정에 따른 원산지증명서의 서식은 별지 제22호서식과 같다. 다만, 다수의 품목에 대하여 원산지증명서를 발급하는 경우에는 별지 제23호서식을 추가적으로 사용할 수 있다.

⑮ 중국과의 협정에 따른 원산지증명서의 서식은 별지 제24호서식과 같다.

⑯ 중미 공화국들과의 협정에 따른 원산지증명서의 서식은 별지 제24호의2서식과 같다.

⑰ 영국과의 협정에 따른 원산지증명서는 별표 20의2에 규정된 사항이 기재되어 있고 품명·규격 등 해당 물품을 확인하는 데 필요한 상세정보가 포함된 상업송장, 인도증서 또는 그 밖의 상업서류로 한다. 다만, 영국과의 원산지 관련 의정서 부속서 2-가에 따라 법 제12조제1항에 따른 원산지인증수출자가 별표 15의3 제5호에 규정된 물품에 대하여 같은 호에 따른 완화된 원산지결정기준을 적용받으려는 경우에는 원산지증명서에 "Derogation-Annex Ⅱ(a) of Protocol"이라는 영어문구를 포함해야 한다. **1**

※ 한-영 FTA에서는 원산지증명서를 작성한 장소 및 작성일을 적어야 한다. 다만, 이들 정보가 상업서류 자체에 명시된 경우에는 생략할 수 있다. (자유무역협정의 이행을 위한 관세법의 특례에 관한 법률 시행규칙 [별표 20의2]) **1**

⑱ 인도네시아와의 협정에 따른 원산지증명서의 서식은 별지 제24호의3서식에 따른다. 다만, 다수의 품목에 대하여 원산지증명서를 발급하는 경우에는 별지 제24호의4 서식을 추가적으로 사용할 수 있다.

⑲ 「역내포괄적경제동반자협정」에 따른 원산지증명서의 서식은 다음 각 호의 구분에 따른다.

1. 제7조제1항제11호에 따라 발급되는 원산지증명서 : 별지 제24호의5서식. 다만, 다수의 품목에 대하여 원산지증명서를 발급하는 경우에는 별지 제24호의6서식을 추가적으로 사용할 수 있다.

2. 제7조제2항제15호에 따라 원산지인증수출자가 자율적으로 작성하는 원산지증명서 : 관세청장이 지정하는 정보통신망에 관세청장이 게시하는 서식

⑳ 이스라엘과의 협정에 따른 원산지증명서의 서식은 다음 각 호의 구분에 따른다. 이 경우 제1호부터 제3호까지의 규정에 따른 원산지증명서에는 이스라엘과의 협정 부속서 3에 따라 해당 물품의 생산지역의 주소와 우편번호(협정관세가 적용되는 지역의 주소와 우편번호로서 관세청장이 정하여 고시하는 주소와 우편번호를 말한다)를 적어야 한다.

1. 제7조제1항제10호에 따라 발급되는 원산지증명서 : 별지 제24호의7서식. 다만, 다수의 품목에 대하여 원산지증명서를 발급하는 경우에는 별지 제24호의8서식을 추가적으로 사용할 수 있다.

2. 제7조제2항제14호가목에 따라 발급되는 원산지증명서 : 별표 20의3에 규정된 사항이 기재되어 있는 해당 물품의 상업송장 또는 이를 갈음하는 서류

3. 제7조제2항제14호나목에 따라 발급되는 원산지증명서 : 별표 20의4에 규정된 사항이 기재되어 있는 해당 물품의 상업송장 또는 이를 갈음하는 서류

㉑ 캄보디아와의 협정에 따른 원산지증명서는 다음 각 호와 같다.

1. 제7조제1항제12호에 따라 발급되는 원산지증명서 : 별지 제24호의9서식

2. 제7조제2항제16호에 따라 원산지인증수출자가 자율적으로 작성하는 원산지증명서 : 별지 제24호의10서식

**관련규정** | 규칙 제12조(원산지확인서)

① 원산지확인서 **5**

수출물품의 생산에 사용되는 재료 또는 최종물품을 생산하거나 공급하는 자("재료 또는 최종물품 생산자등")는 생산자 또는 수출자의 요청이 있는 경우 해당 재료 또는 최종물품의 원산지확인서를 생산자 또는 수출자에게 제공할 수 있다.

> (📊) **TIP** 원산지확인서의 개념
>
> • 원산지확인서는 국내에서 거래되는 물품의 원산지를 증명하는 서류이다. **1**
> • 원산지확인서 제도는 국내에서 공급되는 수출물품 또는 수출용 원재료에 대한 원산확인절차를 마련하여 수출자의 원산지 입증부담을 경감하고, 원산지증명절차를 신속히 할 수 있도록 하기 위해 마련되었다. **5**
> • 원산지확인서는 협정에 규정이 없으며, 우리나라에서 운영하는 제도이다. **1**

② 원산지포괄확인서 **6**

수출물품의 생산에 사용되는 재료 또는 최종물품을 동일한 생산자 또는 수출자에게 장기간 계속적 · 반복적으로 공급하는 재료 또는 최종물품 생산자등은 생산자 또는 수출자의 요청이 있는 경우 물품공급일부터 12개월을 초과하지 아니하는 범위에서 최초의 원산지확인서를 반복하여 사용할 수 있는 확인서("원산지포괄확인서")를 작성하여 제공할 수 있다.

③ 서식 **1**

원산지확인서 및 원산지포괄확인서는 시행규칙 별지 제5호서식에 따른다.

④ 원산지확인서 인정서류 **6**

관세청장은 「농수산물 품질관리법 시행규칙」 에 따른 농산물이력추적관리등록증, 수산물이력추적관리등록증 또는 그 밖에 이와 유사한 서류를 원산지확인서로 인정하여 고시할 수 있다.

⑤ 사전협의 **1**

관세청장은 제4항에 따른 서류를 원산지확인서로 인정하려면 관련 기관의 장과 사전에 협의하여야 한다.

⑥ 발급 및 작성 **3**

재료 또는 최종물품 생산자등으로부터 원산지확인서 또는 원산지포괄확인서를 제공 받은 생산자 또는 수출자는 이를 기초로 제10조에 따라 원산지증명서의 발급을 신청하거나 제14조에 따라 원산지증명서를 작성할 수 있다.

① 국내제조확인서 **3**
재료 또는 최종물품 생산자 등은 생산자 또는 수출자의 요청이 있는 경우 해당 재료 또는 최종
물품의 국내제조확인서를 생산자 또는 수출자에게 제공할 수 있다.

> **TIP** **국내제조확인서의 개념**
>
> • 개념
>   – 재료 또는 최종물품 생산자 등이 생산자 또는 수출자의 요청이 있는 경우 해당 재료 또는 최종
>     물품의 국내제조 사실을 확인하여 작성한 서류로서 국내 수출자의 원산지 입증부담 경감 등을
>     위해 도입되었다.
>   – 국내제조확인서는 국내에서 일정 수준의 제조과정이 수행되었으나 원산지 인정을 받지 못한
>     원재료에 대하여 국내에서 발생한 부가가치 부분을 최종 물품의 원산지를 결정할 때 반영하기
>     위해 작성하는 서류이다. **2**
>   – 국내제조확인서는 수출물품의 생산에 사용되는 재료를 생산 또는 공급하는 자가 해당 재료의
>     국내 제조사실을 확인하여 생산자 또는 수출자에게 제공하는 서류이다.
> • 특징
>   – 국내제조확인서는 발급자가 원산지를 확인하지 않고 발급할 수 있다. **1**
>   – 원산지확인서는 공급물품이 원산지물품임을 입증하는 서류인 반면, 국내제조확인서는 공급물품
>     의 국내제조를 확인하여 줌으로써 최종물품의 원산지결정 시에 반영될 수 있다. **1**
>   – 국내제조확인서에는 공급물품과 재료의 명세를 기재하여야 하지만, 원산지확인서에는 공급물품
>     의 명세는 기재하여야 하나 재료의 명세는 기재하지 않아도 된다. **1**

② 국내제조포괄확인서 **2**
수출물품의 생산에 사용되는 재료 또는 최종물품을 동일한 생산자 또는 수출자에게 장기간 계
속적·반복적으로 공급하는 재료 또는 최종물품 생산자 등은 생산자 또는 수출자의 요청이 있
는 경우 물품공급일부터 12개월을 초과하지 않는 범위에서 최초의 국내제조확인서를 반복하
여 사용할 수 있는 확인서("국내제조포괄확인서")를 작성하여 제공할 수 있다.

③ 발급 및 작성
제1항 또는 제2항에 따라 재료 또는 최종물품 생산자 등으로부터 국내제조확인서 또는 국내제
조포괄확인서를 제공 받은 생산자 또는 수출자는 이를 기초로 원산지증명서의 발급을 신청하
거나 원산지증명서를 작성할 수 있다.

④ 제1항 및 제2항에 따른 국내제조확인서 및 국내제조포괄확인서는 별지 제6호서식에 따른다.

## 협정별 원산지증명방식 비교

| 구분 | 증명방식 | 증명주체 | 증명방법 | 유효기간 |
|---|---|---|---|---|
| 한-칠레 | 자율증명 | 수출자 | 통일증명서식 | 2년 |
| 한-싱가포르 | 기관증명 | • 싱가포르 : 세관<br>• 한국 : 세관, 상공회의소, 자유무역관리원<br>(입주기업에 한함) | 양국간 각자<br>증명서식 | 1년 |
| 한-EFTA | 자율증명 | 수출자 또는 생산자 | 송품장 신고방식 | 1년 |
| 한-아세안 | 기관증명 | 정부지정기관<br>• 아세안 : 각국 정부기관<br>• 한국 : 세관, 상공회의소 | 통일증명서식<br>(AK양식) | 1년 |
| 한-인도 | 기관증명 | 정부지정기관<br>• 한국 : 세관, 상공회의소<br>• 인도 : 수출검사위원회, 섬유위원회, 수산물<br>수출개발원 | 통일증명서식 | 1년 |
| 한-EU | 자율증명 | 수출자(6,000유로 초과 시 인증수출자) | 송품장신고방식 | 1년 |
| 한-페루 | 자율증명 | 수출자 또는 생산자 | 통일증명서식 | 1년 |
| 한-미 | 자율증명 | 생산자, 수출자, 수입자 | 정형양식 없음<br>(권고서식) | 4년 |
| 한-튀르키예 | 자율증명 | 수출자 | 송품장신고방식 | 1년 |
| 한-콜롬비아 | 자율증명 | 수출자 또는 생산자 | 통일증명서식 | 1년 |
| 한-호주 | 자율증명<br>기관증명(호주) | 수출자 또는 생산자(다만, 호주의 경우 기관발<br>급도 가능) | 정형양식 없음 | 2년 |
| 한-캐나다 | 자율증명 | 수출자 또는 생산자 | 협정상표준서식 | 2년 |
| 한-뉴질랜드 | 자율증명 | 수출자 또는 생산자 | 송품장신고방식<br>협정상 표준서식 | 2년 |
| 한-베트남 | 기관증명 | • 베트남 : 산업무역부<br>• 한국 : 세관, 상공회의소 | 통일증명서식 | 1년 |
| 한-중 | 기관증명 | • 중국 : 해관총서, 국제무역촉진위원회<br>• 한국 : 세관, 상공회의소 | 통일증명서식 | 1년 |
| 한-중미 | 자율증명 | 수출자 또는 생산자 | 통일증명서식 | 1년 |
| 한-영 | 자율증명 | 수출자(6,000유로 초과 시 인증수출자) | 송품장신고방식 | 1년 |
| RCEP | 기관증명<br>자율증명 | • 정부지정기관<br>• 인증수출자,<br>• 수출자 또는 생산자[※]<br>※ 발효 후 10년 내 이행/캄보디아, 라오스<br>및 미얀마는 20년 내 이행 | 당사국 합의양식 | 1년 |
| 한-이스라엘 | 기관증명<br>자율증명 | • 한국 : 세관, 상공회의소, 이스라엘 : 재무<br>부조세당국 관세국<br>• 인증수출자, 수출자(1천달러 미만) | 통일증명서식 | 12개월 |
| 한-캄보디아 | 기관증명<br>자율증명 | • 한국 : 세관, 상공회의소, 캄보디아 : 상무부<br>• 인증수출자 | 통일증명서식 | 1년 |
| 한-인도네시아 | 기관증명<br>자율증명(향후) | • 한국 : 세관, 상공회의소, 인니 : 통상부<br>• 인증수출자(발효 후 2년 내), 수출자, 생산<br>자(발효 후 10년 내 이행) | 통일증명서식 | 1년 |

1. 가공원산지증명서(Processing Certificate of Origin) **1**
   발행국 법령에 의할 때 당해물품의 실질에 변화를 주는 공정이 수행되지 않고 단순한 가공만을 거친 경우에 발행한다.

2. 소급원산지증명서(Issued Retroactively Certificate of Origin) **3**
   수출 시에 발급되지 않은 경우에 사후발급하는 것으로 대부분의 FTA는 일정기간을 정하여 원산지증명서의 소급발급을 허용하고 있다.
   ※ 한-아세안 FTA에서는 뜻하지 아니한 실수, 누락 또는 타당한 사유로 인해 원산지증명서가 수출 또는 수출 직후에 발급되지 아니한 예외적인 경우, "소급발급"이라는 문구를 기재하여 선적일로부터 1년 이내에 소급 발급할 수 있다고 규정하고 있다. **2**

3. 대체원산지증명서(Replacement Certificate of Origin) **1**
   - 권한 있는 기관에서 발급된 증명서를 근거로 하여 세관이 다시 발급하는 것을 말한다.
   - 대체원산지증명서는 일반원산지증명서와 같은 효력을 갖는다고 할 수 있다. **1**

4. 임시원산지증명서(Temporary Certificate of Origin) **1**
   최종 목적국이 미정인 상태에서 임시로 발급하는 것이다.

5. 연결원산지증명서(Back-to-Back C/O) **2**
   - 한-아세안 FTA에서 규정하고 있는 것으로 협정대상물품이 당사국들의 영역으로 운송되는 동안 중간 경유 당사국의 발급기관이 수출자의 신청을 받아 최초 수출국의 원산지증명서 원본을 근거로 발급하는 원산지증명서이다.
   - 최초 수출 당사국이 발행한 원산지증명서를 근거로 경유하는 당사국에 의하여 발행되는 원산지증명서 **1**
   - Back-to-Back 원산지증명서는 중간 경유 당사국의 수입자와 중간 경유 당사국에서 동 원산지증명서 발급을 신청하는 수출자가 동일하여야 한다. **1**

6. 재수출환적 원산지증명서(Re-export/Transshipment Certificate of Origin) **1**
   운송상의 이유로 생산국이 아닌 나라를 통과하는 경우에 그 국가에서 단순히 경유하였다는 사실을 증명하는 서류이다.

연결 원산지증명서는 한-아세안 FTA와 RCEP에서 규정하고 있다.

| 한-아세안 FTA | 〈한-아세안 FTA 부록1 원산지규정을 위한 원산지증명 운영절차 제7조〉<br>2. 중간 경유 당사국의 발급기관은 상품이 그 영역을 통과하는 동안 수출자의 신청이 있는 경우에 연결 원산지증명서를 발급할 수 있다. 다만, 다음 각 호의 요건을 충족하여야 한다.<br>　가. 정당한 원산지증명서 원본을 제출할 것<br>　나. 중간 경유 당사국의 수입자와 중간 경유 당사국에서 연결 원산지증명서 발급을 신청하는 수출자가 동일할 것, 그리고<br>　다. 제14조에 규정된 검증절차가 적용될 것 |
|---|---|

| RCEP | 〈협정문 제3.19조 연결 원산지 증명〉 |
|---|---|
| | 1. 제3.16조(원산지증명)를 조건으로, 중간 경유 당사자의 발급기관, 인증수출자 또는 수출자는 연결 원산지증명을 발급할 수 있다. 다만, |
| | 가. 유효한 원산지 증명 원본 또는 그 진정 등본이 제시되어야 한다. |
| | 나. 연결 원산지증명의 유효기간이 원산지증명 원본의 유효기간을 초과하지 않아야 한다. |
| | 다. 연결 원산지증명시 부속서 3-나(최소 정보 요건)에 따른 원산지 증명 원본의 관련 정보를 포함하여야 한다. |
| | 라. 재포장 또는 하역, 재선적, 보관, 탁송물의 분리나 수입 당사자의 법, 규정, 절차, 행정적 결정 및 정책에 따라 요구되는 경우로 한정한 라벨링 같은 물류 활동 또는 상품을 양호한 상태로 보존하거나 상품을 수입 당사자에 운송하기 위하여 필요한 그 밖의 모든 공정을 제외하고, 연결 원산지 증명을 사용하여 재수출될 탁송물은 중간 경유 당사자에서 추가 가공을 거치지 않아야 한다. |
| | 마. 분할 수출 선적의 경우, 그 분할 수출 수량은 원산지 증명 원본의 전체 수량을 대신하여 제시되고, 분할 선적에 따라 재수출된 전체 수량은 원산지 증명 원본의 전체 수량을 초과 하지 않아야 한다. 그리고 |
| | 바. 연결 원산지 증명상 정보는 원산지 증명 원본의 발급일 및 발급 번호를 포함하여야 한다. |

예시

한국에서 싱가포르로 수출하고 싱가포르에서 태국으로 재수출한 경우 최초 우리나라에서 발행한 한-아
세안 FTA 원산지증명서를 근거(원산지는 '한국산'표시)로 싱가포르에서 Back-To-Back 원산지증명
서를 발행할 수 있다. 2

## 제12조(원산지인증수출자 인증)

 **해설   원산지인증수출자**

1. 개념
   원산지인증수출자 제도란 관세당국이 원산지증명 능력이 있다고 인정한 수출자에게 원산지증명서 발급절
   차 또는 첨부서류 제출 간소화 혜택을 부여하는 제도로 업체별·품목별 원산지인증수출자가 있다. 2

2. 특징
   ① 인증수출자 인증은 자율적으로 원산지를 판단할 수 있는 권한을 준 것일 뿐 해당 업체의 모든 수출물품
   에 대해 한국산으로 공인한 것이 아니며, 인증을 받았더라도 원산지 서류보관 의무 및 원산지 검증(사후
   검증)에 대한 책임이 면제되지 않는다. 5
   ② 인증수출자인증은 수출품의 원산지자격을 공인해주는 것이 아니라 원산지증명능력 등을 인정한 것에
   불과하므로 원산지조사가 면제되지 않는다. 2
   ③ 수출자는 다른 회사의 인증수출자번호를 사용할 수 없다. 1
   ④ 업체별 원산지인증수출자는 모든 협정, 모든 품목에 혜택을 받을 수 있으나 품목별 원산지인증수출자는
   인정받은 협정, 인증받은 품목에만 혜택을 받을 수 있다. 1

① 원산지인증수출자 인증 **1**

관세청장 또는 세관장은 수출물품에 대한 원산지증명능력 등 대통령령으로 정하는 요건을 충족하는 수출자를 원산지인증수출자로 인증할 수 있다.

---

**관련규정** **영 제7조(원산지인증수출자의 인증요건)**

법 제12조제1항에서 "수출물품에 대한 원산지증명능력 등 대통령령으로 정하는 요건을 충족하는 수출자"란 다음 각 호의 구분에 따른 수출자를 말한다.

1. 업체별 원산지인증수출자 : 다음 각 목의 요건을 모두 갖춘 수출자 또는 생산자

   가. 수출실적이 있는 물품 또는 새롭게 수출하려는 물품이 원산지 결정기준을 충족하는 물품(품목번호 6단위를 기준으로 한다)임을 증명할 수 있는 전산처리시스템을 보유하고 있거나 그 밖의 방법으로 증명할 능력이 있을 것 **4**

   나. 원산지인증수출자 인증신청일 이전 최근 2년간 서면조사 또는 현지조사를 거부한 사실이 없을 것 **7**

   ※ 이 경우에도 품목별원산지인증수출자 인증은 신청할 수 있다.

   다. 원산지증명서 작성대장을 비치 · 관리하고 기획재정부령으로 정하는 원산지관리전담자를 지정 · 운영할 것 **2**

   라. 원산지인증수출자 인증신청일 이전 최근 2년간 제10조제1항제2호 및 제3호에 따른 서류의 보관의무를 위반한 사실이 없을 것 **3**

   마. 원산지인증수출자 인증신청일 이전 최근 2년간 속임수 또는 부정한 방법으로 원산지증명서를 발급신청하거나 작성 · 발급한 사실이 없을 것 **2**

2. 품목별 원산지인증수출자 : 업체별 원산지인증수출자에 해당하지 아니하는 자로서 다음 각 목의 요건을 모두 갖춘 수출자 또는 생산자

   가. 수출실적이 있는 물품 또는 새롭게 수출하려는 물품이 법 제7조에 따른 원산지 결정기준을 충족하는 물품(품목번호 6단위를 기준으로 한다)일 것 **4**

   ※ 인증받은 해당품목은 인증신청서에 기재된 신청 협정에만 적용된다(업체별의 경우 모든 협정에 적용). **2**

   나. 원산지증명서 작성대장을 비치 · 관리하고 기획재정부령으로 정하는 원산지관리전담자를 지정 · 운영할 것 **1**

---

**관련규정** **규칙 제17조(업체별 원산지인증수출자)**

② 원산지관리전담자 요건 **2**

영 제7조제1호다목 및 같은 조 제2호나목에서 "기획재정부령으로 정하는 원산지관리전담자"란 각각 다음 각 호의 어느 하나에 해당하는 자를 말한다. 다만, 제2호에 해당하는 자는 해당 업체의 소속직원에 한정한다.

1. 변호사, 관세사, 공인회계사 **6**

2. 「자격기본법」에 따라 공인받은 원산지 관리에 관한 자격이 있는 자, 원산지 관리에 관한 교육을 이수한 자 등 관세청장이 정하는 요건을 충족한 자 **3**

**관련규정** **규칙 제17조(업체별 원산지인증수출자)**

※ 업체별 원산지인증수출자는 신규 수출(생산) 품목의 별도 인증이 불필요하다.

① 서류제출

업체별 원산지인증수출자로 인증받으려는 자는 다음 각 호의 서류를 관세청장 또는 세관장에게 제출해야 한다.

1. 별지 제25호서식의 신청서
2. 수출자가 수출 또는 생산하는 주요 품목(품목번호 6단위를 기준으로 한다)의 원산지소명서 또는 이를 대신하는 다음 각 목의 구분에 따른 서류 또는 자료 **1**

　가. 수출자가 영 제7조제1호가목에 따른 전산처리시스템을 보유하고 있는 경우 : 해당 전산처리시스템을 활용하여 물품의 원산지를 소명할 수 있음을 입증하는 현황자료

　나. 수출 또는 생산하는 주요 품목이 다음의 어느 하나에 해당하는 경우 : 제12조제4항에 따라 관세청장이 원산지확인서로 인정하여 고시하는 서류

　　1) 최종물품의 생산자와 수출자가 동일한 물품

　　2) 최종물품의 생산자와 수출자가 다른 물품으로서 최종물품의 생산자로부터 공급받아 수출자가 추가 가공없이 수출하는 물품

　다. 수출 또는 생산하는 주요 품목이 원산지간이확인물품에 해당하는 경우 : 국내제조확인서 또는 국내제조포괄확인서

3. 원산지확인서(최종물품에 대한 원산지확인서로서 해당 물품의 생산자와 수출자가 다른 경우로 한정한다) **2**
4. 원산지소명서에 기재된 내용을 입증할 수 있는 서류·정보 및 국내제조확인서(관세청장 또는 세관장이 필요하다고 인정하여 제출을 요구하는 경우로 한정한다)

③ 심사기간 **4**

서류를 제출받은 관세청장 또는 세관장은 수출자가 원산지인증수출자의 인증요건을 충족하는 때에는 신청을 받은 날부터 20일 이내에 수출자에게 인증서를 교부하고 그 사실을 지체 없이 관세청장은 증명서발급기관에, 세관장은 관세청장 및 증명서발급기관에 각각 통보하여야 한다. 이 경우 관세청장 또는 세관장은 인증 사실을 관세청장이 지정하는 정보통신망에 게시함으로써 통보에 갈음할 수 있다.

※ 업체별 원산지인증수출자와 품목별 원산지인증수출자의 인증 심사는 각 본부세관(평택직할세관 포함)에서 담당한다. **3**

④ 보정기간 **1**

관세청장 또는 세관장은 제출받은 서류가 미비하거나 원산지결정기준의 충족여부를 심사하기가 곤란하다고 인정하면 5일 이상 10일 이내의 기간을 정하여 보정을 요구하거나 현지확인을 할 수 있다. 이 경우 보정기간은 심사기간에 포함하지 아니한다.

⑤ 변경신고 **4**

업체별 원산지인증수출자는 상호·주소·대표자성명·원산지관리전담자 등 인증사항이 변경되었을 때에는 그 변경사항을 지체 없이 관세청장이 정하는 세관장에게 신고하여야 한다. 다만, 기업의 합병·분할, 폐업 후 기업 신설 등으로 인하여 기업의 동일성 및 연속성이 인정되지 않는 경우에는 새로 인증을 받아야 한다.

⑥ 변경신고수리 **2**

변경신고를 받은 관세청장 또는 세관장은 변경신고를 받은 날부터 7일 이내에 그 신고내용을 확인하여 타당하다고 인정하면 원산지인증수출자 인증사항 변경신고수리서를 교부하고, 그 사실을 지체 없이 관세청장은 증명서발급기관에, 세관장은 관세청장 및 증명서발급기관에 각각 통보하여야 한다.

⑦ 인증유효기간 **6**

업체별 원산지인증수출자의 인증유효기간은 5년으로 한다.

⑧ 인증유효기간 연장 **7**

인증유효기간을 연장하려는 자는 인증유효기간 만료 30일 전까지 제3항에 따라 인증한 관세청장 또는 세관장에게 업체별 원산지인증수출자 인증연장 신청서를 제출해야 한다. 이 경우 연장신청을 받은 관세청장 또는 세관장은 원산지인증수출자가 인증요건을 유지하고 있는 것으로 인정하면 그 인증유효기간을 5년간 연장할 수 있으며, 인증유효기간을 연장한 때에는 이를 지체 없이 관세청장은 증명서발급기관에, 세관장은 관세청장 및 증명서발급기관에 각각 통보해야 한다.

⑨ 시정요청 **4**

관세청장 또는 세관장은 업체별 원산지인증수출자가 영 제7조제1호가목 및 다목의 요건 중 어느 하나의 요건을 갖추지 못한 것이 확인되면 30일 이상의 기간을 주고 시정하도록 할 수 있다.

⑩ 시정요청 미이행 시 인증취소

관세청장 또는 세관장은 시정을 받은 업체별 원산지인증수출자가 정당한 사유 없이 기간 내에 시정하지 아니하면 업체별 원산지인증수출자의 인증을 취소하고 지체 없이 관세청장은 업체별 원산지인증수출자 및 증명서발급기관에, 세관장은 관세청장, 업체별 원산지인증수출자 및 증명서발급기관에 각각 통보하여야 한다.

⑪ 인증취소

관세청장 또는 세관장은 업체별 원산지인증수출자가 다음 각 호의 어느 하나에 해당하는 경우에는 업체별 원산지인증수출자의 인증을 취소하고 지체 없이 관세청장은 업체별 원산지인증수출자 및 증명서발급기관에, 세관장은 관세청장, 업체별 원산지인증수출자 및 증명서발급기관에 각각 통보해야 한다.

1. 법 제15조에 따른 서류의 보관의무를 위반한 경우
2. 서면조사 또는 현지조사를 거부한 경우
3. 속임수나 그 밖의 부정한 방법으로 원산지증명서의 발급을 신청하거나 원산지증명서를 작성·발급한 경우 **1**

⑫ 청문 **5**

업체별 원산지인증수출자의 인증을 취소하려는 때에는 청문을 실시하여야 한다.

⑬ 인증서재발급 **1**

세관장은 업체별 원산지인증수출자 인증서를 발급받은 자가 분실·도난·훼손 그 밖의 부득이한 사유로 인증서의 재발급을 신청하는 경우에는 이를 재발급할 수 있다. 이 경우 재발급신청자는 원산지인증수출자 인증서 재발급 신청서를 세관장에게 제출하여야 한다.

> 🏅 **TIP** 인증수출자고시 제12조의3(인증서의 발급 및 재발급)
>
> 인증서의 재발급을 신청받은 세관장은 관할 외의 원산지인증수출자에 대해서도 인증서를 재발급할 수 있다. **1**

⑭ 고시 **1**

제1항부터 제13항까지의 규정에 따른 업체별 원산지인증수출자의 인증, 인증유효기간 연장, 인증서의 재발급, 시정명령, 인증취소 및 업체별 원산지인증수출자의 인증요건 확인기준·확인방법 등에 필요한 세부적인 절차는 관세청장이 정하여 고시한다.

---

**관련규정**   **규칙 제18조(품목별 원산지인증수출자)**

① 서류제출

품목별 원산지인증수출자로 인증받으려는 자는 다음 각 호의 서류를 관세청장 또는 세관장에게 제출해야 한다.

1. 별지 제29호서식의 신청서

2. 원산지인증 신청품목(품목번호 6단위를 기준으로 한다)별 원산지소명서 또는 이를 대신하는 다음 각 목의 구분에 따른 서류 **4**

   가. 원산지인증수출자가 생산하여 원산지를 확인한 물품을 원산지인증수출자로부터 공급받아 수출자가 추가 가공없이 수출하는 물품의 경우 : 별지 제26호서식의 업체별 원산지인증수출자 인증서 또는 별지 제30호서식의 품목별 원산지인증수출자 인증서 사본

   나. 원산지인증 신청 품목이 다음의 어느 하나에 해당하는 경우 : 제12조제4항에 따라 관세청장이 원산지확인서로 인정하여 고시하는 서류

      1) 최종물품의 생산자와 수출자가 동일한 물품

      2) 최종물품의 생산자와 수출자가 다른 물품으로서 최종물품의 생산자로부터 공급받아 수출자가 추가 가공없이 수출하는 물품

   다. 원산지인증신청품목이 원산지간이확인물품에 해당하는 경우 : 국내제조확인서 또는 국내제조포괄확인서

3. 원산지확인서(최종물품에 대한 원산지확인서로서 해당 물품의 생산자와 수출자가 다른 경우만 해당한다) **1**

4. 원산지소명서에 기재된 내용을 입증할 수 있는 서류·정보 및 국내제조확인서(관세청장 또는 세관장이 필요하다고 인정하여 제출을 요구하는 경우로 한정한다)

---

📈 **TIP**

• 품목별 원산지인증수출자는 인증받은 품목번호 6단위만 인증 혜택을 부여한다.
• 품목별 원산지인증수출자 인증서는 상호, 주소, 대표자, 인증번호, 인증유효기간, 품목번호(4단위)[HS No.(4-digit)], 자유무역협정 명칭(Name of FTA) 등이 기재된다.

---

② 변경신고 **2**

품목별 원산지인증수출자는 상호·주소·대표자성명·원산지관리전담자 등 인증사항이 변경되었을 때에는 그 변경사항을 지체 없이 관세청장이 정하는 세관장에게 신고하여야 한다. 다만, 인증물품의 원산지결정기준 또는 인증물품의 종류가 변경되었거나 기업의 합병·분할, 폐업 후 기업 신설 등으로 인하여 기업의 동일성 및 연속성이 인정되지 않는 경우에는 해당 물품에 대하여 새로 인증을 받아야 한다.

③ 인증취소

관세청장 또는 세관장은 품목별 원산지인증수출자가 영 제7조제2호가목의 요건을 갖추지 못한 것이 확인되면 품목별 원산지인증수출자의 인증을 취소하고 지체 없이 관세청장은 품목별 원산지인증수출자 및 증명서발급기관에, 세관장은 관세청장, 품목별 원산지인증수출자 및 증명서발급기관에 각각 통보하여야 한다.

④ 시정요청

관세청장 또는 세관장은 품목별 원산지인증수출자가 영 제7조제2호나목의 요건을 갖추지 못한 것이 확인되면 30일 이상의 기간을 주고 시정하도록 할 수 있다.

⑤ 시정 미이행 시 인증취소

관세청장 또는 세관장은 제4항에 따른 시정을 받은 품목별 원산지인증수출자가 정당한 사유 없이 기간 내에 시정하지 아니하면 품목별 원산지인증수출자의 인증을 취소하고 지체 없이 관세청장은 품목별 원산지인증수출자 및 증명서발급기관에, 세관장은 관세청장, 품목별 원산지인증수출자 및 증명서발급기관에 각각 통보하여야 한다.

⑥ 인증유효기간 ⑤

품목별 원산지인증수출자의 인증유효기간은 5년으로 한다. 다만, 최근 2년간 법 제17조제1항 또는 법 제18조제1항에 따른 조사를 거부한 사실이 있거나, 최근 2년간 영 제10조제1항제2호 및 제3호(수출자, 생산자가 보관해야 하는 서류)에 따른 서류 보관의무를 위반한 사실이 있는 자에 대해서는 관세청장이 정하는 바에 따라 인증유효기간을 달리 할 수 있다.

⑦ 준용 ⑤

품목별 원산지인증수출자의 인증, 인증유효기간 연장, 인증서의 재발급, 시정명령 및 인증취소 등에 관하여는 제17조제3항·제4항(보정기간), 제6항, 제8항 및 제12항부터 제15항까지를 준용한다. 이 경우 품목번호 4단위를 기준으로 인증서를 교부한다.

② 자율발급 인증수출자

원산지인증수출자는 협정에서 정하는 범위에서 제11조제1항제2호(자율발급)에 따라 해당 물품에 대하여 자율적으로 원산지를 증명할 수 있으며, 기획재정부령으로 정하는 바에 따라 원산지증명에 관하여 간소한 절차를 적용받을 수 있다.

③ 인증취소

관세청장 또는 세관장은 원산지인증수출자가 제1항의 요건을 충족하지 못하는 경우에는 그 인증을 취소할 수 있다.

④ 위임

원산지인증수출자 인증 및 그 취소의 절차, 인증유효기간과 그 밖에 필요한 사항은 기획재정부령으로 정한다.

**TIP**

인증수출자의 종류 및 유효기간

| 구분 | 업체별 원산지인증수출자 | 품목별 원산지인증수출자 |
|------|-------------------------|--------------------------|
| 혜택범위 | 모든 협정, 모든 품목 | 인증 받은 협정별 HS 6단위 |
| 유효기간 | 5년 | 5년(법규준수도 등에 따라 차등적용 가능) |
| 인증기관 | 본부세관 및 평택직할세관 | 본부세관 및 평택직할세관 |
| 인증기준 | 협정상대국별 원산지증명능력 및 법규준수도 | HS 6단위별 원산지증명능력 및 법규준수도 |

인증수출자의 협정별 혜택 ②

| 협정 | 구분 | 인증 前 | 인증 後 |
|------|------|---------|---------|
| 한–EFTA | 자율발급 | 원산지증명서 자율발급 시 수출자의 서명 수기작성 필요 | 원산지증명서 자율발급 시 수출자의 서명 수기작성 생략가능 ❶ |
| 한–EU<br>한–영 | 자율발급 | • 6,000유로 이하의 수출물품에 한하여 원산지증명서 자율발급 가능 ❹<br>• 원산지증명서 자율발급 시 수출자의 서명 수기 작성 필요 | • 6,000유로를 초과하는 수출물품의 원산지증명서 자율발급 가능<br>• 원산지증명서 자율발급 시 수출자의 서명 수기 작성 생략가능 |
| 한–아세안<br>한–싱가포르<br>한–인도<br>한–베트남<br>한–중<br>RCEP<br>한–이스라엘<br>한–캄보디아<br>한–인도네시아 | 기관발급 | • 원산지증명서 발급신청서 작성 (전산으로 신청)<br>• 첨부서류 제출<br>  – 수출신고필증 사본<br>  – 원산지소명서<br>  – 원산지확인서<br>    (생산자와 수출자가 다른 경우)<br>  – 그 밖의 원산지 증빙자료<br>• 현지확인(필요한 경우) | • 원산지증명서 발급신청서 작성 (전산으로 신청)<br>• 첨부서류 제출 생략 ❷<br>• 현지확인 생략 가능 |
| RCEP<br>한–캄보디아 | 자율발급 | • (인증수출자) 원산지증명서 자율발급 불가<br>• [RCEP] (수출자 또는 생산자) 원산지증명서 자율발급 가능〈유보〉<br>※ 〈유보〉 [RCEP] 제3.16조에 따라 이행 예정(국가별 상이) | (인증수출자) 원산지증명서 자율발급 가능 |
| 한–인도네시아 | 자율발급 | • (인증수출자) 원산지증명서 자율발급 불가<br>• (수출자 또는 생산자) 원산지증명서 자율발급 가능〈유보〉<br>※ 〈유보〉 [한–인도네시아 CEPA] 제3.15에 따라 이행 예정 | (인증수출자) 원산지증명서 자율발급 가능〈유보〉 |
| 한–이스라엘 | 자율발급 | 미화 1천달러 이하의 수출물품에 한하여 원산지증명서 자율발급 가능 | 미화 1천달러 초과 수출물품의 원산지증명서 자율발급 가능 |
| 기타 | | 동 제도 미적용 | |

## 제13조(중소기업의 원산지증명 지원)

관세청장은 중소기업에 해당하는 수출자, 생산자 또는 수출물품이나 수출물품의 생산에 사용되는 재료를 공급하는 자를 대상으로 다음 각 호의 사항에 관한 지원사업을 할 수 있다.

1. 원산지결정기준에 관한 상담 및 교육
2. 원산지증명서의 작성 및 발급 등 원산지증명 절차에 관한 상담 및 교육 **1**
3. 그 밖에 원산지증명의 지원에 관한 사항으로서 대통령령으로 정하는 사항

※ 원산지증명서 작성 및 발급의 대행 및 비용은 지원대상이 아니다.

---

**관련규정**　영 제8조(중소기업의 원산지증명 지원)

① 법 제13조제3호에서 "대통령령으로 정하는 사항"이란 다음 각 호의 사항을 말한다.
　1. 원산지인증수출자의 인증 취득에 관한 상담 및 교육 **1**
　2. 원산지증명에 관한 전산처리시스템의 개발 및 보급
　3. 원산지증빙서류의 작성·보관방법에 관한 상담 및 교육 **1**
　4. 체약상대국의 원산지조사에 대비한 상담 및 교육 **1**
　5. 그 밖에 중소기업이 원산지증명과 관련하여 요청하는 사항

---

## 제14조(원산지증빙서류의 수정 통보)

① 수정통보 **4**

　수출자 또는 생산자가 체약상대국의 협정관세를 적용받을 목적으로 원산지증빙서류를 작성·제출한 후 해당 물품의 원산지에 관한 내용에 오류가 있음을 알았을 때에는 협정에서 정하는 바에 따라 기획재정부령으로 정하는 기간 이내에 그 사실을 세관장 및 원산지증빙서류를 제출받은 체약상대국의 수입자에게 각각 통보하여야 한다. 이 경우 세관장은 그 사실을 관세청장이 정하는 바에 따라 체약상대국의 관세당국에 통보하여야 한다.

---

**관련규정**　규칙 제19조(수출물품의 원산지오류 수정통보기간 등) **3**

① 법 제14조제1항에서 "기획재정부령으로 정하는 기간"이란 원산지증빙서류를 작성한 수출자 또는 생산자가 해당 물품의 원산지에 관한 내용에 오류가 있음을 안 날부터 30일을 말한다.

---

**관련규정**　고시 제44조(원산지증빙서류의 수정통보)

① 세관장은 법 제14조제1항에 따라 원산지증빙서류의 수정통보서를 제출 받은 경우에는 그 사실을 관세청장과 수출자 주소지를 관할하는 원산지조사 담당 세관장(또는 담당부서)에게 보고(통보)하여야 한다. **1**
② 관세청장은 원산지증빙서류의 수정통보서를 보고 받은 때에는 협정에서 정하는 바에 따라 체약상대국 관세당국에 통보하여야 한다.

## 원산지증명서의 오류보완

대다수 협정에서는 원산지증명서의 사소한 오류가 있는 경우 효력을 부인하지 않거나 보완의 기회를 줄 것을 규정하고 있으며, 그 보완대상이 되는 사소한 오류로는 가독 불가, 표면상 결함, 작성방식 위배 등으로 열거하고 있다.

〈협정상 원산지증명서의 단순오류 규정 유형〉

| 구분 | 단순오류 인정 및 보완요구 | 단순오류 인정 | 규정 없음 |
|------|--------------------------|---------------|-----------|
| 협정 | 칠레, 인도, 중국, 베트남, 페루, 캐나다(MOU), 중미 | EU, EFTA, 튀르키예, 콜롬비아, 호주, 뉴질랜드, 아세안, 영국, RCEP, 이스라엘, 캄보디아, 인도네시아 | 싱가포르, 미국 **1** |

② 세액변경 **4**

수입자는 체약상대국의 물품에 대한 원산지증빙서류를 작성한 자나 해당 물품에 대한 수입신고를 수리하거나 원산지를 심사한 세관장으로부터 원산지증빙서류의 내용에 오류가 있음을 통보받은 경우로서 그 오류로 인하여 납세신고한 세액 또는 신고납부한 세액에 부족이 있을 때에는 기획재정부령으로 정하는 기간 이내에 세관장에게 세액정정·세액보정 신청 또는 수정신고를 하여야 한다.

**관련규정**  제20조(수입물품의 원산지오류 수정신고기간) **1**

법 제14조제2항에서 "기획재정부령으로 정하는 기간"이란 수입자가 원산지증빙서류의 내용에 오류가 있음을 통보받은 날부터 30일 이내로서 관세청장 또는 세관장으로부터 해당 물품에 대하여 법 제17조제1항에 따른 서면조사통지를 받기 전 날까지로 한다.

③ 세액정정 또는 경정청구 **3**

수입자는 체약상대국의 물품에 대한 원산지증빙서류를 작성한 자나 해당 물품에 대한 수입신고를 수리하거나 원산지를 심사한 세관장으로부터 원산지증빙서류의 내용에 오류가 있음을 통보받은 경우로서 그 오류로 인하여 납세신고한 세액 또는 신고납부한 세액이 과다한 것을 알게 되었을 때에는 세관장에게 세액정정 신청 또는 경정청구를 할 수 있다.

**(해설)**

원산지를 심사한 세관장으로부터 원산지증빙서류 오류통보를 받고 납부한 세액이 과다한 것을 알게 된 경우 경정청구하지 않아도 과태료가 부과되지 않는다.

④ 준용

제2항 및 제3항에 따른 세액정정, 세액보정, 수정신고 및 경정에 관하여는 「관세법」 제38조, 제38조의2 및 제38조의3을 준용한다.

## 제15조(원산지증빙서류 등의 보관)

수입자·수출자 및 생산자는 협정 및 이 법에 따른 원산지의 확인, 협정관세의 적용 등에 필요한 것으로서 원산지증빙서류 등 대통령령으로 정하는 서류를 5년의 범위에서 대통령령으로 정하는 기간(협정에서 정한 기간이 5년을 초과하는 경우에는 그 기간) 동안 보관하여야 한다.

※ 모든 협정은 원산지증빙서류 보관기간을 규정하고 있다. **1**

---

**관련규정** | 영 제10조(보관대상 원산지증빙서류 등)

① 보관대상 원산지증빙서류
법 제15조에서 "원산지증빙서류 등 대통령령으로 정하는 서류"란 다음 각 호의 구분에 따른 서류를 말한다.
1. 수입자가 보관해야 하는 서류
 가. 원산지증명서 사본. 다만, 협정에 따라 수입자의 증명 또는 인지에 기초하여 협정관세 적용신청을 하는 경우로서 수출자 또는 생산자로부터 원산지증명서를 발급받지 아니한 경우에는 그 수입물품이 협정관세의 적용대상임을 증명하는 서류를 말한다. **1**
 나. 수입신고필증 **3**
 다. 수입거래 관련 계약서 **2**
 라. 지식재산권 거래 관련 계약서 **3**
 마. 수입물품의 과세가격 결정에 관한 자료
 바. 수입물품의 국제운송 관련 서류 **2**
 사. 사전심사서 사본 및 사전심사에 필요한 증빙서류(사전심사서를 받은 경우만 해당한다) **1**
2. 수출자가 보관해야 하는 서류
 가. 체약상대국의 수입자에게 제공한 원산지증명서(전자문서를 포함한다) 사본 및 원산지증명서 발급 신청서류(전자문서를 포함한다) 사본 **2**
 나. 수출신고필증
 다. 수출거래 관련 계약서
 라. 해당 물품의 구입 관련 증빙서류 및 출납·재고관리대장
 마. 생산자 또는 해당 물품의 생산에 사용된 재료를 공급하거나 생산한 자가 해당 물품의 원산지증명을 위하여 작성한 후 수출자에게 제공한 서류
 바. 원가계산서·원재료내역서 및 공정명세서
 사. 해당 물품 및 원재료의 출납·재고관리대장 **1**
 아. 생산자 또는 해당 물품의 생산에 사용된 재료를 공급하거나 생산한 자가 해당 물품의 원산지증명을 위하여 작성한 후 수출자에게 제공한 서류
 ※ 수출물품 국제운송 관련 서류는 수출자가 보관하는 원산지증빙자료가 아니다.
3. 생산자가 보관해야 하는 서류
 가. 수출자 또는 체약상대국의 수입자에게 해당 물품의 원산지증명을 위하여 작성·제공한 서류 **1**
 나. 해당 물품의 생산에 사용된 원재료의 수입신고필증(생산자의 명의로 수입신고한 경우만 해당한다)

다. 수출자와의 물품공급계약서

라. 해당 물품의 생산에 사용된 재료를 공급하거나 생산한 자가 해당 재료의 원산지증명을 위하여 작성한 후 생산자에게 제공한 서류

마. 해당 물품 생산 및 원재료의 생산 또는 구입 관련 증빙서류

바. 원가계산서 · 원재료내역서 및 공정명세서

사. 해당 물품 및 원재료의 출납 · 재고관리대장

※ 우리나라가 체결한 모든 FTA에서 수출자에게 수출용원재료를 공급한 원재료 생산자에게도 원산지 증빙서류 보관책임을 부여하고 있다.

② 보관기간

법 제15조에서 "대통령령으로 정하는 기간"이란 다음 각 호의 구분에 따른 기간을 말한다.

1. 수입자 : 협정관세의 적용을 신청한 날의 다음 날부터 5년 **6**

---

**📈 TIP   주요협정상 원산지증명서 보관기간**

1. 미국, 호주 FTA : 수입자에게 요구되는 원산지증명서 보관일은 원산지증명서 발급일(또는 서명일)로부터 5년이다. **1**

2. 한–캐나다 : 원산지증명서가 서명된 날부터 최소 5년 동안 보관한다. **1**

3. 한–베트남 : 원산지증명서의 발급일로부터 최소 5년간 보관한다. **1**

4. 한–EU : 원산지신고서 사본과 증빙서류를 5년간 보관한다. **2**

5. 한–아세안 : 수출당사국의 국내 법령에 따라 원산지증명서의 발급일로부터 3년 이상 보관하여야 한다. **1**

---

2. 수출자 및 생산자 : 원산지증명서의 작성일 또는 발급일부터 5년. 다만, 체약상대국이 중국인 경우에는 중국과의 협정에 따라 3년으로 한다. **7**

③ 보관방법

제1항 각 호의 구분에 따른 자는 그 구분에 따른 서류를 관세청장이 정하여 고시하는 바에 따라 마이크로필름 · 광디스크 등 자료전달매체 또는 서버 등 자료보관매체 등을 이용하여 보관할 수 있다. **2**

## 제16조(원산지증빙서류 등의 제출)

① 서류제출요구

관세청장 또는 세관장은 협정에서 정하는 범위에서 원산지의 확인, 협정관세의 적용 등에 관한 심사를 하는 데 필요하다고 인정하는 경우에는 다음 각 호의 어느 하나에 해당하는 자에게 제15조에 따른 서류의 제출을 요구할 수 있다.

1. 수입자

2. 수출자 또는 생산자(체약상대국에 거주하는 수출자 및 생산자를 포함한다) **2**

3. 그 밖에 원산지 또는 협정관세 적용의 적정 여부 등을 확인하기 위하여 필요한 자로서 기획재정부령으로 정하는 자

**규칙 제21조(자료제출자 및 자료제출기한)**

① 법 제16조제1항제3호에서 "기획재정부령으로 정하는 자"란 다음 각 호의 어느 하나에 해당하는 자를 말한다.
　1. 해당 물품의 생산에 사용된 재료를 공급하거나 생산한 자(체약상대국에 거주하는 자를 포함한다) **3**
　2. 해당 물품의 거래 · 유통 · 운송 · 보관 및 통관을 대행하거나 취급한 자 **2**

② 서류제출기간

　서류 제출을 요구받은 자는 20일 이상의 기간으로서 기획재정부령으로 정하는 기간 이내에 이를 제출하여야 한다.

**규칙 제21조(자료제출자 및 자료제출기한)**

② 자료제출기한
　법 제16조제2항에서 "기획재정부령으로 정하는 기간"이란 다음 각 호의 구분에 따른 기간을 말한다.
　1. 페루와의 협정 및 뉴질랜드와의 협정에 따라 서류의 제출을 요구받은 자 : 요구받은 날부터 90일 **3**
　2. 그 밖의 자 : 요구받은 날부터 30일. 다만, 관세청장 또는 세관장은 서류의 제출을 요구받은 자가 부득이한 사유로 서류제출기한의 연장을 신청하는 경우에는 30일을 초과하지 아니하는 범위에서 한 차례만 그 기한을 연장할 수 있다. **1**
③ 제출기한연기
　서류제출기한의 연기를 신청하려는 자는 서류의 제출을 요구받은 날부터 15일 이내에 서류제출기한 연기신청서를 관세청장 또는 세관장에게 제출하여야 한다.
⑤ 보완요구
　관세청장 또는 세관장은 제출받은 원산지증명서가 다음 각 호의 어느 하나에 해당하는 경우에는 5일 이상 45일 이내의 기간을 정하여 그 원산지증명서를 제출한 자에게 보완을 요구해야 한다. 다만, 관세청장 또는 세관장은 이러한 경우가 원산지 결정에 영향을 미치지 않는 경미한 사항이라고 인정하는 때에는 보완을 요구하지 않을 수 있다. **3**
　1. 인증수출자의 인증번호가 체약상대국으로부터 통보받은 인증수출자 번호체계와 일치하지 않는 경우
　2. 원산지증명서 작성자의 주소가 체약상대국이 아닌 다른 국가로 기재된 경우 **1**
　3. 협정관세를 적용받은 수입신고 내역과 일치하지 않는 경우 **1**
　4. 원산지증명서의 기재사항이 협정 및 법에서 정한 기재방법과 상이한 경우
⑥ 유효기간 후 보완허용 **2**
　관세청장 또는 세관장은 원산지증명서의 유효기간 이내에 수입자가 협정관세 적용신청을 한 경우에는 협정의 취지에 위배되지 않는 한 그 유효기간이 지난 후에도 원산지증명서의 보완을 허용해야 한다.

# CHAPTER [04] 원산지 조사

**고시 제2조(정의)**

"원산지조사"란 관세청장 또는 세관장이 우리나라가 체결한 협정·조약, 법에 따라 수출입물품의
원산지, 협정관세 적용의 적정 여부, 원산지증빙서류의 진위 여부와 정확성 등을 확인하기 위하여
실시하는 조사를 말한다. **1**

## 제17조(원산지에 관한 조사)

① 원산지조사

관세청장 또는 세관장은 수출입물품의 원산지 또는 협정관세 적용의 적정 여부 등에 대한 확인이
필요하다고 인정하는 경우에는 협정에서 정하는 범위에서 대통령령으로 정하는 바에 따라 다음
각 호의 어느 하나에 해당하는 자를 대상으로 필요한 서면조사 또는 현지조사를 할 수 있다. **2**

1. 수입자 **2**

2. 수출자 또는 생산자(체약상대국에 거주하는 수출자 및 생산자를 포함한다) **2**

3. 원산지증빙서류 발급기관 **1**

4. 제16조제1항제3호의 자(그 밖에 원산지 또는 협정관세 적용의 적정 여부 등을 확인하기 위
   하여 필요한 자로서 기획재정부령으로 정하는 자) **2**

**법 제16조제1항제3호**

법 제16조제1항제3호에서 "기획재정부령으로 정하는 자"란 다음 각 호의 어느 하나에 해당하는
자를 말한다.
1. 해당 물품의 생산에 사용된 재료를 공급하거나 생산한 자(체약상대국에 거주하는 자를 포함한다)
2. 해당 물품의 거래·유통·운송·보관 및 통관을 대행하거나 취급한 자 **1**

**영 제11조(수출입물품의 원산지에 관한 조사)**

① 원산지조사 **1**

관세청장 또는 세관장은 법 제17조제1항 또는 제18조제1항에 따라 수출입물품에 대한 원산지
또는 협정관세 적용의 적정 여부 등을 확인하는 데 필요한 조사를 하는 경우에는 서면조사로
한다. 다만, 서면조사 결과 원산지증빙서류의 진위 여부와 그 정확성 등을 확인하기 곤란하여
직접 확인할 필요가 있을 때에는 추가로 현지조사를 할 수 있다.

② 현지조사 우선 **4**
　제1항에도 불구하고 관세청장 또는 세관장은 조사대상자의 특성상 현지조사가 필요하다고 판단되는 경우에는 서면조사에 앞서 현지조사를 할 수 있다.
③ 수입자조사 우선
　다음 각 호의 자에 대한 서면조사 또는 현지조사는 먼저 수입자를 대상으로 조사를 한 결과 원산지증빙서류의 진위 여부와 그 정확성 등을 확인하기 곤란하거나 추가로 확인할 필요가 있을 때에만 이루어져야 한다. **2**
　1. 체약상대국에 거주하는 수출자 또는 생산자 **1**
　2. 법 제16조제1항제3호에 해당하는 자 중 체약상대국에 거주하는 자

---

### 해설　원산지조사 시 적용원칙 **1**

① 사전통지의 원칙 : 원산지조사를 할 때는 서면조사나 현지조사 모두 조사대상자에게 미리 통지해야 한다는 원칙이다.
② 신고수리 후 조사의 원칙 **4** : 원산지조사는 수리 후 조사가 원칙이다. 원산지조사를 하고자 하는 때에는 원칙적으로 협정관세가 적용되고 수출입신고가 수리된 물품에 한하여 원산지증빙서류의 진위여부와 그 정확성 등에 관한 조사를 할 수 있다. 이는 조사로 인한 통관지체를 방지하기 위함이다.
③ 서면조사 우선의 원칙 **4** : 원산지조사는 서면조사 또는 현지조사의 방법으로 수행하며 서면조사를 우선하여 실시한다. 이 경우 서면조사만으로 원산지의 확인 또는 협정관세적용의 적정 여부 등을 확인하기 곤란하거나 추가 확인이 필요한 경우에는 현지조사를 할 수 있다. [원산지조사훈령 제16조]
④ 수입자조사 우선의 원칙 **2** : 원산지조사는 수입자 조사를 우선으로 한다. FTA 관세특혜의 수혜자가 수입자이기 때문이다.

---

**관련규정**　**규칙 제22조(서면조사방법)**

① 서면조사통지
　관세청장 또는 세관장은 법 제17조제1항 및 법 제18조제1항에 따라 서면조사를 하려면 다음 각 호의 사항을 조사대상자에게 미리 통지하여야 한다. **1**
　1. 조사대상자 및 서면조사기간　　　　　2. 조사대상 수출입물품
　3. 조사이유　　　　　　　　　　　　　4. 조사할 내용
　5. 조사의 법적 근거　　　　　　　　　6. 제출서류 및 제출기한
　7. 조사기관, 조사자의 직위 및 성명
　8. 그 밖에 관세청장이 필요하다고 인정하는 사항
② 관세청장 또는 세관장은 서면조사의 통지를 할 때에는 조사대상자에게 원산지결정과 관련되는 질문에 대한 답변서의 작성·제출을 요구할 수 있다.
③ 추가자료 제출요구 **3**
　관세청장 또는 세관장은 조사대상자가 제출한 서류가 미비되었을 때에는 5일 이상의 기간을 정하여 추가자료의 제출을 요구할 수 있다.

**관련규정** | 규칙 제23조(현지조사방법)

① 현지조사통지

관세청장 또는 세관장은 법 제17조제1항 및 법 제18조제1항에 따라 현지조사를 하려면 조사를 시작하기 30일 전까지 조사대상자에게 다음 각 호의 사항을 통지하여야 한다. 다만, 국내에 거주하는 수입자, 수출자 또는 생산자 등에 대해서는 조사를 시작하기 15일 전까지 현지조사의 통지를 할 수 있다. **4**

1. 조사대상자
2. 조사대상 수출입물품
3. 조사예정기간 및 조사방법
4. 조사이유
5. 조사할 내용
6. 조사의 법적 근거
7. 조사에 대한 동의여부 및 조사동의서 제출기한(조사에 동의하지 아니하거나 조사동의서 제출기한 이내에 동의 여부를 통보하지 아니하는 경우의 조치 등 조치예정사항을 포함한다) **1**
8. 조사기관, 조사자의 직위 및 성명
9. 그 밖에 관세청장 또는 세관장이 필요하다고 인정하는 사항

**예시** 다음과 같은 무역거래 사례에서 우리나라 세관이 행하는 원산지조사의 대상이 될 수 있는 자는?

중국의 A사가 제조한 코일과 베트남의 B사가 제조한 페라이트 코어 등을 결합하여 베트남의 C사가 생산한 전자부품을 베트남의 수출자 D사로부터 우리나라 S사가 수입하였다. 베트남의 D사는 한–아세안 FTA 원산지증명서를 우리나라 S사에 제공하여 한–아세안 FTA 협정세율을 적용받았다. 이때 물품을 운송한 선사는 우리나라의 T사임.

 **해설**

S사, B사, C사, D사, T사가 조사대상이다. 중국의 A사는 체약상대국에 거주하는 재료를 공급하거나 생산한 자가 아니므로 조사대상이 아니다.

② 조사동의 **2**

관세청장 또는 세관장은 체약상대국에 거주하는 수출자·생산자 또는 제1항제4호에 해당하는 자 중 체약상대국에 거주하는 자("체약상대국의 조사대상자")를 대상으로 현지조사를 하는 경우에는 그 조사를 시작하기 전에 체약상대국의 조사대상자에게 조사 사유, 조사 예정기간 등을 통지하여 동의를 받아야 한다.

③ 조사연기신청

조사통지를 받은 체약상대국의 조사대상자는 관세청장 또는 세관장이 통지한 예정 조사기간에 조사를 받기가 곤란한 경우에는 대통령령으로 정하는 바에 따라 그 통지를 한 관세청장 또는 세관장에게 조사의 연기를 신청할 수 있다.

**영 제12조(원산지에 관한 현지조사의 연기 신청)**

① 현지조사의 연기를 신청하려는 자는 기획재정부령으로 정하는 조사연기 신청서를 현지조사에 관한 사전통지를 받은 날부터 15일 이내에 그 통지를 한 관세청장 또는 세관장에게 제출하여야 한다.

③ 현지조사의 연기신청은 1회만 할 수 있다. 이 경우 조사를 연기할 수 있는 기간은 사전통지를 받은 날부터 60일을 초과할 수 없다. **3**

④ 관세청장 또는 세관장은 조사의 연기를 승인할 때에는 그 사실을 조사대상자와 체약상대국의 관세당국에 통지하여야 한다. 다만, 체약상대국의 관세당국에 대한 통지는 협정에서 정하는 경우에만 한다.

④ 현지조사 미동의 시 **1**

관세청장 또는 세관장은 조사통지를 받은 체약상대국의 조사대상자가 20일 이상의 기간으로서 기획재정부령으로 정하는 기간 이내에 그 동의 여부를 통보하지 아니하거나 동의하지 아니한 경우에는 현지조사를 할 수 없다.

**규칙 제23조(현지조사방법)**

③ 법 제17조제4항에서 "기획재정부령으로 정하는 기간"이란 제1항에 따른 조사예정통지를 받은 날부터 30일을 말한다. **1**

④ 관세청장 또는 세관장은 조사대상자가 특별한 사유 없이 제3항에 따른 기간 이내에 현지조사에 대한 동의여부를 통보하지 아니하거나 특별한 사유 없이 동의하지 아니하는 경우에는 그 사실을 즉시 수입자와 체약상대국의 관세당국에 통보하여야 한다. 이 경우 체약상대국의 관세당국에 대한 통지는 협정에서 정하는 경우에 한정한다. **2**

⑤ 조사개시통지

관세청장 또는 세관장은 체약상대국의 조사대상자를 대상으로 서면조사 또는 현지조사를 할 때에는 수입자 및 체약상대국의 관세당국에 그 사실을 서면으로 통지하여야 한다. **1**
이 경우 체약상대국의 관세당국에 대한 통지는 협정에서 정하는 경우에만 한다.

⑥ 결과통지 **4**

관세청장 또는 세관장은 제1항에 따른 서면조사 또는 현지조사를 마치면 조사 결과와 그에 따른 결정 내용을 기획재정부령으로 정하는 기간 이내에 조사대상자(체약상대국의 조사대상자가 생산 또는 수출한 물품을 수입한 자를 포함한다) 및 체약상대국의 관세당국에 서면으로 통지하여야 한다. 이 경우 체약상대국의 관세당국에 대한 통지는 협정에서 정하는 경우에만 한다.

| 관련규정 | 규칙 제25조(서면조사 및 현지조사의 결과통지기간 등) ❸ |

① 법 제17조제6항에서 "기획재정부령으로 정하는 기간"이란 협정에서 달리 정하지 않았으면 서면조사 또는 현지조사를 완료한 날부터 30일을 말한다. 이 경우 아세안회원국과의 협정, 인도와의 협정, 베트남과의 협정 및 중국과의 협정에 따른 현지조사 결과의 통지는 현지 방문일부터 6개월 이내에 완료해야 한다.

⑦ 이의제기 ❻

통지 내용에 이의가 있는 조사대상자(체약상대국의 조사대상자가 생산 또는 수출한 물품을 수입한 자를 포함한다)는 조사 결과를 통지받은 날부터 30일 이내에 대통령령으로 정하는 바에 따라 관세청장 또는 세관장에게 이의를 제기할 수 있다.

| 관련규정 | 영 제15조(원산지에 관한 조사결과에 대한 이의제기) |

① 법 제17조제7항 및 제18조제2항에 따라 원산지에 관한 조사결과에 대하여 이의를 제기하려는 자는 기획재정부령으로 정하는 이의제기서에 이의를 제기하는 내용을 확인할 수 있는 자료를 첨부하여 관세청장 또는 세관장에게 제출하여야 한다. ❶
③ 관세청장 또는 세관장은 이의제기를 받았을 때에는 이를 심사하여 이의제기를 받은 날부터 30일 이내에 결정 내용을 상대방에게 통지하여야 한다. ❹
④ 관세청장 또는 세관장은 이의제기의 내용이나 절차가 적합하지 않지만 보정할 수 있다고 인정될 때에는 20일 이내의 기간을 정하여 상대방에게 보정하여 줄 것을 요구할 수 있다. 다만, 보정할 사항이 경미할 때에는 직권으로 보정할 수 있다.
⑤ 관세청장 또는 세관장은 제4항 본문에 따라 보정을 요구할 때에는 다음 각 호의 사항을 기재한 문서로써 하여야 한다.
  1. 보정할 사항
  2. 보정을 요구하는 이유
  3. 보정할 기간
  4. 그 밖에 필요한 사항
⑥ 제4항 본문에 따른 기간은 제3항에 따른 기간을 계산할 때 산입하지 아니한다.

⑧ 조력을 받을 권리

제1항에 따라 조사를 받는 조사대상자의 조력을 받을 권리에 관하여는 「관세법」 제112조를 준용한다. ❺

| 관련규정 | 관세법 제112조(관세조사의 경우 조력을 받을 권리) ❷ |

납세자는 제110조제2항 각 호의 어느 하나에 해당하여 세관공무원에게 조사를 받는 경우에 변호사, 관세사를 조사에 참여하게 하거나 의견을 진술하게 할 수 있다.

⑨ 조사권 남용금지

세관공무원은 조사를 하는 때에는 필요한 최소한의 범위에서 조사를 하여야 하며, 다른 목적을 위하여 조사권을 남용해서는 아니 된다.

---

**관련규정** | **제24조(체약상대국별 원산지에 관한 조사의 방법)**

법 제17조에 따라 체약상대국에서 수입된 물품의 원산지에 관한 조사를 할 때에는 다음 각 호의 구분에 따른 방법으로 한다.

1. 칠레에서 수입된 물품 : 칠레와의 협정 및 법 제17조제1항에 따라 조사대상자를 직접 서면조사 또는 현지조사하는 방법 (직접검증) **1**

2. 싱가포르에서 수입된 물품 : 싱가포르와의 협정 및 법 제17조제1항에 따라 조사대상자를 직접 서면조사 또는 현지조사하는 방법 (직접검증) **2**

3. 유럽자유무역연합회원국에서 수입된 물품 : 유럽자유무역연합회원국과의 협정 부속서 I 및 법 제19조제1항에 따라 체약상대국의 관세당국에 원산지 확인을 요청하는 방법. 이 경우 관세청장 또는 세관장은 필요하다고 인정하면 유럽자유무역연합회원국 관세당국의 동의를 받아 유럽자유무역연합회원국의 원산지 확인절차에 소속 공무원을 참관하게 할 수 있다. [간접검증(참관 가능)] **1**

4. 아세안회원국에서 수입된 물품 : 아세안회원국과의 협정 부속서 3의 부록 1 및 법 제19조제1항에 따라 아세안회원국의 증명서발급기관에 원산지 확인을 요청하는 방법. 다만, 관세청장 또는 세관장은 아세안회원국의 증명서발급기관의 원산지 확인결과가 적정하지 아니하거나 원산지의 정확성을 결정하는 데 필요한 정보가 포함되지 아니하였을 때에는 아세안회원국과의 협정 부속서 3의 부록 1 및 법 제17조제1항에 따라 아세안회원국의 수출자 또는 생산자를 대상으로 현지조사를 할 수 있다. (간접검증 → 직접검증) **2**

5. 인도에서 수입된 물품 : 인도와의 협정 및 법 제19조제1항에 따라 인도의 증명서발급기관에 원산지 확인을 요청하는 방법. 다만, 관세청장 또는 세관장은 인도의 증명서발급기관의 원산지 확인결과가 적정하지 아니하거나 원산지의 정확성을 결정하는데 필요한 정보가 포함되지 아니하였을 때에는 인도와의 협정 및 법 제17조제1항 따라 인도의 수출자 또는 생산자를 대상으로 현지조사를 할 수 있다. (간접검증 → 직접검증) **2**

6. 유럽연합당사자로부터 수입된 물품 : 유럽연합당사자와의 원산지 관련 의정서 및 법 제19조제1항에 따라 유럽연합당사자의 관세당국에 원산지 확인을 요청하는 방법. 이 경우 관세청장 또는 세관장은 필요하다고 인정하면 유럽연합당사자 관세당국의 동의를 받아 유럽연합당사자의 원산지 확인절차에 소속 공무원을 참관하게 할 수 있다. **2**

(📊) **TIP**   한-EU FTA는 간접검증만 가능하다.

7. 페루에서 수입된 물품 : 다음 각 목의 어느 하나에 해당하는 방법
   가. 페루와의 협정 및 법 제19조제1항에 따라 페루의 관세당국에 원산지 확인을 요청하는 방법 **1**
   나. 페루와의 협정 및 법 제17조제1항에 따라 조사대상자를 직접 서면조사하는 방법 또는 페루 관세당국 공무원과 동행하여 페루의 수출자 또는 생산자를 대상으로 현지조사하는 방법 [직접(현지조사)·간접검증 중 선택] **1**

8. 미합중국에서 수입된 물품 : 미합중국과의 협정 및 법 제17조제1항에 따라 조사대상자를 직접 서면조사 또는 현지조사하는 방법. 다만, 섬유 관련 물품에 대해서는 미합중국과의 협정의 규정에 따라 미합중국의 관세당국에 원산지 확인(미합중국의 관세당국과 함께 조사대상 사업장에 방문하는 것을 포함한다)을 요청하는 방법 [직접검증(섬유 관련 물품 간접검증 가능)] **1**

9. 튀르키예에서 수입된 물품 : 튀르키예와의 원산지 관련 의정서 및 법 제19조제1항에 따라 튀르키예의 관세당국에 원산지 확인을 요청하는 방법. 이 경우 관세청장 또는 세관장은 필요하다고 인정하면 튀르키예 관세당국이 제시한 조건에 따라 튀르키예의 원산지 확인절차에 소속 공무원을 참관하게 할 수 있다. **1**

10. 콜롬비아에서 수입된 물품 : 다음 각 목의 어느 하나에 해당하는 방법
    가. 콜롬비아와의 협정 및 법 제19조제1항에 따라 콜롬비아의 관세당국에 원산지 확인을 요청하는 방법
    나. 콜롬비아와의 협정 및 법 제17조제1항에 따라 조사대상자를 직접 서면조사하는 방법 또는 콜롬비아 관세당국 공무원과 동행하여 콜롬비아의 수출자 또는 생산자를 대상으로 현지조사하는 방법

11. 호주에서 수입된 물품 : 다음 각 목의 어느 하나에 해당하는 방법
    가. 호주와의 협정 및 법 제19조제1항에 따라 호주의 증명서발급기관에 원산지 확인을 요청하는 방법
    나. 호주와의 협정 및 법 제17조제1항에 따라 조사대상자를 직접 서면조사 또는 현지조사하는 방법

12. 캐나다에서 수입된 물품 : 캐나다와의 협정 및 법 제17조제1항에 따라 조사대상자를 직접 서면조사 또는 현지조사하는 방법 **1**

13. 뉴질랜드에서 수입된 물품 : 뉴질랜드와의 협정 및 법 제17조제1항에 따라 조사대상자를 직접 서면조사 또는 현지조사하는 방법 **1**

14. 베트남에서 수입된 물품 : 베트남과의 협정 및 법 제19조제1항에 따라 베트남의 원산지증명서 발급기관에 원산지 확인을 요청하는 방법. 다만, 관세청장 또는 세관장은 베트남의 원산지 증명서 발급기관의 원산지 확인결과가 적정하지 아니하거나 원산지의 정확성을 결정하는 데 필요한 정보가 포함되지 아니하였을 때에는 베트남과의 협정 및 법 제17조제1항에 따라 베트남의 수출자 또는 생산자를 대상으로 현지조사를 할 수 있다. (간접 → 직접검증) **2**

15. 중국에서 수입된 물품 : 중국과의 협정 및 법 제19조제1항에 따라 중국의 관세당국에 원산지 확인을 요청하는 방법. 다만, 관세청장 또는 세관장은 중국의 관세당국의 원산지 확인결과가 적정하지 아니하거나 원산지의 정확성을 결정하는 데 필요한 정보가 포함되지 아니하였을 때에는 중국과의 협정 및 법 제17조제1항에 따라 중국의 수출자 또는 생산자를 대상으로 현지조사를 할 수 있다. (간접검증 → 직접검증) **3**

16. 중미 공화국들로부터 수입된 물품 : 다음 각 목의 어느 하나에 해당하는 방법
    가. 중미 공화국들과의 협정 및 법 제17조제1항에 따라 조사대상자를 직접 서면조사하는 방법 또는 중미 공화국들의 권한 있는 당국의 공무원과 동행하여 중미 공화국들의 수출자 또는 생산자를 대상으로 현지조사하는 방법
    나. 중미 공화국들과의 협정 및 법 제19조제1항에 따라 중미 공화국들의 권한 있는 당국에 원산지 확인을 요청하는 방법

17. 영국으로부터 수입된 물품 : 영국과의 원산지 관련 의정서 및 법 제19조제1항에 따라 영국의 관세당국에 원산지 확인을 요청하는 방법. 이 경우 관세청장 또는 세관장은 필요하다고 인정하면 영국 관세당국의 동의를 받아 영국의 원산지 확인절차에 소속 공무원을 참관하게 할 수 있다.

18. 인도네시아에서 수입된 물품 : 인도네시아와의 협정 및 법 제19조제1항에 따라 인도네시아의 원산지증명서 발급기관에 원산지 확인을 요청하는 방법. 다만, 관세청장 또는 세관장은 인도네시아의 원산지증명서 발급기관의 원산지 확인결과가 적정하지 않거나 원산지의 정확성을 결정하는 데 필요한 정보가 포함되지 않은 때에는 인도네시아와의 협정에 따라 인도네시아의 원산지증명서 발급기관에 서면으로 추가 정보나 서류를 요청하거나 같은 협정 및 법 제17조제1항에 따라 인도네시아의 수출자 또는 생산자를 대상으로 현지조사를 할 수 있다.

19. 이스라엘로부터 수입된 물품 : 이스라엘과의 협정 및 법 제19조제1항에 따라 이스라엘의 관세당국에 원산지 확인을 요청하는 방법. 다만, 관세청장 또는 세관장은 이스라엘의 관세당국의 원산지 확인결과가 적정하지 않거나 원산지의 정확성을 결정하는 데 필요한 정보가 포함되지 않은 때에는 이스라엘과의 협정에 따라 이스라엘의 관세당국에 서면으로 추가 정보나 서류를 요청하거나 같은 협정 및 법 제17조제1항에 따라 이스라엘의 수출자 또는 생산자를 대상으로 현지조사를 할 수 있다.

20. 「역내포괄적경제동반자협정」의 당사국(아세안회원국, 호주, 중화인민공화국, 일본국 및 뉴질랜드)으로부터 수입된 물품 : 다음 각 목의 어느 하나에 해당하는 방법
    가. 「역내포괄적경제동반자협정」 및 법 제19조제1항에 따라 수출국의 관세당국 또는 원산지증명서 발급기관에 원산지증빙서류의 진위 여부 등의 확인을 위한 추가적인 정보를 요청하는 방법
    나. 「역내포괄적경제동반자협정」 및 법 제17조제1항에 따라 조사대상자를 직접 서면조사 또는 현지조사하는 방법. 다만, 수출국의 수출자 또는 생산자에 대한 현지조사는 가목에 따른 조사를 실시한 결과 원산지증빙서류의 진위 여부 등의 확인에 필요한 정보를 얻지 못한 경우로 한정한다.

21. 캄보디아로부터 수입된 물품 : 다음 각 목의 어느 하나에 해당하는 방법
    가. 캄보디아와의 협정 및 법 제19조제1항에 따라 캄보디아의 관세당국 또는 원산지증명서 발급기관에 원산지 확인을 요청하는 방법
    나. 캄보디아와의 협정 및 법 제17조제1항에 따라 조사대상자를 직접 서면조사 또는 현지조사하는 방법. 다만, 체약상대국의 수출자 또는 생산자에 대한 현지조사는 가목에 따른 원산지확인 결과가 적정하지 않거나 원산지의 정확성을 결정하는 데 필요한 정보가 포함되지 않은 경우로 한정한다.

## 협정별 원산지검증제도 비교

| 구분 | 검증 | | 회신 | |
|---|---|---|---|---|
| | 검증방법 | 검증주체 | 회신기한 | 회신주체 |
| 한–칠레 | 직접(서면/현지) | 수입국세관 | 30일(서면요청) | 조사대상자 |
| 한–싱가포르 | 직접(서면/현지) | 수입국세관 | 30일(서면요청) | 조사대상자 |
| 한–EFTA | 간접 | 수출국세관 (수입국 참관 가능) | 15개월 | 수출국세관 |

| | | | | |
|---|---|---|---|---|
| 한-아세안 | 원칙 : 간접 | 아세안 : 발급기관<br>한국 : 세관 | 2개월(6개월 범위 내<br>연장 가능) | 아세안 : 발급기관<br>한국 : 세관 |
| | 예외 : 직접(현지) | 수입국세관 | | |
| 한-인도 | 원칙 : 간접 | 인도 : 발급기관<br>한국 : 세관 | 3개월 | 인도 : 발급기관<br>한국 : 세관 |
| | 예외 : 직접(현지) | 수입국세관 | | |
| 한-EU | 간접 | 수출국세관<br>(수입국 참관 가능) | 10개월 | 수출국세관 |
| 한-페루 | 간접 | 수출국세관 | 150일 | 수출국세관 |
| | 직접(서면/현지) | 수입국세관 | 90일(서면요청) | 조사대상자 |
| 한-미 | 직접(서면/현지) | 수입국세관 | 30일(서면요청) | 조사대상자 |
| | 간접<br>※ 의류 및 섬유제품 | 수출국세관 | 6개월 이내 조사완료<br>12개월 이내 결과통지 | 수출국세관 |
| 한-튀르키예 | 간접 | 수출국세관<br>(수입국 참관 가능) | 10개월 | 수출국세관 |
| 한-호주 | 직접(서면/현지) | 수입국세관 | 30일(서면요청) | 조사대상자 |
| | 간접 | 호주 : 발급기관 | 30일 | 호주 : 발급기관 |
| 한-캐나다 | 직접(서면/현지) | 수입국세관 | 30일(서면요청) | 조사대상자 |
| 한-뉴질랜드 | 직접(서면/현지) | 수입국세관 | 90일(서면요청) | 조사대상자 |
| 한-베트남 | 원칙 : 간접 | 한국 : 세관<br>베트남 : 발급기관 | 6개월 | 한국 : 세관<br>베트남 : 발급기관 |
| | 예외 : 직접(현지) | 수입국세관 | | |
| 한-중 | 원칙 : 간접 | 수출국세관 | 6개월 | 수출국세관 |
| | 예외 : 직접(현지) | 수입국세관 | | |
| 한-콜롬비아 | 간접 | 수출국세관 | 150일 | 수출국세관 |
| | 직접(서면/현지) | 수입국세관 | 30일(서면요청) | 조사대상자 |
| 한-중미 | 간접 | 수출국세관 | 150일 | 수출국세관 |
| | 직접(서면/현지) | 수입국세관 | 30일(서면요청) | 조사대상자 |
| 한-영 | 간접 | 수출국세관<br>(수입국 참관 가능) | 10개월 | 수출국세관 |
| 한-인도네시아 | 원칙 : 간접 | 인니 : 발급기관<br>한국 : 세관 | 2개월(추가 4개월<br>연장 가능) | 인니 : 발급기관<br>한국 : 세관 |
| | 예외 : 직접(현지) | 수입국세관 | | |
| 한-이스라엘 | 원칙 : 간접 | 이스라엘 : 관세당국<br>한국 : 세관 | 10개월(추가 90일<br>연장 가능) | 이스라엘 : 관세당국<br>한국 : 세관 |
| | 예외 : 직접(현지) | 수입국세관 | | |
| RCEP | 간접 | 발급기관 또는<br>수출국세관 | 30일~90일 | 발급기관 또는<br>수출국세관 |
| | 직접(서면/현지) | 수입국세관 | 30일~90일 | 조사대상자 |
| 한-캄보디아 | 간접 | 수출국세관 | 30일~90일 | 수출국세관 |
| | 직접(서면/현지) | 수입국세관 | 30일~90일 | 조사대상자 |

## 제18조(체약상대국의 요청에 따른 원산지 조사)

① 체약상대국 요청에 따른 원산지 조사

관세청장 또는 세관장은 체약상대국의 관세당국으로부터 우리나라의 수출물품에 대한 원산지 증빙서류의 진위 여부와 그 정확성 등에 관한 확인을 요청받은 경우에는 협정에서 정하는 범위에서 대통령령으로 정하는 바에 따라 다음 각 호의 어느 하나에 해당하는 자를 대상으로 원산지 확인에 필요한 서면조사 또는 현지조사를 할 수 있다. **2**

1. 수출자 또는 생산자 **1**
2. 원산지증빙서류 발급기관 **1**
3. 제16조제1항제3호의 자 **1**

---

**관련규정**　법 제16조제1항제3호

법 제16조제1항제3호에서 "기획재정부령으로 정하는 자"란 다음 각 호의 어느 하나에 해당하는 자를 말한다.

1. 해당 물품의 생산에 사용된 재료를 공급하거나 생산한 자(체약상대국에 거주하는 자를 포함한다) **1**
2. 해당 물품의 거래 · 유통 · 운송 · 보관 및 통관을 대행하거나 취급한 자 **1**

---

※ 수입자는 불포함에 유의

---

**관련규정**　영 제13조(체약상대국의 요청에 따른 원산지 조사)

① 조사결과 통지기간

관세청장 또는 세관장은 체약상대국의 관세당국으로부터 수출물품에 대한 법 제18조제1항에 따른 원산지 조사 요청을 받은 경우에는 다음 각 호의 구분에 따른 기간 내에 조사결과를 통지해야 한다.

1. 유럽자유무역연합회원국 : 조사 요청일부터 15개월 **1**
2. 아세안회원국 : 조사 요청을 접수한 날부터 2개월. 다만, 아세안회원국의 관세당국과 협의하여 아세안회원국과의 협정 부속서 3 부록 1에 따라 조사 요청을 접수한 날부터 6개월의 범위에서 그 기간을 연장할 수 있다. **2**
3. 인도 : 조사 요청을 접수한 날부터 3개월. 다만, 인도의 관세당국과 협의하여 인도와의 협정에 따라 조사 요청을 접수한 날부터 6개월의 범위에서 그 기간을 연장할 수 있다. **1**
4. 유럽연합당사자 : 조사 요청일부터 10개월 **2**
5. 페루 : 조사 요청을 접수한 날부터 150일 **3**
6. 튀르키예 : 조사 요청일부터 10개월
7. 콜롬비아 : 조사 요청일부터 150일 **1**
8. 베트남 : 조사 요청을 접수한 날의 다음 날부터 6개월 **3**
9. 중국 : 조사 요청을 접수한 날부터 6개월 **2**
10. 중미 공화국들 : 조사 요청을 접수한 날의 다음 날부터 150일 **1**
11. 영국 : 조사 요청일부터 10개월

12. 인도네시아 : 조사 요청을 접수한 날부터 2개월. 다만, 인도네시아 관세당국이 추가 정보를 요청하는 경우에는 그 요청을 받은 날부터 4개월 이내에 해당 정보를 제공해야 한다.

13. 이스라엘 : 조사 요청일부터 10개월. 다만, 이스라엘 관세당국이 추가 정보를 요청하는 경우에는 그 요청을 받은 날부터 90일 이내에 해당 정보를 제공해야 한다.

14. 역내경제협정당사국 : 조사 요청을 접수한 날부터 90일

15. 캄보디아 : 조사 요청을 접수한 날부터 90일

② 조사결과서 송부

조사결과의 통지는 다음 각 호의 사항이 기재된 조사결과서를 송부하는 방법으로 한다. 이 경우 관세청장 또는 세관장은 필요하다고 인정하면 조사대상자로부터 받은 원산지증빙서류 사본(조사대상자의 동의를 받은 경우만 해당한다)을 함께 송부할 수 있다. **■**

1. 조사요청국가 및 조사요청서 접수일

2. 조사대상자 및 조사기간

3. 조사대상 수출물품

4. 조사내용 및 조사결과(원산지의 적정 여부, 판단 이유 및 근거법령을 포함한다)

5. 조사의 법적 근거

6. 조사기관 및 조사자의 직위 및 성명

7. 그 밖에 협정에서 정하고 있는 사항 또는 조사를 요청한 관세당국이 요구한 사항

---

**관련규정** | **영 제14조(섬유 관련 물품에 대한 미합중국의 요청에 따른 원산지 조사)**

① 섬유관련물품 원산지조사 **4**

관세청장은 미합중국과의 협정에 따라 미합중국에 수출된 미합중국과의 협정에 따른 품목("섬유 관련 물품")에 대하여 미합중국의 관세당국으로부터 법 제18조제1항에 따른 수출물품에 대한 원산지증빙서류의 진위 여부와 그 정확성 등에 관한 확인을 요청받은 경우 요청받은 날부터 6개월 이내에 확인에 필요한 조사를 완료하여야 한다.

② 조사결과서 통지 **4**

관세청장은 조사를 완료하였을 때에는 미합중국 관세당국이 요청한 날부터 12개월 이내에 관련 증빙자료 등을 포함하여 조사결과서를 미합중국의 관세당국에 통지하여야 한다.

③ 검증요청허락 **3**

관세청장은 수출물품에 대한 원산지 조사를 할 때 미합중국의 관세당국으로부터 미합중국과의 협정에 따른 원산지 검증 요청(공동현장방문 및 미합중국의 검증지원 요청을 포함한다)을 받은 경우에는 특별한 사정이 없으면 허락하여야 한다.

④ 공동현장방문 **5**

관세청장은 미합중국과의 협정에 따라 공동현장방문을 할 때에는 사전통지 없이 현장에서 조사통지를 할 수 있다. 이 경우 조사대상자가 미합중국 관세당국의 현지조사에 동의하지 아니하면 현지조사를 할 수 없다.

※ 한-미 FTA 협정문 제4.3조(섬유 또는 의류 상품에 대한 세관협력)
※ 한-미 FTA에 따른 양당사국 관세당국의 공동검증은 섬유류와 의류제품에 한한다.

② 위임

제1항에 따른 조사에 관하여는 제17조제6항부터 제9항까지를 준용한다.

## 제19조(체약상대국에 대한 원산지 확인 요청)

① 원산지확인요청 **2**

관세청장 또는 세관장은 체약상대국에서 수입된 물품과 관련하여 협정에서 정하는 범위에서 원산지 또는 협정관세 적용의 적정 여부 등에 대한 확인에 필요하다고 인정하는 경우에는 원산지 증빙서류의 진위 여부와 그 정확성 등에 관한 확인을 체약상대국의 관세당국에 요청할 수 있다.

---

**관련규정** 영 제16조(체약상대국에 대한 원산지 확인 요청)

① 관세청장 또는 세관장은 법 제19조제1항에 따라 다음 각 호의 어느 하나에 해당하는 경우에 원산지증빙서류의 진위 여부와 그 정확성 등에 대한 확인 요청을 할 수 있다.
  1. 법 제16조제1항에 따라 수입자를 대상으로 원산지증빙서류 등의 제출을 요구한 결과 원산지를 확인하기 곤란하거나 추가로 확인할 필요가 있는 경우 **1**
  2. 법 제17조제1항에 따라 수입자를 대상으로 원산지에 관한 조사를 한 결과 원산지를 확인하기 곤란하거나 추가로 확인할 필요가 있는 경우 **2**
  3. 무작위추출방식으로 표본조사를 하려는 경우 **3**
② 관세청장 또는 세관장은 체약상대국의 관세당국에 원산지 확인을 요청할 때에는 다음 각 호의 사항이 기재된 요청서와 함께 수입자 또는 그 밖의 조사대상자 등으로부터 수집한 원산지증빙서류 사본을 송부하여야 한다. **1**
  1. 원산지 확인 요청 사유 및 요청사항 **1**
  2. 해당 물품에 적용된 원산지결정기준
  3. 원산지 확인결과의 회신기간

---

**예시** 무작위 추출방식에 의한 표본조사의 경우 수입자 우선 조사 없이 체약상대국에 원산지 확인요청이 가능하다.

② 수입자통보 **1**

관세청장 또는 세관장은 확인을 요청한 사실을 수입자에게 알려야 하며, 체약상대국의 관세당국으로부터 확인 결과를 통보받은 때에는 그 회신 내용과 그에 따른 결정 내용을 수입자에게 알려야 한다.

---

**관련규정** 영 제16조(체약상대국에 대한 원산지 확인 요청)

③ 관세청장 또는 세관장은 체약상대국의 관세당국으로부터 확인 결과를 통보받은 때에는 통보받은 날부터 30일 이내에 그 회신 내용을 수입자에게 알려야 한다.
④ 관세청장 또는 세관장은 체약상대국의 관세당국으로부터 통보받은 회신 내용에 따른 결정을 했을 때에는 그 결정을 한 날부터 30일 이내에 결정 내용을 수입자에게 알려야 한다.

## 제20조(원산지에 관한 체약상대국의 조사)

### ① 조사대상자 동의 **1**

체약상대국의 관세당국은 협정에서 정하는 범위에서 수출자·생산자를 대상으로 수출물품에 대한 원산지 확인에 필요한 현지조사를 하는 경우에는 그 조사를 시작하기 전에 조사대상자에게 조사 사유, 조사 예정기간 등을 통지하여 조사대상자의 동의를 받아야 한다.

### ② 조력을 받을 권리

조사를 받는 조사대상자의 조력을 받을 권리에 관하여는 「관세법」 제112조를 준용한다.

## 제21조(원산지 조사 기간 중 협정관세의 적용 보류)

### ① 협정관세 적용보류 **7**

세관장은 제17조에 따른 원산지 조사를 하는 경우 또는 제19조에 따른 원산지 확인 요청을 한 경우에는 기획재정부령으로 정하는 기간(수입자에게 서면조사를 통지한 날부터 원산지 조사 결과를 통지한 날) 동안 조사대상자가 추가로 수입하는 동종동질의 물품에 대하여 대통령령으로 정하는 바에 따라 협정관세의 적용을 보류할 수 있다. 이 경우 그 보류 대상은 해당 조사대상 물품의 동일한 수출자 또는 생산자로부터 수입하는 물품으로 한정한다.

---

**관련규정** **영 제17조(협정관세의 적용 보류)**

① 세관장은 다음 각 호의 어느 하나에 해당하는 경우에는 법 제21조제1항에 따라 협정관세의 적용을 보류할 수 있다.
  1. 원산지증빙서류의 작성 또는 협정관세 적용의 신청에 관하여 불성실 혐의가 있다고 세관장이 인정하는 경우 **2**
  2. 원산지증빙서류를 속임수 또는 그 밖의 부정한 방법으로 작성 또는 발급받았거나 탈세 등의 혐의를 인정할 만한 자료 또는 구체적인 제보가 있는 경우 **1**
  3. 그 밖에 세관장이 수집한 증거·자료 등을 근거로 수입자, 생산자 또는 수출자의 신고 또는 신청 내용이 원산지결정기준을 충족하지 못한 것으로 인정하는 경우 **1**
② 세관장은 협정관세의 적용을 보류하려는 경우에는 조사대상 수입자에게 기획재정부령으로 정하는 협정관세 적용 보류 통지서를 통보하여야 한다. **2**
④ 세관장은 통보를 할 때에는 그 사실을 관세청장에게 보고하여야 한다.
⑤ 통보를 받은 수입자는 협정관세 적용 보류기간 동안에는 「관세법」에 따른 세율을 적용하여 같은 법 제38조제1항(납세신고)에 따른 신고를 하여야 한다. **1**
⑥ 제5항에 따라 신고를 한 수입자가 협정관세의 적용 보류 대상물품에 대하여 협정관세 적용 보류기간의 만료 또는 협정관세 적용 보류의 해제 등의 사유로 협정관세를 적용받으려는 경우에는 협정관세 적용신청을 하여야 한다. **1**

② 경정 및 환급 **1**

세관장은 원산지 조사를 한 결과 수입자가 신고한 내용이 원산지결정기준을 충족한 것으로 확인되는 경우에는 협정관세를 적용받지 못한 물품에 대한 세액을 경정하고 납부한 세액과 납부하여야 할 세액의 차액을 환급하여야 한다. 이 경우 세액의 경정 및 환급에 관하여는 「관세법」제38조의3, 제46조 및 제48조를 준용한다.

③ 협정관세 적용보류해제 **1**

세관장은 수입자가 담보를 제공하고 제1항에 따른 협정관세 적용 보류의 해제를 요청하는 경우에는 이를 해제할 수 있다.

| 관련규정 | 영 제18조(협정관세 적용 보류의 해제) |

① 세관장은 법 제21조제3항에 따라 수입자가 다음 각 호의 요건을 모두 갖추고 협정관세 적용보류의 해제를 요청하는 경우에는 적용 보류를 해제할 수 있다.
  1. 적용 보류기간이 만료되기 전일 것
  2. 협정관세 적용을 받지 못하는 것으로 확인될 경우 추가로 납부하여야 할 세액(「관세법」에 따른 내국세등을 포함한다)에 상당하는 담보를 제공할 것
② 협정관세 적용의 보류를 해제한 세관장은 조사대상물품에 대한 원산지 조사 또는 원산지 확인 결과 그 물품이 협정관세 적용대상임을 확인한 경우에는 지체 없이 담보를 해제하여야 한다.

④ 위임

협정관세의 적용 보류 및 그 해제의 절차 · 방법, 담보제공과 그 밖에 필요한 사항은 대통령령으로 정한다.

# CHAPTER [05] 무역피해 구제를 위한 관세조치

## 제22조(긴급관세조치)

① 긴급관세조치 **2**

기획재정부장관은 협정에서 정하는 범위에서 체약상대국을 원산지로 하는 특정 물품의 수입증가로 인하여 같은 종류의 물품 또는 직접적인 경쟁관계에 있는 물품을 생산하는 국내 산업의 심각한 피해 또는 국내 시장의 교란이 발생하거나 발생할 우려("심각한 피해 등")가 있다고 대통령령으로 정하는 조사를 통하여 확인한 경우에는 그 심각한 피해 등을 구제하기 위하여 필요한 범위에서 해당 물품에 대하여 대통령령으로 정하는 바에 따라 협정관세의 연차적인 인하 적용을 중지하거나 세율을 인상하는 등의 조치("긴급관세조치")를 할 수 있다.

---

**관련규정** 영 제20조(긴급관세조치의 절차)

① 법 제22조제1항에서 "대통령령으로 정하는 조사"란 「불공정무역행위 조사 및 산업피해구제에 관한 법률」에 따른 무역위원회가 수행하는 조사를 말한다.

② 무역위원회는 조사를 시작하거나 신청인으로부터 조사의 신청을 받았으나 조사를 시작하지 아니하기로 결정하였을 때에는 그 사실을 기획재정부장관에게 즉시 통보하여야 하며, 무역위원회는 조사를 시작하였을 때에는 그 사실을 체약상대국 정부에 서면으로 통보하여야 한다. **2**
※ 수출자에게는 통보하지 않는다.

③ 무역위원회는 조사 결과 국내산업의 심각한 피해 또는 국내 시장의 교란이 발생하거나 발생할 우려가 있는 것으로 판정하였을 때에는 다음 각 호의 사항이 기재된 서류를 첨부하여 기획재정부장관에게 긴급관세조치를 건의할 수 있다. **1**
1. 조사의 결과보고에 관한 사항
2. 산업피해 유무의 판정내용 및 그 이유
3. 긴급관세조치의 건의내용 및 그 이유
4. 조사의 신청에 관한 사항

④ 기획재정부장관은 무역위원회로부터 긴급관세조치를 건의받았을 때에는 건의받은 날부터 30일 이내에 긴급관세조치 여부 및 그 내용을 결정하여야 한다. 다만, 필요하다고 인정하는 경우에는 20일의 범위에서 그 결정기간을 연장할 수 있다.

⑤ 해당 수입물품의 체약상대국 정부와 긴급관세조치에 관한 협의 등을 하는 데 걸린 기간은 제4항의 기간을 계산할 때 산입하지 아니한다.

⑥ 기획재정부장관은 긴급관세조치 여부 및 그 내용을 결정하기 전에 협정에서 정하는 바에 따라 해당 수입물품의 체약상대국 정부와 적절한 보상방법 등에 대하여 사전협의를 하여야 한다.

⑦ 기획재정부장관은 협정에서 달리 규정한 사항이 없으면 사전협의를 요청한 날부터 30일 이내에 협의가 이루어지지 아니할 때에는 긴급관세조치를 할 수 있다.

---

③ 동시적용불가

기획재정부장관은 협정에서 정하는 바에 따라 체약상대국을 원산지로 하는 동일 물품에 대하여 긴급관세조치와 「관세법」에 따른 긴급관세를 부과하는 조치를 동시에 적용할 수 없다.

④ 점진적 완화 **1**

기획재정부장관은 긴급관세조치를 1년을 초과하여 적용하는 경우에는 일정한 기간의 간격을 두고 점진적으로 완화하는 조치를 취하여야 한다. 다만, 대통령령으로 정하는 체약상대국 외의 국가에 대해서는 예외로 할 수 있다.

---

**관련규정** 영 제27조(긴급관세조치의 점진적 완화 대상국가) **1**

법 제22조제4항 단서에서 "대통령령으로 정하는 체약상대국"이란 싱가포르, 페루, 미합중국(자동차를 제외한 물품의 원산지가 미합중국인 경우로 한정한다), 터키, 콜롬비아, 호주, 뉴질랜드, 베트남, 역내경제협정당사국, 캄보디아, 중국, 중미 공화국들, 인도네시아 및 이스라엘을 말한다.

〈협정별 긴급관세조치의 점진적 완화 적용국가〉

| 적용 | 미적용 |
|---|---|
| 싱가포르, 페루, 미국(자동차 제외), 튀르키예, 호주, 콜롬비아, 뉴질랜드, 베트남, 역내경제협정당사국, 캄보디아, 중국, 중미공화국, 인도네시아, 이스라엘 | 칠레, EFTA, 아세안, 인도, EU, 캐나다, 영국 |

---

⑤ 위임 **3**

긴급관세조치의 대상 물품, 세율, 적용기간, 적용수량과 그 밖에 필요한 사항은 협정에서 정하는 범위에서 기획재정부령으로 정한다.

---

**관련규정** 영 제22조(긴급관세조치대상 물품과 세율의 범위)

① 기획재정부장관은 싱가포르, 유럽자유무역연합회원국, 아세안회원국, 인도, 미합중국 및 중미 공화국들을 원산지로 하는 수입물품(미합중국을 원산지로 하는 수입물품의 경우에는 섬유 관련 물품과 품목번호 제8703호 또는 제8704호에 해당하는 자동차로 한정한다)에 대하여 법 제22조제1항 및 해당 체약상대국과의 협정에 따라 다음 각 호의 어느 하나에 해당하는 조치를 할 수 있다. 이 경우 그 조치가 끝났을 때에는 법 제4조(협정관세) 및 제5조(세율적용의 우선순위)에 따른 세율을 적용한다.
1. 협정관세에 따른 세율의 연차적인 인하 적용을 중지하고, 그 중지한 날에 적용되는 협정관세의 세율을 계속하여 적용하는 조치. 다만, 이 조치에 따른 세율이 해당 조치를 한 날의 최혜국세율보다 높은 경우에는 최혜국세율을 적용한다.
2. 긴급관세조치를 하는 날에 해당 물품에 적용되는 최혜국세율과 해당 체약상대국과의 협정 발효일 전날에 해당 물품에 적용되는 최혜국세율 중에서 낮은 세율을 초과하지 아니하는 범위에서 세율을 인상하는 조치 **1**

② 제1항에도 불구하고 기획재정부장관은 아세안회원국과의 협정에 따라 긴급관세조치의 대상이 되는 물품의 물량이 조사대상기간 동안 전체 아세안회원국으로부터 수입된 해당 물품의 물량의 100분의 3을 초과하지 아니하는 경우에는 그 물품에 대해서는 긴급관세조치를 할 수 없다.

## 제23조(잠정긴급관세조치)

### ① 잠정긴급관세조치 ❸

기획재정부장관은 제22조제1항에 따른 조사가 시작된 물품에 대하여 그 조사기간에 발생하는 심각한 피해 등을 방지하지 아니하는 경우 회복하기 어려운 피해가 발생하거나 발생할 우려가 있다고 판단하면 조사가 끝나기 전에 심각한 피해 등을 구제하거나 방지하기 위하여 협정에서 정하는 범위에서 대통령령으로 정하는 바에 따라 잠정적으로 긴급관세조치를 할 수 있다.

**관련규정**  영 제28조(잠정긴급관세조치의 절차 및 기간의 범위)

① 기획재정부장관은 무역위원회가 잠정긴급관세조치가 필요하다고 인정하여 해당 조치를 건의하는 경우 무역위원회의 건의가 접수된 날부터 30일 이내에 조치 여부 및 내용을 결정하여야 한다.

② 기획재정부장관은 제1항에 따른 결정을 했을 때에는 잠정긴급관세조치를 시행하기 전에 그 사실을 체약상대국 정부에 미리 통보해야 하며, 조치를 시행한 이후에는 즉시 체약상대국 정부와 협의를 시작해야 한다. 다만, 이스라엘과의 협정에 따라 이스라엘의 요청이 있는 경우에는 조치를 시행하기 전에 협의할 수 있다.

③ 잠정긴급관세조치의 기간은 200일(칠레를 원산지로 하는 수입물품에 대해서는 120일을, 페루 및 인도네시아를 원산지로 하는 수입물품에 대해서는 180일을 말한다)을 초과할 수 없다 ❷

**관련규정**  관세법 시행령 제88조(잠정긴급관세의 부과 등)

잠정긴급관세가 적용중인 특정수입물품에 긴급관세를 부과하기로 결정한 경우로서 긴급관세액이 잠정긴급관세액과 같거나 많은 경우에는 그 잠정긴급관세액을 긴급관세액으로 하여 그 차액을 징수하지 아니하고, 적은 경우에는 그 차액에 상당하는 잠정긴급관세액을 환급하는 조치를 하여야 한다.

## 제24조(특정 농림축산물에 대한 특별긴급관세조치)

### ① 특정 농림축산물에 대한 특별긴급관세조치

기획재정부장관은 체약상대국과의 협정에 따라 양허한 특정 농림축산물의 수입물량이 일정한 물량("기준발동물량")을 초과하면 그 농림축산물에 대하여 대통령령으로 정하는 바에 따라 양허한 세율을 초과하여 관세를 부과하는 조치("특정 농림축산물에 대한 특별긴급관세조치")를 할 수 있다.

② 위임

특정 농림축산물에 대한 특별긴급관세조치의 대상물품, 기준발동물량, 세율, 적용기간 및 적용방법 등은 협정에서 정하는 범위에서 대통령령으로 정한다.

---

**관련규정**    영 제30조(특정 농림축산물에 대한 특별긴급관세조치)

② 제1항 각 호의 별표(특별긴급관세조치 적용할 물품)에서 정한 세율이 특별긴급관세조치를 적용하는 날에 해당 물품에 적용되는 최혜국세율과 해당 체약상대국과의 협정이 발효되기 전날에 해당 물품에 적용되는 최혜국세율 중 낮은 세율을 초과하는 경우에는 그 낮은 세율을 적용한다. **1**

⑨ 유럽연합당사자와의 협정, 호주와의 협정, 뉴질랜드와의 협정 또는 영국과의 협정에 따라 유럽연합당사자, 호주, 뉴질랜드 또는 영국을 원산지로 하는 특정 농림축산물로서 특별긴급관세조치를 하기 전에 계약이 체결되어 운송 중인 물품은 특별긴급관세조치의 적용 대상에서 제외한다. 이 경우 적용 대상에서 제외한 해당 물품의 수입량은 다음 이행연도의 특별긴급관세조치를 위한 기준발동물량을 계산할 때 산입할 수 있다. **1**

---

## 제25조(「관세법」의 긴급관세 부과특례 등)

① 긴급관세 부과특례

기획재정부장관은 「관세법」 제65조제1항에도 불구하고 대통령령으로 정하는 체약상대국을 원산지로 하는 물품의 수입증가가 같은 종류의 물품이나 직접적인 경쟁관계에 있는 물품을 생산하는 국내 산업이 받는 심각한 피해 또는 심각한 피해를 받을 우려의 실질적인 원인이 아닌 것으로 조사를 통하여 확인되면 협정에서 정하는 범위에서 그 물품을 「관세법」에 따른 긴급관세의 부과대상물품에서 제외할 수 있다.

② 부과제외

기획재정부장관은 「관세법」 제68조에도 불구하고 대통령령으로 정하는 체약상대국을 원산지로 하는 농림축산물에 대해서는 협정에서 정하는 범위에서 「관세법」에 따른 농림축산물에 대한 특별긴급관세 부과대상에서 제외할 수 있다.

## 제26조(체약상대국의 조치에 대한 대항조치)

① 보상방법협의

정부는 우리나라를 원산지로 하는 특정 물품에 대하여 체약상대국 정부가 다음 각 호의 어느 하나에 해당하는 조치("체약상대국의 조치")를 하는 경우에는 체약상대국 정부와 해당 조치에 대한 체약상대국의 적절한 보상방법 등에 관하여 협의를 할 수 있다. **2**

1. 협정에 따라 긴급관세조치 또는 잠정긴급관세에 해당하는 조치를 하는 경우
2. 협정에 따른 관세철폐 또는 관세인하 등 관세양허 의무를 이행하지 아니하거나 지연하는 경우

② 대항조치 **1**

보상방법 등에 관하여 협정에서 다르게 규정하지 아니하는 한 협의가 이루어지지 아니하거나 협의 개시일부터 30일 이내에 합의가 이루어지지 아니하는 경우에는 협정에서 정하는 바에 따라 체약상대국의 조치에 상응하는 수준의 대항조치를 할 수 있다.

③ 대항조치의 범위 **1**

대항조치는 체약상대국의 조치에 대응하는 것으로서 필요한 범위로 한정하며, 그 시기ㆍ내용과 그 밖에 필요한 사항은 대통령령으로 정한다.

# 통관특례 및 관세상호협력

## 제29조(통관 절차의 특례)

관세청장은 협정에서 정하는 범위에서 대통령령으로 정하는 바에 따라 체약상대국으로부터 수입되는 물품에 관하여 신속하고 간이한 통관 절차를 적용할 수 있다.

> **관련규정** **영 제35조(통관 절차의 특례)**
>
> 관세청장은 법 제29조 및 미합중국과의 협정에 따라 특별한 사정이 없으면 미합중국으로부터 수입되는 특송물품으로서 그 가격이 기획재정부령으로 정하는 금액 이하인 물품에 대해서는「관세법」에 따른 일반수입신고를 생략하게 할 수 있다. **1**

> **심화** **협정별 특송화물 통관특례규정**
>
> 특송화물에 대해 인도, 페루, 미국, 콜롬비아, 중국, 뉴질랜드, 베트남, 중미공화국들과의 협정 및 RCEP에서는 체약상대국 간 신속한 통관절차를 채택하거나 유지하도록 규정하고 있다. 특히 미국, 콜롬비아, 뉴질랜드 및 중미와의 협정에서는 일정금액 이하인 경우 관세 등이 부과되지 아니하고, 공식적인 서류도 요구하지 아니하거나 간소화 하도록 규정하고 있다.
>
> | FTA 구분 | 관련 조문 |
> | --- | --- |
> | 한-미 FTA | 통상적인 상황하에서, 미화 200달러 이하 특송화물의 경우 관세 또는 세금이 부과되지 아니할 것이고 공식적인 반입서류도 요구되지 아니할 것임을 규정한다. |
> | 한-콜롬비아 FTA | 통상적인 상황하에서, 미화 100달러 이하 특송화물에 대하여 관세가 부과되지 아니할 것이고 공식적인 반입서류도 요구되지 아니할 것임을 규정한다. |
> | 한-뉴질랜드 FTA | 통상적인 상황하에서, 미화 100달러 이하 특송화물에 대하여 관세가 부과되지 아니할 것이고 공식적인 반입서류도 요구되지 아니할 것임을 규정한다. |
> | 한-중미 FTA | 통상적인 상황하에서, 미화 150달러 이하 특송화물에 대하여 관세가 부과되지 아니할 것임을 규정한다. 공식적인 반입서류는 각 당사국의 법과 규정에 따라 간소화된다. |

## 제30조(일시수입물품 등에 대한 관세의 면제)

① 일시수입물품 관세면제

체약상대국에서 수입되는 것으로서 다음 각 호의 어느 하나에 해당하는 물품은 협정에서 정하는 범위에서 그 원산지에 관계없이 관세를 면제할 수 있다.

1. 수입신고의 수리일부터 2년의 범위에서 대통령령으로 정하는 기간 이내에 다시 수출하기 위하여 일시적으로 수입하는 물품으로서 협정에서 정하는 바에 따라 기획재정부령으로 정하는 물품

**관련규정** 　규칙 제30조(관세가 면제되는 일시수입물품 등)

① 법 제30조제1항제1호에 따라 관세가 면제되는 물품은 다음 각 호의 물품으로서 칠레·페루·미합중국·캐나다·콜롬비아·뉴질랜드·캄보디아·베트남 및 중미 공화국들과의 협정, 「역내포괄적경제동반자협정」에 따라 해당 체약상대국으로부터 수입되는 물품으로 한다. 다만, 호주와의 협정에 따라 관세가 면제되는 물품은 다음 각 호의 물품 중 제6호의 물품으로 한정하고, 중국과의 협정에 따라 관세가 면제되는 물품은 다음 각 호의 물품 중 제1호부터 제4호까지의 물품으로 한정하며, 캄보디아와의 협정 및 「역내포괄적경제동반자협정」에 따라 관세가 면제되는 물품은 다음 각 호의 물품 중 제1호부터 제5호까지의 물품으로 한정한다.

1. 언론장비, 텔레비전 방송용 장비, 소프트웨어, 방송·영화 촬영 장비 등 일시 입국하는 사람의 영업활동, 거래 또는 직업 수행에 필요한 전문장비 **1**
2. 전시 또는 시연을 위한 물품(구성부품, 보조기구와 부속품을 포함한다)
3. 운동경기용 물품(시범용 또는 훈련용 물품을 포함한다) **1**
4. 상용견품
5. 물품 또는 용역을 판매하거나 임대하기 위하여 그 성질·작동 등을 보여주는 시연용 영상 또는 음향 기록매체. 다만, 일반대중을 위한 방송용은 제외한다.
6. 수리 또는 개조를 위한 물품 **2**

**심화** 　관세면제요건

• 체약상대국의 국민 또는 체약상대국에 거주하는 자(칠레, 캐나다로부터 수입되는 물품은 칠레, 캐나다의 국민 또는 칠레, 캐나다에 거주하는 자가 해당 물품을 반입하여야 함)의 영업활동, 거래 또는 직업 수행에 필요한 범위에서 사용되거나 직접적인 감독 하에서 사용될 것
• 우리나라에서 판매 또는 임대되지 아니할 것
• 재수출될 때까지 다른 물품과의 식별이 가능할 것
• 세관장이 타당하다고 인정하는 합리적인 수량 이내일 것

예시

1. 미국으로부터 일시수입되는 언론장비, 소프트웨어 등으로 미국에서 거주하다 일시입국하는 사람의 영업활동, 거래 또는 직업수행에 필요한 전문장비는 관세가 면제된다.
2. 중국으로부터 일시수입되는 광고용필름 및 영상기록물은 관세가 면제되지 않는다.

2. 수리 또는 개조 등을 할 목적으로 체약상대국으로 수출하였다가 다시 수입하는 물품으로서 기획재정부령으로 정하는 물품

**관련규정** 　규칙 제30조(관세가 면제되는 일시수입물품 등)

④ 법 제30조제1항제2호에 따라 관세가 면제되는 물품은 칠레·페루·미합중국·호주·캐나다·콜롬비아·뉴질랜드·베트남·이스라엘 및 중미 공화국들과의 협정에 따라 수리 또는 개조를 위하여 해당 체약상대국으로 수출하였다가 다시 수입하는 물품으로 한다.

⑤ 제1항제6호 및 제4항에서 "수리 또는 개조"의 범위에는 다음 각 호의 어느 하나에 해당하는 경우를 제외한다.
  1. 물품의 본질적인 특성을 파괴하거나 새로운 물품 또는 상업적으로 다른 물품을 생산하는 작업이나 과정
  2. 미완성 상태의 물품을 완성품으로 생산 또는 조립하는 작업이나 과정

3. 일정 금액 이하의 상용견품 · 광고용품 등 기획재정부령으로 정하는 물품

**관련규정**  규칙 제30조(관세가 면제되는 일시수입물품 등)

⑥ 법 제30조제1항제3호에 따라 관세가 면제되는 물품은 칠레 · 페루 · 미합중국 · 호주 · 캐나다 · 콜롬비아 · 뉴질랜드 · 캄보디아 · 베트남 · 중국 · 이스라엘 및 중미 공화국들과의 협정, 「역내포괄적경제동반자협정」에 따라 해당 체약상대국에서 수입되는 다음 각 호의 물품으로 한다.
다만, 뉴질랜드와의 협정에 한하여 제1호의 물품 중 담배는 제외하고, 제3호 물품은 미합중국, 콜롬비아 및 뉴질랜드로부터 수입되는 물품으로 한정하며, 캄보디아와의 협정 및 「역내포괄적경제동반자협정」에 따라 관세가 면제되는 물품은 다음 각 호의 물품 중 제1호의 물품으로 한정한다. **2**
  1. 상용견품(견품 외의 용도로 판매되거나 사용되기에 부적합하도록 천공, 절단 등 견품화 처리가 된 물품 또는 과세가격 미화 250달러 이하의 물품으로서 견품으로 사용될 것으로 인정되는 물품으로 한정한다)
  2. 인쇄광고물(소책자, 전단지, 상품목록 및 단체 발간 연감 등 품목번호 제49류에 분류되는 것으로서 물품 또는 용역의 판매를 촉진하거나 광고하기 위하여 무료로 제공되는 물품으로 한정한다) **1**
  3. 수입신고가 생략되는 물품

② 관세면제제외
  제1항제2호에도 불구하고 다음 각 호의 어느 하나에 해당하는 경우에는 관세를 면제하지 아니한다.
  1. 「관세법」 또는 「수출용 원재료에 대한 관세 등 환급에 관한 특례법」에 따른 환급을 받은 경우 **1**
  2. 보세가공물품 또는 장치기간 경과물품을 재수출 조건으로 매각함에 따라 관세가 부과되지 아니한 경우

③ 재수출면세 준용
  제1항제1호에 따라 관세를 면제받은 물품에 대한 용도 외 사용의 제한 등에 관하여는 「관세법」 제97조(재수출면세)제2항부터 제4항까지의 규정을 준용한다.

**심화** 📈 **관세법 제97조(재수출면세)**

① 수입신고 수리일부터 다음 각 호의 어느 하나의 기간에 다시 수출하는 물품에 대하여는 그 관세를 면제할 수 있다.
　　1. 기획재정부령으로 정하는 물품 : 1년의 범위에서 대통령령으로 정하는 기준에 따라 세관장이 정하는 기간. 다만, 세관장은 부득이한 사유가 있다고 인정될 때에는 1년의 범위에서 그 기간을 연장할 수 있다.
　　2. 1년을 초과하여 수출하여야 할 부득이한 사유가 있는 물품으로서 기획재정부령으로 정하는 물품 : 세관장이 정하는 기간

② 제1항에 따라 관세를 면제받은 물품은 같은 항의 기간에 같은 항에서 정한 용도 외의 다른 용도로 사용되거나 양도될 수 없다. 다만, 대통령령으로 정하는 바에 따라 미리 세관장의 승인을 받았을 때에는 그러하지 아니하다.

③ 다음 각 호의 어느 하나에 해당하는 경우에는 수출하지 아니한 자, 용도 외로 사용한 자 또는 양도를 한 자로부터 면제된 관세를 즉시 징수하며, 양도인으로부터 해당 관세를 징수할 수 없을 때에는 양수인으로부터 면제된 관세를 즉시 징수한다. 다만, 재해나 그 밖의 부득이한 사유로 멸실되었거나 미리 세관장의 승인을 받아 폐기하였을 때에는 그러하지 아니하다.
　　1. 제1항에 따라 관세를 면제받은 물품을 같은 항에 규정된 기간 내에 수출하지 아니한 경우
　　2. 제1항에서 정한 용도 외의 다른 용도로 사용하거나 해당 용도 외의 다른 용도로 사용하려는 자에게 양도한 경우

④ 세관장은 제1항에 따라 관세를 면제받은 물품 중 기획재정부령으로 정하는 물품이 같은 항에 규정된 기간 내에 수출되지 아니한 경우에는 500만원을 넘지 아니하는 범위에서 해당 물품에 부과될 관세의 100분의 20에 상당하는 금액을 가산세로 징수한다.

## 제31조(원산지 등에 대한 사전심사)

① 사전심사 **3**

협정관세의 적용에 대한 기초가 되는 사항으로서 원산지결정기준의 충족 여부 등 대통령령으로 정하는 사항에 대하여 의문이 있는 자(체약상대국의 수출자 및 생산자와 그 대리인을 포함한다)는 해당 물품의 수입신고를 하기 전에 관세청장에게 대통령령으로 정하는 서류를 갖추어 사전심사하여 줄 것을 신청할 수 있다. 다만, 협정에서 사전심사에 관한 사항을 정하지 아니한 경우에는 그러하지 아니하다.

※ 사전심사의 유효기간은 정해져 있지 않다. **3**
※ 모든 협정 중 한–EFTA에만 사전심사에 관한 사항을 협정에 포함하고 있지 않다. **2**

**관련규정** **영 제37조(원산지 등에 대한 사전심사)**

① 심사대상
법 제31조제1항 본문에서 "대통령령으로 정하는 사항"이란 다음 각 호의 어느 하나에 해당하는 사항을 말한다.
1. 해당 물품 및 물품 생산에 사용된 재료의 원산지에 관한 사항 **4**
2. 해당 물품 및 물품 생산에 사용된 재료의 품목분류 · 가격 또는 원가결정에 관한 사항 **5**

3. 해당 물품의 생산·가공 또는 제조과정에서 발생한 부가가치의 산정에 관한 사항 **2**
4. 해당 물품에 대한 관세의 환급·감면에 관한 사항 **1**
5. 해당 물품의 원산지 표시에 관한 사항 **6**
6. 수량별 차등협정관세의 적용에 관한 사항 **1**
7. 그 밖에 협정관세의 적용 또는 관세면제에 대한 기초가 되는 사항으로서 기획재정부령으로 정하는 사항

   ※ 세관장요건확인사항, 해당물품의 생산에 사용된 재료의 원산지표시에 관한 사항 등은 사전심사의 대상이 아니다.

>  **TIP**
>
> 관세청장은 원산지 등에 대한 사전심사, 사전심사 결과의 통지 및 이의제기처리, 사전심사서 내용의 변경 및 변경내용의 통지 권한을 관세평가분류원장에게 위임한다. 다만, 원산지사전심사와 관련된 내용 중 해당 물품에 대한 관세환급, 감면에 관한 사항, 해당 물품의 원산지표시에 관한 사항, 수량별 차등협정관세의 적용에 관한 사항은 관세평가분류원장에게 권한이 위임이 되어 있지 않음에 유의한다.

② 제출서류
법 제31조제1항 본문에서 "대통령령으로 정하는 서류"란 다음 각 호의 서류를 말한다.
1. 기획재정부령으로 정하는 사전심사신청서(다음 각 목의 사항이 포함되어야 한다)
   가. 신청인
   나. 해당 물품의 품명·규격·품목번호
2. 거래계약서·원가계산서·원재료내역서·공정명세서 등 물품의 생산에 사용된 재료별 품명·품목번호·가격 및 원산지 등 신청내용에 대한 사전심사에 필요한 사항이 포함된 서류

③ 보정요구
관세청장은 제출된 서류가 미비하여 원산지결정기준의 충족 여부 등의 신청사항을 사전심사하기가 곤란하다고 인정될 때에는 20일 이내의 기간을 정하여 보정을 요구할 수 있다. **4**

④ 사전심사반려
관세청장은 다음 각 호의 어느 하나에 해당하는 경우에는 사전심사의 신청을 반려할 수 있다.
1. 관세청장의 보정요구에 응하지 아니한 경우 **1**
2. 해당 물품과 동일한 물품에 대하여 원산지에 관한 조사가 진행되고 있는 경우
3. 사전심사의 신청내용과 동일한 사안에 대하여 불복절차가 진행 중인 경우 **2**

② 사전심사서 통지
관세청장은 제1항 본문에 따른 사전심사의 신청을 받으면 대통령령으로 정하는 기간 이내에 이를 사전심사서를 신청인에게 통지하여야 한다. 다만, 제출 자료의 미비 등으로 사전심사가 곤란한 경우에는 그 사유를 신청인에게 통지하여야 한다.

**관련규정** 영 제37조(원산지 등에 대한 사전심사)

⑤ 법 제31조제2항 본문에서 "대통령령으로 정하는 기간"이란 사전심사의 신청을 받은 날부터 90일을 말한다. 이 경우 보정기간은 산입하지 아니한다. **4**

③ 협정관세 적용

세관장은 수입자가 사전심사서에 따라 협정관세의 적용 등을 신청하는 경우 수입신고된 물품의 내용이 사전심사서의 내용과 같다고 인정하는 경우에는 대통령령으로 정하는 특별한 사유가 없으면 사전심사서의 내용에 따라 협정관세를 적용하여야 한다. **2**

---

**관련규정** | 영 제37조(원산지 등에 대한 사전심사)

⑥ 법 제31조제3항에서 "대통령령으로 정하는 특별한 사유"란 다음 각 호의 어느 하나에 해당하는 경우를 말한다.
1. 사전심사 후 수입신고 전에 사전심사의 기초가 되는 사실 또는 상황이 변경되었거나 협정 또는 관계 법령이 개정되어 사전심사의 내용이 변경된 사정을 반영하지 못하는 경우 **1**
2. 신청인이 거짓 자료를 제출하거나 사전심사에 필요한 자료를 제출하지 아니하여 사전심사에 중대한 착오가 있는 경우
3. 사전심사의 신청내용과 동일한 사안에 대한 이의신청 · 심사청구 · 심판청구 또는 소송제기 등을 받은 권한 있는 기관의 최종결정 또는 법원의 판결이 사전심사의 내용과 다르게 된 경우

---

④ 수수료

사전심사를 신청하는 자는 기획재정부령으로 정하는 수수료(3만원)를 내야 한다.

⑤ 이의제기

사전심사의 결과에 이의가 있는 자(제32조제2항에 따른 사전심사서의 내용변경 통지를 받은 자를 포함한다)는 그 결과를 통지받은 날부터 30일 이내에 대통령령으로 정하는 바에 따라 관세청장에게 이의를 제기할 수 있다. **3**

## 제32조(사전심사서 내용의 변경)

① 사전심사서 내용변경

관세청장은 협정에서 정하는 바에 따라 사전심사서의 근거가 되는 사실관계 또는 상황의 변경 등 대통령령으로 정하는 사유가 있는 경우에는 사전심사서의 내용을 변경할 수 있다.

---

**관련규정** | 영 제39조(사전심사서 내용의 변경)

① 법 제32조제1항에서 "사전심사서의 근거가 되는 사실관계 또는 상황의 변경 등 대통령령으로 정하는 사유"란 다음 각 호의 어느 하나에 해당하는 경우를 말한다.
1. 사전심사의 근거가 되는 사실 또는 상황이 변경되었거나 협정 또는 관계법령이 개정되어 해당 물품의 원산지결정기준이 변경되거나 원산지결정의 기초가 되는 품목분류 등이 변경된 경우 **1**
2. 사전심사 대상물품 또는 재료의 품목분류, 부가가치비율의 산정 등에 착오가 있는 경우 **1**
3. 제37조제6항제2호(신청인이 거짓 자료를 제출하거나 사전심사에 필요한 자료를 제출하지 아니하여 사전심사에 중대한 착오가 있는 경우) 또는 제3호(사전심사의 신청내용과 동일한 사안에 대한 이의신청 · 심사청구 · 심판청구 또는 소송제기 등을 받은 권한 있는 기관의 최종결정 또는 법원의 판결이 사전심사의 내용과 다르게 된 경우)에 해당하는 경우 **1**

---

② 변경내용통지

관세청장은 사전심사서의 내용을 변경할 때에는 신청인에게 그 변경 내용을 통지하여야 한다.

③ 변경내용적용

사전심사서의 내용을 변경한 경우에는 그 변경일 후에 수입신고되는 물품에 대하여 변경된 내용을 적용한다. 다만, 협정에서 다르게 정하는 경우에는 협정에서 정하는 범위에서 대통령령으로 정하는 바에 따른다.

---

**관련규정　영 제40조(사전심사서 변경효력의 특례)**

관세청장은 법 제32조제3항 단서 및 체약상대국과의 협정에 따라 사전심사의 내용을 신뢰한 선의의 수입자(체약상대국의 수출자 및 생산자를 포함한다)가 변경된 사전심사서의 내용을 적용받을 경우 손해가 발생할 것임을 기획재정부령으로 정하는 바에 따라 입증한 때에는 사전심사서의 내용이 변경된 날부터 다음 각 호에서 정한 기간을 초과하지 아니하는 범위에서 변경 전의 사전심사서의 내용을 적용할 수 있다. **1**

1. 칠레 : 90일 **1**
2. 싱가포르 : 60일 **2**
3. 캐나다 : 90일 **2**

---

**관련규정　규칙 제33조(사전심사서 변경효력의 적용유예신청)**

① 영 제40조에 따라 변경된 사전심사서의 내용을 적용받을 경우 손해가 발생할 것임을 입증하려는 수입자는 다음 각 호의 서류를 사전심사서의 변경내용을 통지받은 날(사전심사서 변경내용의 통지대상자가 아닌 자인 경우에는 사전심사서의 내용이 변경된 사실을 알게 된 날)부터 15일 이내에 관세청장에게 제출하여야 한다. **1**
 1. 다음 각 목의 사항이 기재된 사전심사 변경적용 유예신청서
　 가. 신청인의 성명 · 주소 및 사업자등록번호
　 나. 변경내용을 통지 받은 날(사전심사서 변경내용의 통지대상자가 아닌 자인 경우에는 사전심사서의 내용이 변경된 사실을 알게 된 날)
　 다. 사전심사서 변경일 이후에 수입되었거나 수입될 예정인 물품의 품명 · 수량 및 금액과 수입시기 또는 수입예정시기
 2. 수입거래계약서 또는 이를 갈음하는 서류
 3. 예상되는 손해내역과 그 증빙서류
② 유예신청을 받은 관세청장은 신청일부터 7일 이내에 이를 심사하여 타당하다고 인정하면 사전심사서 변경적용을 유예할 것임을 신청인에게 통지하여야 한다. **1**

④ 소급적용

제3항에도 불구하고 사전심사서의 내용 변경이 자료제출 누락 또는 거짓자료 제출 등 신청인에게 책임이 있는 사유로 인한 것인 경우에는 해당 사전심사와 관련하여 그 변경일 전에 수입신고된 물품에 대해서도 소급하여 변경된 내용을 적용한다. ❸

## 제33조(상호협력)

① 협의기구운영

기획재정부장관은 협정(관세 분야만 해당한다)의 운용에 관한 사항을 협의하기 위하여 협정에서 정하는 바에 따라 체약상대국 정부와 공동으로 협의기구를 구성하여 운영할 수 있다. 이 경우 기획재정부장관은 미리 산업통상자원부장관과 협의하여야 한다.

② 상호협력

관세청장은 협정을 통일적이고 효율적으로 시행하기 위하여 협정에서 정하는 바에 따라 다음 각 호의 사항에 관하여 체약상대국의 관세당국과 협력할 수 있다.

1. 통관 절차의 간소화
2. 다른 법률에 저촉되지 아니하는 범위에서의 정보 교환
3. 세관기술의 지원
4. 체약상대국의 관세당국과 제11조제1항제1호(기관발급)에 따라 작성 · 발급하는 원산지증명서에 포함되는 정보를 전자적으로 교환하는 시스템의 구축 · 운영
5. 그 밖에 협정을 통일적으로 이행하고 효율적으로 시행하기 위하여 필요한 사항으로서 대통령령으로 정하는 사항

③ 관세청장은 체약상대국에서 수입된 물품에 대한 원산지 또는 협정관세 적용의 적정 여부를 확인하기 위하여 필요한 경우에는 협정에서 정하는 범위에서 다음 각 호의 행위를 할 수 있다.

1. 체약상대국의 관세당국에 필요한 자료의 제공을 요청하는 행위
2. 체약상대국과 동시에 원산지 조사를 하는 행위
3. 체약상대국에 세관공무원을 파견하여 직접 원산지 조사를 하게 하거나 체약상대국의 원산지 조사에 참여하게 하는 행위
4. 체약상대국의 관세당국이 협정에 따라 원산지 조사에 협력하여 줄 것을 요청하는 경우 이를 수락하는 행위

④ 관세청장은 체약상대국의 관세당국과 협력활동을 하거나 필요한 조치를 한 경우에는 30일 이내에 기획재정부장관에게 그 결과를 보고하여야 한다.

## 제34조(관세상호협의의 신청 등)

① 수출자 또는 생산자는 체약상대국의 관세당국으로부터 수출물품에 대하여 협정에 부합하지 아니하는 원산지결정 또는 과세처분을 받았거나 받을 우려가 있는 경우에는 기획재정부장관에게 대통령령으로 정하는 바에 따라 체약상대국의 관세당국과의 관세상호협의를 신청할 수 있다. **1**

---

**관련규정**　영 제43조(관세상호협의의 신청 절차 등)

① 법 제34조제1항에 따라 관세상호협의를 신청하려는 자는 기획재정부령으로 정하는 관세상호협의 신청서를 기획재정부장관에게 제출하여야 한다.
③ 기획재정부장관은 제1항에 따른 신청내용을 검토한 결과 또는 직권으로 관세상호협의의 필요성이 있다고 인정할 때에는 산업통상자원부장관과의 협의를 거쳐 체약상대국의 관세당국에 필요한 시정조치를 요구할 수 있다. **1**
④ 기획재정부장관은 체약상대국의 관세당국이 시정조치를 요구받은 날부터 합리적인 기간 이내에 협의에 응하지 아니하거나 시정조치의 요구를 수락하지 아니할 때에는 법 제34조제3항에 따라 체약상대국의 관세당국에 협의기구의 개최를 요청할 수 있다. **1**
⑤ 기획재정부장관은 체약상대국의 관세당국과 관세상호협의를 완료하였을 때에는 완료한 날부터 30일 이내에 그 결과를 신청인에게 서면으로 통지하여야 한다. **2**

---

② 기획재정부장관은 관세상호협의의 신청을 받았을 때에는 다음 각 호의 어느 하나에 해당하는 경우를 제외하고는 체약상대국의 관세당국에 관세상호협의를 요청하여야 한다. 이 경우 기획재정부장관은 미리 산업통상자원부장관과 협의하여야 한다.
　1. 원산지결정 또는 과세처분과 관련하여 국내 또는 국외에서 법원의 확정판결이 있은 경우
　2. 신청인이 관세회피를 목적으로 관세상호협의 절차를 이용하려고 하는 사실이 인정되는 경우
　3. 원산지결정 또는 과세처분이 있은 날부터 3년이 지난 후 신청한 경우
③ 기획재정부장관은 신속한 관세상호협의를 위하여 필요하다고 판단하는 경우에는 협정에서 정하는 바에 따라 제33조제1항 전단에 따른 협의기구의 개최를 요청할 수 있다. 이 경우 기획재정부장관은 미리 산업통상자원부장관과 협의하여야 한다.
④ 관세상호협의에 관하여 필요한 그 밖의 사항은 대통령령으로 정한다.

# [07] 협정관세의 적용제한

## 제35조(협정관세의 적용제한)

① 협정관세의 적용제한

협정에서 다르게 규정한 경우를 제외하고 세관장은 다음 각 호의 어느 하나에 해당하는 경우에는 해당 수입물품에 대하여 협정관세를 적용하지 아니할 수 있다. 이 경우 세관장은 「관세법」 제38조의3제6항(경정) 및 제39조제2항(부족액 징수)에 따라 납부하여야 할 세액 또는 납부하여야 할 세액과 납부한 세액의 차액을 부과·징수하여야 한다. **2**

1. 정당한 사유 없이 수입자, 체약상대국의 수출자 또는 생산자("체약상대국수출자등")가 관세청장 또는 세관장이 요구한 자료를 제16조제2항(원산지증빙서류 등의 제출기간)에 따른 기간 이내에 제출하지 아니하거나 거짓으로 또는 사실과 다르게 제출한 경우. 다만, 원산지증빙서류의 기재사항을 단순한 착오로 잘못 기재한 것으로서 원산지결정에 실질적인 영향을 미치지 아니하는 경우는 제외한다. **2**

2. 체약상대국수출자 등이 관세청장 또는 세관장의 서면조사에 대하여 기획재정부령으로 정하는 기간 이내에 회신하지 아니한 경우 또는 관세청장 또는 세관장의 현지조사에 대한 동의 요청에 대하여 기간 이내에 동의 여부에 대한 통보를 하지 아니하거나 특별한 사유 없이 동의하지 아니하는 경우 **5**

3. 현지조사를 할 때 체약상대국수출자 등이 정당한 사유 없이 원산지증빙서류의 확인에 필요한 장부 또는 관련 자료에 대한 세관공무원의 접근을 거부하거나 협정에서 정한 원산지증빙서류를 보관하지 아니한 경우 **4**

4. 서면조사 또는 현지조사 결과 세관장에게 신고한 원산지가 실제 원산지와 다른 것으로 확인되거나 수입자 또는 체약상대국수출자 등이 제출한 자료에 원산지의 정확성을 확인하는 데 필요한 정보가 포함되지 아니한 경우 **3**

5. 관세청장 또는 세관장이 체약상대국의 관세당국에 원산지의 확인을 요청한 사항에 대하여 체약상대국의 관세당국이 기획재정부령으로 정하는 기간 이내에 그 결과를 회신하지 아니한 경우 또는 세관장에게 신고한 원산지가 실제 원산지와 다른 것으로 확인되거나 회신 내용에 제7조에 따른 원산지의 정확성을 확인하는 데 필요한 정보가 포함되지 아니한 경우 **2**

6. 사전심사를 신청한 수입자가 사전심사의 결과에 영향을 미칠 수 있는 자료를 고의로 제출하지 아니하였거나 거짓으로 제출한 경우 또는 사전심사서에 기재된 조건을 이행하지 아니한 경우 **3**

7. 협정에 따른 협정관세 적용의 거부·제한 사유에 해당하는 경우

8. 그 밖에 관세청장 또는 세관장이 원산지의 정확성 여부를 확인할 수 없는 경우로서 대통령령으로 정하는 사유에 해당되는 경우

---

**관련규정** 영 제44조(협정관세의 적용제한)

① 세관장은 협정관세의 적용을 제한하는 경우에는 「관세법」 제118조제1항(과세전통지)에 따라 그 내용을 미리 수입자에게 서면으로 통지하여야 한다. **2**

② 법 제35조제1항제8호에서 "대통령령으로 정하는 사유"란 다음 각 호의 어느 하나에 해당하는 경우를 말한다.

1. 조사를 받는 자의 부도·폐업·소재불명, 그 밖에 이에 준하는 불가피한 사유로 인하여 관세청장 또는 세관장의 원산지에 관한 조사가 불가능하게 된 경우 **2**

2. 조사를 받는 자가 관세청장 또는 세관장의 서면조사 또는 현지조사를 거부·방해 또는 기피한 경우 **2**

---

**관련규정** 규칙 제37조(체약당사국의 조사결과 회신기간)

① 법 제35조제1항제5호에서 "기획재정부령으로 정하는 기간"이란 다음 각 호의 구분에 따른 기간을 말한다.

1. 유럽자유무역연합회원국의 관세당국에 요청한 경우 : 관세청장 또는 세관장이 원산지확인을 요청한 날부터 15개월 **1**

2. 아세안회원국의 관세당국에 요청한 경우 : 아세안회원국의 관세당국이 원산지확인 요청을 접수한 날부터 2개월. 다만, 관세청장 또는 세관장이 필요하다고 인정하는 경우에는 아세안회원국과의 협정 부속서 3 부록 1에 따라 해당 확인요청이 접수된 날부터 6개월의 범위에서 그 기간을 연장할 수 있다. **2**

3. 인도의 증명서발급기관에 요청한 경우 : 인도의 증명서 발급기관이 원산지확인 요청을 접수한 날부터 3개월. 다만, 관세청장 또는 세관장이 필요하다고 인정하는 경우에는 인도와의 협정에 따라 해당 확인요청이 접수된 날부터 6개월의 범위에서 그 기간을 연장할 수 있다.

4. 유럽연합당사자의 관세당국에 요청한 경우 : 관세청장 또는 세관장이 원산지의 확인을 요청한 날부터 10개월 **2**

5. 페루의 관세당국에 요청한 경우 : 페루의 관세당국이 원산지확인 요청을 접수한 날부터 150일

6. 미합중국의 관세당국에 요청한 경우 : 관세청장 또는 세관장이 원산지확인을 요청한 날부터 12개월 **1**

7. 튀르키예의 관세당국에 요청한 경우 : 관세청장 또는 세관장이 원산지확인을 요청한 날부터 10개월 **1**

8. 콜롬비아의 관세당국에 요청한 경우 : 관세청장 또는 세관장이 원산지확인을 요청한 날부터 150일 **1**

9. 호주의 증명서발급기관에 요청한 경우 : 관세청장 또는 세관장이 호주의 증명서발급기관에 원산지확인을 요청한 날부터 30일. 다만 호주와의 협정에 따라 관세청장 또는 세관장은 호주의 증명서발급기관이 회신기간의 연장을 요청한 경우에는 30일을 초과하지 아니하는 범위에서 그 기한을 연장할 수 있다.

10. 베트남의 원산지증명서 발급기관에 요청한 경우 : 베트남의 원산지증명서 발급기관이 원산지확인 요청을 접수한 날의 다음 날부터 6개월 🔳

11. 중국의 관세당국에 요청한 경우 : 중국의 관세당국이 원산지확인 요청을 접수한 날부터 6개월

12. 중미 공화국들의 권한 있는 당국에 요청한 경우 : 중미 공화국들의 권한 있는 당국이 원산지확인 요청을 접수한 날의 다음 날부터 150일

13. 영국의 관세당국에 요청한 경우 : 관세청장 또는 세관장이 원산지의 확인을 요청한 날부터 10개월

14. 인도네시아의 원산지증명서 발급기관에 요청한 경우 : 인도네시아의 원산지증명서 발급기관이 원산지확인 요청을 접수한 날부터 2개월. 이 경우 관세청장 또는 세관장이 인도네시아와의 협정에 따라 인도네시아의 원산지증명서 발급기관에 추가 정보나 서류를 요청하는 경우에는 그 요청이 접수된 날부터 4개월의 범위에서 회신기간을 연장할 수 있다.

15. 이스라엘의 관세당국에 요청한 경우 : 관세청장 또는 세관장이 이스라엘의 관세당국에 원산지확인을 요청한 날부터 10개월. 이 경우 관세청장 또는 세관장이 이스라엘과의 협정에 따라 이스라엘의 관세당국에 추가 정보나 서류를 요청하는 경우에는 그 요청한 날부터 90일의 범위에서 회신기간을 연장할 수 있다.

16. 「역내포괄적경제동반자협정」 당사국의 관세당국 또는 원산지증명서 발급기관에 요청한 경우 : 「역내포괄적경제동반자협정」 당사국의 관세당국 또는 원산지증명서 발급기관이 원산지확인 요청을 접수한 날부터 90일

17. 캄보디아의 관세당국 또는 원산지증명서 발급기관에 요청한 경우 : 캄보디아의 관세당국 또는 원산지증명서 발급기관이 원산지확인 요청을 접수한 날부터 90일

② 관세부과 제척기간

제1항 각 호 외의 부분 후단에 따른 납부하여야 할 세액 또는 납부하여야 할 세액과 납부한 세액과의 차액은 대통령령으로 정하는 날부터 5년이 지나면 부과할 수 없다. 이 경우 「관세법」 제21조제2항 각 호(특례적인 제척기간)에 해당하는 경우 그 해당하는 각각의 기간 내에는 경정 등 필요한 처분을 할 수 있다.

| 관련규정 | 영 제46조(관세부과 제척기간의 기산일) |
| --- | --- |

법 제35조제2항 전단에서 "대통령령으로 정하는 날"이란 다음 각 호의 어느 하나에 해당하는 날의 다음 날을 말한다.

1. 협정관세의 적용을 신청하였을 때에는 그 적용신청을 한 날 🔳

2. 수입신고의 수리일 이후에 협정관세의 적용을 신청하였을 때에는 그 적용신청을 한 날 🔳

## 제36조(가산세)

### ① 가산세

세관장은 협정관세를 적용받은 물품에 대하여 납세의무자가「관세법」제9조에 따른 납부기한("법정납부기한")까지 납부하지 아니한 관세액("미납부세액")을 징수하거나「관세법」제38조의3제1항(수정신고) 또는 제6항(경정)에 따라 부족한 관세액("부족세액")을 징수할 때에는 다음 각 호의 금액을 합한 금액을 가산세로 징수한다. **2**

1. 부족세액의 100분의 10에 상당하는 금액. 다만, 수입자가 원산지증명서를 위조 또는 변조하는 등 대통령령으로 정하는 부당한 방법으로 협정관세의 적용을 신청하여 부족세액이 발생한 경우에는 해당 부족세액의 100분의 40에 상당하는 금액으로 한다. **4**

---

**관련규정   영 제47조(가산세)**

① 법 제36조제1항제1호에서 "원산지증명서를 위조 또는 변조하는 등 대통령령으로 정하는 부당한 방법"이란 다음 각 호의 어느 하나에 해당하는 것을 말한다.
1. 수입자가 원산지증명서를 거짓으로 작성하거나 위조 · 변조하는 것 **1**
2. 수입자가 관세의 과세표준 또는 세액계산의 기초가 되는 사실의 전부 또는 일부를 은폐하기 위하여 원산지증빙서류 등 세액심사에 필요한 자료를 파기하는 것 **2**
3. 그 밖에 협정관세를 적용받기 위하여 부정한 행위를 하는 것

---

2. 미납부세액 또는 부족세액에 가목에 따른 일수와 나목에 따른 이자율을 곱하여 계산한 금액 **1**
   가. 법정납부기한(협정관세 사후적용을 신청한 수입자에 대하여 가산세를 징수하는 경우에는 관세를 환급한 날을 말한다)의 다음 날부터 납부일까지의 기간(납부고지일부터 납부고지서에 따른 납부기한까지의 기간은 제외한다)
   나. 금융회사 등이 연체대출금에 대하여 적용하는 이자율 등을 고려하여 대통령령으로 정하는 이자율

3. 법정납부기한까지 납부하여야 할 세액 중 납부고지서에 따른 납부기한까지 납부하지 아니한 세액×100분의 3(관세를 납부고지서에 따른 납부기한까지 완납하지 아니한 경우에 한정한다)

### ② 가산세면제

제1항에도 불구하고 수입자가 제14조제2항에 따라 수정신고를 하는 경우로서 제17조제1항에 따른 원산지 조사의 통지를 받기 전에 수정신고를 하는 경우 등 대통령령으로 정하는 경우(제1항제1호 단서에 해당하는 경우는 제외한다)에는 다음 각 호에 해당하는 가산세의 전부 또는 일부를 징수하지 아니한다.

1. 제1항제1호에 따른 금액
2. 제1항제2호에 따른 금액(납부고지서에 따른 납부기한이 지난 날부터 납부일까지의 기간에 해당하는 금액은 제외한다)

---

**관련규정** | 영 제47조(가산세)

③ 법 제36조제2항 각 호 외의 부분에서 "대통령령으로 정하는 경우"란 다음 각 호의 어느 하나에 해당하는 경우를 말한다.

1. 수입자가 법 제14조제2항에 따라 원산지증빙서류의 내용에 오류가 있음을 통보받은 경우로서 원산지 조사의 통지를 받기 전에 수정신고를 하는 경우. 다만, 수입자에게 귀책사유가 없는 경우로 한정한다. **2**

2. 관세청장 또는 세관장이 체약상대국의 관세당국에 원산지 확인을 요청한 사항에 대하여 체약상대국의 관세당국이 기획재정부령으로 정하는 기간 이내에 그 결과를 회신하지 아니한 경우

3. 체약상대국의 수출자 또는 생산자가 관세청장 또는 세관장이 요구한 자료를 기간 내에 제출하지 아니하거나 거짓으로 또는 사실과 다르게 제출한 경우 등으로서 부족세액의 징수와 관련하여 수입자에게 정당한 사유가 있는 경우

## 제37조(협정관세 적용제한자의 지정 및 지정해제)

① 적용제한자 지정

세관장은 협정에서 정하는 바에 따라 최근 5년간 2회 이상 반복적으로 원산지증빙서류의 주요 내용을 거짓으로 작성하거나 잘못 작성한 체약상대국수출자 등을 대통령령으로 정하는 바에 따라 협정관세 적용제한자(이하 이 조에서 "적용제한자"라 한다)로 지정할 수 있다. **5**

---

**관련규정** | 영 제48조(협정관세 적용제한자의 지정 등)

① 세관장은 협정관세 적용제한자를 지정하려면 30일의 기간을 정하여 그 적용제한자에게 구술 또는 서면에 의한 의견진술 기회를 부여하여야 한다. 이 경우 지정된 기일까지 의견을 진술하지 아니하면 의견이 없는 것으로 본다. **2**

② 세관장은 적용제한자를 지정하는 때에는 그 지정사실과 함께 다음 각 호의 사항을 관세청장에게 보고한 후 관세청장이 지정하는 정보통신망에 게시하여야 하며, 필요한 경우 이를 관할세관의 게시판에 게시할 수 있다.

1. 적용제한자의 상호 · 성명 및 주소
2. 협정관세 적용제한 물품의 품명 · 모델 · 규격 · 품목번호 및 수출국
3. 협정관세 적용제한의 기간 및 사유

③ 관세청장은 보고를 받았을 때에는 그 사실을 즉시 지정대상자 및 체약상대국의 관세당국에 통보하여야 한다. **2**

④ 적용제한자 지정의 효력은 세관장이 지정 정보통신망에 게시한 날부터 발생한다. **2**

② 협정관세 적용제한 **3**

세관장은 적용제한자로 지정된 자가 수출 또는 생산하는 동종동질의 물품 전체에 대하여 대통령령으로 정하는 바에 따라 5년(협정에서 정한 기간이 5년을 초과하는 경우에는 그 기간)의 범위에서 협정관세를 적용하지 아니할 수 있다.

③ 적용제한의 예외 **2**

제2항에도 불구하고 세관장은 수입신고되는 물품별로 원산지 등 협정관세의 적용요건을 심사하여 그 요건을 충족하는 경우에는 협정관세를 적용할 수 있다.

④ 지정해제

세관장은 적용제한자로 지정된 자가 대통령령으로 정하는 바에 따라 원산지증빙서류를 성실하게 작성하였음을 입증하는 경우에는 그 지정을 해제할 수 있다.

---

**관련규정** | **영 제49조(협정관세 적용제한자 지정의 해제)**

① 적용제한자로 지정된 자는 다음 각 호의 서류를 첨부하여 세관장에게 그 지정의 해제를 신청할 수 있다. **1**
  1. 기획재정부령으로 정하는 신청서(다음 각 목의 사항이 포함되어야 한다)
    가. 신청인의 성명·주소(전자주소를 포함한다)
    나. 적용제한자 지정일 및 지정기간
    다. 협정관세 적용제한 물품의 품명·규격·모델·품목번호 및 수출국
    라. 수입자
    마. 적용제한자 지정해제 신청사유
  2. 원산지증빙서류
② 세관장은 신청을 받았을 때에는 그 내용을 심사하여 원산지증빙서류를 성실하게 작성하였다고 인정되는 경우 적용제한자 지정의 해제를 결정하여야 한다. **1**

> (📈) **TIP**   고시 제58조(적용제한자 지정 해제)
>
> ② 적용제한자 지정해제신청을 받은 세관장은 신청을 받은 날부터 90일 이내에 그 내용을 심사하여 원산지증빙서류의 진위가 확인되는 경우 적용제한자 지정의 해제를 결정하여야 한다. **1**

③ 세관장은 적용제한자 지정의 해제를 결정하였을 때에는 그 사실을 관세청장에게 보고한 후 해제를 결정한 날부터 7일 이내에 지정정보통신망에 게시하여야 하며, 필요한 경우 관할세관의 게시판에 게시할 수 있다. **1**

---

⑤ 위임

적용제한자의 지정 및 그 해제의 절차·방법과 그 밖에 필요한 사항은 대통령령으로 정한다.

# CHAPTER [08] 보칙

## 제38조(비밀유지 의무)

① 비밀유지의무

세관공무원과 대통령령으로 정하는 원산지증빙서류 발급자는 수입자·수출자·생산자(체약상대국에 거주하는 수출자·생산자와 그 밖의 이해관계인을 포함한다) 또는 체약상대국의 권한 있는 기관이 협정 및 이 법에서 정하는 바에 따라 원산지의 결정, 관세의 부과·징수 또는 통관을 목적으로 제출한 자료로서 대통령령으로 정하는 바에 따라 비밀취급자료를 자료제출자의 동의 없이 타인(체약상대국의 관세당국을 포함한다)에게 제공 또는 누설하거나 사용 목적 외의 용도로 사용해서는 아니 된다. 다만, 다음 각 호의 어느 하나에 해당하는 경우에는 그 사용 목적에 맞는 범위에서 비밀취급자료를 제공할 수 있다. **4**

 **해설** 단서규정의 경우에는 동의 없이도 비밀취급자료 제공가능한 것으로 해석한다.

1. 국가기관이 관세에 관한 쟁송 또는 관세범의 소추를 목적으로 비밀취급자료를 요구하는 경우 **4**
2. 법원의 제출명령 또는 법관이 발부한 영장에 따라 비밀취급자료를 요구하는 경우 **4**
3. 세관공무원 상호 간에 관세의 부과·징수, 통관 또는 질문·검사상의 필요에 따라 제공하는 경우 **4**
4. 다른 법률에 따라 비밀취급자료를 요구하는 경우 **1**

| **관련규정** | 영 제50조(비밀유지) |
|---|---|

① 법 제38조제1항 각 호 외의 부분 본문 및 제44조제2항제7호에서 "대통령령으로 정하는 원산지증빙서류 발급자"란 각각 법 제11조제1항제1호에 따른 원산지증명서 발급권한이 있는 기관(세관제외)에서 원산지증명서의 발급을 담당하는 직원을 말한다.
② 자료제출자는 관세청장, 세관장 및 발급권한기관의 장에게 자료를 제출할 때에 정당한 사유를 제시하여 해당 자료를 비밀로 취급할 것을 요청할 수 있다. **4**
③ 비밀취급요청을 받은 관세청장, 세관장 및 발급권한기관의 장은 특별한 사유가 없으면 해당 자료를 지정하여 비밀로 취급하여야 한다. **2**

④ 관세청장, 세관장 및 발급권한기관의 장은 제2항 및 제3항에도 불구하고 다음 각 호의 어느 하나에 해당하는 자료로서 공개될 경우 자료를 제출한 자 또는 이해관계인의 이익이 침해될 우려가 있을 것으로 인정되는 자료에 대해서는 그 자료를 제출한 자나 이해관계인의 요청이 없더라도 해당 자료를 비밀로 취급하는 자료로 지정하여야 한다. **7**

1. 제조원가 **2**
2. 제조공정 **2**
3. 거래 상대방의 성명, 주소 및 거래량 **2**
4. 협정에 따라 체약상대국의 관세당국으로부터 제공받은 원산지증빙서류 **3**
5. 그 밖에 관세청장 또는 세관장이 비밀로 취급하는 것이 타당하다고 인정하는 자료 **2**
※ 주요오답으로는 거래 상대방의 거래처가 있다.

⑤ 비밀취급자료는 특별한 사정이 없으면 제출받은 날부터 5년간 보관하여야 하며, 보관기간이 지나면 소각 또는 파쇄 등의 방법으로 폐기하여야 한다. **7**
⑥ 관세청장 및 세관장은 체약상대국의 관세당국이 비밀취급자료 제공을 요청하는 경우에는 자료제출자에게 그 사실을 통보하고, 자료제공에 관한 동의를 받았을 때에만 체약상대국의 관세당국에 그 자료를 제공할 수 있다. **6**
⑦ 관세청장 및 세관장은 체약상대국의 관세당국에 비밀취급자료를 제공할 때에는 제공되는 자료의 비밀유지에 관한 보증서를 요구할 수 있다. 이 경우 체약상대국의 관세당국이 보증서 제공을 거부하면 자료제공을 거부할 수 있다. **5**

② 위임 **1**

비밀취급자료의 보관기간, 보관 방법 및 제공 · 사용 절차는 대통령령으로 정한다.

## 제39조(불복의 신청)

대통령령으로 정하는 체약상대국의 수출자 또는 생산자는 다음 각 호의 어느 하나에 관련되는 처분에 대하여 위법 또는 부당한 처분을 받거나 필요한 처분을 받지 못함으로써 권리 또는 이익의 침해를 당한 경우에는 「관세법」에 따라 심사청구 또는 심판청구를 할 수 있다. **6**

1. 제17조에 따른 원산지에 관한 조사 **2**
2. 원산지 등에 대한 사전심사 **7**

※ 수출자 및 생산자로부터 권한을 위임받은 자는 불복신청할 수 없다. **2**
※ 동일한 처분에 대하여 심사청구와 심판청구를 중복하여 제기할 수 없다. **1**

관련규정 영 제51조(불복의 신청권자)

법 제39조에서 "대통령령으로 정하는 체약상대국의 수출자 또는 생산자"란 다음 각 호의 어느 하나에 해당하는 자를 말한다. **1**

1. 칠레의 수출자 또는 생산자로서 칠레와의 협정에 따라 원산지 결정의 대상이 된 물품에 대하여 원산지증명서를 작성하고 서명한 자 또는 칠레와의 협정에 따라 원산지 사전심사를 받은 자 **4**
2. 싱가포르의 수출자 또는 생산자로서 싱가포르와의 협정에 따라 원산지 결정의 대상이 된 물품의 원산지증명서를 발급받았거나 원산지소명서류를 작성한 자 또는 싱가포르와의 협정에 따라 사전심사를 받은 자 **4**
3. 콜롬비아의 수출자 또는 생산자로서 콜롬비아와의 협정에 따라 원산지 결정의 대상이 된 물품의 원산지증명서를 작성하고 서명한 자 또는 콜롬비아와의 협정에 따라 사전심사를 받은 자 **2**
4. 호주의 수출자 또는 생산자로서 호주와의 협정에 따라 원산지 결정의 대상이 된 물품의 원산지증명서를 작성하고 서명하거나 발급받은 자 또는 호주와의 협정에 따라 사전심사를 받은 자 **5**
5. 캐나다의 수출자 또는 생산자로서 캐나다와의 협정에 따라 원산지 결정의 대상이 된 물품의 원산지증명서를 작성하고 서명한 자 또는 캐나다와의 협정에 따라 사전심사를 받은 자 **3**

 **해설** 미국, 중국, 온두라스 등 상기내용 이외의 수출자와 생산자는 불복신청 할 수 없다. **3**

## 제40조(불복 증거서류 및 증거물의 제출 등)

### ① 불복증거서류제출

「관세법」에 따른 심사청구 또는 심판청구의 재결청은 청구인이 제기한 심사청구 또는 심판청구를 심의하는 데 필요하다고 인정하면 체약상대국의 수출자 또는 생산자에게 증거서류나 증거물을 재결청에 직접 제출하게 할 수 있다. **4**

### ② 목적 외 용도 등 사용금지

재결청은 청구인이나 체약상대국의 수출자 또는 생산자가 제출한 자료 중 비밀로 취급하여 줄 것을 요청받은 자료에 대해서는 자료제출자의 동의 없이 타인에게 제공 또는 누설하거나 사용 목적 외의 용도로 사용해서는 아니 된다. 이 경우 해당 자료의 보관·제공·사용 등에 관하여는 제38조(비밀유지 의무)를 준용한다. **2**

**TIP** FTA특례법상 벌칙은 징역, 벌금, 과태료이다.

## 제44조(벌칙)

① 3천만원 이하 벌금

비밀유지의무를 위반하여 비밀취급자료를 타인에게 제공 또는 누설하거나 목적 외의 용도로 사용한 자는 3년 이하의 징역 또는 3천만원 이하의 벌금에 처한다. **5**

② 2천만원 이하 벌금

다음 각 호의 어느 하나에 해당하는 자는 2천만원 이하의 벌금에 처한다. 다만, 과실로 제2호 및 제5호에 해당하게 된 경우에는 300만원 이하의 벌금에 처한다. **2**

1. 협정 및 이 법에 따른 원산지증빙서류를 속임수 또는 그 밖의 부정한 방법으로 신청하여 발급받았거나 작성 · 발급한 자 **7**
2. 용도세율 적용 물품을 해당 용도 외의 다른 용도에 사용하거나 양도한 자(제46조제2항제2호에 해당하는 자는 제외한다)
3. 정당한 사유 없이 제15조를 위반하여 관련 서류를 보관하지 아니한 자 **7**
4. 제16조제1항에 따라 관세청장 또는 세관장이 요청한 서류를 거짓으로 제출한 자 **1**
5. 제30조제3항에서 준용하는 「관세법」 제97조제2항(재수출면세 용도 외 사용금지)을 위반하여 관세 면제 물품을 해당 용도 외의 다른 용도에 사용하거나 양도한 자(제46조제2항제4호에 해당하는 자는 제외한다)
6. 사전심사에 필요한 자료를 거짓으로 제출하거나 고의로 제출하지 아니한 자 **1**
7. 협정 및 이 법에 따른 원산지증빙서류를 속임수나 그 밖의 부정한 방법으로 발급한 세관공무원과 대통령령으로 정하는 원산지증빙서류 발급자 **1**

③ 300만원 이하 벌금

과실로 협정 및 이 법에 따른 원산지증빙서류를 사실과 다르게 신청하여 발급받았거나 작성 · 발급한 자는 300만원 이하의 벌금에 처한다. 다만, 원산지증빙서류의 수정 통보를 한 자는 그러하지 아니하다. **6**

④ 관세법 준용

제2항 및 제3항에 규정한 벌칙에 위반되는 행위를 한 자에 관하여는 「관세법」 제278조 및 제283조부터 제319조까지의 규정을 준용한다.

| 관련규정 | 관세법 준용규정 |
| --- | --- |

제278조(「형법」 적용의 일부 배제) **1**

이 법에 따른 벌칙에 위반되는 행위를 한 자에게는 「형법」 제38조제1항제2호 중 벌금경합에 관한 제한가중규정을 적용하지 아니한다.

제283조(관세범)

① 이 법에서 "관세범"이란 이 법 또는 이 법에 따른 명령을 위반하는 행위로서 이 법에 따라 형사 처벌되거나 통고처분되는 것을 말한다.

② 관세범에 관한 조사 · 처분은 세관공무원이 한다. **1**

## 제45조(양벌규정)

법인의 대표자나 법인 또는 개인의 대리인, 임직원, 사용인, 그 밖의 종업원이 그 법인 또는 개인의 업무에 관하여 제44조제2항(2천만원 이하의 벌금) 및 제3항(300만원 이하의 벌금)의 위반행위를 하면 그 행위자를 벌하는 외에 그 법인 또는 개인에게도 해당 조문의 벌금형을 과한다. 다만, 법인 또는 개인이 그 위반행위를 방지하기 위하여 해당 업무에 관하여 상당한 주의와 감독을 게을리하지 아니한 경우에는 그러하지 아니하다.

예시 비밀취급자료를 타인에게 제공한 자를 처벌할 때는 양벌규정이 적용되지 않는다. **1**

## 제46조(과태료)

① 1천만원 이하 과태료

다음 각 호의 어느 하나에 해당하는 자(체약상대국의 수출자 및 생산자는 제외한다)에게는 1천만원 이하의 과태료를 부과한다.

1. 정당한 사유 없이 제16조제2항(원산지증빙서류 등의 제출기간)에 따른 기간 이내에 서류를 제출하지 아니한 자 **8**
2. 관세청장 또는 세관장의 서면조사 또는 현지조사를 거부 · 방해 또는 기피한 자 **5**

② 500만원 이하 과태료

다음 각 호의 어느 하나에 해당하는 자에게는 500만원 이하의 과태료를 부과한다.

1. 제4조제2항에서 준용하는 「관세법」 제83조제1항(용도세율 신청)을 위반하여 용도에 따라 세율을 다르게 정하는 물품을 세율이 낮은 용도에 사용한 자
2. 제4조제2항에서 준용하는 「관세법」 제83조제2항(용도세율 용도 외 사용금지))을 위반한 자 중 세율이 낮은 용도와 동일한 용도에 사용하려는 자에게 양도한 자 **1**
3. 제14조제2항에 따라 원산지증빙서류의 오류 내용을 통보받고도 이를 세관장에게 세액정 정 · 세액보정 신청 또는 수정신고를 하지 아니한 자 o
4. 제30조제3항에서 준용하는 「관세법」 제97조제2항(용도 외 사용금지)을 위반한 자 중 해당 물품을 직접 수입한 경우에는 관세의 감면을 받을 수 있는 자에게 양도한 자

③ 세관장의 부과징수

제1항 및 제2항에 따른 과태료는 대통령령으로 정하는 바에 따라 세관장이 부과 · 징수한다.

**[부록] 협정별 원산지절차 비교**

| 구분 | 발효일 | 원산지증명서 | | | | 원산지검증 |
| --- | --- | --- | --- | --- | --- | --- |
| | | 발급주체 | 서식 | 유효기간 | 제출면제기준 | |
| 한-칠레 | 2004.04.01. | 수출자 자율발급 | 통일증명서식 | 서명일부터 2년 | 미화 1,000달러 이하 | 직접검증 |
| 한-싱가포르 | 2006.03.02. | 지정된 기관에서 발급 ※ 싱가폴-세관 ※ 한국-세관, 상의, 자유무역지역관리원(입주기업에 한함) | 양국간 각자 증명서식 | 발급일부터 1년 | 미화 1,000달러 이하 | 직접검증 |
| 한-EFTA | 2006.09.01 | 수출자/생산자 자율발급 ※ 스위스산 치즈는 기관발급-스위스 연방농업국이 인증한 기관 | 송품장 등 상업서류에 "원산지신고" 문안 기재 | 발급일부터 1년 | 미화 1,000달러 이하의 개인소포, 여행자개인수하물(EFTA로 반입은 소포 500유로, 개인 1,200유로 이하) | 간접검증 (참관 가능) |
| 한-아세안 | 2007.06.01 | 지정된 기관에서 발급 ※ 아세안-세관 등 국가기관 ※ 한국-세관, 상의 | 통일증명서식 (Form AK) | 발급일부터 1년 | FOB가격 기준 미화 200달러 이하 (상품 또는 우편송부상품) | 간접검증 → 직접검증 (방문조사) |
| 한-미 | 2012.03.15 | 수출자, 생산자, 수입자 자율발급 | 정형화된 양식 없음(권고서식) | 서명일부터 4년 | 미화 1,000달러 이하 | 직접검증(섬유 및 의류는 간접검증 가능) |
| 한-인도 | 2010.01.01. | 지정된 기관에서 발급 ※ 인도-인도수출검사위원회, 수산물수출개발원, 섬유위원회 ※ 한국-세관, 상의 | 통일증명서식 | 발급일부터 1년 | 개인소포/여행자 수화물 | 간접검증 → 직접검증 |
| 한-EU | 2011.07.01. | 수출자 자율발급 ※ 수출입금액(협정상 '전체가격')이 6,000유로를 초과하는 경우 인증수출자만이 원산지신고서 작성 가능 | 송품장 등 상업서류에 "원산지신고" 문안 기재 | 발급일부터 1년 | 미화 1,000달러 이하의 개인소포, 여행자 개인수화물(EU로 반입시는 소포 500유로, 개인수화물 1,200유로 이하) | 간접검증 (참관 가능) |
| 한-페루 | 2011.08.01. | 수출자/생산자 자율발급 | 통일증명서식 | 서명일부터 1년 | 미화 1,000달러 이하 | 직접 및 간접검증 모두채택 |

| 한-튀르키예 | 2013.05.01. | 수출자 자율발급 | 송품장 등 상업서류에 "원산지신고" 문안 기재 | 발급일부터 1년 | 미화 1,000달러 이하의 개인소포, 여행자 개인수화물(튀르키예로 반입시는 소포 500유로, 개인수화물 1,200유로 이하) | 간접검증(참관 가능) |
|---|---|---|---|---|---|---|
| 한-호주 | 2014.12.12. | 수출자/생산자 자율발급(다만, 호주는 기관발급 병행) | 정형화된 양식 없음(권고서식 사용 권장) | (기관)발급일부터 2년 (자율)서명일부터 2년 | 미화 1,000달러 이하(호주로 반입은 호주달러 1,000달러 이하) | 직접검증(다만, 호주의 증명서발급기관에 지원요청 가능) |
| 한-캐나다 | 2015.01.01 | 수출자/생산자 자율발급 | 부속서에 규정된 표준서식 | 서명일부터 2년 | 미화 1,000달러 이하 또는 수입당사국이 C/O제출 면제를 규정한 상품의 수입 | 직접검증 |
| 한-뉴질랜드 | 2015.12.20. | 수출자/생산자 자율발급 | 송품장 방식 또는 표준서식 | 서명일부터 2년 | 미화 1,000달러 이하 | 직접검증 |
| 한-베트남 | 2015.12.20. | 지정된 기관에서 발급 ※ 베트남-산업무역부 ※ 한국-세관, 상의 | 통일증명서식 | 발급일의 다음날부터 1년 | FOB 가격 기준 미화 600달러 이하 또는 수입국이 정한 금액 | 간접검증 → 직접검증 (필요시) |
| 한-중 | 2015.12.20. | 지정된 기관에서 발급 ※ 중국-해관총서, 국제무역촉진위원회 ※ 한국-세관, 상의 | 통일증명서식 | 발급일부터 1년 | 미화 700달러 이하 | 간접검증 → 직접검증 |
| 한-콜롬비아 | 2016.07.15 | 수출자/생산자 자율발급 | 통일증명서식 | 서명일부터 1년 | 미화 1,000달러 이하 | 직접 및 간접검증 모두채택 |
| 한-중미 | 2021.03.01. (전체발표) | 수출자/생산자 자율발급 | 통일증명서식 | 서명일부터 1년 | 미화 1,000달러 이하 | 직접 및 간접검증 모두채택 |
| 한-영 | EU협정을 적용받지 않게된 날에 발표 (2021.1.1.) | 수출자 자율발급 ※ 6,000유로 초과하는 경우 인증수출자 | 송품장 등 상업서류에 "원산지신고" 문안 기재 | 발급일부터 1년 | 미화 1,000달러 이하의 개인소포, 여행자수화물 (영국으로 반입시는 소포 500유로, 개인수화물 1,200유로 이하) | 간접검증 (참관 가능) |

| | | | | | | |
|---|---|---|---|---|---|---|
| RCEP | 2022.02.01. | 지정된 기관에서 발급<br>인증수출자<br>수출자/생산자<br>※ 자율발급<br>※ 발효 후 10년 내 이행/<br>캄보디아, 라오스 및<br>미얀마는 20년내 이행 | 당사국<br>협의양식 | 발급일<br>또는<br>서명일부터<br>1년 | 미화 200달러 이하<br>또는 수입국이 정한<br>금액 이하,<br>수입국에서 요건<br>면제한 상품 | 직접 및<br>간접검증<br>모두채택 |
| 한-이스<br>라엘 | 2022.12.01. | 지정된 기관에서 발급<br>※ 이스라엘-재무부<br>조세당국 관세국<br>※ 한국-세관, 상의 인증<br>수출자, 수출자(미화<br>1천달러 미만물품) 자<br>율 발급 | 통일증명서식<br>송품장 등<br>상업서류에<br>"원산지신고"<br>문안 기재 | 발급일<br>또는<br>서명일부터<br>12개월 | 미화 1,000달러<br>이하의 개인 소포 및<br>여행자 수화물 | 간접검증 →<br>직접검증(방<br>문조사) |
| 한-캄보<br>디아 | 2022.12.01 | 지정된 기관에서 발급<br>※ 캄보디아-상무부<br>※ 한국-세관, 상의 인증<br>수출자 | 통일증명서식 | 발급일<br>또는<br>작성일부터<br>1년 | 수입과세가격이<br>미화 200달러<br>이하인 수입물품<br>또는 수입국이 정한<br>그보다 높은 금액<br>이하에 대하여<br>원산지증명서<br>제출을 면제한<br>경우, 수입당사국이<br>요건을 면제한<br>상품인 경우 | 간접검증 후<br>직접검증 |
| 한-인도<br>네시아 | 2023.01.01. | 지정된 기관에서 발급<br>※ 인니-통상부<br>※ 한국-세관, 상의 인증<br>수출자 | 통일증명서식 | 발급일부터<br>1년 | 미화 200달러 이하<br>또는 수입국이 정한<br>금액 이하 | 간접검증 →<br>직접검증(방<br>문조사) |

[예시지문] 원산지증명서 서식 **1**

1. 한-중 FTA 원산지증명서 서식은 양국통일서식을 사용한다.

2. 한-미 FTA 서식은 자율서식(필수기재사항 기재), 다만, 권고서식 권장

3. 한-베트남 FTA 원산지증명서식은 양국간 통일서식을 사용하며, 발급담당자가 원산지증명서의
   발급일자 및 발급장소를 적고 서명한 후 발급기관 인장을 날인한다. **1**

4. 한-호주의 경우 정형화된 양식이 없으며 권고서식 사용을 권장하고 있다.

5. 한-미 FTA의 원산지증명서는 단일 서식 없이 필수 기재 항목만 포함되면 원산지증명서로 인정된다.

[예시지문] 제출면제 대상금액 **2**

한-중 FTA의 경우 미화 700달러 이하의 개인소포, 여행자 개인수하물은 원산지증명서 제출이 면제
된다.

## 〈주요 협정 제반규정〉

## 1. 한-중 FTA

### (1) 의의

우리나라의 최대 교역시장인 중국을 제2의 내수시장으로 선점할 수 있는 기회를 확보하였다는데 의의가 있다. **1**

### (2) 양허유형 **1**

① 양허유형 "0"으로 규정된 원산지상품에 대한 관세는 협정발효일에 무관세가 적용된다.

② 양허유형 "5"로 규정된 원산지상품에 대한 관세는 협정발효일을 시작으로 5단계에 걸쳐 매년 균등하게 철폐된다.

③ 양허유형 "10-A"로 규정된 원산지상품에 대한 관세는 이행 1년차부터 이행 8년차까지 기준관세율이 유지된다.

④ 양허유형 "PR-10"으로 규정된 원산지상품에 대한 관세는 협정의 발효일을 시작으로 5단계에 걸쳐 매년 균등하게 기준관세율의 10%를 인하하는 것이다.

### (3) 원산지증명

① 한-중 FTA에서는 원산지증명서상 가격 기재의무가 없다. **1**

② 한-중 FTA는 원산지 인증수출자제도를 운영하고 있으나 협정에 인증수출자 관련내용은 없다. **1**

③ 원산지증명서는 권한있는 기관에 의해 수기 또는 전자적으로 서명되고 인장이 날인되어야 하며, 원본은 1부만 인쇄되어야 한다. **1**

④ 수입물품 과세가격이 미화 700달러 이하의 소액물품에 대해서는 원산지증명서 제출의무가 면제된다. **1**

### (3) 원산지검증

① 원산지검증은 간접검증을 원칙으로 하고 간접검증 결과에 만족하지 못한 경우 수출국의 동의를 받아 직접검증 할 수 있다. **1**

② 직접검증에 따른 현지조사는 수출자 또는 생산자의 사전 동의가 아닌 수출국의 관세당국의 동의를 받아 수출국의 관세당국 동행하에 수행하여야 한다. **1**

③ 수입당사국의 관세당국은 수출당사국의 관세당국으로부터 검증 결과를 접수한 날로부터 3개월 이내에 해당 상품의 원산지 여부에 대한 판정의 결과를 수출 당사국의 관세당국에 통보한다. **1**

## 2. RCEP

### (1) 회원국

ASEAN 10개국, 한국, 중국, 일본, 인도, 호주, 뉴질랜드

### (2) 의의

① RCEP은 무역규모 · GDP · 인구 측면에서 세계 최대의 FTA로서 우리나라가 일본과 최초로 체결한 FTA이다.

② RCEP의 체약당사국 총 15개국 중에 10개국이 2022년 1월 1일부터 발효되었고, 우리나라는 2022년 2월 1일부터 발효되었다.

③ RCEP은 동일 품목이라도 회원국(원산지국가)에 따라 양허 관세율이 차등 적용되는 관세차별 제도가 도입되었다.

### (3) 원산지증명

원산지증명은 수출자, 생산자 또는 그 대리인의 신청에 따라 수출당사자의 발급기관이 발급하는 ① 기관증명 방식과 인증수출자, 수출자 또는 생산자가 발급하는 ② 자율증명 방식을 도입하였다.

> 🧑‍🏫 **해설**
>
> RCEP에서 원산지증명서 자율발급의 경우 인증수출자 외에 수출자, 생산자에 의해서도 원산지증명서의 발급이 가능하다. 그러나 수입자는 원산지증명서의 발급이 불가능하다. ■

① **증명형태** : 원산지 증명은 서류 및 전자 형태 모두 사용 가능

② **시행시기** : ① 기관증명 및 인증수출자 자율발급은 발효 후 즉시 도입하고 ② 수출자, 생산자 자율발급은 발효 후 10년(다만, 캄보디아, 라오스, 미얀마는 발효 후 20년) 이내 이행하고, 10년 추가 연장가능

③ **관련효과** : 그간 기관발급만을 허용하던 아세안(인니는 제외), 중국 수출시에도 원산지 자율증명이 도입되어 원산지증명, 신고절차 간소화

(기존) 세관, 대한상의에서 발급한 원산지증명서 제출

(변경) 인증수출자의 자율증명 또는 수출자, 생산자의 자율증명(발효 시에서 10년 후 적용)

④ **제3국송장** : RCEP에서는 비당사국에서 송장이 발행되었다는 이유만으로 특혜관세적용 신청을 거부하지 않는다. ■

## 3. 기타 협정

① **한-칠레 FTA** : 우리나라에서 최초로 발효된 FTA는 한-칠레 FTA이다. **1**

② **한-아세안 FTA** : 한-아세안 FTA의 원산지증명서에는 원산지기준이 부가가치기준이 적용되는 경우에만 가격(FOB)기재의무가 있다. **1**

③ **한-페루 FTA** : 페루를 원산지로 하는 중고품으로 별표9에 해당하는 물품은 협정관세 적용을 제한할 수 있다. **1**

MEMO

# 품목분류

 **2016년~2023년 총 16회 원산지관리사 기출문제 분석**

- **1** 시험에 한 번 출제됨
- **2** 시험에 두 번 출제됨
- **3** 시험에 세 번 출제됨
- **4** 시험에 네 번 출제됨
- **5** 시험에 다섯 번 출제됨
- **6** 시험에 여섯 번 출제됨
- **7** 시험에 일곱 번 출제됨
- **8** 시험에 여덟 번 출제됨
- **9** 시험에 아홉 번 출제됨

# 품목분류제도

## 01 HS 국제통일상품분류표

### 1. 개요

① HS 품목분류란 수출입상품에 대하여 관세부과·무역통계수집 등의 목적으로 HS 협약의 부속서인 HS 품목분류표(관세율표)에서 정한 규정과 절차에 따라 그 물품이 해당하는 품목번호로 분류하는 것을 의미한다. **2**

> **심화 📊**
>
> 1931년 제네바품목분류표를 시작으로 통계 목적의 SITC(국제표준무역분류표)와 관세목적의 CCCN(관세협력이사회 품목분류표)이 제정되었고 이를 바탕으로 WCO(세계관세기구) 하에서 국제통일상품분류표인 HS가 제정되었다.

② HS협약은 CCC(관세협력이사회)의 주관하에 1983년 WCO본부(벨기에 브뤼셀 소재)에서 종전 4단위의 CCCN을 6단위로 확대·개편하여 1988년에 정식 발효하였다. **3**

### 2. HS 협약

① HS 협약(HS Convention)의 정식명칭은 International Convention on the Harmonized Commodity Description and Coding System(통일상품명 및 부호체계에 관한 국제협약)이다.

※ HS는 "Harmonized Commodity Description and Coding System"의 약자이다. **2**

② HS 협약은 전문과 본문 20개조 및 부속서로 구성되어 있다. **5**

> **HS 협약의 목적**
>
> • 국제무역의 촉진 **2**
> • 국제무역에 관한 통계의 수집·비교 및 분석의 용이성 확보 **3**
> • 국제무역서류의 표준화와 자료전달 촉진 **1**
> • 국제무역거래에서 상품이 하나의 분류체계에서 다른 분류체계로 이동하는 경우의 명칭 및 부호의 재부여, 재분류 등에 의하여 야기되는 비용 감소

**심화 📈 HS 협약의 조문 구성 및 주요 내용**

전문에는 HS 제정의 배경 · 목적 등이 담겨 있으며 HS 협약의 부속서가 HS 품목분류표이다.

| | | | |
|---|---|---|---|
| 제1조 | 용어의 정의 | 제11조 | 체약당사국의 자격 |
| 제2조 | 부속서(HS 품목분류표) | 제12조 | 체약당사국의 가입절차 |
| 제3조 | 체약당사국의 의무 | 제13조 | 발효 |
| 제4조 | 개발도상국에 대한 부분적 적용 특례 | 제14조 | 속령에 대한 적용 |
| 제5조 | 개발도상국에 대한 기술 지원 | 제15조 | 폐기 |
| 제6조 | HS 위원회(HSC) | 제16조 | 개정절차 |
| 제7조 | HS 위원회 직무 | 제17조 | 체약당사국의 권리 |
| 제8조 | 이사회의 역할 | 제18조 | 유보 |
| 제9조 | 관세율 | 제19조 | 사무총장의 통지 |
| 제10조 | 분쟁의 해결 **1** | 제20조 | UN 등록 |

## 3. HS 품목분류표

### (1) 개요

① HS(Harmonized System) 품목분류표는 '통칙', '호와 소호 및 관련 번호(코드)', '부 · 류 및 소호의 주'가 규정되어 있는 HS 협약의 부속서를 말한다. **1**

② HS 품목분류표의 정본은 영문판과 불어판이 있으며, 우리나라는 공식적으로 영문판을 사용한다. **2**

제77류는 HS 협약에 따라 새로운 류의 설정이 필요한 때를 위해 남겨 둔 것으로 현재 사용하지 않는다. **2**

### (2) 3대 구성요소

HS 품목분류표상 3대 구성요소란 품목분류의 법적 구속력이 있는 것으로서 'HS의 해석에 관한 통칙', '부주 · 류주 · 소호주', '호의 용어와 소호의 용어'를 말한다. **3**

① **통칙** : '통칙'이란 품목분류의 기본원칙을 정해놓은 것으로 법적 구속력이 있다. **1**

② 주(Note)

㉠ HS 품목분류표에는 특히 호나 소호에서 사용된 용어나 문구의 뜻을 명확히 하거나 그 기준과 적용범위 등을 분명히 할 수 있도록 여러 유형의 주 규정을 두고 있다. **2**

㉡ 주는 속한 위치에 따라 부주 · 류주 · 소호주의 세 종류로 구분한다. **2**

ⓒ HS 품목분류표에는 부주 41개, 류주 345개, 소호주 69개를 포함하여 총 455개의 주가 있다. 우리나라 관세율표에는 국내주 9개를 추가로 운영한다. **2**

③ 호의 용어와 소호의 용어

　　㉠ 호(heading)란 류에 속한 전체 물품을 각각의 4단위 번호로 나눈 것이다. **1**

　　㉡ 소호(Sub-heading)란 4단위 호에 속한 물품을 둘 이상으로 세분한 것이다. 세분류인 소호는 5, 6단위이며, 소호 아래 7단위 이상은 자국의 실정에 따라 세세분류하여 사용할 수 있다.

### (3) HS 품목분류표의 특징

① **가공도에 따른 분류** : HS 품목분류표는 동물성 생산품 → 식물성 생산품 → 광물성 생산품의 순서로 배열하고, 가공도가 높아지는 순서대로 물품을 분류하는 것을 원칙으로 한다. **3**

② **국제표준용어 사용** : 품목분류표에 사용된 용어는 정확성과 보편성을 갖춘 용어를 선택 하였으며, 기술용어는 ISO(국제표준화기구)의 의견을 수용하여 반영하였다.

③ **수직적 구성** : 대분류 수준에서 "부"를 수평으로 배열하고, 각 부는 중위 차원에서 "류"로 중분류하고, 각 류는 하위 차원에서 "호"로 소분류한다. 호는 하위 차원에서 "소호"로 세분류하는 순으로 하향수직배열의 형태로 구성된다.

### (4) 개정

① HS 품목분류표의 개정은 신상품의 출현이나 무역패턴의 변화 등으로 현행 HS 품목분류표로 수용할 수 없는 부분이 발생하거나 국제교역량과 상관행 등을 반영하여 최신성을 확보하기 위한 것이다. **2**

② HS 품목분류표의 개정절차는 HS 위원회에서 작성한 개정안을 이사회에서 심의 하고(HS협약 제8조) 심의된 개정안에 대하여 체약당사국에게 개정을 권고하는 방식으로 이루어진다. **1**

※ HS 품목분류표의 개정은 WCO에서 진행한다. **1**

---

**심화** 📈

HS 품목분류표는 1988년도 시행 이후 현재까지 총 일곱 차례(1992년 · 1996년 · 2002년 · 2007년 · 2012년 · 2017년 · 2022년)의 개정이 있다.

---

**관련규정**　**HS 협약 체약당사국 의무사항 (HS 협약 제3조)**

① 각 체약당사국은 HS 협약이 발효되는 날부터 자국에서 사용하는 관세율표 및 통계품목분류표를 HS 품목분류표와 일치시켜야 한다. **5**

② HS 품목분류표의 호와 소호와 관련번호를 추가 또는 수정 없이 사용해야 한다. **1**

③ HS 해석에 관한 통칙과 모든 부·류 및 소호 주를 적용하며 HS 품목분류표의 부·류 및 호 또는 소호의 범위를 수정하여서는 안된다.

④ HS 번호 순서를 준수하여야 한다. **1**

⑤ 6단위 부호와 일치하게 또는 6단위 수준이상으로 자국의 수출입무역통계를 공개적으로 사용할 수 있도록 한다. 6단위(소호)까지는 공개를 의무화하고, 자국에서 세세분류한 7단위 이상에 대하여는 자발적으로 공개한다. 다만, 상업적인 비밀이나 국가안보 등 특별한 사유가 있는 경우에는 예외로 한다. **1**

 ※ HS 품목분류표는 부, 류, 호, 소호(6단위)로 세분되며, 10단위 코드는 HSK는 우리나라 관세통계통합 품목분류표에서 추가 세분류한 것임 **1**

⑥ 각 체약당사국은 HS를 국내법으로 시행하는데 필요한 문맥을 조정할 수 있으며, HS 6단위 수준을 초과해서 추가로 품목번호를 설정하는 것에 대하여 금지하지 않는다. **6**

---

**심화** 📈 **제7차 HS 개정(2022년)**

① 산업폐기물의 특게 : 바젤협약 측 요청에 따라 기계, 전기기기, 전자장비나 그 부분품의 폐기물을 제16부 제8549호에 특게하였다.

② 타국제기구의 요청에 따른 특게 : 식량농업기구(FAO) 요청에 따른 식용곤충의 특게(제0410호 신설) **1**

③ 담배제품 관련 신설
  ㉠ 전자담배 및 금연보조제, 니코틴 제품 등 새로운 형태의 담배제품의 교역량이 급증함에 따라 제2404호를 신설하여 특게하였다. **1**
  ㉡ 그 외 전자담배용 기화기를 제8543.40소호에 특게하였다.

④ 군민양용 물품과 관련 일부소호신설
  ㉠ 불법 무기제조 등에 악용될 수 있는 군민양용 물품의 국제교역 모니터링 등을 위하여 일부 소호가 신설되었다.
  ㉡ 제8109호의 지르코늄, 제8414호의 생물학적 안전 캐비닛, 8419호의 동결건조기, 고속카메라와 야간감시카메라 등

⑤ 정보기술 분야의 HS 개정
  ㉠ 3D 프린터(제8485호), 스마트폰(제8517.13호), 평판 디스플레이 모듈(제8524호) 등이 특게되었다. **1**
  ㉡ LED 기술의 발전에 따라 LED를 이용한 조명용 물품을 여러 소호 레벨(제8539호, 제9405호의 소호)에 특게하였다.

⑥ 제17부 수송기기의 개정
  ㉠ HS에서는 제8806호를 신설하여 용도에 관계없이(완구 제외) 모든 무인기를 이 호에 분류할 수 있도록 하였다.
  ㉡ 그 밖에도 제8701호(트랙터), 제8704호(화물차)에서 전기차와 하이브리드차를 소호 레벨에서 구분하여 분류하도록 하는 한편 레저용 선박 등의 세분류를 위하여 제8903호의 소호 체계를 개편하였다.

## 4. HS 해설서(HS Explantory Note)

① HS 해설서의 공식명칭은 "Explanatory Notes to the Harmonized Commodity Description and Coding System"이다.

② HS 협약의 부속서는 아니지만 WCO가 승인한 HS의 공식적 해석기준으로 품목분류의 통일성을 확보하는 지침서로서의 역할을 한다.

③ HS 해설서는 체약당사국에 대한 법적인 구속력을 갖지 못한 것이기는 하나, WCO의 공식적인 품목분류에 관한 통일적 해석지침서이므로 대부분의 국가에서는 사실상 구속력이 있는 것으로 보아 대부분 이를 수용하고 있다. **1**

## 5. HS 품목분류의견서(Compendium of Classification Opinions)

① 품목분류의 통일을 위하여 각국에서 특정상품의 분류에 관한 질의를 HS 위원회에 안건으로 회부하여 품목분류가 결정된 사례 중 각국이 의견서 작성에 동의하는 경우 이사회의 승인을 얻어 발행되는 WCO의 품목분류에 관한 유권해석이라 할 수 있다. **2**

② HS 해설서와 마찬가지로 체약당사국에 대해 법률적 구속력은 없으나 특정 물품에 대한 WCO의 공식적인 분류의견이므로, 대부분의 국가에서는 품목분류의 통일성을 기하기 위하여 이를 수용하고 있다.

## 6. 품목분류 적용기준에 관한 고시

① HS 해설서와 HS 품목분류의견서는 대부분의 국가에서 수용하고 있는 바, 우리나라 또한 이를 수용하여 법적 구속력을 부여하고 있다. **3**

※ 알파벳인덱스와 HS 데이터베이스는 법적구속력이 없이 참고자료로서 활용하고 있음

② 이 두 가지 품목분류 적용 지침서는 관세법 제85조(품목분류 적용기준 등) 및 동법 시행령 규정에 따라 기획재정부장관의 승인을 받아 관세청장 고시로서 운용되고 있다. **2**

③ 따라서 이들은 우리나라에서 품목분류의 법적 효력을 가지고 있다.

## 02 관세율표

## 1. 관세율표

### (1) 관세율표 개념

① 관세율표란 수입물품에 대한 관세부과를 목적으로 체약당사국의 법에 따라 제정된 품목분류표를 말한다. 우리나라는 관세법 별표에 규정되어 있다. **3**

② 관세율표는 HS 품목분류표의 체계와 일치시키도록 HS협약 제3조(체약당사국의 의무사항)에 규정되어 있으므로 우리나라 관세율표도 HS 품목분류표에 따르되, 세율은 기본세율과 잠정세율이 표기되어 있다. **1**

③ 관세율표에는 국내 통칙 1개와 국내 주 9개(제17류, 제20류, 제44류, 제90류, 제91류 등)를 추가해서 운용하고 있다.

④ 관세율표의 품목분류체계 수정은 HS 품목분류표가 개정된 경우에 주로 이루어 진다.

### (2) 관세 · 통계통합품목분류표(Harmonized System of Korea, HSK)

① **개념** : 관세 · 통계통합품목분류표란 관세법 시행령 제98조에 근거하여 수출입물품의 신속한 통관, 통계파악 등을 위하여 HS 협약(부속서인 HS 품목분류표) 및 관세법 별표 관세율표를 기초로 하여 이 품목을 세분하여 기획재정부장관이 고시한 것을 말한다. **7**

---

**심화** 📈 **관세·통계통합품목분류표**

**제1조(목적)**
이 고시는 통일상품명 및 부호체계에 관한 국제협약("국제통일상품분류체계협약")을 기초로 하여 우리나라에 수출입되는 물품에 대한 품목분류를 정함을 목적으로 한다.

**제2조(품목번호 및 품명등)**
① 관세 · 통계통합품목분류표의 품목번호 및 품명은 별표와 같다.
② 품명 중 국문은 영문에 우선하여 적용한다. 다만, 국제통일상품분류체계협약에서 정한 사항에 대하여는 그러하지 아니하다. **1**

**제3조(품목분류)**
별표의 품목분류는 국제통일상품분류체계협약에 기초를 둔 관세법 별표 관세율표의 품목분류에 관한 제 규정에 의한다.

---

② HSK 품목분류체계

ㄱ HS 품목분류표 및 관세율표를 기초로 하여 HS 6단위(소호)에 추가하여 품목번호(코드)를 총 10단위로 세분화하였다. **3**

ⓛ HS 품목분류표의 4단위 호와 6단위 소호는 국제공통으로 사용하지만, 7단위 이상의 부호
는 체약 당사국이 자율적으로 운영할 수 있다. 따라서 국가마다 다를 수 있으며, 미국은 10
단위, EU는 10단위, 일본은 9단위를 각각 사용한다.

## (3) 품목분류사전심사

① WCO는 품목분류의 효율적 수행, 세관당국과 수출입자간의 원만한 품목분류 문제 해결을 위
한 적절한 기반조성의 일환으로 품목분류사전심사제도 도입을 권고하고 있으며, 우리나라를
비롯한 60여 개국이 동 제도를 운용하고 있다.

② 품목분류 사전심사 제도의 근거는 관세법 제86조(특정물품에 적용될 품목분류의 사전심사)와
동법 시행령 제106조 및 품목분류사전심사제도 운영에 관한 고시(관세청 고시) 이다. **1**

---

**심화** **관세법 제86조(특정물품에 적용될 품목분류의 사전심사)**

① 물품을 수출입하려는 자, 수출할 물품의 제조자 및 관세사등은 수출입신고를 하기 전에 관세청장
에게 해당 물품에 적용될 별표 관세율표상의 품목분류를 미리 심사하여 줄 것을 신청할 수 있다.

② 사전심사의 신청을 받은 관세청장은 해당 물품에 적용될 품목분류를 심사하여 대통령령으로
정하는 기간 이내에 이를 신청인에게 통지하여야 한다. 다만, 제출자료의 미비 등으로 품목분
류를 심사하기 곤란한 경우에는 그 뜻을 통지하여야 한다.

③ 통지를 받은 자는 통지받은 날부터 30일 이내에 대통령령으로 정하는 서류를 갖추어 관세청장에게
재심사를 신청할 수 있다. 이 경우 재심사의 기간 및 결과의 통지에 관하여는 제2항을 준용한다.

④ 관세청장은 품목분류를 심사한 물품 및 재심사 결과 적용할 품목분류가 변경된 물품에 대하여
는 해당 물품에 적용될 품목분류와 품명,용도, 규격, 그 밖에 필요한 사항을 고시 또는 공표하
여야 한다. 다만, 신청인의 영업 비밀을 포함하는 등 해당 물품에 적용될 품목분류를 고시 또는
공표하는 것이 적당하지 아니하다고 인정되는 물품에 대하여는 고시 또는 공표하지 아니할 수
있다.

⑤ 세관장은 수출입신고가 된 물품이 통지한 물품과 같을 때에는 그 통지 내용에 따라 품목분류를
적용하여야 한다. 이 경우 재심사 결과 적용할 품목분류가 변경되었을 때에는 신청인이 변경
내용을 통지받은 날과 고시 또는 공표일 중 빠른 날("변경일")부터 변경된 품목분류를 적용하
되, 다음 각 호의 기준에 따라 달리 적용할 수 있다.

  1. 변경일부터 30일이 지나기 전에 우리나라에 수출하기 위하여 선적된 물품에 대하여 변경전
  의 품목분류를 적용하는 것이 수입신고인에게 유리한 경우: 변경 전의 품목분류 적용

  2. 다음 각 목의 어느 하나에 해당하는 경우: 변경일 전에 수출입신고가 수리된 물품에 대해서
  도 소급하여 변경된 품목분류 적용

  가. 거짓자료 제출 등 신청인에게 책임 있는 사유로 품목분류가 변경된 경우

  나. 다음의 어느 하나에 해당하는 경우로서 수출입신고인에게 유리한 경우

    1) 신청인에게 자료제출 미비 등의 책임 있는 사유가 없는 경우

    2) 신청인이 아닌 자가 관세청장이 결정하여 고시하거나 공표한 품목분류에 따라 수출
    입신고를 한 경우

⑥ 관세청장은 품목분류를 심사 또는 재심사하기 위하여 해당 물품에 대한 구성재료의 분석이 필요한 경우에는 해당 품목분류를 심사 또는 재심사하여 줄 것을 신청한 자에게 기획재정부령으로 정하는 수수료를 납부하게 할 수 있다.

⑦ 통지받은 사전심사 결과 또는 통지받은 재심사 결과는 품목분류가 변경되기 전까지 유효하다. **1**

## 03 관세율표의 해석에 관한 통칙

## 1. 개요

① 통칙은 특정한 하나의 물품은 반드시 하나의 코드에만 분류하기 위한 일반원칙(일물일처분류 원칙)으로 품목분류의 일관성을 유지하기 위한 규정이다.

② 통칙은 제1호부터 제6호까지 총 6개항으로 구성되어 있다. **2**

③ 통칙은 반드시 순차적으로 적용하여야 한다. 다만, 통칙 제5호와 제6호는 보충적 분류규정이므로 순서에 관계없이 필요한 경우에 보충적으로 적용된다.

| 통칙 | | 주요내용 | 특징 |
|---|---|---|---|
| 제1호 | | • 품목분류는 각 호의 용어와 관련 부·류의 주 규정에 따라 분류<br>• 표제는 품목분류를 위한 참조사항<br>• 호의 용어와 부나 류의 주에 따라 분류할 수 없는 경우 통칙 제2호 이하 규정적용 | 최우선 분류 |
| 제2호 | 가. | • 불완전(미완성)물품이 제시된 상태에서 완전한(완성된) 물품의 본질적 특성을 지니고 있으면 완전한(완성된) 물품으로 분류<br>• 완전(완성)한 물품이 미조립(분해)된 것도 완전(완성)한 물품에 포함 | 종속적 분류 |
| 제2호 | 나. | • 각 호의 해당 재료나 물질에는 다른 재료나 물질과의 혼합물이나 복합물을 포함<br>• 특정 재료나 물질로 구성된 물품에는 일부가 다른 재료나 물질로 구성된 물품도 포함 | 종속적 분류 |
| 제3호 | 가. | 가장 구체적으로 표현된 호로 우선 분류 | 종속적 분류 |
| 제3호 | 나. | 본질적인 특성을 부여하는 재료나 구성요소로 이루어진 물품으로 보아 분류(혼합물, 복합물과 소매용의 세트로 된 물품) | 종속적 분류 |
| 제3호 | 다. | 가목과 나목에 따라 분류할 수 없는 물품은 동일하게 분류 가능한 호 중에서 최종호 분류 | 종속적 분류 |
| 제4호 | | 가장 유사한 물품이 해당되는 호로 분류 | 종속적 분류 |
| 제5호 | 가. | • 케이스(용기)가 내용물과 함께 정상적으로 판매되는 것은 그 내용물과 같이 분류<br>• 케이스(용기)가 전체물품에 본질적인 특성을 부여하는 경우 각각 분류 | 보충적 분류 |
| 제5호 | 나. | • 포장재료와 포장용기는 내용물과 함께 분류<br>• 포장 재료나 포장용기가 명백히 반복적으로 사용하는데 적합한 것은 각각 분류 | 보충적 분류 |
| 제6호 | | • 소호의 품목분류는 그 소호의 용어와 관련 소호의 주에 따라 분류<br>• 소호의 품목분류에 상기 제 통칙을 준용 | 보충적 분류 |

① 우리나라 관세율표 및 관세 · 통계통합품목분류표에는 국내통칙(통칙 제7호) 1개를 추가하여 운용하고 있다.
② 이 표에 규정되지 않는 품목분류에 관한 사항은 『통일상품명 및 부호체계에 관한 국제협약』에 따른다. **1**

**통칙 적용 순서**

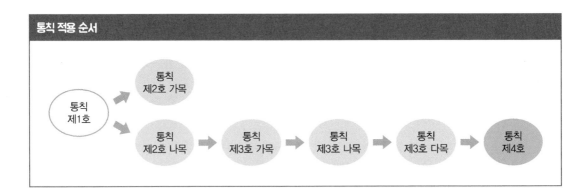

## 2. HS 통칙해설

### (1) 통칙 1-호의 용어와 주 규정에 의한 최우선 분류 원칙

이 표의 부 · 류 · 절의 표제는 참조하기 위하여 규정한 것이다. **2**
법적인 목적상 품목 분류는 각 호의 용어와 관련 부나 류의 주에 따라 결정하되, 각 호나 주에서 따로 규정하지 않은 경우에는 다음 각 호의 규정에 따른다.

 **해설**

통칙 제1호는 최우선적으로 각 호의 용어와 관련 부 · 류의 주에 의하여 품목번호를 결정하되, 각 호 또는 주에서 따로 규정하지 않은 경우에는 통칙 제2호부터 제5호에서 규정하는 바에 따라 품목번호를 결정하도록 규정하고 있다. **2**

① 표제의 법적구속력
  ㉠ 통칙 제1호에서 부 · 류 및 절의 표제는 참조의 편의를 위하여 설정한 것이라고 규정하여 각 부 · 류 및 절의 표제는 법적 구속력이 없다는 점을 명확히 하고 있다. **1**
  ㉡ 각 부 · 류 및 절의 표제는 품목분류상 참고사항일 뿐 법적인 효력이나 품목분류의 절대적 기준이 될 수 없다. **1**

1. 부(Section)

   부는 제1부부터 제21부로 나누어져 있고, 부의 표제는 해당 부에 포함되는 상품군을 간단하고 함축적으로 표시한 것으로 법적구속력은 없으나 품목분류의 구조를 이해하고 분류에 도움을 주기 위해 설정한 것이다.

2. 류(Chapter)

   부를 통해 대분류된 상품군을 97개의 류로 중분류한 것으로 류의 구조 역시 일반적으로 부와 같은 산업별 형태를 유지하면서 재료, 가공형태, 용도 등에 따라 세분화 되어 있다.

3. 절(Sub-chapter)

   특정 류 중에서 참조의 편의상 세분한 것으로 특정한 류(제28류, 제29류, 제39류, 제63류, 제69류, 제71류, 제72류)를 제외하고는 대부분의 류에는 절이 없다.

② 『각 호의 용어』와 『관련 부 또는 류의 주』에 따라 결정

- 호의 용어 : HS 협약에 따라 법적 구속력이 있는 문장으로서 법적인 목적상의 품목분류는 이들 호의 용어에 따라 결정된다. 통칙 및 주(Notes)와 더불어 관세율표의 3대 구성요소이다.
- 주
  - 주는 법적인 구속력을 갖는 문장으로서 통칙, 호의 용어와 더불어 관세율표의 3대 구성요소이다. **1**.
  - 주는 부의 주, 류의 주, 소호의 주가 있다(호에는 주 규정 없음). **6**

## 주의 기능

① 주로 해당 부, 류, 호 및 소호의 범위를 규정한다. **1**

② 특정한 주의 용어는 관세율표 전체에 대하여 적용된다.

   예시 이 표에서 "서멧"이란 금속성분과 세라믹성분의 미세하고 불균질한 결합물질을 함유한 물품을 말한다(제15부 주4).

③ 특정 부 · 류 · 호에 관련된 용어의 정의 및 범위와 한계를 지정한다. **1**

   예시 이 류에서 '밀크'란 전유나 탈지유(일부 탈지나 완전 탈지를 한 것으로 한정한다)를 말한다(제4류 주1).

④ 특정한 부 · 류 · 호 또는 일군의 호에 포함되거나 제외되는 물품의 리스트를 지정해 주고 있다. **1**

   예시 WCO 사례 - 전동휠

1. 물품설명

   1인승으로 디자인된 이륜 자동균형 전동운송기기(전동휠)로 포장도로, 인도, 자전거 도로 등 저속 구간 내에서 사용된다.

2. 사례해설

   전기모터로 저속운행되는 일인용 전기동력 이륜수송장비이므로 통칙 제1호 및 제6호에 따라 제8711.60호(전기 모터사이클)로 분류

WCO 사례 – 인조손톱

1. 제품설명

   인조손톱으로서 접착제를 사용하여 손톱에 직접 붙이고 적절한 모양으로 자르거나 모양을 만들도록 고안되어 있다.

2. 사례해설

   본 물품은 플라스틱으로 만든 제품으로서 특별히 다른 호에 따로 분류되지 않는 물품에 해당되므로 통칙 제1호 및 제6호에 따라 제3926.90호로 분류한다.

## (2) 통칙 2 – 미완성 · 미조립 및 단일물품 범위에 관한 분류 원칙

이 통칙 제1호에 따라 품목분류를 결정할 수 없는 것은 다음 각 목에 따른다. **1**

가. 각 호에 열거된 물품에는 불완전한 물품이나 미완성된 물품이 제시된 상태에서 완전한 물품이나 완성된 물품의 본질적인 특성을 지니고 있으면 그 불완전한 물품이나 미완성된 물품이 포함되는 것으로 본다. **1** 또한 각 호에 열거된 물품에는 조립되지 않거나 분해된 상태로 제시된 완전한 물품이나 완성된 물품(이 통칙에 따라 완전한 물품이나 완성된 물품으로 분류되는 것을 포함한다)도 포함되는 것으로 본다. **1**

나. 각 호에 열거된 재료 · 물질에는 해당 재료 · 물질과 다른 재료 · 물질과의 혼합물 또는 복합물이 포함되는 것으로 본다. **3** 특정한 재료 · 물질로 구성된 물품에는 전부 또는 일부가 해당 재료 · 물질로 구성된 물품이 포함되는 것으로 본다. **1** 두 가지 이상의 재료나 물질로 구성된 물품의 분류는 이 통칙 제3호에서 규정하는 바에 따른다.

| 구분 | | 적용대상 |
|------|------|----------|
| 통칙 제2호 | 가목 | 1. 불완전 또는 미완성 물품 |
| | | 2. 미조립 또는 분해된 물품 |
| | 나목 | 1. 각 호의 물질 또는 재료에 타 물질(재료)이 혼합 또는 결합된 물품 |
| | | 2. 해당 호의 재료 또는 물질로 전부 또는 일부가 구성된 물품 |

① 통칙 제2호 가목

㉠ 불완전 · 미완성 물품의 분류 : 이 통칙은 각 호의 용어(품명)의 범위를 확장(확대)하여 적용하는 규정이다. **1**

　　예시 자동차에서는 엔진이 가장 핵심적인 부분임에도 불구하고 엔진이 없는 자동차도 완성된 자동차의 본질적인 특성이 있는 것으로 간주된다.

　　예시 뚜껑이 없는 양철 캔(제7310호)과 절단하지 않은 웨이퍼모양(칩으로 절단하지 않은 것)의 전자집적회로(제8542호)도 이 통칙이 적용되는 사례이다.

## 반가공품(Blank)

### 1. 정의

반가공품은 직접 사용할 수 있는 물품이 아니라 완성한 물품이나 부분품의 대체적인 모양이나 윤곽을 갖추고 있는 물품으로서 예외적인 경우를 제외하고는 오직 완성한 물품이나 부분품으로 완성하기 위하여만 사용될 수 있는 물품을 말한다. **1**

### 2. 반가공품의 분류

반가공품이 호의 용어나 관련 주에 규정되어 있으면 통칙 제1호에 따라 분류하고 그렇지 않은 경우에만 통칙 제2호가목에 따라 분류한다. **1**

(1) 호의 용어에 규정되어 통칙 제1호에 따라 분류되는 사례

　① 제4502호 : 천연 코르크(각이 예리한 마개용 블랭크를 포함한다) **5**

　② 제8212호 : 면도기와 면도날(스트립 모양의 면도날 블랭크를 포함한다) **5**

　③ 제9606호 : 단추, 단추 블랭크 **2**

 **해설**

"각이 예리한 코르크 마개용의 블랭크"는 제4503호의 코르크 제품으로 분류하지 않고 제4502호에 분류한다. 제4502호의 용어에서 마개용의 블랭크를 포함하도록 별도로 규정하고 있기 때문이다. 즉, 통칙 제1호를 적용하는 것이다.

(2) 통칙 제2호 가목에 따라 분류되는 사례

　① 플라스틱으로 만든 관 형태를 가진 병제조용 중간성형품(제3923호) **2**

　② 볼트와 나선이 파지지 않은 너트용 블랭크(제7318호) **5**

　③ 기어 블랭크 · 크랭크샤프트 블랭크(제8483호) **1**

**예시** 철강제 봉을 가공하여 볼트의 대체적인 형상을 갖추도록 머리부분을 육각형상으로 가공한 것으로서 수입 후 몸통 부분의 나사선을 추가 가공하여 볼트로 완성하기 위하여 수입하는 경우 통칙 제2호 가목을 적용하여 분류함

**예시** WCO 사례 – 크랭크 샤프트 폐쇄단조물

### 1. 제품설명

반가공품 상태의 철강으로 만든 크랭크 샤프트 폐쇄단조물이다.

### 2. 사례해설

반가공품 상태의 철강으로 만든 크랭크 샤프트를 제8483.10호로 결정한 사례이다.

만약 반가공품 상태로 볼 수 없다면 철강의 단조물로 제7326호로 분류한다.

※ 분류근거 : 통칙 제2호가목 및 제15부 주 제1호바목 적용 **1**

완성된 물품의 중요한 모양을 갖추고 있지 않은 반제품은 구성재료(재질)에 따라 각각 해당 호에 분류한다. 일반적으로 봉·디스크·관 등의 경우는 반가공품(Blank)이 아니라 반제품으로 분류한다.

ⓛ 미조립·분해된 물품의 분류
  • 적용범위 : 미조립 또는 분해되어 제시되는 물품은 다음 조립작업에 해당하는 경우에만 적용되며 조립방법의 복잡성은 고려하지 않는다.

| 적용 범위 | ① 단순 조립만으로 완성품이 되는 것 **1** |
|---|---|
| | ② 나사, 볼트, 너트 등 간단한 고정 장치로 조립되는 것 **3** |
| | ③ 리벳팅이나 용접에 의하여 고정 또는 조립되는 것 **2** |

  • 완성 또는 완전한 물품을 만들기 위해 구성요소에 연마·천공·절단 등의 추가적인 작업을 필요로 하는 경우에는 이 통칙을 적용할 수 없다. **2**

**심화** 기본 수량을 초과한 부분품과 부속품의 분류

조립이 완성되었을 때, 그 물품을 구성하는데 필요한 기본수량을 초과하는 미조립된 구성요소(부분품과 부속품)는 별도로 해당하는 호에 각각 분류하여야 한다.

② 통칙 제2호 나목
  ㉠ 개요
    • 이 통칙은 특정 재료나 물질에 다른 재료나 물질이 혼합·결합된 물품에 대한 분류 규정이다.
    • 부나 류의 주 또는 호의 용어에서 혼합물에 대하여 따로 규정하고 있는 경우에는 통칙 제1호에 따라 분류하여야 한다. **2**
    • 이 통칙은 원래 재료나 물질에서 차지하는 첨가물의 존재가 비교적 미미한 경우에 적용된다고 할 수 있다. **2**
  ㉡ 각 호에 열거된 재료(물질)에 다른 재료(물질)를 혼합·결합한 물품
    • 개요 : 각 호에 열거된 어떤 재료나 물질에는 해당 재료나 물질뿐 아니라 다른 재료나 물질을 혼합 또는 결합한 것까지도 포함되도록 호의 범위를 확대하는 통칙 규정이다. **2**
    • 적용사례
      – 제0401호(밀크와 크림) : 밀크에 비타민 또는 미네랄을 극소량 첨가한 것 **1**
      – 제1006호(쌀) : 쌀에 극소량의 칼슘 또는 비타민을 첨가한 것

ⓒ 일부가 다른 재료나 물질로 구성된 물품

- 개요 : 각 호에 열거된 특정 재료나 물질로 구성된 물품에는 해당 호의 재료나 물질이 전체로 구성된 것뿐만 아니라 일부가 다른 재료나 물질로 구성된 물품도 포함하도록 호의 범위를 확대하는 통칙이다

- 적용사례
  - 제3924호(플라스틱으로 만든 식탁용품) : 이 호에는 전부가 플라스틱으로 만든 식탁용품(예 접시) 뿐만 아니라, 테두리에 타 재료(예 금속)가 결합된 것도 이 호에 포함 **1**
  - 제4205호(가죽 제품) : 전부가 가죽 제품뿐만 아니라 일부 다른 재료나 물질이 결합된 것도 가죽제품에 포함
  - 제4503호(천연코르크의 제품) : 전부가 천연코르크로 된 것 뿐만 아니라 금속제 · 플라스틱제 등의 캡이 부착된 천연 코르크로 만든 마개와 파라핀으로 도포된 천연코르크 마개도 포함

③ **2종 이상의 재료 또는 물질로 구성된 물품의 분류** : 재료 또는 물질의 혼합물과 결합물 및 2종 이상의 재료 또는 물질로 구성된 물품으로서 일견 둘 이상의 호에 분류될 수 있을 것 같은 경우에는 통칙 제3호의 규정에 따라 분류하여야 한다. **2**

## (3) 통칙 3 – 둘 이상의 호에 경합되는 물품의 분류 원칙

이 통칙 제2호나목이나 그 밖의 다른 이유로 동일한 물품이 둘 이상의 호로 분류되는 것으로 볼 수 있는 경우의 품목분류는 다음 각 목에서 규정하는 바에 따른다. **1**

가. 가장 구체적으로 표현된 호가 일반적으로 표현된 호에 우선한다. **4** 다만, 둘 이상의 호가 혼합물이나 복합물에 포함된 재료나 물질의 일부에 대해서만 각각 규정하거나 소매용으로 하기 위하여 세트로 된 물품의 일부에 대해서만 각각 규정하는 경우에는 그 중 하나의 호가 다른 호보다 그 물품에 대하여 더 완전하거나 상세하게 표현하고 있다 할지라도 각각의 호를 그 물품에 대하여 동일하게 구체적으로 표현된 호로 본다. **1**

나. 혼합물, 서로 다른 재료로 구성되거나 서로 다른 구성요소로 이루어진 복합물과 소매용으로 하기 위하여 세트로 된 물품으로서 가목에 따라 분류할 수 없는 것은 가능한 한 이들 물품에 본질적인 특성을 부여하는 재료나 구성요소로 이루어진 물품으로 보아 분류한다. **2**

다. 가목이나 나목에 따라 분류할 수 없는 물품은 동일하게 분류가 가능한 호 중에서 그 순서상 가장 마지막 호로 분류한다. **3**

- 통칙 제3호는 통칙 제2호 나목의 규정 또는 기타의 이유로 일견 둘 이상의 호에 해당되는 것처럼 보이는 물품에 대한 세 가지 분류방법을 규정하고 있다.
- 이들 방법은 이 통칙에 기술된 순서에 따라 적용한다. **2**
- 통칙 제3호 나목은 통칙 제3호가목에 의하여 분류할 수 없는 경우에 한정하여 적용되고, 통칙 제3호 다목은 통칙 제3호가목 및 나목의 규정으로 분류할 수 없는 경우에만 적용한다. **1**

① 통칙 제3호가목 : 가장 구체적으로 표현된 호 우선분류원칙

　㉠ 품명은 종류보다 더 구체적인 표현

　　**예시** 구체적인 표현의 예시(품명)

| 전동기를 갖춘 면도기와 이발기 | 전동기를 갖춘 가정용 전기기기(종류)로 보아 제8509호에 분류하는 것이 아닌 제8510호의 전동기를 갖춘 면도기와 이발기(품명)로 분류 **1** |
| --- | --- |
| 철강으로 만든 포크 | 제7323호의 식탁용품(종류)으로 분류하는 것이 아닌 제8215호의 포크(품명)로 분류 **1** |

　㉡ 더 완전하거나 명백한 표현이 구체적인 표현

　　**예시** 구체적인 표현의 예시(더 완전하거나 명백한 표현)

| 자동차용의 직물제 터프트한 양탄자 | 제8708호의 자동차 부속품으로 분류할 것이 아닌 양탄자로서 보다 구체적으로 규정하고 있는 제5703호로 분류 |
| --- | --- |
| 항공기용 타이어 | 제8807호(항공기용 부분품)에 분류할 것이 아닌 타이어가 구체적으로 규정되어 있는 제4011호(신품) 또는 제4012호(재생이나 중고품)로 분류 |

　㉢ 동일하게 구체적으로 표현된 것의 의미 : 둘 이상의 호가 혼합물, 복합물 또는 소매용 세트로 포장한 물품의 단지 일부에 대해서만 각각 규정하고 있는 경우, 비록 이들 호 중의 하나가 다른 호에 비해서 보다 더 완전하고 상세하게 규정하고 있어도 이들 호는 그러한 물품에 관해서 동일하게 구체적으로 규정하고 있는 것으로 간주한다.

---

**심화 📈** │ **플라스틱과 고무의 두 가지 구성 재료로 된 전동용 벨트**

제3926호와 제4010호 경합

1. 플라스틱과 고무의 두 가지 구성 재료로 된 전동용 벨트의 경우 그 구성재료에 따라 단지 일부에 대해서만 각각 규정하고 있음을 알 수 있다. (제3926호와 제4010호) 이 경우 제3926호와 제4010호의 용어를 동일하게 구체적으로 표현한 것으로 간주하므로 가장 구체적으로 표현된 호를 결정할 수 없게 된다. 따라서 통칙 제3호 가목에 따라 분류할 수 없으며, 통칙 제3호 나목이나 통칙 제3호다목을 적용하여야 한다.

2. 제3926호와 제5910호 경합

　제3926호와 제5910호와의 관계에서는 제5910호가 우선한다. 제5910호의 용어에 '플라스틱을 침투·도포·피복이나 적층한 것인지에 상관없다'고 구체적으로 설명하고 있기 때문이다. 제3926호의 용어는 재료의 일부(플라스틱)에 대해서만 규정하고 있다면, 제5910호는 재료의 전부(플라스틱과 방직용 섬유재료)를 규정하고 있으므로, 이 경우에는 통칙 제1호(제5910호의 용어)에 따라 제5910호로 분류한다.

3. 제4010호와 제5910호 경합

　제4010호와 제5910호와의 관계에서는 제4010호가 우선한다. 그 이유는 제59류 주 제7호나목에서 고무를 침투·도포·피복하거나 적층한 방직용 섬유의 직물류로 제조한 전동용 벨트는 제5910호에 적용하지 않고 제4010호로 분류하도록 되어 있기 때문이다. 이 경우는 통칙 제3호나목이 아닌 통칙 제1호(제59류 주 제7호나목)에 따라 제4010호로 분류한다.

- 제3926호 : 플라스틱으로 만든 그 밖의 제품과 제3901호부터 제3914호까지의 기타 물품의 제품(플라스틱으로 만든 전동용 벨트 포함)
- 제4010호 : 고무로 만든 컨베이어용·전동용 벨트와 벨팅(가황한 것으로 한정한다) **2**
- 제5910호 : 전동용·컨베이어용 벨트와 벨팅(방직용 섬유로 만든 것으로 한정하며, 플라스틱을 침투·도포·피복하거나 적층한 것인지 또는 금속이나 그 밖의 물품으로 보강한 것인지에 상관없다) **2**

② **통칙 제3호나목** : 본질적 특성에 따른 분류원칙

이 통칙은 통칙 제3호가목에 따라 분류할 수 없을 때 이들 구성재료나 구성요소 중에서 본질적인 특성을 지닌 재료나 물질 또는 구성요소가 속한 호로 분류한다. 이 통칙을 적용하는 대상 물품은 다음과 같다.

㉠ 혼합물

㉡ 서로 다른 재료로 구성된 복합물

㉢ 서로 다른 구성요소로 제조된 복합물

  |예시| **적용사례(분리할 수 있는 구성요소로 된 경우)**

  ① 재를 담는 그릇이 스탠드에서 분리될 수 있도록 구성된 재떨이 **1**

  ② 특수하게 디자인된 틀(보통 목재로 됨)과 적당한 모양과 크기로 된 여러 개의 빈 양념통으로 구성된 가정용 양념선반 **1**

㉣ 소매용으로 하기 위하여 세트로 된 물품

- 정의
  - "소매용으로 하기 위하여 세트로 된 물품"이란 다음의 요건을 갖춘 물품을 의미한다.
    ⓐ 서로 다른 호에 분류될 수 있는 있는 최소한 둘 이상의 서로 다른 물품으로 구성
    ⓑ 어떤 요구를 충족시키기 위해서나 또는 어떤 특정 활동을 행하기 위해 함께 조합한 제품이나 물품으로 구성
  - 재포장 없이 소비자에게 직접 판매하는 데 적합한 방법으로 조합한 것(소매용)
  - 세트물품은 본질적인 특성을 부여하는 구성요소가 속하는 호로 함께 분류하여야 한다.
- 적용 사례

| 품목번호 | 품명 | 물품 설명 |
|---|---|---|
| 제1602호 | 샌드위치 세트 | 빵 사이에 쇠고기를 넣은 샌드위치(제1602호)와 프렌치프라이(제2004호)를 소매 포장한 세트 **2** |
| 제1902호 | 스파게티 세트 | 조리하지 않은 스파게티(제1902호), 잘게 갈은 치즈(제0406호) 및 토마토소스(제2103호)를 소매 포장한 세트 **3** |
| 제8510호 | 이발세트 | 전기식 이발기(제8510호), 빗(제9615호), 가위(제8213호), 브러시(제9603호) 및 직물제 수건(제6302호)로 구성되어 있고, 가죽제케이스(제4202호)에 소매 포장한 세트 **2** |

| 제9017호 | 제도용 키트 | 자(제9017호), 계산반(제9017호), 제도용컴퍼스(제9017호), 연필(제9609호), 연필깎이(제8214호)로 구성되어 있고, 인조 플라스틱제 케이스(제4202호)에 소매 포장한 세트 **1** |
|---|---|---|

- 적용불가사례 ; 세트물품 적용조건 중 어느 하나라도 충족시키지 못하는 경우 구성요소별로 각각 분류한다.
  - 새우통조림(제1605호), 치즈통조림(제0406호), 얇게 썬 베이컨 통조림(제1602호) 및 소시지통조림(제1601호)을 세트 포장한 것 **3**
  - 포도주(제2204호)와 위스키(제2208호)를 선물용으로 세트 포장한 것 **2**
  - 유리병에 담긴 용해성 커피(제2101호) · 도자제 컵(제6912호)과 도자제 받침접시(제6912호)를 세트 포장한 것 **2**
- 호의 용어나 관련 주에 세트물품 분류규정이 있는 경우
  - 통칙 제3호나목은 통칙 제1호, 제2호나목과 제3호가목을 적용하여 분류할 수 없는 경우에 한정하여 적용하는 것이다. **1**
  - "세트"라는 용어가 호의 용어에 특별히 열거되어 있거나 관련 주에서 규정하고 있는 경우에는 통칙 제1호를 적용하여야 한다.

**예시** 호의 용어에 세트물품 분류규정이 있는 경우

① 제6308호 : 러그용 · 태피스트리용 직물이나 실로 구성된 세트 **1**
② 제8206호 : 제8202호부터 제8205호까지에 해당하는 둘 이상의 공구가 소매용 세트로 되어 있는 것 **1**
③ 제8214호 : 매니큐어 · 페디큐어 세트와 용구(손톱줄을 포함한다) **3**
④ 제8484호 : 재질이 다른 것을 세트로 하거나 소포장한 개스킷과 이와 유사한 조인트 **1**
⑤ 제9605호 : 개인용 여행세트(화장용 · 바느질용 · 신발이나 의류 청소용으로 한정한다) **1**

**예시** 주 규정에 세트물품 분류규정이 있는 경우

① 제6부 주 제3호 : 세트물품은 제6부 또는 제7부로 분류
② 제7부 주 제1호 : 세트물품은 제6부 또는 제7부로 분류
③ 제61류 주 제3호 : 슈트와 앙상블을 세트의류로 제6103호나 제6104호로 분류 **1**
④ 제62류 주 제7호 : 스키슈트를 제6211호로 분류
⑤ 제82류 주 제3호 : 제8211호와 제8215호가 세트를 구성할 때 제8215호로 분류

**예시** WCO 사례 – 아동용 캐리어

1. 제품설명

직물제 의자(알루미늄 틀에 부착)와 어깨 스트랩, 엉덩이 벨트 등으로 구성된 아동용 캐리어이다. 일반배낭과 비슷하지만 주요 칸을 열면 아이를 데리고 나갈 때 아이를 앉힐 수 있다. 아이가 없을 경우에는 지퍼로 잠가 배낭으로도 사용할 수 있다

2. 사례해설 (제4202호 '가방' VS 제6307호 '운반용구')

  ① 본 물품은 유아용 캐리어(제6307호) 및 일반 배낭(제4202호)으로도 사용할 수 있도록 설계된 물품으로서 주 기능은 '아동을 운반하는 용기'이고 '물건을 싣고 운반할 수 있는 배낭'으로서의 기능은 부수적 기능이라고 볼 수 있다.

  ② 배낭보다는 아동용 캐리어에 본질적 특성이 있으므로 통칙 제3호 나목을 적용하여 제6307.90호로 분류하였다. ❷

  ③ 관세율표 제6307호에는 "방직용 섬유로 만든 그 밖의 제품"이 분류되며, 같은 호 해설서에서는 '유아용의 운반식 침대·운반식 요람 및 이들과 유사한 운반용구'를 예시하고 있다.

**예시** WCO 사례 – 용해성커피와 도자로 만든 컵과 받침

1. 제품설명

  용해성 커피("인스턴트커피")이 담긴 유리병과 도자기제의 컵과 받침이 함께 종이상자에 소매용으로 포장된 물품이다.

2. 사례해설

  ① 유리병에 담긴 "용해성 커피"는 커피추출물이 해당하는 제2101.11호에 분류하고, 도자기제의 컵과 받침은 도자제의 식탁용품이 해당하는 제6912호에 각각 분류하였다. ❶

  ② 도자기제의 컵과 받침은 통칙 제5호가목에서 정한 요건에 부합되지 않으며, 인스턴트커피의 포장용으로 정상적으로 사용되는 종류의 것으로도 볼 수 없기 때문이다.

  ③ 그렇다면 통칙 제3호나목에 따라 복합물이나 세트로 볼 수 있는지를 검토할 필요가 있는데, 복합물은 통상 일체를 이루며 분리되어 판매되지 않는다. 쟁점제품은 인스턴트커피와 분리하여 판매할 수 있으며 또한 어떤 요구를 충족시키거나 특정의 활동을 행하기 위해 함께 조합한 세트 제품으로도 볼 수 없다. ❶

  ※ 분류근거 : 통칙 제1호 및 통칙 제6호 적용.

③ 통칙 제3호다목 : 최종호 분류원칙

  ㉠ 적용범위 : 통칙 제3호가목 및 제3호나목의 규정에 의하여 품목번호를 결정할 수 없을 경우에는 동일하게 고려되는 호의 번호 중 순서상 가장 마지막 호로 분류한다. ❶

  ㉡ 분류사례 : 밀가루(제1101호) 50%와 쌀가루(제1102호) 50%로 혼합된 곡물가루는 통칙 제3호다목에 근거하여 "동일하게 분류가능한 호 중에서 가장 마지막 호"인 제1102호로 분류한다. ❶

 해설

이러한 비율로 혼합된 경우에는 통칙 제1호, 통칙 제2호나목의 규정으로 분류될 수 없고 통칙 제3호가목이나 제3호나목을 적용하기도 곤란하므로 통칙 적용 순서에 따라 통칙 제3호다목에 따라 분류하게 된다.

**예시** WCO 사례 – 플라스틱으로 만든 점프볼

1. 제품설명

   오락과 건강한 운동 활동을 결합하여 어린이의 조화와 균형을 조장하도록 설계된 점프볼이다.

2. 사례해설 (제9503호 '오락용' VS 제9506호 '운동용') **1**

   본 물품은 어린이가 주로 사용하는 플라스틱제의 점프볼로서 어린이의 기타 완구(제9503호)라고 볼 수도 있고, 신체 균형을 위한 운동용 물품(제9506호)이라고 볼 수도 있다. 따라서 이들 중 주 기능을 판단할 수 없으므로 관세율표의 해석에 관한 통칙 제3호다목을 적용하여 분류 가능한 호 중 마지막 호인 제9506호로 분류하였다. **1**

## (4) 통칙 4 – 유사물품의 분류 원칙

> 이 통칙 제1호부터 제3호까지에 따라 분류할 수 없는 물품은 그 물품과 가장 유사한 물품이 해당되는 호로 분류한다. **2**

## (5) 통칙 5 – 포장 용기 · 포장 재료의 분류 원칙

> 다음에 각목의 물품에는 이 통칙 제1호부터 제4호까지를 적용하는 외에 다음 사항을 적용 한다.
> 가. 사진기 케이스 · 악기 케이스 · 총 케이스 · 제도기 케이스 · 목걸이 케이스와 이와 유사한 용기는 특정한 물품이나 물품의 세트를 담을 수 있도록 특별한 모양으로 되어 있거나 알맞게 제조되어 있고, 장기간 사용하기에 적합하며, 그 내용물과 함께 제시되어 그 내용물과 함께 정상적으로 판매되는 종류의 물품인 때에는 그 내용물과 함께 분류한다. 다만, 용기가 전체 물품에 본질적인 특성을 부여하는 경우에는 그렇지 않다.
> 나. 가목에 해당하는 것은 그에 따르고, 내용물과 함께 제시되는 포장재료와 포장용기는 이들이 그러한 물품의 포장용으로 정상적으로 사용되는 것이라면 그 내용물과 함께 분류한다. 다만, 그러한 포장재료나 포장용기가 명백히 반복적으로 사용하기에 적합한 것이라면 그렇지 않다. **3**

※ 통칙 제1호부터 제4호까지는 반드시 순차적으로 적용하여야 하나 보충적 규정인 통칙 제5호와 제6호는 적용순위에 구속받지 않는다. **1**

① **통칙 제5호가목 : 케이스와 이와 유사한 용기의 분류원칙**

   ㉠ 내용물이 담겨있거나 함께 제시된 케이스 등 : 내용물과 함께 분류

   - 신변장식용품의 상자와 케이스는 신변장식용품과 함께 분류(제7113호)
   - 전기면도기의 케이스는 전기면도기와 함께 분류(제8510호)
   - 망원경의 케이스는 망원경과 함께 분류(제9005호) **1**
   - 악기(바이올린)의 케이스 · 상자 및 가방은 악기와 함께 분류(제9202호) **1**
   - 총기의 케이스는 총기와 함께 분류(제9303호)

ⓛ 내용물과 따로 제시되는 케이스 등 : 각 케이스 등이 해당되는 호에 분류

  안경 케이스·사진기 케이스·악기 케이스·총 케이스와 이와 유사한 케이스가 해당 내용물과 따로 제시된 경우에는 재질에 관계없이 모두 제4202호로 분류한다. **1**

ⓒ 내용물보다 케이스 등 용기에 본질적인 특성이 있는 경우 : 각각 해당 호에 분류

  • 사례1 : 녹차가 담겨 있는 은제의 tea caddy(찻잎을 담아두는 통) **1**

    → 녹차는 제0902호, 은제의 tea caddy는 제7114호로 각각 분류

  • 사례2 : 백색 초콜릿이 담겨있는 장식용 도자기 **1**

    → 백색 초콜릿은 제1704호, 장식용 도자기는 제6913호로 각각 분류

② 통칙 제5호나목 : 포장재료와 포장용기의 분류원칙

  통칙 제5호 나목을 적용하기 위해서는 아래와 같은 적용요건을 충족해야 한다.

ⓐ 통칙 제5호가목에 해당되지 않을 것 : 장기간 사용하기에 부적합한 포장용기 등 통칙 제5호 가목의 적용요건을 충족하지 못하는 포장재료와 포장용기에 한정하여 적용된다. **1**

ⓑ 내용물과 함께 제시되고 판매될 것

  • 포장재료 등이 내용물과 함께 제시되는 경우에는 내용물이 분류되는 호에 함께 분류한다.

  • 내용물보다 포장재료 등이 과다하게 많은 경우에는 적합한 수량을 제외하고 별도 분류하여야 한다. **1**

ⓒ 포장용으로 정상적(통상적)으로 사용되는 종류일 것 : 포장 재료에는 물품의 운송, 보관 판매 중에 필요한 일체의 재료(**예** 비닐덮개, 습기제거제)가 포함되나 일반적인 상거래에서 사용되는 것이 아닌 경우에는 별도로 분류한다.

ⓓ 반복적으로 사용하기에 적합하지 않을 것

---

**관련규정** | **반복적으로 사용할 수 있는 포장용기의 분류**

어떤 종류의 금속제 드럼 또는 압축이나 액화가스용의 철강제 용기와 같이 명백히 반복적으로 사용하기에 적합한 경우에는 내용물이 충전된 상태로 제시되고 함께 판매된다 할지라도 내용물과 용기를 분리하여 각각 해당 호에 분류하여야 한다. **1**

① 사례1 : 프로판 액화가스를 충전한 철강으로 만든 용기 **1**

  → 프로판 가스는 제2711호, 철강으로 만든 용기는 제7311호에 각각 분류

② 사례2 : 철강으로 만든 실린더에 충전된 압축 산소 **1**

  → 압축산소는 제2804호, 철강으로 만든 실린더는 제7311호에 각각 분류

③ 사례3 : 비누가 담긴 스테인리스강으로 만든 비누통(명백히 반복적으로 사용)

  → 비누는 제3401호, 스테인리스강으로 만든 비누통은 제7324호에 각각 분류

## (6) 통칙 6 – 소호의 분류 원칙

법적인 목적상 어느 호 중 소호의 품목분류는 같은 수준의 소호들만을 서로 비교할 수 있다는 점을
조건으로 해당 소호의 용어와 관련 소호의 주에 따라 결정하며, 위의 모든 통칙을 준용한다. **2**
또한 이 통칙의 목적상 문맥에서 달리 해석되지 않는 한 관련 부나 류의 주도 적용한다.

① **적용요건** : 통칙 제6호는 소호분류의 통일을 기하기 위하여 제정한 규정으로서 먼저 4단위 호
를 결정한 이후 5단위, 6단위로 세분류 시 적용되는 분류원칙이다. **1**

② **소호결정 우선순위**

　　㉠ 4단위 호 내에서 소호의 결정은 소호의 용어와 소호의 주를 우선 적용한다. **1**

 **해설**

호 내에서 분류가능한 5단위 소호끼리 먼저 비교하여 5단위 소호를 우선 결정한 후, 5단위 소호 내에서 분류가
능한 6단위 소호끼리 비교하여 6단위 소호를 결정한다.

　　㉡ 필요시 통칙 제1호에서 제5호까지를 준용한다. **2**
　　㉢ 관련 부 및 류의 주를 적용한다(단, 문맥상 달리 규정한 경우를 제외한다).

③ **소호용어 및 소호주 우선원칙** : '문맥상 달리 규정한 경우'란 소호의 용어나 소호의 주에서 달리
규정하는 경우를 말하는 것으로서 부 또는 류의 주가 소호의 용어나 소호의 주와 상충되는 경우
에는 부와 류의 주를 적용할 수 없다는 것이다. **2**

**예시** 제71류의 류주와 소호주(소호주 제2호 우선적용)

① 제71류 주 제4호나목 : '백금'이란 플라티늄 · 이리듐 · 오스뮴 · 팔라듐 · 로듐 · 루테늄을
말한다. **5**
② 제71류 소호주 제2호 : 이 류의 주 제4호나목에도 불구하고 소호 제7110.11호와 제
7110.19호에서 '백금'이란 이리듐 · 오스뮴 · 팔라듐 · 로듐 · 루테늄은 포함하지 않는다.

### 관세율표 부와 류

| 부 | | 류 | |
|---|---|---|---|
| 01 | 동물성 생산품 | 01 | 살아 있는 동물 |
| | | 02 | 육과 식용 설육(屑肉) |
| | | 03 | 어류 · 갑각류 · 연체동물과 그 밖의 수생(水生) 무척추동물 |
| | | 04 | 낙농품, 새의 알, 천연꿀, 다른 류로 분류되지 않은 식용인 동물성 생산품 |
| | | 05 | 다른 류로 분류되지 않은 동물성 생산품 |

| | | | |
|---|---|---|---|
| | | 06 | 살아 있는 수목과 그 밖의 식물, 인경(鱗莖)·뿌리와 이와 유사한 물품, 절화(切花)와 장식용 잎 |
| | | 07 | 식용의 채소·뿌리·괴경(塊莖) |
| | | 08 | 식용의 과실과 견과류, 감귤류·멜론의 껍질 |
| | | 09 | 커피·차·마테(mate)·향신료 |
| 02 | 식물성 생산품 | 10 | 곡물 |
| | | 11 | 제분공업의 생산품과 맥아, 전분, 이눌린(inulin), 밀의 글루텐(gluten) |
| | | 12 | 채유(採油)에 적합한 종자와 과실, 각종 종자와 과실, 공업용·의약용 식물, 짚과 사료용 식물 |
| | | 13 | 락(lac), 검·수지·그 밖의 식물성 수액과 추출물(extract) |
| | | 14 | 식물성 편조물(編組物)용 재료와 다른 류로 분류되지 않은 식물성 생산품 |
| 03 | 지방과 기름 | 15 | 동물성·식물성·미생물성 지방과 기름 및 이들의 분해생산물, 조제한 식용 지방과 동물성·식물성 왁스 |
| | | 16 | 육류·어류·갑각류·연체동물이나 그 밖의 수생(水生) 무척추동물 또는 곤충의 조제품 |
| | | 17 | 당류(糖類)와 설탕과자 |
| | | 18 | 코코아와 그 조제품 |
| | | 19 | 곡물·고운 가루·전분·밀크의 조제품과 베이커리 제품 |
| 04 | 조제식료품 | 20 | 채소·과실·견과류나 식물의 그 밖의 부분의 조제품 |
| | | 21 | 각종 조제 식료품 |
| | | 22 | 음료·주류·식초 |
| | | 23 | 식품 공업에서 생기는 잔재물과 웨이스트(waste), 조제 사료 |
| | | 24 | 담배와 제조한 담배 대용물, 연소시키지 않고 흡입하도록 만들어진 물품(니코틴을 함유하였는지에 상관없다), 니코틴을 함유한 그 밖의 물품으로 인체 내에 니코틴을 흡수시키도록 만들어진 것 |
| | | 25 | 소금, 황, 토석류(土石類), 석고·석회·시멘트 |
| 05 | 광물성 생산품 | 26 | 광(鑛)·슬래그(slag)·회(灰) |
| | | 27 | 광물성 연료·광물유(鑛物油)와 이들의 증류물, 역청(瀝靑)물질, 광물성 왁스 |
| | | 28 | 무기화학품, 귀금속·희토류(稀土類)금속·방사성원소·동위원소의 유기화합물이나 무기화합물 |
| | | 29 | 유기화합물 |
| | | 30 | 의료용품 |
| | | 31 | 비료 |
| | | 32 | 유연용·염색용 추출물(extract), 탄닌과 이들의 유도체, 염료·안료와 그 밖의 착색제, 페인트·바니시(varnish), 퍼티(putty)와 그 밖의 매스틱(mastic), 잉크 |
| 06 | 화학공업생산품 | 33 | 정유(essential oil)와 레지노이드(resinoid), 조제향료와 화장품·화장용품 |
| | | 34 | 비누·유기계면활성제·조제 세제·조제 윤활제·인조 왁스·조제 왁스·광택용이나 연마용 조제품·양초와 이와 유사한 물품·조형용 페이스트(paste)·치과용 왁스와 플라스터(plaster)를 기본 재료로 한 치과용 조제품 |
| | | 35 | 단백질계 물질, 변성전분, 글루(glue), 효소 |
| | | 36 | 화약류, 화공품, 성냥, 발화성 합금, 특정 가연성 조제품 |
| | | 37 | 사진용이나 영화용 재료 |
| | | 38 | 각종 화학공업 생산품 |

| 07 | 플라스틱과<br>고무 | 39 | 플라스틱과 스 제품 |
|---|---|---|---|
| | | 40 | 고무와 그 제품 |
| 08 | 원피 · 가죽 ·<br>모피 | 41 | 원피(모피는 제외한다)와 가죽 |
| | | 42 | 가죽제품, 마구, 여행용구 · 핸드백과 이와 유사한 용기, 동물 거트(gut)[누에의 거트(gut)는 제외한다]의 제품 |
| | | 43 | 모피 · 인조모피와 이들의 제품 |
| 09 | 목재와 그 제품 | 44 | 목재와 그 제품, 목탄 |
| | | 45 | 코르크(cork)와 그 제품 |
| | | 46 | 짚 · 에스파르토(esparto)나 그 밖의 조물 재료의 제품, 바구니 세공물(basketware)과 지조세공물(枝條細工物) |
| 10 | 펄프 · 종이 ·<br>인쇄서적 | 47 | 목재나 그 밖의 섬유질 셀룰로오스재료의 펄프, 회수한 종이 · 판지[웨이스트(waste)와 스크랩(scrap)] |
| | | 48 | 종이와 판지, 제지용 펄프 · 종이 · 판지의 제품 |
| | | 49 | 인쇄서적 · 신문 · 회화 · 그 밖의 인쇄물, 수제(手製)문서, 타자문서, 도면 |
| 11 | 방작용섬유와<br>그 제품 | 50 | 견 |
| | | 51 | 양모 · 동물의 부드러운 털이나 거친 털 · 말의 털로 만든 실과 직물 |
| | | 52 | 면 |
| | | 53 | 그 밖의 식물성 방직용 섬유, 종이실(paper yarn)과 종이실로 만든 작물 |
| | | 54 | 인조필라멘트, 인조방직용 섬유재료의 스트립(strip)과 이와 유사한 것 |
| | | 55 | 인조스테이플섬유 |
| | | 56 | 워딩(wadding) · 펠트(felt) · 부직포, 특수사, 끈 · 배의 빗줄(cordage) 로프 · 케이블과 이들의 제품 |
| | | 57 | 양탄자류와 그 밖의 방직용 섬유로 만든 바닥깔개 |
| | | 58 | 특수직물, 터프트(tuft)한 직물, 레이스, 태피스트리(tapestry), 트리밍(trimming), 자수천 |
| | | 59 | 침투 · 도포 · 피복하거나 적중한 방직용 섬유의 직물, 공업용인 방직용 섬유제품 |
| | | 60 | 메리야스 편물과 뜨개질 편물 |
| | | 61 | 의류와 그 부속품(메리야스 편물이나 뜨개질 편물로 한정한다) |
| | | 62 | 의류와 그 부속품(메리야스 편물이나 뜨개질 편물은 제외한다) |
| | | 63 | 제품으로 된 방직용 섬유의 그 밖의 물품, 세트, 사용하던 의료 · 방직용 섬유제품, 넝마 |
| 12 | 신발 · 모자 ·<br>우산 · 가발 | 64 | 신발류 · 각반과 이와 유사한 것, 이들의 부분품 |
| | | 65 | 모자류와 그 부분품 |
| | | 66 | 산류(傘類) · 지팡이 · 시트스틱(seat-stick) · 채찍 · 승마용 채찍과 이들의 부분품 |
| | | 67 | 조제 깃털 · 솜털과 그 제품, 조화, 사람 머리카락으로 된 제품 |
| 13 | 석 · 도자 ·<br>유리제품 | 68 | 돌 · 플라스터(plaster) · 시멘트 · 석면 · 운모나 이와 유사한 재료의 제품 |
| | | 69 | 도자제품 |
| | | 70 | 유리와 유리제품 |
| 14 | 진주 · 귀석 ·<br>귀금속 | 71 | 천연진주 · 양식진주 · 귀석 · 반귀석 · 귀금속 · 귀금속을 입힌 금속과 이들의 제품, 모조 신변장식용품, 주화 |

| 15 | 비(卑)금속과<br>그 제품 | 72 | 철강 |
|----|----|----|----|
| | | 73 | 철강의 제품 |
| | | 74 | 구리와 그 제품 |
| | | 75 | 니켈과 그 제품 |
| | | 76 | 알루미늄과 그 제품 |
| | | 77 | 유보 |
| | | 78 | 납과 그 제품 |
| | | 79 | 아연과 그 제품 |
| | | 80 | 주석과 그 제품 |
| | | 81 | 그 밖의 귀금속(貴金屬), 서멧(cermet), 이들의 제품 |
| | | 82 | 비금속(非金屬)으로 만든 공구·도구·칼붙이·스푼·포크, 이들의 부분품 |
| | | 83 | 비금속(非金屬)으로 만든 각종 제품 |
| 16 | 기계류·<br>전기기기 | 84 | 원자로·보일러·기계류와 이들의 부분품 |
| | | 85 | 전기기기와 그 부분품, 녹음기·음성 재생기·텔레비전의 영상과 음성의 기록기·재생기와 이들의 부분품·부속품 |
| 17 | 수송기기 | 86 | 철도용이나 궤도용 기관차·차량과 이들의 부분품, 철도용이나 궤도용 장비품과 그 부분품, 기계식(전기기계식을 포함한다) 각종 교통신호용 기기 |
| | | 87 | 철도용이나 궤도용 외의 차량과 그 부분품·부속품 |
| | | 88 | 항공기와 우주선, 이들의 부분품 |
| | | 89 | 선박과 수상 구조물 |
| 18 | 광학·측정·<br>의료기기 | 90 | 광학기기·사진용 기기·영화용 기기·측정기기·검사기기·정밀기기·의료용 기기, 이들의 부분품과 부속품 |
| | | 91 | 시계와 그 부분품 |
| | | 92 | 악기와 그 부분품과 부속품 |
| 19 | 무기 | 93 | 무기·총포탄과 이들의 부분품과 부속품 |
| 20 | 잡품 | 94 | 가구, 침구·매트리스·매트리스 서포트(mattress support)·쿠션과 이와 유사한 물품, 다른 류로 분류되지 않은 조명기구, 조명용 사인·조명용 네임플레이트(name-plate)와 이와 유사한 물품, 조립식 건축물 |
| | | 95 | 완구·게임용구·운동용구와 이들의 부분품과 부속품 |
| | | 96 | 잡품 |
| 21 | 예술품·골동품 | 97 | 예술품·수집품·공동품 |

# [02] 동 · 식 · 광물성 생산품

## 01 동 · 식물성생산품

### 1. 제1부 동물성생산품

**(1) 개요**

① 〈주 제1호〉 분류기준

이 부에 열거된 동물의 특정 속이나 종에는 문맥상 달리 해석되지 않는 한 그 속이나 종의 어린 것도 포함된다. **3**

② 〈주 제2호〉 건조한 것

이 표에서 "건조한 것"에는 문맥상 달리 해석되지 않는 한 탈수하거나 증발시키거나 동결 건조한 것이 포함된다. **3**

**(2) 제1류 살아 있는 동물**

① 호의 용어

| 품목번호 | 품명 |
|---|---|
| 0101 | 살아 있는 말 · 당나귀 · 노새 · 버새 |
| 0102 | 살아 있는 소 |
| 0103 | 살아 있는 돼지 |
| 0104 | 살아 있는 면양과 산양 |
| 0105 | 살아 있는 가금류(닭 · 오리 · 거위 · 칠면조 · 기니아새로 한정한다) **2** |
| 0106 | 그 밖의 살아 있는 동물 |

② 〈주 제1호〉 제외물품

이 류에는 다음 각 목의 것을 제외한 모든 살아 있는 동물이 포함된다.

가. 제0301호 · 제0306호 · 제0307호 · 제0308호의 어류 · 갑각류 · 연체동물과 그 밖의 수생무척추동물

나. 제3002호의 미생물 배양체와 그 밖의 물품

다. 제9508호의 동물(서커스 · 관람용 동물원이나 그 밖의 유사한 순회 동물쇼단의 부분을 형성하고 있는 동물)

**해설**

1류에는 모든 살아 있는 동물(식용이나 그 밖의 용도)을 분류한다. **1**

운송 도중에 죽은 동물(곤충 포함)은 그것들이 식용에 적합한 경우에는 제0201호부터 제0205호까지와, 제0207호, 제0208호나 제0410호에 분류하고, 그 밖의 경우에는 제0511호에 분류한다. **2**

## (3) 제2류 육과 식용설육 **1**

### ① 호의 용어

| 품목번호 | 품명 |
|---|---|
| 0201 | 쇠고기(신선한 것이나 냉장한 것으로 한정한다) |
| 0202 | 쇠고기(냉동한 것으로 한정한다) |
| 0203 | 돼지고기(신선한 것, 냉장하거나 냉동한 것으로 한정한다) |
| 0204 | 면양과 산양의 고기(신선한 것, 냉장하거나 냉동한 것으로 한정한다) |
| 0205 | 말·당나귀·노새·버새의 고기(신선한 것, 냉장하거나 냉동한 것으로 한정한다) |
| 0206 | 소·돼지·면양·산양·말·당나귀·노새·버새의 식용 설육(신선한 것, 냉장하거나 냉동한 것으로 한정한다) |
| 0207 | 제0105호의 가금류의 육과 식용 설육(신선한 것, 냉장하거나 냉동한 것으로 한정한다)<br>**예시** 냉동한 닭발 **1** |
| 0208 | 그 밖의 육과 식용 설육(신선한 것, 냉장하거나 냉동한 것으로 한정한다) |
| 0209 | 살코기가 없는 돼지비계와 가금의 비계(기름을 빼지 않은 것이나 그 밖의 방법으로 추출하지 않은 것으로서 신선한 것·냉장하거나 냉동한 것·염장하거나 염수장한 것·건조하거나 훈제한 것으로 한정한다) |
| 0210 | 육과 식용 설육(염장하거나 염수장한 것·건조하거나 훈제한 것으로 한정한다), 육이나 설육의 식용 고운 가루·거친 가루 **1**<br>**예시** 훈제한 거위의 염통 **1** |

### ② 〈주 제1호〉 제외물품

이 류에서 다음 각 목의 것은 제외한다.

가. 제0201호부터 제0208호까지·제0210호에서 열거한 물품 중 식용에 적합하지 않은 것

나. 식용에 적합한 죽은 곤충(제0410호) **1**

다. 동물의 장·방광·위(제0504호) **2**, 동물의 피(제0511호나 제3002호) **1**

라. 제0209호의 물품 외의 동물성 지방(제15류)

 **해설**

동물의 장·방광·위(제0504호), 동물의 피(제0511호) 및 분리하여 제시되는 동물성지방(제15류)은 식용에 적합한지에 상관없이 제2류에서 제외한다. **1**

**주요 호 해설 (제0206호, 식용설육)**

설육은 다음과 같이 네 가지로 구분하며, 식용설육에 한정하여 제2류에 분류한다(제0206호의 동물뿐만 아니라 제2류에 분류되는 다른 동물(예 제0207호의 가금류의 식용설육)에도 동일하게 적용되는 규정이다).

③ 육과 실용설육의 용도별 분류

| 용도 | 부위 | 분류 |
|---|---|---|
| 1. 주로 식용에 사용하는 것 | 머리 · 발 · 꼬리 · 염통 · 혀 등 | • 식용(신선 · 냉장 · 냉동 · 염장 · 염수장 · 건조 · 훈제한 것) : 제2류 **1**<br>• 식용에 부적합한 것 : 제0511호 |
| 2. 오로지 의료용품 제조에 사용하는 것 | 담낭 · 부신 · 태반 | • 신선 · 냉장 · 냉동 · 일시 저장한 것 : 제0510호<br>• 건조한 것 : 제3001호 **2** |
| 3. 식용이나 의료용품 제조에 사용하는 것 | 간 · 콩팥 · 허파 · 뇌 등 | • 식용 : 제2류<br>• 식용에 부적합한 것 : 제0511호 **1**<br>• 의료용품 제조용으로 일시 저장한 것 : 제0510호 **1**<br>• 건조한 것 : 제3001호 |
| 4. 식용이나 상기 이외 용도에 사용하는 것 | 껍질 | • 식용 : 제2류<br>• 식용에 부적합한 것 : 제0511호나 제41류 |

**주요 호 해설 (제0209호)**

① 살코기가 없는 돼지비계와 가금의 비계(기름을 빼지 않은 것이나 그 밖의 방법으로 추출하지 않은 것으로 한정한다)는 식용뿐만 아니라 공업용에만 적합하더라도 제0209호로 분류한다. **1**
② 살코기가 붙은 비계는 육의 부분으로 간주하여 제0203호(돼지고기)나 제0207호(가금류의 육과 식용 설육) 또는 제0210호(염장 · 염수장 · 건조 · 훈제한 육과 식용설육)에 분류한다. **1**
※ 예시 : 삼겹살과 이와 유사한 비계가 높은 비율로 섞여 있는 육과 육층이 붙어있는 비계는 제0203호나 · 제0210호에 분류

## (4) 제3류 어류 · 갑각류 · 연체동물과 그 밖의 수생 무척추동물

① 호의 용어

| 품목번호 | 품 명 |
|---|---|
| 0301 | 활어 **1** |
| 0302 | 신선하거나 냉장한 어류(제0304호의 어류의 필레와 그 밖의 어육은 제외한다) |
| 0303 | 냉동어류(제0304호의 어류의 필레와 기타 어육은 제외한다) |
| 0304 | 어류의 필레와 그 밖의 어육(잘게 썰었는지에 상관없으며 신선한 것, 냉장 · 냉동한 것으로 한정한다)<br>※ 조리한 필레와 단순히 배터나 빵가루를 입힌 것(냉동한 것인지에 상관없다)(제1604호) **1** |
| 0305 | 건조한 어류, 염장이나 염수장한 어류, 훈제한 어류(훈제과정 중이나 훈제 전에 조리한 것인지에 상관없다) |

| 0306 | 갑각류(껍데기가 붙어 있는 것인지에 상관없으며 살아 있는 것과 신선한 것 · 냉장한 것 · 냉동한 것 · 건조한 것 · 염장이나 염수장한 것), 훈제한 갑각류(껍데기가 붙어 있는 것인지 또는 훈제 전이나 훈제과정 중에 조리한 것인지에 상관없다), 껍데기가 붙어 있는 상태로 물에 찌거나 삶은 갑각류(냉장한 것 · 냉동한 것 · 건조한 것 · 염장이나 염수장한 것인지에 상관없다) ▪ <br> 예시  바닷가재 |
|---|---|
| 0307 | 연체동물(껍데기가 붙어 있는지에 상관없으며 살아 있는 것과 신선한 것 · 냉장이나 냉동한 것 · 건조한 것 · 염장이나 염수장한 것), 훈제한 연체동물(껍데기가 붙어 있는 것인지 또는 훈제 전이나 훈제과정 중에 조리한 것인지에 상관없다) <br> 예시  홍합, 오징어 |
| 0308 | 수생 무척추동물(갑각류와 연체동물은 제외하며, 살아 있는 것과 신선한 것 · 냉장한 것 · 냉동한 것 · 건조한 것, 염장이나 염수장한 것), 훈제한 수생 무척추동물(갑각류와 연체동물은 제외하며, 훈제 전이나 훈제과정 중에 조리한 것인지에 상관없다) <br> 예시  성게 |
| 0309 | 어류 · 갑각류 · 연체동물과 그 밖의 수생무척추동물의 고운 가루 · 거친 가루와 펠릿(식용에 적합한 것으로 한정한다) |

② 〈주 제1호〉 제외물품

이 류에서 다음 각 목의 것은 제외한다.

가. 제0106호의 포유동물

나. 제0106호의 포유동물의 육(제0208호나 제0210호)

다. 죽은 것으로서 그 종이나 상태로 보아 식용에 적합하지 않은 어류(간, 어란과 어백을 포함한다) · 갑각류 · 연체동물이나 그 밖의 수생 무척추동물(제5류) ❷, 식용에 적합하지 않은 어류 · 갑각류 · 연체동물이나 그 밖의 수생 무척추동물의 고운 가루 · 거친 가루나 펠릿(제2301호)

라. 캐비어, 어란으로 조제한 캐비어 대용물(제1604호) ❶

③ 〈주 제2호〉 펠릿

이 류에서 "펠릿"이란 직접 압축하거나 소량의 점결제를 첨가하여 응결시킨 물품을 말한다. ❸

④ 〈주 제3호〉 제외물품

제0305호부터 제0308호까지에는 식용에 적합한 고운 가루, 거친 가루와 펠릿은 포함하지 않는다(제0309호).

## (5) 제4류 낙농품 · 새의 알 · 천연꿀, 다른 류로 분류되지 않은 식용인 동물성 생산품

 해설

'낙농품'이란 젖소나 양 · 말과 같은 포유동물에서 얻은 밀크와 밀크로 부터 생산된 제0401호부터 제0406호까지에 해당하는 것을 말한다. ❶

① 호의 용어

| 품목번호 | 품명 |
|---|---|
| 0401 | 밀크과 크림(농축하지 않은 것으로서 설탕이나 그 밖의 감미료를 첨가하지 않은 것으로 한정한다) |
| 0402 | 밀크와 크림(농축하였거나 설탕이나 그 밖의 감미료를 첨가한 것으로 한정한다) |
| 0403 | 요구르트.버터밀크.응고밀크와 응고크림 · 케피어와 그 밖의 발효되거나 산성화된 밀크와 크림(농축한 것인지 또는 설탕이나 그 밖의 감미료를 첨가한 것인지 또는 향 · 과실 · 견과류나 코코아를 첨가한 것인지에 상관없다) |
| 0404 | 유장(농축한 것인지 또는 설탕이나 그 밖의 감미료를 첨가한 것인지에 상관없다)과 따로 분류된 것 외의 천연밀크의 성분을 함유하는 물품(설탕이나 그 밖의 감미료를 첨가한 것인지에 상관없다) |
| 0405 | 버터와 그 밖의 지방과 기름(밀크에서 얻은 것으로 한정한다), 데어리 스프레드 |
| 0406 | 치즈와 커드 |
| 0407 | 새의 알(껍질이 붙은 것으로서 신선한 것, 보존처리하거나 조리한 것으로 한정한다) **1** |
| 0408 | 새의 알(껍질이 붙지 않은 것)과 알의 노른자위(신선한 것, 건조한 것, 물에 삶았거나 찐 것, 성형한 것, 냉동한 것이나 그 밖의 보존처리를 한 것으로 한정하며, 설탕이나 그 밖의 감미료를 첨가한 것인지에 상관없다) |
| 0409 | 천연꿀 **2** |
| 0410 | 곤충과 그 밖의 식용인 동물성 생산품(따로 분류되지 않은 것으로 한정한다) |

② 〈주 제1호〉 밀크

이 류에서 "밀크"란 전유 탈지유(일부탈지나 완전탈지를 한 것으로 한정한다)를 말한다. **1**

③ 〈주 제2호〉 요구르트

제0403호에서 요구르트는 농축하거나 향을 첨가할 수 있으며 설탕이나 그 밖의 감미료 · 과실 · 견과류 · 코코아 · 초콜릿 · 향신료 · 커피나 커피 추출물 · 식물 · 식물의 부분 · 곡물이나 베이커리 제품을 함유할 수도 있다. 다만 첨가된 물질이 밀크 성분의 전부나 일부를 대체하기 위한 목적이어서는 안되고, 전체 물품은 요구르트의 본질적인 특성을 유지해야 한다. **1**

④ 〈주 제3호〉 버터와 데어리 스프레드

제0405호에서

가. "버터"란 오로지 밀크에서 얻은 천연버터, 유장버터, 환원 버터(신선한 것, 소금을 첨가한 것, 고약한 냄새가 나는 것으로서 버터통조림을 포함한다)를 말한다 (유지방의 함유량이 전 중량의 100분의 80 이상 100분의 95 이하이고, 무지유 고형분의 최대함유량이 전 중량의 100분의 2 이하이며, 최대수분함유량이 전 중량의 100분의 16 이하인 것으로 한정한다). 버터에는 유화제를 함유하고 있지 않으나, 염화나트륨 · 식용색소 · 중화염 · 인체에 무해한 유산균 배양체를 함유하기도 한다. **1**

나. "데어리 스프레드"란 유중수적형의 스프레더블 에멀션을 말한다(지방은 유지방만 함유하여야 하며, 유지방 함유량이 전 중량의 100분의 39 이상 100분의 80 미만인 것으로 한정한다). **2**

⑤ 〈주 제4호〉 치즈

유장의 농축물에 밀크나 유지방을 첨가하여 얻은 물품으로서 다음의 세 가지 특성을 가지는 경우에는 제0406호의 치즈로 분류한다.

가. 유지방의 함유량이 건조중량으로 전 중량의 100분의 5 이상인 것

나. 건조물의 함유량이 전 중량의 100분의 70 이상 100분의 85 이하인 것

다. 성형되어 있거나 성형될 수 있는 것

**관련규정  주요 호 해설 [제0406호]**

제0406호의 치즈에는 육·어류·갑각류·허브·향신료·채소·과실·너트·비타민·탈지분유 등을 첨가하였더라도 그 물품이 치즈의 특성을 유지하는 한 이 호에 분류한다. [1]

예시 WCO 사례 - 식초, 소금을 혼합하여 제조한 소매용 포장된 라코타 치즈(제0406.10호)

⑥ 〈주 제5호〉 제외물품

이 류에서 다음 각 목의 것은 제외한다.

가. 식용에 적합하지 않은 죽은 곤충(제0511호)

나. 유장으로부터 얻어진 물품으로서 건조물 상태에서 계산하여 무수유당으로 표시한 유당의 함유량이 전 중량의 100분의 95를 초과하는 것(제1702호) [1]

다. 하나 이상의 천연밀크 성분(예 부티르 지방)을 다른 물질(예 올레 지방)로 대체함으로써 밀크로부터 얻어진 물품(제1901호 또는 제2106호) [1]

라. 알부민[건조물 상태에서 계산한 유장단백질의 함유량이 전 중량의 100분의 80을 초과하는 둘 이상의 유장단백질의 농축물을 포함한다(제3502호)]과 글로불린(제3504호) [1]

⑦ 〈주 제6호〉 곤충의 범위

제0410호에서 "곤충"이란 식용에 적합한 죽은 곤충의 전체나 일부분으로 신선·냉장·냉동·건조·훈제·염장이나 염수장한 것과 곤충의 고운 가루와 거친 가루로서 식용에 적합한 것을 말한다. [1] 그러나 이 호에는 식용에 적합한 곤충으로서 그 밖의 방법으로 조제하거나 보존처리한 것은 포함하지 않는다 (일반적으로 제4부).

**관련규정  주요 호 해설 [제0407호]**

이 호에는 껍질이 붙은 것으로서 저장에 적합한 처리를 하거나 조리한 새의 알도 포함한다. [1]

**주요 호 해설 (제0408호)**

이 호에는 모든 새의 알(껍질이 붙지 않은 것)과 노른자위가 분류된다. **1**
이 호의 물품은 신선한 것·물에 삶았거나 찐 것·성형한 것·냉동한 것 또는 기타의 저장에 적합한 처리를 한 것이 포함된다. 이 호에 해당되는 모든 물품은 식용 또는 공업용으로 사용하기 위하여 설탕이나 그 밖의 감미료를 첨가하였는지에 상관없다.

**새알의 구성성분별 품목분류**

1. 흰자위(난백) : 제3502호 **1**
2. 노른자위(난황) : 제0408호 **1**
3. 껍질 : 제0511호 **1**
4. 난황유 : 제1506호 **1**

## (6) 제5류 다른 류로 분류되지 않은 동물성 생산품

### ① 호의 용어

| 품목번호 | 품명 |
|---|---|
| 0501 | 사람 머리카락(가공하지 않은 것으로 한정하며, 세척이나 세정을 했는지에 상관없다)과 그 웨이스트 |
| 0502 | 돼지털·멧돼지털·오소리털과 그 밖의 브러시 제조용 동물의 털과 이들의 웨이스트 |
| 0504 | 동물(어류는 제외한다)의 장·방광·위의 전체나 부분(신선한 것·냉장이나 냉동한 것·염장이나 염수장한 것·건조한 것·훈제한 것으로 한정한다) |
| 0505 | 새의 깃털이나 솜털이 붙은 가죽과 그 밖의 부분, 깃털과 그 부분(가장자리를 정리했는지에 상관없다), 새의 솜털(청정·소독·보존을 위한 처리 이상의 가공을 하지 않은 것으로 한정한다), 새의 깃털이나 그 부분의 가루와 웨이스트 |
| 0506 | 뼈와 혼코어[가공하지 않은 것, 탈지한 것, 단순히 정리한 것(특정한 형상으로 깎은 것은 제외한다)·산처리를 하거나 탈교한 것], 이들의 가루와 웨이스트 |
| 0507 | 아이보리·귀갑·고래수염과 그 털·뿔·사슴뿔·발굽·발톱·부리(가공하지 않은 것과 단순히 정리한 것으로 한정하며, 특정한 모양으로 깎은 것은 제외한다), 이들의 가루와 웨이스트 |
| 0508 | 산호와 이와 유사한 재료(가공하지 않은 것과 단순히 정리한 것으로 한정하며, 더 이상의 가공을 한 것은 제외한다), 연체동물·갑각류·극피동물의 껍데기와 오징어뼈(가공하지 않은 것과 단순히 정리한 것으로 한정하며, 특정한 모양으로 깎은 것은 제외한다)와 이들의 가루와 웨이스트 |
| 0510 | 용연향·해리향·시빗과 사향, 캔대리디즈, 쓸개즙(건조했는지에 상관없다), 의약품 제조용 선이나 그 밖의 동물성 생산품(신선한 것, 냉장·냉동이나 그 밖의 방법으로 일시적으로 보존하기 위하여 처리한 것으로 한정한다) |
| 0511 | 따로 분류되지 않은 동물성 생산품과 제1류나 제3류의 동물의 사체로서 식용에 적합하지 않은 것 |

### ② 〈주 제1호〉 제외물품

제5류에서 다음 각 목의 것은 제외한다.

가. 식용에 적합한 것(동물의 장·방광·위의 전체나 부분, 액체 상태이거나 건조한 동물의 피는 제외한다)

나. 원피(모피를 포함한다) 다만, 제0505호에 해당하는 물품이나 제0511호에 해당하는 생 원피의 페어링과 이와 유사한 웨이스트는 제외한다(제41류·제43류).

다. 동물성 방직용 섬유재료(말의 털과 그 웨이스트는 제외한다)(제11부)

라. 비나 브러시 제조용으로 묶었거나 술의 모양으로 정돈한 물품(제9603호)

 **해설**

제0504호에는 동물의 모든 장·방광과 위(제0511호에 해당되는 어류의 것을 제외한다)를 분류하며 전체나 부분이 식용이거나 신선한 것·냉장이나 냉동한 것·염장이나 염수장한 것·건조한 것·훈제한 것인지에 상관없다. 만약 이외에 다른 방법으로 조제하거나 보존처리 한 물품(예 끓인 것, 찐 것, 구운 것, 볶은 것 등)이라면 일반적으로 제16류에 분류한다.

③ 〈주 제2호〉 제0501호

사람 머리카락을 길이에 따라 선별한 것(양끝을 정돈하지 않은 것으로 한정한다)은 제0501호에서의 가공하지 않은 것으로 본다.

④ 〈주 제3호〉 아이보리

이 표에서 코끼리·하마·바다코끼리·일각고래·산돼지의 엄니, 코뿔소의 뿔과 모든 동물의 이는 아이보리로 본다.

⑤ 〈주 제4호〉 말의 털

이 표에서 "말의 털"이란 마속동물이나 소의 갈기털과 꼬리털을 말한다. **3**

---

제0511호는 특히 말의 털과 그 웨이스트를 포함하며, 층상으로 하였는지 또는 지지물을 사용했는지에 상관없다.

---

## 2. 제2부 식물성생산품

### (1) 제6류 살아 있는 수목과 그 밖의 식물, 인경·뿌리와 이와 유사한 물품, 절화와 장식용 잎

① 호의 용어

| 품목번호 | 품명 |
|---|---|
| 0601 | 인경·괴경·괴근·구경·관근·근경으로서 휴면상태이거나 자라고 있거나 꽃이 피어 있는 것, 치커리·치커리·치커리뿌리(제1212호의 뿌리는 제외한다) |
| 0602 | 그 밖의 살아 있는 식물(뿌리를 포함한다)·꺾꽂이용 가지·접붙임용 가지, 버섯의 종균 |
| 0603 | 절화와 꽃봉오리(신선한 것과 건조·염색·표백·침투나 그 밖의 가공을 한 것으로서 꽃다발 용이나 장식용에 적합한 것으로 한정한다) |
| 0604 | 식물의 잎·가지와 그 밖의 부분(꽃과 꽃봉오리가 없는 것으로 한정한다), 풀·이끼·지의(신선한 것과 건조·염색·표백·침투나 그 밖의 가공을 한 것으로서 꽃다발용이나 장식용에 적합한 것으로 한정) |

② 〈주 제2호〉 제0603호 및 제0604호의 분류범위

제0603호나 제0604호에 열거한 물품에는 해당 물품의 전부나 일부로 제조한 꽃다발·꽃 바구니·화환과 그 밖에 이와 유사한 물품을 포함한다(다른 재료로 된 부속품을 사용했는지에 상관없다). 다만, 이들 호에서는 제9701호의 콜라주와 이와 유사한 장식판은 제외한다.

## (2) 제7류 식용의 채소·뿌리·괴경

### ① 호의 용어

| 품목번호 | 품명 |
| --- | --- |
| 0701 | 감자(신선한 것이나 냉장한 것) **2** |
| 0702 | 토마토(신선한 것이나 냉장한 것) **1** |
| 0703 | 양파·쪽파·마늘·리크와 그 밖의 파속의 채소(신선한 것이나 냉장한 것) |
| 0704 | 양배추·꽃양배추·구경양배추·케일과 그 밖에 이와 유사한 식용 배추속(신선한 것이나 냉장한 것) |
| 0705 | 상추(락투카 사티바)와 치커리(시커리엄종)(신선한 것이나 냉장한 것으로 한정한다) |
| 0706 | 당근·순무·샐러드용 사탕무뿌리·선모·셀러리액·무와 그 밖에 이와 유사한 식용 부리(신선한 것이나 냉장한 것) |
| 0707 | 오이류(신선한 것이나 냉장한 것) |
| 0708 | 채두류(꼬투리가 있는지에 상관없으며 신선한 것이나 냉장한 것) |
| 0709 | 그 밖의 채소(신선한 것이나 냉장한 것) |
| 0710 | 냉동채소(조리하지 않은 것이나 물에 삶거나 쪄서 조리한 것으로 한정한다) |
| 0711 | 일시적으로 보존하기 위하여 처리한 채소(그 상태로는 식용에 적합하지 않은 것으로 한정한다) |
| 0712 | 건조한 채소(원래 모양인 것, 절단한 것, 얇게 썬 것, 부순 것, 가루 모양인 것으로 한정하며, 더 이상 조제한 것은 제외한다) |
| 0713 | 건조한 채두류(꼬투리가 없는 것으로서 껍질을 제거한 것인지 또는 쪼갠 것인지에 상관 없다) |
| 0714 | 매니옥·칡뿌리·살렙·돼지감자·고구마와 그 밖에 이와 유사한 전분이나 이눌린을 다량 함유한 뿌리·괴경(자른 것인지 펠릿 모양인지에 상관없으며 신선한 것, 냉장·냉동한 것, 건조한 것으로 한정한다), 사고야자의 심 **1** |

---

(아이콘) **해설** 채소의 분류한계

1. 채소로서 제7류의 어느 호에도 해당되지 않은 상태로 제시되는 것은 제11류나 제4부로 분류한다. 예를 들면 건조한 채두류의 고운가루·거친 가루·가루와 감자의 고운 가루·거친 가루·가루·플레이크·알갱이·펠릿은 제11류로 분류한다.
2. 이 류에 규정되지 않은 방법으로 조제하거나 저장 처리한 채소는 제20류로 분류한다.
3. 제7류의 채소는 밀폐용기에 넣은 것이라도 이 류에 분류한다. 그러나 대개의 경우에는 이러한 용기에 포장이 된 물품들은 이 류의 각 호에 규정한 이상의 방법으로 조제하거나 저장한 것이므로 이 류에서 제외한다(제20류).

---

**심화** (아이콘)

건채소류 중 감자와 스위트콘, 제0713호의 건조한 채두류만 가루로 만들면 제11류에 분류된다. **1**

② 〈주 제1호〉 제외물품

이 류에서 제1214호의 사료용 식물은 제외한다.

③ 〈주 제2호〉 제0709호 등의 채소분류범위

제0709호 · 제0710호 · 제0711호 · 제0712호의 "채소"에는 식용 버섯 · 송로 · 올리브, 케이퍼, 호박류, 가지, 스위트콘(자메이스 변종 사카라타), 고추류(캡시컴속)의 열매나 피멘타속의 열매, 회향, 파슬리, 취어빌, 타라곤, 크레스, 스위트 마조람(마요라나 호텐시스 · 오리가늄 마요라나)이 포함된다. **3**

**심화** 📈

회향의 씨는 제0909호에 분류된다. **1**

④ 〈주 제3호〉 제0712호 제외물품

제0712호는 제0701호부터 제0711호까지에 해당하는 채소의 건조한 것을 모두 포함하며, 다음 각 목의 것은 제외한다.

가. 건조한 채두류(꼬투리가 없는 것으로 한정한다)(제0713호)

나. 제1102호부터 제1104호까지에 열거된 모양의 스위트콘

다. 감자의 고운가루 · 거친 가루 · 가루 · 플레이크 · 알갱이 · 펠릿(제1105호) **1**

라. 제0713호의 건조한 채두류의 고운 가루 · 거친 가루 · 가루(제1106호) **1**

⑤ 〈주 제4호〉 제외물품

이 류에서 건조하거나 부수거나 잘게 부순 고추류(캡시컴속)의 열매나 피멘타속의 열매는 제외한다(제0904호)

⑥ 〈주 제5호〉 제0711호 분류한계

제0711호는 사용하기 전 운송이나 보관 중에 단지 일시적인 보존만을 위하여 처리한 채소에 적용한다. 다만, 그 상태로는 식용에 적합하지 않는 것으로 한정한다.

**관련규정** | 감자생산품의 품목분류 **2**

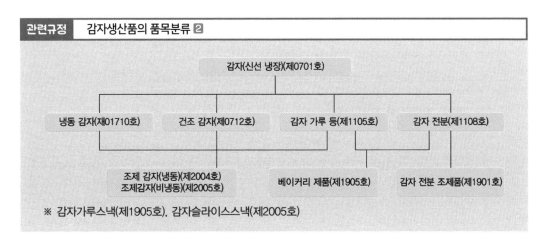

※ 감자가루스낵(제1905호), 감자슬라이스스낵(제2005호)

> **예시** 감자(80%)를 막대상으로 절단하고 밀가루, 쌀가루, 전분, 소금, 파프리카 추출색소 등의 혼합물(20%)로 도포한 후 냉동한 물품의 품목분류로 맞는 것은?
> → 냉동한 채소류 조제품(조제감자)이므로 제2004호에 분류된다.

## (3) 제8류 식용의 과실과 견과류, 감귤류 · 멜론의 껍질

### ① 호의 용어

| 품목번호 | 품명 |
|---|---|
| 0801 | 코코넛 · 브라질너트 · 캐슈너트(신선한 것이나 건조한 것으로 한정하며, 껍데기나 껍질을 벗겼는지에 상관없다) |
| 0802 | 그 밖의 견과류(신선하거나 건조한 것으로 한정하며, 껍데기나 껍질을 벗겼는지에 상관없다) |
| 0803 | 바나나(플랜틴을 포함하며, 신선하거나 건조한 것으로 한정한다) **1** |
| 0804 | 대추야자 · 무화과 · 파인애플 · 아보카도 · 구아버 · 망고 · 망고스틴(신선하거나 건조한 것으로 한정한다) |
| 0805 | 감귤류의 과실(신선한 것이나 건조한 것으로 한정한다) |
| 0806 | 포도(신선한 것이나 건조한 것으로 한정한다) |
| 0807 | 멜론(수박을 포함한다)과 포포(파파야)(신선한 것으로 한정한다) |
| 0808 | 사과 · 배 · 마르멜로(신선한 것으로 한정한다) |
| 0809 | 살구 · 체리 · 복숭아 · 자두 · 슬로(신선한 것으로 한정한다) |
| 0810 | 그 밖의 과실(신선한 것으로 한정한다) |
| 0811 | 냉동과실과 냉동견과류(조리하지 않은 것이나 물에 삶거나 찐 것으로 한정하며, 설탕이나 그 밖의 감미료를 첨가했는지에 상관없다) |
| 0812 | 일시적으로 보존하기 위하여 처리한 과실과 견과류(그 상태로는 식용에 적합하지않은 것으로 한정한다) |
| 0813 | 건조한 과실(제0801호부터 제0806호까지에 해당하는 것은 제외한다), 이 류의 견과류나 건조한 과실의 혼합물 |
| 0814 | 감귤류의 껍질과 멜론(수박을 포함한다)의 껍질(신선한 것, 냉동하거나 건조한 것, 염수 · 유황수나 그 밖의 저장용액으로 일시적으로 보존하기 위하여 처리한 것으로 한정한다) |

### ② 〈주 제1호〉 제외규정

이 류에서 식용에 적합하지 않은 견과류와 과실은 제외한다. **1**

### ③ 〈주 제2호〉 냉장한 과실과 견과류의 분류기준

냉장한 과실과 견과류는 해당 과실과 견과류의 신선한 것이 해당하는 호로 분류한다. **2**

### ④ 〈주 제3호〉 제8류 가공인정범위

이 류의 건조한 과실이나 건조한 견과류는 부분적으로 재가수하거나 다음 각 목의 목적을 위하여 처리할 수도 있다(건조한 과실이나 건조한 견과류의 특성을 유지하는 범위로 한정한다).
가. 추가적인 보존이나 안정(**예** 적정한 열처리, 황처리, 소르빈산이나 소르빈산칼륨의 첨가) **1**
나. 외관의 개선이나 유지(**예** 식물성 기름이나 소량의 글루코스 시럽의 첨가) **1**

건조한 과실은 제8류에 분류되나, 가루로 만들면 제11류에 분류된다.

※ 코코넛(제0801호) → 코코넛가루(제1106호)

## (4) 제9류 커피 · 차 · 마테 · 향신료

 해설

'향신료'란 후추 · 고추류 · 바닐라두 · 계피 · 정향 · 육두구 · 아니스 · 생강 · 카레 등과 같이 정유와 방향성분이 풍부한 것으로 이들의 독특한 맛 때문에 주로 조미료로 사용된다. [1]

### ① 호의 용어

| 품목번호 | 품명 |
|---|---|
| 0901 | 커피(볶았는지, 카페인을 제거했는지에 상관없다), 커피의 껍데기와 껍질, 커피를 함유한 커피대용물(커피의 포함비율은 상관없다) [2] |
| 0902 | 차류(맛과 향을 첨가했는지에 상관없다) |
| 0903 | 마테 |
| 0904 | 후추(파이퍼속의 것으로 한정한다), 건조하거나 부수거나 잘게 부순 고추류(캡시컴속)의 열매나 피멘타속의 열매 |
| 0905 | 바닐라 |
| 0906 | 계피와 계피나무의 꽃 |
| 0907 | 정향(과실 · 꽃 · 꽃대로 한정한다) |
| 0908 | 육두구 · 메이스 · 소두구 |
| 0909 | 아니스 · 대회향 · 회향 · 코리앤더 · 커민 · 캐러웨이의 씨와 주니퍼의 열매 |
| 0910 | 생강 · 사프란 · 심황(강황) · 타임 · 월계수 잎 · 카레와 그 밖의 향신료 [1] |

### ② 〈주 제1호〉 향신료혼합물 분류기준

제0904호부터 제0910호까지의 물품의 혼합물 분류는 다음 각 목에서 정하는 바에 따른다.

가. 같은 호에 해당하는 물품의 두 가지 이상의 혼합물은 해당 호로 분류한다. [2]

나. 다른 호에 해당하는 물품의 두 가지 이상의 혼합물은 제0910호로 분류한다. [2]

제0904호부터 제0910호까지의 물품(또는 가목, 나목의 혼합물)에 다른 물품을 첨가한 것은 그 결과로서 생긴 혼합물이 해당 호에 해당하는 물품의 본질적인 특성을 유지하는 한 그 분류에 영향을 미치지 않는다. 그렇지 않은 그 밖의 혼합물은 이 류로 분류하지 않으며, 혼합조미료로서 사용되는 것은 제2103호로 분류한다. [1]

> **관련규정** 주요 호 해설(제0901호)
>
> 1. 분류품목
>    제0901호에는 생커피, 여러 가지의 용제에 커피 원두를 담가서 카페인을 제거한 커피, 볶은 커피(카페인의 함유량과 잘게 부쉈는지에 상관없다), 커피콩의 껍데기와 껍질, 커피를 함유(커피의 함유량에 상관없다)한 커피 대용물 등이 분류된다. [2]

**심화** **고추의 품목분류 ❶**

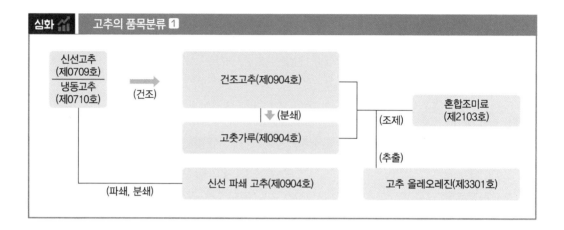

## (5) 제10류 곡물

### ① 호의 용어

| 품목번호 | 품명 |
|---|---|
| 1001 | 밀과 메슬린 ❶ |
| 1002 | 호밀 |
| 1003 | 보리 |
| 1004 | 귀리 |
| 1005 | 옥수수 |
| 1006 | 쌀 |
| 1007 | 수수 |
| 1008 | 메밀 · 밀리트 · 카나리시드와 그 밖의 곡물 |

### ② 〈주 제1호〉 곡물의 분류기준

가. 이 류의 각 호에 열거된 곡물은 이삭이나 줄기에 붙어 있는지에 상관없으며 낟알이 형성되어 있는 것이면 해당 호로 분류한다. **❶**

나. 이 류에서 껍질을 벗긴 곡물이나 그 밖의 가공한 곡물은 제외한다. 다만, 쌀은 현미 · 정미 · 연마미 · 광택미 · 반숙미 · 쇄미도 제1006호로 분류한다. 이와 유사하게, 사포닌을 분리해 내기 위해 과피의 전부나 일부를 제거한 퀴노아로서 그 밖의 다른 처리를 하지 않은 것은 제1008호에 분류한다. **❶**

### ③ 〈주 제2호〉 제외물품

제1005호에서는 스위트 콘은 제외한다(제7류).

## (6) 제11류 제분공업의 생산품과 맥아, 전분, 이눌린, 밀의 글루텐

 **해설**

제분공업이란 주로 곡물이나 채두류 등을 분쇄하여 조리가공하기 쉬운 고운가루나 거친 가루로 만드는 것을 말한다. **1**

### ① 호의 용어

| 품목번호 | 품명 |
|---|---|
| 1101 | 밀가루나 메슬린 가루 **1** |
| 1102 | 곡물의 고운가루[밀가루나 메슬린 가루는 제외한대 |
| 1103 | 곡물의 부순 알곡 · 거친 가루 · 펠릿 |
| 1104 | 그 밖의 가공한 곡물[**예** 껍질을 벗긴 것 · 압착한 것 · 플레이크 모양인 것 · 진주 모양인 것 · 얇은 조각으로 만든 것 · 거칠게 닳은 것(제1006호의 쌀은 제외한다)], 곡물의 씨눈으로서 원래 모양인 것 · 압착한 것 · 플레이크 모양인 것 · 잘게 부순 것 |
| 1105 | 감자의 고운 가루 · 거친 가루 · 가루 · 플레이크 · 알갱이 · 펠릿 |
| 1106 | 건조한 채두류(제0713호의 것) · 사고 · 부리나 괴경(제0714호의 것), 제8류 물품의 고운가루 · 거친 가루 · 가루 |
| 1107 | 맥아(볶은 것인지에 상관없다) |
| 1108 | 전분과 이눌린 |
| 1109 | 밀의 글루텐(건조했는지에 상관없다) |

### ② 〈주 제1호〉 제외물품

제11류에서 다음 각 목의 것은 제외한다.

가. 볶은 맥아로서 커피 대용물로 조제한 것(제0901호 · 제2101호)

나. 제1901호의 조제한 고운가루 · 부순 알곡 · 거친 가루 · 전분

다. 제1904호의 콘플레이크와 그 밖의 물품

라. 제2001호, 제2004호, 제2005호의 조제하거나 보존처리한 채소

마. 의료용품(제30류)

바. 조제향료, 화장품, 화장용품의 특성을 가지는 전분(제33류)

### ③ 〈주 제3호〉 부순 알곡과 거친 가루 분류기준 : 제1103호에서 곡물의 "부순 알곡"과 "거친 가루"란 곡물을 잘게 부수어 얻은 것으로서 다음 각 목에 해당되는 것을 말한다.

가. 옥수수는 2밀리미터의 금속망의 체를 통과하는 중량비율이 100분의 95 이상인 것

나. 그 밖의 곡물은 1.25밀리미터의 금속망의 체를 통과하는 중량비율이 100분의 95 이상 인 것

**예시** 가루로 가공시 품목분류

곡류는 제10류에 분류되나, 가루로 만들면 제11류에 분류된다. **1**

건조한 고구마, 칡뿌리, 돼지감자는 제0714호 같은 호에 분류되나 가루로 만든 것은 제11류에 분류된다. **1**

**(7) 제12류 채유에 적합한 종자와 과실, 각종 종자와 과실, 공업용 · 의약용 식물, 짚과 사료용 식물**

① 호의 용어

| 품목번호 | 품명 |
|---|---|
| 1201 | 대두(부수었는지에 상관없다) **1** |
| 1202 | 땅콩(볶거나 그 밖의 조리를 한 것은 제외하며, 껍데기를 벗겼는지, 부수었는지에 상관없다) **1** |
| 1203 | 코프라 |
| 1204 | 아마씨(부수었는지에 상관없다) |
| 1205 | 유채씨(부수었는지에 상관없다) |
| 1206 | 해바라기씨(부수었는지에 상관없다) |
| 1207 | 그 밖의 채유에 적합한 종자와 과실(부수었는지에 상관없다) |
| 1208 | 채유에 적합한 종자와 과실의 고운 가루와 거친 가루(겨자의 고운 가루와 거친 가루는 제외한다) |
| 1209 | 파종용 종자 · 과실 · 포자 |
| 1210 | 홉(신선하거나 건조한 것으로서 잘게 부순 것인지 또는 가루나 펠릿 모양인지에 상관없다), 루플린 |
| 1211 | 주로 향료용 · 의료용 · 살충용 · 살균용과 그 밖에 이와 유사한 용도에 적합한 식물과 그 부분(종자와 과실을 포함하고, 신선한 것 · 냉장한 것 · 냉동한 것 · 건조한 것에 한정하며, 절단하거나 잘게 부순 것인지 또는 가루로 된 것인지에 상관없다) |
| 1212 | 로커스트콩 · 해초류와 그 밖의 조류 · 사탕무와 사탕수수(신선한 것 · 냉장한 것 · 냉동한 것 · 건조한 것으로서 잘게 부수었는지에 상관없다), 주로 식용에 적합한 과실의 핵과 그 밖의 식물성 생산품(볶지 않은 시코리엄 인티부스 새티범 변종의 치커리 뿌리를 포함한다)으로서 따로 분류되지 않은 것 |
| 1213 | 곡물의 짚과 껍질(조제하지 않은 것으로 한정하며, 절단하거나 잘게 부수거나 압착한 것인지 또는 펠릿 모양인지에 상관없다) |
| 1214 | 스위드 · 맹골드 · 사료용 부리채소류 · 건초 · 루우산 · 클로버 · 샌포인 · 사료용케일 · 루핀 · 베치와 이와 유사한 사료용 생산품(펠릿 모양인지에 상관없다) |

① 〈주 제1호〉 제1207호의 분류범위

제1207호에는 특히 팜너트와 핵 · 목화씨 · 피마자 · 참깨 · 겨자씨 · 잇꽃씨 · 양귀비씨 · 시어너트(캐리트너트)가 포함된다. 제0801호나 제0802호에 해당하는 물품과 올리브(제7류나 제20류)는 제외한다.

② 〈주 제3호〉 제1209호 분류한계

제1209호에 해당하는 사탕무의 종자, 풀이나 그 밖의 목초의 종자, 관상용 화초의 종자, 채소의 종자, 삼림수의 종자, 과수목의 종자, 베치의 종자(비시아 파바종의 것은 제외한다), 루핀의 종자는 파종용 종자로 본다. 다만, 다음 각 목의 것은 파종용이라도 제1209호에는 해당하지 않는다.

가. 채두류와 스위트콘(제7류)

나. 제9류의 향신료와 그 밖의 물품

다. 곡물(제10류)

라. 제1201호부터 제1207호까지나 제1211호의 물품

③ 〈주 제4호〉 제1211호 분류범위

제1211호에는 바질 · 보리지 · 인삼 · 히솝 · 감초 · 민트류 · 로즈마리 · 루우 · 세이지 · 쓴쑥과 이들의 부분을 포함한다. 다만, 제1211호에서 다음 각 목의 것은 제외한다.

가. 제30류의 의약품

나. 제33류의 조제향료 · 화장품 · 화장용품

다. 제3808호의 살충제 · 살균제 · 제초제 · 소독제와 그 밖에 이와 유사한 물품

---

**대두의 품목분류**

1. 대두(제1201호)는 콩기름(대두유, 제1507호) · 콩나물(제0709호) · 콩 조제품(제2008호) · 두부(제2106호) 등 다양한 용도에 사용된다.
2. 콩기름(대두유)을 착유하고 남은 찌꺼기(대두박)는 제2304호로 분류한다.
3. 대두박의 단백질 함유량이 90% 이상이 되도록 농축한 것은 제3504호로 분류한다. **1**

---

## (8) 제13류 락, 검, 수지 그 밖의 식물성 수액과 추출물

**심화** 📈 | **추출물의 분류**

맥아 추출물 제1901호          마테 추출물 제2101호
유연용 추출물 제3201호        제충국 추출물 제1302호

---

## (9) 제14류 식물성 편조물용 재료와 다른 류로 분류하지 않은 식물성생산품

① 호의 용어

| 품목`번호 | 품명 |
|---|---|
| 1401 | 편조물에 주로 사용되는 식물성 재료(예 대나무, 등나무, 갈대, 골풀, 버드나무 가지, 라피아, 청정 · 표백 · 염색한 곡물의 짚과 라임나무 껍질) |
| 1404 | 따로 분류되지 않은 식물성 생산품 |

② 〈주 제1호〉 제외물품

이 류에서 제11부로 분류되는 물품으로서 주로 직물의 제조에 사용하는 식물성 재료와 식물성 섬유(조제한 것을 포함한다) · 방직용 섬유재료의 제조에만 적합하도록 가공한 그 밖의 식물성 재료는 제외한다.

③ 〈주 제2호〉 제1401호의 분류한계

제1401호에는 특히 대나무(세로로 쪼개거나 톱으로 썬 것, 일정한 길이로 절단한 것, 끝을 둥글게 한 것, 표백한 것, 불가연성으로 한 것, 연마하거나 염색한 것을 포함한다) · 쪼갠 버드나무 가지 · 갈대와 그 밖에 이와 유사한 것, 등나무의 심, 등나무를 뽑아서 늘리거나 쪼갠 것이 포함되며, 칩우드는 제외한다(제4404호).

④ 〈주 제3호〉 제1404호의 제외품목

제1404호에는 목모(제4405호)·비·브러시 제조용으로 묶거나 술의 모양으로 정돈한 물품은 제외한다(제9603호).

## 3. 제3부(제15류) 지방과 기름

### ① 호의 용어

| 품목번호 | 품명 |
|---|---|
| 1501 | 돼지의 지방(라드를 포함한다)와 가금의 지방(제0209호나 제1503호의 것은 제외한다) **1** |
| 1502 | 소·면양·산양의 지방(제1503호의 것은 제외한다) |
| 1503 | 라드스테아린·라드유·올레오스테아린, 올레오유, 텔로우유로서 유화·혼합이나 그 밖의 조제를 하지 않은 것 |
| 1504 | 어류나 바다에서 사는 포유동물의 지방과 기름 및 그 분획물(정제했는지에 상관없으며 화학적으로 변성 가공한 것은 제외한다) |
| 1505 | 울그리스와 이것에서 얻은 지방성 물질(라놀린을 포함한다) |
| 1506 | 그 밖의 동물성 지방과 기름 및 그 분획물(정제했는지에 상관없으며 화학적으로 변성 가공한 것은 제외한다) |
| 1507 | 대두유와 그 분획물(정제했는지에 상관없으며 화학적으로 변성 가공한 것은 제외한다) |
| 1508 | 땅콩기름과 그 분획물(정제했는지에 상관없으며 화학적으로 변성 가공한 것은 제외한다) **1** |
| 1509 | 올리브유와 그 분획물(정제했는지에 상관없으며 화학적으로 변성 가공한 것은 제외한다) **1** |
| 1510 | 그 밖의 올리브유와 그 분획물(올리브에서 얻은 것으로서 정제했는지에 상관없으며 화학적으로 변성 가공한 것은 제외하고, 이들의 기름이나 그 분획물이 제1509호의 기름이나 그 분획물과 혼합된 것을 포함한다) |
| 1511 | 팜유와 그 분획물(정제했는지에 상관없으며 화학적으로 변성 가공한 것은 제외한다) |
| 1512 | 해바라기씨유·잇꽃유·목화씨유와 그 분획물(정제했는지에 상관없으며 화학적으로 변성 가공한 것은 제외한다) **1** |
| 1513 | 야자·코프라유·팜핵유·바바수유와 이들의 분획물(정제했는지에 상관없으며 화학적으로 변성 가공한 것은 제외한다) **1** |
| 1514 | 유채유, 겨자유와 이들의 분획물(정제했는지에 상관없으며 화학적으로 변성 가공한 것은 제외한다) |
| 1515 | 그 밖의 비휘발성인 식물성·미생물성 지방과 기름(호호바유를 포함한다)과 그 분획물(정제했는지에 상관없으며 화학적으로 변성 가공한 것은 제외한다) |
| 1516 | 동물성.식물성.미생물성 지방과 기름 및 이들의 분획물(전체적으로나 부분적으로 수소를 첨가한 것, 인터 에스텔화한 것, 리에스텔화한 것, 엘라이딘화한 것으로 한정하며, 정제했는지에 상관없으며 더 이상 가공한 것은 제외한다) **1** |
| 1517 | 마가린, 동물성·식물성·미생물성 지방이나 기름 또는 이 류의 다른 지방이나 기름의 분획물로 만든 식용 혼합물이나 조제품(제1516호의 식용 지방이나 기름 또는 이들의 분획물은 제외한다) **2** |
| 1518 | 동물성·식물성·미생물성 지방과 기름 및 이들의 분획을(끓이거나 산화·탈수·황화·취입하거나 진공상태나 불활성 가스에서 가열중합하거나 그 밖의 화학적 변성을 한 것으로 한정하며, 제1516호의 물품은 제외한다), 따로 분류되지 않은 것으로서 식용에 적합하지 않은 동물성·식물성·미생물성 지방이나 기름 또는 이류의 다른 지방이나 기름의 분획물의 혼합물이나 조제품 |
| 1520 | 글라세롤(가공하지 않은 것으로 한정한다), 글리세롤 수, 글리세롤 폐액 **1** |

| 1521 | 식물성 왁스(트리글리세라이드는 제외한다) · 밀랍과 그 밖의 곤충 왁스 · 고래 왁스(정제했는지 또는 착색했는지에 상관없다) **1** |
|---|---|
| 1522 | 데그라스, 지방성 물질이나 동물성 · 식물성 왁스를 처리할 때 생기는 잔유물 |

② 〈주 제1호〉 제외물품

이 류에서 다음 각 목의 것은 제외한다.

가. 제0209호의 돼지나 가금의 비계 **3**

나. 코코아 버터, 지방이나 기름(제1804호) **4**

다. 제0405호의 물품의 함유량이 전 중량의 100분의 15를 초과하는 조제식료품(통상 제21류)

라. 수지박(제2301호)이나 제2304호부터 제2306호까지의 박류

마. 지방산 · 조제 왁스 · 의약품 · 페인트 · 바니시 · 비누 · 조제향료 · 화장품 · 화장용품 · 황산화유나 그 밖의 제6부의 물품 **1**

바. 기름에서 제조한 팩티스(제4002호) **1**

---

**관련규정** | **주요 호 해설 (제1521호)**

1. 왁스

이 호에서 납(왁스)은 채취 원료에 따라 식물성 왁스와 동물성 왁스의 두 종으로 나눈다.
각종 왁스는 다음의 표와 같이 구분하며, 식물성 왁스와 동물성 왁스의 혼합물과 이들의 상호
혼합물은 조제왁스로 보통 제3404호나 제3405호로 분류하고 벌통용 벌집으로 조제한 왁스는
제9602호에 속한다. **1**

2. 종류별 품목분류

| 구분 | 종류 | 품목번호 |
|---|---|---|
| 동물성 왁스 | 경납 · 밀랍 · 곤충납 **2** | 제1521호 |
| 식물성 왁스 | 카르나우바 왁스 · 팜왁스 · 면왁스 · 아마왁스 **2** | |
| 광물성 왁스 | 파라핀왁스 · 슬랙왁스 · 마이크로크리스탈린왁스 · 몬탄왁스 · 토탄왁스 · 이들의 혼합왁스 **2** | 제2712호 |
| 인조왁스나 조제 왁스 | 폴리에틸렌왁스 · 폴리에틸렌글리콜왁스 · 왁스혼합물(광물성 왁스의 혼합물을 제외한다) | 제3404호 **1** |

---

## 4. 제4부 조제식료품

### (1) 제16류 육류 · 어류 · 갑각류 · 연체동물이나 그 밖의 수생무척추동물 또는 곤충의 조제품

① 호의 용어

| 품목번호 | 품명 |
|---|---|
| 1601 | 소시지나 그 밖에 이와 유사한 물품(육 · 설육 · 피 · 곤충으로 조제한 것으로 한정한다)과 이들 물품을 기본 재료로 한 조제 식료품 |
| 1602 | 그 밖의 조제하거나 보존처리한 육 · 설육 · 피 · 곤충 |

| 1603 | 육·어류·갑각류·연체동물이나 그 밖의 수생무척추동물의 추출물과 즙 |
|---|---|
| 1604 | 조제하거나 보존처리한 어류, 캐비아, 어란으로 조제한 캐비아 대용물 |
| 1605 | 조제하거나 보존처리한 갑각류·연체동물·그 밖의 수생 무척추동물 |

② 〈주 제1호〉 분류한계

이 류에서 제2류·제3류·제4류 주 제6호나 제0504호에 규정된 방법에 따라 조제하거나 보존처리한 육·설육·어류·갑각류·연체동물이나 그 밖의 수생무척추동물과 곤충은 제외한다.

**심화** | **제16류에서 제외되는 물품**

1. 껍질이 붙은 채로 단순히 증기로 찌거나 물에 삶은 갑각류(제0306호)와 훈제한 육으로서 대강 열처리한 것(제0210호) 또는 훈제 전이나 훈제 과정 중에 조리한 어류(제0305호)·갑각류(제0306호)·연체동물(제0307호)·수생무척추동물(제0308호)는 제16류에서 제외된다.
2. 육과 어류의 가루로서 식용에 적합한 경우에는 제0210호와 제0309호로, 식용에 적합한 상태가 아닌 것은 제2301호로 각각 분류한다.

**관련규정** | **제2류·제3류 및 제16류의 가공도에 따른 구분**

| 구분 | | 가공도에 따른 분류 | |
|---|---|---|---|
| | | 제2류·제3류 | 제16류 |
| 제2류 | 육과 식용설육 | • 신선·냉장·냉동·염장·염수장·건조·훈제<br>• 설탕이나 설탕물을 약간 뿌린 것<br>• 단백질 분해효소로 유연처리한 것<br>• 절단, 다진 것(분쇄한 것)<br>• 제2류 물품 간 혼합물과 복합물<br>• 식용 고운 가루·거친 가루<br>• 제2류 물품을 밀폐용기에 넣은 것<br>• 제2류 물품을 공기조절 포장한 것 | • 소시지와 이와 유사한 것<br>• 조리한 것 : 끓인 것, 증기로찐 것, 구운 것, 프라이 한 것, 볶은 것<br>• 제2류·제3류에 규정되지 않은 방법으로 조제 또는 저장처리한 것 : 단순히 배터한 것, 빵가루를 입힌 것, 송로를 첨가하거나 조미(후추)한 것<br>• 껍질을 벗겨 물에 찌거나 삶은 갑각류 🔟 |
| 제3류 | 어류 | • 활어·신선·냉장·냉동·염장·염수장·건조·훈제<br>• 절단, 다진 것(분쇄한 것)<br>• 제3류 물품 간 혼합물과 복합물<br>• 식용 고운 가루·거친 가루·펠릿<br>• 제3류 물품을 밀폐용기에 넣은 것<br>• 제3류 물품을 공기조절 포장한 것 | |
| | 갑각류·연체동물 수생무척추동물 | • 산 것·신선·냉장·냉동·염장·염수장·건조<br>• 껍질이 붙은 채로 단순히 물에 찌거나 삶은 갑각류 🔟 | |

③ 〈주 제2호〉 조제식료품의 분류기준

이 류에 해당하는 조제식료품은 소시지 · 육 · 설육 · 피 · 곤충 · 어류나 갑각류 · 연체동물 · 그 밖의 수생무척추동물이나 이들 배합물의 함유량이 전 중량의 100분의 20을 초과하는 것으로 한정하며, 위에 열거한 물품을 두 가지 이상 함유하는 조제식료품인 경우에는 중량이 큰 성분에 따라 제16류의 해당 호로 분류한다. 다만, 제1902호의 속을 채운 물품, 제2103호나 제2104호의 조제품에는 이 규정을 적용하지 않는다(해당 호 분류). ❸

예시 쇠고기 45%와 연어 30%, 참치 25%로 구성된 조제식료품'의 경우 연어와 참치를 합한 중량(55%)이 쇠고기의 중량(45%)보다 크기 때문에 제1604호로 분류한다.

## (2) 제17류 당류와 설탕과자

① 호의 용어

| 품목번호 | 품명 |
|---|---|
| 1701 | 사탕수수당이나 사탕무당, 화학적으로 순수한 자당(고체 상태인 것으로 한정한다) |
| 1702 | 그 밖의 당류(화학적으로 순수한 유당 · 맥아당 · 포도당 · 과당을 포함하며, 고체상태인 것으로 한정한다), 당시럽(향미제나 착색제를 첨가하지 않은 것으로 한정한다), 인조꿀(천연꿀을 혼합했는지에 상관없다), 캐러멜당 ❶ |
| 1703 | 당밀(당류를 추출하거나 정제할 때 생긴 것으로 한정한다) |
| 1704 | 설탕과자(백색 초콜릿을 포함하며, 코코아를 함유한 것은 제외한다) |

② 〈주 제1호〉 제외물품

이 류에서 다음 각 목의 것은 제외한다.

가. 코코아를 함유한 설탕과자(제1806호)

나. 제2940호의 화학적으로 순수한 당류(자당 · 유당 · 맥아당 · 포도당 · 과당은 제외한다)와 그 밖의 물품

다. 제30류의 의약품과 그 밖의 의료용품

## (3) 제18류 코코아와 그 조제품

① 호의 용어

| 품목번호 | 품명 |
|---|---|
| 1801 | 코코아두(원래 모양이나 부순 것으로서 생 것이나 볶은 것으로 한정한다) |
| 1802 | 코코아의 껍데기와 껍질, 그 밖의 코코아 웨이스트 |
| 1803 | 코코아 페이스트(탈지한 것인지에 상관없다) |
| 1804 | 코코아 버터, 지방과 기름 |
| 1805 | 코코아 가루(설탕이나 그 밖의 감미료를 첨가한 것은 제외한다) |
| 1806 | 초콜릿과 코코아를 함유한 그 밖의 조제 식료품 |

② 〈주 제1호〉 제외규정

이 류에서 다음의 것은 제외한다.

가. 소시지 · 육 · 설육 · 피 · 곤충 · 어류나 갑각류 · 연체동물 · 그 밖의 수생 무척추동물이나 이들 배합물의 함유량이 전 중량의 100분의 20을 초과하는 조제식료품(제16류)

나. 제0403호 · 제1901호 · 제1902호 · 제1904호 · 제1905호 · 제2105호 · 제3003호 · 제3004호의 조제품 **1**

| 관련규정 | 제18류에서 제외되는 코코아 함유물품 |
|---|---|

① 제0403호 : 요구르트와 그 밖의 물품 **2**

② 제1704호 : 백색 초콜릿

③ 제1901호 : 제분생산품, 전분, 맥아의 조제품으로 완전히 탈지한 상태에서 측정한 코코아의 함유량이 전 중량의 40% 미만인 것과 제0401호부터 제0404호까지에 해당하는 생산품의 조제식료품으로 코코아의 함유량이 전 중량의 5% 미만인 것 **2**

④ 제1904호 : 곡물을 팽창하거나 볶은 조제식료품으로 완전히 탈지한 상태에서 측정한 코코아의 함유량이 전 중량의 6% 이하인 것 **2**

⑤ 제1905호 : 페이스트리, 케이크, 비스킷과 그 밖의 베이커리 제품 **3**

⑥ 제2105호 : 아이스크림과 그 밖의 식용 빙과류 **2**

⑦ 제22류 : 알코올을 함유하지 않은 음료나 알코올성의 음료로서 코코아를 함유하고 있고 바로 먹을 수 있는 것

⑧ 제3003호나 제3004호 : 의약품

③ 〈주 제2호〉 제1806호의 분류범위

제1806호에는 코코아를 함유한 설탕과자와 코코아를 함유한 그 밖의 조제식료품(주 제1호에 열거한 물품은 제외한다)이 포함된다. **1**

## (4) 제19류 곡물 · 고운 가루 · 전분 · 밀크의 조제품과 베이커리 제품

① 호의 용어

| 품목번호 | 품명 |
|---|---|
| 1901 | 맥아 추출물과 고운 가루 · 부순 알곡 · 거친 가루 · 전분이나 맥아 추출물의 조제 식료품(코코아를 함유하지 않은 것이나 완전히 탈지한 상태에서 측정한 코코아의 함유량이 전 중량의 100분의 40 미만인 것으로 따로 분류되지 않은 것으로 한정한다), 제0401호부터 제0404호까지에 해당하는 물품의 조제 식료품(코코아를 함유하지 않은 것이나 완전히 탈지한 상태에서 측정한 코코아의 함유량이 전 중량의 100분의 5 미만인 것으로 따로 분류되지 않은 것으로 한정한다) **1** |
| 1902 | 파스타(조리한 것인지 또는 육이나 그 밖의 물품으로 속을 채운 것인지에 상관없으며 스파게티 · 마카로니 · 누들 · 라자니아 · 뇨키 · 라비올리 · 카넬로니 등과 같이 그 밖의 방법으로 조제한 것을 포함한다)와 쿠스쿠스(조제한 것인지에 상관없다) |
| 1903 | 타피오카와 전분으로 조제한 타피오카 대용물(플레이크 모양 · 낟알 모양 · 진주 모양 · 무거리 모양 · 그 밖에 이와 유사한 모양의 것으로 한정한다) |

| 1904 | 곡물이나 곡물 가공품을 팽창시키거나 볶아서 얻은 조제 식료품(예 콘 플레이크)과 낟알 모양이나 플레이크 모양인 곡물(옥수수는 제외한다)과 그 밖의 가공한 곡물(고운 가루·부순 알곡·거친 가루는 제외하고 사전조리나 그 밖의 방법으로 조제한 것으로서 따로 분류 되지 않은 것으로 한정한다) **1** |
|---|---|
| 1905 | 빵·파이·케이크·비스킷과 그 밖의 베이커리 제품(코코아를 함유하였는지에 상관없다), 성찬용 웨이퍼·제약용에 적합한 빈 캡슐·실링웨이퍼·라이스페이퍼와 그 밖에 이와 유사한 물품 **1** |

② 〈주 제1호〉 제외규정

이 류에서 다음 각 목의 것은 제외한다.

가. 제1902호의 속을 채운 생산품의 경우를 제외한 조제식료품으로서 소시지·육·설육· 피·곤충·어류나 갑각류·연체동물·그 밖의 수생무척추동물이나 이들 배합물의 함유 량이 전 중량의 100분의 20을 초과하는 것(제16류)

나. 사료용 비스킷과 그 밖의 곡물 가루나 전분으로 만든 조제 사료(제2309호) **1**

다. 제30류의 의약품과 그 밖의 의료용품

③ 〈주 제2호〉 용어의 정의

제1901호에서

가. "부순 알곡"이란 제11류의 곡물의 부순 알곡을 말한다.

나. "고운 가루와 거친 가루"란 다음을 말한다.

1) 제11류의 곡물의 고운 가루·곡물의 거친 가루

2) 다른 류의 식물성 고운 가루·거친 가루·가루(제0712호의 건조한 채소, 제1105호의 감자, 제1106호의 건조한 채두류의 고운 가루·거친 가루·가루는 제외 한다) **2**

④ 〈주 제3호〉 제1904호의 제외기준

제1904호에는 완전히 탈지한 상태에서 측정한 코코아의 함유량이 전 중량의 100분의 6을 초 과하거나 초콜릿을 완전히 입힌 조제품이나 제1806호의 코코아를 함유한 조제 식료품은 제외 한다(제1806호).

### (5) 제20류 채소·과실·견과류나 식물의 그 밖의 부분의 조제품

① 호의 용어

| 품목번호 | 품명 |
|---|---|
| 2001 | 식초나 초산으로 조제하거나 보존처리한 채소·과실·견과류와 그 밖의 식용에 적합한 식물의 부분 |
| 2002 | 조제하거나 보존처리한 토마토(식초나 초산으로 처리한 것은 제외한다) |
| 2003 | 조제하거나 보존처리한 버섯과 송로(식초나 초산으로 처리한 것은 제외한다) |
| 2004 | 조제하거나 보존처리한 그 밖의 채소(식초나 초산으로 처리한 것은 제외하고, 냉동한 것으로 한정 하며, 제2006호의 물품은 제외한다) |
| 2005 | 조제하거나 보존처리한 그 밖의 채소(식초나 초산으로 처리한 것은 제외하고, 냉동하지 않은 것으 로 한정하며, 제2006호의 물품은 제외한다) |

| | |
|---|---|
| 2006 | 설탕으로 보존처리한 채소·과실·견과류·과피와 식물의 그 밖의 부분(드레인한 것, 설탕을 입히거나 설탕에 절인 것) |
| 2007 | 잼·과실젤리·마멀레이드·과실이나 견과류의 퓌레·과실이나 견과류의 페이스트(조리해서 얻은 것으로 한정하며, 설탕이나 그 밖의 감미료를 첨가했는지에 상관 없다)<br>※ 제2007호에서 '조리해서 얻은'이란 탈수나 다른 수단을 통하여 생산품의 점성을 증가시키기 위하여 상압이나 감압 상태에서 열처리하여 얻은 것을 말한다. **[1]** |
| 2008 | 그 밖의 방법으로 조제하거나 보존처리한 과실·견과류와 그 밖의 식용에 적합한 식물의 부분(설탕이나 그 밖의 감미료나 주정을 첨가했는지에 상관없으며 따로 분류되지 않은 것으로 한정한다) |
| 2009 | 과실·견과류 주스(포도즙과 코코넛 워터를 포함한다)·채소 주스[발효하지 않고 주정을 함유하지 않은 것(설탕이나 그 밖의 감미료를 첨가했는지에 상관없다)]<br>예시 석류주스 |

② 〈주 제1호〉 제외물품

이 류에서 다음 각목의 것은 제외한다.

가. 제7류·제8류·제11류에서 규정한 방법에 따라 조제하거나 보존처리한 채소·과실·견과류 **[1]**

나. 식물성 지방과 기름(제15류)

다. 소시지·육·설육·피·곤충·어류나 갑각류·연체동물·그 밖의 수생 무척추동물이나 그 배합물의 함유량이 전 중량의 100분의 20을 초과하는 조제 식료품(제16류)

라. 베이커리 제품과 그 밖의 제1905호의 제품

마. 제2104호의 균질화한 혼합 조제 식료품

③ 〈주 제4호〉 토마토주스의 분류기준

토마토주스로서 내용물의 건조 중량이 전 중량의 100분의 7 이상인 것은 제2002호로 분류한다. **[1]**

④ 〈주 제6호〉 제2009호 용어의 정의

제2009호에서 "발효하지 않고 주정을 첨가하지 않은 주스"란 알코올의 용량이 전 용량의 100분의 0.5 이하인 주스를 말한다(제22류의 주 제2호 참조). **[3]**

⑤ 〈소호주 제1호〉 균질화한 채소의 정의

소호 제2005.10호에서 "균질화한 채소"란 영유아·어린이의 식용이나 식이요법용으로 채소를 곱게 균질화한 조제품으로서, 순중량 250그램 이하의 것을 용기에 넣어 소매용으로 만든 것을 말한다. 이 정의에서 조미·보존이나 그 밖의 목적을 위하여 소량의 어떠한 성분을 첨가했는지는 상관없으며, 이들 조제품에는 채소 조각이 눈에 보일 정도의 소량으로 함유될 수도 있다. 이 소호는 제2005호의 모든 다른 소호에 우선한다.

⑥ 〈소호주 제2호〉 균질화한 조제품의 정의

소호 제2007.10호에서 "균질화한 조제품"이란 영유아 · 어린이의 식용이나 식이요법용으로 과실을 곱게 균질화한 조제품으로서, 순중량 250그램 이하의 것을 용기에 넣어 소매용으로 만든 것을 말한다. 이 정의에서 조미 · 보존이나 그 밖의 목적을 위하여 소량의 어떠한 성분을 첨가했는지는 상관없으며, 이들 조제품에는 과실 조각이 눈에 보일 정도의 소량으로 함유될 수도 있다. 이 소호는 제2007호의 모든 다른 소호에 우선한다. **1**

## (6) 제21류 각종 조제 식료품

① 호의 용어

| 품목번호 | 품명 |
|---|---|
| 2101 | 커피 · 차 · 마테의 추출물 · 에센스 · 농축물과 이것들을 기본 재료로 한 조제품, 커피 · 차 · 마테를 기본 재료로 한 조제품, 볶은 치커리 · 그 밖의 볶은 커피 대용물과 이들의 추출물 · 에센스 · 농축물 **1** |
| 2102 | 효모(활성이거나 불활성인 것), 그 밖의 단세포 미생물(죽은 것으로 한정하며, 제3002호의 백신은 제외한다)과 조제한 베이킹 파우더 **1** |
| 2103 | 소스와 소스용 조제품, 혼합조미료, 겨자의 고운 가루 · 거친 가루와 조제한 겨자 **1** |
| 2104 | 수프 · 브로드와 수프 · 브로드용 조제품, 균질화한 혼합 조제 식료품 |
| 2105 | 아이스크림과 그 밖의 빙과류(코코아를 함유했는지에 상관없다) **1** |
| 2106 | 따로 분류되지 않은 조제 식료품 |

② 〈주 제1호〉 제외물품

이 류에서 다음 각 목의 것은 제외한다.

가. 제0712호의 채소의 혼합물

나. 커피를 함유한 볶은 커피대용물(커피의 함유율은 상관없다)(제0901호) **2**

다. 맛이나 향을 첨가한 차(제0902호) **1**

라. 제0904호에서 제0910호까지의 향신료와 그 밖의 물품

마. 제2103호나 제2104호에 열거한 생산품을 제외한 조제식료품으로서 소시지 · 육 · 설육 · 피 · 어류 · 갑각류 · 연체동물이나 그 밖의 수생무척추동물이나 이들 배합물의 함유량이 전 중량의 100분의 20을 초과하는 것(제16류)

바. 제2404호의 물품

사. 제3003호나 제3004호의 의약품이나 그 밖의 생산품으로 포장한 효모

아. 제3507호의 조제한 효소

③ 〈주 제2호〉 분류기준

이 류의 주 제1호나목에 열거한 볶은 커피대용물의 추출물은 제2101호로 분류한다. **1**

④ 〈주 제3호〉 균질화한 혼합조제식료품의 정의

　㉠ 제2104호에서 "균질화한 혼합 조제 식료품"이란 영유아 · 어린이의 식용이나 식이요법용으로 육 · 어류 · 채소 · 과실 · 견과류 등의 기본 성분을 두 가지 이상 혼합하여 곱게 균질화한 조제품으로서 순중량 250그램 이하의 것을 용기에 넣어 소매용으로 만든 것을 말한다. **1**

　㉡ 이 정의에서 조미 · 보존이나 그 밖의 목적을 위하여 소량의 어떠한 성분을 첨가했는지는 상관없다. 이들 조제품에는 눈에 보일 정도의 성분 조각이 소량 함유될 수도 있다. **1**

---

**관련규정**　　**주요 호 해설 (제2101호)**

1. 커피추출물 · 에센스와 농축물은 일반적으로 액체나 가루형태의 고농축물로서 인스턴트커피를 포함한다.
2. 커피 · 차 · 마테를 기본재료로 한 조제품에는 볶아서 분쇄한 커피와 다른 성분을 혼합한 커피페이스트 및 차에 분유와 설탕을 혼합한 차 조제품을 포함한다. 다만 향과 맛을 가한 차는 이 호에서 제외한다(제0902호).
3. '그 밖의 볶은 커피대용물'이란 사탕무 · 소맥 · 대두 등을 볶아서 얻은 것으로 이들은 물에 침출하여 음용한다. 그러나 커피가 함유된 커피 대용물은 커피의 함유비율에 상관없이 제0901호로 분류한다.

---

## (7) 제22류 음료 · 주류 · 식초

① 호의 용어

| 품목번호 | 품명 |
|---|---|
| 2201 | 물(천연이나 인조 광천수와 탄산수를 포함하며, 설탕이나 그 밖의 감미료 또는 맛이나 향을 첨가하지 않은 것으로 한정한다)과 얼음과 눈 **2** |
| 2202 | 설탕이나 그 밖의 감미료 또는 맛이나 향을 첨가한 물(광천수와 탄산수를 포함한다)과 그 밖의 알코올을 함유하지 않은 음료(제2009호의 과실 · 견과류 주스와 채소 주스는 제외한다) **1** |
| 2203 | 맥주 **1** |
| 2204 | 포도주(생포도로 제조한 것으로 한정하며, 알코올로 강화한 포도주를 포함한다)와 포도즙(제2009호의 것은 제외한다) |
| 2205 | 베르무트와 그 밖에 이와 유사한 포도주(생포도로 제조한 것으로서 식물이나 방향성 물질로 맛이나 향을 첨가한 것으로 한정한다) |
| 2206 | 그 밖의 발효주(**예** 사과술 · 배술 · 미드 · 청주), 따로 분류되지 않은 발효주의 혼합물, 발효주와 알코올을 함유하지 않은 음료와의 혼합물 |
| 2207 | 변성하지 않은 에틸알코올(알코올의 용량이 전 용량의 100분의 80 이상인 것으로 한정한다), 변성 에틸알코올, 그 밖의 변성 주정(알코올의 용량은 상관없다) **1** |
| 2208 | 변성하지 않은 에틸알코올(알코올의 용량이 전 용량의 100분의 80 미만인 것으로 한정한다), 증류주 · 리큐르와 그 밖의 주정음료 **1** **예시** 위스키 |
| 2209 | 식초와 초산으로 만든 식초 대용물 **1** |

② 〈주 제1호〉 제외물품

제22류에서는 다음의 것을 제외한다.

가. 조리용으로 조제된 이 류(제2209호의 것은 제외한다)의 물품으로서 음료로 사용하기에 부적합하게 변성된 물품(일반적으로 제2103호)

나. 바닷물(제2501호) **3**

다. 증류수 · 전도도수 · 그 밖에 이와 유사한 순도의 물(제2853호) **3**

라. 초산의 수용액(초산의 함유량이 전 중량의 100분의 10을 초과하는 농도의 것으로 한정한다)(제2915호) **1**

마. 제3003호와 제3004호의 의약품

바. 조제향료나 화장용품(제33류) **1**

③ 〈주 제2호〉 알코올 용량의 분석기준 **1**

제20류 · 제21류 · 제22류에서 "알코올의 용량"이란 섭씨 20도에서의 알코올 용량을 말한다. **1**

④ 〈주 제3호〉 알코올 함유량에 따른 분류기준 **1**

제2202호에서 "알코올을 함유하지 않은 음료"란 알코올의 용량이 전 용량의 100분의 0.5 이하인 음료를 말하며, 알코올을 함유한 음료는 제2203호부터 제2206호까지나 제2208호의 해당호로 분류한다.

## (8) 제23류 식품 공업에서 생기는 잔재물과 웨이스트, 조제 사료

① 호의 용어

| 품목번호 | 품명 |
|---|---|
| 2301 | 육 · 설육 · 어류 · 갑각류 · 연체동물이나 그 밖의 수생 무척추동물의 고운 가루 · 거친 가루 · 펠릿(식용에 적합하지 않은 것으로 한정한다)과 수지박 |
| 2302 | 밀기울 · 쌀겨와 그 밖에 이와 유사한 박류(펠릿 모양인지에 상관없으며 곡물 · 채두류의 선별 · 제분이나 그 밖의 처리과정에서 생기는 것으로 한정한다) |
| 2303 | 전분박과 이와 유사한 박류 · 비트펄프, 버개스와 그 밖의 설탕을 제조할 때 생기는 웨이스트, 양조하거나 증류할 때 생기는 박과 웨이스트(펠릿 모양인지에 상관없다) |
| 2304 | 대두유를 추출할 때 얻는 오일 케이크와 고체 형태의 유박(잘게 부순 것인지 또는 펠릿모양인지에 상관없다) |
| 2305 | 땅콩기름을 추출할 때 얻는 오일 케이크와 고체 형태의 유박(잘게 부순 것인지 또는 펠릿 모양인지에 상관없다) |
| 2306 | 오일 케이크와 그 밖의 고체 형태인 유박(잘게 부순 것인지 또는 펠릿 모양인지에 상관없으며 제2304호나 제2305호의 것은 제외한 식물성 · 미생물성 지방이나 기름을 추출할 때 생기는것으로 한정한다) |
| 2307 | 와인리스와 생주석 |
| 2308 | 사료용 식물성 물질 · 식물성 웨이스트 · 식물성 박류와 부산물(펠릿 모양인지에 상관없으며 따로 분류되지 않은 것으로 한정한다) |
| 2309 | 사료용 조제품 예시 어육,닭고기 등으로 조제된 고양이용 사료 |

② 〈주 제1호〉 제2309호의 분류기준

제2309호에는 따로 분류되지 않은 것으로서 동물성·식물성 원료를 그 본질적인 특성을 잃을 정도로 가공 처리하여 만들어지는 사료용 물품이 포함된다(그 처리과정에서 생기는 식물성 웨이스트·식물성 박류·부산물은 제외한다)

 **해설**

식품공업에서 생긴 잔재물과 웨이스트지만 감귤류의 껍질과 멜론의 껍질(제0814호), 커피(제0901호)·차(제0902호)·코코아(제1802호)와 담배(제2401호) 등의 잔재물과 웨이스트는 각각 해당 호로 분류한다.

**(9) 제24류 담배와 제조한 담배 대용물, 연소시키지 않고 흡입하도록 만들어진 물품(니코틴을 함유하였는지에 상관없다), 니코틴을 함유한 그 밖의 물품으로 인체 내에 니코틴을 흡수시키도록 만들어진 것**

① 호의 용어

| 품목번호 | 품명 |
|---|---|
| 2401 | 잎담배와 담배 부산물 **1** |
| 2402 | 시가·시가릴로·궐련(담배 대용물인 것으로 한정한다.) **1** |
| 2403 | 그 밖의 제조 담배, 제조한 담배 대용물, 균질화하거나 재구성한 담배·담배 추출물과 에센스 **1** |
| 2404 | 담배·재구성한 담배·니코틴이나 담배 대용물·니코틴 대용물을 함유한 물품(연소시키지 않고 흡입하도록 만들어진 것으로 한정한다), 니코틴을 함유한 그 밖의 물품으로 인체 내에 니코틴을 흡수시키도록 만들어진 것 |

② 〈주 제1호〉 제외물품

이 류에서 의약용 궐련은 제외한다(제30류). **2**

③ 〈주 제2호〉 제2404호 우선분류

제2404호와 이 류의 다른 호에 동시에 분류될 수 있는 물품은 제2404호에 분류한다.

④ 〈주 제3호〉 제2404호의 "연소시키지 않고 흡입" 정의

제2404호에서 "연소시키지 않고 흡입"한다는 것은 가열장치나 다른 수단을 통해 연소 없이 흡입하는 것을 의미한다.

**예시** WCO 분류사례 - 전자담배 SET

1. 제품설명

니코틴을 포함하는 액체를 담고있는 카트리지를 기화기에 삽입하여 카트리지내에 있는 액체를 기화시키는 전자담배 SET

2. 품목분류

본 물품은 관세율표 해석에 관한 통칙 제1호, 제3호 나목 및 제6호에 따라 제8543.70-4090호에 분류함.

3. 2404호에 분류하는 품목

① 일회용 전자담배와 이와 유사한 일회용 개인용 전기 기화장치로서, 하우징 안에서 연소시키지 않고 흡입하도록 되어 있는 물품(제2404호)

② 액체나 용액을 포함하고 있는 카트리지나 탱크로서, 전자담배나 이와 비슷한 개인용 전기 기화장치에서 사용하도록 되어 있는 것(제2404호)

## 02  광물성 생산품

## 1. 제25류 소금, 황, 토석류, 석고, 석회와 시멘트

### ① 주요 호의 용어

| 품목번호 | 품명 |
|---|---|
| 2501 | 소금(식탁염과 변성염을 포함한다), 순염화나트륨(수용액인지 또는 고결방지제나 유동제를 첨가한 것인지에 상관없다)과 바닷물 **5** |
| 2503 | 황(승화황 · 침강황 · 콜로이드황은 제외한다) **1** |
| 2504 | 천연 흑연 **2** |
| 2505 | 천연 모래(착색된 것인지에 상관없으며 제26류의 금속을 함유하는 모래는 제외한다) |
| 2506 | 석영(천연 모래는 제외한다)과 규암(톱질이나 그 밖의 방법으로 거칠게 다듬거나 단순히 절단하여 직사각형(정사각형을 포함한다)의 블록 모양이나 슬래브 모양으로 한 것인지에 상관없다) |
| 2507 | 고령토와 그 밖의 고령토질의 점토(하소한 것인지에 상관없다) |
| 2509 | 초크 **2** |
| 2510 | 천연인산칼슘 · 천연인산알루미늄칼슘 · 인산염을 함유한 초크 **1** |
| 2515 | 대리석 · 트래버틴 · 에코신과 그 밖의 석비용 · 건축용 석회질의 암석(겉보기 비중이 2.5 이상인 것으로 한정한다)과 설화석고[톱질이나 그 밖의 방법으로 거칠게 다듬거나 단순히 절단하여 직사각형(정사각형을 포함한다)의 블록 모양이나 슬래브모양으로 한 것인지에 상관없다] |
| 2530 | 따로 분류되지 않은 광물 |

### ② 〈주 제1호〉 제25류의 가공범위

㉠ 문맥상 달리 해석되지 않거나 이 류의 주 제4호에서 따로 규정되지 않은 한 가공하지 않은 것 · 세척한 것(생산품의 구조의 변화 없이 불순물을 제거하기 위하여 화학물질로 세척하는 것을 포함한다) · 부순 것 · 잘게 부순 것 · 가루 모양인 것 · 체로 친 것 · 부유선광 · 자기선광 · 그 밖의 기계적이나 물리적 방법에 따라 선광한 것(결정법으로 선광한 것은 제외한다)만 분류하며, 배소한 것 · 하소한 것 · 혼합한 것과 각 호에서 규정한 처리방법 외의 방법으로 가공한 것은 제외한다. **2**

㉡ 이 류의 생산품에는 항분제를 첨가한 것도 포함되나, 그 첨가로 해당 생산품이 일반적 용도가 아니라 특정한 용도에 특별히 더 적합하게 되는 것은 제외한다. **3**

② 〈주 제2호〉 제외물품

이 류에서 다음 각 목의 것은 제외한다.

가. 승화황 · 침강황이나 콜로이드황(제2802호) **4**

나. 산화제이철로서 계산한 화합철분의 함유량이 전 중량의 100분의 70 이상인 어드컬러(제2821호)

다. 제30류의 의약품이나 그 밖의 의료용품

라. 조제향료 · 화장품 · 화장용품(제33류) **1**

마. 백운석 래밍믹스(제3816호)

바. 포석 · 연석 · 판석(제6801호) **5** · 모자이크큐브나 이와 유사한 물품(제6802호), 지붕용 · 외장용 · 방습층용 슬레이트(제6803호)

사. 귀석과 반귀석(제7102호나 제7103호) **2**

아. 제3824호의 염화나트륨이나 산화마그네슘의 배양한 결정(한 개의 중량이 2.5그램 이상인 것으로 한정하며, 광학용품은 제외한다)과 염화나트륨이나 산화마그네슘으로 제조한 광학용품(제9001호)

자. 당구용 초크(제9504호) **2**

차. 필기용 · 도화용 초크나 재단사용 초크(제9609호) **3**

> 인조흑연은 제38류에 분류한다. **2**

## 2. 제26류 '광 · 슬래그와 회'

① 호의 용어

| 품목번호 | 품명 |
|---|---|
| 2601 | 철광과 그 정광(배소한 황화철광을 포함한다) |
| 2602 | 망간광과 그 정광(건조 상태에서 측정한 망간의 함유량이 전 중량의 100분의 20 이상인 철망간광과 그 정광을 포함한다) |
| 2603 | 구리광과 그 정광 |
| 2604 | 니켈광과 그 정광 |
| 2605 | 코발트광과 그 정광 |
| 2606 | 알루미늄광과 그 정광 |
| 2607 | 납광과 그 정광 |
| 2608 | 아연광과 그 정광 |
| 2609 | 주석광과 그 정광 |
| 2610 | 크로뮴광과 그 정광 |
| 2611 | 텅스텐광과 그 정광 |
| 2612 | 우라늄광이나 토륨광과 그 정광 **1** |

| 2613 | 몰리브덴광과 그 정광 |
|------|------|
| 2614 | 티타늄광과 그 정광 |
| 2615 | 니오븀광·탄탈룸광·바나듐광이나 자르코늄 광과 이들의 정광 |
| 2616 | 귀금속광과 그 정광  |
| 2617 | 그 밖의 광과 그 정광 |
| 2618 | 철강을 제조할 때 생기는 알갱이 모양의 슬래그(슬래그 샌드) |
| 2619 | 철강을 제조할 때 생기는 슬래그·드로스(알갱이 모양의 슬래그는 제외한다)·스케일링과 그 밖의 웨이스트 |
| 2620 | 슬래그·회와 잔재물(금속·비소나 이들의 화합물을 함유한 것으로 한정하며, 철강을 제조 할 때 생기는 것은 제외한다) |
| 2621 | 그 밖의 슬래그와 회[해초의 회(켈프를 포함한다)], 생활폐기물의 소각으로 생기는 회와 잔재물 |

② 〈주 제1호〉 제외물품

이 류에서 다음 각 목의 것은 제외한다.

가. 슬래그나 이와 유사한 산업폐기물의 머캐덤(제2517호)

나. 천연 탄산마그네슘(마그네사이트)(하소한 것인지에 상관없다)(제2519호)

다. 주로 제2710호의 석유를 주성분으로 하는 석유 저장탱크에서 나온 슬러지

라. 제31류의 염기성 슬래그

마. 슬래그 울·암면이나 이와 유사한 광물성 울(제6806호)

바. 귀금속이나 귀금속을 입힌 금속의 웨이스트·스크랩, 주로 귀금속의 회수에 사용되는 귀금속이나 귀금속 화합물을 함유하고 있는 그 밖의 웨이스트와 스크랩(제7112호나 제8549호)

사. 제련공정에서 생산되는 구리·니켈·코발트의 매트(제15부)

② 〈주 제2호〉 광의 분류기준

제2601호부터 제2617호까지에서 "광"이란 수은·제2844호의 금속·제14부나 제15부의 금속을 채취하기 위하여 야금공업에서 실제로 사용되는 종류의 광물학상 광물을 말하며, 금속채취용에 실제 사용하는지에 상관없다.  다만, 제2601호부터 제2617호까지에는 야금공업에서 일반적으로 행하지 않은 공정을 거친 광물은 포함되지 않는다.

**해설**

제2844호 : 방사성원소·방사성동위원소와 그들의 화합물과 이들의 물품을 함유한 혼합물 및 잔재물로 대표적으로는 우라늄, 플루토늄이 있다.

## 3. 제27류 광물성 연료·광물유와 이들의 증류물, 역청물질, 광물성 왁스

### ① 호의 용어

| 품목번호 | 품명 |
|---|---|
| 2701 | 석탄, 석탄으로부터 제조한 연탄·조개탄과 이와 유사한 고체연료  |
| 2702 | 갈탄(응결시킨 것인지에 상관없으며 흑옥은 제외한다) |
| 2703 | 토탄(토탄 찌꺼기를 포함하며, 응결시킨 것인지에 상관없다) |
| 2704 | 코크스와 반성 코크스(석탄·갈탄·토탄으로 제조한 것으로 한정하며, 응결시킨 것인지에 상관없다), 레토르트 카본 |
| 2705 | 석탄가스·수성가스·발생로가스와 이와 유사한 가스(석유가스와 그 밖의 가스 상태의 탄화수소는 제외한다) |
| 2706 | 석탄·갈탄·토탄을 증류해서 얻은 타르와 그 밖의 광물성 타르(탈수나 부분 증류한 것과 재구성한 타르를 포함한다) |
| 2707 | 콜타르를 고온 증류하여 얻은 오일과 그 밖에 이와 유사한 물품(방향족 성분의 중량이 비방향족 성분의 중량을 초과하는 것으로 한정한다) |
| 2708 | 피치와 피치코크스(콜타르나 그 밖의 광물) |
| 2709 | 석유와 역청유(원유로 한정한다)  |
| 2710 | 석유와 역청유(원유는 제외한다), 따로 분류되지 않은 조제품(석유나 역청유의 함유량이 전 중량의 100분의 70 이상인 것으로서 조제품의 기초 성분이 석유나 역청유인 것으로 한정한다) , 웨이스트 오일 |
| 2711 | 석유가스와 그 밖의 가스 상태의 탄화수소 |
| 2712 | 석유젤리·파라핀왁스·마이크로크리스털린 석유왁스·슬랙왁스·오조케라이트·갈탄왁스·토탄왁스, 그 밖의 광물성 왁스와 합성이나 그 밖의 공정에 따라 얻은 이와 유사한 물품(착색한 것인지에 상관없다) |
| 2713 | 석유코크스·석유역청과 그 밖의 석유나 역청유의 잔재물 |
| 2714 | 천연의 역청과 아스팔트, 역청질 혈암·유모혈암과 타르샌드, 아스팔타이트와 아스팔트질의 암석 |
| 2715 | 역청질 혼합물(천연 아스팔트, 천연 역청, 석유역청, 광물성 타르, 광물성 타르 피치를 기본 재료로 한 것으로 한정한다) |
| 2716 | 전기에너지 |

> 🧑‍🏫 **해설**
>
> 제2716호의 전기에너지는 HS협약의 체약국이 임의로 선택할 수 있는 호로 우리나라는 이를 채택하여 사용하고 있다.

### ② 〈주 제1호〉 제외물품

이 류에서 다음 각 목의 것은 제외한다.

가. 화학적으로 단일한 유기화합물(제2기 1호로 분류되는 순수한 메탄과 프로판은 제외한다)

> 🧑‍🏫 **해설**
>
> 메탄과 프로판은 순도에 상관없이 제2711호에 분류된다.

나. 제3003호나 제3004호의 의약품

다. 제3301호, 제3302호, 제3805호의 혼합 불포화탄화수소

참고로 흡연용 라이터나 이와 유사한 라이터를 충전하거나 재충전하기 위하여 사용하는 종류의 용기(용량이 300cm$^3$ 이하의 것으로 한정한다)에 넣은 액체 연료나 액화가스 연료(제3606호)도 제27류에서 제외한다. **1**

③ 〈주 제2호〉 석유와 역청유의 분류범위

　㉠ 제2710호의 "석유와 역청유"에는 석유와 역청유뿐만 아니라 이와 유사한 오일과 혼합 불포화탄화수소를 주성분으로 하는 오일로서 그 제조방법과 관계없이 비방향족 성분의 중량이 방향족 성분의 중량을 초과하는 것도 포함된다. 다만, 액체 상태의 합성폴리올레핀의 경우에는 섭씨 300도(감압증류법으로 증류한 경우에는 1,013밀리바로 환산한 온도)에서 유출된 용량이 전 용량의 100분의 60 미만인 것은 이 규정에서 제외한다(제39류). **2**

　㉡ 제2710호의 소호에서 "바이오디젤"이란 동물성·식물성·미생물성 지방과 기름(사용한 것인지에 상관없다)에서 얻은 것으로서 연료로 사용되는 지방산의 모노알킬 에스테르를 말한다.

## 01 석유화학공업 연관생산품

[예시] 순도에 따른 품목분류

| 구 분 | | | 기준 | 품목번호 | |
|---|---|---|---|---|---|
| | | | 함량(%) | 함유량 이상 | 함유량 미만 |
| 비환식 탄화수소 | 포화 비환식탄화수소 | 메탄($CH_4$) | 순도 불문 | 제2711호 | 제2711호 |
| | | 프로판($C_3H_8$) | | | |
| | | 에탄($C_2H_6$) | 용량비 95 [1] | 제2901호 | |
| | | 부탄($C_4H_{10}$) | 용량비 95 | | |
| | 불포화 비환식탄화수소 | 에틸렌 | 용량비 95 [1] | | |
| | | 프로필렌 | 용량비 90 | | |
| 환식 탄화수소 | 방향족 화합물 | 벤젠 | 용량비 95 [1] | 제2902호 | 제2707호 |
| | | 톨루엔 | 용량비 95 [1] | | |
| | | 크실렌 | 용량비 95 | | |
| 페놀계 화합물 | 페놀 | | 용량비 90 [1] | 제2907호 | |
| 피리딘계 화합물 | 피리딘 | | 용량비 95 | 제2933호 | |

## 1. 제6부 화학공업생산품

① 〈주 제1호〉 방사성 물품의 최우선 분류기준(준통칙적 규정)

　가. 제2844호(방사성원소ㆍ방사선동위원소)나 제2845호(동위원소)에 열거된 것에 해당하는 물품(방사성 광물은 제외한다)은 해당 각호로 분류하며, 이 표의 다른 호로 분류하지 않는다. [1]

### 제2844호와 제2845호

1. 제2844호 : 방사성원소ㆍ방사성동위원소(핵분열성이나 연료핵친원소와 동위원소를 포함한다)와 이들의 화합물, 이들의 물품을 함유한 혼합물과 잔재물 [1]
2. 제2845호 : 동위원소(제2844호의 것은 제외한다)와 그 동위원소의 무기화합물이나 유기화합물(화학적으로 단일한 것인지에 상관없다)
3. 방사성 광물은 이 표의 제5부([예] 제2612호의 우라늄광)에 분류한다. [1]

예시 방사성 물품 최우선 분류

1. 방사성 염화나트륨과 방사성 글리세롤은 염화나트륨이 분류되는 제2501호나 글리세롤이 분류되는 제2905호가 아닌 제2844호에 분류하고, 방사성 에틸알코올 · 방사성 금과 방사성 코발트는 무조건 제2844호에 분류한다.
2. 탄소의 동위원소는 제2845호에 분류하며 제2803호에 분류하지 않는다.

나. 가목에 규정한 물품을 제외하고는 제2843호, 제2846호, 제2852호에 열거된 것에 해당하는 물품은 해당 각 호로 분류하며, 이 부의 다른 호로 분류하지 않는다.

### 제2843호, 제2846호, 제2852호

1. 제2843호 : 콜로이드 귀금속, 귀금속의 무기화합물이나 유기화합물(화학적으로 단일한 화합물인지에 상관없다), 귀금속의 아말감
2. 제2846호 : 희토류금속 · 이트륨 · 스칸듐이나 이들 금속혼합물의 무기 · 유기 화합물 [1]
   ※ 스칸듐, 이트륨은 희토류 금속임 [3]
3. 제2852호 : 무기나 유기의 수은화합물(화학적으로 단일한 것인지에 상관없으며 아말감은 제외한다)

예시 희토류금속의 화합물로서 제2846호에도 해당될 수 있는 가돌리나이트는 제28류의 주 제3호가목에서 제28류는 제5부에 분류하는 광물성 생산품을 제외한다고 규정하고 있으므로 제2530호에 분류한다.

② 〈주 제2호〉 소매용물품의 우선분류

이 부의 주 제1호에 규정한 물품을 제외하고는 일정한 투여량으로 한 것이나 소매용으로 한 것을 이유로 제3004호 · 제3005호 · 제3006호 · 제3212호 · 제3303호 · 제3304호 · 제3005호 · 제3306호 · 제3307호 · 제3506호 · 제3707호 · 제3808호로 분류할 수 있는 물품은 해당 각 호로 분류하며, 이 표의 다른 호로 분류하지 않는다. [1]

관련규정 제6부 주 제2호 적용물품

- 제3004호 : 치료용이나 예방용의 의약품
- 제3005호 : 의료용 탈지면 · 거즈 · 붕대와 이와 유사한 제품(예 피복재 · 반창고 · 습포제) [1]
- 제3006호 : 의료용품
- 제3212호 : 염료와 그 밖의 착색제
- 제3303호 : 향수와 화장수 [1]
- 제3304호 : 미용이나 메이크업용 제품류와 기초화장용 제품, 매니큐어용 제품류와 페디큐어용 제품류
- 제3305호 : 두발용 제품류 [1]
- 제3306호 : 구강 · 치과 위생용 제품류[치간 청결용 실(치실) 포함]

- 제3307호 : 면도용 제품류 · 인체용 탈취제 · 목욕용 조제품 · 탈모제와 그 밖의 조제향료 · 따로 분류되지 않은 화장품이나 화장용품 · 실내용 조제 탈취제
- 제3506호 : 조제 글루와 그 밖의 조제 접착제, 글루나 접착제로 사용하기에 적합한 물품
- 제3707호 : 사진용 화학조제품, 사진용 단일 물품
- 제3808호 : 살충제 · 살서제(쥐약) · 살균제 · 제초제 · 발아억제제 · 식물성장조절제 · 소독제와 이와 유사한 물품

예시
- 치료를 목적으로 소매용으로 된 황은 제2503호나 제2802호에 분류하지 않고 제3004호에 분류한다. ■
- 글루로서 소매 포장한 덱스트린은 제3505호에 분류하지 않고 제3506호에 분류한다. ■

③ 〈주 제3호〉 세트포장물품의 분류기준

두 가지 이상의 별개의 구성요소로 구성된 세트로 포장한 물품으로서 그 구성요소의 일부나 전부가 이 부에 해당하며, 제6부나 제7부의 물품을 만들 목적으로 상호 혼합할 것은 제6부나 제7부의 해당하는 호로 분류한다. ② 다만, 구성요소가 다음 각 목의 요건을 모두 갖춘 경우만 해당한다.

가. 포장된 형태로 보아서 재포장 없이 함께 사용될 것이 분명한 것 ■

나. 동시에 제시되는 것 ■

다. 그 성질이나 상대적 구성비로 보아 상호 보완적임이 인정되는 것 ■

예시 세트포장물품

1. 물품설명

해당물품은 열경화성 수지인 에폭시 수지(제3907호)와 경화제(제3824호)가 세트로 구성된 물품이다. 이 두 구성요소를 배합하면 화학반응이 일어나 접착력을 갖게 되어, 혼합된 물품은 접착제(제3506호)로 분류하게 된다. ■

2. 제6부 주 제3호 적용여부 판단

(1) 해당물품 구성요소 중 경화제가 제6부(제3824호)에 속하고 있고 제6부에 속하는 제3506호의 접착제를 만들 목적으로 상호 혼합할 물품으로서 제6부 주 제3호의 기본 적용요건을 충족하고 있다.

(2) 해당물품은 ① 포장된 형태로 보아서 재포장 없이 함께 사용될 것이 분명하고 ② 동시에 제시되고 있으며 ③ 그 성질이나 상대적 구성비로 보아 상호 보완적임이 인정되므로 제6부 주 제3호 각 목의 조건을 충족한다.

(3) 해당물품은 통칙 제3호 나목을 적용하여 본질적 특성에 따라 분류하는 것이 아니라 통칙 제1호(제6부 주 제3호)가 적용되어 접착제인 제3506호로 분류한다.

(4) 두 가지 이상의 별개구성요소로(구성요소의 전부나 일부가 제6부에 해당하는 것으로 한
정한다) 구성된 세트로 포장한 물품으로서 사용 전에 혼합됨이 없이 순차적으로 사용하
는 물품은 제6부의 주 제3호에 의해서 분류하지 않는다. 소매용으로 한 물품은 일반적으
로 "통칙 제3호 나목"을 적용하여 분류할 수 있으나, 그러한 물품이 소매용으로 되어
있지 않은 경우에는 성분별로 분류해야 한다.

(5) 해당 규정은 제7부 주 제1호에서 또한 규정되어 있어, 그 구성요소의 일부나 전부가 제7
부에 해당되고 나머지 각 조건을 충족한다면 제7부에서도 동일하게 적용한다.

④ 〈주 제4호〉 할로겐화유도체를 함유한 혼합물의 분류

그 명칭이나 기능에 따라 제6부의 하나 이상의 호에 해당하는 물품이 동시에 제3827호(따로
분류되지 않은 메탄·에탄·프로판의 할로겐화 유도체를 함유한 혼합물)에도 해당하는 경우
에는 제3827호에 분류하지 않고 그 물품의 명칭이나 기능에 따라 해당하는 호에 분류한다.

## 2. 제30류 의료용품 🔟

## 3. 제31류 비료

## 4. 제32류 유연용·염색용 추출물, 염료와 안료와 그 밖의 착색제, 페인트·바니시 등 🔟

## 5. 제33류 정유와 레지노이드, 조제향료와 화장품·화장용품 🔟

① 호의 용어

| 품목번호 | 품명 |
|---|---|
| 3301 | 정유(콘크리트와 앱설루트를 포함하며, 테르펜을 제거한 것인지에 상관없다), 레지노이드, 추출한 올레오레진, 정유의 농축물(냉침법이나 온침법에 따라 얻은 것으로서 유지·불휘발성유·왁스나 이와 유사한 물질을 매질로 한 것으로 한정한다), 정유에서 테르펜을 제거할 때 생기는 테르펜계 부산물, 정유의 애큐어스 디스틸레이트와 애큐어스 솔루션 |
| 3302 | 방향성 물질의 혼합물과 방향성 물질의 하나 이상을 기본 재료로 한 혼합물(알코올의 용액을 포함하며, 공업용 원료로 사용하는 것으로 한정한다), 방향성 물질을 기본 재료로 한 그 밖의 조제품(음료제조용으로 한정한다) |
| 3303 | 향수와 화장수 |
| 3304 | 미용이나 메이크업용 제품류와 기초화장용 제품류(의약품은 제외하며, 선스크린과 선탠 제품류를 포함한다), 매니큐어용 제품류와 페디큐어용 제품류 |
| 3305 | 두발용 제품류 |

| 3306 | 구강·치과 위생용 제품류(치열 교정용 페이스트와 가루를 포함한다), 치간 청결용 실로서 개별 소매용으로 포장한 것(치실) |
|---|---|
| 3307 | 면도용 제품류·인체용 탈취제·목욕용 조제품·탈모제와 그 밖의 조제향료·따로 분류되지 않은 화장품이나 화장용품·실내용 조제 탈취제(향을 첨가한 것인지 또는 살균성이 있는 것인지에 상관없다) |

② 〈주 제3호〉 화장품의 소매포장 규정

제3303호부터 제3307호까지는 특히 이들 호의 물품으로서 사용하기 적합한 생산품(혼합한 것인지에 상관없으며 정유의 애큐어스 디스틸레이트와 애큐어스 솔루션은 제외한다)으로 그러한 용도에 알맞게 소매포장된 것에 적용한다.

③ 〈주 제4호〉 조제향료 · 화장품 · 화장용품

제3307호에서 "조제향료·화장품·화장용품"이란 특히 향낭, 연소시켜 사용하는 향기성의 조제품, 향지와 화장품을 침투시키거나 도포한 종이, 콘택트렌즈용이나 의안용 수용액, 향료나 화장품을 침투시키거나 도포한 워딩·펠트·부직포, 동물용 화장용품을 말한다.

---

**심화** **Petroleum Jelly(석유젤리, Vaseline)**

피부보호제, 의약품 연고 등의 기재로 사용되며 기타 공업용으로 사용된다.
① 단순히 순수한 것 : 제2712호
② 피부보호제로 사용하기 위해 향을 배합한 것 : 제3304호
③ 연고와 같이 의약물질을 첨가하여 의약품으로 조제한 것 : 제3003호, 제3004호

---

## 6. 제34류 비누 · 유기계면활성제 · 조제 세제 · 조제 윤활제 · 인조 왁스 · 조제 왁스 · 광택용이나 연마용 조제품 · 양초와 이와 유사한 물품 · 조형용 페이스트 · 치과용 왁스와 플라스터를 기본 재료로 한 치과용 조제품 ❶

① 호의 용어

| 품목번호 | 품명 |
|---|---|
| 3401 | 비누, 비누로 사용되는 유기계면활성제품과 조제품(막대 모양·케이크 모양·주형 모양으로 된 것으로 한정하며, 비누를 함유한 것인지에 없다), 피부세척용 유기계면활성제품과 조제품(액체나 크림 형태의 소매용으로 한정하며, 비누를 함유한 것인지에 상관없다), 비누나 세제를 시키거나 도포한 종이·워딩·펠트·부직포 |
| 3402 | 유기계면활성제(비누는 제외한다), 조제 계면활성제·조제 세제(보조 조제 세제를 포함한다)·조제 청정제(비누를 함유한 것인지에 상관없으며 3401호의 물품은 제외한다) |
| 3403 | 조제 윤활유(윤활제를 기본 재료로 한 조제 절삭제·볼트나 너트 방출제·방청제·부식방지제·이형 조제품을 포함한다), 방직용 가죽·모피나 그 밖의 재료의 오일링처리나 가지처리에 사용하는 조제품(석유나 역청유의 함유량이 전 중량의 100분의 70 이상인 것을 본 재료로 한 조제품은 제외한다) |
| 3404 | 인조 왁스와 조제 왁스 |

| 3405 | 신발용 · 가구용 · 마루용 · 차체용 · 유리용 · 금속용 광택제와 크림, 연마페이스트 · 연마가루와 이와 유사한 조제품(이러한 조제품을 시키거나 도포하거나 피복한 종이 · 워딩 · 펠트 · 부직포 · 셀룰러 플라스틱 · 셀룰러 고무 형태의 것인지에 상관없다) |
|---|---|
| 3406 | 양초와 이와 유사한 물품 |
| 3407 | 조형용 페이스트(아동 오락용을 포함한다), 치과용 왁스나 치과용 인상재료(세트로 된 것, 소매용으로 포장된 것, 판 모양 · 말굽 모양이나 이와 유사한 모양의 것으로 한정한다) |

② 〈주 제2호〉 비누의 정의

제3401호에서 "비누"란 수용성의 비누만을 말하며, 비누와 제3401호의 그 밖의 물품에는 소독제 · 연마가루 · 충전제 · 의약품 등의 물품을 첨가한 것을 포함한다. 이 경우 연마가루를 함유한 물품은 막대모양 · 케이크 모양 · 주형 모양으로 된 것으로 한정하여 제3401호로 분류하며, 그 밖의 모양으로 된 것은 제3405호의 연마가루와 이와 유사한 조제품으로 분류한다.

③ 〈주 제3호〉 유기계면활성제의 정의

제3402호에서 "유기계면활성제"란 섭씨 20도에서 유기계면활성제를 100분의 0.5의 농도로 물과 혼합하여 같은 온도에서 1시간 두었을 때 다음 각 목의 조건을 모두 충족하는 것을 말한다.
가. 투명하거나 반투명한 용액이나 불용물이 분리되지 않는 안정된 에멀션을 생성할 것
나. 물의 표면장력을 미터당 0.045뉴턴(센티미터당 45다인) 이하로 낮출 것

④ 〈주 제5호〉 인조 왁스의 정의

㉠ 제3404호에서 "인조 왁스와 조제 왁스"란 다음 각 목의 물품을 말한다.
　　가. 왁스의 특성을 가지는 화학적으로 제조된 유기제품(수용성인지에 상관없다)
　　나. 서로 다른 왁스의 혼합물
　　다. 한 가지 이상의 왁스를 기본 재료로 하여 지방 · 수지 · 광물질이나 그 밖의 재료를 함유한 물품으로서 왁스의 특성을 가지는 것을 말한다.
㉡ 다만, 다음 각 목의 것은 이 호에서 제외한다.
　　가. 제1516호 · 제3402호 · 제3823호의 물품(왁스의 특성이 있는 것인지에 상관없다)
　　나. 제1521호의 혼합하지 않은 동물성 · 식물성 왁스(정제한 것인지 또는 착색한 것인지에 상관없다)
　　다. 광물성 왁스나 제2712호의 이와 유사한 물품(이들을 서로 혼합하거나 단순히 착색한 것인지에 상관없다)
　　라. 왁스를 액체 매질에 혼합 · 분산하거나 용해한 것(제3405호나 제3809호 등)

## 7. 제37류 사진용이나 영화용 재료 ❶

〈주 제2호〉 "사진"의 정의

이 류에서 "사진"이란 광선이나 복사선에 따라 감광성(감열성을 포함한다) 면에 직접 · 간접으로 가시상을 형성하는 것을 말한다.

## 8. 제38류 각종 화학공업 생산품

 **해설  제38류**

1. 이 류에는 타 류에 분류되지 않는 모든 화학공업생산품이 분류된다.
2. 무역거래상 메탄·에탄과 프로판의 할로겐화 유도체를 가지는 혼합물은 「오존층 파괴물질에 관한 몬트리올 의정서」에 따라 오존층을 고갈시키는 물질로 통제를 받고 있으며, 이와 관련하여 따로 분류되지 않은 메탄·에탄·프로판의 할로겐화 유도체를 함유한 혼합물을 제3827호에 분류하도록 하였다.

① 호의 체계

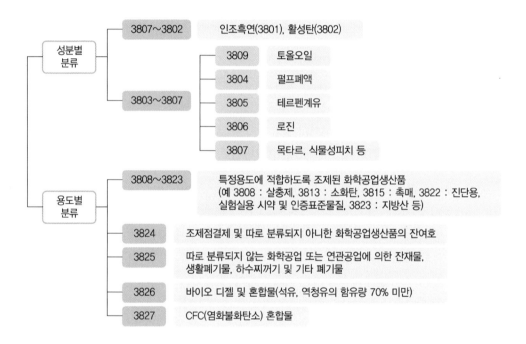

② 〈주 제2호〉 "인증표준물질"의 정의

　가. 제3822호에서 "인증표준물질"이란 인증된 특성치, 이런 값을 정하는 데 사용된 방법, 각각의 값과 관련한 정확도가 나타나 있는 인증서가 첨부된 표준물질로서 분석용·측정용·참조용 등으로 사용하는 데 적합한 물질을 말한다.

　나. 제28류나 제29류의 물품을 제외하면 인증표준물질을 분류하는 데는 제3822호가 이 표상의 다른 어떤 호보다 우선한다.

③ 〈주 제3호〉 "제3824호"의 분류품목

　제3824호는 이 표의 다른 호로 분류되지 않는 다음 각 목의 것을 포함한다.

　가. 산화마그네슘·알칼리금속·알칼리토류금속의 할로겐화물의 배양한 결정(한 개의 중량이 2.5그램 이상인 것으로 한정하며, 광학소자는 제외한다)

나. 퓨젤유와 디펠유

다. 소매용으로 포장한 잉크 제거제

라. 소매용으로 포장한 등사판원지 수정제와 그 밖의 수정액 · 수정테이프(제9612호의 것은
제외한다)

마. 용융성 요업내화도 측정물(**예** 세겔콘)

④ 〈주 제4호〉 생활폐기물의 분류한계

이 표에서 "생활폐기물"은 가정 · 호텔 · 식당 · 병원 · 가게 · 사무실 등에서 수집된 쓰레기, 도
로와 포장도로에서 수거한 쓰레기는 물론 건설 쓰레기와 해체 쓰레기를 말하며, 생활폐기물은
일반적으로 플라스틱 · 고무 · 나무 · 종이 · 직물 · 유리 · 금속 · 음식물 등 다양한 재료와 부
서진 가구나 그 밖의 손상되거나 버려진 제품을 포함한다. 다만, 다음 각 목의 것을 포함하지
않는다.

가. 폐기물[**예** 플라스틱 · 고무 · 나무 · 종이 · 직물 · 유리나 금속의 폐기물, 전기 · 전자 웨이
스트와 스크랩(폐전지를 포함한다)]로부터 분리 수거된 개개의 재료나 제품으로 이 표의 적
당한 호에 해당하는 것

나. 산업용 폐기물

다. 제30류의 주 제4호차목의 폐의료용품

라. 주 제6호가목의 감염성 폐기물.

⑤ 〈주 제5호〉 하수 찌꺼기의 분류한계

제3825호에서 "하수 찌꺼기"란 하수처리시설에서 발생한 찌꺼기를 말하며, 전처리된 폐기
물 · 오물 · 안정화 되지 않은 찌꺼기를 포함한다(제31류의 비료로 사용되는 안정화된 찌꺼기
는 제외한다).

⑥ 〈주 제6호〉 "그 밖의 폐기물"의 분류한계

제3825호의 "그 밖의 폐기물"에는 다음 각 목의 것이 해당된다. 다만, 제2710호의 석유나 역
청유를 주로 함유하는 폐기물은 그 밖의 폐기물에 포함되지 않는다.

가. 감염성 폐기물[의학연구, 검진, 치료, 그 밖의 내과 · 외과 · 치과 · 수의과 진료 과정에서
발생하는 오염된 폐기물을 말하며, 병원균과 의약물질을 함유하므로 특수 처리과정이 필
요한 것(**예** 오염된 의류, 사용한 장갑 · 주사기)을 말한다]

나. 폐유기용제

다. 금속세정액, 유압액, 브레이크액, 부동액 폐기물

라. 화학공업이나 연관공업에서 발생한 그 밖의 폐기물

⑦ 〈주 제7호〉 바이오디젤

제3826호에서 "바이오디젤"이란 동물성 · 식물성 · 미생물성 지방과 기름(사용된 것인지에 상
관없다)에서 얻은 것으로서 연료로 사용되는 지방산 모노알킬에스테르를 말한다.

1. 산업폐기물의 HS 분류

   HS에는 각 산업 분야의 제품별로 스크랩 또는 웨이스트가 특게되어 있다.

   ① 육류와 어패류 등에서 발생한 것 : 제05류

   ② 식품공업에서 발생한 것 : 제23류

   ③ 플라스틱류 : 3915호

   ④ 고무류 : 4004호

   ⑤ 원피 가죽류 : 0511호 또는 4115호

   ⑥ 목재류 : 4401호

   ⑦ 지 또는 판지류 : 4707호

   ⑧ 섬유류 : 사 및 원단의 것은 50류 내지 55류, 의류 등 제품의 것은 6310호

   ⑨ 도자류 : 2530호

   ⑩ 유리류 : 7001호

   ⑪ 비금속류 : 15부(재질에 따라)

   ⑫ 슬랙 및 회 : 2618호 내지 2621호

   ⑬ 생활폐기물, 하수찌꺼기, 기타 폐기물 : 3825호

   ⑭ 폐의료용품 : 3006호

   ⑮ 웨이스트오일 : 2710호

2. 반도체 관련 생산품의 분류

   ① 3818호 : 전자공업에 사용하기 위하여 도프처리된 화학원소(디스크상·웨이퍼상 또는 이와 유사한 형상의 것에 한한다) 및 전자공업에 사용하기 위하여 도프처리된 화학화합물이 분류되며 보통 100만분의 1 순의 비율로, 붕소 또는 인으로 제28류의 원소를 도프처리한 것(이들은 디스크상·웨어퍼 상 또는 이와 유사한 형상의 것에 한한다)이 분류

   ② 2804호 : 인발로 가공되지 아니한 형상의 것 또는 실린더 또는 로드상의 것

   ③ 8541호 : 보다 더 광범위하게 가공한 것 반도체디바이스

   ④ 8542호 : 회로소자가 반도체 또는 화합물 반도체의 내부 또는 표면에 한덩어리 상태로 집적되어 분리가 불가능하도록 결합된 집적회로

3. 윤활유 첨가제의 분류

   윤활유는 석유, 역청유의 함유량 70% 이상 여부에 따라 2710호, 3403호에 분류되나 품질향상을 위하여 첨가되는 윤활유 첨가제는 3811호에 분류한다.

# 01 플라스틱

## 1. 제39류 플라스틱과 그 제품

### ① 호의 용어

#### ㉠ 제1절 일차제품

| 품목번호 | 품명 |
|---|---|
| 3901 | 에틸렌의 중합체(일차제품으로 한정한다) |
| 3902 | 프로필렌의 중합체나 그 밖의 올레핀의 중합체(일차제품으로 한정한다) |
| 3903 | 스티렌의 중합체(일차제품으로 한정한다) |
| 3904 | 염화비닐의 중합체나 그 밖의 할로겐화 올레핀의 중합체(일차제품으로 한정 한다) |
| 3905 | 초산비닐의 중합체나 그 밖의 비닐에스테르의 중합체, 그 밖의 비닐중합체(일차제품으로 한정한다) |
| 3906 | 아크릴의 중합체(일차제품으로 한정한다) |
| 3907 | 폴리아세탈수지 · 그 밖의 폴리에테르와 에폭시수지, 폴리카보네이트 · 알키드수지 · 폴리아릴 에스테르와 그 밖의 폴리에스테르(일차제품으로 한정한다) |
| 3908 | 폴리아미드(일차제품으로 한정한다) |
| 3909 | 아미노수시 · 페놀수지와 폴리우레탄(일차제품으로 한정한다) |
| 3910 | 실리콘수지(일차제품으로 한정한다) **1** |
| 3911 | 석유수지 · 쿠마론-인덴수지 · 폴리테르펜 · 폴리술파이드 · 폴리술폰과 이 류의 주 제3호의 기타 물품(일차제품으로서 따로 분류되지 않은 것으로 한정한다) |
| 3912 | 셀룰로오스와 그 화학적 유도체(일차제품으로 따로 분류되지 않은 것으로 한정한다) |
| 3913 | 천연중합체(**예** 알긴산)와 변성한 천연중합체(**예** 경화단백질, 천연고무의 화학적 유도체)(일차제품으로 따로 분류되지 않은 것으로 한정한다) |
| 3914 | 이온교환수지(제3901호부터 제3913호까지의 중합체를 기본재료로 한 것으로서 일차제품으로 한정한다) |

#### ㉡ 제2절 웨이스트 · 페어링 · 스크랩과 반제품 · 완제품

| 품목번호 | 품명 |
|---|---|
| 3915 | 플라스틱의 웨이스트 · 페어링 · 스크랩 |
| 3916 | 플라스틱의 모노필라멘트(횡단면의 치수가 1밀리미터를 초과하는 것으로 한정한다) · 막대 · 형재(표면가공을 한 것인지에 상관없으며 그 밖의 가공한 것은 제외한다) **1** |
| 3917 | 플라스틱의 관 · 파이프 · 호스와 이들의 연결구류(**예** 조인트 · 엘보 · 플랜지) **예시** 호스 |
| 3918 | 플라스틱으로 만든 바닥깔개(접착성이 있는지에 상관없으며 롤이나 타일 모양으로 한정한다), **1** 이 류의 주 제9호의 플라스틱으로 만든 벽 피복재나 천장 피복재 |
| 3919 | 플라스틱으로 만든 접착성 판 · 시트 · 필름 · 박 · 테이프 · 스트립과 그 밖의 평면 모양인 것(롤 모양인지에 상관없다) **1** |
| 3920 | 플라스틱으로 만든 그 밖의 판 · 시트 · 필름 · 박 · 스트립(셀룰러가 아닌 것으로서 그 밖의 재료로 보강 · 적층 · 지지하거나 이와 유사하게 결합하지 않은 것으로 한정한다) |
| 3921 | 플라스틱으로 만든 그 밖의 판 · 시트 · 필름 · 박 · 스트립 |

| 3922 | 플라스틱으로 만든 목욕통 · 샤워통 · 설거지통 · 세면기 · 비데 · 화장실용 팬 · 변기용 시트와 커버 · 수세용 물탱크와 이와 유사한 위생용품 **3** |
|------|---|
| 3923 | 플라스틱으로 만든 물품운반 · 포장용기, 플라스틱으로 만든 뚜껑 · 마개 · 캡과 이와 유사한 물품 |
| 3924 | 플라스틱으로 만든 식탁용품 · 주방용품 · 그 밖의 가정용품 · 위생용품 · 화장용품 |
| 3925 | 플라스틱으로 만든 건축용품(따로 분류되지 않은 것으로 한정한다) |
| 3926 | 플라스틱으로 만든 그 밖의 제품과 제3901호부터 제3914호까지의 기타 물품의 제품 |

 **해설  중합체**

중합체란 분자량이 매우 큰 물질(고분자)을 뜻한다. **1**
중합체는 한 종류 이상의 단량체 단위(**예** 에틸렌 · 프로필렌 · 염화 비닐 등)가 반복된 것이 특성인 분자로써 조성된다. **2**

**관련규정 │ 플라스틱·고무와 방직용섬유가 결합한 물품**

### 1. 개요
플라스틱(또는 고무)과 방직용 섬유가 결합한 물품(다만, 제39류 주 제9호에 해당 하는 벽 피복재나 천장 피복재는 제3918호로 분류한다)의 품목분류는 대표적으로 제56류 주 제3호과 제59류 주 제2호 · 주 제3호 · 주 제5호의 규정을 적용한다.

### 2. 제56류 주 제3호
가. 플라스틱이나 고무를 침투 · 도포 · 피복하거나 적층한 펠트로서 방직용 섬유재료의 함유량이 전 중량의 100분의 50 이하인 것, 플라스틱이나 고무의 중간에 완전히 삽입한 펠트(제39류나 제40류)

나. 부직포를 플라스틱이나 고무 중간에 완전히 삽입한 물품과 부직포 양면 모두에 플라스틱이나 고무를 도포하거나 피복한 물품으로서 육안으로 도포하거나 피복한 사실을 확인할 수 있는 것(색채의 변화를 고려하지 않는다)(제39류나 제40류) **1**

다. 셀룰러 플라스틱이나 셀룰러 고무의 판 · 시트 · 스트립으로서 펠트나 부직포와 결합한 것(섬유는 보강용으로 한정한다)(제39류나 제40류)

### 3. 제59류 주 제2호
플라스틱을 침투 · 도포 · 피복하거나 적층한 방직용 섬유직물로서
(2) 섭씨 15도부터 30도까지의 온도에서 지름 7밀리미터의 원통 둘레에 꺾지 않고는 손으로 감을 수 없는 물품(보통 제39류)
(3) 방직용 섬유의 직물을 플라스틱으로 완전히 덮었거나 이러한 물질로 양면을 완전히 도포 · 피복한 물품. 다만, 이러한 도포하거나 피복한 것을 육안으로 볼 수 있어야 하며, 이 경우 색채의 변화를 고려하지 않는다(제39류).
(5) 방직용 섬유의 직물과 결합한 셀룰러 플라스틱으로 만든 판 · 시트 · 스트립(방직용 섬유의 직물은 보강용으로 한정한다)(제39류)

② 〈주 제1호〉 플라스틱의 정의

이 표에서 '플라스틱'이란 성형 · 주조 · 압출 · 압연이나 그 밖의 외부작용(보통 가열과 가압을 말하며, 필요한 때에는 용제나 가소제를 가할 수 있다)에 따라 중합할 때나 그 다음 단계에서 변형하고, 외부작용을 배제하여도 그 형태를 유지하고자 하는 성질을 지닌 제3901호부터 제3914호까지에 해당하는 물질을 말한다. 또한 관세율표의 플라스틱에는 벌커나이즈드파이버를 포함한다. 다만, 제11부의 방직용 섬유재료로 보는 것은 제외한다. **2**

 **해설**

제11부의 방직용 섬유재료 (제3916호, 제5404호, 제5405호의 용어와 제11부 주 제1호사목)
모노필라멘트로서 횡단면의 치수가 1밀리미터 이하인 것과 스트립으로 시폭이 5밀리미터 이하인 플라스틱은
제11부(제5404호나 제5405호)로 분류한다.

### 열가소성 수지와 열경화성 수지

| 구분 | 열가소성 수지 | 열경화성 수지 |
|---|---|---|
| 특성 | 물질이 가열처리로 반복적으로 연화하여 제품으로 형성된 다음 냉각처리로 경화되는 성질 **1** | 화학적이나 물리적인 방법(예 가열)에 의하여 불용해성의 제품으로 변형하는 경우 |
| 종류 | 폴리에틸렌(제3901호)<br>폴리프로필렌(제3902호)<br>폴리스티렌(제3903호)<br>폴리염화비닐 (제3904호)<br>폴리비닐알코올(제3905호)<br>폴리메틸메타크리레이트(제3906호)<br>플리에스테르(제3907호)<br>폴리아미드(제3908호)<br>(가소성)폴리우레탄(제3909호) | 불포화 폴리에스테르(제3907호) **1**<br>에폭시 수지(제3907호) **1**<br>페놀 수지(제3909호)<br>요소 수지(제3909호)<br>멜라민 수지(제3909호)<br>(경화성)폴리우레탄 수지(제3909호) |

③ 〈주 제2호〉 제외물품

이 류에서 다음 각 목의 것은 제외한다.

가. 제2710호나 제3403호의 조제윤활유

나. 제2712호나 제3404호의 왁스

다. 화학적으로 단일한 유기화합물(제29류)

라. 헤파린과 그 염(제3001호)

마. 제3901호부터 제3913호까지의 생산품으로 구성된 용액(콜로디온은 제외한다)으로서 휘발성 유기용제의 중량이 용액 전 중량의 100분의 50을 초과하는 것(제3208호)과 제3212호의 스탬프용 박 **1**

바. 제3402호의 유기계면활성제나 이들의 제품

사. 런검이나 에스테르검(제3806호)

아. 조제첨가제[광물유(가솔린을 포함한다)나 광물유와 동일한 목적에 사용하는 그 밖의 액체용의 것(제3811호)]

자. 폴리글리콜·실리콘이나 그 밖의 제39류 중합체를 기본재료로 한 조제 유압액(제3819호)

차. 플라스틱의 이면에 진단용·실험용 시약을 붙인 것(제3822호) **1**

카. 제40류의 합성고무나 이들의 제품

타. 안장과 굴레(제4201호), 제4202호의 트렁크·슈트케이스·핸드백이나 그 밖의 용기 **1**

파. 제46류의 조물·지조세공물이나 그 밖의 물품

하. 제4814호의 벽 피복재

거. 제11부의 물품(방직용 섬유의 제품)

너. 제12부의 물품(**예** 신발류·모자류·우산·양산·지팡이·채찍·승마용 채찍과 이들의 부분품)

더. 제7117호의 모조신변장식용품 **1**

러. 제16부의 물품(**예** 기계류나 전기기기류)

머. 제17부의 항공기나 차량의 부분품

버. 제90류의 물품(**예** 광학소자·안경테·제도기) **1**

서. 제91류의 물품(**예** 시계케이스)

어. 제92류의 물품(**예** 악기류나 이들의 부분품)

저. 제94류의 물품(**예** 가구·조명기구·조명용 사인·조립식 건축물) **1**

처. 제95류의 물품(**예** 완구·게임용구·운동용구) **1**

커. 제96류의 물품(**예** 브러시·단추·슬라이드파스너·빗·흡연용 파이프의 마우스피스와 자루·시가렛홀더나 이와 유사한 것·진공플라스크나 이와 유사한 것의 부분품·펜·프로펠링펜슬 및 일각대·양각대·삼각대와 이와 유사한 물품)

> 플라스틱의 모노필라멘트와 스트립은 각각 횡단면의 치수(1mm 기준)와 시폭(5mm 기준)에 따라 제39류 또는 제54류에 분류된다. **1**

④ 〈주 제3호〉 합성 플라스틱의 분류기준

제3901호부터 제3911호까지는 화학적인 합성으로 제조된 물품으로서 다음 각 목의 범주로 한정하여 적용된다.

가. 섭씨 300도(감압증류법으로 증류한 경우에는 1,013밀리바로 환산한 온도)에서 유출된 용량이 전 용량의 100분의 60 미만인 액체 상태의 합성폴리올레핀(제3901호·제3902호)

나. 고중합체가 아닌 쿠마론-인덴계 수지(제3911호)

다. 평균 5량체 이상의 그 밖의 합성중합체

라. 실리콘수지(제3910호)

마. 레졸(제3909호)과 그 밖의 프리폴리머

⑤ 〈주 제4호〉 공중합체의 정의 및 분류기준

　㉠ "공중합체"란 단일 단량체 단위가 구성 중합체 전 중량의 100분의 95 이상의 중량비를 가지지 않은 모든 중합체를 말한다. **4**

　㉡ 이 류의 공중합체(공중합축합체 · 공중합부가체 · 블록공중합체 · 그라프트공중합체를 포함한다)와 혼합 중합체는 문맥상 달리 해석되지 않는 한 최대 중량의 공단량체 단위가 해당하는 호로 분류한다.

　㉢ **1** 이 경우 동일 호로 분류되는 중합체의 공단량체 단위를 단일 공중합체를 구성하는 것으로 본다. **1**

　㉣ 만약, 최대 중량단위의 단일 공단량체가 없을 때에는 동일하게 분류 가능한 해당 호 중에서 마지막 호로 분류한다. **1**

　예시 **공중합체와 혼합중합체의 품목분류**

1. 프로필렌단량체단위 96%와 에틸렌단량체단위 4%로 이루어진 혼합 중합체는 단일 단량체(프로필렌)가 전체 중량의 95% 이상이므로 공중합체로 간주하지 않고, 프로필렌의 단일 중합체로 취급한다.

2. 염화비닐–초산비닐 공중합체인 경우에는 염화비닐 공단량체 단위가 최대 중량을 차지하는 경우에는 제3904호로, 초산비닐공단량체 단위가 최대 중량을 차지하는 경우에는 제3905호로 분류한다.

3. 에틸렌 45%, 프로필렌 35%와 이소부틸렌 20%의 공단량체 단위로 구성되는 공중합체는 제3902호로 분류한다. 프로필렌과 이소부틸렌의 단량체는 제3902호에 해당하며, 이를 합하면 55%로 에틸렌 단량체(제3901호) 단위보다 중량이 많기 때문이다.

4. 에틸렌 중합체(제3901호) 25%, 프로필렌 중합체(제3902호) 25%, 스티렌중합체(제3903호) 25%와 폴리우레탄(제3909호) 25%로 구성된 혼합 중합체는 최대중량을 차지하는 것이 없으므로 동일하게 분류 가능한 해당 호 중 마지막 호(제3909호)에 분류한다.

⑥ 〈주 제5호〉 화학적으로 변성한 중합체의 분류기준

화학적으로 변성한 중합체(주중합체 사슬에 단지 부속되어 있는 부분이 화학반응으로 변화된 것으로 한정한다)는 변성되지 않은 중합체의 해당 호로 분류한다. 다만, 이 규정은 그라프트공중합체에는 적용하지 않는다. **2**

⑦ 〈주 제6호〉 일차제품

제3901호부터 제3914호까지에서 "일차제품"은 다음 각 목의 형태인 것에만 적용한다.

가. 액체와 페이스트[분산물(에멀션 · 서스펜션)과 용액을 포함한다] **4**

나. 불규칙한 모양의 블록·럼프·가루(몰딩 가루를 포함한다)·알갱이·플레이크와 이와 유사한 벌크 모양 **5**

⑧ 〈주 제7호〉 제3915호의 제외물품

제3915호에서는 일차제품으로 변형된 단일 열가소성 물질의 웨이스트·페어링·스크랩은 제외한다(제3901호부터 제3914호까지). **6**

> 제3915호에는 귀금속이나 귀금속화합물을 포함하는 플라스틱의 웨이스트·페어링·스크랩으로서 주로 귀금속의 회수에 사용하는 종류의 것도 제외한다(제7112호).

⑨ 〈주 제8호〉 관·파이프·호스

제3917호의 "관·파이프·호스"란 보통 가스나 액체를 운반하는 데 사용되는 중공의 제품(반제품이나 완제품인지에 상관없다)을 말한다. 다만, 내부 횡단면의 모양이 원형·타원형·직사각형(길이가 폭의 1.5배를 초과하지 않은 것으로 한정한다)이나 정다각형의 모양이 아닌 것은 관·파이프·호스로 볼 수 없고 형재로 본다.

⑩ 〈주 제9호〉 플라스틱으로 만든 벽·천장 피복재

제3918호에서 "플라스틱으로 만든 벽 피복재나 천장 피복재"란 벽이나 천장 장식용에 적합한 폭 45센티미터 이상의 롤 모양의 제품으로서 종이 외의 재료에 영구적으로 부착시킨 플라스틱으로 구성되고, 정면 부분의 플라스틱 층이 그레인장식·엠보싱장식·착색·디자인인쇄나 그 밖의 장식으로 된 것을 말한다. **3**

⑪ 〈주 제10호〉 제3920호 및 제3921호의 용어 정의

제3920호와 제3921호에서 "판·시트·필름·박·스트립"이란 판·시트·필름·박·스트립(제54류의 것은 제외한다)과 규칙적인 기하학적 모양의 블록(프린트나 그 밖의 표면가공을 한 것인지에 상관없다)으로서 절단하지 않았거나 정사각형·직사각형으로 절단하되 그 이상의 가공을 하지 않은 것을 말한다(그대로 사용할 수 있는지에 상관없다). **1**

**관련규정** **주요 호 해설 (제3916호)**

모노필라멘트(횡단면의 최대치수가 1mm를 초과하는 것)·막대·스틱·형재를 포함한다. 필라멘트는 용융한 플라스틱을 노즐을 통하여 가늘고 무한히 긴 상태로 만든 것이다. 그러므로 횡단면의 치수가 1밀리미터 이하인 것은 주로 방직용 섬유재료로 사용하며, 용도를 불문하고 제11부(주로 제5404호와 제5405호)로 분류한다. **6**
※ 횡단면 1mm 초과(제3916호, 플라스틱의 모노필라멘트), 횡단면 1mm 이하(제5404호, 합성모노필라멘트)

## 03 고무

## 1. 제40류 고무와 그 제품.

① 호의 용어

| 품목번호 | 품명 |
|---|---|
| 4001 | 천연고무 · 발라타 · 구타페르카 · 구아율 · 치클과 이와유사한 천연 검(일차제품 · 판 · 시트 · 스트립 모양으로 한정한다) |
| 4002 | 합성고무와 기름에서 제조한 팩티스(일차제품 · 판 · 시트 · 스트립 모양으로 한정한다), 제4001호의 물품과 제4002호의 물품과의 혼합물(일차제품 · 판 · 시트 · 스트립 모양으로 한정한다) **1** |
| 4003 | 재생고무(일차제품 · 판 · 시트 · 스트립 모양으로 한정한다) |
| 4004 | 고무의 웨이스트 · 페어링 · 스크랩(경질고무인 것은 제외한다)과 이들의 가루와 알갱이 |
| 4005 | 가황하지 않은 배합고무(일차제품 · 판 · 시트 · 스트립 모양으로 한정한다) |
| 4006 | 가황하지 않은 고무의 그 밖의 모양(**예** 막대 · 관 · 형재)과 제품(**예** 디스크 · 링) |
| 4007 | 고무실과 고무끈(가황한 것으로 한정한다) |
| 4008 | 고무로 만든 관 · 시트 · 스트립 · 막대 · 형재(가황한 것으로 한정하며, 경질고무인 것은 제외한다) |
| 4009 | 고무로 만든 관 · 파이프 · 호스(가황한 것으로 한정하고, 경질고무인 것은 제외하며, 조인트 · 엘보 · 플랜지 등 연결구류가 부착된 것인지에 상관없다) **1** |
| 4010 | 고무로 만든 컨베이어용 · 전동용 벨트와 벨팅(가황한 것으로 한정한다) |
| 4011 | 고무로 만든 공기타이어(신품으로 한정한다) **2** |
| 4012 | 고무로 만든 공기타이어(재생품이나 중고품으로 한정한다), 고무로 만든 솔리드나 쿠션타이어, 타이어 트레드, 타이어 플랩 **1** |
| 4013 | 고무로 만든 이너튜브 |
| 4014 | 고무로 만든 위생용품이나 의료용품(젖꼭지를 포함하며, 경질고무외의 가황한 것으로 한정한다. 다만, 경질고무로 만든 연결구류를 부착한 것인지에 상관없다) **1** |
| 4015 | 고무로 만든 의류와 의류 부속품(장갑, 벙어리장갑을 포함하고, 경질고무 외의 가황한 것으로 한정하며, 어떤 용도인지는 상관없다) **1** **예시** 고무장갑 |
| 4016 | 가황한 고무와 그 밖의 제품(경질고무로 만든 것은 제외) **예시** 고무튜브, 고무망치, 고무지우개 |
| 4017 | 각종 모양의 경질고무(**예** 에보나이트, 각종 모양의 웨이스트와 스크랩을 포함한다)와 경질고무의 제품 |

② 〈주 제1호〉 고무의 정의

이 표에서 "고무"란 문맥상 달리 해석되지 않는 한 천연고무 · 발라타 · 구타페르카, 구아율, 치클, 이와 유사한 천연 검 · 합성고무 · 기름으로부터 제조한 팩티스와 이들의 재생품(가황한 것인지 또는 경질의 것인지에 상관없다)을 말한다. **3**

③ 〈주 제2호〉 제외물품

이 류에서 다음 각 목의 것은 제외한다.

가. 제11부의 물품(방직용 섬유와 그 제품)

나. 제64류의 신발류와 그 부분품 **1**

다. 제65류의 모자류(수영모를 포함한다)와 그 부분품 **4**

라. 제16부의 기계류나 전기기기와 이들의 부분품(모든 전기용품을 포함한다)으로서 경질고무로 만든 것 **4**

마. 제90류 · 제92류 · 제94류 · 제96류의 물품

바. 제95류의 물품(운동용 장갑, 벙어리장갑과 제4011호부터 제4013호까지의 물품은 제외한다) **2**

④ 〈주 제3호〉 일차제품의 정의

제4001호부터 제4003호까지, 제4005호에서 "일차제품"은 다음 각목의 형태인 것만을 적용한다.

가. 액체 상태와 페이스트상태의 물품[라텍스(프리–벌커나이즈된것인지에 상관없다)]과 그 밖의 분산액과 용액을 포함한다] **1**

나. 불규칙한 모양의 블록 · 럼프 · 베일 · 가루 · 알갱이 · 부스러기와 이와 유사한 벌크모양 **2**

⑤ 〈주 제4호〉 합성고무의 정의

이 류의 주 제1호와 제4002호에서 "합성고무"란 다음 각목의 것을 말한다.

가. 황으로써 가황하여 비열가소성 물질로 변형되어 원상태로의 회복이 불가능하게 되고, 섭씨 18도와 29도 사이의 온도에서 원래의 길이의 3배로 늘려도 끊어지지 않고, 원래의 길이의 2배로 늘린 후 5분 이내에 원래의 길이의 1.5배 이하로 되돌아가는 포화 합성물질(이 시험에서 가황활성제나 가황촉진제와 같은 가교에 필요한 물질이 첨가되어 질 수 있다. 주 제5호 나목의 2)와 3)에 규정된 물질은 첨가될 수 있으나, 증량제 · 가소제 · 충전제와 같이 가교에 불필요한 물질은 첨가할 수 없다) **6**

나. 티오플라스트(티엠)

다. 플라스틱과 그라프팅이나 혼합으로 변성된 천연고무, 해중합된 천연고무, 포화 합성고중합체와 불포화 합성물질의 혼합물(가목의 가황 · 늘림 · 복원성에 관한 요건에 해당하는 것으로 한정한다)

 **해설**

가황한(vulcanized) 고무란 일반적으로 황이나 그 밖의 가황제로 가교처리한 고무(합성고무를 포함한다)를 말한다. **1**

⑥ 〈주 제6호〉 고무 웨이스트 등의 정의

제4004호에서 "고무의 웨이스트 · 페어링 · 스크랩"이란 고무의 제조나 가공공정에서 발생하는 것과 절단 · 마모나 그 밖의 이유로 명백히 고무물품으로서는 사용할 수 없는 것을 말한다. **1**

⑦ 〈주 제7호〉 가황한 고무만으로 된 실의 분류기준

가황한 고무만으로 된 실로서 횡단면의 치수가 5밀리미터를 초과하는 것은 제4008호의 스트립·막대·형재로 분류한다. **1**

> 횡단면의 치수가 5밀리미터 이하인 것은 제4007호(고무실과 고무 끈)로 분류한다. **1**

⑧ 〈주 제8호〉 제4010호의 컨베이어용·전동용 벨트와 벨팅 분류범위

제4010호의 컨베이어용·전동용 벨트와 벨팅에는 고무를 침투·도포·피복하거나 적층한 방직용 섬유의 직물류로 제조한 것과 고무를 침투·도포·피복하거나 시드한 방직용 섬유의 실이나 끈으로 제조한 것을 포함한다. **2**

⑨ 〈주 제9호〉 판·시트·스트립과 막대 및 형재의 분류범위

제4001호·제4002호·제4003호·제4005호·제4008호에서 판·시트·스트립은 절단하지 않았거나 단순히 직사각형(정사각형을 포함한다)으로 절단만 하고 그 이상의 가공을 하지 않은 판·시트·스트립과 규칙적인 기하학적 모양의 블록으로 한정한다(제품으로서의 특성을 지니고 있는 것인지 또는 프린트나 그 밖의 표면 가공을 한 것인지에 상관없다). 제4008호에서 막대와 형재는 일정한 길이로 절단한 것인지 또는 표면가공 한 것인지는 상관없으나 그 밖의 가공을 하지 않은 것으로 한정한다.

# [04] 섬유와 신발

## 01 섬유

### 👤 해설 섬유의 구분

섬유는 그 생성과정에 따라 천연섬유와 인조섬유로 나뉜다. 천연섬유에는 동물성 섬유(예 견, 울) · 식물성 섬유 (예 면 · 마와 같은 종자섬유, 인피섬유)와 광물성 섬유(예 석면)가 있다. 다만, 광물성 섬유는 제11부에서는 제외되어 제25류나 제68류와 제70류나 제90류(광섬유)로 분류한다. 인조섬유는 유기섬유와 무기섬유로 대별할 수 있다. 유기섬유에는 합성섬유와 재생 및 반합성섬유로 나누어진다. 무기섬유에는 금속섬유(예 금사 · 은사 · 구리사) · 록울(암석섬유) · 탄소섬유 · 유리섬유 등이 있다. 무기섬유는 제11부의 천연섬유나 유기섬유와 결합되어 있는것은 제외하고, 각각 해당하는 류로 분류한다. 또한 섬유의 길이에 따라 구분하면 장섬유와 단섬유로 나뉜다. 장섬유는 필라멘트라 하고 단섬유는 스테이플이라 한다.

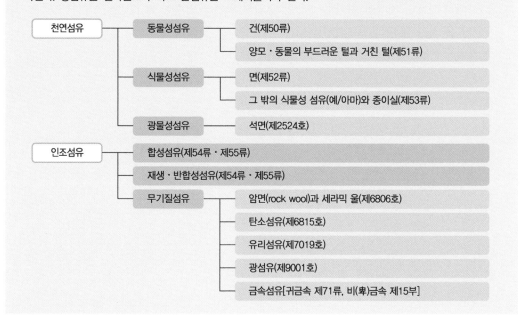

## 1. 제11부 방직용섬유와 그 제품

### ① 〈주 제1호〉 제외물품

이 부에서 다음 각 목의 것은 제외한다.

가. 브러시 제조용 동물의 털(제0502호), 말의 털과 말의 털의 웨이스트(제0511호)

나. 사람 머리카락과 사람 머리카락으로 된 제품(제0501호 · 제6703호 · 제6704호). 다만, 일 반적으로 착유기나 이와 유사한 기계에 사용하는 여과포(제5911호)는 제외한다.

다. 제14류의 면 린터나 그 밖의 식물성 재료 **1**

라. 제2524호의 석면, 제6812호 · 제6813호의 석면제품이나 그 밖의 제품

마. 제3005호 · 제3006호의 물품, 치아 사이를 청결하게 하는 데 사용되는 실로서 개별 소매용으로 포장한 것[치실](제3306호) **1**

바. 제3701호부터 제3704호까지의 감광성 방직용 섬유의 직물류 **1**

사. 플라스틱으로 만든 모노필라멘트로서 횡단면의 치수가 1밀리미터를 초과하는 것, 시폭이 5밀리미터를 초과하는 플라스틱으로 만든 스트립이나 이와 유사한 것(**예** 인조 스트로)(제 39류), 이들 모노필라멘트나 스트립으로 만든 편조물 · 직물 · 그 밖의 바구니 세공물과 지 조세공물(제46류)

---

**제5404호와 제5405호의 플라스틱제 모노필라멘트와 스트립의 분류기준**

플라스틱제 모노필라멘트

제11부 ← 이하 — <횡단면> — 초과 → 제39류 — 직조 → 제46류
1mm

플라시틱제 스트립

제11부 ← 이하 — <시폭> — 초과 → 제39류 — 직조 → 제46류
5mm

---

아. 플라스틱을 침투시키거나 도포하거나 피복하거나 적층한 직물 · 메리야스 편물이나 뜨개질 편물 · 펠트 · 부직포와 이들의 제품으로서 제39류에 해당하는 것

자. 고무를 침투시키거나 도포하거나 피복하거나 적층한 직물 · 메리야스 편물이나 뜨개질 편물 · 펠트 · 부직포와 이들의 제품으로서 제40류에 해당하는 것

차. 털을 제거하지 않은 원피와 모피(제41류 · 제43류), 제4303호나 제4304호에 해당하는 모피 제품 · 인조 모피와 그 제품 **1**

카. 제4201호나 제4202호의 방직용 섬유재료의 제품

타. 제48류의 물품이나 제품(**예** 셀룰로오스워딩)

파. 제64류의 신발류와 그 부분품 · 각반이나 이와 유사한 물품

하. 제65류의 헤어네트 · 모자류와 그 부분품 **1**

거. 제67류의 물품

너. 연마 재료를 도포한 방직용 섬유재료(제6805호), 제6815호의 탄소섬유와 탄소섬유의 제품 **1**

더. 유리섬유와 그 제품(육안으로 식별이 가능한 바탕천 위에 유리섬유사로 자수한 것은 제외한다)(제70류) **3**

러. 제94류의 물품(**예** 가구 · 침구 · 조명기구)

머. 제95류의 물품(**예** 완구 · 게임용구 · 운동용구와 망)

버. 제96류의 물품[**예** 브러시 · 바느질용 여행세트 · 슬라이드파스너와 타자기용 리본 · 위생 타월(패드)과 탐폰 · 냅킨(기저귀)과 냅킨 라이네]

서. 제97류의 물품

② 〈주 제2호〉 혼방직물과 실의 분류기준

가. 제50류부터 제55류까지 · 제5809호나 제5902호로 분류되는 물품으로서 두 가지 이상의 방직용 섬유재료로 구성된 물품은 구성하는 방직용 섬유 중 최대중량을 차지하는 것으로 된 물품으로 분류한다. 구성하는 방직용 섬유 중 최대중량을 차지하는 섬유가 없을 경우에는 동일하게 분류가 가능한 호 중에서 가장 마지막 호에 해당하는 물품으로 분류한다. **9**

나. 가목을 적용하는 경우 다음에서 정하는 바에 따른다.

1) 짐프한 말의 털로 만든 실(제5110호)과 금속드리사(제5605호)는 하나의 방직용 섬유재료로 보며, 그 중량은 이를 구성하는 중량의 합계에 따른다. **3** 또한 직물의 분류에서는 직물의 일부를 구성하는 금속사도 방직용 섬유재료로 본다. **2**

2) 해당 호의 결정은 우선 류를 결정한 후, 그 류에 속하는 적절한 호를 결정하여야 하며, 해당 류로 분류되지 않는 재료는 고려하지 않는다. **2**

3) 제54류와 제55류는 그 밖의 다른 류와의 관계에서 하나의 류로 본다. **6**

4) 동일한 류나 호에 해당하는 서로 다른 방직용 섬유재료는 그 밖의 다른 류나 호와의 관계에서 하나의 방직용 섬유재료로 본다. **2**

다. 가목과 나목은 주 제3호부터 주 제6호까지에서 규정한 실에도 적용한다.

---

**둘 이상의 상이한 직물의 조직으로 조성된 제품(제5811호의 제품은 제외한다)의 분류**

① 둘 이상의 상이한 직물이 봉재, 고무층 등에 의하여 층을 이루고 조합된 경우에는 통칙 제3호의 규정에 따라 분류한다.

② 제11부 주 제2호의 규정은 제품의 전체를 고려하여 분류하는데 있어서 직물 내에서 최대중량을 차지하는 방직용 섬유재료를 결정하는데 필요한 경우에만 적용된다.

③ 제11부 주 제2호의 규정은 방직용 섬유재료와 비섬유재료로 조성된 혼합물품에 대하여도 적용하는데 다만, 이 표의 통칙에 의거 방직용 섬유 제품으로 분류되는 경우에 한정한다.

**예시** 둘 이상의 방직용 섬유 또는 직물의 분류 기준(사례)

1. 합성스테이플 섬유 40%, 코움한 양모 35%, 코움한 동물의 부드러운 털(섬수모) 25%로 직조한 직물

 **해설**

제51류인 양모와 동물의 부드러운 털(섬수모)의 합이 60%로 최대중량을 차지하므로 제5112호로 분류한다. 제51류에 속하는 양모와 동물의 부드러운 털(섬수모)의 중량을 합산하므로 제5515호(그 밖의 합성스테이플섬유의 직물)로 분류하지 않다. [제11부 주 제2호나목 (4)]

2. 면 40%, 반합성스테이플 섬유 30%, 합성스테이플 섬유 30%로 직조한 직물(1평방미터당 중량 210g)

 **해설**

① 제55류의 반합성스테이플섬유와 합성스테이플섬유의 합이 60%로 최대중량을 차지하므로 제55류로 분류한다. (면이 40%이므로 제52류로 분류하지 않는다)
② 제55류에서는 제5514호(합성스테이플섬유의 중량이 전 중량의 85% 미만이고, 주로 면과 혼방한 것으로서 1평방미터중량이 170그램을 초과하는 합성스테이플 섬유직물)에 분류하지 않고, 제5516호(재생이나 반합성스테이플 섬유직물)로 분류한다. (제11부 주 제2호가목)

3. 아마 35%, 황마 25%, 면 40%의 염색한 혼방직물

**해설**

① 제53류의 아마와 황마의 합이 60%로 최대중량을 차지하므로 제53로 분류한다. (면이 40%이므로 제52류에 분류하지 않는다)
② 제53류의 아마와 황마 중 아마가 최대중량을 차지하므로 제5309호에 분류한다. (제11부 주 제2호가목)

4. 합성필라멘트 섬유 35%, 합성스테이플 섬유 25%, 코움한 동물의 부드러운 털 40%로 직조된 직물

 **해설**

합성필라멘트 섬유와 합성스테이플 섬유의 합이 60%이다. 그 중 최대중량을 차지하는 합성필라멘트 섬유가 분류되는 제54류로 분류한다. 코움한 동물의 부드러운 털(섬수모)이 40%이므로 제51류로 분류하지 않는다. [제11부 주 제2호나목 (3)]

5. 면 55%, 인조섬유 22%, 양모 21%, 견 2%로 직조된 1평방미터당 중량이 200그램 이하인 직물

 해설

면이 최대 중량을 차지하므로 제52류에 분류된다. 추가적으로 해당 호는 제5212호(그 밖의 면직물)로 분류하지 않고, 제5210호(면의 함유량이 전 중량의 85% 미만이고, 주로 인조섬유와 혼방한 것으로서 1평방미터당 중량이 200그램 이하인 것)로 분류한다. 면을 제외한 나머지 섬유(인조섬유 · 양모 · 견) 중에서는 인조섬유가 주로 된 것(최대중량)에 해당하기 때문이다.
※ 양모와 견을 합한 것보다 많아야 된다는 것이 아니라는 것에 유의
※ 상기 분류원칙은 4단위 호의 결정분만 아니라, 6단위 소호의 분류에도 적용된다.

예시 실전기출문제

1. 면사 25%, 종이실 25%, 아마사 25%, 폴리에스테르 필라멘트사 25% ❶
   종이실의 직물과 아마직물은 53류로 분류되어 최대중량(50%)으로 동일하게 분류 가능한 호 중에서 그 순서상 마지막 호인 종이실의 직물에 분류된다(아마직물 제5309호, 종이실의 직물 제5311호).

2. 면 30%, 코움한 동물의 부드러운 털 30%, 아마 10%, 합성스테이플 섬유 15%, 인조 필라멘트 섬유 15%
   제51류의 털 30%, 제52류 면30%, 제54류의 인조필라멘트 15%와 제55류의 합성스테이플 15%는 합산 30%로 3종류 모두 동일한 함량이며, 제54류와 제55류는 같은 중량으로 마지막 분류번호인 제55류에 분류된다.

3. 면 29%, 양모 35%, 합성 필라멘트 18%, 재생 스테이플사 18% − 제5516호
   아마사 18%, 견사 36%, 아크릴 스테이플사 27%, 종이실 19% − 제5311호

4. 코움사 양모사 30%, 종이실 25%, 폴리에스테르필라멘트사 15%, 카드한 토끼털 5%, 아마사 10%, 비스코스레이온스테이플사 15%
   종이실(25%)과 아마사(10%)는 모두 제53류에 분류되므로 합하면 35%가, 또한 코움한 양모사(30%)와 카드한 토끼털(5%)는 모두 제51류에 분류되므로 합하면 35%가 되지만 제53류가 최종의 류가 되고 제53류에서 종이실이 최대 중량을 차지하므로 제5311호에 분류된다.

5. 합성스테이플 섬유 40%, 코움한 양모 35%, 코움한 동물의 부드러운 털(섬수모) 25%로 직조한 직물은 제5112호로 분류된다.

6. 면 40%, 반합성스테이플 섬유 30%, 합성스테이플 섬유 30%로 직조한 직물(1평방미터 중량은 210그램)은 제5516호로 분류된다.

7. 아마 35%, 황마 25%, 면 40%의 염색한 혼방직물은 제5309호로 분류된다.

8. 합성필라멘트 섬유 35%, 합성스테이플 섬유 25%, 코움한 동물의 부드러운 털(섬수모) 40%로 직조한 직물은 제54류로 분류된다.

⑤ 〈주 제5호〉 재봉사

"재봉사"란 다음 각 목의 요건에 모두 해당하는 복합사(연합사)나 케이블사를 말한다. **1**

　가. 실패(**예** 릴·튜브)에 감은 실로서 한 개의 중량(실패의 중량을 포함한다)이 1천그램 이하인
　　것 **3**

　나. 재봉사로 사용되는 드레스한 실 **2**

　다. 최종꼬임이 "제트"꼬임인 실 **3**

⑥ 〈주 제6호〉 강력사

　이 부에서 "강력사"란 강도를 가지고 있는 실을 말하며, 센티뉴턴/텍스로 표시되는 강도가 다
　음 각 목의 것보다 커야 한다.

　가. 나일론·폴리아미드·폴리에스테르의 단사 : 60센티뉴턴/텍스

　나. 나일론·폴리아미드·폴리에스테르의 복합사(연합사)나 케이블사 : 53센티뉴턴/텍스

　다. 비스코스레이온의 단사·복합사(연합사)·케이블사 : 27센티뉴턴/텍스 **1**

⑦ 〈주 제7호〉 제품으로 된 것

　이 부에서 "제품으로 된 것"이란 다음 각 목의 것을 말한다.

　가. 정사각형이나 직사각형 외의 모양으로 재단한 물품 **1**

 해설

정사각형이나 직사각형으로 가공된 것은 추가적인 가공이 없이 최종 제품에 사용하더라도 특별한 규정이 없는
한 방직용 섬유의 종류에 따라 제50류부터 제55류까지나 경우에 따라 제56류부터 제60류에 분류한다. 이러한
분류원칙은 방직용 섬유재료 분만 아니라 플라스틱·고무·목재·종이·금속 등에도 같은 원칙이 적용된다.

직사각형 모양의 메리야스 편물이나 뜨개질 편물은 제품으로 보지 않고, 특별한 규정이 없는 한 섬유의
종류에 따라 제50류부터 제55류까지 경우에 따라 제56류부터 제60류까지 분류한다. **2**

　나. 봉제나 그 밖의 가공 없이 완제품으로 사용할 수 있는 것이나 간사를 절단함으로써 단지 분
　　리만 하여 사용할 수 있는 것(**예** 더스터·타월·탁상보·정사각형 스카프·모포) **4**

　다. 일정한 크기로 재단한 물품으로서, 최소한 하나의 가장자리를 눈에 뜨일 정도로 끝을 가늘
　　게 하거나 압착하여 열봉합하고, 다른 가장자리들은 이 주의 그 밖의 다른 목에서 규정한
　　대로 처리를 한 것(열 절단이나 그 밖의 간단한 방법으로 그 절단된 가장자리가 풀리지 않도
　　록 된 직물은 제외한다) **2**

　라. 가장자리를 접어 감치거나 단을 댄 물품이나 가장자리에 결절술을 댄 물품(직물의 절단된
　　가장자리를 감치거나 그 밖의 단순한 방법으로 풀리지 않도록 한 것은 제외한다) **2**

　마. 일정한 크기로 재단한 물품으로서 드로온 드레드워크를 한 것 **2**

바. 봉제ㆍ풀칠ㆍ그 밖의 방법으로 이어붙인 물품[동종의 직물류를 두 가지 이상 끝과 끝을 이어 붙인 천과 두 가지 이상의 직물류를 적층하여 만든 천(속을 채운 것인지에 상관없다)은 제외한다] **1**

사. 특정 모양의 메리야스 편물이나 뜨개질 편물(분리된 부분이나 특정 길이의 여러 모양으로 제시되었는지에 상관없다) **1**

⑧ 〈주 제8호〉 제50류부터 제60류 분류기준

제50류부터 제60류까지는 다음 각 목에서 정하는 바에 따른다.

가. 제50류부터 제55류까지와 제60류와 문맥상 달리 해석되지 않는 한 제56류부터 제59류까지는 주 제7호의 물품을 적용하지 않는다.

나. 제50류부터 제55류까지와 제60류는 제56류부터 제59류까지의 물품을 적용하지 않는다.

⑨ 〈주 제13호〉 탄성사

이 부와 이 표에서 "탄성사"란 합성섬유로 만든 필라멘트사(모노필라멘트를 포함하며 텍스처드사는 제외한다)로서 원래의 길이의 3배로 늘려도 끊어지지 않고, 원래의 길이의 2배로 늘린 후 5분 이내에 원래의 길이의 1.5배 이하로 되돌아가는 실을 말한다. **2**

⑩ 〈주 제14호〉 소매용 세트의 분류기준

1) 문맥상 달리 해석되지 않는 한 각각 서로 다른 호로 분류되는 방직용 섬유의 의류는 소매용 세트도 각각 해당하는 호로 분류한다. **3**

2) 이 주에서 "방직용 섬유의 의류"란 제6101호부터 제6114호까지와 제6201호부터 제6211호까지의 의류를 말한다. **1**

3) 〈주 제15호〉 전자적 구성요소를 장착한 의류의 분류기준

제11부 주 제1호를 제외하고, 방직용 섬유ㆍ의류ㆍ그 밖의 방직용 섬유제품으로서 부가적인 기능을 위해 화학적ㆍ기계적ㆍ전자적 구성요소를 장착한 것은 제11부의 해당 호에 분류한다(붙박이로 된 것이든 섬유나 직물 내에 결합된 것이든 상관없다). 다만, 이들이 이 부에 해당하는 물품의 본질적인 특성을 갖고 있는 것에 한정한다.

예시 WCO 사례 – 여성용 투피스 의류[소매용 세트로 된 여성용 의류(상ㆍ하의)]

1. 제품설명

소매용 세트로 된 경편직물(폴리에스테르 87%, 엘라스틴 13%)로 만들어진 긴 소매의 여성용 상의와 발목까지 내려오는 여성용 하의이다. **1**

2. 사례해설

여성용 긴소매 상의를 제6109호, 하의를 제6104호로 각각 결정한 사례이다.

① 제6109호에는 "티셔츠ㆍ싱글리트와 그 밖의 조끼(메리야스 편물이나 뜨개질 편물로 한정한다)"가 분류된다.

② 제6104호에는 "여성용이나 소녀용 슈트·앙상블·재킷·블레이저·드레스·스커트·치마바지·긴바지·가슴받이와 멜빵이 있는 바지·짧은 바지·반바지(메리야스 편물이나 뜨개질 편물로 한정하며, 수영복은 제외한다)"이 분류된다.

③ 관세율표 제11부 주 제14호에는 "문맥상 달리 해석되지 않는 한 각각 서로 다른 호로 분류되는 방직용 섬유의 의류는 소매용 세트도 각각 해당하는 호로 분류한다."라고 설명하고 있으므로 제6109호로 분류하는 여성용 긴팔 티셔츠와 긴바지가 소매용 세트로 함께 제시된다 하더라도 제6104호에 분류한다.

④ 따라서, 본 물품은 소매용 세트로 함께 제시되는 여성용 긴소매 상의와 하의로서 상하의 각각 해당하는 호인 제6109호와 제6104호에 분류한다

### 섬유의 약어

- 제50류 : 견
- 제51류 : 모
- 제52류 : 면
- 제53류 : 마
- 제54류 : 필
- 제55류 : 스

## 2. 제50류 견

### 🧑‍🏫 해설

이 류에서 호는 섬유를 우선 배열하고, 이어서 실과 직물을 배열하는 순서로 되어 있다. 이러한 배열순서는 제51류부터 제55류까지도 같은 방법을 따른다.

### ① 호의 용어

| 품목번호 | 품명 |
|---|---|
| 5001 | 누에고치(생사를 뽑는 데에 적합한 것으로 한정한다) ☐ |
| 5002 | 생사(꼰 것은 제외한다) |
| 5003 | 견 웨이스트(생사를 뽑는 데에 적합하지 않은 누에고치·실 웨이스트와 가닛스톡을 포함한다) |
| 5004 | 견사(견 웨이스트로 만든 견방사와 소매용은 제외한다) |
| 5005 | 견방사(견 웨이스트로 한정하며, 소매용은 제외한다) |
| 5006 | 견사·견방사(소매용으로 한정한다), 누에의 거트 |
| 5007 | 견직물(견 웨이스트의 것을 포함한다) |

## 3. 제51류 양모 · 동물의 부드러운 털이나 거친 털 · 말의 털로 만든 실과 직물

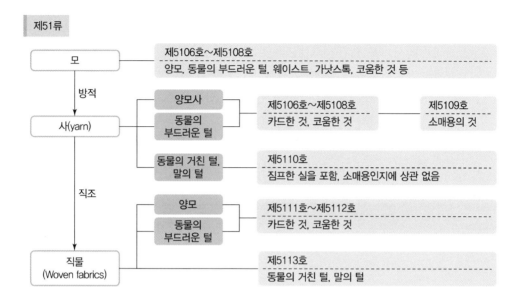

### ① 호의 용어

| 품목번호 | 품명 |
|---|---|
| 5101 | 양모(카드하지도 코움하지도 않은 것으로 한정한다) |
| 5102 | 동물의 부드러운 털이나 거친 털(카드하지도 코움하지도 않은 것으로 한정한다) [1] |
| 5103 | 양모 · 동물의 부드러운 털이나 거친 털의 웨이스트(실의 웨이스트를 포함하며, 가닛스톡은 제외한다) |
| 5104 | 양모 · 동물의 부드러운 털이나 거친 털의 가닛스톡 |
| 5105 | 양모 · 동물의 부드러운 털이나 거친 털(카드하거나 코움한 것으로 한정하며, 코움한 단편 모양의 양모를 포함한다) [1] |
| 5106 | 카드한 양모사(소매용은 제외한다) |
| 5107 | 코움한 양모사(소매용은 제외한다) |
| 5108 | 동물의 부드러운 털로 만든 실(카드하거나 코움한 것으로 한정하며, 소매용은 제외한다) |
| 5109 | 양모사나 동물의 부드러운 털로 만든 실(소매용으로 한정한다) |
| 5110 | 동물의 거친 털로 만든 실이나 말의 털로 만든 실(짐프한 말의 털로 만든 실을 포함하며, 소매용인지에 상관없다) |
| 5111 | 직물(카드한 양모나 동물의 부드러운 털로 만든 것으로 한정한다) |
| 5112 | 직물(코움한 양모나 동물의 부드러운 털로 만든 것으로 한정한다) |
| 5113 | 직물(동물의 거친 털이나 말의 털의 것으로 한정한다) |

**해설 카드와 코움**

① '카드'란 섬유를 톱니모양의 금속제 선이 감긴 큰 실린더 표면에 공급해서 그 위에 장치된 롤러 표면의 톱니모양의 칼끝이나 캐터필러모양으로 연결된 플랫에 고정시킨 침포로 빗질하여, 섬유를 한 올씩 분리하면서 평행하고 곧게 펴는 공정을 말한다. **1**

② '코움'은 침포로 섬유를 빗질하여 완전히 평행하게 펴고, 짧은 섬유나 섬유의 작은 덩어리 나 잡물을 제거하는 공정이다. **1** 슬리버 속에 단섬유가 남아 있으면 나중에 드래프트공정에서 얼룩이 생기기 쉬우며, 네프 · 잡물은 실의 품질을 저하시키므로 견 · 울 · 면 등에서는 고급 실을 만드는 경우에 거치는 공정이다. 소모방적에서는 모두 코움공정을 거치고 있으나 방모방적에서는 이 공정을 하지 않는다.

② 〈주 제1호〉 용어의 정의

이 표에서 다음 각 목의 용어는 다음에서 정하는 바에 따른다.

가. "양모"란 양이나 어린 양의 천연섬유를 말한다. **3**

나. "동물의 부드러운 털"이란 알파카 · 라마 · 비큐나 · 낙타(단봉낙타를 포함한다) · 야크 · 앙고라 · 티베탄 · 캐시미르나 이와 유사한 산양(보통의 산양은 제외한다) · 토끼(앙고라토끼를 포함한다) · 산토끼 · 비버 · 뉴트리아 · 사향뒤쥐의 털을 말한다. **1**

다. "동물의 거친 털"이란 위에서 언급하지 않은 동물의 털을 말하며, 브러시 제조용 동물의 털(제0502호)과 말의 털(제0511호)은 제외한다. **3**

# 4. 제52류 면

 **해설**

면은 목화나 면화의 섬유을 모아 솜이나 실을 만들고 이를 이용하여 각종 면제품을 만들게 된다. 다만, 섬유의 길이가 0.5센티미터 미만인 것은 방적용에 적합하지 않으며, 이를 면린터라 하여 제1404호로 분류한다는 점에 유의하여야 한다.

① 호의 용어

| 품목번호 | 품명 |
|---|---|
| 5201 | 면(카드하지도 코움하지도 않은 것으로 한정한다) |
| 5202 | 면 웨이스트(실 웨이스트와 가닛스톡을 포함한다) |
| 5203 | 면(카드하거나 코움한 것으로 한정한다) |
| 5204 | 면 재봉사(소매용인지에 상관없다) |
| 5205 | 면사(면의 함유량이 전 중량의 100분의 85이상인 것으로 한정하며, 재봉사와 소매용은 제외한다) |
| 5206 | 면사(면의 함유량이 전 중량의 100분의 85미만인 것으로 한정하며, 재봉사와 소매용은 제외한다) |
| 5207 | 면사(재봉사는 제외하며 소매용으로 한정한다) **1** |
| 5208 | 면직물(면의 함유량이 전 중량의 100분의 85 이상인 것으로서 1제곱미터당 중량이 200그램 이하인 것으로 한정한다) |
| 5209 | 면직물(면의 함유량이 전 중량의 100분의 85 이상인 것으로서 1제곱미터당 중량이 200그램을 초과하는 것으로 한정한다) |

| | |
|---|---|
| 5210 | 면직물(면의 함유량이 전 중량의 100분의 85미만이고 주로 인조섬유와 혼방한 것으로서 1제곱미터당 중량이 200그램 이하인 것으로 한정한다) |
| 5211 | 면직물(면의 함유량이 전 중량의 100분의 85미만이고 주로 인조섬유와 혼방한 것으로서 1제곱미터당 중량이 200그램을 초과하는 것으로 한정한다) |
| 5212 | 그 밖의 면직물 |

## 5. 제53류 그 밖의 식물성 방직용 섬유 · 종이실과 종이실로 만든 직물

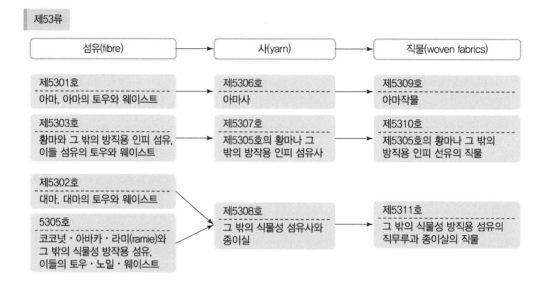

 해설

이 류에서 '그 밖의 식물성 방직용 섬유'란 제52류의 면을 제외한 것으로서 아마 · 대마 · 황마 · 코코넛 · 아바카 등의 식물성 섬유를 말한다. 제5308호의 종이실은 종이를 꼬거나 감아서 만든 것으로 한정하며, 단순히 접어놓은 것은 제48류로 분류한다.

① 호의 용어

| 품목번호 | 품명 |
|---|---|
| 5301 | 아마(생것이거나 가공은 하였으나 방적하지 않은 것으로 한정한다), 아마의 토우와 웨이스트(실의 웨이스트와 가닛스톡을 포함한다) [1] |
| 5302 | 대마(생것이거나 가공은 하였으나 방적하지 않은 것으로 한정한다), 대마의 토우와 웨이스트(실의 웨이스트와 가닛스톡을 포함한다) |
| 5303 | 황마와 그 밖의 방직용 인피섬유(아마 · 대마와 라미는 제외하며, 생것이거나 가공은 하였으나 방적하지 않은 것으로 한정한다), 이들 섬유의 토우와 웨이스트(실의 웨이스트와 가닛스톡을 포함한다) |

| 5305 | 코코넛 · 아바카(마닐라마) · 라미와 그 밖의 식물성 방직용 섬유(따로 분류되지 않은 한정하며, 생것이거나 가공은 하였으나 방적하지 않은 것으로 한정한다), 이들의 토우 · 노일 · 웨이스트(실의 웨이스트와 가닛스톡을 포함한다) **1** |
|------|------------------------------------------------------------------------------------------------------------------------------------------------------------|
| 5306 | 아마사 |
| 5307 | 제5303호의 황마나 그 밖의 방직용 인피 섬유사 **1** |
| 5308 | 그 밖의 식물성 섬유사와 종이실 **3** |
| 5309 | 아마직물 |
| 5310 | 제5303호의 황마나 그 밖의 방직용 인피섬유의 직물 |
| 5311 | 그 밖의 식물성 방직용 섬유 직물, 종이실의 직물 |

## 6. 제54류 인조필라멘트, 인조방직용 섬유재료의 스트립과 이와 유사한 것

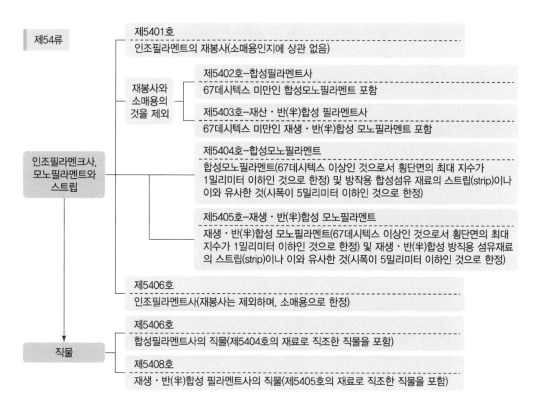

① 호의 용어

| 품목번호 | 품명 |
|---|---|
| 5401 | 인조필라멘트의 재봉사(소매용인지에 상관없다) |
| 5402 | 합성필라멘트사(재봉사와 소매용은 제외하며, 67데시 텍스 미만인 합성모노필라멘트를 포함한다) |
| 5403 | 재생·반합성 필라멘트사(재봉사와 소매용은 제외하며, 67데시텍스 미만의 재생·반합성의 모노필라멘트를 포함한다) |
| 5404 | 합성모노필라멘트(67데시텍스 이상인 것으로서 횡단면의 치수가 1밀리미터 이하인 것으로 한정한다), 방직용 합성섬유재료의 스트립이나 이와 유사한 것(예 인조 스트로)(시폭이 5밀리미터 이하인 것으로 한정한다) |
| 5405 | 재생·반합성 모노필라멘트(67데시텍스 이상인 것으로서 횡단면의 치수가 1밀리미터 이하인 것으로 한정한다), 재생·반합성 방직용 섬유재료의 스트립이나 이와 유사한 것(예 인조 스트로)(시폭이 5밀리미터 이하인 것으로 한정한다) |
| 5406 | 인조필라멘트사(재봉사는 제외하며, 소매용으로 한정한다) |
| 5407 | 합성필라멘트사의 직물(제5404호의 재료로 직조한 직물을 포함한다) |
| 5408 | 재생·반합성 필라멘트사의 직물(제5405호의 재료로 직조한 직물을 포함한다) |

② 〈주 제1호〉 인조섬유의 정의

이 표에서 "인조섬유"란 다음 각 목의 어느 하나에 해당하는 제조 공정에 따라 제조되는 유기중합체의 스테이플섬유나 필라멘트를 말한다.

가. 중합체를 생산하기 위하여 유기단량체의 중합으로 제조한 것(예 폴리아미드·폴리에스테르·폴리올레핀·폴리우레탄)이나 이 과정에서 만들어진 중합체의 화학적 변성으로 제조한 것(예 폴리비닐아세테이트의 가수분해로 제조한 폴리비닐알코올)

나. 구리암모늄레이온(큐프라)·비스코스레이온과 같은 중합체를 제조하기 위하여 천연 유기중합체(예 셀룰로오스)를 용해하거나 화학적 처리로 제조한 것, 셀룰로오스아세테이트·알기네이트와 같은 중합체를 제조하기 위하여 천연 유기중합체 (셀룰로오스카세인과 그 밖의 단백질·알긴산)의 화학적 변성으로 제조한 것

> **TIP**
> • 섬유와 관련하여 사용하는 "합성섬유"와 "재생·반합성섬유"의 정의는 다음과 같다.
>   - 합성섬유 : 가목에서 정의한 섬유
>   - 재생·반합성섬유 : 나목에서 정의한 섬유
> • 제5404호부터 제5405호의 스트립과 이와 유사한 것은 인조섬유로 간주하지 않는다.
> • "인조"·"합성"과 "재생·반합성"이라는 용어는 방직용 섬유재료와 관련하여 사용할 경우 모두 동일한 의미를 가진다.

# 7. 제55류 인조스테이플 섬유

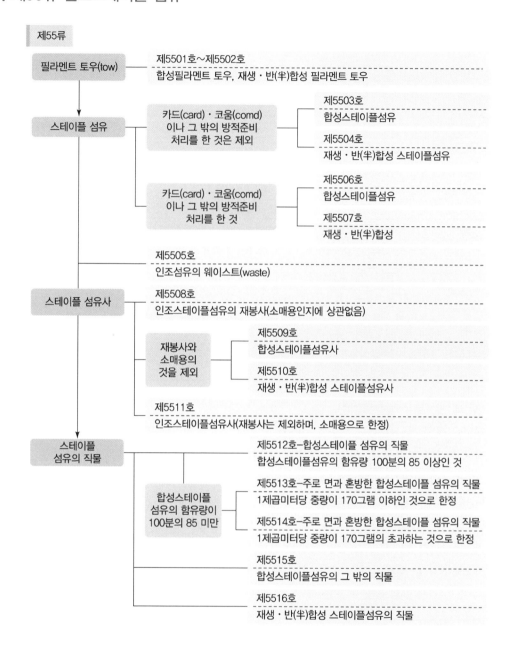

① 호의 용어

| 품목번호 | 품명 |
|---|---|
| 5501 | 합성필라멘트 토우 |
| 5502 | 재생·반합성필라멘트 토우 |
| 5503 | 합성스테이플섬유(카드·코움이나 그 밖의 방적준비 처리를 한 것은 제외한다) **1** |
| 5504 | 재생·반합성스테이플섬유(카드·코움이나 그 밖의 방적준비 처리를 한 것은 제외한다) |
| 5505 | 재생·반합성스테이플섬(카드·코움이나 그 밖의 방적준비 처리를 한 것은 제외한다) |
| 5506 | 합성스테이플섬유(카드·코움이나 그 밖의 방적준비 처리를 한 것으로 한정한다) |
| 5507 | 재생·반합성 스테이플섬유(카드·코움이나 그 밖의 방적준비 처리를 한 것으로 한정한다) **1** |
| 5508 | 인조스테이플섬유의 재봉사(소매 용인지에 상관없다) |
| 5509 | 합성스테이플섬유사(재봉사와 소매 용은 제외한다) |
| 5510 | 재생·반합성스테이플섬유(재봉사와 소매용은 제외한다) |
| 5511 | 인조스테이플섬유사(재봉사는 제외하며, 소매용으로 한정한다) |
| 5512 | 합성스테이플섬유의 직물(합성스테이플섬유의 함유량이 전 중량의 100분의 85이상인 것으로 한정한다) |
| 5513 | 주로 면과 혼방한 합성스테이플섬유의 직물(합성스테이플섬유의 함유량이 전 중량의 100분의 85 미만인 것으로서 1제곱미터당 중량이 170그램 이하인 것으로 한정한다) |
| 5514 | 주로 면과 혼방한 합성스테이플섬유의 작물(합성스테이플섬유의 함유량이 전 중량의 100분의 85 미만인 것으로서 1제곱미터당 중량이 170그램을 초과하는 것으로 한정한다) |
| 5515 | 합성스테이플섬유의 그 밖의 직물 |
| 5516 | 재생·반합성스테이플섬유의 직물 |

② 〈주 제1호〉 토우의 분류기준

제5501호와 제5502호는 토우의 길이와 동일한 길이의 필라멘트가 병렬로 되어 있는 인조필라멘트 토우로서 다음 각 목의 요건을 모두 갖춘 것에만 적용한다.

가. 토우의 길이가 2미터를 초과하는 것

나. 1미터당 5회 미만으로 꼰 것

다. 구성하는 필라멘트가 67데시텍스 미만인 것

라. 합성필라멘트 토우는 늘림 처리를 한 것으로서 그 길이의 2배를 초과하여 늘리지 않은 것

마. 토우의 총 측정치가 2만 데시텍스를 초과하는 것. 다만, 길이가 2미터 이하인 토우는 제5503호나 제5504호에 분류한다.

> 위의 조건에 해당하지 않는 토우는 제54류에 분류하는데, 주로 담배필터 제조에 사용한다. 인조필라멘트나 스테이플섬유의 웨이스트는 제55류에 포함한다.

## 8. 제56류 워딩 · 펠트 · 부직포, 특수사, 끈 · 배의 밧줄 · 로프 · 케이블과 이들의 제품

### ① 호의 용어

| 품목번호 | 품명 |
|---|---|
| 5601 | 방직용 섬유의 워딩과 그 제품, 방직용 섬유로서 길이가 5밀리미터 이하인 것(플록), 방직용 섬유의 더스트와 밀네프 **1** |
| 5602 | 펠트(침투 · 도포 · 피복 · 적층한 것인지에 상관없다) **2** |
| 5603 | 부직포(침투 · 도포 · 피복하거나 적층한 것인지에 상관없다) **2** |
| 5604 | 고무실과 고무끈(방직용 섬유로 피복한 것으로 한정한다), 방직용 섬유사 · 제5404호나 제5405호의 스트립과 이와 유사한 물품(고무나 플라스틱을 침투 · 도포 · 피복하거나 시드한것으로 한정한다) |
| 5605 | 금속드리사(짐프한 것인지에 상관없으며 방직용 섬유사, 제5404호나 제5405호의 스트립과 이와 유사한 것으로서 실 · 스트립 · 가루 모양으로 금속과 결합한 것이나 금속을 피복한 것으로 한정한다) |
| 5606 | 짐프사와 제5404호나 제5405호에 열거한 스트립과 그 밖에 이와 유사한 것(짐프한 것으로 한정하며 제5605호의 것과 짐프한말의 털로 만든 실은 제외한다), 셔닐사(플록 모양의 셔닐사를 포함한다), 루프웨일사 |
| 5607 | 끈 · 배의 밧줄 · 로프 · 케이블(엮거나 짠 것인지, 고무나 플라스틱을 침투 · 도포 · 피복 · 시드한 것인지에 상관없다) |
| 5608 | 매듭이 있는 그물감(끈 · 배의 밧줄 · 로프로 만든 것으로 한정한다), 방직용 섬유제품으로 만든 어망, 그 밖의 제품으로 만든 그물 |
| 5609 | 실 · 제5404호나 제5405호의 스트립이나 이와 유사한 것 · 끈 · 배의 밧줄 · 로프 · 케이블의 제품(따로 분류되지 않은 것으로 한정한다) |

### ② 〈주 제1호〉 제외물품

이 류에서 다음 각 목의 것은 제외한다.

가. 방직용 섬유재료가 단지 매체로 존재하면서 다른 물질이나 조제품(**예** 제33류의 향수나 화장품, 제3401호의 비누나 세척제, 제3405호의 광택제 · 크림이나 이와 유사한 조제품, 제3809호의 직물 유연제)을 침투 · 도포하거나 피복한 워딩 · 펠트 · 부직포

나. 제5811호의 섬유제품

다. 천연 · 인조의 연마용 가루나 알갱이를 펠트나 부직포의 뒷면에 부착한 것(제6805호)

라. 응결시키거나 재생한 운모를 펠트나 부직포의 뒷면에 부착한 것(제6814호)

마. 금속박을 펠트나 부직포의 뒷면에 부착한 것(일반적으로 제14부나 제15부) **1**

바. 제9619호의 위생타월(패드) · 탐폰, 냅킨(기저귀) · 냅킨라이너와 이와 유사한 물품

### ② 〈주 제2호〉 펠트의 분류기준

펠트에는 니들룸펠트와 방직용 섬유의 웹으로 만든 직물류(웹 자체의 섬유를 이용하여 스티치본딩 방식으로 해당 직물의 응결력을 높인 것으로 한정한다)를 포함한다. **1**

**해설   펠트**

일반적으로 방직용 섬유의 여러 층을 압력이나 마찰 또는 타격을 가하여 만든다. 섬유가 서로 결합되어 균일한 두께의 시트가 되며, 워딩보다 더 촘촘해서 분리하기 힘들게 된다. 이는 직조된 펠트 직물(제50류부터 제55류까지)과 구별된다. 펠트는 의복 · 모자 · 신발바닥 · 피아노해머 · 가구 · 장식용품 등의 제조와 단열재나 방음재로도 사용한다.

③ 〈주 제3호〉 제5602호와 제5603호의 분류기준

제5602호와 제5603호에는 플라스틱이나 고무[이들 재료의 성질(콤팩트 또는 셀룰러)인지에 상관없다]를 침투 · 도포 · 피복하거나 적층한 펠트(felt)나 부직포를 각각 포함한다.  제5603호에는 플라스틱이나 고무를 결합제로 한 부직포를 포함한다. 다만, 제5602호와 제5603호에서는 다음 각 목의 것은 제외한다.

가. 플라스틱이나 고무를 침투 · 도포 · 피복하거나 적층한 펠트로서 방직용 섬유재료의 함유량이 전 중량의 100분의 50 이하인 것, 플라스틱이나 고무의 중간에 완전히 삽입한 펠트(제39류나 제40류)

나. 부직포를 플라스틱이나 고무 중간에 완전히 삽입한 물품과 부직포 양면 모두에 플라스틱이나 고무를 도포하거나 피복한 물품으로서 육안으로 도포하거나 피복한 사실을 확인할 수 있는 것(색채의 변화를 고려하지 않는다)(제39류나 제40류)

다. 셀룰러 플라스틱이나 셀룰러 고무의 판 · 시트 · 스트립으로서 펠트나 부직포와 결합한 것(섬유는 보강용으로 한정한다)(제39류나 제40류)

 **해설   부직포(제5603호)**

부직포는 방직용 섬유를 일정한 방향으로 가지런히 놓거나 아무렇게나 배열하고 접착시킨 시트나 웹을 말한다. 부직포는 여러 가지 방법으로 제조하며 제조과정은 웹형성, 접착(화학적 접착 · 열접착 · 기계적 접착), 완성가공의 3단계로 이뤄진다.

④ 〈주 제4호〉 제5604호의 분류기준

제5604호에서 방직용 섬유의 실, 제5404호나 제5405호의 스트립이나 이와 유사한 물품으로서 침투 · 도포하거나 피복한 것을 육안으로 판별할 수 없는 것(통상 제50류부터 제55류까지)은 포함하지 않는다(색채의 변화를 고려하지 않는다).

 **해설   주요 호 해설 - 짐프사(제5606호)**

짐프사는 보통 한 가닥 이상의 방직용 섬유사로 된 심의 주위에 한 가닥이나 그 이상의 사로서 나선형으로 감아 놓은 것이다. 짐프사는 심 자체가 피복사와 함께 꼬여있지 않은 특성 때문에 제50류부터 제55류까지의 실과 구별할 수 있다. 짐프사는 직접 트리밍으로 사용하기도 하지만 대부분의 경우에는 트리밍 제조에 사용된다. 짐프한 말의 털로 만든 실(제5110호)과 짐프한 금속드리사(제5605호)는 이 호에서 제외한다.

## 9. 제57류 양탄자류와 그 밖의 방직용 섬유로 만든 바닥깔개

 **해설**

제57류의 물품은 제조방법(예 매듭 · 직조 · 터프트 · 펠트 등)에 따라 해당 호를 구분한다.

### ① 호의 용어

| 품목번호 | 품명 |
|---|---|
| 5701 | 양탄자류와 그 밖의 방직용 섬유로 만든 바닥깔개(매듭이 있는 것으로 한정하며, 제품으로 된 것인지에 상관없다) 2 |
| 5702 | 양탄자류와 그 밖의 방직용 섬유로 만든 바닥깔개(직조한 것으로 한정하고, 터프트하거나 플록한 것은 제외하고, 제품으로 된 것인지에 상관없으며 켈렘 · 슈맥 · 카라마니와 이와 유사한 손으로 만든 러그를 포함한다) |
| 5703 | 양탄자류와 그 밖의 방직용 섬유로 만든 바닥깔개(인조잔디를 포함한다)(터프트한 것으로 한정하며, 제품으로 된 것인지에 상관없다) |
| 5704 | 양탄자류와 그 밖의 방직용 섬유로 만든 바닥깔개(펠트로 만든 것으로 한정하고 터프트하거나 플록한 것은 제외하며 제품으로 된 것인지에 상관없다) 예시 니들룸 펠트로 된 전기 온열 카펫 |
| 5705 | 그 밖의 양탄자류와 그 밖의 방직용 섬유로 만든 바닥깔개(제품으로 된 것인지에 상관없다) |

### ② 〈주 제1호〉 양탄자류와 그 밖의 방직용 섬유로 만든 바닥깔개의 정의

이 류에서 "양탄자류와 그 밖의 방직용 섬유로 만든 바닥깔개"란 사용할 때 노출 표면이 방직용 섬유재료로 된 바닥깔개를 말하며, 방직용 섬유제 바닥깔개의 특성을 지니고 있으나 그 밖의 용도로 사용할 수 있는 물품을 포함한다. 1

### ③ 〈주 제2호〉 제외물품

이 류에서 바닥깔개의 밑받침은 제외한다.

바닥깔개의 밑받침은 이 류에서 제외되어 구성성분에 따라 분류한다. 또한 리놀륨 및 방직용 섬유직물의 뒷면에 도포하거나 피복한 것으로 만든 바닥깔개는 제5904호로 분류한다.

## 10. 제58류 특수직물, 터프트한 직물, 레이스, 태피스트리, 트리밍, 자수천

### ① 호의 용어

| 품목번호 | 품명 |
|---|---|
| 5801 | 파일직물 · 셔닐직물(제5802호나 제5806호에 해당하는 직물은 제외한다) 2 |
| 5802 | 테리타월지와 이와 유사한 테리직물(제5806호에 해당하는 세폭 직물은 제외한다), 터프트한 직물(제5703호에 해당하는 물품은 제외한다) 1 |
| 5803 | 거즈(제5806호에 해당하는 세폭직물은 제외한다) 2 |

| 5804 | 튈과 그 밖의 망직물(제직한 것 · 메리야스 편물이나 뜨개질 편물은 제외한다), 레이스(원단 상태 · 스트립이나 모티프로 된 것으로 한정하며, 제6002호부터 제6006호까지의 편물은 제외한다) 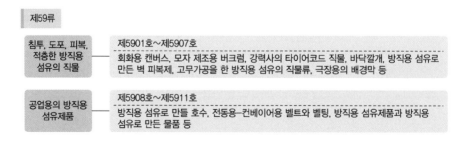 🔳 |
|---|---|
| 5805 | 고블랭직 · 플랜더스직 · 오뷔송직 · 보베직과 이와 유사한 손으로 짠 태피스트리, 자수의 태피스트리(🔳 프티포인트 · 십자수)(제품으로 된 것인지에 상관없다) 🔳 |
| 5806 | 세폭직물(제5807호에 해당하는 것은 제외한다)과 접착제로 접착한 경사만으로 이루어진 세폭직물(볼덕) 🔳 |
| 5807 | 방직용 섬유재료로 만든 레이블, 배지와 이와 유사한 물품(원단 상태인 것 · 스트립 모양인 것 · 특정한 모양이나 크기로 절단한 것으로 한정하며, 자수한 것은 제외한다) |
| 5808 | 원단 상태인 브레이드와 원단 상태인 장식용 트리밍(자수가 없는 것으로 한정하여, 메리야스 편물이나 뜨개질 편물은 제외한다), 술 · 폼퐁과 이와 유사한 물품 |
| 5809 | 금속사의 직물과 제5605호에 해당하는 금속드리사의 직물(의류 · 실내용품이나 이와 유사한 물품에 사용되는 것으로 한정하며, 따로 분류되는 것은 제외한다) 🔳 |
| 5810 | 자수천(원단 상태인 것 · 스트립 모양인 것 · 모티프로 된 것으로 한정한다) 🔳 |
| 5811 | 원단 상태인 방직용 누비제품(바느질이나 그 밖의 방법으로 패딩과 조합한 한 층 이상의 방직용 섬유로 만든 것으로 한정하며, 제5810호의 자수천은 제외한다) |

② 〈주 제5호〉 세폭직물

제5806호에서 "세폭직물"이란 다음 각 목의 물품을 말한다.

가. 폭이 30센티미터 이하인 작물로서 이와 같은 규격으로 직조한 것이나 광폭의 직물을 절단한 것(직조 · 풀칠이나 그 밖의 방법으로 양 가장자리를 짜맞추어 만든 귀를 가자는 것으로 한정한다) 🔳

나. 관 모양인 직물의 평폭이 30센티미터 이하인 것 🔳

다. 가장자리를 접은 바이어스바인딩으로서 가장자리를 폈을 때의 폭이 30센티미터 이하인 것. 다만, 직물 자체의 실로 가장자리에 술을 붙인 세폭직물은 제5808호로 분류한다. 🔳

③ 〈주 제6호〉 자수천 : 제5810호에서 "자수천"이란 특히 방직용 섬유직물류의 바탕천에 금속사나 유리섬유의 실로 자수한 것과 시퀀 · 비드 · 방직용 섬유나 그 밖의 물품으로 만든 장식용 모티프를 꿰매어서 아프리케로 한 물품을 말한다. 이 호에는 바느질한 태피스트리를 적용하지 않는다(제5805호).

# 11. 제59류 침투 · 도포 · 피복하거나 적층한 방직용 섬유의 직물, 공업용인 방직용 섬유제품

제59류

| 침투, 도포, 피복, 적층한 방직용 섬유의 직물 | 제5901호~제5907호<br>회화용 캔버스, 모자 제조용 버크럼, 강력사의 타이어코드 직물, 바닥깔개, 방직용 섬유로 만든 벽 피복제, 고무가공을 한 방직용 섬유의 직물류, 극장용의 배경막 등 |
|---|---|
| 공업용의 방직용 섬유제품 | 제5908호~제5911호<br>방직용 섬유로 만들 호수, 전동용—컨베이어용 벨트와 벨팅, 방직용 섬유제품과 방직용 섬유로 만든 물품 등 |

① 호의 용어

| 품목번호 | 품명 |
|---|---|
| 5901 | 서적 장정용이나 이와 유사한 용도로 사용하는 방직용 섬유의 직물류로서 검이나 전분질의 물품을 도포한 것, 투사포, 회화용 캔버스, 모자 제조에 사용되는 버크럼과 이와 유사한 경화가공된 방직용 섬유의 직물 |
| 5902 | 강력사의 타이어코드직물(나일론이나 그 밖의 폴리아미드 · 폴리에스테르 · 비스코스레이온의 것으로 한정한다) **2** |
| 5903 | 플라스틱을 침투 · 도포 · 피복하거나 적층한 방직용 섬유의 직물류(제5902호에 해당하는 직물류는 제외한다) |
| 5904 | 리놀륨과 방직용 섬유직물의 뒷면을 도포하거나 피복한 것으로 만든 바닥깔개(특정한 모양으로 절단한 것인지에 상관없다) **2** |
| 5905 | 방직용 섬유로 만든 벽 피복재 |
| 5906 | 고무가공을 한 방직용 섬유의 직물류(제5902호에 해당하는 직물류는 제외한다) |
| 5907 | 그 밖의 방법으로 침투 · 도포하거나 피복한 방직용 섬유의 직물류, 장용 배경이나 배경막이나 이와 유사하게 사용되는 그림이 그려진 캔버스 |
| 5908 | 램프용 · 스토브용 · 라이터용 · 양초용이나 이와 유사한 용도로 사용하는 방직용 섬유의 심지(직조 · 편조 · 편직한 것으로 한정한다), 백열가스 맨틀과 백열가스 맨틀용 관 모양의 편물(침투시켰는지에 상관없다) |
| 5909 | 방직용 섬유로 만든 호스와 이와 유사한 관 모양의 물품(다른 재료를 내장 · 보강한 것인지 또는 부속품이 있는지에 상관없다) |
| 5910 | 전동용 · 컨베이어용 벨트와 벨팅(방직용 섬유로 만든 것으로 한정하며, 플라스틱을 침투 · 도포 · 피복 · 적층한 것인지 또는 금속이나 그 밖의 물품으로 보강한 것인지에 상관없다) |
| 5911 | 방직용 섬유제품과 방직용 섬유로 만든 물품(이 류의 주 제8호에 열거된 물품으로 공업용으로 사용되는 것) |

② 〈주 제1호〉 방직용 섬유의 직물

문맥상 달리 해석되지 않는 한 이 류에서 "방직용 섬유의 직물"이란 제50류부터 제55류까지 · 제5803호 · 제5806호의 방직용 섬유의 직물류, 제5808호의 원단 상태인 브레이드와 장식용 트리밍, 제6002호부터 제6006호까지의 메리야스 편물과 뜨개질 편물로 한정한다.

③ 〈주 제2호〉 제5903호의 분류기준

제5903호에는 다음 각 목의 것을 포함한다.

가. 플라스틱을 침투 · 도포 · 피복하거나 적층한 방직용 섬유직물[1제곱미터당 중량과 플라스틱 재료의 성질(콤팩트나 셀룰러)인지에 상관없다]로서 다음에 해당하지 않는 것

1) 침투 · 도포하거나 피복한 것을 육안으로 판별할 수 없는 직물류(일반적으로 제50류부터 제55류까지 · 제58류 · 제60류로 분류하며, 이 경우 색채의 변화를 고려하지 않는다)

2) 섭씨 15도부터 30도까지의 온도에서 지름 7밀리미터의 원통 둘레에 꺾지 않고는 손으로 감을 수 없는 물품(보통 제39류) **1**

3) 방직용 섬유의 직물을 플라스틱으로 완전히 덮었거나 이러한 물질로 양면을 완전히 도포 · 피복한 물품. 다만, 이러한 도포하거나 피복한 것을 육안으로 볼 수 있어야 하며, 이 경우 색채의 변화를 고려하지 않는다(제39류).

    4) 플라스틱을 부분적으로 도포하거나 피복함으로써 그림 모양을 나타낸 직물류(일반적으로 제50류부터 제55류까지 · 제58류 · 제60류로 분류한다)

    5) 방직용 섬유의 직물과 결합한 셀룰러 플라스틱으로 만든 판 · 시트 · 스트립(방직용 섬유의 직물은 보강용으로 한정한다)(제39류)

    6) 제5811호의 방직용 섬유제품

  나. 제5604호의 플라스틱을 침투 · 도포 · 피복하거나 시드한 실 · 스트립 · 그 밖에 이와 유사한 것으로 만든 직물류

③ 〈주 제3호〉 플라스틱을 적층한 방직용 섬유의 직물류

제5903호에서 "플라스틱을 적층한 방직용 섬유의 직물류"란 하나 이상의 직물층과 하나 이상의 플라스틱 시트나 필름을 조합해 만든 제품으로서, 어떠한 방법으로든 이들 층을 함께 접착하여 결합한 것이다(그 횡단면에서 이들 플라스틱 시트나 필름이 육안으로 확인될 수 있는지는 상관없다). **1**

④ 〈주 제4호〉 섬유로 만든 벽 피복재

제5905호에서 "섬유로 만든 벽 피복재"란 벽이나 천장의 장식용으로 폭이 45센티미터 이상인 롤 모양의 제품을 말하며, 구성하는 직물의 표면이 뒷면에 고정되었거나 뒷면을 붙일 수 있도록 침투 시키거나 도포한 제품을 포함한다. 다만, 이 호는 종이(제4814호)의 뒷면이나 직물(일반적으로 제5907호)의 뒷면에 직접 고정한 섬유로 된 플록이나 더스트로 구성된 벽 피복재에는 적용하지 않는다.

⑤ 〈제59류 주 제5호〉 고무가공을 한 방직용 섬유의 직물류

제5906호에서 "고무가공을 한 방직용 섬유의 직물류"란 다음 각 목의 것을 말한다. 다만, 방직용 섬유의 직물류와 결합한 셀룰러 고무의 판 · 시트 · 스트립(방직용 섬유가 단지 보강의 목적으로만 되어 있는 것으로 한정한다)(제40류), 제5811호의 방직용 섬유제품에는 적용하지 않는다.

  가. 고무를 침투 · 도포 · 피복하거나 적층한 방직용 섬유의 직물류

    1) 1제곱미터당 중량이 1,500그램 이하인 것

    2) 1제곱미터당 중량이 1,500그램을 초과하며 방직용 섬유의 함유량이 전 중량의 100분의 50을 초과하는 것

  나. 제5604호의 고무를 침투 · 도포 · 피복하거나 시드한 실 · 스트립 · 그 밖에 이와 유사한 것으로 만든 직물류

  다. 고무로 응결시킨 방직용 섬유사를 병렬로 놓아 만든 직물류(제곱미터당 중량에 상관없다)

## 11. 제60류 메리야스 편물과 뜨개질 편물

### ① 호의 용어

| 품목번호 | 품명 |
|---|---|
| 6001 | 파일편물[롱파일(편물과 테리편물을 포함하며, 메리야스 편물이나 뜨개질 편물로 한정한다) ❷ |
| 6002 | 메리야스 편물이나 뜨개질 편물(폭이 30센티미터 이하이며 탄성사나 고무실의 함유중량이 전 중량의 100분의 5 이상인 것으로 제6001호의 것은 제외한다) |
| 6003 | 메리야스 편물이나 뜨개질 편물(폭이 30센티미터 이하인 것으로서 제6001호나 제3002호의 것은 제외한다) |
| 6004 | 메리야스 편물이나 뜨개질 편물(폭이 30센티미터를 초과하며 탄성사나 고무실의 함유중량이 전 중량의 100분의 5이상인 것으로서 제6001호의 것은 제외한다) |
| 6005 | 경편직 편물류(거룬 편직기로 제조한 것을 포함하며, 제6001호부터 제6004호까지의 것은 제외한다) |
| 6006 | 그 밖의 메리야스 편물이나 뜨개질 편물 |

### ② 〈주 제1호〉 제외물품

이 류에서 다음 각 목의 것은 제외한다.

가. 제5804호의 뜨개질 편물의 레이스

나. 제5807호에 해당하는 메리야스 편물과 뜨개질 편물의 레이블 · 배지와 이와 유사한 제품

다. 제59류의 침투 · 도포 · 피복하거나 적층한 메리야스 편물이나 뜨개질 편물제품. 다만, 침투 · 도포 · 피복하거나 적층한 메리야스 편물이나 뜨개질 편물의 파일직물은 제6001호로 분류한다.

### ③ 〈주 제2호〉 분류기준

이 류에는 의류 · 실내용품 · 그 밖에 이와 유사한 물품에 사용하는 금속사로 만든 작물이 포함된다.

### ④ 〈주 제3호〉 메리야스 편물과 그 제품의 분류기준

이 표의 메리야스 편물과 그 제품에는 스티치본딩 방식으로 만든 물품(체인스티치가 방직용 섬유의 실로 만들어진 것으로 한정한다)이 포함된다. ❶

## 12. 제61류 의류와 그 부속품(메리야스 편물이나 뜨개질 편물로 한정한다)

### 의류와 그 부속품

1. 이 류에 해당하는 제품을 분류하는데 있어서 각종 재료(예 직물 · 모피 · 가죽 · 플라스틱 · 금속)의 부분품이나 부속품이 있다고 하여도 품목분류에는 영향을 받지 않는다. 다만, 이러한 재료가 단지 장식품 이상으로 구성된 제품인 경우에는 관련되는 류의 주 또는 통칙에 따라 분류한다. 그리고 전열식의 제품(예 전기식 의류)도 제61류로 분류한다(제62류에도 동일하게 적용)(제11부주 제15호).

2. 완성품으로서의 본질적인 특성을 갖고 있는 한 미완성된 의류나 그 부속품도 통칙 제2호가목에 따라 완성된 의류로 취급하여 분류한다. 그러나 의류나 의류 부속품을 만들 목적으로 일부작업을 하였으나 의류나 그 부속품으로 충분히 완성된 것이 아닌 경우에는 제6307호로 분류한다(제62류에도 동일하게 적용).

① 호의 용어

| 품목번호 | 품명 |
|---|---|
| 6101 | 남성용이나 소년용 오버코트·카코트·케이프·클록·아노락(스키재킷을 포함한다)·윈드치터·윈드재킷과 이와 유사한 의류(메리야스 편물과 뜨개질 편물로 한정하며, 제6103호의 것은 제외한다) |
| 6102 | 여성용이나 소녀용 오버코트·카코트·케이프·클록·아노락(스키재킷을 포함한다)·윈드치터·윈드재킷과 이와 유사한 의류(메리야스 편물과 뜨개질 편물로 한정하며, 제6104호의 것은 제외한다) |
| 6103 | 남성용이나 소년용 슈트·앙상블·재킷·블레이저·긴 바지·가슴받이와 멜빵이 있는 바지·짧은 바지·반바지(메리야스 편물이나 뜨개질 편물로 한정하며, 수영복은 제외한다) |
| 6104 | 여성용이나 소녀용 슈트·앙상블·재킷·블레이저·드레스·스커트·치마바지·긴 바지·가슴받이와 멜빵이 있는 바지·짧은 바지·반바지(메리야스 편물이나 뜨개질 편물로 한정하며, 수영복은 제외한다) |
| 6105 | 남성용이나 소년용 셔츠(메리야스 편물이나 뜨개질 편물로 한정한다) |
| 6106 | 여성용이나 소녀용 블라우스·셔츠·셔츠블라우스(메리야스 편물이나 뜨개질 편물로 한정한다) |
| 6107 | 남성용이나 소년용 언더팬츠·브리프·나이트셔츠·파자마·목욕용가운·드레싱가운과 이와 유사한 물품(메리야스 편물이나 뜨개질 편물로 한정한다) |
| 6108 | 여성용이나 소녀용 슬립·페티코트·브리프·팬티·나이트드레스·파자마·네그리제·목욕용가운·드레싱가운과 이와 유사한 의류(메리야스 편물이나 뜨개질 편물로 한정한다) |
| 6109 | 티셔츠·싱글리트와 그 밖의 조끼(메리야스 편물이나 뜨개질 편물로 한정한다) |
| 6110 | 저지·풀오버·카디건·웨이스트코트와 이와 유사한 의류(메리야스 편물이나 뜨개질 편물로 한정한다) |
| 6111 | 유아용 의류와 그 부속품(메리야스 편물이나 뜨개질 편물로 한정한다) |
| 6112 | 트랙슈트·스키슈트·수영복(메리야스 편물이나 뜨개질 편물로 한정한다) |
| 6113 | 의류(제5903호·제5906호·제5907호에 해당하는 메리야스 편물이나 뜨개질 편물로 한정한다) |
| 6114 | 그 밖의 의류(메리야스 편물이나 뜨개질 편물로 한정한다) |
| 6115 | 팬티호스·타이츠·스타킹과 그 밖의 양말류[단계압박 양말류(CII 정맥류 치료용 스타킹)와 바닥을 대지 않은 신발류를 포함하며, 메리야스 편물이나 뜨개질 편물로 한정한다] 🔟 |
| 6116 | 장갑류(메리야스 편물이나 뜨개질 편물로 한정한다) 🔟 |
| 6117 | 그 밖의 메리야스 편물이나 뜨개질 편물로 만든 의류부속품과 의류·의류부속품의 부분품 |

② 〈주 제1호〉 분류기준

이 류는 메리야스 편물이나 뜨개질 편물의 제품으로 한정한다.

메리야스 편물이나 뜨개질 편물로 된 브래지어 · 거들 · 코르셋 · 브레이스 · 서스팬더 · 가터와 이와 유사한 제품과 이들의 부분품은 제6212호로 분류한다. **1**

③ 〈주 제2호〉 제외물품

이 류에서 다음 각 목의 것은 제외한다.

가. 제6212호의 물품 **1**

나. 제6309호의 사용하던 의류나 그 밖의 사용하던 제품 **1**

다. 정형외과용 기기, 외과용 벨트, 탈장대나 그 밖에 이와 유사한 물품(제9021호)

④ 〈주 제3호〉 슈트와 앙상블 **1**

제6103호와 제6104호에서는 다음 각 목에서 정하는 바에 따른다.

가. "슈트"란 겉감이 동일 직물로 제조된 두 부분이나 세 부분으로 구성된 세트의류로서 다음의 구성 부분으로 이루어진 것을 말한다. **2**

　1) 상반신용 슈트코트나 재킷 한 점[소매 부분 이외의 겉감이 상반신용으로 재단된 4개 이상의 단으로 되어 있고, 봉제된 조끼(앞부분은 동 세트의류를 구성하는 다른 부분의 겉감과 동일 직물로 되어 있으며, 뒷부분은 슈트코트나 재킷의 안감과 동일 직물로 된 것)가 추가로 있을 수 있다]

　2) 하반신용 의류 한 점[긴 바지 · 짧은 바지와 반바지(수영복은 제외한다) · 스커트나 치마바지로서 멜빵과 가슴받이가 모두 없는 것으로 한정한다]

　　예시 긴 바지와 짧은 바지가 각각 한 점씩 슈트의 구성부분으로 되어 있는 경우 이들 중 한 점만 세트의류로 인정한다. **1**

---

**📈 TIP**

• 슈트의 구성 부분이 되는 의류는 직물의 조직 · 색채 · 조성이 모두 동일하여야 한다. 또한 스타일도 동일하고 치수가 서로 적합하거나 조화를 이루어야 한다. 다만, 다른 직물로 된 파이핑(솔기 모양으로 꿰매진 직물의 스트립)이 있을 수 있다. 두 가지 이상의 하반신용 의류가 함께 제시되는 경우[예] 긴 바지 두 벌, 긴 바지와 반 바지, 스커트나 치마바지와 바재에는 긴 바지 한 벌(여성용이나 소녀용은 스커트나 치마바지)을 슈트의 하반신용 구성 부분으로 보며, 그 밖의 의류는 슈트의 구성 부분으로 보지 않는다. **1**

• 슈트에는 다음의 세트의류를 포함하며, 상기의 모든 조건에 합치하는지에 상관없다.
　– 모닝드레스[등으로부터 상당히 아래까지 둥근 밑단이 있는 플레인재킷(커터웨이)과 줄무늬가 있는 긴 바지로 구성된 것] **1**
　– 이브닝드레스(테일코트)(일반적으로 검은 천으로 만들어졌으며 재킷의 정면 부분이 비교적 짧고 닫히지 않으며, 뒤에는 히프 부분 중간이 절단되고 늘어진 폭이 좁은 스커트 부분이 있는 것)
　– 디너재킷슈트(재킷의 형태는 앞섶이 많이 벌어진 것도 있으나 일반적으로 재킷과 유사하며, 광택이 있는 견이나 인조견 옷깃이 있는 것)

나. "앙상블"이란 소매용으로 판매하는 동일 직물의 여러 단으로 만든 세트 의류를 말하는 것으로서(제6107호·제6108호·제6109호의 슈트와 제품은 제외한다) 다음의 구성부분으로 이루어진 것을 말한다. ②

1) 상반신용 의류 한 점(두 점이 한 세트가 되는 경우에는 두 번째의 상반신용 의류가 되는 풀오버와 조끼는 제외한다) ①

2) 한 종류나 두 종류의 하반신용 의류[긴 바지·가슴받이와 멜빵이 있는 바지·짧은 바지와 반바지(수영복은 제외한다)·스커트나 치마바지] ①

앙상블의 구성 부분이 되는 의류는 직물의 조직·스타일·색채·조성이 모두 동일하여야 하고, 치수가 서로 적합하거나 조화를 이루어야 한다. ① 앙상블에는 제6112호에 해당하는 트랙슈트나 스키슈트를 포함하지 않는다. ①

⑤ 〈주 제4호〉 제6105호와 제6106호의 분류기준

㉠ 제6105호와 제6106호에는 허리 아랫부분에 주머니가 있는 의류, 의류 밑 부분에 골이진 허릿단이나 그 밖의 조이는 부분이 있는 의류, 적어도 10센티미터×10센티미터 범위에 가로, 세로 방향으로 각각 바늘코 수가 1센티미터당 평균 10개 미만인 의류는 제외하며, 제6105호에는 소매가 없는 의류를 포함하지 않는다.

㉡ "셔츠"와 "셔츠블라우스"는 상반신용 의류로서 소매가 길거나 짧으며, 넥라인을 기점으로 완전히 또는 부분적으로 트임이 있다. "블라우스"는 헐렁한 상반신용 의류로서 소매가 없는 것도 있으며, 넥라인을 기점으로 트임이 있거나 없을 수 있다. "셔츠" "셔츠블라우스" "블라우스"는 깃이 있을 수도 있다.

⑥ 〈주 제5호〉 제6109호의 분류기준

제6109호에는 의류 밑 부분에 조임끈·골이 진 허릿단이나 그 밖의 조이는 부분이 있는 의류를 포함하지 않는다.

⑦ 〈주 제6호〉 유아용 의류와 부속품의 정의 및 분류기준

제6111호는 다음 각 목에서 정하는 바에 따른다.

가. "유아용 의류와 부속품"이란 신장이 86센티미터 이하의 어린이용을 말한다.

나. 제6111호와 이 류의 그 밖의 다른 호로 동시에 분류될 수 있는 물품은 제6111호로 분류한다. ④

⑧ 〈주 제7호〉 스키슈트의 정의 및 구성물품

제6112호에서 "스키슈트"란 일반적으로 외양과 천에 따라 원칙적으로 스키(크로스컨트리나 알파인)를 할 때 입는 의류나 세트의류로 인정되는 것을 말하며, 다음 각 목의 것 중 하나로 구성된다.

가. "스키오버롤"(상반신과 하반신을 덮도록 디자인한 전신용 의류를 말하며 소매와 깃 외에 주머니나 풋스트랩이 있을 수 있다)

나. "스키앙상블"(소매용으로 포장된 두 매나 세 매로 된 세트의류를 말하며 다음을 포함한다)

    1) 아노락 · 윈드치터 · 윈드재킷이나 그 밖에 이와 유사한 한 점의 의류로서 슬라이드파스너(지퍼)로 닫히며, 추가로 조끼도 있을 수 있다.

    2) 긴 바지(허리 위까지 올라오는지에 상관없다) · 짧은 바지 · 가슴받이와 멜빵이 있는 바지 한 점

**🎯 TIP**

• "스키앙상블"에는 가목의 물품과 유사한 오버롤과 오버롤 위에 입는 패드를 넣은 소매 없는 재킷을 포함한다.
• "스키앙상블"의 구성요소가 되는 의류는 천 · 스타일 · 조성이 모두 동일하여야 하며(동일한 색깔인지에 상관없다), 치수가 서로 적합하거나 조화를 이루어야 한다.

⑨ 〈주 제8호〉 제6113호의 분류기준

제6113호와 제61류의 그 밖의 다른 호로 동시에 분류될 수 있는 의류(제6111호는 제외한다)는 제6113호로 분류한다. **1**

⑩ 〈주 제9호〉 남성용과 여성용 의류의 분류기준

    ㉠ 이 류의 의류로서 전면 부분이 왼편이 오른편 위로 잠기도록 디자인되어 있는 물품은 남성용이나 소년용 의류로 보며, 오른편이 왼편 위로 잠기도록 디자인되어 있는 물품은 여성용이나 소녀용 의류로 본다. **1**

    ㉡ 해당 의류의 재단법이 남성용이나 여성용으로 디자인되어 있음을 명백히 가리킬 경우에는 이 규정을 적용하지 않는다. **1**

    ㉢ 남성용이나 소년용 의류인지, 여성용이나 소녀용 의류인지를 판별할 수 없는 의류는 여성용이나 소녀용 의류에 해당하는 호로 분류한다. **4**

## 13. 제62류 의류와 그 부속품(메리야스 편물이나 뜨개질편물은 제외한다)

**👤 해설  62류의 특징**

1. 이 류에는 제50류부터 제56류(제5601호의 워딩은 제외하나, 펠트와 부직포는 포함한다)까지와 제58류 · 제59류의 직물로 만든 의류와 그 부속품을 분류하며 전열식의 물품도 이 류로 분류한다. **1**
2. 제61류와 제62류는 의류나 의류부속품의 구성재료가 편물인지 여부에 따라 구분되는 것이며, 그 외 큰 차이점은 없다. 제61류와 제62류에는 동일한 내용의 주 규정이 다소 존재하는데, "슈트와 앙상블", "스키슈트", "남성용과 여성용 의류의 구분방법" 등이다.

① 호의 용어

| 품목번호 | 품명 |
|---|---|
| 6201 | 남성용이나 소년용 오버코트·카코트·케이프·클록·아노락(스키재킷을 포함한다)·윈드치터·윈드재킷과 이와 유사한 의류(제6203호의 것은 제외한다) |
| 6202 | 여성용이나 소녀용 오버코트·카코트·케이프·클록·아노락(스키재킷을 포함한다)·윈드치터·윈드재킷과 이와 유사한 의류(제6204호의 것은 제외한다) |
| 6203 | 남성용이나 소년용 슈트·앙상블·재킷·블레이저·긴 바지·가슴받이와 멜빵이 있는 바지·짧은 바지·반바지(수영복은 제외한다) |
| 6204 | 여성용이나 소녀용 슈트·앙상블·재킷·블레이저·드레스·스커트·치마바지·긴 바지·가슴받이와 멜빵이 있는 바지·짧은 바지·반바지(수영복은 제외한다) |
| 6205 | 남성용이나 소년용 셔츠 |
| 6206 | 여성용이나 소녀용 블라우스·셔츠·셔츠블라우스 |
| 6207 | 남성용이나 소년용 싱글리트와 그 밖의 조끼·언더팬츠·브리프·나이트셔츠·파자마·목욕용 가운·드레싱가운과 이와 유사한 물품 |
| 6208 | 여성용이나 소녀용 싱글리트와 그 밖의 조끼·슬립·페티코트·브리프·팬티·나이트드레스·파자마·네그리제·목욕용 가운·드레싱가운과 이와 유사한 의류 |
| 6209 | 유아용 의류와 그 부속품 |
| 6210 | 의류(제5602호·제5603호·제5903호·제5906호·제5907호의 직물류의 제품으로 한정한다) |
| 6211 | 트랙슈트·스키슈트·수영복과 그 밖의 의류 |
| 6212 | 브래지어·거들·코르셋·브레이스·서스팬더·가터와 이와 유사한 제품과 이들의 부분품(메리야스 편물이나 뜨개질 편물로 만든 것인지에 상관없다) ❸ |
| 6213 | 손수건 |
| 6214 | 숄·스카프·머플러·만틸라·베일과 이와 유사한 제품 |
| 6215 | 넥타이류 |
| 6216 | 장갑류 |
| 6217 | 그 밖의 제품으로 된 의류부속품, 의류·의류부속품의 부분품(제6212호에 해당하는 것은 제외한다) |

> 제6212호의 물품을 제외하고는 메리야스 편물이나 뜨개질 편물제의 의류·의류부속품·부분품은 이 류에서 제외한다.

② 〈주 제1호〉 제62류의 분류기준

이 류는 방직용 섬유의 직물(워딩은 제외한다)로서 제품으로 된 것에 적용하며, 메리야스 편물이나 뜨개질 편물의 제품(제6212호에 해당하는 것은 제외한다)은 제외한다.

> 워딩은 제품으로 된 것도 제5601호로 분류한다. ❶

③ 〈주 제2호〉 제외물품

이 류에서 다음 각 목의 것은 제외한다.

가. 제6309호에 해당하는 사용하던 의류나 그 밖에 사용하던 제품

나. 정형외과용 기기·외과용 벨트·탈장대나 이와 유사한 물품(제9021호)

④ 〈주 제5호〉 유아용 의류와 이들의 부속품의 정의 및 분류기준

제6209호에서는 다음 각 목에서 정하는 바에 따른다.

가. "유아용 의류와 이들의 부속품"이란 신장이 86센티미터 이하인 어린이용을 말한다. **1**

나. 제6209호와 제62류의 그 밖의 호로 동시에 분류될 수 있는 물품은 제6209호로 분류한다. **1**

⑤ 〈주 제6호〉 제6210호의 분류기준

제6210호와 이 류의 그 밖의 다른 호(제6209호는 제외한다)로 동시에 분류될 수 있는 의류는 제6210호로 분류한다.

---

제6210호의 의류는 다음과 같은 다섯 개 호에 속한 직물류로 만든 것으로 한정하여 분류하되, 제6209호의 유아용 의류를 제외하고 다른 호에 우선하여 분류한다.

① 제5602호 : 펠트(침투 · 도포 · 피복하거나 적층한 것인지에 상관없다) **1**

② 제5603호 : 부직포(침투 · 도포 · 피복하거나 적층한 것인지에 상관없다) **2**

③ 제5903호 : 플라스틱을 침투 · 도포 · 피복하거나 적층한 방직용 섬유의 직물류(제5902호에 해당하는 직물류는 제외한다) **2**

④ 제5906호 : 고무가공을 한 방직용 섬유의 직물류(제5902호에 해당하는 직물류를 제외한다)

⑤ 제5907호 : 그 밖의 방법으로 침투 · 도포하거나 피복한 방직용 섬유의 직물류

예시 펠트나 부직포로 만든 의료용 방진복 (제6210호) **1**

---

⑥ 〈주 제8호〉 손수건의 분류기준

정사각형이나 거의 정사각형인 스카프와 이와 유사한 물품 중 각 변의 길이가 60센티미터 이하인 것은 손수건(제6213호)으로 분류하며, 어느 한 변의 길이가 60센티미터를 초과하는 것은 제6214호로 분류한다. **3**

## 14. 제63류 제품으로 된 방직용 섬유의 그 밖의 물품, 세트, 사용하던 의류 · 방직용 섬유제품, 넝마

① 호의 용어

㉠ 제1절 제품으로 된 방직용 섬유의 밖의 물품

| 품목번호 | 품명 |
|---|---|
| 6301 | 모포류와 여행용 러그 **1** |
| 6302 | 베드린넨 · 테이블린넨 · 토일렛린넨 · 주방린넨 |
| 6303 | 커튼(드레이프를 포함한다) · 실내용 블라인드, 커튼이나 침대용 밸런스 |

| 품목번호 | 품명 |
|---|---|
| 6304 | 그 밖의 실내용품(제9404호의 물품은 제외한다) |
| 6305 | 포장용 빈 포대 |
| 6306 | 방수포 · 천막 · 차양, 텐트(임시 캐노피와 이와 유사한 물품을 포함한다), 돛(보트용 · 세일보드용 · 랜드크래프트용), 캠프용품 **1** |
| 6307 | 그 밖의 제품(드레스패턴을 포함한다) |

※ 특히 제1절에서는 다음의 것을 제외한다.

- 제5601호의 워딩의 제품
- 단순히 정사각형이나 직사각형으로 절단한 부직포(**예** 1회용 침대 시트)(제5603호)
- 제5608호의 망제품
  2제5804나 제5810호의 레이스나 자수천의 모티프
- 제61류나 제62류의 의류 · 의류부속품

ⓛ 제2절 세트

| 품목번호 | 품명 |
|---|---|
| 6308 | 러그용 · 태피스트리용 · 자수한 테이블보용 · 서비에트용 직물이나 실로 구성된 세트(부속품이 있는지에 상관없다), 이와 유사한 방직용 섬유제품을 제조하기 위한 것으로서 소매용으로 포장한 것 |

ⓒ 제3절 사용하던 의류 · 방직용 섬유제품, 넝마

| 품목번호 | 품명 |
|---|---|
| 6309 | 사용하던 의류와 그 밖의 사용하던 제품 |
| 6310 | 넝마(사용하던 것이나 신품으로 한정한다), 끈 · 배의 밧줄 · 로프 · 케이블의 스크랩, 끈 · 배의 밧줄 · 로프 · 케이블 제품의 폐품(방직용 섬유로 만든 것으로 한정한다) **2** |

② 〈주 제1호〉 제외물품

제1절은 방직용 섬유의 직물류로 제품을 만든 것에만 적용한다.

③ 〈주 제2호〉 제외물품

제1절에서 다음 각 목의 것은 제외한다.

가. 제56류부터 제62류까지의 물품

나. 제6309호에 해당하는 사용하던 의류나 밖의 사용하던 물품

④ 〈주 제3호〉 제6309호의 분류기준

제6309호에는 다음 각 목에 열거한 물품만을 적용한다.

가. 방직용 섬유로 만든 제품

   1) 의류 · 의류부속품과 이들의 부분품

   2) 모포와 여행용 러그류 **1**

   3) 베드린넨 · 테이블린넨 · 토일렛린넨 · 주방린넨

   4) 실내용품(제5701호부터 제5705호까지에 해당하는 양탄자와 제5805호의 태피스트리는 제외한다) **3**

나. 신발류와 모자류(어떠한 재질이라도 가능하며, 석면제품은 제외한다) **1**

※ 위에 열거된 제품이 제6309호로 분류되기 위해서는 다음의 두 가지 조건에 적합한 것이어야 한다.
1) 눈에 뜨일 정도로 사용하던 흔적이 있어야 하고 **3**
2) 벌크·가마니·부대나 그 밖에 이와 유사한 것으로 포장된 상태이어야 한다. **3**

---

**관련규정** | **제6309호에서 제외하는 물품**

① 사용한 양탄자와 그 밖의 방직용 섬유로 만든 바닥깔개(제5701호부터 제5705호까지), 사용한 러그와 태피스트리(제5805호) **4**
② 제직이나 염색이 불량한 신품과 상점에서 오래 진열하여 팔던 물품(주로 제61류부터 제65류 까지의 해당 호의 신품과 같이 분류한다) **3**
③ 사용한 색과 백(제6305호) **3**, 사용한 방수포·텐트와 캠프용품(제6306호)
④ 사용한 매트리스와 침구류(충전물이 들어 있는 것)(제9404호) **1**

---

## 02 신발

## 1. 제64류 신발류·각반과 이와 유사한 것, 이들의 부분품 **1**

### ① 호의 용어

| 품목번호 | 품명 |
|---|---|
| 6401 | 방수 신발류(바깥 바닥과 갑피를 고무나 플라스틱으로 만든 것으로 한정하며, 갑피를 바닥에 스티칭·리베팅·네일링·스크루잉·플러깅이나 이와 유사한 방법으로 부착하거나 조립한 것은 제외한다) |
| 6402 | 그 밖의 신발류(바깥 바닥과 갑피를 고무나 플라스틱으로 만든 것으로 한정한다) |
| 6403 | 신발류(바깥 바닥을 고무·플라스틱·가죽·콤퍼지션레더로 만들고, 갑피를 가죽으로 만든 것으로 한정한다) |
| 6404 | 신발류(바깥 바닥을 고무·플라스틱·가죽·콤퍼지션레더로 만들고, 갑피를 방직용 섬유재료로 만든 것으로 한정한다) **1** |
| 6405 | 그 밖의 신발류 |
| 6406 | 신발류 부분품[갑피(바깥 바닥을 제외한 바닥에 부착한 것인지에 상관없다)를 포함한다], 갈아 끼울 수 있는 안창과 힐쿠션이나 이와 유사한 물품, 각반·레깅스나 이와 유사한 물품과 이들의 부분품 |

② 〈주 제1호〉 제외물품

이 류에서 다음 각 목의 것은 제외한다.

가. 바닥을 대지 않고 얇은 소재(예 종이 · 플라스틱 박판)로 만든 일회용 신발류와 신발 덮개는 그 구성 재료에 따라 분류한다. **7**

나. 방직용 섬유재료로 만든 신발류[바깥 바닥과 갑피를 접착제로 붙이거나 바느질하거나 그외 방법으로 붙인 것은 제외한대(제11부)

다. 제6309호의 사용하던 신발류

라. 석면제품(제6812호) **5**

마. 정형외과용 신발이나 그 밖의 정형외과용 기기나 이들의 부분품(제9021호) **7**

바. 완구용 신발 · 아이스스케이트나 롤러스케이트가 붙은 스케이팅부츠, 정강이 보호구나 이와 유사한 보호용 운동용품(제95류) **7**

예시 아이스스케이트가 붙지 않은 스케이팅 부츠는 제64류로 분류된다.

---

**신발류에 포함되는 물품**

이 류에는 다음의 것을 포함한다.
① 보통 실내 · 실외용으로 사용하는 플래트화나 하이힐화
② 앵클부츠 · 하프부츠 · 니부츠 · 타이부츠
③ 여러 가지 형태의 샌들 · "에스파드릴"(갑피가 캔버스제이고 바닥이 식물성 조물 재료로 만든 신발) · 테니스화 · 조깅화 · 목욕용 슬리퍼 · 그 밖의 캐주얼 신발류 **1**
④ 특수 스포츠화 : 스포츠 활동용으로 디자인하고 스파이크 · 스프리그 · 스톱 · 클립 · 바 · 이와 유사한 부착물을 붙이거나 붙이도록 준비된 스케이팅부츠 · 스키부츠 · 크로스컨츄리스키화 · 스노보드부츠 · 레슬링부츠 · 복싱부츠 · 사이클화(이 류의 소호주 제1호 참조) 그러나 바닥에 스케이트를 부착한 롤러스케이팅부츠나 아이스스케이팅부츠는 제외한다(제9506호). **1**
⑤ 무용용 슬리퍼 **2**
⑥ 가정용 신발류(예 침실용 슬리퍼) **2**
⑦ 특히 고무나 플라스틱을 성형하거나 견고한 목재를 조각한 단일 재료제의 신발 **2**
⑧ 기름 · 그리스 · 화학약품 · 추위로부터 보호하기 위해 특별히 제작한 그 밖의 신발류
⑨ 다른 신발위에 신는 덧신 : 경우에 따라서는 뒷굽이 없는 경우도 있다. **1**
⑩ 일반적으로 1회용으로 사용하도록 제작한 바닥을 댄 신발

---

③ 〈주 제2호〉 제6406호 부분품의 제외물품

제6406호의 부분품에는 못 · 프로텍터 · 아일릿 · 훅 · 버클 · 장신구 · 끈 · 레이스 · 폼퐁이나 그 밖의 트리밍(각각 해당하는 호로 분류한다)과 제9606호의 단추나 기타의 물품을 포함하지 않는다. **1**

> **제외물품의 품목분류**
>
> 1. 나무못(제4421호), 철강으로 만든 못(제7317호), 비금속제의 아일릿 · 혹 · 버클(제8308호)
> 2. 방직용 섬유재료로 만든 끈(제5607호, 제5609호), 레이스(제5804호, 제6307호), 폼퐁과 장식용 트리밍(제5808호)

④ 〈주 제4호〉 갑피나 바깥 바닥의 재료의 결정 기준

갑피나 바깥 바닥의 재료의 결정은 제64류 주 제3호의 규정을 전제로 하여 다음 각 목에서 정하는 바에 따른다.

가. 갑피의 재료는 외부 표면적이 가장 넓은 면의 구성 재료에 따라 결정된다 **2** (앵클패치 · 에징 · 장식품 · 버클 · 탭 · 아일릿스테이나 이와 유사한 부착물 등의 부속품과 보강재는 갑피의 구성 재료를 결정할 때 고려하지 않는다).

나. 바깥 바닥의 재료는 접지하는 외부 표면적이 가장 넓은 면의 구성 재료에 따라 결정 된다 **2** (스파이크 · 바 · 못 · 프로텍터나 이와 유사한 부착물의 부속품과 보강재는 바깥 바닥의 구성 재료를 결정할 때 고려하지 않는다).

 **해설**

"갑피"는 바닥 위의 신발이나 부츠 부분이고, "바깥바닥"이란 신발을 신을 때 접지하는 신발의 부분품(부착된 힐 이외의 것)을 의미한다.

⑤ 〈소호주 제1호〉 스포츠용 신발류의 적용범위

소호 제6402.12호 · 제6402.19호 · 제6403.12호 · 제6403.19호와 제6404.11호에서 "스포츠용 신발류"란 다음 각 목에만 적용된다.

가. 스포츠 활동용으로 제작된 것으로 스파이크 · 스프리그 · 스톱 · 클립 · 바나 이와 유사한 부착물을 붙였거나 붙이도록 준비된 신발 **1**

나. 스케이팅부츠 · 스키부츠와 크로스컨트리 스키화 · 스노보드부츠 · 레슬링부츠 · 복싱부츠와 사이클화 **7**

# CHAPTER [05] 금속과 기계

## 01 금속

> 🧑‍🏫 **해설** **금속의 분류**
>
> 금속은 크게 경금속과 중금속으로 구분할 수 있다. 관세율표에서 경금속(알칼리금속, 알칼리토류금속, 희토류금속)은 제28류에 분류하고, 중금속의 경우 귀금속은 제71류에, 비금속은 제15부의 제72류부터 제81류(제77류 제외)에 분류한다. **2**

① 〈주 제1호〉 제외물품

이 부에서 다음 각 목의 것은 제외한다.

가. 조제페인트 · 잉크나 그 밖의 물품으로서 금속의 플레이크나 가루를 기본 재료로 한 것(제3207호부터 제3210호까지 · 제3212호 · 제3213호 · 제3215호)

나. 페로세륨이나 그 밖의 발화성 합금(제3606호)

다. 제6506호나 제6507호의 모자와 그 부분품

라. 제6603호의 산류의 프레임과 그 밖의 물품

마. 제71류의 물품(예 귀금속의 합금 · 귀금속을 입힌 비금속 · 모조 신변장식용품)

바. 제16부의 물품(기계 · 기계류와 전기용품)

사. 조립한 철도용이나 궤도용 선로(제8608호)와 제17부의 그 밖의 물품(차량 · 선박 · 항공기) **1**

아. 제18부의 기기(시계용 스프링을 포함한다)

자. 총포탄용으로 조제한 연탄(제9306호)이나 제19부의 그 밖의 물품(무기 · 총포탄)

차. 제94류의 물품(예 가구 · 매트리스 서포트 · 조명기구 · 조명용 사인 · 조립식 건축물)

카. 제95류의 물품(예 완구 · 게임용구 · 운동용구)

타. 제96류(잡품)의 수동식 체 · 단추 · 펜 · 펜슬홀더 · 펜촉이나 기타의 물품 **1**

파. 제97류의 물품(예 예술품)

② 〈주 제2호〉 범용성 부분품의 분류

이 표에서 "범용성 부분품"이란 다음 각 목의 것을 말한다.

가. 제7307호 · 제7312호 · 제7315호 · 제7317호 · 제7318호의 물품과 그 밖의 비금속으로 만든 이와 유사한 물품. 다만, 오로지 내과용 · 외과용 · 치과용 · 수의과용 임플란트에만 사용하도록 특별히 고안된 것은 제외한다(제9021호). **1**

나. 비금속으로 만든 스프링과 스프링판(제9114호의 시계용 스프링은 제외한다)

다. 제8301호 · 제8302호 · 제8308호 · 제8310호의 물품과 제8306호의 비금속으로 만든 틀과 거울 ❶

제73류부터 제76류까지와 제78류부터 제82류까지(제7315호는 제외한다)의 부분품에는 위의 가목부터 다목까지에서 규정한 물품은 포함하지 않는다.

위의 규정과 제83류의 주 제1호에 따른 경우를 제외하고는 제82류나 제83류의 제품은 제72류부터 제76류까지와 제78류부터 제81류까지에서 제외한다.

---

**관련규정  범용성 부분품**

**1. 개요**

비금속제의 부분품이 특정제품(예 제8508호의 진공청소기, 제8703호의 승용차)의 부분품인 경우에는 그 특정제품의 해당 소호(예 진공청소기 부분품 제8508.70호)나 그 부분품이 속한 해당 호(승용차 부분품 제8708호)에 분류할 수 있다. 그러나 제15부주 제2호에서 정의한 범용성 부분품은 별도 제시되는 경우에는 관련 제품의 부분품으로 취급하지 않고 이 부의 해당 호로 분류한다.

예 스프링은 제7320호의 스프링으로 분류하고 제8708호의 자동차용 부분품으로 분류하지 않는다.

범용성 부분품은 특정 물품에 적합하도록 제조되었더라도 별도로 제시되면 이 원칙을 적용하며, 비금속뿐만 아니라 플라스틱으로 만든 부분품에도 동일한 원칙이 적용된다.

다만, 오로지 내과용 · 외과용 · 치과용 · 수의과용 임플란트에만 사용하도록 특별히 고안된 것은 제외한다(제9021호).

**2. 종류와 분류**

아래의 일람표는 제73류의 철강으로 만든 제품을 기술한 것이고, 이와 유사한 그 밖의 비금속으로 만든 것은 제74류부터 제81류까지(제77류 유보)의 해당 호로 각각 분류한다. (제83류에 분류되는 물품은 비금속의 종류를 불문한다.)

- 제7307호 : 철강으로 만든 관연결구류(예 커플링 · 엘보 · 슬리브) ❷
- 제7312호 : 철강으로 만든 연선 · 로프 · 케이블 · 엮은 밴드 · 사슬과 이와 유사한 것(전기절연한 것은 제외한다) (※전기 절연한 전선이나 케이블은 제8544호로 분류한다) ❸
- 제7315호 : 철강으로 만든 체인과 그 부분품 ❶
- 제7317호 : 철강으로 만든 못 · 압정 · 제도용 핀 · 파형 못 · 스테이플(제8305호의 것은 제외한다)과 이와 유사한 제품(두부가 다른 재료로 만든 것인지에 상관없으나 구리를 재료로 한 것은 제외한다)(※두부가 구리로 된 것은 제7415호로 분류한다)
- 제7318호 : 철강으로 만든 스크루와 볼트 · 너트 · 코치스크루 · 스크루훅 · 리벳 · 코터 · 코터핀 · 와셔(스프링와셔를 포함한다)와 이와 유사한 제품 ❻
- 제7320호 : 철강으로 만든 스프링과 스프링판(제9114호의 시계용 스프링은 제외한다) ❺
- 제8301호 : 비금속으로 만든 자물쇠(열쇠식 · 다이얼식 · 전기작동식), 비금속으로 만든 걸쇠와 걸쇠가 붙은 프레임으로 자물쇠가 결합되어 있는 것, 이들 물품에 사용되는 비금속으로 만든 열쇠 ❸

- 제8302호 : 비금속으로 만든 장착구 · 부착구와 이와 유사한 물품(가구 · 문 · 계단 · 창 · 블라인드 · 차체 · 마구 · 트렁크 · 장 · 함이나 이와 유사한 것에 적합한 것으로 한정한다), 비금속으로 만든 모자걸이 · 브래킷과 이와 유사한 부착구, 비금속으로 만든 장착구가 있는 카스터, 비금속으로 만든 자동도어 폐지기 예 도어가이드
- 제8306호 : 비금속으로 만든 사진틀 · 그림틀이나 이와 유사한 틀, 비금속으로 만든 거울 **1**
- 제8308호 : 비금속으로 만든 걸쇠 · 걸쇠가 붙은 프레임 · 버클 · 버클걸쇠 · 훅 · 아이 · 아일릿과 이와 유사한 것(의류 또는 의류 부속품 · 신발류 · 신변장식용품 · 손목시계 · 서적 · 차양 · 가죽제품 · 여행구나 마구 또는 그 밖의 제품으로 된 물품에 사용하는 것으로 한정한다), 비금속으로 만든 관 리벳이나 두 가닥 리벳, 비금속으로 만든 구슬과 스팽글
- 제8310호 : 비금속으로 만든 사인판 · 명판 · 주소판과 이와 유사한 판, 숫자 · 문자와 그 밖의 심벌(제9405호의 것은 제외한다. 예 광고용 사인판) **1**

③ 〈주 제3호〉 비금속

이 표에서 "비금속"이란 철강 · 구리 · 니켈 · 알루미늄 · 납 · 아연 · 주석 · 텅스텐(볼프람) · 몰리브데늄 · 탄탈륨 · 마그네슘 · 코발트 · 비스무트 · 카드뮴 · 티타늄 · 지르코늄 · 안티모니 · 망간 · 베릴륨 · 크로뮴 · 게르마늄 · 바나듐 · 갈륨 · 하프늄 · 인듐 · 니오븀(컬럼븀) · 레늄 · 탈륨을 말한다. **6**

> **해설**
>
> 비금속이란 제14부(제71류) 귀금속의 상대적 개념으로 이 부에는 일반적으로 제2601호부터 제2617호까지에 해당하는 광의 제련공정을 통하여 얻은 비금속을 분류한다. 관세율표에서는 비금속의 종류를 이 부 주제3호에서 명확히 규정하고 있다. 다만, 상업적으로 금속으로 취급되는 알칼리금속(나트륨 · 칼륨 · 리튬) · 알칼리토류금속(칼슘 · 바륨) · 희토류금속과 수은 등은 제28류(제2805호)에 분류된다는 것에 유의하여야 한다. **4**

④ 〈주 제4호〉 서멧

이 표에서 "서멧"이란 금속성분과 세라믹성분의 미세하고 불균질한 결합물질을 함유한 물품을 말한다. **3** 또한 소결한 금속탄화물(금속을 소결한 금속탄화물)를 포함한다. **3**

⑤ 〈주 제5호〉 합금의 분류기준

합금의 분류는 다음 각 목에서 정하는 바에 따른다(제72류와 제74류의 주에서 정의한 합금철과 모합금은 제외한다). **1**

가. 비금속의 합금은 함유중량이 가장 많은 금속의 합금으로 본다. **7**

나. 이 부의 비금속과 이 부에 해당되지 않는 원소로 구성된 합금의 경우 이 부의 비금속의 중량을 합계한 것이 그 밖의 원소의 중량을 합계한 것 이상이면 이 부의 비금속의 합금으로 본다. **7**

다. 이 부의 합금에는 금속 가루의 혼합물을 소결한 것과 용융으로 제조한 금속의 불균질한 혼합물(서멧은 제외한다)과 금속간 화합물이 포함된다. **2**

예시 **비금속합금의 분류예시**

1. 구리 40%, 니켈 35%, 알루미늄 25%의 합금은 구리의 합금으로 제74류로 분류한다(제15부 주 제5호가목).
2. 알루미늄 30%, 코발트 25%, 나트륨 45%의 합금은 제15부 주 제5호나목에 따라 알루미늄의 합금으로 제76류로 분류한다. (나트륨의 함유량이 알루미늄과 코발트를 합한 중량 보다 많은 경우에는 주로 제3824호로 분류한다)

예시 **실전기출문제**

1. 아연 20%, 구리 14%, 철 28%, 니켈 38%로 조성된 괴
   니켈 함유중량이 가장 많으므로 니켈 합금 괴가 분류되는 제7502호에 분류한다.
2. 은 4%, 코발트 40%, 금 3%, 납 53%로 조성된 괴
   귀금속의 함량이 2%이상인 합금으로서 금의 함유중량 2% 이상이므로 금의 합금으로 만든 Billet이 분류되는 제7108호에 분류
3. 주석 29%, 망간 20%, 나트륨 42%, 크로뮴 9%로 조성된 괴
   관세율표 제28류에 분류되는 나트륨 함유량(42%)보다 제15부에 분류되는 구성요소 중 주석의 함유량(29%)이 가장 많으므로 주석의 합금 괴가 분류되는 제8001호에 분류
4. 칼륨 11%, 루비듐 22%, 알루미늄 47%, 리튬 20%로 조성된 괴
   관세율표 제28류에 분류되는 경금속류인 칼륨, 루비듐, 리튬의 합계 중량이 53%로 제15부에 분류되는 알루미늄(47%)보다 많으므로 제15부에 분류할 수 없음. 따라서, 제28류에 분류되는 경금속류와 알루미늄의 조제품으로서 따로 분류되지 않는 기타의 화학조제품이 분류되는 제3824호에 분류

⑥ 〈주 제6호〉 비금속 합금의 분류기준

이 표의 비금속은 문맥상 달리 해석되지 않는 한, 주 제5호에 따라 해당 비금속의 합금으로 분류되는 것도 포함한다. ❷

⑦ 〈주 제7호〉 복합물품의 분류기준

복합물품의 분류는 다음 각 목에서 정하는 바에 따른다. 다만, 각 호에서 따로 규정하지 않은 경우에는 둘 이상의 비금속을 함유한 비금속으로 만든 물품(비금속 외의 재료를 혼합한 물품으로서 이 표의 통칙에 따라 비금속으로 만든 물품으로 보는 것을 포함한다)은 함유중량이 가장 많은 비금속의 물품으로 본다. ❶

가. 철과 강은 동일한 종류의 금속으로 본다. ❷

나. 합금은 주 제5호에 따라 그 합금으로 보는 금속으로 전부 구성되어 있는 것으로 본다.

다. 제8113호의 서맷은 단일의 비금속으로 본다.

⑧ 〈주 제8호〉 웨이스트와 스크랩 및 가루

이 부에서 다음 각 목의 용어는 아래에서 정하는 바에 따른다.

가. 웨이스트와 스크랩

　　1) 모든 금속 웨이스트와 스크랩

　　2) 파손·절단·마손이나 그 밖의 사유로 원래의 용도대로 사용할 수 없는 금속물품

나. 가루

"가루"란 메시 구경이 1밀리미터인 체를 통과한 중량이 전 중량의 100분의 90 이상인 물품을 말한다. **4**

⑨ 〈주 제9호〉 용어의 정의

제74류부터 제76류까지와 제78류부터 제81류까지에서 다음 각 목의 용어는 아래에서 정하는 바에 따른다.

가. 봉

"봉"이란 압연·압출·인발·단조제품으로서 코일 모양이 아니어야 하고, 그 횡단면이 전체 길이에 걸쳐 균일하고 중공이 없으며, 원형·타원형·직사각형(정사각형을 포함한다)·정삼각형·볼록정다각형("편평화한 원형"과 "변형된 직사각형"을 포함하며, 이들은 마주보는 두 변이 볼록한 호 모양이고 다른 두 변은 직선이며 길이가 같고 평행한 것이다)인 것을 말한다. 이 경우 횡단면이 직사각형(정사각형을 포함한다)·삼각형·다각형인 물품은 전체 길이에 걸쳐 둥근 모양의 모서리를 가지는 경우도 있다. 횡단면이 직사각형("변형된 직사각형"을 포함한다)인 물품은 그 두께가 폭의 10분의 1을 초과하는 것으로 한정한다. 또한 위와 동일한 모양과 치수를 가진 주조 제품이나 소결제품으로서 제조된 후 단순한 트리밍이나 스케일 제거 이외의 다른 연속가공을 거친 것도 포함한다. 다만, 다른 호에 해당하는 물품이나 제품의 특성이 있는 것은 제외한다.

그러나 제74류의 와이어바와 빌릿으로서 선재(와이어로드)나 관 등으로 제조할 때 단순히 기계에 투입하는 것을 쉽게 하기 위한 목적으로 끝을 가늘게 하거나 그 밖의 다른 가공을 한 것은 제7403호의 구리의 괴로 본다. 이 규정은 제81류에 해당하는 물품에도 준용한다.

나. 프로파일

"프로파일"이란 압연·압출·인발·단조나 형조 제품으로서 코일 모양인지에 상관없으며, 그 횡단면이 전체 길이에 걸쳐 균일하고 봉·선·판·시트·스트립·박·관의 어느 정의에도 해당하지 않는 것을 말한다. 또한 위와 동일한 모양을 가진 주조 제품이나 소결 제품으로서 제조된 후 단순한 트리밍이나 스케일 제거 이외의 다른 연속가공을 거친 것도 포함한다. 다만, 다른 호에 해당하는 물품이나 제품의 특성이 있는 것은 제외한다.

다. 선

"선"이란 압연·압출·인발 제품으로서 코일 모양이어야 하고, 그 횡단면이 전체 길이에 걸쳐 균일하고 중공이 없으며, 원형·타원형·직사각형(정사각형을 포함한다)·정삼각형·볼록정다각형("편평화한 원형"과 "변형된 직사각형"을 포함하며, 이들은 마주보는 두 변이 볼록한 호 모양이고, 다른 두 변은 직선이고, 길이가 같고 평행한 것이다)인 것을 말한다. 이 경우 횡단면이 직사각형(정사각형을 포함한다)·삼각형·다각형인 물품은 전체 길이에 걸쳐 둥근 모양의 모서리를 가지는 경우도 있다. 횡단면이 직사각형("변형된 직사각형"을 포함한다)인 물품은 그 두께가 폭의 10분의 1을 초과하는 것으로 한정한다.

라. 판·시트·스트립·박

"판·시트·스트립·박"이란 평판 모양의 제품(가공하지 않은 물품은 제외한다)으로서 코일 모양인지에 상관없으며, 횡단면에 중공이 없는 직사각형(정사각형은 제외한다)인 것(마주보는 두 변이 볼록한 호 모양이고, 다른 두 변은 직선이고, 길이가 같고 평행한 "변형된 직사각형"을 포함한다)으로 둥근 모양의 모서리를 가지는 것인지에 상관없으며 두께가 균일한 것으로서 다음과 같은 것을 말한다.

• 직사각형(정사각형을 포함한다) 모양인 것은 두께가 폭의 10분의 1 이하인 것으로 한정한다.

• 직사각형이나 정사각형이 아닌 다른 모양의 것은 그 크기에 상관없다. 다만, 다른 호에 해당하는 물품이나 제품의 특성이 있는 것은 제외한다.

판·시트·스트립·박이 분류되는 호는 특히 판·시트·스트립·박으로서 무늬가 있는 것(예 홈·리브·체크무늬·물방울무늬·단추무늬·마름모꼴무늬)과 이것에 구멍을 뚫은 것·물결 모양을 낸 것·연마한 것이나 도포한 것에 적용한다. 다만, 다른 호에 해당하는 물품이나 제품의 특성이 있는 것은 제외한다.

마. 관

"관"이란 전체 길이에 걸쳐 하나의 중공을 가지는 제품으로서 코일 모양인지에 상관없고 그 횡단면이 균일하며, 원형·타원형·직사각형(정사각형을 포함한다)·정삼각형·볼록정다각형 모양으로서 그 벽의 두께가 균일한 것을 말한다. 횡단면이 직사각형(정사각형을 포함한다)·정삼각형·볼록정다각형인 물품은 물품은 전체 길이를 통하여 모서리가 둥근 모양일수도 있는데, 횡단면의 내측과 외측이 동심이고 동일한 모양과 방향성을 가지고 있는 경우에는 관으로 본다. 위와 같은 횡단면을 가진 관들은 연마한 것, 도포한 것, 구부린 것, 나선가공한 것, 구멍을 뚫은 것, 웨이스트한 것, 익스팬디드한 것, 원추형으로 한 것, 플랜지·고리·링을 붙인 것도 있다.

## 2. 제72류 철강

### ① 〈호의 용어〉

#### ㉠ 제1절 일차재료와 알갱이 모양이나 가루 모양인 제품

| 품목번호 | 품명 |
|---|---|
| 7201 | 선철과 스피그라이즌(피그 · 블록 모양이나 그 밖의 일차제품 형태인 것으로 한정한다) |
| 7202 | 합금철 |
| 7203 | 철광석을 직접 환원하여 제조한 철제품과 그 밖의 해면질의 철제품(럼프 · 펠릿이나 이와 유사한 모양인 것으로 한정한다)과 순도가 최저 전 중량의 100분의 99.94인 철(럼프 · 펠릿이나 이와 유사한 모양인 것으로 한정한다) |
| 7204 | 철의 웨이스트와 스크랩, 철강의 재용해용 스크랩 잉곳 |
| 7205 | 알갱이와 가루(선철 · 스피그라이즌 · 철강의 것으로 한정한다) |

#### ㉡ 제2절 철과 비합금강

| 품목번호 | 품명 |
|---|---|
| 7206 | 잉곳이나 그 밖의 일차제품 형태인 철과 비합금강(제7203호의 철은 제외한다) |
| 7207 | 철이나 비합금강의 반제품 |
| 7208 | 철이나 비합금강의 평판압연제품(폭이 600밀리미터 이상인 것으로서 열간압연한 것으로 한정하고, 클래드 · 도금 · 도포한 것은 제외한다) |
| 7209 | 철이나 비합금강의 평판압연제품(폭이 600밀리미터 이상인 것으로서 냉간압연(냉간환원)한 것으로 한정하고, 클래드 · 도금 · 도포한 것은 제외한다) |
| 7210 | 철이나 비합금강의 평판압연제품(폭이 600밀리미터 이상인 것으로서 클래드 · 도금 · 도포한 것으로 한정한다) |
| 7211 | 철이나 비합금강의 평판압연제품(폭이 600밀리미터 미만인 것으로 한정하고, 클래드 · 도금 · 도포한 것은 제외한다) |
| 7212 | 철이나 비합금강의 평판압연제품(폭이 600밀리미터 미만인 것으로서 클래드 · 도금 · 도포한 것으로 한정한다) |
| 7213 | 철이나 비합금강의 봉(열간압연한 것으로서 불규칙적으로 감은 코일 모양인 것으로 한정한다) |
| 7214 | 철이나 비합금강의 그 밖의 봉(단조 · 열간압연 · 열간인발 · 열간 보다 더 가공하지 않은 것으로 한정하고, 압연 후 꼬임가공된 것을 포함한다) |
| 7215 | 철이나 비합금강의 그 밖의 봉 |
| 7216 | 철이나 비합금강의 형강 |
| 7217 | 철이나 비합금강의 선 |

#### ㉢ 제3절 스테인리스강

| 품목번호 | 품명 |
|---|---|
| 7218 | 스테인리스강(잉곳이나 그 밖의 일차제품 형태인 것으로 한정한다)과 스테인리스강의 반제품 |
| 7219 | 스테인리스강의 평판압연제품(폭이 600밀리미터 이상인 것으로 한정한다) |
| 7220 | 스테인리스강의 평판압연제품(폭이 600밀리미터 미만인 것으로 한정한다) |
| 7221 | 스테인리스강의 봉(열간압연한 것으로서 불규칙적으로 감은 코일 모양으로 한정한다) |
| 7222 | 스테인리스강의 그 밖의 봉, 스테인리스강의 형강 |
| 7223 | 스테인리스강의 선 |

ㄹ 제4절 그 밖의 합금강과 합금이나 비합금강의 중공드릴봉

| 품목번호 | 품명 |
|---|---|
| 7224 | 그 밖의 합금강(잉곳이나 그 밖의 일차제품 형태인 것으로 한정한다)과 그 밖의 합금강의 반제품 |
| 7225 | 그 밖의 합금강의 평판압연제품(폭이 600밀리미터 이상인 것으로 한정한다) |
| 7226 | 그 밖의 합금강의 평판압연제품(폭이 600밀리미터 미만인 것으로 한정한다) |
| 7227 | 그 밖의 합금강의 봉(열간압연한 것으로서 불규칙적으로 감은 코일 모양으로 한정한다) |
| 7228 | 그 밖의 합금강의 그 밖의 봉, 그 밖의 합금강의 형강, 합금강이나 비합금강의 중공 드릴봉 |
| 7229 | 그 밖의 합금강의 선 |

② 〈주 제1호〉 용어의 정의 및 분류기준

이 류에서 다음 각 목의 용어는 아래에서 정하는 바에 따른다(라목·마목·바목은 이 표의 전체에 적용한다).

가. "선철"이란 실용상 단조에 적합하지 않은 철-탄소의 합금으로서 탄소의 함유량이 전 중량의 100분의 2를 초과하고, 다음에 열거한 하나 이상의 그 밖의 원소의 함유량이 중량비로 다음과 같은 한도 이하인 것을 말한다(다음 비율표의 기재를 생략한다). **1**

나. "스피그라이즌"이란 망간의 함유량이 전 중량의 100분의 6을 초과하고 100분의 30 이하인 철-탄소의 합금으로서 그 밖의 원소의 함유량은 가목에서 정하는 기준에 해당한 것을 말한다. **1**

다. "합금철"이란 피그·블록·럼프나 이와 유사한 일차제품 형태인 합금, 연속주조법으로 제조한 모양인 합금, 알갱이 모양이나 가루 모양인 합금으로서(응결된 것인지에 상관없다), 통상 그 밖의 합금 제조시에 첨가제로 사용되거나 철을 야금(冶金)할 때에 탈산제·탈황제나 이와 유사한 용도로 사용되고, 보통 실용상 단조에는 적합하지 않고, 철의 함유량이 전 중량의 100분의 4 이상이며, 다음에 열거한 원소의 하나 이상의 함유량이 중량비로 다음 비율을 초과하는 것을 말한다(다음 비율표의 기재를 생략한다).

라. "강"이란 실용상 단조에 적합한 철재(주조 모양으로 제조된 것은 제외한다)로서, 탄소의 함유량이 전 중량의 100분의 2 이하인 것을 말하고, 제7203호의 철재는 제외한다. 다만, 크로뮴강은 탄소의 함유량이 전 중량의 100분의 2를 초과하여 함유될 수 있다. **1**

마. "스테인리스강"이란 탄소의 함유량이 전 중량의 100분의 1.2 이하이고 크로뮴의 함유량이 전 중량의 100분의 10.5 이상인 합금강을 말한다(그밖의 원소가 함유되어 있는지에 상관없다). **4**

바. "그 밖의 합금강"이란 스테인리스강의 정의에 해당하지 않고, 다음에 열거한 원소의 하나 이상의 함유량이 중량비로 다음 비율 이상인 강을 말한다(다음 비율표의 기재를 생략한다).

사. "재용해용 철강의 스크랩 잉곳"이란 잉곳 모양(피더헤드나 핫톱이 없는 것)이나 피그 모양으로 거칠게 주조한 제품으로서 표면에 홈이 뚜렷하게 나타나 있으며, 선철·스피그라이즌·합금철의 화학적 조성에 해당하지 않는 것을 말한다.

아. "알갱이"란 메시 구경이 1밀리미터인 체를 통과한 중량이 전 중량의 100분의 90 미만이고, 메시 구경이 5밀리미터인 체를 통과한 중량이 전 중량의 100분의 90 이상인 물품을 말한다.

자. "반제품"이란 횡단면에 중공이 없는 연속주조제품(일차 열간압연공정을 거친 것인지에 상관없다)과 일차 열간압연공정이나 단조에 따른 거친 성형보다 더 가공하지 않은 중공이 없는 그 밖의 제품을 말한다(형강의 블랭크를 포함하며, 이들 제품들은 코일상태로는 되어 있지 않다).

차. "평판압연제품"이란 자목의 정의에 해당하지 않고 횡단면에 중공이 없는 작사각형(정사각형은 제외한다)의 압연제품으로서 그 모양이 다음과 같은 것을 말한다.
- 연속적 적층 모양인 코일
- 직선형인 경우에는 두께가 4.75밀리미터 미만이고, 폭이 두께의 열 배 이상인 것이나 두께가 4.75밀리미터 이상이며, 폭이 150밀리미터를 초과하고, 적어도 두께의 두배 이상인 것으로 한정한다.

  평판압연제품은 압연할때에 직접 발생하는 부조무늬(예 홈·리브·체크무늬·물방울무늬·단추무늬·마름모꼴무늬)가 있는 것, 구멍을 뚫은 것, 물결 모양으로 한 것, 연마한 것도 포함한다(다른 호에 해당하는 물품이나 제품의 특성이 있는 것은 제외한다). 직사각형이나 정사각형 외의 형태의 평판압연제품은 크기에 상관없이 폭이 600밀리미터 이상인 제품으로 분류한다(다른 호에 해당하는 물품이나 제품의 특성이 있는 것은 제외한다).

카. "불규칙적으로 감은 코일 모양인 열간압연한 봉"이란 불규칙적으로 감은 코일 모양인 열간) 압연한 제품으로서 횡단면에 중공이 없는 원형·궁형·타원형·직사각형(정사각형을 포함한다)·삼각형이나 그 밖의 볼록다각형인 것(대칭하는 두 변이 볼록아크형이고, 다른 두 변은 길이가 동일하고, 평행한 직선을 가진 단면이 "플랫서클(flattened circle)"과 "변형된 직사각형"인 것을 포함한다)을 말한다. 그 물품들에는 압연공정에서 발생하는 톱니 모양의 마디·리브·홈이나 그 밖의 봉을 보강하는 모양인 것도 있다.

타. "그 밖의 봉"이란 자목·차목·카목·하목의 정의에 해당하지 않는 제품으로서 그 횡단면이 전체를 통하여 균일하고 중공이 없고, 원형·궁형·타원형·직사각형(정사각형을 포함한다)·삼각형이나 그밖의 볼록 다각형인것(대칭하는 두변이 볼록 아크형이며, 다른 두 변은 길이가 동일하고 평행한 직선을 가진 단면의 "플랫서클"과 "변형된 직사각형"인 것을 포함한다)을 말한다. 이 경우 그 물품들에는 압연공정에서 발생하는 톱니 모양의 마디·리브·홈이나 그 밖의 봉을 보강하는 모양인 것도 있고, 압연 후 꼬임가공된 것도 있다.

파. "형강"이란 그 횡단면이 전체를 통하여 균일하고, 중공이 없는 제품으로서 자목·차목·카목·타목·하목의 정의에 해당하지 않는 제품을 말한다. 다만, 제72류에는 제7301호나 제7302호의 제품을 포함하지 않는다.

하. "선"이란 그 횡단면(횡단면의 모양은 상관없다)이 전체를 통하여 균일하고 중공이 없는 코일 모양의 냉간성형제품으로서 평판압연제품의 정의에 해당하지 않는 것을 말한다.

거. "중공드릴봉"이란 어느 횡단면에든 중공이 있는 봉으로서 드릴용에 적합하고, 횡단면 외측
의 최대치수가 15밀리미터를 초과하나 52밀리미터 이하인 것이며, 내측의 최대치수가 외
측 최대치수의 2분의 1 이하인 것을 말하고 이에 해당하지 않는 철강의 중공봉은 제7304호
로 분류한다. **1**

② 〈주 제2호〉 성분이 다른 철금속의 분류기준

성분이 다른 철금속을 입힌 철금속은 중량이 가장 많은 철금속의 제품으로 분류한다. **1**

## 3. 제73류 철강의 제품

① 〈호의 용어〉

※ 표시가 있는 호는 범용성 부분품에 해당

| 품목번호 | 품명 |
|---|---|
| 7301 | 철강으로 만든 널말뚝(구멍을 뚫은 것인지 또는 조립된 것인지에 상관없다)과 용접된 형강 **1** |
| 7302 | 철강으로 만든 철도용이나 궤도용 선로의 건설재료[레일·첵레일과 랙레일·스위치 블레이드·교차구류·전철봉과 그 밖의 크로싱피스·받침목(크로스타이)·이음매판·좌철·좌철쐐기·밑판(베이스플레이트)·레일클립·받침판·격재와 레일의 접속이나 고착에 전용되는 그 밖의 재료로 한정한다] |
| 7303 | 주철로 만든 관과 중공프로파일 |
| 7304 | 철강(주철은 제외한다)으로 만든 관과 중공프로파일(무계목으로 한정한다) |
| 7305 | 철강으로 만든 그 밖의 관(예 용접·리벳이나 이와 유사한 방법으로 봉합한 것)으로서 횡단면이 원형이고, 바깥지름이 406.4밀리미터를 초과하는 것 |
| 7306 | 철강으로 만든 그 밖의 관과 중공프로파일(예 오픈심·용접·리벳이나 이와 유사한 방법으로 봉합한 것) |
| ※7307 | 철강으로 만든 관 연결구류(예 커플링·엘보·슬리브) |
| 7308 | 철강으로 만든 구조물(제9406호의 조립식 건축물은 제외한다)과 구조물의 부분품(예 다리와 교량·수탑·격자주·지붕·지붕틀·문과 창 및 아들의 틀과 문지방·셔터·난간·기둥), 구조물 용으로 가공한 철강으로 만든 판·대·봉·형재·관과 이와 유사한 것 |
| 7309 | 철강으로 만든 각종 재료용 저장조·탱크·통과 이와 유사한 용기(압축용이나 액화가스용은 제외하고, 기계장치나 가열·냉각장치를 갖추지 않은 것으로서 용적이 300리터를 초과하는 것으로 한정하며, 내장한 것인지 또는 열절연한 것인지에 상관없다) |
| 7310 | 철강으로 만든 각종 재료용 탱크·통·드럼·캔 포상자와 이와 유사한 용기(압축용이나 액화가스용은 제외하고, 기계장치나 가열·냉각장치를 갖추지 않은 것으로 용적이 300리터 이하인 것으로 한정하며, 내장한 것인지 또는 열절연한 것인지에 상관없다) |
| 7311 | 철강으로 만든 용기(압축용이나 액화가스용으로 한정한다) |
| ※7312 | 철강으로 만든 연선·로프·케이블·엮은 밴드·사슬과 이와 유사한 것(전기절연 한 것은 제외한다) |
| 7313 | 철강으로 만든 유자선·대·평선을 꼰 것(유자의 것인지에 상관없다)과 느슨하게 꼰 2중선으로서 울타리용으로 사용하는 것 |
| 7314 | 철강선으로 만든 클로스(엔드리스 밴드를 포함한다)·그릴·망·울타리 스팬디드 메탈 |
| ※7315 | 철강으로 만든 체인과 그 부분품 |
| 7316 | 철강으로 만든 닻과 그 부분품 |

| | |
|---|---|
| ※7317 | 철강으로 만든 못·압정·제도용 핀·물결 모양 못·스테이플(제8305호의 것은 제외한다)과 이와 유사한 물품(두부가 그 밖의 다른 재료로 만든 것인지에 상관없으나 구리를 재료로 한 것은 제외한다) |
| ※7318 | 철강으로 만든 스크루·볼트·너트·코치 스크루·스크루 훅·리벳·코터·코터핀·와셔(스프링와셔를 포함한다)와 이와 유사한 물품 |
| 7319 | 철강으로 만든 수봉침·수편침·돗바늘·코바늘·자수용 천공수침과 이와 유사한 물품으로서 손으로 사용하는 것, 철강으로 만든 안전핀과 그 밖의 핀(따로 분류되지 않은 것으로 한정한다)  |
| ※7320 | 철강으로 만든 스프링과 스프링판 |
| 7321 | 철강으로 만든 스토브,레인지·불판·조리기(중앙난방용 보조보일러를 갖춘 것을 포함한다)·바비큐 ·화로·가스풍로·가열판과 이와 유사한 비전기식 가정용 기구와 이들의 부분품 |
| 7322 | 철강으로 만든 방열기(중앙난방용으로 한정하고, 전기가열식은 제외한다)와 이들의 부분품, 동력구동식 송풍기를 갖춘 공기가열기와 온풍배분기(냉풍이나 조절된 공기를 공급할 수 있는 배분기를 포함하고, 전기가열식은 제외한다)와 이들의 부분품 |
| 7323 | 철강으로 만든 식탁용품·주방용품이나 그 밖의 가정용 물품과 이들의 부분품, 철강의 울, 철강으로 만든 용기 세정용구와 세정용이나 폴리싱용 패드·글러브와 이와 유사한 것 |
| 7324 | 철강으로 만든 위생용품과 그 부분품 |
| 7325 | 철강으로 만든 그 밖의 주물제품 |
| 7326 | 철강으로 만든 그 밖의 제품 |

② 〈주 제1호〉 주철의 정의

이 류에서 "주철"이란 주조방식으로 제조되고, 철의 함유중량이 각각의 다른 원소보다 가장 많은 것으로서 제72류의 주 제1호라목에서 규정한 강의 화학적 구성비에 해당하지 않는 제품을 말한다.

③ 〈주 제2호〉 선의 정의

이 류에서 "선"이란 열간이나 냉간 성형제품으로서 횡단면의 모양에 상관없으며 횡단면의 치수가 16밀리미터 이하인 것을 말한다. **2**

## 3. 제82류 비금속으로 만든·도구·칼붙이·스푼·포크, 이들의 부분품

**해설  제82류의 특징**

① 이 류에는 공구·도구·칼붙이·식탁용품 등의 성격을 갖는 비금속제의 특수한 제품이 포함된다. 다만, 작용부분이 고무·가죽·펠트 등으로 된 공구는 그 구성 재료에 따라 분류한다(제40류·제42류·제59류 등).

② 이 류에는 단독으로 사용하는 수지식 공구가 포함되며 이러한 공구가 기어, 레버 등과 같은 간단한 기구와 결합되어 있는지에 상관없다. 그러나 용구들이 작업대·벽 등에 고정하도록 설계된 것 또는 중량·치수나 그것을 사용하는데 필요한 힘의 정도에 따라 작업대 등에 놓기 위한 베이스 플레이트·스탠드·지지용 프레임 등과 함께 결합되어 있는 경우에는 보통 제84류로 분류한다.

① 〈호의 용어〉

| 품목번호 | 품명 |
|---|---|
| 8201 | 수공구에 해당하는 것 중 가래 · 삽 · 곡괭이 · 픽스 · 괭이 · 포크와 쇠스랑, 도끼 · 빌훅과 이와 유사한 절단용 공구, 각종 전지가위, 낫 · 초절기 · 울타리 전단기 · 제재용 쐐기와 그 밖의 농업용 · 원예용 · 임업용 공구 |
| 8202 | 수동식 톱, 각종 톱날(슬리팅 · 슬로팅 · 이가 없는 톱날을 포함한다) |
| 8203 | 줄 · 플라이어(절단용 플라이어를 포함한다) · 집게 · 핀셋 · 금속 절단용 가위 · 파이프커터 · 볼트크로퍼 · 천공펀치와 이와 유사한 수공구 |
| 8204 | 수동식 스패너와 렌치(토크미터렌치를 포함하나 탭렌치는 제외한다), 호환성 스패너소켓(손잡이가 달린 것인지에 상관없다) |
| 8205 | 수공구(유리 가공용 다이아몬드공구를 포함하며 따로 분류되지 않은 것으로 한정한다), 블로램프, 공작기계 또는 워터제트 절단기의 부분품 · 부속품 외의 바이스 · 클램프와 이와 유사한 것, 모루, 휴대용 화덕, 프레임을 갖춘 수동식이나 페달식 그라인딩휠 |
| 8206 | 제8202호부터 제8205호까지에 해당하는 둘 이상의 공구가 소매용 세트로 되어 있는 것 |
| 8207 | 수공구용(동력작동식인지에 상관없다)이나 기계용 호환성 공구(떼 프레싱용 · 스탬핑용 · 펀칭용 · 태핑용 · 드레딩용 · 드릴링용 · 보링용 · 브로칭용 · 밀링용 · 터닝용 · 스크루드라이빙용)(귀금속의 인발용이나 압출용 다이와 착암용이나 굴착용 공구를 포함한다) |
| 8208 | 기계용이나 기구용 칼과 절단용 칼날 |
| 8209 | 공구용 판 · 봉 · 팁과 이와 유사한 것(서멧으로 만든 것으로서 장착하지 않은 것으로 한정한다) |
| 8210 | 수동식 기계기구(음식물의 조리 · 제공에 사용되는 것으로 한 개의 중량이 10킬로그램 이하인 것으로 한정한다) |
| 8211 | 칼(톱니가 있는지에 상관없으며 절단용 칼날을 갖춘 것으로 한정하고 전정용 칼을 포함하며 제8208호의 칼은 제외한다)과 그 날 |
| 8212 | 면도기와 면도날(면도날의 블랭크로서 스트립 모양인 것을 포함한다) |
| 8213 | 가위, 재단용 가위와 이와 유사한 가위, 이들의 날 |
| 8214 | 그 밖의 칼붙이 제품(떼 이발기 · 정육점용이나 주방용 칼붙이 · 토막용 칼과 다지기용 칼 · 종이용 칼), 매니큐어 · 페디큐어 세트와 용구(손톱줄을 포함한다) |
| 8215 | 스푼 · 포크 · 국자 · 스키머 · 케이크서버 · 생선용칼 · 버터용칼 · 설탕집게와 이와 유사한 주방용품이나 식탁용품 |

② 〈주 제1호〉 작용부분의 재료에 따른 분류기준

이 류에는 다음 각 목의 재료로 만들어진 날 · 작용단 · 작용면이나 그 밖의 작용하는 부분이 있는 것만을 분류한다. 다만, 블로램프 · 휴대용 화덕 · 프레임을 갖춘 그라인딩휠 · 매니큐어 · 페디큐어 세트와 제8209호의 물품은 제외한다.

가. 비금속

나. 금속탄화물이나 서멧

다. 귀석이나 반귀석(천연의것, 합성 · 재생한것)으로 비금속 · 금속탄화물 · 서멧의 지지물에 부착된 것

라. 연마재료로서 비금속으로 만든 지지물에 부착된 것. 다만, 비금속으로 만든 절삭치 · 홈과 이와 유사한 것을 가지는 물품으로서 연마제를 부착한 후에도 그 동일성과 기능을 가지는 경우로 한정한다.

③ 〈주 제2호〉 부분품의 분류

이 류에 해당하는 물품의 비금속으로 만든 부분품(따로 열거되어 있는 부분품과 제8466호의 수공구용 툴홀더는 제외한다)은 해당 물품이 해당하는 호로 분류한다. 다만, 제15부의 주 제2호에 규정한 범용성 부분품은 전부 이 류에서 제외한다. 전기면도기나 전기이발기의 두부·날·절삭판은 제8510호로 분류한다.

**예시** 비금속제 손잡이(제8212호), 플라스틱손잡이(제3924호)

④ 〈주 제3호〉 우선 분류규정

제8211호에 해당되는 한 개 이상의 칼과 제8215호에 해당되는 물품이 최소한 같은 수량으로 세트를 구성하는 경우에는 제8215호로 분류한다.

## 4. 제83류 비금속으로 만든 여러 가지 제품

👤 **해설   제83류 특징**

① 제73류부터 제76류와 제78류부터 제81류까지의 물품에서는 해당 금속의 성분에 따라 분류하고 있으나, 이 류에서는 구성되는 비금속의 성분에 관계없이 해당 제품의 성질에 따라 분류한다.
② 일반적으로 비금속의 부분품은 그 본래의 물품과 함께 분류한다(제83류 주 제1호). 그러나 이 류에서는 스프링(자물쇠 등의 용으로 특별 제작된 것일지라도)·체인·케이블·너트·볼트·스크루나 못을 제외하며, 이러한 물품은 제73류부터 제76류까지와 제78류부터 제81류까지의 해당되는 호에 분류한다.

① 〈호의 용어〉

※ 표시된 호는 범용성 부분품에 해당

| 품목번호 | 품명 |
|---|---|
| ※8301 | 비금속으로 만든 자물쇠(열쇠식·다이얼식·전기작동식), 비금속으로 만든 걸쇠가 붙은 프레임으로 자물쇠가 결합되어 있는 것, 이들 물품에 사용되는 비금속으로 만든 열쇠 |
| ※8302 | 비금속으로 만든 장착구·부착구와 이와 유사한 물품(가구·문·계단·창·블라인드·차체·마구·트렁크·장·함이나 이와 유사한 것에 적합한 것으로 한정한다), 비금속으로 만든 모자걸이·브래킷과 이와 유사한 부착구, 비금속으로 만든 장착구가 있는 카스터, 비금속으로 만든 자동 도어 폐지기 |
| 8303 | 비금속으로 만든 장갑하거나 보강한 금고, 스트롱박스, 롱룸용 문과 저장실, 현금함이나 손금고와 이와 유사한 것 **2** |
| 8304 | 비금속으로 만든 서류정리함·카드인덱스함·페이퍼 트레이·페이퍼 레스·펜 트레이·사무실용 스탬프스탠드와 이와 유사한 사실용이나 책상용 비품(제9403호에 해당하는 사무실용 가구는 제외한다) |
| 8305 | 비금속으로 만든 루스−리프식 바인더용이나 서류철용 피팅·서신용 클립·레터코너·서류용 클립·색인용 태그와 이와 유사한 사무용품, 비금속으로 만든 스트립 모양인 스테이플(예:사무실용·가구류용·포장용의 것) |
| ※8306 | 비금속으로 만든 벨·징과 이와 유사한 것(전기식은 제외한다), 비금속으로 만든 작은 조각상과 그 밖의 장식품, 비금속으로 만든 사진틀·그림틀이나 이와 유사한 틀, 비금속으로 만든 거울 |
| 8307 | 비금속으로 만든 플렉시블 튜빙(연결구류가 붙은 것인지에 상관 없다) |

| ※8308 | 비금속으로 만든 걸쇠 · 걸쇠가 붙은 프레임 · 버클 · 버클걸쇠 · 혹 · 아이 · 아일릿과 이와 유사한 것(의류 또는 의류 부속품 · 신발류 · 신변장식용품 · 손목시계 · 서적 · 차양 · 가죽제품 · 여행구나 마구 또는 그 밖의 제품으로 된 물품에 사용하는 것으로 한정한다), 비금속으로 만든 관 리벳이나 두 가닥 리벳, 구슬과 스팽글 |
|---|---|
| 8309 | 비금속으로 만든 전 · 캡 · 뚜껑(병마개 · 스크루캡 · 점적구용 전을 포함 한다) · 병용 캡슐 · 나선형 마개 · 마개용 커버 · 실과 그 밖의 포장용 부속품 |
| ※8310 | 비금속으로 만든 사인판 · 명판 · 주소판과 이와 유사한 판, 숫자 · 문자와 그 밖의 심벌(제9405호의 것은 제외한다) |
| 8311 | 비금속이나 금속탄화물로 만든 선 · 봉 · 관 · 판 · 용접봉과 이와 유사한 물품(금속이나 금속탄화물의 납땜 · 납접 · 용접 · 용착에 사용하는 것으로서 플럭스를 도포하였거나 심에 충전한 것으로 한정한다), 비금속 가루를 응결시켜 제조한 금속 스프레이용 선과 봉 |

② 〈주 제1호〉 비금속으로 만든 부분품의 분류

이 류에서 비금속으로 만든 부분품은 그 본체와 함께 분류한다. 다만, 제7312호 · 제7315호 · 제7317호 · 제7318호 · 제7320호의 철강으로 만든 물품, 제74류부터 제76류까지와 제78류부터 제81류까지에 해당하는 그 밖의 비금속으로 만든 이와 유사한 물품은 이 류의 물품의 부분품으로 분류하지 않는다.

③ 〈주 제2호〉 카스터의 정의

제8302호에서 "카스터"란 지름(타이어가 있는 경우에는 이를 포함한다)이 75밀리미터 이하인 것을 말하며, 지름(타이어가 있는 경우에는 이를 포함한다)이 75밀리미터를 초과하는 경우에는 부착된 휠이나 타이어의 폭이 30밀리미터 미만인 것을 말한다.

## 1. 제16부 '기계류, 전기기기, 이들의 부분품, 녹음기와 음성재생기 · 텔레비전의 영상과 음향의 기록기 · 재생기와 이들의 부분품과 부속품'

> **해설** 제16부의 특징
>
> ① 제16부에는 각종의 기계, 전기기기, 이들의 부분품과 부속품, 전기식이 아닌 특정의 장치와 기기(예 보일러와 보일러의 부속기기 및 여과용 기기 등)와 이들의 부분품을 분류한다. **1**
> ② 일반적으로 제16부의 물품은 재료가 어떠한 것인지에 상관없다. 즉, 대부분은 비금속이지만 비금속이 아닌 재료(예 플라스틱 · 목재 · 귀금속 등)로 된 기계(예 전부가 플라스틱으로 된 펌프)와 이들의 부분품도 포함한다. **1**

① 〈주 제1호〉 제외물품
　이 부에서 다음 각 목의 것은 제외한다.

　가. 전동용 · 컨베이어용 벨트나 벨팅으로서 플라스틱으로 만든 것(제39류)이나 가황한 고무로 만든 것(제4010호), 기계류나 전기기기에 사용되거나 그 밖의 공업용으로 사용되는 경질고무 외의 가황한 고무의 그 밖의 제품(제4016호)

　나. 기계용이나 그 밖의 공업용 가죽제품 · 콤퍼지션레더제품(제4205호)과 모피제품(제4303호)

　다. 보빈 · 스풀 · 콥콘 · 코어 · 릴이나 그 밖에 이와 유사한 지지구[재료가 무엇이든 상관없다(예 제39류 · 제40류 · 제44류 · 제48류나 제15부에 해당하는 것)]

　라. 자카드기와 그 밖에 야와 유사한 기계용 천공카드(예 제39류 · 제48류나 제15부에 해당하는 것)

　마. 방직용 섬유로 만든 전동용이나 컨베이어용 벨트나 벨팅(제5910호)과 그 밖의 방직용 섬유로 만든 공업용 물품(제5911호) **2**

　바. 제7102호부터 제7104호까지의 천연의 것이나 합성 · 재생한 귀석 · 반귀석이나 제7116호의 제품으로서 전부가 이들 귀석이나 반귀석으로 된 것. 다만, 축음기 바늘용으로 가공한 사파이어나 다이아몬드로서 장착되지 않은 것은 제외한다(제8522호). **2**

　사. 제15부의 주 제2호의 비금속으로 만든 범용성 부분품(제15부)이나 이와 유사한 플라스틱으로 만든 물품(제39류)

　아. 드릴파이프(제7304호) **2**

　자. 금속의 선이나 스트립으로 만든 엔드리스 벨트(제15부) **2**

　차. 제82류나 제83류의 물품

카. 제17부의 물품

타. 제90류의 물품

파. 제91류의 시계와 그 밖의 물품

하. 제8207호의 호환성 공구, 기계의 부분품으로 사용되는 브러시(제9603호)나 이와 유사한 호환성 공구는 작용하는 부분의 구성 재료에 따라 분류한다(예 제40류 · 제42류 · 제43류 · 제45류 · 제59류 · 제6804호 · 제6909호). **2**

거. 제95류의 물품

너. 타자기용 리본이나 이와 유사한 리본(스풀에 감긴 것인지 또는 카트리지 모양인지에 상관없으며 구성 재료에 따라 분류하되, 잉크가 침투되었거나 인쇄에 사용할 수 있는 상태인 것은 제9612호로 분류한다), 또는 제9620호의 일각대 · 양각대 · 삼각대와 이와 유사한 물품 **3**

② 〈주 제2호〉 기계부분품의 분류기준

기계의 부분품(제8484호 · 제8544호 · 제8545호 · 제8546호 · 제8547호의 물품의 부분품은 제외한다)은 이 부의 주 제1호, 제84류의 주 제1호, 제85류의 주 제1호에 규정한 것 외에는 다음 각 목에서 정하는 바에 따라 분류한다. **5**

예시 제16부의 주 제1호, 제84류의 주 제1호와 제85류의 주 제1호에 따른 제16부 제외물품

① 제16부 주 제1호가목에 따라 전동기용 고무벨트는 전동기용 부분품(제8503호)이 아닌 제4010호로 분류

② 제16부 주 제1호사목에 따라 리프트용 철강으로 만든 케이블은 리프트용 부분품(제8431.31호)이 아닌 제7318호로 분류

③ 제84류 주 제1호에 따라 연마용 공작기계용의 그라인드스톤은 제6804호로 분류

④ 제85류 주 제1호에 따라 음극선관용 유리튜브는 제7011호로 분류

　가. 제84류나 제85류 중 어느 특정한 호(제8409호 · 제8431호 · 제8448호 · 제8466호 · 제8473호 · 제8487호 · 제8503호 · 제8522호 · 제8529호 · 제8538호 · 제8548호는 제외한다)에 포함되는 물품인 부분품은 어떠한 경우라도 각각 해당 호로 분류한다. **4**

　나. 그 밖의 부분품으로서 특정한 기계나 동일한 호로 분류되는 여러 종류의 기계(제8479호나 제8543호의 기계를 포함한다)에 전용되거나 주로 사용되는 부분품은 그 기계가 속하는 호나 경우에 따라 제8409호 · 제8431호 · 제8448호 · 제8466호 · 제8473호 · 제8503호 · 제8522호 · 제8529호 · 제8538호로 분류한다. 다만, 주로 제8517호와 제8525호부터 제8528호까지의 물품에 공통적으로 사용되는 부분품은 제8517호로 분류하고, 제8524호의 물품에 전용되거나 주로 사용되는 부분품은 제8529호에 분류한다. **3**

　다. 그 밖의 각종 부분품은 경우에 따라 제8409호 · 제8431호 · 제8448호 · 제8466호 · 제8473호 · 제8503호 · 제8522호 · 제8529호 · 제8538호로 분류하거나 위의 호로 분류하지 못하는 경우에는 제8487호나 제8548호로 분류한다. **2**

**해설 제16부 부분품 분류원칙**

1. 원칙
   ① 제16부, 제84류, 제85류 주1에서 제외토록 규정한 부분품은 명시된 해당 호에 분류
   ② 제84류나 제85류에 특정한 호가 있는 부분품은 해당 특게호에 분류
   ③ 특게호가 없는 부분품의 경우, 전용되거나 주로 사용되는 기계가 속하는 호에 함께 분류
   ④ 그 외 부분품은 기계식은 제8487호에, 전기식은 제8548호로 분류(잔여 부품호)

2. 기계가 속한 호로 분류하는 부분품
   ① 제8434호(착유기와 낙농기계)의 부분품은 제8434.90호로 분류한다.
   ② 제8440호(제본기계)의 부분품은 제8440.90호로 분류한다.
   ③ 제8508호(진공청소기)의 부분품은 제8508.70호로 분류한다.
   ④ 제8510호(면도기 · 이발기와 모발제거기)의 부분품은 제8510.90호로 분류한다.

3. 집단 부분품호를 분류하는 사례
   ① 제8407호나 제8408호의 엔진부분품(제8409호)
   ② 제8425호부터 제8430호까지의 기계류 부분품(제8431호)
   ③ 제8444호부터 제8447호까지의 섬유기계 부분품(제8448호)
   ④ 제8456호부터 제8465호까지의 기계 부분품(제8466호)
   ⑤ 제8470호부터 제8472호까지의 사무용기계 부분품(제8473호)
   ⑥ 제8501호나 제8502호의 기계 부분품(제8503호)
   ⑦ 제8519호나 제8521호의 기기 부분품(제8522호)
   ⑧ 제8524호부터 제8528호까지의 기기 부분품(제8529호)
   ⑨ 제8535호 · 제8536호나 제8537호의 기기 부분품(제8538호)

③ 〈주 제3호〉 다기능 기계와 복합기계의 분류기준
두 가지 이상의 기계가 함께 결합되어 하나의 완전한 기계를 구성하는 복합기계와 그 밖의 두 가지 이상의 보조기능이나 선택기능을 수행할 수 있도록 디자인된 기계는 문맥상 달리 해석되지 않는 한 이들 요소로 구성된 단일의 기계로 분류하거나 주된 기능을 수행하는 기계로 분류한다. **7**

④ 〈주 제4호〉 기능단위기계(Functional Unit) 분류기준
하나의 기계(여러 종류의 기계가 결합된 것을 포함한다)가 각종의 개별기기로 구성되어 있는 경우에도(따로 분리되어 있는지 또는 배관 · 전동장치 · 전력케이블이나 그 밖의 장치로 상호 연결되어 있는지에 상관없다) 이들이 제84류나 제85류 중의 어느 호에 명백하게 규정된 기능을 함께 수행하기 위한 것일 때에는 그 전부를 그 기능에 따라 해당하는 호로 분류한다. **7**

⑤ 〈주 제5호〉 기계의 정의
제16부의 주에서 "기계"란 제84류나 제85류에 열거된 각종의 기계뿐만 아니라 기계 · 기계류 · 설비 · 장비 · 장치 · 기기를 말한다.

⑥ 〈주 제6호〉 전기·전자 웨이스트와 스크랩의 정의

가. 이 표에서 "전기·전자 웨이스트와 스크랩이란 전기·전자 조립품, 인쇄회로기판, 전기제품이나 전자제품으로서, 다음의 요건을 모두 충족하는 것을 말한다.

　　1) 파손·절단이나 그 밖의 공정으로 원래의 용도에 적합하지 않게 되었거나, 원래의 용도에 맞게 변경하기 위한 수리·정비나 보수가 경제적으로 적합하지 않은 것 **1**

　　2) 운송·적재·하역 작업 중 파손으로부터 개별 물품을 보호하기 위한 방법으로 포장되거나 선적되지 않은 것

나. "전기·전자 웨이스트와 스크랩"과 그 밖의 웨이스트와 스크랩이 함께 섞여 있는 물품은 제8549호에 분류한다. **1**

다. 이 부에는 제38류 주 제4호에 규정된 생활폐기물은 포함하지 않는다. **1**

---

👨 **해설　다기능기계와 다용도기계**

1. 기능과 용도

분쇄기의 경우 "분쇄"라고 하는 것은 해당 물품의 기능을 의미하고 이 기능을 가지고 농업·광업 등 특정산업에 사용할 때 이를 용도라 할 수 있다. 하나의 기계가 분쇄, 연마 등 두 가지 이상의 기능을 수행할 때는 이를 다기능 기계라 하고 하나의 분쇄기가 곡물 분쇄, 암석 분쇄 등 여러 가지 용도에 사용될 때 이를 다용도 기계라 한다.

2. 다기능기계의 분류(제16부 주 제3호)

　(1) 주 기능에 의한 분류

　　두 가지 이상의 보조기능 또는 선택기능을 수행할 수 있도록 디자인된 기계, 즉, 제16부의 여러 호에 열거된 기능을 수행할 수 있는 기계(다기능 기계)는 단일의 기계로 분류하거나 주된 기능에 따라 분류한다. **1**

　(2) 통칙 제3호다목 적용

　　주 기능을 판단하기 곤란한 경우에는 통칙 제3호다목을 적용하여 동일하게 분류 가능한 호 중 가장 마지막 호에 분류한다. **1**

　※ 제8425호에서 제8430호까지의 여러 호·제8458호부터 제8463호까지의 여러 호·제8470호부터 제8472호까지의 여러 호에 분류 가능한 다기능기계가 이러한 경우에 해당된다.

3. 다용도기계의 분류(제84류 주 제8호)

　(1) 주 용도가 명확한 경우

　　주 용도를 유일한 용도로 취급하여 분류한다.

　(2) 주 용도가 불명확한 경우

　　제8479호로 분류한다. 다만, 제84류 주 제2호나 제16부의 주 제3호에 따라 분류되는 경우에는 그에 따라 분류한다.

**해설** **복합기계와 다기능기계 및 기능단위기계의 분류**

1. 복합기계와 다기능기계

두 가지 이상의 기계가 함께 결합되어 하나의 완전한 기계를 구성하는 복합기계와 그 밖의 두 가지 이상의 보조기능이나 선택기능을 수행할 수 있도록 디자인된 기계는 문맥상 달리 해석되지 않는 한 이들 요소로 구성된 단일의 기계로 분류하거나 주된 기능을 수행하는 기계로 분류한다(제16부 주 제3호).

(1) 분류요건

① 복합기계를 분류할 때에는 서로 다른 종류의 기계가 하나의 기계로 결합되어 있거나 다른 기계 위에 장치되었거나 동일베이스 · 동일프레임 · 동일하우징 등에 영구적으로 부착되도록 장치되어 있는 경우에만 일체구조로 함께 결합된 것으로 취급한다.

② 필요시에만 일시적으로 결합하여 사용하거나 단순히 베이스 · 파이프라인 · 벽 · 칸막이 · 천장 등은 기계를 설치하기 위하여 특별히 설치 된 것이라도 해당 기계를 일체구조로 결합시키기 위한 동일베이스로 인정하지 않는다.

잠정적인 성격을 갖는 기계의 집합체와 복합기계로서 정상적으로 조립되지 않은 집합체는 여기서 제외한다.

③ 응축기와 증발기로 구성된 공기조절기와 같은 복합기계가 어느 특정 호(제8415호)에 분류되면 제16부 주 제3호의 규정을 적용할 필요가 없다. 공기조절기는 동력으로 구동되는 팬이나 송풍기(제8414호)에 공기제습장치(제8479호) 또는 냉각수코일이나 냉장기계를 구성하는 증발기(제8418호)로 구성된 복합기계이나 이는 공기조절기로 제8415호로 분류토록 호의 용어에 규정하고 있기 때문이다.

④ 제16부 주 제3호에서 "그 밖의 두 가지 이상의 보조기능이나 선택기능을 수행할 수 있도록 디자인된 기계"란 '다기능기계'라 하며, '다기능기계'란 하나의 기계가 여러 기능을 수행하는 것이다.

예시 다기능기계의 예시

① 여러 가지 다른 기계작업(예 밀링 · 보링)을 수행할 수 잇도록 호환성공구를 사용하는 금속 가공용 공작기계

② 원치크레인 · 포크리프트 트럭 · 양하용 기계 · 불도저 · 굴착기 등의 기계(제8425호부터 8430호까지)

③ 금속절삭 가공용 선반이나 그 밖의 공작기계(제8458호부터 제8463호까지)

④ 금전등록기 · 계산기 · 자동자료처리기계 · 그 밖의 사무용 기계 등(제8470호부터 제8472호까지)

(2) 복합기계와 다기능기계의 품목분류

복합기계나 다기능기계를 단일의 기계로 분류하거나 주 기능에 따라 분류할 수 없는 경우로서 문맥상 별도규정이 없으면 통칙 제3호다목에 따라 분류가능한 호 중에서 가장 마지막 호로 분류한다. 이는 제8425호에서 제8430호까지의 여러 호에, 제8458호에서 제8463호까지의 여러 호에 또는 제8470호에서 제8472호까지의 여러 호에 분류 가능한 다기능기계를 예로 들 수 있다.

(3) 복합기계를 주 기능에 따라 분류하는 예시

| 구분 | 유형 | 주 기계 | 보조기계 |
|---|---|---|---|
| 복합기계 | 종이접는기계(제8441호)와 결합된 인쇄기계(제8443호) | 인쇄기계 **4** | 종이접는기계 |
| | 이름 또는 도안용의 인쇄기계(제8443호)와 결합한 판지제의 상자 제조기계(제8441호) **1** | 상자제조기계 **1** | 인쇄기계 |
| | 양하용 하역용 기계(제8428호)와 결합된 공업용 노(제8417호나 제8514호) | 공업용 노 **1** | 하역용 기계 |
| | 포장기계(제8422호)와 결합된 담배제조기(제8478호) | 담배제조기 **3** | 포장기계 |

## 2. 기능단위 기계

### (1) 분류요건

하나의 기계(여러 종류의 기계가 조합된 것을 포함한다)가 각종 개별기기로 구성되어 있는 경우에도(따로 분리되어 있는지 또는 배관 · 전동장치 · 전력케이블이나 그 밖의 장치로 상호 연결되어 있는지에 상관없다) 이들이 제84류나 제85류 중의 어느 호에 명백하게 규정된 기능을 함께 수행하기 위한 것일 때에는 그 전부를 그 기능에 따라 해당하는 호로 분류한다(제16부 주 제4호).

> **해설**
>
> 기능단위기계는 파이프 · 동력전달장치 · 전선 · 그 밖의 장치 등으로 연결 · 결합하여 사용되며, 복합기계는 구성기계가 일체구조로 영구히 결합되어 설계 · 제작된 것이다. **2**

### (2) 기능단위 기계의 품목분류

① 제84류나 제85류 중의 어느 호에 명백하게 규정된 기능을 함께 수행하기 위한 것일 때에는 그 전부를 그 기능에 따라 해당하는 호로 분류한다.

② 보조적 기능을 수행하는 기기와 전체기능을 수행하지 않는 기기는 제외되어 각각 해당 호로 분류한다. **2**

> **해설**
>
> 기능단위기계를 분류할 때 가장 중요한 부분은 개별 구성요소가 전체기능을 수행하는 것인지 아니면 보조기능이나 선택기능으로서의 역할을 하는 것인지를 구분하는 것이다.

### (3) 기능단위기계의 예시

① 압축식 냉장설비(제8418호) : 압축식 냉장설비는 압축기(제8414호) · 응축기(제8419호) · 증발기(제8419호) 등 각종의 개별기기가 주로 파이프 등을 통해 상호 연결되어 있다. 비록 이들 구성요소들이 개별적으로는 서로 다른 기능을 수행한다 하더라도 전체 기능은 냉장이라는 목적을 위한 것이므로 기능단위기계로서 냉장설비가 열거된 제8418호로 분류한다. **4**

② 하이드롤릭 시스템(제8412호) : 유압동력장치(주로 유압 펌프 · 전동기 · 컨트롤밸브와 기름 탱크로 되어 있다)와 유압실린더 그리고 실린더를 유압동력장치에 연결하는데 필요한 파이프나 호스로 구성된다. 이러한 개별기기들이 전체적으로 엔진이나 모터의 기능을 수행하는 경우 기능단위기계로서 기타의 엔진과 모터가 분류되는 제8412호에 분류한다.

③ 착유기(제8434호) : 착유기는 진공펌프(제8414호) · 맥동기 · 교반기 · 유두컵 및 통과 같은 개별구성요소가 호스나 파이프로 서로 연결되어 있다. 이러한 구성요소들은 착유라는 명백히 한정된 기능을 수행하기 위해 필수적으로 필요한 기기들로 기능단위기계로 보아 제8434호에 분류한다. **3**

다만, 여과기(제8421호) · 냉각장치(제8418호) 및 유두컵과 파이프 등의 청정용 기기(제8422호)는 기능단위기계의 형태로 제시된 경우에도 착유기능에 직접 관여하는 것이 아니므로 제외하여 각각 해당하는 호로 분류한다(일체의 설비로 같이 제시된 경우라도 각각 분류한다).

④ 양조용 기계(제8438호) : 이들은 특히 발아기계 · 맥아분쇄기계 · 반죽 통 · 여과 통 등으로 구성되어 있다. **6**

술을 병에 담는 기계(제8422호)와 레이블 인쇄기(제8443호)는 보조기계로서 포함하지 않고 각각 해당하는 호로 분류한다(일체의 설비로 같이 제시된 경우라도 각각 분류한다).

⑤ 아스팔트 플랜트(제8474호) : Feed hopper · 컨베이어 · 건조기 · 진동체 · 혼합기, 저장통과 제어장치 등의 각각 분리된 기기들로 구성되어 있으며 나란히 장치되어 있다.

⑥ 용접기기(제8515호) : 전류를 공급하기 위한 변압기(제8504호), 발전기나 정류기가 붙은 용접용 헤드나 집게로 구성된다.

⑦ 레이더기기(제8526호) : 레이더기기와 부수되는 전원장치 · 증폭기(제8518호) 등으로 구성된다.

⑧ 위성 텔레비전 수신시스템(제8528호) : 수신기·파라볼라안테나 반사판·반사판 제어회전자·피드 혼·편파기·저잡음차단 변환기·적외선 원격조절 장치(제8543호)로 구성된다. **2**

⑨ 도난경보기시스템(제8531호) : 적외선램프와 벨을 작동시키는 광전지 등으로 구성된다. **2**

**(4) 기능단위기계의 예외**

제16부의 주 제4호의 규정에 해당하지 않은 구성부품은 그들의 해당 호에 분류됨을 유의하여야 한다.

> 예시 여러 대의 텔레비전카메라와 비디오 모니터를 제어기, 스위치, 음성 보드/수신기에 동축케이블로 연결한 조합으로 구성된 폐쇄회로 비디오감시 시스템

※ 기계형태에 따른 품목분류 요약
- 다기능(복합)기계 품목분류 : ① 주기능 → ② 통칙 3호 다목
- 다용도기계 품목분류 : ① 주용도 → ② 제8479호
- 기능단위기계 품목분류 : ① 주기능 → ② 각각 해당 호

---

# 03 기계

## 1. 제84류의 원자로·보일러·기계류와 이들의 부분품

### ① 호의 용어

| 품목번호 | 품명 |
|---|---|
| 8401 | 원자로, 방사선을 조사하지 않은 원자로용 연료 요소(카트리지)와 동위원소 분리용 기기 |
| 8402 | 증기발생보일러(저압증기도 발생시킬 수 있는 중앙난방용 온수보일러는 제외한다)와 과열수보일러 |
| 8403 | 중앙난방용 보일러(제8402호의 것은 제외한다) |
| 8404 | 제8402호나 제8403호의 보일러용 부속기기(예 연료절약기·과열기·그으름제거기·가스회수기)와 증기원동기용 응축기 |
| 8405 | 발생로가스나 수성가스 발생기, 아세틸렌가스 발생기와 이와 유사한 습식가스발생기(청정기를 갖춘 것인지에 상관없다) |
| 8406 | 증기터빈 |
| 8407 | 왕복이나 로터리 방식으로 움직이는 불꽃점화식 피스톤 내연기관<br>예시 항공기용·선박추진용·차량용·철도차량용 등의 엔진 |
| 8408 | 압축점화식 피스톤 내연기관(디젤엔진이나 세미디젤엔진)<br>예시 농업기계용, 자동차·트랙터·기관차나 선박의 추진용 또는 전기발전소용 엔진 |
| 8409 | 제8407호나 제8408호의 엔진에 전용되거나 주로 사용되는 부분품 |
| 8410 | 수력터빈·수차와 이들의 조정기 |
| 8411 | 터보제트·터보프로펠러와 그 밖의 가스터빈 |
| 8412 | 그 밖의 엔진과 보터 |
| 8413 | 액체펌프(계기를 갖추었는지에 상관없다)와 액체엘리베이터 |
| 8414 | 기체펌프나 진공펌프·기체 압축기와 팬, 팬이 결합된 환기용이나 순환용 후드(필터를 갖추었는지에 상관없다), 기밀식 생물안전작업대(필터를 갖추었는지에 상관없다) **1** |

| 8415 | 공기조절기(동력구동식 팬과 온도나 습도를 변화시키는 기구를 갖춘 것으로 한정하며, 습도만을 따로 조절할 수 없는 것도 포함한다) |
|------|------|
| 8416 | 액체연료·잘게 부순 고체연료·기체연료를 사용하는 노용 버너, 기계식 스토커(이들의 기계식 불판·기계식 회 배출기와 이와 유사한 기기를 포함한다) |
| 8417 | 비전기식 공업용이나 실험실용 노와 오븐(소각로를 포함한다) |
| 8418 | 냉장고·냉동고와 그 밖의 냉장기구나 냉동기구(전기식인지에 상관없다), 열펌프(제8415호의 공기조절기는 제외한다) |
| 8419 | 가열·조리·배소·증류·정류·살균·저온살균·증기가열·건조·증발·응축·냉각과 그 밖의 온도 변화에 따른 방법으로 재료를 처리하는 기계·설비·실험실장치[전기가열식(제8514호의 노와 오븐과 그 밖의 장비는 제외한다), 실험실용을 포함하며 일반적으로 가정용으로 사용하는 것은 제외한다]와 전기가열식이 아닌 즉시식이나 저장식 물 가열기 ① |
| 8420 | 캘린더기나 그 밖의 로울기(금속이나 유리 가공용은 제외한다)와 이것에 사용되는 실린더 |
| 8421 | 원심분리기(원심탈수기를 포함한다), 액체용이나 기체용 여과기나 청정기 |
| 8422 | 접시세척기, 병이나 그 밖의 용기의 세정용이나 건조용 기계, 병·깡통·상자·자루·그 밖의 용기의 충전용·봉함용·실링용·레이블 부착용 기계, 병·단지·통과 이와 유사한 용기의 캡슐부착용 기계, 그 밖의 포장기계(열수축 포장기계를 포함한다), 음료용 탄산가스 주입기 ① |
| 8423 | 중량 측정기기(감량이 50밀리그램 이하인 저울은 제외하며, 중량측정식 계수기와 검사기를 포함한다)와 각종 저울 추 |
| 8424 | 액체나 가루의 분사용·살포용·분무용 기기(수동식인지에 상관없다), 소화기(소화제를 충전한 것인지에 상관없다), 스프레이건과 이와 유사한 기기, 증기나 모래의 분사기와 이와 유사한 제트 분사기 |
| 8425 | 풀리 태클과 호이스트(스킵호이스트는 제외한다), 윈치와 캡스턴, 잭 |
| 8426 | 선박의 데릭, 크레인(케이블크레인을 포함한다), 이동식 양하대·스트래들 캐리어, 크레인이 결합된 작업트럭 ① |
| 8427 | 포크리프트트럭, 그 밖의 작업트럭(권양용이나 취급용 장비가 결합된 것으로 한정한다) |
| 8428 | 그 밖의 권양용·취급용·적하용·양하용 기계류(예 리프트·에스컬레이터·컨베이어·텔레페릭) |
| 8429 | 자주식 불도저·앵글도저·그레이더·레벨러·스크래퍼·메커니컬셔블·엑스커베이터·셔블로더·탬핑머신·로드롤러 |
| 8430 | 그 밖의 이동용·정지용·지균용·스크래핑용·굴착용·탬핑용·콤팩팅용·채굴용·천공용 기계(토양용·광석용·광물용으로 한정한다), 항타기와 항발기, 스노플라우스노블로어 |
| 8431 | 제8425호부터 제8430호까지의 기계에 전용되거나 주로 사용되는 부분품 |
| 8432 | 농업용·원예용·임업용 기계(토양 정리용이나 경작용으로 한정한다)와 잔디용이나 우동장용 롤러 |
| 8433 | 수확기나 탈곡기(짚이나 건초 결속기를 포함한다), 풀 베는 기계, 새의 알·과실이나 그 밖의 농산물의 세정기·분류기·선별기(제8437호의 기계는 제외한다) |
| 8434 | 착유기와 낙농기계 |
| 8435 | 포도주·사과술·과실주나 이와 유사한 음료의 제조에 사용되는 프레스·크러셔와 이와 유사한 기계 |
| 8436 | 그 밖의 농업용·원예용·임업용·가금 사육용·양봉용 기계(기계장치나 가열장치를 갖춘 발아용 기기를 포함한다)와 가금의 부란기와 양육기 |
| 8437 | 종자·곡물·건조한 채두류의 세정기·분류기·선별기, 제분업용 기계나 곡물·건조한 채두류의 가공기계(농장형은 제외한다) |
| 8438 | 식품 또는 음료의 조제·제조 산업용 기계(이 류에 따로 분류되지 않은 것으로 한정하며, 동물성 또는 비휘발성인 식물성·미생물성 지방이나 가름의 추출용이나 조제용 기계는 제외한다) |
| 8439 | 섬유소 펄프의 제조용 기계와 종이·판지의 제조용이나 완성가공용 기계 |

| | |
|---|---|
| 8440 | 제본기계(제본용 재봉기를 포함한다) |
| 8441 | 그 밖의 제지용 펄프·종이·판지의 가공기계(각종 절단기를 포함한다) |
| 8442 | 플레이트·실린더나 그 밖의 인쇄용 구성 부품의 조제용이나 제조용 기계류·장치·장비(제8456호부터 제8465호까지의 기계는 제외한다),플레이트·실린더와 그 밖의 인쇄용 구성 부품, 인쇄용으로 조제가공(예 평삭·그레인·연마)한 플레이트·실린더와 석판석 |
| 8443 | 제8442호의 플레이트·실린더와 그 밖의 인쇄용 구성 부품을 사용하는 인쇄기, 그 밖의 인쇄기·복사기·팩시밀리(함께 조합되었는지에 상관없다), 이들의 부분품과 부속품 1 |
| 8444 | 인조섬유의 방사용·늘림용·텍스처용·절단용 기계 |
| 8445 | 방적준비기계, 방적기·합사기·연사기와 그 밖의 방직사 제조기계, 권사기(위권기를 포함한다)와 제8446호나 제8447호의 기계에 사용되는 방직사를 제조하는 기계와 준비기계 |
| 8446 | 직기(직조기) |
| 8447 | 편직기, 스티치본딩기, 짐프사·튈·레이스·수천·트리밍·브레이드나 망의 제조용 기계·터프팅 기계 1 |
| 8448 | 제8444호·제8445호·제8446호·제8447호의 기계의 보조기계(예 도비기·자카드기·자동정지기·셔틀교환기), 이 호나 제8444호·제8445호·제8446호·제8447호의기계에 전용되거나 주로 사용되는 부분품과 부속품(예 스핀들·스핀들 플라이어·침포·코음·방사니플·셔틀·종광·종광 프레임·메리야스용 바늘) |
| 8449 | 펠트나 부직포(성형인 것을 포함한다)의 제조·완성가공용 기계(펠트모자 제조용 기계를 포함한다)와 모자 제조용 형 |
| 8450 | 가정형이나 세탁소형 세탁기(세탁·건조 겸용기를 포함한다) |
| 8451 | 세탁용·클리닝용·쥐어짜기용·건저용·다림질용·프레스용(퓨징프레스를 포함한다)·표백용·염색용·드레싱용·완성가공용·도포용·침지용 기계류(제8450호의 것은 제외하며, 방적용 실·직물류나 이들 제품에 사용하는 것으로 한정한다)와 리놀륨과 같은 바닥깔개의 제조에 사용되는 직물이나 그 밖의 지지물에 페이스트를 입히는 기계, 직물류의 감기용·풀기용·접음용·절단용·핑킹용 기계<br>예시 드라이클리닝기 |
| 8452 | 재봉기(제8440호의 제본용 재봉기는 제외한다), 재봉기용으로 특수 제작된 가구·밑판·덮개, 재봉기용 바늘 |
| 8453 | 원피나 가죽의 유피준비기·유피기·가공기계, 원피·가죽으로 만든 신발이나 그 밖의 물품의제조용·수선용 기계(재봉기는 제외한다) |
| 8454 | 전로·레이들·잉곳용 주형과 주조기(야금용이나 금속 주조용으로 한정한다) |
| 8455 | 금속 압연기와 그 롤 |
| 8456 | 각종 재료의 가공 공작기계(레이저나 그 밖의 광선·광자빔·초음파·방전·전기화학·전자빔·이온빔·플라즈마아크 방식으로 재료의 일부를 제거하여 가공하는 것으로 한정한다)와 워터제트 절단기 |
| 8457 | 금속 가공용 머시닝센터·유닛 컨스트럭션 머신(싱글스테이션)·멀티스테이션의 트랜스퍼머신 |
| 8458 | 금속 절삭가공용 선반(터닝센터를 포함한다) |
| 8459 | 금속 절삭가공용 공작기계(웨이타입 유닛헤드머신을 포함한다)로서 드릴링·보링·밀링·나선가공·태핑에 사용되는 것 [제8458호의 선반(터닝센터를 포함한다)은 제외한다] |
| 8460 | 디버링·샤프닝·그라인딩·호닝·래핑·폴리싱이나 그 밖의완성가공용 공작기계로서 연마석·연마재·광택재로 금속이나 서멧을 가공하는 것(제8461호의 기어절삭기·기어연삭기·기어완성가공기는 제외한다) |
| 8461 | 플레이닝용·쉐어핑용·슬로팅용·브로칭용·기어절삭용·기어연삭용·기어완성가공용·톱질용·절단용 공작기계와 금속이나 서멧을 절삭하는 방식으로 가공하는 그 밖의 공작기계(따로 분류되지 않은 것으로 한정한다) |

| 8462 | 단조용·해머링용·형단조용(압연기는 제외한다) 금속가공 공작기계(프레스를 포함한다), 굽힘용·접음용·교정용·펼침용·전단용·펀칭용·낫칭용·니블링용 (드로우벤치를 제외한다) 금속가공 공작기계(프레스·슬리팅 설비·일정한 길이로 절단하는 설비를 포함한다)와 그 외의 가공방법에 의한 금속이나 금속탄화물 가공용 프레스 |
|---|---|
| 8463 | 그 밖의 금속이나 서멧의 가공용 공작기계(재료를 절삭하지 않는 방식으로 한정한다) |
| 8464 | 돌·도자기·콘크리트·석면시멘트나 이와 유사한 광물성 물질의 가공용 공작기계와 유리의 냉간 가공기계 |
| 8465 | 목재·코르크·뼈·경질 고무·경질 플라스틱이나 이와 유사한 경질물의 가공용 공작기계(네일용·스테이플용·접착용과 그 밖의 조립용 기계를 포함한다) |
| 8466 | 제8546호부터 제8465호까지의 기계에 전용되거나 주로 사용되는 부분품과 부속품(가공물홀더·툴홀더·자동개폐식 다이헤드·분할대와 그 밖의 기계용 특수 부착물을 포함한다)과 수지식 공구에 사용되는 각종 툴홀더 |
| 8467 | 수지식 공구(압축공기식, 유압식, 전동기를 갖추거나 비전기식 모터를 갖춘 것으로 한정한다) **1** |
| 8468 | 납땜용·땜질용이나 용접용 기기(절단이 가능한지에 상관없으며 제8515호에 해당하는 것은 제외한다)와 표면 열처리용 기기(가스를 사용하는 것으로 한정한다) |
| 8469 | 계산기와 계산 기능을 갖춘 포켓사이즈형 전자수첩·회계기·우편요금계기·표권발행기와 그 밖에 이와 유사한 기계(계산기구를 갖춘 것으로 한정한다), 금전등록기 |
| 8470 | 계산기와 계산 기능을 갖춘 포켓사이즈형 전자수첩·회계기·우편요금계기·표권발행기와 그 밖에 이와 유사한 기계(계산기구를 갖춘 것으로 한정한다), 금전등록기 **1** |
| 8471 | 자동자료처리기계와 그 단위기기, 자기식이나 광학식 판독기, 자료를 자료매체에 부호 형태로 전사하는 기계와 이러한 자료의 처리기계(따로 분류되지 않은 것으로 한정한다) **1** |
| 8472 | 그 밖의 사무용 기계(**예** 헥토그래프·스텐실 등사기·주소인쇄기·현금 자동지불기·주화분류기·주화계수기나 주화포장기·연필깎이·천공기·지철기) |
| 8473 | 제8470호부터 제8472호까지에 해당하는 기계에 전용되거나 주로 사용되는 부분품과 부속품(커버·휴대용 케이스와 이와 유사한 물품은 제외한다) |
| 8474 | 선별기·기계식 체·분리기·세척기·파쇄기·분쇄기·혼합기·반죽기(고체 모양·분말 모양·페이스트 모양인 토양·돌·광석이나 그 밖의 광물성 물질의 처리용으로 한정한다), 조괴기·형입기·성형기(고체의 광물성 연료·세라믹페이스트·굳지 않은 시멘트·석고·가루 모양이나 페이스트 모양인 그 밖의 광물성 생산품의 처리용으로 한정한다), 주물용 사형의 성형기 |
| 8475 | 전기램프나 전자램프·튜브·밸브·섬광전구(외피를 유리로 만든 것으로 한정한다)의 조립기계와 유리나 유리제품의 제조용이나 열간가공용 기계 |
| 8476 | 물품의 자동판매기(**예** 우표·담배·식품·음료의 자동판매기)와 화폐교환기 |
| 8477 | 고무나 플라스틱을 가공하거나 이들 재료로 제품을 제조하는 기계(이 류에 따로 분류되지 않은 것으로 한정한다) (예시 : 3차원 형상(3D) 프린터) **2** |
| 8478 | 담배의 조제기나 제조기(이 류에 따로 분류되지 않은 것으로 한정한다) |
| 8479 | 이 류에 따로 분류되지 않은 기계류(고유의 기능을 가진 것으로 한정한다) **1** |
| 8480 | 금속 주조용 주형틀, 주형 베이스, 주형 제조용 모형, 금속(잉곳용은 제외한다)·금속탄화물·유리·광물성 물질·고무·플라스틱 성형용 주형 |
| 8481 | 파이프·보일러 동체·탱크·통이나 이와 유사한 물품에 사용하는 탭·코크·밸브와 이와 유사한 장치(감압밸브와 온도제어식 밸브를 포함한다) |
| 8482 | 볼베어링이나 롤러베어링 |
| 8483 | 전동축(캠샤프트와 크랭크샤프트를 포함한다), 크랭크, 베어링하우징과 플레인 샤프트베어링, 기어와 기어링, 볼이나 롤러 스크루, 기어박스, 그 밖의 변속기(토크컨버터를 포함한다), 플라이휠과 풀리(풀리블록을 포함한다), 클러치와 샤프트커플링(유니버설조인트를 포함한다)<br>※ 전자식의 클러치는 제외한다(제8505호). **1** |

| | |
|---|---|
| 8484 | 개스킷과 이와 유사한 조인트(금속 외의 재료와 결합한 금속판으로 만든 것이나 금속을 두 개 이상 적층한 것으로 한정한다), 재질이 다른 것을 세트로 하거나 소포장한 개스킷과 이와 유사한 조인트(작은 주머니와 봉투에 넣은 것이나 이와 유사한 포장을 한 것으로 한정한다), 메커니컬 실 |
| 8485 | 적층제조기계 |
| 8486 | 반도체 보울이나 웨이퍼 · 반도체 디바이스 · 전자집적회로 · 평판디스플레이의 제조에 전용되거나 주로 사용되는 기계와 기기, 이 류의 주 제11호다목에서 특정한 기계와 기기, 그 부분품과 부속품 |
| 8487 | 기계류의 부분품(접속자 · 절연체 · 코일 · 접촉자와 그 밖의 전기용품을 포함하지 않으며, 이 류에 따로 분류되지 않은 것으로 한정한다) |

## 제84류에 분류하는 전기식 · 전자식 기계

제16부에서 제84류는 기계를 · 제85류는 전기기기를 분류하는 것이 일반적이나 전기식 · 전자식 기기라 할지라도 제84류에 분류되는 물품이 있다.

| 구분 | 작동방식과 유형 | 대상 물품 |
|---|---|---|
| 1 | 전동기에 의하여 구동하는 기계류 | 선풍기(제8414호)❸, 탈수기(제8421호)❷, 전기세탁기(제8450호)❶, 전동재봉기(제8452호)❸, 전동식 수지식공구(제8467호) |
| 2 | 전기가열식 기계류 | 전기식중앙난방 보일러(제8403호)❷, 제8419호의 기계류, 전기가열 장치를 갖춘 캘린더기(제8420호), 직물 세탁용 · 표백용 기계나 프레스기(제8451호)<br>※ 전기다리미는 제8516호에 분류 ❷ |
| 3 | 전자식 기계나 전자식 장치를 갖춘 기계 | 전자식 리프팅 헤드를 갖춘 크레인(제8426호), 전기식 자동정지 장치를 갖춘 직기(제8446호) · 전자 척을 갖춘 선반(제8458호), ❷ 전자석 밸브(제8481호) ❷ |
| 4 | 전자식 기계 | 광전식이나 전자식 장치를 갖춘 금속압연기(제8455호) · 각종의 전자제어장치를 갖춘 가공기계(제8456호부터 제8462호까지), 전자식 계산기(제8470호)나 자동자료처리기계(제8401호) ❷ |

### 심화 🏔  부분품의 분류

주로 이 류에 속한 기계의 부분품으로 사용하는 것이라도 다음에 해당하는 것은 이 류에서 제외한다. 비록 이들이 이 류에 속한 기계에 전용되거나 주로 사용하는 것이라도 예외 없이 이 류에서 제외한다.

가. 제16부 주 제1호에 따라 제16부에서 제외하는 것

나. 제85류에 열거되어 제84류에서 제외하는 것
　　① 전동기(제8501호)
　　② 전기변압기(제8504호)
　　③ 전자석 · 영구자석 · 크레인용 전자식리프팅헤드와 전자식척(제8505호)
　　④ 피스톤식 내연기관용의 전기식 시동용기기(제8511호)
　　⑤ 전기스위치 · 제어반 · 플러그 · 접속함 등(제8535호부터 제8537호까지)
　　⑥ 전자관(제8540호)
　　⑦ 다이오드 · 트랜지스터와 이와 유사한 반도체 디바이스(제8541호)
　　⑧ 전자집적회로(제8542호)
　　⑨ 전기탄소(제8545호)

⑩ 애자(제8546호) **1**

⑪ 전기절연용품(제8547호)

또한, 진공청소기(제8508호), 가정용 전기기기(제8509호), 디지털카메라(제8525호) 등도 제84류에서 제외된다.

다. 제84류 주 제1호와 개별 호에서 제84류에서 제외하는 것(**예** 제8419호에서는 제8514호의 노와 오븐과 그 밖의 장비는 제외한다)

② 〈주 제1호〉 제외물품

이 류에서 다음 각 목의 것은 제외한다.

가. 제68류의 밀스톤 · 그라인드스톤이나 그 밖의 물품

나. 도자제의 기계류(**예** 펌프)와 기계류(어떤 재료라도 가능하다)의 도자제 부분품(제69류)

다. 실험실용 유리제품(제7017호), 유리로 만든 공업용 기기나 그 밖의 물품과 그 부분품(제7019호나 제7020호)

라. 제7321호나 제7322호의 물품과 그 밖의 비금속으로 만든 이와 유사한 물품(제74류부터 제76류까지나 제78류부터 제81류까지)

마. 제8508호의 진공청소기 **1**

바. 제8509호의 가정용 전기기기, 제8525호의 디지털 카메라

사. 제17부의 물품용 방열기

아. 모터를 갖추지 않은 기계식 바닥청소기(수동식으로 한정한다)(제9603호)

③ 〈주 제2호〉 기계의 기능별 우선 분류

제16부의 주 제3호나 이 류의 주 제11호에 따라 적용될 호가 정하여지는 경우를 제외하고는, 제8401호부터 제8424호까지와 제8486호의 하나 이상의 호에 해당하는 기기가 동시에 제8425호부터 제8480호까지의 하나 이상의 호에도 해당되는 경우, 이 기기는 제8401호부터 제8424호까지의 적합한 호로 분류하거나 경우에 따라 제8486호로 분류하고, 제8425호부터 제8480호까지에는 분류하지 않는다.

가. 다만, 제8419호에서 다음 각 목의 것은 제외한다.

1) 발아용 기기 · 부란기 · 양육기(제8436호) **1**

2) 곡물 가습기(제8437호) **1**

3) 당즙 추출용 침출기(제8438호)

4) 방직용 섬유사 · 직물류나 그 제품의 열처리용 기계(제8451호) **1**

5) 기계적 작동을 하도록 설계된 기계류 · 설비 · 실험실 장비로서로서 온도의 변화가 그 작동에 있어서는 필수적이라 할지라도 그 기능에서는 종속적인 것

나. 제8422호에서 다음 각 목의 것은 제외한다.

1) 자루나 이와 유사한 용기를 봉합하는 재봉기(제8452호)

2) 제8472호의 사무용 기기

다. 제8424호에서 다음 각 목의 것은 제외한다.

    1) 잉크젯방식 인쇄기(제8443호)

    2) 워터제트 절단기(제8456호)

④ 〈주 제3호〉 레이저 등에 의하여 가공하는 공작기계의 우선분류

제8456호의 규정에 해당하는 각종 재료의 가공용 공작기계가 동시에 제8457호 · 제8458호 · 제8459호 · 제8460호 · 제8461호 · 제8464호 · 제8465호의 규정에도 해당되는 경우에는 이를 제8456호로 분류한다. **2**

---

**관련규정**    **주요 호 해설 (제8456호)**

1. 분류요건

이 호에는 각종 재료의 성형용이나 표면가공용 기계로서 다음과 같은 세 가지 기본적 조건을 갖춘 것만을 분류한다.

① 재료를 제거하는 방법으로 가공하는 것

② 기존의 공구를 갖춘 공작기계에서 수행되는 종류의 공정일 것

③ 레이저나 그 밖의 광선 · 광자빔 · 초음파 · 방전 · 전기화학 · 전자빔 · 이온빔 또는 플라즈마이크 방식 중 어느 하나를 사용하는 것

2. 우선분류

가공공작기계가 제8456호뿐만 아니라 제8457호부터 제8465호의 규정에도 해당되는 경우에는 위의 세 가지 조건을 모두 충족하는 것을 전제로 제8456호에 우선 분류한다(제84류 주 제3호).

3. 부분품의 분류

제8456호부터 제8465호까지의 기계 부분품과 부속품은 부분품 분류에 관한 일반규정에 따라 제8466호에 분류하고 각 기계가 속하는 호로 분류하지 않는다.

---

⑤ 〈주 제4호〉 제8457호의 금속가공용 공작기계 분류기준

제8457호에는 다음 각 목 중 어느 하나의 방법으로 여러 가지 종류의 기계가공을 행할 수 있는 금속가공용 공작기계[선반(터닝센터를 포함한다)은 제외한다]에만 적용한다.

가. 머시닝 프로그램에 따라 매거진이나 그 밖에 이와 유사한 장치로부터 공구를 자동적으로 교환하는 방법(머시닝 센터)

나. 고정된 가공물에 대하여 서로 다른 유닛헤드를 자동적으로 작용시켜 동시 또는 연속으로 가공하는 방법(싱글스테이션의 유닛컨스트럭션머신)

다. 가공물을 서로 다른 유닛헤드로 자동 이송하는 방법(멀티스테이션의 트랜스퍼머신)

⑥ 〈주 제5호〉 용어의 정의

가. 제8462호에서 평판제품용 "슬리팅 설비"란 코일 풀기용 기계 코일 편평기 슬리터 코일 감기용 기계로 구성된 가공설비를 말한다. **1**

나. 평판제품용 "일정한 길이로 절단하는 설비"란 코일 풀기용 기계 코일 편평기 전단기로 구성된 가공설비를 말한다.

1) 평판제품용 슬리팅 설비 : 두 개의 실린더 모양의 롤을 리브와 그루브에 일치시켜 커다란 금속의 롤을 절단함으로써 여러 개의 폭이 더 작은 롤과 모서리를 절단한 롤로 만드는 가공 설비

2) 평판제품용 일정 길이로 절단하는 설비 : 전단기를 사용하여 길고 편평한 압연된 금속이나 코일 모양의 금속을 절단함으로써 여러 개의 시트로 만드는 가공설비이다.

3) 전단기 : 전단 공정은 두 개의 절단 공구의 동일 평면에 있는 사용면들을 절단할 금속에 수직으로 적용하여 이루어진다.

⑦ 〈주 제6호〉 자동자료처리기계

가. 제8471호에서 "자동자료처리기계"란 다음을 말한다.

1) 하나 이상의 처리용 프로그램과 적어도 프로그램 실행에 바로 소요되는 자료를 기억할 수 있으며

2) 사용자의 필요에 따라 프로그램을 자유롭게 작성하고

3) 사용자가 지정한 수리 계산을 실행할 수 있으며

4) 처리 중의 논리 판단에 따랄 변경을 요하는 처리프로그램을 사람의 개입 없이 스스로 변경할 수 있는 것

나. 자동자료처리기계는 여러 개의 독립된 기기로 구성된 시스템의 형태를 갖춘 경우도 있다.

다. 아래의 라목이나 마목의 것을 제외하고 다음 요건을 모두 충족하는 기기는 자동 자료처리 시스템의 일부로 본다.

1) 자동자료처리시스템에 전용되거나 주로 사용되는 것

2) 중앙처리장치에 직접적으로 접속되거나 한 개 이상의 다른 단위기기를 통하여 접속 될 수 있는 것 ❶

3) 해당 시스템에서 사용하는 부호나 신호의 형식으로 자료를 받아들이거나 전송할 수 있는 것 ❶

자동자료처리기계의 단위기기들이 분리되어 제시되는 경우에는 제8471호로 분류한다. 그러나, 다목 2)와 3)의 조건을 충족하는 키보드, 엑스–와이 코디네이트 입력장치, 디스크 기억장치는 어떠한 경우라도 제8471호로 분류한다. ❷

라. 다음 물품은 분리되어 제시되는 경우 위의 주 제6호다목의 요건을 충족하더라도 제 8471호로 분류되지 않는다. ❶

1) 프린터, 복사기, 팩시밀리(결합되었는지에 상관없다) ❷

2) 음성, 영상이나 그 밖의 데이터를 송신하거나 수신하기 위한 기기[유선이나 무선 네트워크(예를 들어 근거리 통신망이나 원거리 통신망)에서 통신을 위한 기기를 포함한다]

3) 확성기 · 마이크로폰

4) 텔레비전 카메라 · 디지털 카메라 · 비디오카메라레코더

5) 텔레비전 수신기기를 갖추지 않은 모니터와 프로젝터

마. 자동자료처리기계와 결합되거나 연결되어 자료처리 외의 특정한 기능을 수행하는 기계는 각각의 고유한 기능에 따라 해당 호로 분류하며, 그 기능에 따라 분류되는 호가 없는 경우에는 잔여 호로 분류한다. ③

⑧ 〈주 제8호〉 다용도 기계의 분류기준(주용도 → 제8479호)

두 가지 이상의 용도에 사용되는 기계류의 분류에서는 그 주 용도를 유일한 용도로 취급하여 이를 분류한다. ⑤ 어느 호에도 주 용도가 규정되어 있지 않거나 주 용도가 불명확한 기계류는 이 류의 주 제2호나 제16부의 주 제3호에 따라 분류되는 경우를 제외하고 문맥상 달리 해석되지 않는 한 제8479호로 분류한다. ① 또한 제8479호에는 금속선 · 방직용 섬유사 · 그 밖의 재료나 이들 재료를 혼합하여 로프나 케이블을 제조하는 기계도 포함된다(예 스트랜딩기, 트위스팅기, 케이블링기)

⑨ 〈주 제10호〉 적층제조의 정의

제8485호에서 "적층제조"(3D 프린팅)란 디지털 모델을 바탕으로 재료(예:금속 · 플라스틱이나 세라믹)를 연속적으로 부가 · 적층하고 경화 · 응고시켜 물리적인 대상을 형성하는 것을 말한다. 제16부 주 제1호와 제84류 주 제1호에 따라 적용될 호가 정하여지는 경우를 제외하고, 제8485호의 표현을 만족하는 기계는 이 표의 다른 호에 분류하지 않으며, 제8485호에 분류한다.

⑩ 〈주 제11호〉 반도체 및 평판디스플레이 제조용 기계

가. 제85류의 주 제12호가목과 나목의 "반도체디바이스"와 "전자집적회로"의 표현은 이주와 제8486호에서도 적용된다. 다만, 이 주와 제8486호의 목적에 따라 "반도체디바이스"는 감광성 반도체디바이스와 발광다이오드(엘이디)를 포함한다. ①

나. 이 주와 제8486호의 목적상 "평판디스플레이의 제조"는 기판을 평판으로 제조하는 것을 포함한다. "평판디스플레이의 제조"는 유리 제조나 평판에 인쇄회로기판이나 그 밖의 전자부품을 조립하는 것은 포함하지 않는다. "평판디스플레이"는 음극선관 기술을 포함하지 않는다. ④

다. 제8486호에는 다음에 전용되거나 주로 사용되는 기계를 분류한다.

1) 마스크와 레티클의 제조 · 수리

2) 반도체디바이스나 전자집적회로의 조립 ②

3) 보울, 웨이퍼, 반도체디바이스, 전자집적회로와 평판디스플레이의 권양, 취급, 적하나 양하 ①

라. 제16부의 주 제1호와 제84류의 주 제1호의 규정에 따라 적용될 호가 정하여지는 경우를 제외하고, 제8486호의 표현을 만족하는 기계는 이 표의 다른 호로 분류하지 않으며, 제8486호로 분류한다.

⑪ 〈소호주 제2호〉 시스템 정의

소호 제8471.49호에서 "시스템"이란 제84류의 주 제6호다목의 조건들을 충족하는 기기들로 이루어진 자동자료처리기계를 말하며, 적어도 중앙처리장치와 한 개의 입력장치(예 키보드나 스캐너)와 한 개의 출력장치(예 영상디스프레이장치나 프린터)로 이루어진 것을 말한다.

---

**관련규정** 　**주요 호 해설(제8409호)**

제8409호는 제16부 주 제2호 설명에서 언급하고 있는 별도의 4단위 부분품 호 중 대표적인 예이다. 이 호에는 피스톤 · 실린더와 실린더블록 · 실린더헤드 · 실린더라이너 · 흡입밸브나 배기밸브 · 흡입이나 배기 매니폴드(다기관) · 피스톤링 · 연접봉 · 기화기 · **연료용 노즐, 오일팬, 엔진커버** 등이 있다. 그러나 이 호에서는 다음의 것을 제외한다. **2**
① 인젝션펌프(제8413호)
② 엔진 크랭크샤프트 · 캠 샤프트(제8483호) · 기어박스(제8483호) **1**
③ 전기점화나 시동용기기(점화플러그와 예열 플러그를 포함한다)(제8511호) **1**

---

예시 제8409호가 아닌 다른 호에 분류되는 자동차용 엔진부분품

오일펌프(제8413호), 워터펌프(제8413호), 압축기(제8414호), 플라이휠(제8483호), 엔진풀리(제8483호), 캠/크랭크샤프트(제8483호), 시동전동기(제8511호), 점화플러그(제8511호)

---

**관련규정** 　**주요 호 해설 (제8423호)**

이 호에는 감량이 50밀리그램을 초과하는 것(감량이 50밀리그램 이하인 것은 제9016호로 분류)이 분류된다.
이 호에는 단독으로 제시된 제9016호에 해당되는 정밀저울용 추도 포함한다. 다만 · 추가 이러한 정밀저울로 함께 제시하는 경우에는 제9016호에 분류한다.

---

**제84류의 건설장비용 기계의 분류**

1. 크레인 (제8426호)
2. 포크리프트 트럭 (제8427호)
3. 컨베이어 (제8428호)
4. 불도저 (제8429호)

1. 개념
① 수지식 공구란 사용 중 손으로 지지하도록 설계된 공구로 휴대식보다 무거운 공구(**예** 토양 다지는 기계)도 포함한다. 즉, 작업 중에 특히 사용자에 의하여 손으로 올리거나 움직일 수 있으며, 손으로 조작하고 제어할 수 있도록 설계된 것이다. (**예** 드릴, 착암기)
② 이 호에 분류하는 어떤 수지식 공구는 일시적으로 지지대에 고정될 수 있도록 해주는 용구를 갖추고 있는 것도 있다. 위에서 규정한 바와 같이 본질적으로 수지식 공구이고 지지용구와 같이 제시하는 경우에는 이 호에 분류한다.
③ 이 호에는 드릴용 · 태핑용이나 리밍용 기계, 보링기계나 착암기, 톱(원형 톱과 체인 톱 등), 자동식 삽, 연삭기 · 사포기 · 연마기 · 직물을 절단하기 위한 절단기 등을 포함한다.

2. 제외품목
중량 · 사이즈 등으로 인해 명백히 손으로 사용할 수 없는 공구와 다음의 예시품목들은 이 호에서 제외된다.
① 석 · 도자나 응결된 연마 재료로 만든 그라인딩 휠 · 샤프닝 휠 · 폴리싱 휠 · 커팅 휠과 이와 유사한 것(제6804호)
② 제82류의 공구
③ 공기압축기(제8414호)
④ 액체나 분말의 분무기 · 손으로 작동하는 스프레이건, 모래취부기와 이와 유사한 것(제8424호)
⑤ 전기식의 잔디 깎는 기계(제8433호)
⑥ 가정용 전기기기(제8509호)
⑦ 제8510호의 전기식 면도기 · 이발기와 모발제거기
⑧ 의료용이나 치과용의 전기식 수공구(제9018호)

3. 부분품
부분품의 분류에 관한 일반적 규정에 의하여 이 호의 공구의 부분품(제8466호의 툴 홀더를 제외한다)도 이 호에 분류한다.

**특정 범용성 부분품**

1. 밸브 : 제8481호
2. 베어링 : 제8482호
3. 전동축 : 제8483호
4. 메커니컬 실 : 제8484호

**관련규정** 주요 호 해설(제8485호)

이 호에는 적층 제조(3D 프린팅이라고도 한다)용으로 사용하는 종류의 기계를 분류한다.

이 호에는 아래와 같은 다양한 형태의 적층제조기계를 분류한다.

(1) 접착재 분사 방식 기계

(2) 광경화조형기

(3) 재료 분사 방식 기계

(4) 재료 압출방식 기계

(5) 분말 베드 융해방식 기계

(6) 판재적층 방식의 기계로서 시트(보통은 플라스틱으로 만들어져 있다)를 적층하고, 구체적인 3
차원의 목적물을 생성하기 위해 디지털 모델에 따라 그 층들을 함께 융합하는 것

(7) 직접식 에너지 적층 기계

**플라스틱을 재료로 하는 프린터의 품목분류**

2차원 평면(2D) 플라스탁용 프린터(제8443호)
플라스틱을 직물·벽지·포장지·고무·플라스틱관·
리놀륨·가죽 등에 인쇄하는 프린터

3차원 형상(3D) 제품 성형기(제8485호)

3D 프린터(제8485호)

3D 프린터는 석고 가루형 성형기는 제8474호, 플라시틱 성형기는 제8477호, 플라스터*용 형상
성형기는 제8479호에 분류하였으나 2022년 개정으로 제8485호로 통합
※플라스터:석고로 만드는 철벽제, 광물질의 분말과 물을 섞어 바르는 재료

**관련규정** 주요 호 해설(제8485호)

이 호에는 반도체 보울 또는 웨이퍼·반도체디바이스·전자집적회로 또는 평판디스플레이의 제
조에 전용되거나 주로 사용되는 기계와 기기를 분류 하나 측정, 검사, 화학분석 등의 기계와 기기는
제외한다(제90류). **1**

## 1. 제85류 전기기기와 그 부분품, 녹음기와 음성재생기 · 텔레비전의 영상과 음성의 기록기와 재생기와 이들의 부분품과 부속품

① 호의 용어

| 품목번호 | 품명 |
|---|---|
| 8501 | 전동기와 발전기(발전세트는 제외한다) |
| 8502 | 발전세트와 회전변환기 |
| 8503 | 부분품(제8501호나 제8502호의 기계에 전용되거나 주로 사용되는 것으로 한정한다) |
| 8504 | 변압기 · 정지형 변환기(예 정류기)와 유도자 |
| 8505 | 전자석, 영구자석과 자화한 후 영구자석으로 사용되는 물품, 전자석이나 영구자석식 척 · 클램프와 이와 유사한 가공물 홀더, 전자석 커플링 · 클러치와 브레이크, 전자석 리프팅헤드 |
| 8506 | 일차전지 |
| 8507 | 축전지(격리판을 포함하며, 직사각형이나 정사각형인지에 상관없다) **1** |
| 8508 | 진공청소기 |
| 8509 | 전기기계식의 가정용 기기(전동기를 갖춘 것으로 한정하며, 제8508호의 진공청소기는 제외한다) |
| 8510 | 면도기 · 이발기 · 모발제거기(전동기를 갖춘 것으로 한정한다) |
| 8511 | 불꽃점화식이나 압축점화식 내연기관의 점화용 · 시동용 전기기기(예 점화용 자석발전기 · 자석발전기 · 점화코일 · 점화플러그 · 시동전동기), 내연기관에 부속되는 발전기(예 직류발전기 · 교류발전기)와 개폐기 |
| 8512 | 전기식 조명용이나 신호용 기구(제8539호의 물품은 제외한다) · 윈드스크린와이퍼 · 제상기 · 제무기(자전거용이나 자동차용으로 한정한다) |
| 8513 | 휴대용 전등(건전지 · 축전지 · 자석발전기와 같은 자체 전원기능을 갖춘 것으로 한정하며, 제8512호의 조명기구는 제외한다) **1** |
| 8514 | 공업용이나 실험실용 전기식 노와 오븐(전자유도식이나 유전손실식을 포함한다)과 그 밖의 공업용이나 실험실용의 전자유도식이나 유전손실식 가열기 |
| 8515 | 전기식(전기발열에 따른 가스식을 포함한다) · 레이저나 그 밖의 광선식 · 광자빔식 · 초음파식 · 전자빔식 · 자기펄스식 · 플라즈마 아크식 납땜용 · 땜질용이나 용접용 기기(절단기능이 있는지에 상관없다), 금속이나 서멧의 가열분사용 전기식 기기 |
| 8516 | 전기식의 즉시식, 저장식 물가열기와 투입식 가열기, 난방기기와 토양가열기, 전기가열식 이용기기(예 헤어드라이어 · 헤어컬러 · 컬링통히터), 손 건조기, 전기다리미, 그 밖의 가정용 전열기기, 전열용 저항체(제8545호의 것은 제외한다) **1** 예시 토스터기 |
| 8517 | 전화기(셀룰러 통신망용이나 그 밖의 무선통신망용의 스마트폰과 그 밖의 전화기를 포함한다)와 음성 · 영상이나 그 밖의 자료의 송신용 · 수신용 그 밖의 기기(근거리 통시망이나 원거리 통신망과 같은 유선 · 무선 통신망에서 통신하기 위한 기기를 포함하며, 제8443호 · 제8525호 · 제8527호 · 제8528호의 송신용 · 수신용 기기는 제외한다) 예시 스마트워치 |
| 8518 | 마이크로폰과 그 스탠드, 확성기(인클로저에 장착된 것인지에 상관없다), 헤드폰과 이어폰(마이크로폰이 부착된 것인지에 상관없다), 마이크로폰과 한 개 이상의 확성기로 구성된 세트, 가청주파증폭기, 음향증폭세트 |

| 8519 | 음성 녹음용이나 재생용 기기 **2** |
|---|---|
| 8520 | 영상기록용이나 재생용 기기(비디오튜너를 결합한 것인지에 상관없다) |
| 8521 | 제8519호나 제8521호의 기기에 전용되거나 주로 사용되는 부분품과 부속품 |
| 8522 | 디스크·테이프·솔리드 스테이트의 비휘발성 기억장치·스마트카드와 음성이나 그밖의 현상의 기록용 기타 매체(기록된 것인지에 상관없으며 디스크 제조용 매트릭스와 마스터를 포함하되, 제37류의 물품은 제외한다) |
| 8523 | 디스크·테이프·솔리드 스테이트의 비휘발성 기억장치·스마트카드와 음성이나 그밖의 현상의 기록용 기타 매체(기록된 것인지에 상관없으며 디스크 제조용 매트릭스와 마스터를 포함하되, 제37류의 물품은 제외한다)<br>※ 매체에 자료기록기기, 매체 자료검색기기 제외(제8519호나 제8521호) |
| 8524 | 평판디스플레이 모듈(터치감응식 스크린을 장착한 것인지에 상관없다)<br>**예시** LCD CELL(제8524호) |
| 8525 | 라디오 방송용이나 텔레비전용 송신기기(수신기기·음성기록기기·재생기기를 갖춘 것인지에 상관없다)와 텔레비전 카메라·디지털 카메라·비디오카메라레코더 **4** |
| 8526 | 레이더기기·항행용 무선기기·무선원격조절기기 **2** |
| 8527 | 라디오방송용 수신기기(음성기록기기·재생기기, 시계가 동일한 하우징 내에 결합된 것인지에 상관없다) |
| 8528 | 텔레비전 수신기기를 갖추지 않은 모니터와 프로젝터, 텔레비전 수신용 기기(라디오 방송 용 수신기기·음성이나 영상의 기록용 기기나 재생용 기기를 결합한 것인지에 상관없다) **1**<br>※ 영상기록용이나 재생용기기(제8521호), 영화용영사기(제9007호) 및 투영기(제9008호) 제외 |
| 8529 | 부분품(제8524호부터 제8528호까지에 열거된 물품에 전용되거나 주로 사용되는 것으로 한정한다)<br>※ "부속품"을 포함하고 있지 않기 때문에 부속품이 제시될 경우 그 재질에 따라 분류(**예** 철강재 TV받침대는 제73류에 분류) **1** |
| 8530 | 철도·궤도·도로·내륙수로·주차장·항만·비행장에서 사용디는 전기식 신호기기·안전기기·교통관제기기(제8608호의 것은 제외한다)<br>※ 정지식 신호는 전기식으로 조명되더라도 교통관제 장비로서 간주되지 않으므로 해당 호(제8310호·제9405호 등). 자전거나 자동차에 설치하는 전기식 조명용 장비와 신호용 장비(제8512호) |
| 8531 | 전기식 음향이나 시각 신호용 기기(**예** 벨·사이렌·표시반·도난경보기·화재경보기), 다만, 제8512호나 제8530호의 것은 제외한다. |
| 8532 | 축전기(고정식·가변식·조정식(프리세트)으로 한정한다) |
| 8533 | 전기저항기(가감저항기와 전위차계를 포함하며, 전열용 저항체는 제외한다) |
| 8534 | 인쇄회로 |
| 8535 | 전기회로의 개폐용·보호용·접속용 기기(**예** 개폐기·퓨즈·피뢰기·전압제한기·서지억제기·플러그와 그 밖의 커넥터·접속함)(전압이 1,000볼트를 초과하는 것으로 한정한다) |
| 8536 | 전기회로의 개폐용·보호용·접속용 기기(**예** 개폐기·계전기·퓨즈·서지억제기·플러그·소켓·램프홀더와 그 밖의 커넥터·접속함)(전압이 1,000볼트 이하인 것으로 한정한다)와 광섬유용·광섬유 다발용·케이블용 커넥터 |
| 8537 | 전기제어용이나 배전용 보드·패널·콘솔·책상·캐비닛과 그 밖의 기반(제8535호나 제8536호의 기기를 두 가지 이상 장착한 것으로 한정하고 제90류의 기기와 수치제어기기와 결합한 것을 포함하며, 제8517호의 교환기기는 제외한다) |
| 8538 | 부분품(제8535호·제8536호·제8537호의 기기에 전용되거나 주로 사용되는 것으로 한정한다) |

| 8539 | 필라멘트램프나 방전램프(실드빔 램프유닛과 자외선램프나 적외선램프를 포함한다), 아크램프, 발광다이오드(엘이디)광원 [예시] LED 램프  |
|---|---|
| 8540 | 열전자관·냉음극관·광전관([예] 진공관·증기나 가스를 봉입한 관·수은아크정류관·음극선관·텔레비전용 촬상관 |
| 8541 | 반도체 디바이스([예] 다이오드·트랜지스터·반도체 기반 트랜스듀서), 감광성 반도체 디바이스(광전지는 모듈에 조립되었거나 패널로 구성 었는지 여부와 관계없이 포함한다), 발광다이오드[(엘이디), 다른 발광다이오드와 결합되었는지 여부과 관계없이 포함한다], 장착된 압전기 결정소자 [1]<br>※ 장착되지 않은 압전기결정소자는 제외(일반적으로 제3824호·제7103호나 제7104호) [2] |
| 8542 | 전자집적회로 |
| 8543 | 그 밖의 전자기기(이 류에 따로 분류되지 않은 것으로서 고유의 기능을 가진 것으로 한정한다) [예시] 전기식 오존발생기, 고주파증폭기, 원격조종용무선적외선장치, 디지털비행기록장치 |
| 8544 | 절연(에나멜 도포나 산화피막처리를 한 것을 포함한다) 전선·케이블(동축케이블을 포함한다)과 그 밖의 전기절연도체(이것은 접속자가 부착된 것인지에 상관없다), 광섬유 케이블(섬유를 개별 피복하여 만든 것으로 한정하며, 전기도체나 접속자가 부착된 것인지에 상관없다) [예시] 구리선 [2], 내연기관 점화용 와이어링세트 |
| 8545 | 탄소전극·탄소브러시·램프용 탄소·전지용 탄소와 그 밖의 흑연이나 탄소제품(전기용으로 한정하며, 금속이 함유된 것인지에 상관없다) |
| 8546 | 애자(어떤 재료라도 가능하다) [2] |
| 8547 | 전기기기용으로서 전부가 절연재료로 구성된 절연용 물품(나선가공 소켓과 같이 단순히 조립을 위하여 주조 과정에서 소량의 금속이 주입된 것을 포함하며, 제8546호의 애자는 제외한다), 비금속으로 만든 전기용 도관과 그 연결구류(절연재료로 속을 댄 것으로 한정한다) |
| 8548 | 기기의 전기식 부분품(이 류에 따로 분류되지 않은 것으로 한정한다) |
| 8549 | 전기·전자 웨이스트와 스크랩 |

---

**(아이콘) 해설  제85류**

① 이 류에는 특정형의 전열기기[(예] 노 등(제8514호)과 난방기기·가정용기기 등(제8516호)]만을 포함한다. 일반적으로 전기가열식의 기기는 다른 류(주로 제84류)에 분류한다.

[예시] 증기발생 보일러와 과열수 보일러(제8402호)·공기조절기(제8415호)·배소·증류·그 밖의 기기(제8419호)·캘린더기나 그 밖의 압연기와 그 실린더(제8420호)·가금용의 부란기와 양육기(제8436호)·나무·코르크·가죽 등에 사용하는 범용성의 낙인기계(제8479호)·의료용 기기(제9018호)

② 제8523호 해당물품이나 제8542호의 복합부품 집적회로[제85류의 주 제12호나목 (4)]로 간주하지 않는 동시에 그 밖의 고유한 기능을 가진 것도 아닌 특정의 전자 메모리모듈[(예] SIMMs(단일 인라인 기억모듈)과 DIMMs(복수 인라인 기억모듈)]은 제16부의 주 제2호를 적용하여 다음과 같이 분류해야 함에 유의하여야 한다.

(a) 전용하거나 주로 자동자료 처리기계와 결합하여 사용하기 적합한 모듈은 그 기계들의 부분품으로서 제8473호로 분류한다.

(b) 전용하거나 주로 그 밖의 특정기계나 같은 호의 일군의 기계들과 결합하여 사용하기 적합한 모듈은 그 기계의 부분품이나 해당 기계류로 분류한다.

(c) 주 용도를 결정할 수 없는 모듈은 제8548호로 분류한다.

② 〈주 제1호〉 제외물품

이 류에서 다음 각 목의 것은 제외한다.

가. 전기가열식 모포 · 베드패드 · 발싸개나 이와 유사한 물품, 전기가열식 의류 · 신발류 · 귀가리개와 그 밖의 착용품이나 신변용품

나. 제7011호의 유리제품

다. 제8486호의 기계와 기기

라. 내과용 · 외과용 · 치과용 · 수의과용 진공기기(제9018호)

마. 제94류의 전기가열식 가구

③ 〈주 제2호〉 제8501호부터 제8504호까지의 분류기준

제8501호부터 제8504호까지에서는 제8511호 · 제8512호 · 제8540호 · 제8541호 · 제8542호에 규정한 물품을 제외한다. 다만, 금속조의 수은아크정류기는 제8504호로 분류한다.

④ 〈주 제3호〉 제8507호의 축전지의 분류기준

제8507호에서 "축전지"는 에너지 저장 및 공급 기능을 제공하거나 접속자, 온도조절장치(예 서미스터), 회로보호장치와 같이 손상으로부터 보호하는 부수적 구성요소와 함께 제시되는 것을 포함한다. **2** 또한 축전지에 사용될 물품의 보호용 하우징의 일부를 포함할 수도 있다.

⑤ 〈주 제4호〉 제8509호의 가정용 전기기기 분류기준

제8509호에는 일반적으로 가정에서 사용하는 다음 각 목의 전기기계식 기기만을 분류한다.

가. 바닥광택기 · 식품용 그라인더 · 식품용 믹서 · 과실주스나 채소주스 추출기(중량에 상관없다) **8**

나. 가목에서 규정한 기기 외의 것으로서 그 중량이 20킬로그램 이하인 것

다만, 팬과 팬을 결합한 환기용 · 순환용 후드[필터를 갖추었는지에 상관없다(제8414호)], 원심식 의류건조기(제8421호), 접시세척기(제8422호), 가정용 세탁기(제8450호) 로울기나 그 밖의 다림질기(제8420호나 제8451호), 재봉기(제8452호), 전기가위(제8467호), 전열기기(제8516호 예 손건조기)는 제8509호로 분류하지 않는다. **9**

---

| 관련규정 | 주요 호 해설 (제8509호, 가정용 기기) |
| --- | --- |

제85류 주 제4호의 가정용 전기기기(중량제한물품)로서 이 호로 분류하는 것에는 주방용 쓰레기처리기, 감자나 채소의 탈피기 · 절단기, 육 · 빵 · 과실 · 치즈 · 채소 등의 슬라이스기, 칼 가는 기계, 전동칫솔, 공기 가습기와 공기제습기 등이 있다.

다만, 이 호에는 분리형 전동기로 구동되는 기기와 구조나 용도는 유사할지라도 명백히 공업용에 전용하도록 만든 것은 이 호에 포함하지 않는다. 이러한 물품은 일반적으로 제8210호나 제84류로 분류한다.

(1) 중량에 관계없이 제8509호로 분류하는 품목

　① 바닥광택기(왁싱 장치와 왁스를 액화하기 위한 가열장치를 가진 것에 상관없다) **1**

　② 식품용 그라인더와 믹서 : 예를 들면, 육·어류·채소·과실의 분쇄기 ; 커피·쌀·보리·
　　쪼갠 완두콩 등용의 다목적 분쇄기 ; 밀크쉐이커 ; 아이스크림 믹서 ; 소르베 믹서 ; 가루
　　반죽기 ; 마요네즈 버터 ; 그 밖의 이와 유사한 분쇄기와 믹서

　③ 과즙이나 채소즙 추출기

(2) 중량(20kg 이하)에 따라 제8509호로 분류하는 품목

　① 마루를 쓸고, 닦고, 씻어내는 기기와 세척 후 오수나 비누거품을 흡수하는 기기

　② 마루를 닦기 전에 마루에 광택나는 재료를 살포하는 기기, 이 기계에는 보통 왁스를 액화하
　　기 위한 가열장치가 부착되어 있다.

　③ 주방용 쓰레기 처리기. 이 기기는 부엌싱크대에 부착되도록 설계되어 있어서 부엌 쓰레기
　　를 분쇄하는 데 사용한다.

　④ 감자나 그 밖의 채소용의 탈피기·치퍼·절단기 등

　⑤ 모든 종류의 세절기(**예** 육·소시지·베이컨·치즈·빵·과실·채소용의 것) **1**

　⑥ 칼 가는 기계와 나이프 클리너

　⑦ 전기칫솔

　⑧ 공기 가습기와 공기제습기

| 심화 📈 | 중량 20kg 초과 시 품목분류 |
| --- | --- |

| 음식물처리기(제8479호) | 채소/과실껍질제거기(제8438호) | 육슬라이서(제8438호) |
| --- | --- | --- |

⑥ 〈주 제5호〉 스마트폰 정의

제8517호에서 "스마트폰"이란 자동자료처리기계의 기능(**예** 제3자 애플리케이션을 포함한 다
수의 응용프로그램을 설치하여 동시에 실행)을 수행하도록 만든 휴대기기용 운영체제를 갖춘
셀룰러 통신망용 전화기를 말한다(디지털 카메라나 내비게이션 시스템 등 다른 기능을 장착했
는지에 상관없다).

⑦ 〈주 제6호〉 제8523호의 음성이나 자료 등 기록용 저장매체

제8523호에서

가. 솔리드스테이트의 비휘발성 기억장치(**예** "플래시 메모리카드"나 "플래시 전자 기억카드")
란 인쇄회로기판 위에 하나 이상의 집적회로 형태의 플래시메모리를 동일 하우징 속에 구
성하고, 연결용 소켓을 갖춘 기억장치를 말한다. 이러한 물품은 집적회로 형태의 제어기와
축전기·저항기와 같은 수동 개별 부품을 갖춘 것도 있다. **1**

나. "스마트카드"란 하나 이상의 칩 형태 전자집적회로(하나의 마이크로프로세서, 램이나 롬)
를 내장한 카드를 말한다. **1** 이러한 카드는 접속부, 마그네틱스트라이프나 내장형 안테나
를 갖춘 것도 있으나, 다른 종류의 능동이나 수동 회로소자를 갖춘 것은 제외한다. **2**

⑧ 〈주 제7호〉 평판디스플레이 모듈 정의

제8524호에서 "평판디스플레이 모듈"이란 정보를 표시하기 위한 디스플레이 스크린을 최소한으로 갖춘 장치나 기기를 말하며, 사용하기 전에 다른 호에 분류되는 물품에 결합되도록 설계한 것이다. 평판디스플레이 모듈의 스크린은 평평한 것, 곡선형인 것, 구부러지는 것, 집거나 늘일 수 있는 형태를 포함하나 이들 형태로만 한정되는 것은 아니다. 평판디스플레이 모듈은 영상신호를 수신하고 이들 신호를 화면의 픽셀에 할당하기 위해 필요한 부가요소를 결합하고 있을 수 있다. 그러나 제8524호에는 영상신호를 변환하는 부품[예 스케일러 IC, 복조 IC나 애플리케이션 프로세서(AP)]을 장착하였거나 다른 호에 해당하는 물품의 특성을 가진 디스플레이 모듈은 포함하지 않는다.

이 주에서 정의한 평판디스플레이 모듈의 분류에 있어서는 제8524호가 이 표의 다른 어느 호보다 우선한다.

⑨ 〈주 제8호〉 인쇄회로 정의

제8534호에서 "인쇄회로"란 인쇄제판기술(예 양각 · 도금 · 식각)이나 막 회로기술로 도체소자 · 접속자나 그 밖의 인쇄된 구성 부분(예 인덕턴스 · 저항기 · 축전기)을 절연기판 위에 형성하여 만든 회로를 말한다. **1** 다만, 해당 구성 부분이 미리 정하여진 패턴에 따라 상호 접속되어 있는지에 상관없으며 전기적인 신호를 발생 · 정류 · 변조 · 증폭할 수 있는 소자(예 반도체소자)는 제외한다.

인쇄회로에는 인쇄공정 중에 얻어지는 소자 외의 소자가 결합된 회로와 개별 · 불연속 저항기, 축전기나 인덕턴스는 포함하지 않는다. **2** 다만, 인쇄회로에는 인쇄되지 않은 접속용 소자가 부착되어 있는 것도 있다. 동일한 기술공정에서 얻어지는 수동소자와 능동소자로 구성되는 박막회로나 후막회로는 제8542호로 분류한다.

⑩ 〈주 제9호〉 광섬유 접속자

제8536호에서 광섬유용 · 광섬유다발용 · 케이블용 커넥터는 디지털통신용시스템에서 단순히 광섬유의 끝 상호간을 기계적으로 맞추기 위한 커넥터를 말한다. 이러한 것들은 신호의 증폭 · 재생 · 변조의 기능이 없는 것이다. **2**

⑪ 〈주 제10호〉 제8537호의 제외물품

제8537호에는 텔레비전 수신기기나 그 밖의 전기장치의 원격제어를 위한 무선 적외선기기는 포함하지 않는다(제8543호). **2**

 해설

LED는 전기에너지를 가시광선 · 적외선 · 자외선으로 변환시키는 디바이스이다. 이들은 제어장치 속에서 자료를 표시하거나 전달해 주는데 사용하거나 조명기구 응용분야에 사용한다. LED(제8541호)는 전기제어를 위한 변환회로, IC, 커패시터 등 부품이 부착되어 제8539호의 LED 광원으로 분류하며, 주11호를 신설하여 두 가지 형태(LED 모듈과 LED 램프)로 구분하고 있다.

⑫ 〈주 제11호〉 발광다이오드(엘이디) 광원 정의

제8539호에서 "발광다이오드(엘이디) 광원"이란 다음의 것을 말한다.

가. "발광다이오드(엘이디) 모듈"은 전기회로 내에 정렬된 발광다이오드를 기반으로 하며 전기·기계·열·광학 부품과 같은 추가적인 부품을 포함하는 광원을 말한다. 이들은 또한 전력의 공급이나 제어를 위해 개별능동소자, 개별수동소자 또는 제8536호나 제8542호의 물품을 포함한다. 발광다이오드 모듈에는 모듈을 조명기구에 쉽게 설치하거나 교체하고 기계적·전기적 접촉을 가능하게 해주는 캡이 부착되어 있지 않다.

나. "발광다이오드(엘이디) 램프"는 전기·기계·열·광학 부품과 같은 추가적인 부품을 결합한 하나 이상의 발광다이오드 모듈을 포함하는 광원을 말한다. 발광다이오드 모듈과 발광다이오드 램프의 차이점은 램프에는 조명기구에 쉽게 설치하거나 교체하고 기계적·전기적 접촉을 가능하게 해주는 캡이 부착되어 있다는 점이다.

⑬ 〈주 제12호〉 반도체 디바이스와 전자집적회로의 정의

제8541호와 제8542호에서

가. 1) "반도체 디바이스"란 전계의 작용에 따른 저항의 변화로 작동을 하는 반도체 디바이스나 반도체 기반의 트랜스듀서를 말한다.

반도체 디바이스는 보조적 기능을 하는 능동·수동소자를 장착하였는지 여부에 관계없이 다수 부품의 조립품을 포함할 수도 있다.

이 정의에서 "반도체 기반의 트랜스듀서"란 개별 반도체 기반 센서·반도체 기반 액추에이터·반도체 기반 공진기·반도체 기반 오실레이터로서 반도체를 기반으로 한 디바이스로 별개의 형태를 갖추었으며, 고유의 기능을 수행하며, 어떠한 종류의 물리적, 화학적 현상·활동을 전기적 신호로 바꾸거나 전기적 신호를 물리적인 현상·활동으로 바꾸는 기능을 하는 디바이스를 말한다.

반도체 기반의 트랜스듀서를 구성하거나 기능하게 하는 모든 부품들은 분리불가능하게 결합되어 있고, 분리 불가능하게 부착된 필수 부품들을 포함할 수도 있다.

다음의 각 표현은 아래의 설명과 같다.

가) "반도체 기반"이란 반도체 기판 위에 형성·제조되었거나 반도체 재료로 만들어진 것으로서, 반도체 기술로 제조되고, 반도체 기판이나 재료가 트랜스듀서 기능과 성능에 핵심적이고 대체 불가능한 역할을 수행하며, 그 작동이 물리적·전기적·화학적·광학적 특성을 포함한 반도체 특성에 기반하는 것을 말한다.

나) "물리적·화학적 현상"은 압력, 음파, 가속, 진동, 운동, 방위, 왜력, 자기장의 세기, 전기장의 세기, 빛, 방사능, 습도, 흐름, 화학물질의 농도 등의 현상과 관련된 것이다.

다) "반도체 기반 센서"는 반도체 디바이스의 한 형태로서, 반도체 덩어리 상태나 반도체 표면에 만들어져서 물리적·화학적 양을 감지해 이를 전기신호(전기적 속성의 변화나 기계구조 변위의 결과로 발생)로 변환하는 기능을 하는 마이크로전자나 기계 구조물로 구성된다.

라) "반도체 기반 엑추에이터"는 반도체 디바이스의 한 형태로서, 반도체 덩어리 상태나 반도체 표면에 만들어져서 전기적 신호를 물리적인 움직임으로 변환하는 기능을 가진 마이크로전자나 기계 구조물로 구성된다. **1**

마) "반도체 기반 공진기"란 반도체 디바이스의 한 형태로서, 반도체 덩어리 상태나 반도체 표면에 만들어져서 외부 신호에 반응하여 구조물의 물리적인 기하학적 성질에 따라 미리 규정된 주파수의 기계적 · 전기적 진동을 발생시키는 기능을 가진 마이크로전자나 기계 구조물로 구성된다.

바) "반도체 기반 오실레이터"란 반도체 디바이스의 한 형태로서, 반도체 덩어리 상태나 반도체 표면에 만들어져서 구조물의 물리적인 기하학적 성질에 의해 미리 규정된 주파수의 기계적 · 전기적 진동을 발생시키는 기능을 가진 마이크로전자나 기계 구조물로 구성된다.

2) "발광다이오드(엘이디)"란 반도체 물질에 기반하여 전기에너지를 가시광선 · 적외선 · 자외선으로 변환시키는 반도체 디바이스이다(서로 전기적으로 연결되었는지와 보호용의 다이오드를 결합하였는지에 상관없다). 제8541호의 발광다이오드(엘이디)는 전력공급이나 전력제어를 위한 부품은 장착하고 있지 않다.

나. "전자집적회로"란 다음 물품을 말한다.

1) 모노리식 집적회로

회로소자(다이오드 · 트랜지스터 · 저항기 · 축전기 · 인덕턴스 등)가 하나의 반도체 재료나 화합물 반도체 재료(**예** 도프된 실리콘, 비소화갈륨, 실리콘 게르마늄, 인화인듐)의 내부나 표면에 한 덩어리 상태로 집적되어 있으며, 분리가 불가능하도록 결합된 회로

2) 하이브리드 집적회로

박막기술이나 후막기술로 만들어진 수동소자(저항기 · 축전기 · 인덕턴스 등)와 반도체 기술로 만들어진 능동소자(다이오드 · 트랜지스터 · 모노리식 집적회로 등)를 절연재료(유리, 도자제 등)로 된 하나의 기판 위에 실용상 분리가 불가능하도록 상호접속자나 상호접속용 케이블로 결합한 회로를 말하며, 이 회로에는 개별 부품을 부착시킨 것도 포함된다.

3) 복합구조칩 집적회로

각자의 의도와 목적에 따라 분리가 불가능하도록 결합된 두 개 이상의 모노리식 집적회로로 구성된 복합구조의 칩으로 이루어진 집적회로를 말한다. 한 개 이상의 절연기판과 리드프레임을 갖춘 것인지에 상관없으며 다른 능동 회로소자나 수동 회로소자를 갖춘 것은 제외한다.

4) 복합부품 집적회로(MCOs)

하나 이상의 모노리식, 하이브리드 또는 복합구조칩 집적회로에 다음 구성부품을 최소한 하나 이상 결합한 것이다. − 실리콘 기반 센서 · 엑추에이터 · 오실레이터 · 공진기 및 이들의 결합물, 또는 제8532호 · 제8533호 · 제8541호에 분류되는 물품의 기능을

수행하는 부품 또는 제8504호에 분류되는 유도자, 이들은 집적회로와 같이 사실상 분리 불가능하게 단일체로 형성되었고, 핀·리드·볼·랜드·범프 또는 패드로 접속되어 인쇄회로 기판(PCB) 또는 다른 매개체에 조립되기 위한 부품이다.

이 정의에서

가) "구성부품"은 개별부품일 수도 있고, 별도로 제조되어 복합부품 집적회로의 나머지 부분 위에 조립되거나 다른 구성부품에 집적될 수 있다.

나) "실리콘 기반"이란 실리콘 기판 위에 조립되었거나, 실리콘 재료로 제작되었거나 또는 는 집적회로 다이 위에 제조된 것을 말한다.

다) (1) "실리콘 기반 센서"는 마이크로전자 또는 기계 구조물로 구성된 것으로 덩어리 상태로 또는 반도체 표면에 만들어지고, 물리적·화학적 현상을 감지해 이를 전기신호(전기적 속성의 변화 또는 기계구조 변위의 결과로 발생)로 변환하는 기능을 한다. "물리적 또는 화학적 현상"은 압력, 음파, 가속, 진동, 운동, 방위, 왜력, 자기장의 세기, 전기장의 세기, 빛, 방사능, 습도, 흐름, 화학물질의 농도 등 현상과 관련된 것이다.

(2) "실리콘 기반 엑추에이터"는 덩어리 상태로 또는 반도체 표면에 만들어지고, 전기적 신호를 물리적인 움직임으로 변환하는 기능을 가진 마이크로전자와 기계 구조물로 구성된 부품이다.

(3) "실리콘 기반 공진기"란 덩어리 상태로 또는 반도체 표면에 만들어지고, 외부 신호에 반응하여 구조물의 물리적인 기하학적 성질에 의해 미리 규정된 주파수의 기계적 또는 전기적 진동을 발생시키는 기능을 가진 마이크로전자와 기계구조물로 구성된 부품을 말한다.

(4) "실리콘 기반 오실레이터"란 덩어리 상태로 또는 반도체 표면에 만들어지고, 구조물의 물리적인 기하학적 성질에 의해 미리 규정된 주파수의 기계적 또는 전기적 진동을 발생시키는 기능을 가진 마이크로전자와 기계 구조물로 구성된 능동 부품을 말한다.

※ 이 주에서 규정한 물품을 분류하는 경우 제8541호나 제8542호는, 제8523호의 경우를 제외하고, 특히 그 기능으로 보아 해당 물품을 포함하는 것으로 해석되는 이 표의 다른 어느 호보다 우선한다.

---

### 👤 해설  전자집적회로

1. 개념
   ① 전자집적회로는 수동소자나 수동부품과 능동소자나 능동부품을 고밀도로 조합시킨 초소형화 된 장치이며, 단일유닛으로 간주되는 것이다. **1** 다만, 수동소자만으로 구성된 전자회로는 이 호에서 제외한다(주로 제8534호의 인쇄회로). **1**
   ② 전자집적회로와 달리 개별 부품은 단일의 능동 전기기능(제85류 주 제12호가목에서 정의된 반도체 디바이스)이나 단일의 수동 전기기능 (저항·축전기·인덕턴스 등)을 갖출수 있다. 개별부품은 분리불가능하며 시스템의 기본적인 전자구성 부품이다.

③ 그러나 집적회로와 같이 몇 개의 전기회로 요소로 구성되어 여러 가지의 전기기능을 가지는 부품은 개별부품으로 취급하지 않는다.

④ 자집적회로에는 메모리(例 DRAM · SRAMs · PROMS · EPROMS 등) · 마이크로 컨트롤러 · 제어회로 · 논리회로 · 게이트 어레이, 인터페이스 회로 등이 있다.

2. 종류

(1) 모노리식 집적회로

모노리식 집적회로는 반도체 재료(例 도프 처리된 규소)의 표면에 다이오드 · 트랜지스터 · 저항기 · 축전기 · 인덕턴스 등의 회로소자를 한데 모아서 불가분의 상태로 조합한 초소형 회로이다. **2** 모노리식 집적회로는 디지털 · 리니어(아날로그) · 디지털–아날로그일 수 있다. 모노리식 집적회로에는 다음의 상태로 제시하는 것도 있다.

① 장착되어 있는 것 : 단자나 도선을 갖춘 것으로서 세라믹 · 금속이나 플라스틱에 봉입되어 있는 것인지에 상관없다.

② 장착되어 있지 않는 것 : 칩의 것(보통 직사각형의 것으로서 측면의 길이가 일반적으로 수 밀리미터 정도의 것)

③ 절단하지 않은 웨이퍼모양의 것(즉, 칩으로 절단하지 않은 것)

(2) 하이브리드 집적회로

하이브리드 집적회로는 박막이나 후막의 회로가 형성된 절연재료제의 기판 위에 만든 초소형 회로이다. **2** 이 호의 하이브리드집적회로가 되기 위해서는 반도체가 칩의 형태이거나(용기에 넣어졌는지에 상관없다). 또는 용기에 넣어진 반도체(例 특별히 설계된 축소용기)의 형태로 내장되고 표면에 장착되어야 한다. 또한 하이브리드 집적회로는 반도체와 같은 방법으로 기초회로에 내장되는 별도로 제조한 수동소자를 넣을 수도 있다. 일반적으로 이러한 수동소자는 칩 형태의 축전기 · 저항기나 유도지와 같은 부분품이다.

(3) 복합구조칩 집적회로

이것은 사실상 둘이나 그 이상의 모노리식 집적회로를 분리가 불가능하게 연결하여 만들어졌으며, **2** 하나나 그 이상의 절연재료 위에 있는지, 리드프레임이 있는지에는 상관없으나 그 외의 능동이나 수동 회로소자는 없어야 한다. 복합구조칩 집적회로의 일반적인 형태는 다음과 같다.

① 두 개나 그 이상의 모노리식 집적회로를 나란히 적재한 것

② 두 개나 그 이상의 모노리식 집적회로를 위 아래로 적층한 것

③ 세 개나 그 이상의 모노리식 집적회로로 이루어진 것으로 위의 두 가지 형태를 혼합한 것

이 모노리식 집적회로들은 하나의 몸체로 결합되어 연결되며 봉입이나 다른 방법으로 패키지될 수 있다.

(4) 복합부품 집적회로(MCOs)

① 복합부품 집적회로(MCOs)는 하나 이상의 모노리식 집적회로 · 하이브리드 집적회로 · 복합구조칩 집적회로에 실리콘 기반 센서 · 엑추에이터 · 오실레이터 · 공진기와 이들의 결합물, 또는 제8532호 · 제8533호 · 제8541호에 분류하는 물품의 기능을 수행하는 부품, 또는 제8504호에 분류하는 유도자를 하나 이상 결합한 것이다. **2** 제85류의 주 제12호나목 (4)의 조건을 충족하는 한에서는 MCO 내에 다른 MCO가 장착될 수 있다.

② 모든 별개의(교환 가능한) 유닛으로서, 제8532호 · 제8533호 · 제8504호 · 제8541호에 분류하지 않거나 실리콘 기반 센서 · 액추에이터 · 공진기 · 오실레이터와 이들의 결합물의 정의에 부합하지 않는 것은 MCO의 정의에서 제외한다(例 변압기(제8504호)나 자석(제8505호)].

③ 그러나, 앞서 언급되지 않았으면서도 MCO(또는 IC 패키지)의 본질적이고 필수적인 부분인 그 밖의 다른 구성요소들이나 구축과 기능에 필요한 그 밖의 다른 구성 요소들(例 몰드 화합물이나 리드 프레임)은 MCO의 부분/구성요소로 인정한다.

④ 특히 MCO를 형성하는 집적회로와 구성부품은 하나 이상이 절연 기판을 가지고 있는지와 상관없이, 그리고 리드 프레임이 있는지와 상관없이, 단일의 몸체 안이나 위에 물리적 · 전기적 · 광학적으로 결합되고 상호 접속되며, 캡슐화나 그 밖의 다른 방법으로 패키지화 될 수 있다.

⑤ 단, 구성부품은 사실상 분리가 불가능하게 결합되어 있어야 한다. **1**

(5) 제8542호에서 제외하는 주요물품

　① 솔리드 스테이트의 비휘발성 기억장치 · 스마트카드 · 그 밖의 음성과 그 밖의 현상의 기록용 매체(제8523호) **2**

　② 수동소자만으로 구성된 막 회로(제8534호)

3. 8542호에서 제외되는 결합방법

제8542호에는 다음과 같은 방법으로 만든 조립품은 제외한다.

　① 인쇄회로로 형성된 지지물 위에 하나 이상의 개별부품을 장착한 것

　② 초소형 전자회로 위에 다이오드 · 변환기 · 저항기 등 하나 그 이상의 다른 디바이스를 부가한 것

　③ 개별부품들의 결합물, 복합구조칩 집적회로나 복합부품 집적회로 이외의 초소형 전자회로의 결합물

　④ 하나 이상의 모노리식 집적회로 · 하이브리드 집적회로 · 복합구조칩 집적회로 · 복합부품 집적회로와 이 류의 주 제12호나목 4)에 언급되지 않은 구성부품[**예** 변압기(제8504호)나 자석(제8505호)]과의 결합물

---

**관련규정**　**주요 호 해설 [제8501호, 발전기]**

발전기는 관세율표의 다른 호에 열거되지 않는 한 제8501호로 분류한다. 여기에는 직류발전기(DC)와 교류발전기(AC)의 두 가지 주요한 종류가 있으며, 일반적으로 이 두 기계는 필수적으로 고정자와 회전자로 구성되어 있다.

발전기에는 보통 원동기(**예** 수력터빈 · 증기터빈 · 풍력엔진 · 왕복식 증기엔진 · 피스톤식 내연기관)가 장치되나 이 호에는 원동기가 없이 제시되는 발전기만을 분류한다(결합된 것은 발전세트로 제8502호로 분류한다).

이 호에는 또한 다음의 것을 제외한다.

(a) 벨트나 롤러 컨베이어용 전동기를 결합한 드럼이나 롤러(제8431호)

(b) 제8479호의 진동전동기와 전자석식의 진동기

(c) 원동기가 부착된 발전기(제8502호)

(d) 고압발전기(제8504호)

(e) 일차전지(제8506호)

(f) 발전기(내연기관에 연결해서 사용하는 것, 자전거나 자동차에 사용하는 종류의 것으로서 조명 기기용이나 신호 기기용의 것)

　※ 각각 제8511호와 제8512호 참조

(g) 광전지 : 모듈에 조립되었는지 패널로 만들어졌는지에 상관없으나, 아무리 단순한 것일지라도 소자를 갖추지 않은 것으로서, 예를 들어 전동기나 전해조에 전류를 직접 공급하는 것(제8541호)

(h) 특정의 전기기기 : 신호발생기와 같이 실제로 전기에너지를 발생하지 않는 것(제8543호)

(i) 제90류의 발전기[**예** X-ray 발생기(제9022호)] ; 발전기로서 전시용으로 설계 제작되어 있어서 다른 용도에는 부적합한 것(제9023호)

참고로 부분품의 분류에 관한 일반적 규정에 의하여 제8501호에 해당하는 기계의 부분품은 제8503호에 분류한다.

---

**관련규정**    주요 호 해설 (제8502호, 발전세트)

"발전세트"란 발전기와, 전동기를 제외한 여러 가지 원동기(**예** 수력터빈 · 증기터빈 · 풍력엔진 · 왕복증기엔진 · 내연기관)가 결합된 것을 말한다. **2** 발전세트는 발전기와 원동기로 구성되며, 그 발전기와 원동기는 하나의 유닛으로서나 공통 베이스에 장착되었거나 장착되도록 설계된 것으로서, 함께 제시된 경우에 한해 이 호에 분류한다(비록 수송의 편의를 위해 별도 포장한 경우도 포함) 반면, 따로 제시되는 원동기로서 증기터빈(제8406호), 수력터빈(제8410호), 내연기관(제8407호 · 제8708호), 그 밖의 터빈과 엔진(제8411호 · 제8412호) 등은 각각 분류한다.

용접기기용 발전세트로서 용접용 헤드나 용접기기 없이 별도로 제시된 경우에는 이 호로 분류하나, 용접용 헤드나 용접기기와 함께 제시된 경우에는 제16부 주 제4호의 기능단위기계의 분류원칙에 따라 제8515호(전기식의 용접용 기기)로 분류한다.

   **예시**   일차전지, 축전지, 격리판의 분류

일차전지(제8506호), 축전지(제8507호), 격리판(제8507호)

---

**관련규정**    주요 호 해설(제8524호, 평판디스플레이모듈 제외품목)

1. 영상신호 변환 부품을 갖춘 평판디스플레이 모듈(보통 제8517호, 제8528호와 제8529호의 제품)
2. 평판디스플레이 모듈이 결합된 시각 신호용 기기(표시반)(제8531호)
3. 평판디스플레이 모듈이 결합된 측정용이나 검사용 기기(일반적으로 제90류)
4. 평판디스플레이 모듈이 결합된 악기(제92류)
5. 평판디스플레이 모듈이 결합된 제95류의 모든 물품

---

**관련규정**    주요 호 해설 (제8525호, 텔레비전 카메라 등)

제8525호에 해당하는 대부분의 카메라는 제9006호의 사진기나 제9007호의 영화용 촬영기와 물리적으로 비슷하다. 제90류의 사진기나 영화용 촬영기가 제37류의 사진필름에 영상을 노출하나, 이 호에 해당하는 카메라는 영상을 아날로그나 디지털 자료형태로 변환한다.

---

**관련규정**    주요 호 해설(제8531호, 전기식 음향이나 시각 신호용 기기)

1. **품목분류**
   자전거나 자동차에 사용하는 신호기기(제8512호)와 도로 · 철도 등의 교통관제에 사용하는 신호기기(제8530호)를 제외하고 이 호에는 신호의 목적에 사용하는 모든 전기식 기기를 포함한다. **2**

2. **포함물품**
   ① 전기식 벨 · 버저 · 도어차임 등. 다만, 음악연주용 벨은 제외한다(제92류).
   ② 전기식 음향 신호용 기기 · 혼 · 사이렌 등과 그 밖의 전기식 신호장치 **1**

③ 표시반과 이와 유사한 것(벨이나 음향신호장치를 갖춘 것도 있다)

④ 도난경보기

⑤ 화재경보기 **1**

⑥ 전기식 증기경보기와 가스경보기

3. 제외물품

정지식의 신호(static signs)는 전기식으로 조명되는 것(**예** 램프·랜턴·조명반 등)일지라도 신호기기로 간주하지 않는다. 따라서 이 호에 포함되지 않고 각 해당 호에 분류한다(제8310호, 제9405호 등).

---

**관련규정** 주요 호 해설(제8549호, 절전기·전자 웨이스트와 스크랩)

1. 개념

이 호의 전기·전자 웨이스트와 스크랩[e-웨이스트(e-waste)]은 광범위한 물품을 분류하는데, 플러그를 가지거나 배터리를 필요로 하는 물품은 일반적으로 그 수명 주기의 끝 지점에 가서는 e-웨이스트가 될 것이다.

이 호의 목적상 e-웨이스트는 회수·재활용이나 처분에 적당한 물품만을 포함하며, 그들의 원래의 용도나 후속의 용도에 맞게 변경하기 위해 수리·정비·보수·재사용 하기에 적당한 물품은 포함하지 않는다. 단순 히 중고품이라는 것만으로 e-웨이스트로 변경되는데 충분하지 않다. e-웨이스트는 물리적으로 온전하거나(그러나 기능을 수행하지는 않는) 폐기된 상태일 수도 있다.

2. 포함물품

e-웨이스트는 주로 다음의 것을 포함한다.

① 웨이스트, 스크랩, 또는 수명이 끝난 일차전지와 축전지

② 가전제품

③ 사무·정보·커뮤니케이션 기술 장치

④ 가정용품

⑤ 전동 공구

⑥ 전기·전자 부분품(인쇄회로기판을 포함한다)

## 05 정밀기기

1. 제18부 광학기기 · 사진용기기 · 영화용기기 · 측정기기 · 검사기기 · 정밀기기 · 의료용기기, 시계, 악기, 이들의 부분품과 부속품

2. 제90류 광학기기 · 사진용기기 · 영화용기기 · 측정기기 · 검사기기 · 정밀기기 · 의료용 기기, 이들의 부분품과 부속품

① 호의 용어

| 품목번호 | 품명 |
|---|---|
| 9001 | 광섬유와 광섬유 다발, 제8544호의 것 외의 광섬유 케이블, 편광재료로 만든 판, 각종 재료로 만든 렌즈(콘택트렌즈를 포함한다), 프리즘 · 반사경과 그 밖의 광학소자로서 장착되지 않은 것 (광학적으로 가공하지 않은 유리로 만든 광학소자는 제외한다) **4**<br>※ 광섬유를 개별 피복한 광섬유케이블은 **제8544호로 분류** **2** |
| 9002 | 각종 재료로 만든 렌즈 · 프리즘 · 반사경과 그 밖의 광학소자(장착된 것으로서 기기의 부분품으로 사용하거나 기기에 부착하여 사용하는 것으로 한정하며, 광학적으로 가공하지 않은 유리로 만든 것은 제외한다) |
| 9003 | 안경 · 고글이나 이와 유사한 물품의 테와 장착구, 이들의 부분품 **2**<br>※ 안과의가 눈의 검사에 사용하는 특수한 안경(제9018호)은 제외 |
| 9004 | 시력교정용 · 보호용이나 그 밖의 용도의 안경 · 고글과 이와 유사한 물품 **3** |
| 9005 | 쌍안경 · 단안경 · 그 밖의 광학식 망원경과 이들의 장착구, 그 밖의 천체관측용 기기와 그 장착구 (전파관측용 기기는 제외한다) |
| 9006 | 사진기(영화용은 제외한다), 사진용 섬광기구와 제8539호의 방전램프 외의 섬광전구 **1** |
| 9007 | 영화용 촬영기와 영사기(음성의 기록기기나 재생기기를 갖춘 것인지에 상관없다) |
| 9008 | 투영기 · 사진 확대기와 사진 축소기(영화용은 제외한다) |
| 9010 | 사진(영화를 포함한다) 현상실용 기기(이 류에 따로 분류되지 않은 것으로 한정한다), 네가토스코프, 영사용 스크린 |
| 9011 | 광학현미경(마이크로 사진용 · 마이크로 영화촬영용 · 마이크로 영사용을 포함한다) **4** |
| 9012 | 광학현미경 외의 현미경과 회절기기 |
| 9013 | 레이저기기(레이저 다이오드는 제외한다), 그 밖의 광학기기(이 류에 따로 분류되지 않은 것으로 한정한다) **1** (**예**) 레이저 포인트) **4**<br>※ 레이저 다이오드(제8541호) **1** |
| 9014 | 방향탐지용 컴퍼스와 그 밖의 항행용 기기 |
| 9015 | 토지측량기기(사진측량용을 포함한다) · 수로측량기기 · 해양측량기기 · 수리계측기기 · 기상관측기기 · 지구물리학용 기기(컴퍼스는 제외한다) · 거리측정기 **1** |
| 9016 | 감량 50밀리그램 이하인 저울(추가 있는지에 상관없다) **9** |
| 9017 | 제도용구.설계용구.계산용구(**예** 제도기 · 축소확대기 · 분도기 · 제도세트 · 계산척 · 계산반), 수지식 길이 측정용구(**예** 곧은 자와 줄자 · 마이크로미터 · 캘리퍼스)(이 류에 따로 분류되지 않은 것으로 한정한다) **1** |
| 9018 | 내과용 · 외과용 · 치과용 · 수의과용 기기(신티그래픽식 진단기기 · 그 밖의 전기식 의료기기와 시력검사 기기를 포함한다) **1** **예시** 내시경 |

| | |
|---|---|
| 9019 | 기계요법용 기기, 마사지용 기기, 심리학적 적성검사용 기기, 오존 흡입기·산소 흡입기·에어로졸 치료기·인공호흡기나 그 밖의 치료용 호흡기기 ❸ |
| 9020 | 그 밖의 호흡용 기기와 가스마스크(기계적인 부분품과 교환용 필터를 모두 갖추지 않은 보호용 마스크는 제외한다) |
| 9021 | 정형외과용 기기(목발·외과용 벨트와 탈장대를 포함한다), ❶ 골절 치료용 부목과 그 밖의 골절 치료구, 인공 인체 부분, 보청기, 결함·장애를 보정하기 위하여 착용하거나 휴대하거나 인체에 삽입하는 그 밖의 기기 ❹ (예 치과용 임플란트 제9021호) |
| 9022 | 엑스선이나 알파선·베타선·감마선·그 밖의 전리선을 사용하는 기기(내과용·외과용·치과용·수의과용인지에 상관없으며 방사선 사진용이나 방사선 치료용 기기·엑스선관과 그 밖의 엑스선 발생기·고압 발생기·조절반·스크린·검감사용이나 치료용 테이블·의자와 이와 유사한 물품을 포함한다) |
| 9023 | 전시용으로 설계된 기구와 모형(예 교육용이나 전람회용)(다른 용도에 사용될 수 없는 것으로 한정한다) ❶ |
| 9024 | 재료(예 금속·목재·직물·종이·플라스틱)의 경도·항장력·압축성·탄성이나 그 밖의 기계적 성질의 시험용 기기 |
| 9025 | 액체비중계와 이와 유사한 부력식 측정기·온도계·고온계·기압계·습도계와 건습구 습도계(이들을 결합한 것을 포함하며, 기록장치가 있는지에 상관없다) ❶ |
| 9026 | 액체나 기체의 유량·액면·압력이나 그 밖의 변량의 측정용이나 검사용 기기(예 유량계·액면계·압력계·열 측정계). 다만, 제9014호·제9015호·제9028호·제9032호의 것은 제외한다. |
| 9027 | 물리나 화학 분석용 기기(예 편광계·굴절계·분광계·가스나 매연 분석기), 점도·포로서티·팽창·표면장력이나 이와 유사한 것의 측정용이나 검사용 기기, 열·소리·빛의 양의 측정용이나 검사용 기기(노출계를 포함한다), 마이크로톰 |
| 9028 | 기체·액체·전기의 적산용 계기(그 검정용 계기를 포함한다) |
| 9029 | 적산회전계·생산량계·택시미터·주행거리계·보수계와 이와 유사한 계기, 속도계와 회전속도계(제9014호나 제9015호의 것은 제외한다), 스트로보스코프 |
| 9030 | 오실로스코프·스펙트럼 분석기와 그 밖의 전기적 양의 측정용이나 검사용 기기(제9028호의 것은 제외한다), 알파선·베타선·감마선·엑스선·우주선이나 그 밖의 전리선의 검사용이나 검출용 기기 |
| 9031 | 그 밖의 측정용이나 검사용 기기(이 류에 따로 분류되지 않은 것으로 한정한다)와 윤곽 투영기 |
| 9032 | 자동조절용이나 자동제어용 기기 |
| 9033 | 제90류의 기계·기기·장치·장비용 부분품과 부속품(이 류에 따로 분류되지 않은 것으로 한정한다) |

## 제90류의 용도와 측정대상 등에 의한 구분

| | 구분 | | 품목번호 |
|---|---|---|---|
| 1 | 광학용품과 광학기기 | 간단한 광학용품 | 제9001호~제9002호 |
| | | 안경, 천체용·사진용·영화용·현미경·관찰용에 사용하는 복잡한 광학용품과 광학기기 | 제9003호~제9013호 |
| 2 | 측량용·기상용·제도용·계산용 등의 특정 기구와 장치 | | 제9014호~제9017호 |
| 3 | 의료용이나 수의용 기구·기기와 이에 관련되는 기기 (방사선요법용·기계요법·산소요법용·정형외과용·보철용 등) | | 제9018호~제9022호 |
| 4 | 전시용으로 설계 제작된 기구와 모형 | | 제9023호 |
| 5 | 측정용이나 검사용, 시험용이나 실험실용 기계·기구와 기기 | | 제9024호~제9031호 |
| 6 | 자동조정용이나 자동제어용 기구와 장치 | | 제9032호 |
| 7 | 따로 분류되지 않은 부분품 | | 제9033호 |

② 〈주 제1호〉 제외물품

이 류에서 다음 각 목의 것은 제외한다.

가. 기기용이나 그 밖의 공업용 물품으로서 경화하지 않은 가황한 고무의 그 밖의 제품(제4016호), **1** 가죽이나 콤퍼지션레더 제품(제4205호), 방직용 섬유제품(제5911호)

나. 방직용 섬유로 만든 지지용 벨트나 그 밖의 지지용 제품으로서 해당 신체 기관에 대한 의도된 효과가 이 벨트나 제품의 탄성으로부터 유래되는 것(**예** 임산부용 벨트, 가슴 부위의 지지용 붕대, 복부 부분의 지지용 붕대, 관절이나 근육에 대한 지지구)(제11부)

다. 제6903호의 내화제품과 제6909호의 실험실용 · 화학용이나 그 밖의 공업용 도자제품 **2**

라. 제7009호의 유리거울(광학적으로 가공하지 않은 것으로 한정한다)이나 광학소자를 제외한 비금속이나 귀금속으로 만든 거울(제8306호나 제기류) **1**

마. 제7007호 · 제7008호 · 제7011호 · 제7014호 · 제7015호 · 제 물품

바. 제15부의 주 제2호의 범용성 부분품으로서 비금속으로 만든 것(제15부)이나 이와 유사한 플라스틱으로 만든 물품(제39류) 다만, 내과용 · 외과용 · 치과용 · 수의과용의 임플란트에 전용 되도록 특별히 고안된 것은 제9021호에 분류한다.

사. 제8413호의 계기를 갖춘 펌프, 중량측정식 계수기 · 검사기나 따로 분리하여 제시된 저 울용 추(제8423호), 권양용이나 취급용 기계(제8425호부터 제8428호까지), 각종 종이나 판지의 절단기(제8441호), 제8466호의 공작기계의 가공물이나 공구 조정용 부착물(광학식 분할대와 같이 눈금을 읽기 위한 광학식 기구를 갖춘 부착물을 포함 하나, 중심조정용 망원경과 같이 본질적으로 그 자체가 광학기기인 것은 제외한다), 계산기(제8470호), 제8481호의 밸브나 그 밖의 기기, 제8486호의 기계와 기기(고감도 반도체 재료에 회로 모형을 투영하거나 드로잉하는 기기를 포함한다)

아. 사이클용 · 자동차용 서치라이트나 스포트라이트(제8512호), **1** 제8513호의 전기식 휴대용 램프, 영화용인 음성의 기록용 · 재생용 · 재기록용 기기(제8519호), 사운드헤드(제8522호) · 텔레비전 카메라 · 디지털 카메라 · 비디오카메라레코더(제8525호), 레이더기기 · 항행용 무선기기 · 무선 원격조절기기(제8526호), 광섬유용 · 광섬유다발용 · 케이블용 커넥터(제8536호), 수치제어기기(제8537호), 실드빔 램프유닛(제8539호), 광섬유 케이블(제8544호) **3**

자. 제9405호의 서치라이트와 스포트라이트

차. 제95류의 물품

카. 제9620호의 일각대 · 양각대 · 삼각대와 이와 유사한 물품

타. 용적 측정구(해당 물품의 구성 재료에 따라 분류한다) **7**

파. 스풀 · 릴이나 이와 유사한 지지구[해당 물품의 구성 재료에 따라 분류한다(**예** 제3923호나 제15부)]

③ 〈주 제2호〉 제90류 부분품의 분류기준

주 제1호에서 규정한 것을 제외하고는 이 류의 기기의 부분품과 부속품은 다음 각 목의 규정에 따라 분류한다.

가. 부분품과 부속품이 제84류 · 제85류 · 제90류 · 제91류 중의 어느 호(제8487호 · 제8548 호 · 제9033호는 제외한다)에 속하는 물품인 경우에는 각각 해당 호로 이를 분류한다.

나. 그 밖의 부분품과 부속품으로서 특정한 기기나 동일한 호에 해당하는 여러 종류의 기기(제 9010호 · 제9013호 · 제9031호의 기기를 포함한다)에 전용되거나 주로 사용하는 것은 해당 기기와 함께 분류한다.

다. 그 밖의 각종 부분품과 부속품은 제9033호로 분류한다.

④ 〈주 제3호〉 복합기계 및 기능단위기계

제16부 주 제3호(다기능기계 · 복합기계)와 제4호(기능단위기계)는 이 류에도 적용한다. **4**

⑤ 〈주 제6호〉 정형외과용 기기의 정의

제9021호에서 "정형외과용 기기"란 다음 각 목의 기기를 말한다. 이 경우 정형외과용 기기에는 정형외과 교정 목적으로 1) 주문 제작되거나 2) 대량생산된 신발과 특수 안창을 포함한다(양발에 맞게 제작된 켤레가 아닌 한 족이어야 한다). **3**

가. 신체상의 장애를 예방하거나 교정하는 기기 **2**

나. 질병, 수술이나 부상 후 신체의 일부를 지지 또는 고정하는 기기 **1**

⑥ 〈주 제7호〉 제9032호의 분류기준

제9032호는 다음 각 목의 물품에만 적용한다.

가. 액체나 기체의 유량 · 깊이 · 압력이나 그 밖의 변량의 자동제어용 기기나 온도의 자동제어용 기기(자동제어하여야 할 요소에 따라 변화하는 전기적 현상으로 작동하는 것인지에 상관없으며 지속적으로나 주기적으로 이 요소의 실제 값을 측정하여 이 요소를 장해가 발생하여도 안정적으로 목표치에 맞추고 유지하도록 설계되어 있다)

나. 전기적 양의 자동조절기기와 제어되어야 할 요소에 따라 변화하는 전기현상으로 작동하는 비전기적 양의 자동제어기기(지속적으로나 주기적으로 이 요소의 실제 값을 측정하여 이 요소를 장해가 발생하여도 안정적으로 목표치에 맞추고 유지하도록 설계되어 있다)

---

**관련규정** **주요 호 해설(제9004호)**

이 호에는 눈만을 덮도록 설계된 안경에 한하여 분류하고, 안면의 대부분을 덮거나 보호하도록 만들어진 물품은 제외하며(**예** 용접공의 면갑, 모터사이클리스트용 스크린 및 아이쉐이드 · 수중수영용의 페이스마스크) 또한 다음의 것도 제외한다.
① 제9001호의 콘택트렌즈
② 안경의 모양으로 만든 오페라 글라스나 레이싱글라스와 이와 유사한 물품(제9005호)

---

③ 완구용 안경(제9503호)
④ 카니발용품(제9505호)

| 관련규정 | 주요 호 해설(제9013호 제외물품) |

레이저로서 특별한 장치(예 작업대 · 지지대 · 피가공물이 송부와 위치결정장치 · 작업의 진행도의
관측 장치 · 검사장치 등)로 구성된 부속기기를 부가함으로써 극히 특정의 기능을 수행하는데 적합
하고 따라서 가공기계 · 의료용 기기 · 제어용 기기 · 측정용 기기 등으로 인정되는 것은 이 호에는
포함되지 않는다. 레이저를 결합한 기기도 또한 이 호에서 제외한다. 이 표에 열거하지 않은 경우에는
이와 유사한 기능을 가진 기기와 같이 분류한다. 제외하는 물품의 예를 들면, 다음과 같다.
① 재료가공용 공작기계(레이저에 의해 절삭 가공하는 것)(예 금속 · 유리 · 도자기)(제8456호)
② 레이저 땜질용 · 용접용기기(절단할 수 있는지에 상관없다)(제8515호)
③ 레이저 빔에 의한 파이프 레벨(정열)용 수준기(제9015호)
④ 의료용(예 레이저 안수술)으로 특별히 사용하는 레이저기기(제9018호)

| 관련규정 | 주요 호 해설(제9013호, 정밀저울) |

① 측정에 필요한 추가 이 호의 저울과 함께 제시된 경우에는 이 호에 함께 분류한다. 다만, 추가
분리되어 제시된 경우에 모든 추(귀금속으로 만든 추도 포함한다)는 제8423호로 분류한다. **1**
② 감량이 50밀리그램을 초과하는 저울은 제8423호로 분류한다. **2**
③ 참고로 일각대 · 양각대 · 삼각대와 이와 유사한 물품은 이 호의 장치용으로 특별히 설계되어
있더라도 이 호에서 제외한다(제9620호). **1**

| 관련규정 | 주요 호 해설(제9018호) |

이 호에 해당되는 기기는 그 어떤 재질이라도 가능하다(귀금속으로 만든 것을 포함한다).
1. 일반의과용과 외과용의 기기
① 동일한 명칭으로 다용도에 사용하는 기기 : 각종 외과용 나이프 및 메스, 거울과 반사경
(눈 · 후두 등의 검사용), 가위 · 핀셋 · 집게 · 끌 · 정 · 망치 · 해머 · 톱, 각종 주사기 등
② 특수진단용 기기 : 청진기, 호흡 상태를 측정하는 기기, 혈압계, 표면장력계와 진동측정기
(혈압측정용의 것), 폐활량계 등
③ 안과용 기기 : 각막 원형절제기, 안압계, 시력표 등 **1**
④ 내시경 · 위경 · 흉강경 · 복막경 · 기관지검사망원경 · 방광경 · 요도경 · 절제용내시경 ·
심장경 · 결장경 · 신장경 · 후두경 등 : 이러한 내시경 중 많은 것들은 원격조정기를 통하여
수술을 수행할 수 있도록 충분히 커다란 작동도관을 갖추고 있다. 그러나, 비의료용은 제외
한다(제9013호)
⑤ 자동자료처리기계를 내장한 장치로서 단지 치료방사선의 조사량과 분포를 측정할 수 있도
록 설계한 것

⑥ 고압산소실(또는 감압실로 알려진 것)

⑦ 램프 : 진단·탐침·방사선요법 등의 목적을 위하여 설계 제작한다. 펜의 모양을 한 회중전등은 제외하며(제8513호) 의료용이나 외과용 용도로 명확히 구분할 수 없는 기타 램프도 제외한다(제9405호).

## 2. 치과용 기기

① 금추전용구(충전기구·망치 등)·치아충전용구, 치과용의 디스크·드릴 및 브러시

② 타구(구강 행구는 용기) : 베이스 위에나 스탠드 또는 회전 암에 부착되어 있다.

③ 초음파치석제거기, 전자 수술 장바라 레이저를 이용하여 작동하는 치과 치료용 기기

④ 치과용 기기나 그 밖의 치과용 기구가 결합한 치과용 의자. 다만, 이 호의 치과용 기구와 결합하지 않은 치과용 의자는 제9402호로 분류한다. ▮

## 3. 주요 제외물품

이 호에서 제외되는 주요 물품은 다음과 같다.

① 소독된 캣거트 및 이와 유사한 봉합재·멸균 라미나리아와 멸균 라미나리아텐트(제3006호) ▮

② 제3822호의 진단용 또는 실험용 시약 ▮

③ 제4014호의 고무제의 위생용품 또는 의료용품

④ 제7017호의 실험실용·화학용·위생용의 유리제품

⑤ 비금속제의 실내위생용품(특히 제7324호 제7418호 및 제7615호)

⑥ 안경, 고글 및 이와 유사한 것(시력교정용·보호용 또는 기타용인지에 상관없다)(제9004호)

⑦ 사진기(제9006호)(이 호의 기기에 영구적으로 결합된 것을 제외한다)

⑧ 제9011호나 제9012호의 현미경 등

⑨ 제9019호의 기계용법의 기기·산소흡입기·오존흡입기·인공흡입기·에어졸치료기·마사지용 등의 기기 ▮

⑩ 정형외과용기기·인공 인체 부분과 골절 치료구(동물용의 것을 포함한다)(제9021호)

⑪ 제9022호의 엑스선장치(의료용인지에 상관없다) ▮

⑫ 체온계(제9025호) ▮

⑬ 실험실에서 사용하는 혈액·체액·오줌 등의 검사용기기(진단용의 것인지에 상관없다)(일반적으로 제9027호) ▮▮

⑭ 내과용 가구나 외과용 가구(수의용 가구를 포함한다)(수술대·검사대·병원용 침대)·치과용 의자(이 호의 기기가 결합되지 않은 것에 한정한다) 등(제9402호) ▮

**예시** WCO 사례 - 마사지 의자

## 1. 제품설명

가죽 시트와 안감으로 구성된 프레임에 마사지 기능을 수행하는 구성요소들이 장착되어있는 물품이다. 마사지 구성요소들은 마사지 시간, 속도 등을 리모콘으로 조정할 수도 있다.

## 2. 사례해설

① 제9019호에는 "기계요법용 기기, 마사지용 기기, 심리학적 적성검사용 기기, 오존흡입기·산소 흡입기·에어로졸 치료기·인공호흡기나 그 밖의 치료용 호흡기기"가 분류된다.

② 제9401호에는 "의자(침대로 겸용할 수 있는지에 상관없으며 제9402호의 것은 제외한다)와 그 부분품"이 분류된다. **1**

③ 일반적인 의자의 부분품(등받이 · 앉는 부분과 팔걸이 등)으로 구성되어있으나 본질적인 특성은 마사지에 있다고 보고 마사지용 기기가 해당되는 제9019호에 분류하였다. **2**

| 관련규정 | 주요 호 해설(제9021호) |

1. 정형외과용 기기
   ① 정형외과용의 기기는 제90류의 주 제6호에서 규정하고 있다. 특히 정형외과용 기기에는 척추의 측곡과 만곡의 교정용기구 · 의료용이나 외과용의 코르셋과 벨트(지지용 벨트를 포함한다), 발의 교정용구, 정형외과용 서스펜더를 포함한다. **1**
   ② 이 그룹에는 목발도 포함하나, 보통의 지팡이는 장애인용으로 특별히 만들었더라도 제6602호로 분류한다. **2**
   ③ 이외에도 탈장대, 치과용 치열교정기, 둔부질환기구(고관절병 등)도 정형외과용 기기로서 이 호에 포함된다. **1**
   의 상처부분을 움직이지 않도록 하거나, 또는 골절부분을 고정하기 위하여 사용되는 것이다.
2. 의지 · 의안 · 의치 · 그 밖의 인조 인체 부분
   살균용기에 넣어진 이식용 뼈나 피부(제3001호)와 뼈 재생용 시멘트(제3006호)는 제외한다.

## 3. 제91류 시계와 그 부분품

이 류의 물품은 그 재료에 상관없이(귀금속을 포함한다) 천연진주 · 양식진주나 귀석 · 반귀석(천연의 것 · 합성 · 재생한 것)으로 장식되었거나 테를 두른 것도 포함한다.

① 호의 용어

| 품목번호 | 품명 |
|---|---|
| 9101 | 손목시계 · 회중시계와 그 밖의 휴대용 시계(스톱워치를 포함하며, 케이스를 귀금속으로 만든 것이나 귀금속을 입힌 금속으로 만든 것으로 한정한다) **1** 예시 귀금속제 손목시계 |
| 9102 | 손목시계 · 회중시계와 그 밖의 휴대용 시계(스톱워치를 포함하되 제9101호의 것은 제외한다) 예시 일반손목시계, 일반회중시계 |
| 9103 | 휴대용 시계의 무브먼트를 갖춘 클록(제9104호의 것은 제외한다) |
| 9104 | 차량용 · 항공기용 · 우주선용 · 선박용 계기반 클록과 이와 유사한 클록 |
| 9105 | 그 밖의 클록 예시 뻐꾸기 시계 (9105호) **1** |
| 9106 | 시각을 기록하는 기기와 시계의 무브먼트나 동기 전동기를 갖춘 것으로서 시간을 측정 · 기록하거나 알리는 기기(예 타임레지스터 · 타임레코더) |
| 9107 | 타임스위치(시계의 무브먼트나 동기 전동기를 갖춘 것으로 한정한다) **1** |
| 9108 | 휴대용 시계의 무브먼트(완전한 것으로서 조립된 것으로 한정한다) |
| 9109 | 클록 무브먼트(완전한 것으로서 조립된 것으로 한정한다) |

| 9110 | 완전한 시계의 무브먼트(미조립이나 부분적으로 조립된 것으로 한정한다)(무브먼트세트), 불완전한 시계의 무브먼트(조립된 것으로 한정한다), 러프한 시계의 무브먼트 |
| --- | --- |
| 9111 | 휴대용 시계의 케이스와 그 부분품 |
| 9112 | 클록 케이스, 이 류의 그 밖의 물품에 사용되는 이와 유사한 유형의 케이스와 이들의 부분품 |
| 9113 | 휴대용 시곗줄·휴대용 시계밴드·휴대용 시계팔찌와 이들의 부분품 |
| 9114 | 그 밖의 시계의 부분품 |

② 〈주 제1호〉 제외물품

이 류에서 다음 각 목의 것은 제외한다.

가. 시계 유리와 추(이들의 구성 재료에 따라 분류한다) **2**

나. 휴대용 시계의 체인(경우에 따라 제7113호나 제7117호로 분류한다) **2**

다. 제15부의 주 제2호의 범용성 부분품으로서 비금속으로 만든 것(제15부)이나 이와 유사한 플라스틱으로 만든 물품(제39류), 귀금속으로 만든 것이나 귀금속을 입힌 금속으로 만든 물품(일반적으로 제7115호로 분류한다) 다만, 시계 스프링은 시계 부분품으로 분류한다(제9114호). **3**

라. 베어링볼(경우에 따라 제7326호나 제8482호로 분류한다)

마. 제8412호의 물품(탈진기 없이 작동할 수 있도록 만들어진 것)

바. 볼베어링(제8482호)

사. 제85류의 물품. 다만, 물품 상호 간이나 다른 물품과 함께 시계용 무브먼트나 시계용 무브먼트의 부분품으로 전용되거나 주로 사용하기에 적합한 물품으로 조립되지 않은 것으로 한정한다(제85류).

③ 〈주 제2호〉 귀금속 케이스를 갖춘 시계의 분류기준

제9101호에는 케이스 전부를 귀금속으로 만든 것이나 귀금속을 입힌 금속으로 만든 것과, 제7101호부터 제7104호까지의 천연진주·양식진주나 귀석·반귀석(천연의 것, 합성·재생한 것)을 위의 재료에 결합시킨 휴대용 시계만을 분류한다. **1** 다만, 케이스가 귀금속을 박은 비금속으로 만들어진 휴대용 시계는 제9102호로 분류한다. **1**

④ 〈주 제3호〉 휴대용 시계의 무브먼트

이 류에서 "휴대용 시계의 무브먼트"란 밸런스휠·헤어스프링·수정진동자나 그 밖의 시간 간격을 정할 수 있는 각종 기구로 조정되는 장치로서 표시부를 갖춘 것이나 기계식 표시부를 내장할 수 있는 기구를 갖춘 것을 말한다. 이 경우 휴대용 시계의 무브먼트는 두께가 12밀리미터 이하이고, 폭·길이·지름이 50밀리미터 이하인 것으로 한정한다.

⑤ 〈주 제4호〉 무브먼트와 부분품의 분류

주 제1호의 것을 제외하고는 시계와 그 밖의 물품(**예** 정밀기계)에 함께 사용하기에 적당한 무브먼트와 그 밖의 다른 부분품들은 이 류로 분류한다.

| 관련규정 | 주요 호 해설(제9102호) |
|---|---|

① 이 호에는 회중시계, 손목시계, 사슬달린 시계, 핸드백에 넣고 다니는 시계, 브로치 · 반지 등에 부착된 시계를 포함한다.
② 이 호에는 팬시용 시계나 특수한 형태의 시계도 분류하며, 스톱워치도 포함한다. **1**
③ 시계와 같이 제시된 손목시계줄(부착한 것인지에 상관없다)은 이 호에 분류한다.

| 관련규정 | 주요 호 해설(제9108호) |
|---|---|

제9108호에는 케이스가 없이 조립된 휴대용 시계의 무브먼트, 즉, 그대로 사용할 수 있는 완전한 것을 분류한다. 이 무브먼트는 다음과 같은 다섯 개의 주요한 형태가 있다.
① 기계식 무브먼트
② 밸런스-스프링 형의 전자식 무브먼트
③ 굽힘공명기(음차)를 갖춘 전자식 무브먼트
④ 아날로그시간 표시부(지침)를 갖춘 수정 무브먼트
⑤ 전자식의 디지털 시간표시부를 갖춘 수정 무브먼트(LED나 LCD)
참고로 휴대용 시계의 무브먼트에 동력을 주는 전지나 축전지는 이 호에 분류한다(전지나 축전지를 설치했는지에 상관없다). **1**

| 관련규정 | 주요 호 해설(제9113호) |
|---|---|

① 휴대용 시곗줄 · 밴드 · 팔찌는 어떠한 재료인지에 상관없이 만들어질 수 있으며(**예** 비금속 · 귀금속 · 가죽 · 방직용 섬유재료),이러한 것은 앞에서 설명한 물품의 품목분류에 영향을 미치지 못하는 것으로 명백히 장식적인 특성을 가진다.
② 이 호에는 또한 어떠한 재질에 관계없이 휴대용 시계의 줄 · 밴드 · 팔찌의 부분품으로 인정될 수 있는 것도 포함한다. 다만, 귀금속으로 만든 버클과 버클걸쇠(제7115호)나 비금속으로 만든 버클과 버클걸쇠(제8308호)는 제외하며, 휴대용 시계와 함께 제시하지만 부착하지 않은 휴대용 시계줄 · 밴드 · 팔찌는 제9101호나 제9102호로 분류한다.

| 관련규정 | 주요 호 해설(제9114호) |
|---|---|

제9114호에는 주로 다음과 같은 시계 부분품을 분류한다.
① 시계의 무브먼트의 부분품 : 프레임, 태엽감는 기구, 전자식 무브먼트의 부분품, 플랫폼 탈진기 등
② 타종장치의 부분품 : 타종 해머, 플라이스프링, 볼, 차임 등
③ 보석 : 가공된 보석 즉, 정형 · 절단 · 연마 · 천공 등이나 장착된 것에 한하여 포함 **1**
④ 문자판 : 시 · 분 · 초를 지시해 주는 디비전이나 숫자를 각목한 판
⑤ 지침 : 시 · 분 · 초를 지시하는 것(크로노그래프 시계용의 특수한 지침과 자명종 시계 등 용도의 지침도 포함)

## CHAPTER [06] 수송기기

### 01 수송기기

## 1. 제17부 차량 · 항공기 · 선박과 수송기기 관련품

### ① 제86류 호의 용어

| 품목번호 | 품명 |
|---|---|
| 8601 | 철도용 기관차(외부 전원이나 축전지로 주행하는 것으로 한정한다) **1** |
| 8602 | 그 밖의 철도용 기관차와 탄수차 |
| 8603 | 자주식 철도용이나 궤도용 객차와 화차(제8604호의 것은 제외한다) |
| 8604 | 철도나 궤도의 유지용이나 보수용 차량(자주식의 것인지에 상관없다)(**예** 공작차 · 기중기차 · 밸러스트 템퍼 · 트랙라이너 · 검사차 · 궤도검사차) |
| 8605 | 철도용이나 궤도용 객차(자주식은 제외한다). 수하물차 · 우편차와 그 밖의 철도용이나 도용 특수용도차(자주식과 제604호의 것은 제외한다) |
| 8606 | 철도용이나 궤도용 화차(자주식은 제외한다) **1** |
| 8607 | 철도용이나 궤도용 기관차나 차량의 부분품 |
| 8608 | 철도나 궤도선로용 장치물, 철도 · 궤도 · 도로 · 내륙수로 · 주차장 · 항만 · 비행장에서 사용되는 기계식(전기기계식을 포함한다) 신호용 · 안전용 · 교통관제용 기기, 이들의 부분품 |
| 8609 | 컨테이너(액체운반용 컨테이너를 포함하며, 하나 이상의 운송수단으로 운반할 수 있도록 특별히 설계되거나 구조를 갖춘 것으로 한정한다) **1** |

### ② 제88류 호의 용어

| 품목번호 | 품명 |
|---|---|
| 8801 | 기구와 비행선, 글라이더 · 행글라이더와 그 밖의 무동력 항공기 |
| 8802 | 그 밖의 항공기(**예** 헬리콥터 · 비행기)(제8806호의 무인기를 제외한다), 우주선(인공위성을 포함한다) · 서보비틀과 우주선 운반로켓 **3** |
| 8804 | 낙하산(조종 가능한 낙하산과 패러글라이더를 포함한다)과 로토슈트, 이들의 부분품과 부속품 **2** |
| 8805 | 항공 발진장치, 갑판착륙장치나 이와 유사한 장치, 지상비행 훈련장치, 이들의 부분품 **2** |
| 8806 | 무인기 |
| 8807 | 제8801호 · 제8802호 · 제8806호 물품의 부분품 |

③ 제89류 호의 용어

| 품목번호 | 품명 |
|---|---|
| 8901 | 순항선 · 유람선 · 페리보트 · 화물선 · 부선과 이와 유사한 선박(사람이나 화물 수송용으로 한정한다) |
| 8902 | 어선과 어획물의 가공용이나 저장용 선박 **1** |
| 8903 | 요트, 유람용이나 운동용 그 밖의 선박, 노를 젓는 보트와 카누 |
| 8904 | 예인선과 푸셔크라프트 |
| 8905 | 조명선 · 소방선 · 준설선 · 기중기선과 주로 항해 외의 특수기능을 가지는 그 밖의 특수선박, 부선거, 물에 뜨거나 잠길 수 있는 시추대나 작업대 |
| 8906 | 그 밖의 선박(군함 · 노를 젓는 보트, 구명보트를 포함한다) **1** |
| 8907 | 그 밖의 물에 뜨는 구조물((**예** 부교 · 탱크 · 코퍼댐 · 부잔교 · 부표 · 수로부표) **1** |
| 8908 | 선박과 그 밖의 물에 뜨는 구조물(해체용으로 한정한다) **3** |

# 2. 제17부 주 규정

① 〈주 제1호〉 제외물품

제17부에서 제9503호나 제9508호에 해당하는 제품과 제9506호에 해당하는 봅슬레이 · 터보건과 이와 유사한 물품은 제외한다.

② 〈주 제2호〉 제17부의 부분품과 부속품에서 제외되는 물품

"부분품"과 "부분품과 부속품"에 대한 규정은 다음 각 목의 제품(이 부의 물품에 사용하는 것인지에 상관없다)에는 적용하지 않는다.

가. 각종 재료로 만든 조인트 · 와셔와 이와 유사한 물품(구성 재료에 따라 분류하거나 제8484호로 분류한다)이나 경화하지 않은 가황한 고무의 그 밖의 제품(제4016호) **1**

나. 제15부의 주 제2호의 비금속으로 만든 범용성 부분품(제15부)이나 이와 유사한 플라스틱으로 만든 물품(제39류)**3**

다. 제82류의 물품(공구)

라. 제8306호의 물품

마. 제8401호부터 제8479호까지의 기기나 이들의 부분품, 제8481호나 제8482호의 물품, 엔진이나 모터의 필수적인 부분을 구성하는 제8483호의 물품 **1**

바. 전기기기(제85류)

사. 제90류의 물품

아. 제91류의 물품

자. 무기(제93류)

차. 제9405호의 조명기구와 그 부분품

카. 차량의 부분품으로 사용되는 브러시(제9603호) **2**

③ 〈주 제3호〉 제86류부터 제88류까지의 부분품과 부속품의 분류

제86류부터 제88류까지의 부분품이나 부속품에 대한 규정은 그 류의 물품에 전용되거나 주로 사용하기에 적합하지 않은 부분품과 부속품에는 적용하지 않으며, **4** 이들 류 중 둘 이상의 호에서 규정한 내용에 동시에 적합할 경우에는 그 부분품이나 부속품의 주 용도에 따라 분류한다. **5**

**수송기기의 부분품과 부속품의 품목분류**

위 주 규정에 따라 주 용도로 분류하는 예를 들면 조정장치 · 브레이크장치 등과 같은 부분품이나 부속품이 제8704호의 화물자동차와 제8710호의 장갑차에 동시에 사용될 수 있는 경우에는 주 용도에 따라 분류한다. 주 용도를 정할 수 없으면 통칙 제3호다목에 따라 동일하게 분류 가능한 호 중에서 가장 마지막 호로 분류한다. **2**

즉, 제89류를 제외하고 제86류부터 제88류까지의 부분품과 부속품으로 분류하기 위해서는 다음의 세 가지 요건에 모두 해당하여야 한다.

 **해설**

예외적으로 제89류(선박과 수상구조물)의 부분품은 제89류로 분류하지 않고 각각 해당 호로 분류한다(제89류에는 부분품 호가 없음). **2**

첫째, 제17부 주 제2호의 조건에 의하여 제외하지 않아야 한다. **3**

둘째, 제86류부터 제88류까지의 물품에 전용하거나 주로 사용하기에 적합해야 한다. **2**
- 핸들이나 브레이크가 제8429호의 불도저에도 사용하고 제8704호의 화물자동차에도 사용할 경우에는 제8704호의 화물자동차에 주로 사용될 경우에만 제8708호로 분류할 수 있다. 불도저(제8429호)에 주로 사용되면 제8431호로 분류한다.
- 또한, 제17부의 자동차와 항공기에 사용하는데 적합한 브레이크는 이 브레이크를 주로 사용하는 차량의 부분품과 부속품에 관계되는 호에 분류한다.

셋째, 이 품목분류표의 다른 호에 특별히 포함되지 않아야 한다. **3**
- 부분품과 부속품이 이 부의 물품용으로 인정될 수 있는 것이라도 이들이 본 품목분류표의 다른 호에 보다 구체적으로 분류하는 것이면 이 부에서 제외한다.
- 다른 호에 특별히 포함되는 것에는 가황한 고무로 만든 전동용 벨트(제4010호), 고무타이어(제4011호 · 제4012호) · 예인용 로프(제5609호) · 백미러(제7009호나 제90류) · 카펫(제57류) · 안전유리(제7007호) 등이 있다. **1**

④ 〈주 제4호〉 제17부의 겸용 수송기기 분류기준

이 부에서는 다음 각 목에서 정하는 바에 따른다.

가. 도로와 궤도를 주행하도록 특수 제작된 차량은 제87류의 해당 호로 분류한다. **7**

나. 수륙양용 자동차는 제87류의 해당 호로 분류한다. **5**

다. 도로 주행차량으로 겸용할 수 있도록 특수 제작된 항공기는 제88류의 해당 호로 분류한다. **7**

⑤ 〈주 제5호〉 공기완충식 차량의 분류

공기완충식 차량은 이 부로 분류하되, 다음 각 목에서 정한 바에 따르며, 그 중 가장 유사한 차량에 분류한다.

가. 가이드트랙 위를 주행하도록 설계된 것은 제86류(호버트레인) **5**

나. 육상용이나 수륙양용으로 설계된 것은 제87류 **3**

다. 물 위를 주행하도록 설계된 것은 제89류(해변이나 부잔교 위에 상륙할 수 있는지 또는 얼음 위를 주행할 수 있는지에 상관없다) **6**

공기완충식 차량의 부분품과 부속품은 그 차량의 분류와 동일한 방법으로 해당 차량이 속하는 호로 분류한다. 호버트레인 선로용 장치물은 철도 선로용 장치물로 분류하며, 호버트레인용 신호기기ㆍ안전기기나 교통관제기기는 철도용 신호기기ㆍ안전기기나 교통관제용 기기로 보아 각각 분류한다. **1**

**심화** **무인기의 분류**

1. 정의
   ① 이 류에서 "무인기"란 기내에 조종사 없이 비행하도록 설계된 모든 항공기를 말한다(제8801호의 것은 제외한다).
   ② "무인기"에는 오로지 오락 목적으로만 설계된 비행 완구는 제외한다(제9503호).

2. 제8806호의 분류 품목
   ① 제88류의 주 제1호에 따라, 이 호에는 기내에 조종사 없이 비행하도록 설계된 무인기를 분류한다(제8801호의 것은 제외한다).
   ② 이들은 저 중량, 고도제한, 비행 가능거리나 시간, 최대 속도, 자율비행 기능이 없는 점, 짐/화물 수송 능력이 없는 점, 또는 지능적 전자 장치를 갖추지 않은 점에 의하여 구별될 수 있다(제9503호)

---

## 02 자동차

## 1. 제87류 철도용이나 궤도용 외의 차량과 그 부분품과 부속품

**해설 제87류 특징**

이 류에는 도로를 주행하는 자동차(차량)와 수륙양용자동차(제17부 주 제4호나목)를 분류하며, 이 류에도 통칙 제2호가목에 따라 '차륜이나 타이어와 배터리를 갖추지 않은 자동차', '엔진이나 내부장치를 갖추지 않은 자동차', '새들과 타이어를 갖추지 않은 자전거'는 완성된 자동차(자전거)의 본질적인 특성을 가진 것으로 보아 해당 완성된 물품으로 분류한다. **2**

① 호의 용어

| 품목번호 | 품명 |
|---|---|
| 8701 | 트랙터(제8709호의 트랙터는 제외한다) |
| 8702 | 10인 이상(운전자를 포함한다) 수송용 자동차 **5** |
| 8703 | 주로 사람을 수송할 수 있도록 설계된 승용자동차와 그 밖의 차량(제8702호의 것은 제외하며, 스테이션왜건과 경주용 자동차를 포함한다) **3** |
| 8704 | 화물자동차 |
| 8705 | 특수용도차량(주로 사람이나 화물 수송용으로 설계된 것은 제외한다)(**예** 구난차 · 기중기차 · 소방차 · 콘크리트믹서 운반차 · 도로청소차 · 살포차 · 이동공작차 · 이동방사선차) **8** **예시** 제설차<br><br>**관련규정** 주요 호 해설 (제8705호) |
| 8706 | 엔진을 갖춘 섀시(제8701호부터 제8705호까지의 자동차용으로 한정한다) **1** |
| 8707 | 차체(운전실을 포함하며, 제8701호부터 제8705호까지의 자동차용으로 한정한다) |
| 8708 | 부분품과 부속품(제8701호부터 제8705호까지의 차량용으로 한정한다) **1** |
| 8709 | 공장 · 창고 · 부두 · 공항에서 화물의 단거리 운반에 사용하는 형으로 권양용이나 취급용 장비가 결합되지 않은 자주식 작업차, 철도역의 플랫폼에서 사용하는 형의 트랙터, 이들의 부분품 |
| 8710 | 전차와 그 밖의 장갑차량(자주식으로 한정하며, 무기를 장비하였는지에 상관없다), 이들의 부분품 **2** |
| 8711 | 모터사이클(모페드를 포함한다)과 보조모터를 갖춘 자전거(사이드카를 부착하였는지에 상관없다), 사이드카 **1** |
| 8712 | 모터를 갖추지 않은 이륜자전거와 그 밖의 자전거(배달용 3륜자전거를 포함한다) **3** |
| 8713 | 신체장애인용 차량(모터를 갖추었는지 또는 기계구동식인지에 상관없다) **4** |
| 8714 | 부분품과 부속품(제8711호부터 제8713호까지의 차량의 것으로 한정한다) |
| 8715 | 유모차와 그 부분품 |
| 8716 | 트레일러와 세미트레일러, 기계구동식이 아닌 그 밖의 차량, 이들의 부분품 **1** |

② 〈주 제1호〉 제외물품

이 류에는 궤도주행 전용으로 설계된 철도용이나 궤도용 차량을 제외한다. **3**

③ 〈주 제2호〉 트랙터의 정의

이 류에서 "트랙터"란 주로 다른 차량 · 기기 · 화물을 끌거나 밀기 위하여 제작된 차량을 말한다(트랙터의 주 용도에 따라 공구 · 종자 · 비료나 그 밖의 물품의 수송용 보조기구를 갖추었는지에 상관없다). **5**

호환성 장치로서 제8701호의 트랙터에 부착시키도록 설계된 기계와 작업도구는 트랙터와 함께 제시된 경우에도 각 해당 호로 분류하며 이들이 트랙터에 장착된 것인지에 상관없다. **6**

| 관련규정 | 주요 호 해설 (제8701호) |
|---|---|

**1. 개요**

① 이 호에는 각종의 트랙터(제8709호의 철도역의 플랫폼에서 사용하는 형의 트랙터는 제외한다)를 분류한다. **2**

② 도로나 궤도 등 어디에서도 사용될 수 있는 트랙터도 포함하나 궤도전용으로 설계된 것은 제86류에 분류한다.

③ 이 호에는 윈치(제8425호)를 장착한 트랙터도 포함한다(**예** 수렁에 빠진 차량을 끌어올리거나 나무뿌리를 뽑거나 나무를 끌어당기거나 농기구의 원거리견인에 사용한다).

**2. 장비장착시**

① 트랙터에 호환성장비가 장착된 상태로 함께 제시되는 경우에는 트랙터와 호환성 장비를 분리하여 각각 해당 호에 분류하여야 한다. 즉, 호환성 장치로서 트랙터에 부착시키도록 설계된 농업용 장치(가 트랙터에 장착되어 제시되는 경우라 하더라도 트랙터는 제8701호로, 그리고 해당 농업용 장치는 관련 규정에 따라 별도의 해당하는 호에 분류하여야 한다(**예** 파종기가 장착된 트랙터의 경우 파종기는 제8432호, 트랙터는 제8701호에 분류한다).

② 세미트레일러를 연결시킨 모터 로리, 세미트레일러를 연결시킨 트랙터, 제84류의 작업기계를 세미트레일러의 경우와 같은 방식으로 연결시킨 중작업용 트랙터에 대해서도 견인부분은 이 호에 분류하고, 세미트레일러(제8716호)나 작업기계는 각 해당 호에 분류한다.

④ 〈주 제3호〉 운전실과 원동기를 갖춘 섀시의 분류

운전실이 있고 원동기를 부착한 자동차 섀시는 제8706호로 분류하지 않고 제8702호부터 제8704호까지로 분류한다. **5**

⑤ 〈주 제4호〉 어린이용 자전거의 분류

제8712호에는 각종 어린이용 이륜자전거를 포함하며, 그 밖의 어린이용 자전거는 제9503호로 분류한다. **7**

**예시** 세발자전거(제9503호)

⑥ 〈소호주 제1호〉 자동차용 창문의 분류

소호 제8708.22호에는 제8701호부터 제8705호까지의 자동차에 전용되거나 주로 사용할 수 있는 다음의 물품을 포함한다.

가. 전방 윈드스크린(윈드쉴드) · 후방 창문과 그 밖의 창문(틀에 끼운 것으로 한정한다)

나. 전방 윈드스크린(윈드쉴드) · 후방 창문과 그 밖의 창문(틀에 끼운 것인지에 상관없으며, 가열장치나 그 밖의 전기 · 전자장치를 결합한 것에 한정한다)

① 이 호에는 제8702호의 자동차를 제외하고 여객의 수송용으로 설계된 여러 종류(수륙 양용자동차를 포함한다)의 자동차를 분류한다. 피스톤식 내연기관 · 증기기관 · 전동기관 · 가스터빈 등 모터의 형태에 상관없이 제8703호에 분류한다.

② 제8703호에서 주로 사람을 수송할 수 있도록 설계된 승용자동차의 범위에는 자동차(예 리무진 · 택시 · 스포츠용과 경주용 자동차)뿐만 아니라 특수운송차량(앰블런스 · 죄수호송차와 영구차), 모터 홈(캠퍼 등), 설상주행용으로 특별히 설계된 차량, 골프용차와 이와 유사한 차량 등과 같은 것도 포함된다. 물론 이들은 주로 사람 또는 화물수송용으로 설계제작된 것이어야 한다. 🄯

③ 제8703호에는 사람의 수송용으로 설계된 경량의 삼륜자동차도 포함한다. 다만 물품의 운송용으로 설계된 경우에는 제8704호에 분류한다.

① 특정 자동차를 이 호로 분류할 지의 여부는 승객운송(제8703호) 목적이 아닌 화물운반을 목적으로 설계 제작되었음을 보여주는 특징에 따라 결정한다. 제8704호로 분류되는 자동차의 특징은 보통 화물운송에 사용하는 독립되어 폐쇄된 후위 공간을 갖고 있거나 열린 후위 플랫폼을 갖고 있다는 점이다.

② 응고되지 않은 콘크리트 수송용으로 특수 제작된 화물자동차(트럭)를 포함하되, 제8705호의 콘크리트믹서 차량은 제외한다.

1. 품목분류

이 호에는 제8701호부터 제8705호까지에 열거된 자동차용의 것으로 엔진 · 트랜스미션 · 조향기어와 차축(차륜의 부착 여부에 상관없다)이 장착된 섀시나 섀시차체의 결합체를 포함한다. 말하자면 이 호에는 차체(제8707호)가 없는 자동차를 분류한다. 🄵

2. 제외물품

이 호에서 다음의 것은 제외한다.

① 엔진과 운전실을 갖춘 섀시(시트가 없는 것과 같이 운전실이 완전한지에 상관없다)(제8702호부터 제8704호까지)(제87류 주 제3호 참조)

② 엔진을 갖추지 않은 섀시(각종 기계적 부분품이 장착된 것인지에 상관없다)(제8708호).

**관련규정**  **주요 호 해설(제8708호)**

이 호의 부분품과 부속품으로 분류하기 위해서는 우선 제8701호부터 제8705호까지에 해당하는 차량에 전용되거나 주로 사용하는데 적합한 것이어야 하며, 제17부 주의 규정에 따라 제17부에서 제외되지 않아야 한다. 이 조건에 부합하여 이 호에 해당하는 부분품과 부속품에는 다음의 것을 포함한다.

① 조립된 자동차용 섀시프레임(차륜이 부착된 것인지에 상관없으나 엔진을 갖추지 않은 것)과 이들의 부분품(사이드멤버 · 브레이스 · 크로스멤버, 현가장치, 엔진 · 발판 · 축전지나 연료탱크용 등의 지지구와 브래킷)

② 차체 부분품과 조립부속품

　예시

상판 · 측면과 전면이나 후면의 패널 · 하물 넣는 곳 등, 도어와 동 부분품, 보닛(후드), 틀을 붙인 윈도우 · 윈도우(유리내부에 가열용 저항체와 전기 접속용 단자를 장착한 것) · 창틀, 발판, 윙(펜더) · 흙받기, 계기반, 방열판(라디에이터)덮개, 번호판브래킷, 범퍼, 스티어링 칼럼 브래킷, 외부 하물선반, 챙, 비전기식 가열과 서리제거기(해당 자동차의 엔진에서 발생하는 열을 이용하는 것), 안전벨트(승객을 보호하기 위하여 자량 안에 고정 장치할 수 있도록 제작된 것), 바닥용 카펫(방직용 섬유나 비경화가황고무로 만든 것은 제외한다) 등, 조립품(섀시와 차체가 일체구조로 된 것을 포함한다)으로서 불완전한 차체의 성격을 갖지 않는 것(예 도어 · 윙 · 보닛이나 후부커버를 갖추지 않은 것은 이 호로 분류하며 제8707호로 분류하지 않는다)

> 　해설　비금속으로 만든 차량번호판은 제8310호로 분류한다.

> 　해설
>
> 전기식의 가열기는 제8516호로, 자전거나 자동차용의 제상기(서리제거기)와 제무기(안개제거기)는 제8512호로 분류한다.

> 　해설
>
> 방직용 섬유로 만든 바닥깔개(제57류)나 고무로 만든 바닥깔개(제4016호)는 각각 해당 호로 분류한다. ■

③ 클러치(다만 제8505호의 전자클러치는 제외한다) · 클러치케이싱 · 플레이트와 레버와 틀을 붙인 라이닝

④ 각종 기어박스(트랜스미션)(기계식 · 증속구동 · 자동변속 · 전기기계식 · 자동식 등), 회전력변환장치, 기어박스(트랜스미션) 케이싱, 샤프트(엔진이나 전동기의 내부부분품은 제외되어 제8483호로 분류된다) 등

⑤ 차동장치를 갖춘 구동축

⑥ 그 밖의 변속장치 부분품과 구성요소(**예** 프로펠러샤프트 · 하프샤프트, 기어와 기어 링, 플레인샤프트베어링, 변속기어 조립품, 유니버설조인트)

다만, 이 호에는 엔진의 내부부분품 즉 제8409호에 해당하는 연결봉 · 압봉 · 밸브 리프터와 제8483호에 해당하는 크랭크샤프트 · 캠샤프트 · 플라이휠을 제외한다.

⑦ 스티어링기어의 부분품

⑧ 브레이크와 그 부분품(플레이트 · 드럼 · 실린더 · 부착된 라이닝 · 유압식제동장치용의 오일 탱크 등), 서보우 브레이크와 그 부분품

⑨ 서스펜션 쇼크업소버(마찰방식 · 유압방식 등)와 그 밖의 현가장치용 부분품(스프링을 제외한다) · 토션 바

⑩ 차륜(철강제의 디스크형의 것 · 와이어 스포크형의 것 등)(타이어를 부착했는지에 상관없다), 무한궤도 차량용 트랙과 차륜세트, 림 · 디스크와 스포크

⑪ 조종장치 : 예를 들면, 운전대 · 스티어링칼럼과 운전 박스 · 핸들의 축, 기어 체인지와 핸드 브레이크 레버, 액셀러레이터 · 브레이크 · 클러치 페달, 브레이크용의 연결봉 · 클러치

⑫ 방열기(라디에이터) · 소음기(머플러) · 배기파이프 · 연료탱크 등 🄖

⑬ 신축성 있는 바깥쪽 케이싱과 가동성있는 이너 케이블로 구성한 클러치케이블 · 브레이크케이블 · 액셀러레이터케이블과 그와 유사한 케이블. 그들은 특정한 길이로 절단하였고 고정하는 끝부분에 부착구가 있다.

⑭ 팽창시스템을 갖춘 모든 형태의 안전 에어백과 그 부분품

> (👷) **해설** **자동차의 구조 및 부분품의 분류해설**
>
> 자동차는 크게 섀시와 차체로 구분하며, 섀시는 아래와 같이 동력전달장치(엔진이나 기관) · 동력전달장치 · 조향장치 · 현가장치 · 제동장치 등으로 구성되어 있다.

1. 엔진을 갖춘 섀시(제8706호) 및 섀시 부분품(제8708호)

① 개요
  ㉠ 섀시는 자동차에서 차체를 탑재하지 않은 상태의 것으로 프레임에 운행하는데 필요한 기계장치가 조립된 것이다.
  ㉡ 엔진을 갖춘 섀시는 제8706호에 분류된다. 또한, 타이어 · 카뷰레터 또는 축전지(배터리) 또는 기타 전기장치가 부착된 것인지에 상관없이 이 호로 분류한다.
  ㉢ 운전실이 있고 엔진을 부착한 섀시는 제8702호부터 제8704호까지에 분류되며, 엔진을 갖추지 않은 섀시는 제8708호로 분류된다. 또한 섀시를 구성하는 엔진은 제8407호, 제8408호로 분류되고, 프레임 · 동력전달장치 · 현가장치 · 조향장치 · 제동장치 등은 제8708호로 분류한다.

② 동력발생장치 : 자동차용 엔진(제8407호와 제8408호) 구성요소
  동력발생장치인 자동차용 엔진(기관)은 제8407호와 제8408호에 분류하며, 이들의 부분품은 제8409호로 분류한다.
  ㉠ 실린더 블록과 실린더 헤드 : 제8409호
  ㉡ 피스톤 : 제8409호
  ㉢ 흡 · 배기밸브 : 제8409호

     ㄹ 전자제어 연료분사장치(기화기) : 제8409호

     ㅁ 오일 팬 : 제8409호

     ㅂ 캠축 또는 캠 샤프트 : 제8483호

     ㅅ 오일여과기 : 제8421호

     ㅇ 공기청정기 : 제8421호

     ㅈ 점화플러그 : 제8511호

     ㅊ 시동전동기 : 제8511호

     ㅋ 점화코일 : 제8511호

     ㅌ 축전지(격리판을 포함한다) : 제8507호

 **해설**

축전지는 재충전이 가능한 이차전지를 말한다. 충전이 되지 않는 일차전지는 제8506호로 분류한다.

     ㅍ 배전기(캠, 단속기, 콘덴서, 배전기캡, 로터로 구성) : 제8511호

③ 동력전달장치

     ㉠ 클러치(clutch) : 제8708.93호

 **해설**

클러치 및 그 부분품은 제8708호로 분류된다. 엔진 플라이휠은 이 호에 분류하지 않고 제8483호로 분류하며, 클러치 스프링은 범용성 부분품에 해당되어 제7320호로 분류한다. 또한 전자석 클러치는 제8505호로 분류한다.

     ㉡ 변속기(transmission) : 제8708.40호

     ㉢ 구동 라인(drive lines) : 제8709호

④ 조향장치와 그 부분품 : 제8708.94호

⑤ 현가장치와 그 부분품 : 제8708.80호

 **해설**   현가장치에 전용되는 스프링이라도 범용성 부분품에 해당되어 제7320호로 분류한다.

⑥ 제동장치와 그 부분품 : 제8708.30호

⑦ 신호장치 등

     ㉠ 각종 신호 램프(방향지시등, 제동등, 안개 등) : 제8512호

 **해설**   실드빔 램프유닛과 각종 신호램프에 사용되는 램프만은 제8539호로 분류한다.

     ㉡ 전기식 자동차 경음기 : 제8512호

 **해설**   압축공기식 자동차 경음기는 전기식이 아닌 기계식이므로 제8479호로 분류한다.

     ㉢ 전기식 윈드스크린와이퍼 : 제8512호

⑦ 냉난방장치
ㄱ 히터 장치 : 제8516호

 **해설** 제8516호에는 전기식의 난방장치에 한정하여 분류한다.

ㄴ 에어컨디셔너(공기조절기) : 제8415호

 **해설**

자동차용 냉방장치는 압축기·응축기·평창밸브·증발기·리시버드라이어 등으로 구성되어 있다.

⑧ 각종 계측판
ㄱ 대시보드 : 제8708호

 **해설**

계기장치는 차체부분품 및 부속품으로 제8708.2호에 분류된다. 마일이나 킬로미터 표시되는 주행거리계, 시간과 거리에 따른 요금을 지시하는 택시미터, 속도계와 회전속도계는 제9029호로 분류한다. 방향탐지용컴퍼스는 제9014호, 온도계는 제9025호, 유량계는 제9026호, 시계는 제91류로 각각 분류한다. 그리고 항행용 무선기기(GPS)는 제8526호로 분류한다.

2. 차체(제8707호)와 그 부분품(제8708호)
① 차체는 제8707호에 분류되나, 차체의 부분품으로 따로 제시되는 완충기(범퍼)와 그 부분품이나 안전벨트 등은 제8708호로 분류한다. **1**
② 자동차 차체용의 장착구와 부착구(차량용 손잡이)는 제8302호로 분류한다. 이 호에 분류되는 자동차 부착구와 장착구의 종류로는 발판·차량의 손잡이·블라인드용 부착구·도어핸들·힌지 등이 있다.
③ 비금속으로 만든 번호판은 제8310호로 분류하지만, **1** 번호판브래킷은 제8708호로 분류한다. 그리고 자동으로 창문을 개폐하는 장치는 제8479호로 분류한다.

| 관련규정 | 자동차의 부분품과 부속품 |
|---|---|

## 1. 자동차의 구조요소별 품목번호

| 구분 | | | 품명 | 품목번호 |
|---|---|---|---|---|
| 동력발생<br>장치 | 엔진 | | 불꽃점화식 피스톤 내연기관(가솔린 엔진) | 제8407호 |
| | | | 압축점화식 피스톤 내연기관(디젤 · 세미디젤 엔진) **2** | 제8408호 |
| | 엔진<br>본체 | 고정부품 | 실리더블록, 헤드 | 제8409호 |
| | | 운동부품 | 피스톤 · 실린더 · 컨넥팅로드 · 흡배기밸브와<br>매니폴드, 피스톤링 **3** | |
| | | | 엔진 플라이 휠 | 제8483호 |
| | 부속<br>장치 | 연료장치 | 기화기, 연료용 노즐 **1** | 제8409호 |
| | | | 인젝션펌프 | 제8413호 |
| | | 점화장치 | 점화코일, 점화플러그 **4** | 제8511호 |
| | | 시동장치 | 시동전동기와 자석발전기 **2** | |
| | | 전원장치 | 축전지 **3** | 제8507호 |
| | | 배기장치 | 배기기관, 촉매컨버터,<br>소음기(머플러), 매연포집장치 **1** | 제8483호 |
| 동력전달<br>장치 | | | 캠축 또는 캠샤프트 **1** | 제8708호 |
| | | | 클러치와 클러치 부분품 **1**<br>〈제외〉 클러치 스프링(제7320호), 전자석 클러치(제8505호) **1** | |
| | | | 변속기(기어박스)와 변속기 부분품 **4**<br>〈제외〉 기어박스를 구성하는 기어(제8483호) | |
| | | | 고무 타이어(신품타이어) (단, 재생 · 중고타이어는 제4012호) **2** | 제4011호 |
| 조향장치 | | | 핸들(운전대), 각종 조향장치 부분품 **1** | 제8708호 |
| 현가장치 **1** | | | 쇼크업소버, 스태빌라이저 **2**<br>〈제외〉 스프링(범용부분품)(제7320호) | |
| 제동장치 **1** | | | 브레이크와 브레이크의 부분품 **1** | 제8708호 |
| 신호장치 | | | 각용 램프(방향지시등, 안개등, 번호 등) **2** | 제8512호 |
| | | | 전기 경음기(시각신호용 기구) **1** | |
| | | | 전기 작동 와이퍼(윈드스크린와이퍼) **2** | |
| 보호장치 | | | 안전벨트, 에어백 **8** | 제8708호 |
| 냉난방장치 | | | 히터 장치/에어컨디셔너(공기조절기) **3** | 제8516/<br>제8415호 |
| 부분품과<br>부속품 | | | 차량용 의자(자동차 고정용) **1** | 제9401호 |
| | | | 어린이 카시트(어린이 보호용) | |
| | | | 시트보호 커버(가죽/직물) | 제42류/제63류 |

## 2. 분류별 자동차의 부분품과 부속품 및 소모품

| 구분 | 품명 | | 품목번호 |
|---|---|---|---|
| 제27류 | 자동차 가솔린 연료(휘발유) ❸ | | 제2710호 |
| | 자동차 디젤연료(경유) ❷ | | |
| | 자동변속기 유 | | 석유계 제2710호 |
| | 자동차 엔진오일(윤활유) | | 합성윤활유 제3403호 |
| 제38류 | 부동액 및 제빙액 ❶ | | 제3820호 |
| 제40류 | 자동차 타이어(신품, 재생 · 중고품) | | 제4011호(신품)/제4012호(재생 · 중고품) |
| 제57류 | 바닥깔개 | | 제5703호 |
| 제63류 | 의자보호 덮개(직물) | | 제6304호 |
| 제70류 | 차량용 안전유리 | | 제7007호 |
| | 차량용 백미러 ❶ | | 제7009호 |
| 제73류 | 철강으로 만든 볼트, 너트 등(범용성 부분품) | | 제7318호 |
| | 철강으로 만든 스프링과 스프링 판(범용성 부분품) | | 제7320호 |
| 제83류 | 차량용 자물쇠 ❶ | | 제8301호 |
| | 차량용 장착구와 부착구(손잡이 등) ❷ | | 제8302호 ❶ |
| | 비금속으로 만든 자동차 번호판 ❺ | | 제8310호 |
| 제84류 | 엔진 : 가솔린엔진/디젤엔진 ❶ | | 제8407호/제8408호 |
| | 엔진의 부분품 | | 제8409호 |
| | 오일 여과기 ❶ | | 제8421호 |
| | 공기 청정기 ❶ | | 제8421호 |
| | 크랭크샤프트, 캠사프트와 엔진 플라이휠와 기어 | | 제8483호 |
| | 차량용 에어컨디셔너(공기조절기) | | 제8415호 |
| 제85류 | 축전지(배터리) | | 제8507호 |
| | 시동전동기, 점화코일 등 | | 제8511호 |
| | 차량용 전기식 히터 ❶ | | 제8516호 |
| | 항행용 무선기기(차량용 GPS) | | 제8526호 |
| | 각종 램프(방향지시, 안개등, 번호등) | | 제8512호 |
| | 전기작동 경음기 ❶ | | |
| | 전기 와이퍼(윈드스크린와이퍼, 제상기) | | |
| 제87류 | 동력잔달장치 | 변속기(기어박스)와그 부분품 | 제8708호 |
| | | 클러치 ❶ | |
| | 조향장치(핸들, 스티어링 칼럼 및 운전박스) ❶ | | |
| | 현가장치(쇼크업소버, 서스펜션시스템 등) ❶ | | |
| | 제동장치(장착된 브레이크 라이닝 등) | | |
| | 배기장치(머플러 등) | | |
| | 안전벨트 안전 에어백(팽창 시스템을 갖춘 것) | | 제8708호 |
| | 기타 부속품 | | 제8708호 |
| 제90류 | 방향 탐지용 컴퍼스 | | 제9014호 |
| | 속도계, 주행거리계 | | 제9029호 |
| 제94류 | 차량용 의자 | | 제9401호 |

# 원산지결정 기준

 **2016년~2023년 총 16회 원산지관리사 기출문제 분석**

**1** 시험에 한 번 출제됨
**2** 시험에 두 번 출제됨
**3** 시험에 세 번 출제됨
**4** 시험에 네 번 출제됨
**5** 시험에 다섯 번 출제됨
**6** 시험에 여섯 번 출제됨
**7** 시험에 일곱 번 출제됨
**8** 시험에 여덟 번 출제됨
**9** 시험에 아홉 번 출제됨
**10** 시험에 열 번 출제됨
**11** 시험에 열한 번 출제됨

## 1. 개요

### (1) 원산지

① 원산지란 어떤 물품이 성장하거나 생산, 제조 또는 가공된 지역이나 국가로, 물품의 생산국적을 의미한다. **1**

② 원산지란 '상품의 국적'으로 식물이 성장했거나, 어떤 상품이 생산, 제조, 가공된 주권 국가를 의미하며 홍콩, 마카오와 같이 주권국가는 아니나 독립된 관세영역도 원산지가 될 수 있다. **2**

③ 원산지란 관세의 부과 · 징수 및 감면, 수출입물품의 통관 등을 할 때 협정에서 정하는 기준에 따라 물품의 생산 · 가공 · 제조 등이 이루어진 것으로 보는 국가를 말한다. **1**

④ 원산지 개념에 있어서 물품의 지역적 생산범위는 원산지를 결정하는데 있어서 중요한 요소가 된다. **2**

### (2) 원산지규정

① 원산지규정이란 상품의 원산지를 결정하기 위한 제반기준 및 절차를 정한 국제법규, 법령, 규칙 등이라 할 수 있다. **2**

② 세계 각국은 무역정책상 원산지 규정을 달리 운영하고 있는데, 예를 들면 소비자 보호를 위한 원산지표시 목적의 규정과 국가별로 관세 대우를 달리하기 위한 규정이 그것이다. **2**

③ 원산지규정은 그 적용 목적에 따라 관세상 특혜를 부여하는 특혜원산지규정과 원산지표시, 쿼터 등 관세부과 외 무역정책 목적의 비특혜원산지규정으로 나눌 수 있다. **4**

④ 원산지규정은 특혜 또는 비특혜 무역조치를 규정하는 각종 기준 및 절차를 총칭하는 개념으로 법규와 법률, 판례 및 행정결정 등 다양한 형태로 존재한다. **1**

⑤ 소비자 보호를 위한 원산지표시 목적의 비특혜원산지규정과 국가별로 관세 대우를 달리하기 위한 특혜원산지규정을 두고 있다 **1**

### (3) 원산지규정 법제화

① 원산지가 국제법규로 규정화된 것은 1883년 파리에서 체결된 산업재산권보호를 위한 파리협정이 처음이다. **3**

② 그 후 미국 및 유럽국가들의 관세법에서도 원산지규정이 입법화되었고 1947년 GATT 제9조에서 원산지표시 규정을 마련하였다. **1**

③ WTO체제로 국제무역질서가 전환됨에 따라, WTO에서는 원산지규정에 관한 협정(Agreement of Rules of Origin)을 마련하고 있으며, 이 협정은 원산지규정 제정에 관한 기본원칙을 규정하고 있으나, 구체적인 원산지결정기준은 포함하고 있지 않다. **4**

④ 우리나라의 경우 1964년 협정세율 적용물품에 대한 원산지증명서 제출의무 및 증명서 요건이 관세법 시행령에서 처음으로 규정하였다. **3**

### (4) 원산지규정의 기능

① 소비자 보호

물품에 원산지를 표시토록 하여 소비자에게 물품의 생산지에 대한 정확한 정보를 제공하고 저가 수입품과 OEM 방식으로 생산한 수입품이 국산으로 둔갑되거나 오인, 혼동되지 않도록 한다. **2**

② **국내산업보호** : 원산지규정을 통해 국내의 생산품과 다른 국가의 생산품이 구별됨으로서 국내 생산자의 물품이 높은 가격과 품질의 우위를 인정받을 수 있다. **2**

③ **무역정책**

㉠ 덤핑관세 또는 상계관세를 부과하거나 수입급증물품에 세이프가드조치 또는 수입수량 할당 등으로 수입을 제한한다.

㉡ 무역증진을 위해 특정 원산지물품에 대하여 관세양허 등의 정책을 펼친다.

④ **무역장벽** : 원산지규정에 따라 수출입물품에 대하여 원산지를 표시하도록 하거나, 원산지증명 서를 통해 원산지를 확인할 수 있도록 하는 것은 무역거래 당사자에게 원산지를 입증하는 비용 과 시간을 가중시켜 국제무역에 상당한 장애요인(무역장벽)으로 지적되고 있다. **2**

⑤ **국민건강보호** : WTO 체제하에서는 국민의 생명·건강 및 안전이나 동식물의 생명 및 건강, 환경보전 또는 국내 자연보호 등을 이유로는 특정한 원산지물품에 대하여 수입 제한을 할 수 있다. **2**

## 2. 특혜규정과 비특혜규정

### (1) 개요

① 특혜 원산지규정은 특정국가에 관세 편익을 제공하는 원산지규정으로 개별 국가 간 FTA, 북미 자유무역협정 등 지역공동체 또는 자유무역지역의 운영이나 일반특혜관세제도(GSP), 개도국 간 특혜무역협정인(GSTP)으로 관세혜택을 부여하는 경우 적용되는 원산지규정을 말한다.

② 비특혜 원산지규정은 특정국가에 대한 수입제한, 반덤핑관세, 상계관세, 수출입 물품에 대한 원산지표시, 무역통계작성 등 무역정책상 물품의 원산지를 구별할 필요가 있는 경우에 적용되 는 원산지규정이다. **4**

## (2) 특혜 원산지규정

① FTA 특혜는 원산지상품에만 특혜관세를 부여한다. **2**

② 특혜 원산지규정은 특정국가에 관세를 없애거나 낮추어 거래함으로써 무역창출(trade creation) 효과가 발생한다. **1**

③ 특혜 원산지규정은 효율적인 재화의 공급원이 비효율적인 공급원으로 대체되는 무역전환(trade diversion) 효과를 가져와 자원을 국제적으로 재분배시키는 역할을 하게 된다. **1**

④ 특혜무역은 보편적으로 쌍방향 특혜무역과 일방적인 특혜무역으로 구분하는데, NAFTA, EFTA, ASEAN 등의 지역주의적 성격을 갖는 다자간 협상 및 우리나라가 맺은 FTA와 같은 자유무역협정 등은 쌍방적 특혜무역이다.

> 한-EFTA FTA의 원산지결정을 위한 당사국은 대한민국, 아이슬란드, 노르웨이, 스위스를 말하며, 리히텐슈타인을 원산지로 하는 상품은 스위스를 원산지로 간주한다. **1**

⑤ 일반특혜관세제도는 개발도상국의 수출확대 및 공업화의 촉진을 위해 선진국이 개도국으로부터 수입하는 농산품, 공산품의 제품·반제품에 대하여 일방적으로 무관세의 적용 또는 저율의 관세를 부과하는 관세상의 특혜대우를 말한다. **1**

⑥ 우리나라로 수입된 물품에 특혜관세를 제공하기 위한 원산지규정은 해당분야에 별도 원산지규정이 있는 경우는 그 규정을 우선적용하고, 따로 정하지 아니한 사항은 관세법의 원산지규정을 적용한다. **1**

## (3) 비특혜 원산지규정

① 비특혜 원산지규정은 수입물품에 당해 물품의 생산국을 표시토록 함으로써 소비자가 국산물품과 수입물품간의 상호비교로 합리적인 선택권을 행사할 수 있게 하여 소비자를 보호하려는 원산지표시제도에 적용한다. **1**

② 미국과 우리나라는 비교적 폭넓게 수입물품에 대해 원산지를 표시할 것을 요구하고, 일본과 캐나다는 일부 품목에 국한되며, 유럽은 표시의무를 두고 있지 않는 경우가 많다. **1**

③ 대외무역법은 기본적으로 비특혜원산지를 규정하고 있으며, 원산지표시와 관련해서는 특혜원산지의 경우에도 대외무역법을 적용하여 원산지를 표시한다. **2**

**심화** 📊

> 1990년 교토협약에 우리나라가 가입함에 따라 본 협약의 시행을 위해 '대외무역관리규정'에 수입물품에 대한 원산지표시의무를 도입하였다.

특정물품의 수입증가로 수입국의 동종물품 또는 직접 경쟁적인 상품을 생산하는 국내산업에 심각한 피해를 주거나 줄 우려가 있을 때 실시하는 긴급관세부과 등 대응조치이다. **1**

- 반덤핑관세
  - 반덤핑관세(Anti-Dumping Duties)는 수출업자가 외국시장의 확보를 목적으로 정상가격 이하로 물품을 공급하여 동종의 국내 산업에 실질적인 피해를 주거나 줄 우려가 있을 경우 당해 물품의 덤핑수입을 방지하기 위한 수단으로 부과되는 관세제도이다. **2**
  - 비특혜 원산지규정은 수출업자가 외국시장 점유율 확보를 목적으로 정상가격 이하로 물품을 공급하여 동종의 국내 산업에 실질적인 피해를 주거나 줄 우려가 있을 경우 당해 물품의 덤핑수입을 방지하기 위한 수단으로 사용 되는 반덤핑관세 부과시에 적용한다. **1**
- 상계관세 : 상계관세(Countervailing Duties)는 수출국 정부로부터 직접 또는 간접으로 생산이나 수출에 대하여 장려금이나 보조금 등의 가격상 지원을 받은 수입물품에 대하여 국내산업의 피해를 방지하기 위해 그 지원액을 범위 내에서 관세를 부과하는 제도이다. **1**

## 3. 원산지규정의 분류

| 구분 | 국제법 | | 국내법 | |
|---|---|---|---|---|
| | FTA 특혜 | 일반특혜 | FTA 특혜 | 일반특혜 |
| 특혜<br>원산지규정 | • 한-칠레 FTA<br>• 한-싱가포르 FTA<br>• 한-EFTA FTA<br>• 한-아세안 FTA<br>• 한-인도 CEPA<br>• 한-EU FTA<br>• 한-미 FTA<br>• 한-페루 FTA<br>• 한-튀르키예 FTA<br>• 한- 미 FTA<br>• 한-호주 FTA<br>• 한-캐나다 FTA<br>• 한-중 FTA<br>• 한-베트남 FTA<br>• 한-뉴질랜드 FTA<br>• 한-콜롬비아 FTA<br>• 한-중미 FTA<br>• 한-영 FTA<br>• RCEP<br>• 한-이스라엘 FTA<br>• 한-캄보디아 FTA<br>• 한-인도네시아 CEPA | • 아시아태평양<br>　무역협정(APTA) **3**<br>• WTO개도국 간<br>　협정(TNDC) **1**<br>• UN개도국 간 협정<br>　(GSTP) **3** | • FTA관세특례법·<br>　령·시행규칙 | • 관세법<br>• 최빈개발도상국에 대<br>　한 특혜관세 공여규정<br>• 세계무역기구협정 등<br>　에 의한 양허관세규정<br>• 아시아·태평양무역협<br>　정 원산지확인 기준 등<br>　에 관한 규칙 |

| 비특혜<br>원산지규정 | • WTO 원산지규정에 관한 협정 **2**<br>• GATT 제9조 **1**<br>• WCO 교토협약(부속서 K) **4** | • 관세법<br>• 대외무역법<br>• 남북 교류협력법 **1**<br>• 농수산물의 원산지 표시에 관한 법률 **1**<br>• 표시광고의 공정화에 관한 법률<br>• 품질경영 및 공산품 안전 관리법<br>• 전기용품 및 생활용품 안전관리법 |

 **해설**

일반특혜인 WTO 일반양허관세, WTO 개발도상국 간 특혜관세(TNDC), UN 개도국간 협정(GSTP), 최빈개발도
상국에 대한 일반특혜관세, 아시아태평양 무역협정(APTA) 등은 관세법에 원산지규정을 규정하고 이행을 위한
필요사항을 규칙 형태로 국내법에서 정하고 있다. **1**

## 4. 원산지결정기준

### (1) 개요

① 우리가 맺은 협정에서 원산지상품을 표현하는 방식은 다르나 총 3가지 유형으로 구분하는데
완전생산품, 불완전생산품, 원산지재료 생산품으로 나눌 수 있다. **6**

② 생산물품이 원산지상품으로 인정받을 수 있는지를 판정하는 기준이 원산지결정기준이며, 원
산지결정기준은 크게 일반기준과 품목별기준으로 나뉘어진다. **5**

③ 일반적으로 협정문상 일반기준은 「원산지규정」이라는 별도의 장(Chapter)에 규정되며, 품목
별원산지기준은 「원산지규정」의 부속서로 HS코드(제1류~제97류)별로 설정된다. **1**

### (2) 일반기준

① 개요 : 일반기준은 공통기준과 특례기준으로 나누어지며, 공통기준은 원산지상품이 필수적으
로 충족되어야하는 규정이다. **4**

② 공통기준

㉠ 일반적으로 품목별원산지기준과 일반기준의 공통기준이 동시에 충족되어야 협정관세 혜택
을 받을 수 있다. **7**

㉡ 공통기준은 원산지상품이라면 필수적으로 충족되어야 하는 기준(완전생산기준 제외)이다. **1**

 **해설**

공통기준은 순수 원산지재료로 모든 공정이 1개국 내에서 수행될 것을 요구하는 "완전생산기준", 역내에서 수
행되는 공정이 실질을 변형시키는 충분한 가공이 수행될 것을 요구하는 "충분가공원칙", 물품의 생산이 역내에
서 중단 없이 생산되어야 한다는 "역내생산원칙", 협정에서 정한 운송요건을 지켜야하지만 원산지상품으로 인정
받을 수 있는 "운송요건" 등이 있다. **4**

ⓒ 원산지상품이라면 역내생산원칙, 충분가공원칙, 운송요건은 반드시 충족되어야 한다. **5**

> 원산지상품이라면 역내생산원칙, 충분가공원칙, 운송요건은 반드시 충족되어야 하며 완전생산기준을
> 충족하지 못하더라도 공산품, 가공품등의 경우에는 품목별 원산지기준을 충족하는 경우 역내산 판정이
> 가능하다. **1**

③ 특례기준

ⓐ 특례기준은 품목별원산지기준이 충족하지 못할 시 부수적으로 사용하여 원산지충족을 용이
하게 하는 규정이다(예 누적기준, 최소허용기준 등). **5**

ⓑ 품목별원산지기준이 충족되면, 특례기준을 사용할 필요는 없으나 규정별로 품목별원산지
기준 충족여부 판정 시 고려해야 할 특례기준이 있다. **2**

## (3) 품목별원산지기준

① 품목별원산지기준은 일반적으로 불완전생산품의 원산지 충족여부를 판정하는 기준으로 세번
변경기준, 부가가치기준, 가공공정기준으로 구분할 수 있다. **6**

ⓑ 대부분의 협정은 일반적으로 제1류~제97류에 해당하는 모든 품목에 대하여 2 · 4 · 6단위
별로 품목별원산지기준을 설정한다. 생산한 최종제품의 HS코드를 확인하고 해당 물품의
설정된 품목별원산지기준 충족여부를 판정하게 된다. **2**

### 원산지결정기준의 구분

| 구분 | | | 주요 규정 |
|---|---|---|---|
| 원산지<br>결정기준 | 일반기준 | 공통기준 | • 완전생산기준<br>• 역내생산원칙<br>• 충분가공원칙<br>• 운송요건 |
| | | 특례기준 | • 누적기준<br>• 최소허용수준<br>• 중간재<br>• 대체가능물품<br>• 간접재료<br>• 부속품 · 예비품 · 공구<br>• 소매 포장 · 용기<br>• 운송 포장 · 용기<br>• 세트물품<br>• 재수입물품<br>• 제3국 보세 전시용품 |
| | 품목별원산지기준 | 개별기준 | • 세번변경기준<br>• 가공공정기준<br>• 부가가치기준 |

일부품목은 개별기준을 설정하지 않고 협정에서 정한 공통기준을 적용하는 협정이 있다. ❷

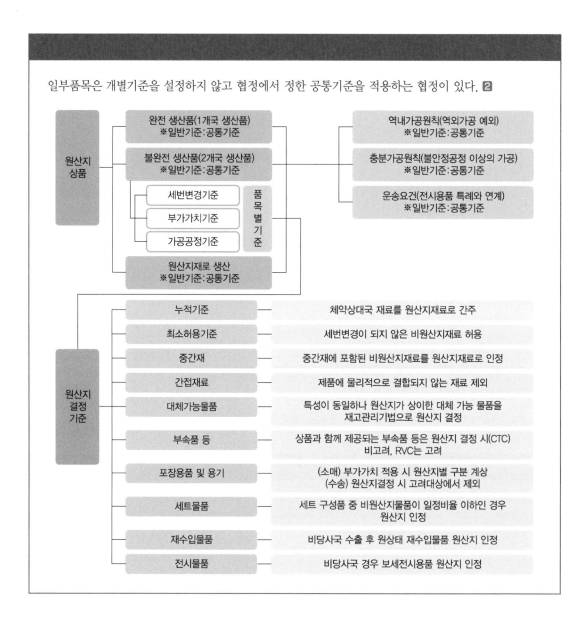

# CHAPTER [02] 일반기준의 공통기준

## 1. 완전생산기준

### (1) 개요

① 개념

㉠ 완전생산품은 다른 나라의 원재료를 전혀 사용하지 않고, 전적으로 당사국에서 완전하게 획득 또는 생산된 경우를 말한다. **1**

㉡ 완전생산품은 1국 완전생산품, 역내완전생산품, 완전생산 간주물품으로 구분할 수 있다. **1**

> 📈 **TIP** 완전생산품
>
> • 1국 완전생산품은 수출당사국 1개국에서 완전생산된 물품을 말한다.
> • 역내생산품은 2개 이상의 체약당사국 영역의 범위 내에서 완전생산된 물품으로써, 칠레, 싱가포르, 미국, 페루, 호주, 캐나다, 콜롬비아의 FTA에서는 인정하고 있으나 그 이외의 FTA에서는 하나의 수출 당사국에서 완전생산된 1국 완전생산품만을 인정하고 있다. **1**
> • 완전생산 간주물품은 주로 고물 및 부산물 등에 해당되는데 고물의 경우 최초 원산지와 관계없이 원재료 회수용으로 수집된 국가의 완전생산품으로 인정된다. **1**

| 구분 | 1국 완전생산품 | 역내 완전생산품 | 완전생산 간주물품 |
|---|---|---|---|
| 정의 | 1개 당사국 내에서 당사국 재료를 사용하여 생산된 물품 | 2개 이상 체약당사국 재료를 사용하였거나 (재료누적) 체약당사국 영역 내에서 (공정누적) 생산된 물품 | 역외생산 또는 역외재료를 사용한 경우에도 예외적으로 완전생산품으로 인정되는 물품 |
| 사례 | 수출 당사국에서 생산된 종자를 파종하여 역내에서 재배·수확한 농산물 | 상대국 완전생산 재료를 당사국에서 제조된 완제품 | 역내 선박으로 역외(공해)에서 채취한 수산물 |

② 영역의 범위

㉠ 완전생산품과 관련한 당사국 영역의 범위를 모든 협정에서 규정하고 있다. **1**

㉡ 영역의 범위는 영토, 영공, 영해를 의미한다.

㉢ 국제법상 해안부터 12해리(22km)까지를 영해라 하고, 200해리까지를 배타적경제수역(EEZ)이라 한다.

㉣ 칠레·인도·호주·캐나다·베트남·뉴질랜드·중미(일부 상대국)·인도네시아와의 FTA에서는 EEZ와 대륙붕을 명시적으로 포함시키고 있다. **1**

㉤ 그 외의 협정에서는 상대국의 영역의 범위에 EEZ와 대륙붕을 명시적으로 규정하지 않고 주권적 권리 및 관할권이 행사되는 영역 등으로 표현하고 있다.

ⓑ 우리나라의 영역을 살펴보면 먼저 FTA관세특례법시행규칙에서는 협정에서 정한 경우에 영해 외측한계선 밖의(EEZ) 해저·해저층을 포함한 해양지역도 영역에 포함한다고 규정하고 있다. **1**

ⓢ 협정별로 우리나라 영역을 영해의 외측한계에 인접하고 그 한계 밖에 있는 해저 및 하부토양을 포함한다고 규정하고 있는 협정은 싱가포르, EFTA, 인도, 페루, 미국, 튀르키예, 호주, 캐나다, 중국, 뉴질랜드, 베트남, 콜롬비아, 중미, 캄보디아, 이스라엘, 인도네시아와의 협정이며, 이들 협정은 EEZ까지 우리의 영역으로 해석할 수 있다.

③ 영역의 예외

| FTA | 세부내용 |
|---|---|
| 한–중 FTA | 홍콩 및 마카오는 중국본토와 별도의 관세영역으로 홍콩 및 마카오에서 생산물품 협정적용 대상이 아님 **7** |
| 한–미 FTA | 콜롬비아 특별구 및 푸에르토리코를 포함하는 미합중국의 관세 영역에서 생산된 물품은 협정적용 대상 **1**<br>괌, 사이판 등 그밖에 미국의 자치령에서 생산된 물품은 협정적용 대상이 아님 **7** |
| 한–EU FTA | 안도라공국, 산마리노공화국, 세우타 및 멜리야 등에서 생산된 제품은 협정적용 대상 **7** |
| 한–호주 FTA | 노퍽 섬, 크리스마스 섬, 코코스(킬링) 제도, 애쉬모어와 카르티어 제도, 허드섬과 맥도널드 제도 및 코랄시 제도에서 생산물품 협정적용 대상 **3** |
| 한–뉴질랜드 FTA | 뉴질랜드 영역에서 토켈라우는 제외 **3** |
| 한–영 FTA | 사이프러스의 아크로티리와 데켈리아의 주권기지영역 적용제외 |

 **해설**

한나라의 국경선 밖에 있는 식민지, 속령 또는 보호령과 중국 귀속 후 홍콩 등과 같이 국가가 아닌 특정지역도 독립관세영역이나 자치권 보유 등 경우에 따라서는 원산지가 될 수 있다. **3**

## (2) 완전생산품 기준

완전생산품 판정 시 상대국의 영역까지 확장하는 협정과 협정당사국 1개국만 인정하는 협정으로 구분할 수 있다.

| 일방 또는 양당사국 | 당사국(당사자) |
|---|---|
| 칠레·싱가포르·미국·페루·호주·캐나다·콜롬비아 **3** | EFTA·아세안·인도·EU·튀르키예·중국·베트남·뉴질랜드·중미·영국·RCEP·캄보디아·이스라엘·인도네시아 **4** |

예시 칠레·페루·콜롬비아 등 남미국가와의 FTA에서는 상품의 원산지 결정시 영역의 범위를 '일방 또는 양당사국'으로 규정하고 있으므로 영역의 범위는 당사국 뿐만 아니라 상대국까지 확장된다.

예시 한–뉴질랜드 FTA는 '완전생산품'의 원산지결정 영역을 당사국으로 한정(누적 불인정)하고 있으나, 불완전생산품과 원산지재료 생산품은 당사국뿐 아니라 양당사국까지 포함(누적 인정)한다. **2**

| 관련규정 | 협정상 완전생산품의 정의 |

| FTA | 내용 |
| --- | --- |
| 칠레 · 싱가포르 · 미국 · 페루 · 호주 · 캐나다 · 콜롬비아 | 일방 또는 양 당사국의 영역 내에서만 완전하게 획득되거나 생산된 상품 [1] |
| 한-EFTA | 당사국에서 완전 획득된 상품 |
| 한-아세안 | 전적으로 수출국 영역 내에서 전부 완전 획득되거나 생산된 상품 [1] |
| 한-인도 | 수출 당사국의 영역에서 완전하게 획득되거나 생산된 상품 [1] |
| 한-EU/한-튀르키예 /한-영 | 당사자내에서 완전히 획득된 제품 [1] |
| 한-중국 | 전적으로 당사국에서 완전하게 획득되거나 생산된 것 |
| 한-베트남 | 당사국의 영역에서 완전하게 획득되거나 생산된 것 [1] |
| 한-뉴질랜드 | 당사국의 영역에서 완전하게 획득되거나 생산된 것 [1] |
| 한-중미 | 전적으로 당사국의 영역에서 완전하게 획득되거나 생산된 상품 [1] |
| RCEP | 당사자에서 완전하게 획득되거나 생산된 상품 |
| 한-캄보디아 | 수출 당사국의 영역에서 완전하게 획득되거나 생산된 상품 |
| 한-이스라엘 | 당사국에서 완전하게 획득되거나 생산된 상품 |
| 한-인도네시아 | 전적으로 당사국 영역에서 완전하게 획득되거나 생산된 상품 |

※ 아세안, 인도와의 FTA는 '수출국 또는 수출당사국'이라고 규정하여 완전생산기준을 충족하기 위한 영역의 범위를 보다 명확히 표현하고 있다. [1]

## (3) 완전생산기준 적용 생산품

① 광물성 생산품 : 협정별 광물성 생산품의 생산을 나타내는 용어가 「채취 · 추출 · 취득」 등으로 상이하지만 우리나라 영역에서 채굴되면 모두 완전생산품으로 인정된다. [1]

② 식물성 생산품

㉠ 모든 FTA에서는 식물성 생산품이 재배단계부터 역내에서 이루어지면 완전생산품으로 인정된다. [1]

㉡ 식물성 생산품은 모든 협정이 공통적으로 「재배 + 획득(수확 · 채취 · 채집)」의 요건을 요구한다. 다만 「수확 · 채취 · 채집된」 등 협정별로 상이한 단어를 사용하나 생산공정의 차이는 없다. [2]

**해설**

식물성 생산품의 생산과정을 보면 기본적으로 파종→재배→수확의 단계를 거친다. 모든 협정에서 재배 이전의 생산단계를 규정하고 있지 않으므로 종자는 역외산을 사용하여도 무방하다.

**예시** 식물성 생산품

1. 일본에서 종균을 수입하여 한국에서 목이버섯을 생산한 경우 모든 FTA에서 한국의 완전 생산품으로 인정된다. **2**

2. 한–아세안 FTA 부속서 3의 부록 3(원산지규정에 대한 주석) 제3조(농산물 및 원예상품) : 수출당사국의 영역에서 재배된 농산물 및 원예상품은 비당사국의 영역에서 수입된 씨·봉우리·대목·잘라진 가지·접지 또는 다른 살아있는 부분으로부터 재배되었더라도 그 당사국 영역의 원산지상품으로 인정 **1**

3. 네덜란드산 국화 씨앗을 페루로 수입한 뒤 파종하여 생산한 국화꽃을 수확하여 한국으로 수출한 경우 원산지물품으로 인정된다.

4. 중국으로부터 꽃 종자를 수입하여 태국에서 재배하여 수확한 식물은 태국산 원산지물품으로 인정된다. **1**

③ 산 동물 및 그로부터 획득한 물품

 ㉠ 산 동물

  • 모든 협정이 공통적으로 「출생＋사육」의 요건을 요구한다. **2**

  • 사육기간을 정한 협정은 없으므로 사육기간이 원산지 판단에 영향을 미치지는 않는다.

 ㉡ 산 동물로부터 획득한 물품 : 출생 이전 단계, 즉 어미의 원산지 및 수정과정의 허용 영역은 규정하고 있지 않아 원산지 판정에 영향을 미치지 않는다.

| 출생＋사육＋획득 | 사육＋획득 | 획득 |
|---|---|---|
| EFTA · 아세안 · 인도 · 튀르키예 · 페루 · 호주 · 캐나다 · 중국 · 베트남 · 뉴질랜드 · 콜롬비아 · 중미 · 캄보디아 · 이스라엘 · 인도네시아 **5** | EU · 영국 · RCEP **6** | 미국 **3** |

 해설

칠레 및 싱가포르와의 FTA의 경우 「산 동물」만 규정하고 그 이외 협정은 「산 동물」과 더불어 「산 동물로부터 획득한 물품」도 규정하고 있다. 칠레 및 싱가포르와의 협정에서는 산 동물로부터 획득한 물품에 대한 기준이 없으나, 산 동물이 완전생산기준을 충족한다면 그 동물로부터 생산된(그로부터 획득한 물품) 물품도 완전생산품으로 인정된다.

 ㉢ 협정별 규정

| 협정 | 협정별 규정 |
|---|---|
| 칠레/싱가포르 | 일방 또는 양 당사국 영역 안에서 출생 및 사육된 산 동물 |
| 페루 | • 대한민국 또는 페루의 영역에서 출생하고 사육된 살아있는 동물<br>• 대한민국 또는 페루의 영역에서 출생하고 사육된 살아있는 동물로부터 획득된 상품 |

| | |
|---|---|
| 미국 | • 일방 또는 양 당사국의 영역에서 출생되고 사육된 산 동물<br>　예 EU에서 수입하여 한국 내에서 사육한 돼지는 한-미 FTA 적용을 받을 수 없다<br>• 일방 또는 양 당사국의 영역에서 산 동물로부터 획득한 상품<br>　예 캐나다산 소를 미국에서 수입하여 도축하여 소고기를 얻은 경우, 한-미 FTA 협정에서 원산지상품으로 인정받는다.<br>　예 미국 수출자가 멕시코산 암탉을 미국으로 수입하고 그 암탉이 낳은 계란을 한국으로 수출한 경우 원산지상품으로 인정받는다. |
| 호주/캐나다 | • 한쪽 또는 양 당사국의 영역에서 출생하고 사육된 살아있는 동물<br>• 한쪽 또는 양 당사국의 영역에서 출생하고 사육된 살아있는 동물로부터 획득된 상품<br>　예 일본산 검정 송아지를 호주로 수입하여 사육한 뒤 도축하여 생산한 소고기를 한국으로 수출한 경우 FTA 적용불가 |
| EFTA | • 당사국 영역 내에서 출생하고 사육된 산 동물<br>• 당사국 영역 내에서 출생하고 사육된 산 동물로부터 획득한 상품<br>　예 프랑스에서 출생한 소를 스위스로 수입하여 사육한 후 도축하여 소고기를 얻은 경우 스위스산 소고기로 인정받을 수 없다. |
| 아세안/인도 | • 당사국 영역 내에서 출생하고 사육된 산 동물<br>• 당사국 영역 내에서 출생하고 사육된 산 동물로부터 획득한 물품 |
| EU/영국 | • 당사국 영역 내에서 출생하고 사육된 산 동물<br>　예 한국의 수출자가 베트남산 실뱀장어를 수입하여 한국에서 양식한 뒤 그 성장한 뱀장어를 스페인으로 수출한 경우 FTA는 적용불가하다.<br>　예 중국에서 송어치어를 수입하여 국내에서 기른 송어는 한-EU FTA에서 한국산 완전생산품으로 인정되지 않는다.<br>• 당사국 영역 내에서 사육된 살아있는 동물로부터의 제품<br>　예 스위스에서 출생하고 사육한 소를 한국에서 도축하여 얻은 소고기는 EU산으로 인정받을 수 없다. |
| 튀르키예 | • 체약당사국에서 출생되고 사육된 살아있는 동물<br>• 체약당사국에서 출생되고 사육된 살아있는 동물로부터 획득된 물품 |
| 뉴질랜드 | • 당사국 영역에서 출생하고 사육된 살아있는 동물<br>　예 뉴질랜드에서 출생한 송아지를 수입하여 한국에서 사육한 황소에 대해 한-뉴질랜드 FTA에서 완전생산품의 원산지 영역은 '일방당사국'으로 한정하고 있으므로 완전생산품으로 인정될 수 없다.<br>• 당사국 영역에서 출생하고 사육된 살아있는 동물로부터 획득된 상품 |
| 중국 | • 당사국에서 출생하고 사육된 살아있는 동물<br>• 위의 가호에 언급된 살아있는 동물로부터 획득한 상품 |
| 베트남 | • 당사국의 영역에서 출생하고 사육된 살아있는 동물<br>• 위의 나호에 언급된 살아있는 동물로부터 획득된 상품 |
| 콜롬비아 | • 한쪽 또는 양 당사국의 영역에서 출생하고 사육된 살아있는 동물<br>• 한쪽 또는 양 당사국의 영역에서 출생하고 사육된 살아있는 동물로부터 획득된 상품 |
| 중미 | • 당사국의 영역에서 출생하고 사육된 살아있는 동물<br>• 당사국의 영역에서 가호에 언급된 살아있는 동물로부터 획득한 상품 |
| RCEP | • 당사자에서 출생하고 사육된 살아있는 동물<br>• 당사자에서 사육된 살아있는 동물로부터 획득한 상품 |
| 캄보디아 | • 당사국의 영역에서 출생하고 사육된 살아있는 동물<br>• 나호에서 언급된 살아있는 동물로부터 획득된 상품 |
| 이스라엘 | • 당사국에서 출생하고 사육된 살아있는 동물<br>• 위 다호와 같은 살아있는 동물로부터의 상품 |
| 인도네시아 | • 당사국의 영역에서 출생하고 사육된 살아있는 동물<br>• 나호에서 언급된 살아있는 동물로부터 획득된 상품 |

④ 영역 내 수렵 · 어로 · 양식에 의한 생산품

| 수렵 · 덫사냥 · 어로(어업) | 수렵 · 덫사냥 · 어로(어업) · 양식 |
|---|---|
| 칠레 · 싱가포르 · EFTA · 캐나다 | 아세안 · 미국 · EU · 튀르키예 · 영국 · 인도 · 호주 · 중국 · 베트남 · 뉴질랜드 · 콜롬비아 · 페루 · 중미 · RCEP · 캄보디아 · 이스라엘 · 인도네시아 ③ |

---

**관련규정**

1. EU, 튀르키예 및 영국 : 역외산 치어 사용 양식은 완전생산품 불인정 ①
2. 페루 및 콜롬비아 : 영역 내 비당사국 등록 또는 등기 선박의 어획물은 완전생산품 불인정

---

㉠ 일반규정
- 상기의 물품은 살아있는 것과 살아있지 않는 것도 포함된다.
- 수렵 · 덫사냥에 의한 생산품은 모든 협정이 우리나라 영역에서 생산공정(수렵 · 덫사냥)이 발생하면 완전생산품으로 인정받을 수 있다.
- 일반적으로 어로(어업)에 의한 생산품의 경우 우리나라 영역에서 잡힌 수산물은 어획한 선박의 국적을 불문하고 우리나라 완전생산품으로 인정받을 수 있다. 다만, 페루 · 콜롬비아와의 FTA는 우리나라 영역에서 어획한 물품이더라도 비당사국에 등록 또는 등기되고 그 국기를 게양한 선박(역외선박)에 의해 획득된 어획물 및 그 밖의 상품은 완전생산품으로 인정되지 않는다. ⑦

㉡ 치어규정
- 아세안 · 미국 · 인도 · 페루 · 호주 · 중국 · 베트남 · 뉴질랜드 · 콜롬비아 · 중미 · 인도네시아와 · 캄보디아 · 이스라엘의 협정 및 RCEP은 역외산 치어를 사용하여 당사국에서 양식한 경우 완전생산기준을 충족한다. ①
- EU · 튀르키예 · 영국과의 FTA에서는 당사국에서 태어나고 자란 어류, 갑각류 또는 연체류의 양식 제품만 완전생산품으로 인정하므로 당사국에서 출생하지 않은 비원산지 치어 등을 사용하여 양식한 경우 완전생산품으로 인정되지 않는다. ③

| FTA | 협정별 규정 |
|---|---|
| 칠레 | 일방 또는 양 당사국 영영 안에서 수렵 · 덫사냥 · 어로 획득한 물품 |
| 싱가포르 | 일방 또는 양 당사국 영역 안에서 수렵 · 덫사냥으로 획득한 물품<br>일방 또는 양 당사국 영해의 외측 기선 안에서의 어업으로부터 획득한 상품 |
| 페루 | 대한민국 또는 페루의 영역에서 수렵, 덫사냥, 어로 또는 양식에 의해 획득한 상품<br>**예시** 칠레 국적선박이 인접국인 페루 영해에서 어업허가를 받아 잡은 홍어는 한-페루 FTA에서 페루의 완전생산품으로 인정되지 않는다. |
| 미국 | 일방 또는 양 당사국의 영역에서 수행된 수렵 · 덫사냥 · 어로 · 양식으로부터 획득한 물품 |
| 호주 | 한쪽 또는 양 당사국의 영토, 내수 및 영해의 바깥 한계 내에서 수행된 수렵, 덫사냥, 채집, 포획, 양식 또는 어로로 획득된 상품 |

| 캐나다 | 한쪽 또는 양 당사국의 영토, 내수, 그리고 영해의 외측 한계선 내에서 수행된 수렵, 덫사냥 또는 어로로 획득된 상품 |
|---|---|
| 콜롬비아 | 한쪽 또는 양 당사국의 영토에서 수렵 또는 덫사냥에 의하거나 한쪽 또는 양 당사국의 영역에서 수행된 어로 또는 양식에 의해 획득된 상품 |
| EFTA | 당사국에서 행하여진 수렵·덫사냥·어로에 의하여 획득한 상품 |
| 아세안 | 당사국 영역에서 수렵·덫사냥·어로·양식·수집·포획으로 획득한 물품<br>**예시** 러시아산 명태 치어로 한국 내에서 양식한 명태는 한-아세안 FTA 적용가능 |
| 인도 | 당사국 영역에서 수렵·덫사냥·어로·양식에 의하여 획득한 물품 |
| EU/튀르키예/영국 | – 당사자의 육지 영역에서 수렵, 덫사냥, 또는 당사자의 내수 또는 영해 내에서 수행된 어로에 의하여 획득된 제품<br>– 당사자 내에서 태어나고 자란 어류, 갑각류 또는 연체류의 양식 제품 |
| 중국 | 그 당사국의 영토, 내수 또는 영해 내에서 수행된 수렵, 덫사냥, 어로, 양식, 채집 또는 포획으로부터 획득된 상품<br>**예시** 한국 A사는 중국의 양식장에서 일본에서 수입한 뱀장어 치어를 1년간 양식한 후 한국에 수입하고 있으며 이 경우 한-중 FTA특혜관세 적용이 가능하다. |
| 베트남 | 그 당사국의 영토 내에서 수렵 또는 덫사냥으로 획득된 상품, 또는 그 당사국의 내수 또는 영해 내에서 수행된 어로 또는 양식으로 획득된 상품 |
| 뉴질랜드 | 당사국의 영토, 내수 및 영해 내에서 수행된 수렵, 덫사냥, 어로, 양식, 채집 또는 포획으로 획득된 상품 |
| 중미 | 당사국의 영토, 내수 또는 영해 내에서 수행된 수렵, 덫사냥, 어로, 양식, 채집 또는 포획으로부터 획득된 상품 |
| RCEP | 당사자에서 수행된 수렵, 덫사냥, 어로, 농작, 양식, 채집 또는 포획에 의하여 획득된 상품 |
| 캄보디아 | 당사국의 영역에서 수행된 수렵, 덫사냥, 어로, 양식, 채집 또는 포획으로부터 획득된 상품 |
| 이스라엘 | 당사국의 육지, 내수 또는 영해 내에서 수행된 수렵, 덫사냥, 수집, 어로, 양식 및 포획에 의하여 획득된 상품 |
| 인도네시아 | 당사국의 영토에서 수렵 또는 덫사냥에 의하여 획득된 상품, 또는 당사국의 내수 또는 영해에서 수행된 어로 또는 양식에 의하여 획득된 상품 |

⑤ 영역 밖 **바다 어획물 및 이들의 가공품**

| 당사국 국기게양 | 당사국 등록 + 당사국 국기게양 + 소유요건 | 당사국 등록 + 당사국 국기게양 |
|---|---|---|
| EFTA **4** | EU·튀르키예·영국 **4** | 칠레·싱가포르·아세안·미국·인도·페루·호주·캐나다·뉴질랜드·베트남·콜롬비아·중국·중미·RCEP·캄보디아·이스라엘·인도네시아 **8** |

• 역내선박이 영역 밖에서 획득한 어획물을 가공 선박으로 옮겨 가공하는 경우가(영역 밖 어획물 가공품) 있는데, 이 경우 가공품의 완전생산 인정요건은 상기 "영역 밖 바다 어획물"의 완전생산 인정조건과 동일하다.

**해설** **EFTA의 국기게양요건**

한-EFTA FTA는 국가게양의 조건만 있어 당사국에 등록하지 않은 선박 즉 외국에 등록된 선박을 임차하여 당사국 국기를 게양하고 획득한 어획물도 완전생산품으로 인정된다. ❷

---

**관련규정**　**소유요건**

양 당사국 중 하나의 국민에 의해 적어도 50퍼센트가 소유되거나, 또는 그 본점과 주 영업소가 양 당사국 중 하나에 있고 양 당사국의 하나의 공공기관 또는 양당사국 중 하나의 국민에 의해 적어도 50퍼센트를 소유하고 있는 회사의 선박 및 가공선박으로 그 자격요건을 제한하고 있다.

---

**관련규정**　**RCEP 배타적경제수역**

영해 밖의 수역을 배타적경제수역과 공해로 구분하여 배타적경제수역에서 획득된 상품은 당사자 또는 당사자 인이 "개발할 권리"를 보유하고 있어야 하나, 공해는 이러한 조건을 두고 있지 않다.
※ "개발할 권리"는 당사자와 연안국 간 모든 협정 또는 약정으로부터 발생하는 그 연안국의 어로자원에 대한 접근권을 포함한다.

• 협정별 규정

| FTA | 주요내용 |
|---|---|
| 칠레/싱가포르 | 당사국에 등록되거나 등기되고, 그 국가의 국기를 게양한 선박에 의하여 일방 또는 양 당사국 영역(영해) 밖의 바다에서 잡은 어획물 및 그 생산품 |
| 아세안 | 당사국에 등록되고 그 국기를 게양할 자격이 있는 선박에 의하여 공해상에서 취득된 어로 생산품 및 그 밖의 수산물 |
| 인도 | 당사국에 등록되거나 등기되고 그 당사국의 국기를 게양한 선박에 의하여 당사국의 영해 밖의 바다에서 잡힌 어획물 및 그 밖의 상품 |
| EFTA | 당사국 국기를 게양한 선박에 의하여 어느 국가의 영해 밖에서 획득한 어획물 또는 그 밖의 상품<br>⑳ 외국에 등록된 선박을 임차하여 노르웨이 국기를 선박에 게양하고 노르웨이 영해 밖의 바다에서 잡은 어획물은 노르웨이산 어획물로 인정받을 수 있다. |
| 페루 | 당사국에 등록 또는 등기되고 그 국기를 게양한 선박에 의해 당사국의 영역 밖의 바다에서 잡힌 어획물 및 그 밖의 상품<br>⑳ 중국 국적의 선박이 한국 영해에서 어획한 고등어는 한-페루 FTA 적용을 받을 수 없다. |
| 미국 | 일방 당사국에 등록되거나 등기되고 그 당사국의 국기를 게양한 선박에 의하여, 어느 한쪽 또는 양 당사국의 영역 밖의 바다·해저 및 하부토양에서 잡힌 어류, 패류와 그 밖의 해양 산물 |
| 호주/캐나다 | 당사국에 등록되거나 등기(등재)되고 그 당사국의 국기를 게양할 자격이 있는 선박에 의하여 양 당사국의 영해 밖의 바다, 해저, 해상 또는 하층토에서 잡힌 어류, 패류와 그 밖의 해양생물 |
| 중국 | 당사국에 등록되거나 등기되고 그 당사국의 국기를 게양한 선박에 의하여 당사국 영해 밖의 수역, 해저 또는 하부토양에서 획득한 어로 상품 및 그 밖의 수산물 |
| 베트남 | 당사국 영해 밖의 수역, 해저, 또는 해저 하부에서 그 당사국에 등록되고 그 국기를 게양할 자격이 있는 선박에 의하여 잡힌 어로 상품과 그 밖의 해양 상품 |

| | |
|---|---|
| 뉴질랜드 | 당사국에 등록되거나 등기되고 그 당사국의 국기를 게양할 자격이 있는 선박에 의하여 그 당사국의 적용 가능한 법에 따른 그 당사국의 배타적경제수역 또는 국제법에 따른 공해로부터 잡힌 어획물 및 그 밖의 해양생물 |
| 콜롬비아 | 한쪽 당사국에 등록되거나 등기되고 그 당사국의 국기를 게양할 자격이 있는 선박에 의하여 양 당사국의 영역 밖의 바다, 해저, 해상 또는 하층토에서 잡힌 어류, 패류 및 그 밖의 해양생물<br><br>**예** ○○수산이 우리나라 배타적경제수역(EEZ) 내에서 중국 국적선박(중국 국기게양)을 임차하여 획득한 고등어를 콜롬비아로 수출시 한-콜롬비아 FTA 완전생산품으로 인정받을 수 없다. |
| 중미 | 당사국에 등록되거나 등기되고 그 당사국의 국기를 게양한 선박에 의하여 당사국 영해 밖의 수역, 해저 또는 하부토양에서 획득한 어로 상품 및 그 밖의 수산물 |
| RCEP | 국제법에 따라 당사자들 및 비당사자들 영해 밖의 수역, 해저 또는 해저 하부의 하층토에서 그 당사자의 선박에 의하여 획득된 어로 상품 및 그 밖의 해양생물, 그리고 그 당사자 또는 그 당사자의 인에 의하여 획득된 그 밖의 상품. 다만, 어떠한 당사자 또는 비당사자의 배타적경제수역에서 획득된 어로 상품 및 그 밖의 해양생물의 경우, 그 당사자 또는 그 당사자의 인은 그러한 배타적경제수역을 개발할 권리가 있어야 하고, 그리고 그 밖의 상품의 경우, 그 당사자 또는 그 당사자의 인은 국제법에 따라 그러한 해저 또는 해저 하부의 하층토를 개발할 권리가 있어야 한다.<br>그 당사자의 선박에 의하여 국제법에 따른 공해로부터 획득된 어로 상품 및 그 밖의 해양생물 |
| 캄보디아 | 바. 당사국 영해 밖의 수역, 해저 또는 해저 하부에서 그 당사국에 등록되고 그 당사국의 국기를 게양할 자격이 있는 선박에 의하여 잡힌 어류, 패류 및 그 밖의 해양생물, 그리고 그 당사국 또는 그 당사국의 인에 의하여 잡힌 그 밖의 생산품. 이 경우 그 당사국은 국제법에 따라 그러한 수역, 해저 및 해저 하부의 천연자원을 개발할 수 있는 권리가 있어야 한다.<br>사. 당사국에 등록되고 그 당사국의 국기를 게양할 자격이 있는 선박에 의하여 공해에서 잡힌 어류, 패류 및 그 밖의 해양생물<br>아. 당사국에 등록되고 그 당사국의 국기를 게양할 자격이 있는 가공선박에서 바호 또는 사호에 언급된 생산품만으로 생산되거나 만들어진 상품 |
| 이스라엘 | 아. 당사국의 선박에 의해서만 당사국 영해 밖의 수역, 해저 또는 하층토에서 취득한 어로 상품 및 그 밖의 상품<br>자. 아호에 언급된 상품으로만 당사국의 가공선박에서 만들어진 상품 제1항아호 및 자호의 "당사국의 선박"과 "당사국의 가공선박"이라는 용어는 당사국의 법에 합치되게 그 당사국의 국기가 게양되고 그 당사국에 등록되거나 등기된 선박과 가공선박에만 적용된다. |
| 인도네시아 | 당사국에 등록되고 그 당사국의 국기를 게양한 선박에 의하여 당사국 영해 밖의 바다, 해저 또는 하부토양에서 획득한 어로상품 및 그 밖의 해양생물. 이 경우 그 당사국은 국제법에 따라 그러한 바다, 해저 또는 하부토양을 개발할 수 있는 권리가 있어야 한다. |
| EU/튀르키예/영국 | 일방 당사국에 등록되고, 그 당사국의 국기를 게양한 선박에 의하여, 당사국의 영해 밖의 바다에서 당사국의 선박에 의하여 잡힌 어획물 및 그 밖의 제품. 「당사자의 선박」과 「당사자의 가공선박」 용어는 다음의 선박과 가공선박에만 적용된다.<br>가. 대한민국 또는 유럽연합 회원국(튀르키예, 영국) 중 하나에 등록된 것<br>나. 대한민국 또는 유럽연합 회원국(튀르키예, 영국) 중 하나의 국기를 게양하여 항해하는것, 그리고<br>다. 다음의 조건 중 하나를 충족하는 것<br>　　1) 대한민국 또는 유럽연합 회원국(튀르키예, 영국) 중 하나의 국민에 의해 적어도 50퍼센트가 소유되는 경우, 또는 |

2) 다음의 회사에 의해 소유되는 경우
    가) 그 본점과 주영업소가 대한민국 또는 유럽연합 회원국(튀르키예, 영국) 중 하나에 있는 회사, 그리고
    나) 대한민국 또는 유럽연합 회원국(튀르키예, 영국) 중 하나, 대한민국 또는 유럽연합 회원국(튀르키예, 영국) 중 하나의 공공기관, 또는 대한민국 또는 유럽연합 회원국(튀르키예, 영국) 중 하나의 국민에 의해 적어도 50퍼센트가 소유되는 회사

**예** ○○수산이 우리나라 해안으로부터 200해리 밖의 공해상에서 대한민국 국적선박(태극 기 게양, 중국인 선주가 51% 소유권 보유)으로 어획한 참치를 영국으로 수출시 해당 참치는 한-영 FTA 완전생산품으로 인정받을 수 없다.

⑥ 영역(영해) 밖 채취상품

    ㉠ 당사국 영역(영해) 밖의 바다 밑에서 채취한 물품은 「개발권」이 있는 당사국에 의하여 채취되어야 한다. **3**

    ㉡ 그러나 한-EFTA FTA는 다른 협정과 달리 「독점적 개발권」을 요건으로 하여 합작 개발인 경우 완전생산물품으로 인정하지 않는다. **4**

⑦ 우주에서 취득한 물품

| FTA | | 주요내용 |
|---|---|---|
| 우주 취득물품<br>완전생산 규정<br>협정 | 칠레 · 싱가포르 · 미국 ·<br>호주 · 캐나다 · 콜롬비아 | 당사국이나 당사국의 인에 의해 획득될 것과 비당사국에서 가공되지 않을 것을 조건으로 우주에서 취득된 상품 |
| | 아세안 · 베트남 · 캄보디아 ·<br>인도네시아 | 우주공간으로부터 취득된 상품. 다만 당사국 또는 그 당사국 사람에 의하여 획득될 것(역내가공원칙 적용) |
| 미규정 협정 | EFTA · EU · 인도 · 튀르키예<br>· 페루 · 중국 · 뉴질랜드 · 중<br>미 · 영국 · RCEP · 이스라엘 | 완전생산 규정 없음, 불완전생산품으로 분류되어 품목별 원산지결정기준 충족여부를 따져야함 |

⑧ 폐물 · 부스러기 · 고물 · 재생품

    ㉠ 일반규정 : 생산과정과 중고품에서 얻어진 폐물 및 부스러기, 고물 등은 비원산지재료가 사용되었는지 또는 최초의 원산지를 불문하고 완전생산품으로 간주한다. 다만 이러한 폐기물 · 부스러기 · 고물은 복원 또는 수리될 수 없는 원재료 회수용으로 적합해야 한다. **4**

        **예시** 한국 D사는 베트남 지사를 통해 베트남에서 폐차를 수집하여 고철을 추출한 후 한국으로 수입하고 있다. 한국으로 수입시에는 한-아세안 FTA특혜를 적용받을 수 있다.

    ㉡ 재제조상품과 재생상품 : 재생물품에 대해 원산지와 관계없이 완전생산품으로 간주하는 협정은 미국 및 캐나다와의 협정 뿐이다. **2**

---

**관련규정** **한-미 FTA 재제조상품과 재생상품**

- 재제조상품 : HS 제84류, 제85류, 제87류 또는 제90류나 제9402호로 분류되는 상품 중 전적으로 또는 부분적으로 제6.22조에서 정의된 재생용품으로 구성되고, 그러한 신상품과 유사한 제품수명을 가지며, 유사한 공장품질보증을 향유하는 것을 말한다(협정 제1.4조 정의)

- 재생상품 : 중고품을 개별 부품으로 해체하여 정상 작동할 수 있도록 세척 · 검사 · 테스트 등을 거쳐서 나온 부품 형태의 재료(협정 제6.22조 정의) **2**
- 한—미 FTA에서는 다른 협정과 달리 재제조 상품과 생산에 소요되는 재생상품도 원산지와 관계없이 완전생산품으로 간주하고 있다는 것이 특징이다. **8**

---

**관련규정** | **한-캐나다 FTA 재생상품**

당사국 영역에서 수집된 중고품으로부터 회수된 부분품(재생부품)이 좋은 성능을 유지하는데 필요한 가공을 거친 경우 완전생산품으로 인정한다. **5**

---

⑨ 완전생산품으로 만든 물품

㉠ 완전생산품을 재료로 생산한 최종물품도 완전생산품으로 인정된다. 예를 들어 완전생산한 A재료와 B재료를 결합하여 역내에서 가공하여 최종제품을 생산하는 경우를 말한다.

㉡ EFTA · 아세안 · 페루 · EU · 튀르키예 · 중국 · 베트남 · 중미 · 영국 · 캄보디아 · 이스라엘 · 인도네시아와의 협정은 완전생산품으로 만든 물품만을 규정하고 있으나, 다른 FTA(**예** 호주)에서는 완전생산품의 파생품으로 만든 상품을 포함한다. **1**

## 2. 역내생산원칙

### (1) 개념

① 물품이 원산지상품으로 인정받기 위해선 물품의 생산 · 제조 · 가공 등이 당사국 영역 내에서 중단 없이 수행되어야 하며, 일부라도 역외에서 이루어진다면 원산지상품으로 인정하지 않는 FTA 기본원칙이다.

② 완전생산품의 경우 당사국 원재료로 역내에서 완전하게 획득 · 생산할 것을 요구하고 있으며, 비원산지재료를 투입하여 상품을 생산하는 불완전생산품일지라도 생산은 역내에서 이루어져야 한다.

### (2) 역외가공

① 개념 : 역외가공(Outward Processing)은 역내생산원칙의 예외를 인정하는 것으로 역내산 원재료를 수출하여 역외에서 가공 후 다시 역내로 수입하여 완제품을 생산 후 수출하였을 때 원산지상품으로 인정하는 것이다.

② 협정별 역외가공 인정요건

㉠ 허용여부

- 미국 · EU · 튀르키예 · 호주 · 캐나다 · 뉴질랜드 · 중미 · 영국과의 FTA는 「한반도 역외가공지역 위원회」를 설치하고 추후 논의하도록 규정하고 있다. **4**

- 한-칠레 FTA의 경우 역외가공이 규정을 도입하지 않아 현재는 역외가공 규정을 활용할 수 없다. **3**
- RCEP의 경우 당사자의 요청이 있는 경우 특정상품의 취급에 대한 논의를 개시하고 논의 개시로부터 3년 내 논의를 마무리하도록 규정을 두고 있다.
- 싱가포르 · EFTA · 아세안 · 인도 · 페루 · 중국 · 베트남 · 콜롬비아 · 캄보디아 · 이스라엘 · 인도네시아와의 FTA는 역외가공 규정을 두고 있다. 역외가공을 허용하는 협정중 특이사항은 인도네시아와 협정은 협정문상 세부 역외가공 이행사항을 정하지 않고, 한-아세안 FTA 조항을 그대로 원용 · 수용하도록 명시하고 있다. 더불어 이스라엘과의 FTA는 역외가공을 "양당사국 허용되는 방식"과 "한국만 허용되는 방식" 두 부분으로 나누어 규정하고 있다.
- "양당사국 허용되는 방식"은 협정에서 구체적 이행 방법은 규정하고 있으며, "한국만 허용되는 방식"은 추후 「한반도 역외가공 위원회」를 통해 추후 이행 방법을 협의 하도록 규정하고 있다.

ⓛ 적용방식
- 우리나라가 맺은 FTA는 대부분 OP(Outward Processing)방식을 채택하고 있다. **1**

**해설**

OP(Outward Processing)방식은 당사국 원산지재료를 수출하고 역외국에서 가공. 반제품을 생산 · 재수입하여 당사국에서 최종제품을 만든 후 협정상대국으로 수출하는 방식이다.

- 한-싱가포르 FTA는 일부 개성공단 생산품에 대해 원산지충족여부를 불문하고, 우리나라에 서 선적되어 수출되는 경우 원산지상품으로 인정하는 ISI(Integrated Sourcing Initiatives)방식도 채택하고 있다. **1**

ⓒ 허용지역
- 현재 제한적이나마 역외가공을 허용하고 있는 협정은 한-싱가포르, 한-EFTA, 한-아세안, 한-인도, 한-페루, 한-콜롬비아, 한-베트남, 한-중국, 한-캄보디아, 한-인도네시아 FTA이다. 이외의 협정은 허용하고 있지 않다. **2**
- 아세안 · 인도 · 페루 · 콜롬비아 · 베트남 · 캄보디아 · 인도네시아와의 FTA의 경우 개성공단에 한하여 역외가공을 인정하므로 한국으로 수입되는 물품은 역외가공의 예외를 인정받을 수 없다. **1**
- 싱가포르는 허용지역 제한이 없는 품목과 개성공단으로 한정하는 품목으로 나누어진다. EFTA · 이스라엘과의 협정은 허용지역의 제한이 없다.

ㄹ 역외가공 인정요건

| 구분 | | 싱가포르 (ISI) | 싱가포르 (OP) | EFTA | EFTA | 아세안 인도네시아 | 인도 | 페루 | 중국 | 베트남 | 콜롬비아 | 캄보디아 | 이스라엘* |
|---|---|---|---|---|---|---|---|---|---|---|---|---|---|
| 적용 방식 | | ISI | OP | OP [1] | | OP | OP | OP | OP | OP | OP | OP | OP |
| 허용지역 | | 개성공단 | 양당사국적용 [1] | 모든 지역, 양 당사국적용 (허용지역 제한없음) | | 개성공단 | 개성공단 [1] | 개성공단 | 개성공단 및 추가 지정 가능 | 개성공단 | 개성공단 | 개성공단 | 모든 지역, 양 당사국 적용 |
| 적용대상 | | 4,625 품목 [1] | 134 품목 | 제한 없음 [1] | 267 품목 | 아세안 국별 100 품목 | 108 품목 | 100 품목 | 310 품목 [1] | 100 품목 | 100 품목 | 100 품목 | 제한 없음 |
| 역외가공 별도 원산지기준 | 비원산지 투입요소의 비율 | 한국에서 수출 | 최종 제품의 관세가격의 40% 이하 | 최종제품의 EXW 가격의 10% 이하 [2] | 최종제품의 EXW 가격의 40% 이하 [1] | 최종 제품의 FOB 가격의 40% 이하 | 최종 제품의 FOB 가격의 40% 이하 | 최종 제품의 FOB 가격의 40% 이하 | 최종 제품의 FOB 가격의 40% 이하 | 최종 제품의 FOB 가격의 40% 이하 | 최종 제품의 FOB 가격의 40% 이하 | 최종 제품의 FOB 가격의 40% 이하 | 최종 제품의 공장도 가격의 10% 이하 ** |
| | 수출 원산지 재료비의 비율 | | 최종 제품의 관세가격의 45% 이상 | – | 역외가공 물품의 총 재료비 중 60% 이상 [1] | 역외가공 물품의 총 재료비 중 60% 이상 | 역외가공품의 총 재료비 중 60% 이상 | – | 역외가공 물품의 총 재료비 중 60% 이상 | | | – | – |
| 품목별 원산지 기준 동시 충족 여부 | | 비적용 | 비적용 | 적용 [1] | 적용 [1] | 비적용 | 비적용 | 적용 | 비적용 | 비적용 [2] | 적용 [1] | 비적용 | 적용 |
| C/O 요건 | | | | 역외가공 명시 | 역외가공 명시 | 세관 발급 Rule 6 표시 | 세관 발급 OP표시 | OP/D 표시 | 영역원칙의 예외물품 표시 | 영역원칙의 예외물품 표시 | 영역원칙의 예외물품 표시 | 제3.5조 | "OP" 표시 |

* 한–이스라엘 FTA의 한국만 허용되는 역외가공 규정은 추후 한반도 역외가공지역 위원회를 통해 논의하도록 규정되어 있음

** 재수입된 역외가공품이 최초에 수출된 원재료와 HS 6단위 변동이 발생하지 않아야 함

역외가공을 허용하는 협정에서 싱가포르 FTA를 제외하고 역외가공품을 대상으로 원산지증명서를 발급하게 될 경우 원산지증명서상 역외가공품임을 표기하도록 규정되어 있다.

## 3. 충분가공원칙

### (1) 개념

① 충분가공원칙은 역내에서 역외산 재료를 사용하여 물품을 생산 시 충분한 공정을 거쳐야만 원산지상품으로 인정하는 기본원칙이다. **2**

② 특정물품이 「품목별원산지기준」을 충족하더라도 그것이 단순한 공정(불인정공정)의 수행 결과라면 원산지상품으로 인정할 수 없도록 규정하고 있다. **1**

③ 협정이 충분가공원칙을 규정하고 있고 역내 수행공정이 최소공정의 범위에 포함된다면 품목별기준 등 다른 기준을 충족하더라도 원산지 지위를 획득할 수 없다. **1**

④ 세번변경기준은 세번변경이 일어나면 물품의 실질적 변형이 발생한다는 것을 전제로 하고 있으나 세번이 변경되어도 실질이 변하지 않는 경우가 있어 불인정공정 규정을 두고 있다.

⑤ 비원산지재료가 생산에 사용될 때 충분가공원칙의 위배 여부를 따져야 하며, 투입된 모든 재료가 원산지재료라면 판단할 필요가 없다. **3**

〈불인정공정 예시〉

| 제품 | 역외산 재료 | 가공공정 |
|---|---|---|
| 소고기(제0201호) | 소(제0102호) | 도축 |
| 마른멸치(제0305호) | 멸치(제0301호) | 건조 |
| 소매용 페니실린(제3004호) | 페니실린(제3003호) | 소매포장 |
| 쌀가루(제1102호) | 쌀(제1006호) | 제분 |

### (2) 협정별 불인정공정

① 대부분의 협정에서는 비원산지 재료나 상품을 사용하여 단순한 작업을 거쳐 원산지자격을 획득하는 것을 방지하기 위해 불인정공정조항을 도입하고 있다. **1**

② 불인정공정은 대부분의 협정에서 「일반기준」으로 규정하나, 미국 · 캐나다와의 FTA는 도입하지 않았다. **1**

③ 다만, 한-미 FTA는 품목별원산지기준에서 제1류에서 40류 상품에 대한 단순희석 공정과 제20류 주석에서 냉동, 물 · 소금물 · 천연주스를 사용한 포장, 볶음으로 조제 또는 저장처리한 채소 · 과일 및 견과류 등은 원산지를 불인정하고 있을 뿐이다. **4**

※ 즉, 한-미 FTA는 불인정공정을 일부 품목에 대하여 품목별원산지결정기준에 규정하고 있다.

④ 한-아세안 FTA에서는 불인정공정을 일반 품목군과 섬유류로 이원화하여 규정하고 있는 것이 특징이다. **3**

| 불인정공정 규정 협정 | 불인정공정 미규정 협정 |
|---|---|
| 칠레, 싱가포르, EFTA, 아세안, 인도, EU, 튀르키예, 페루, 호주, 중국, 베트남, 콜롬비아, 뉴질랜드, 중미, 영국, RCEP, 캄보디아, 인도네시아, 이스라엘 **1** | 미국 : 제1류~제40류 품목 단순희석 불인정 등<br>캐나다 : 불인정공정 규정을 도입하지 않음 |

> 불인정공정이 여러 개 수행되는 경우에도 불인정공정으로 간주한다. **1**

⑤ **주요 불인정공정** : 우리나라가 체결한 FTA에서는 불인정공정을 하나하나 열거하는 열거방식을 채택하고 있으나, 한–싱가포르 FTA는 예시주의를 채택하고 있다. 🔳

ⓐ 「단순한」의 정의

- 협정별로 불인정공정은 예시하거나 열거하는 형태로 규정되는데, 대부분의 협정에서 「단순절단」 등과 같이 「단순」이라는 단어와 특정 공정을 조합하여 불인정공정으로 규정하고 있다.

- 칠레 · 싱가포르 · 호주 · 중국 · 뉴질랜드와의 FTA는 「단순한」의 정의가 규정되어 있지 않아 「단순절단」, 「단순조립」 등의 해당여부 판단 시 협정 상대국과 마찰의 소지가 있다. 🔳

   예시 비원산지상품인 가죽케이스(제42류), 가위(제8213호), 바늘(제7319호), 실(제52류)을 한국의 A상사가 수입, 재봉세트(제9605호)를 생산하여 칠레로 수출하는 경우 한–칠레 FTA 협정세율을 적용받을 수 없다. 단순조립, 세트구성은 불인정공정으로서 실질적 변경을 발생시키는 행위라고 보기 어려워서 원산지상품으로 인정할 수 없기 때문이다.

- EFTA · 아세안 · 인도 · EU · 튀르키예 · 페루 · 베트남 · 콜롬비아 · 중미 · 영국 · 캄보디아 · 이스라엘 · 인도네시아와의 협정 및 RCEP은 「단순한」에 대한 정의를 규정하고 있다.

- 협정별 표현의 차이는 있으나 「작업 또는 공정을 수행하기 위해 특별히 사용되거나 고안된 기계 · 도구 · 장비 등을 사용하지 않는 경우」를 의미한다. 특별히 고안된 기계 · 도구 · 생산설비를 사용하지 않고 사람 손으로 생산공정을 수행하면 불인정공에 해당될 수 있다.

   예시 중국 B사는 베트남에서 수입한 쌀을 탈각 · 도정한 후 쌀가루로 만들어 한국에 판매하고 있다. 이 경우 한국 수입업체는 한–중 FTA특혜관세를 적용을 받을 수 없다.

ⓑ 동물의 도축

- 불인정공정이 있는 FTA에서는 대부분 동물의 도축을 불인정공정으로 규정하고 있으나, 호주 · 뉴질랜드와의 협정에서는 포함되어 있지 않다. 다만, 품목별원산지기준에서 소고기 등(제02류)은 2단위 세번변경기준을 채택하면서 제01류(산 동물)로부터 변경은 제외하고 있어 결과적으로 도축 공정은 허용하지 않는다. 🔳

- 미국 · 캐나다와의 FTA에서는 일반기준에 불인정공정을 도입하지 않았으며, 품목별원산지기준에도 제01류로부터 변경은 허용하고 있어 도축공정으로 인한 세번변경이 인정된다. 🔳

 **해설**

일반기준에 불인정공정 규정이 없고, 품목별 원산지기준에서 2단위 세번변경기준만을 규정하고 있으면 도축공정으로 세번변경이 이루어지므로 원산지상품이 된다. 🔳

- 미국·캐나다 이외 FTA는 도축공정을 불인정공정(충분가공원칙)으로 규정하거나, 소고기의 원산지결정기준을 제01류에서 제02류로의 세번변경을 막는 제외세번규정으로 설정하거나 또는 소고기의 품목별기준을 완전생산기준으로 규정하여 역외산 소의 도축을 통한 원산지 충족을 인정하지 않는다. **2**

ⓒ 혼합·희석
- 단순한 혼합은 대부분 불인정공정으로 하고 있으나, 희석은 협정에 불인정공정으로 규정하지 않는 경우도 있다. **1**
- 단순한 혼합에는 새로운 구조를 형성하는 화학반응은 포함되지 않으며, 실질적 변화가 발생하는 의약품 등의 혼합 등은 단순한 혼합으로 보지 아니한다. **1**
- 음료 또는 의약품 등과 같이 물품에 따라 혼합 또는 희석이 실질을 변화시키는 중요한 공정이 될 수 있기 때문에 모든 희석 및 혼합을 불인정공정 으로 이해하여서는 안 된다. **1**

> 한-중 FTA에서는 다른 협정에서 규정하고 있지 아니한 「쪼개기(slitting)」를 불인정 공정에 포함하고 있다. **1**

---

### 주요 불인정 공정

- 완전한 물품을 구성하는 물품 부품의 단순한 조립 또는 제품의 부품으로의 분해 **1**
- 곡물 및 쌀의 탈각, 부분 또는 전체 표백, 연마 및 도정
- 연마, 단순 분쇄 또는 단순 절단 **1**
- ※ 도금과 같은 화학반응으로써 특별한 기계, 기기 등이 사용되는 공정은 불인정공정으로 볼 수 없다. **2**

---

### RCEP 관세차별 품목(제2.6조)에 대한 원산지결정

1. 관세차별 품목
   RCEP는 각각의 당사국별로 양허표를 별도로 규정하고, 특정 회원국에 대해 미양허한 품목이 존재하므로 동일한 상품에 대해 회원국별 상이한 관세율을 적용하는 품목이 발생한다.
   우리나라의 경우 아세안, 호주, 중국, 일본, 뉴질랜드에 상이한 상품양허를 적용한다.
   **예** 일본에서 완전생산된 완두(HS0708.10-0000)을 RCEP 역내국인 태국에서 세척 및 냉동 작업(HS 0710.21-0000) 후 한국으로 수입하고자 할 때 한국은 동 품목을 아세안(태국)에 양허(기본 27%, 발효 1년차 협정세율 25.2% 적용)하였으나 일본에는 양허하지 않았다. 동일한 품목이라 하더라도 원산지에 따라 적용하는 관세율이 상이할 수 있는 것이다. 관세 미차별(양허) 품목은 원산지에 따른 세율차이가 없다.
   관세차별 품목은 ① 양허표 관세차별 품목과 ② 양허표 부록에 명시 품목(국가별 100개 내외)으로 구분된다. **1**

2. 양허표 관세차별 품목의 원산지결정
   완전생산품이나 PSR 충족시 해당 당사국이 원산지이다. RCEP 회원국들의 원산지재료 생산품의 경우 최소공정 (불인정공정) 이상 수행국이 원산지이며, 최소공정 수행시에는 원산지재료비 최대 기여국이 원산지가 된다.
   관련규정 제2.6조 2, 4, 5항

3. 양허표 부록 명시 품목의 원산지결정
   제2.6조의 제3항 및 제4항에 따라 원산지를 결정한다. 즉, 수출당사자가 공제법 또는 직접법으로 계산된 국내가치비율(RVC 계산방식을 준용하여 한 당사자 국가 내에서 발생한 부가가치 계산, 누적조항 비적용)이 20% 이상이어야 한다. 이에 부합하지 못하는 경우에는 원산지재료비 최대 기여국이 원산지가 된다.
   관련규정 제2.6조 3, 4항

### 4. 시사점 및 유의사항

수출물품의 원산지기준(PSR) 충족 판정시 제2.6조 품목인지 먼저 확인할 필요가 있다.

① 원산지재료만으로 생산하는지 여부 및 ② 관세차별 품목인지 확인이 필요하며, 이 두 가지에 해당하는 경우 제2.6조를 적용하여 원산지를 결정해야 한다. 관세차별 품목 중 「양허표 부록」명시 품목은 PSR를 충족하고 추가적으로 수출당사국 국내부가가치가 20% 이상 발생해야 함을 유의해야 한다.

---

## RCEP 〈제2.6조 관세차별〉

관세 차별의 적용대상이 되는 모든 원산지상품은 수입 당시 부속서 I (관세 양허표)에 포함된 수입 당사자의 양허표에 규정된 그 수입 당사자의 관세 양허에 따라 수출 당사자의 원산지상품에 적용 가능한 특혜관세대우에 대한 자격을 가진다. 다만, 그 수출 당사자가 역내포괄적경제동반자협정의 원산지 국가이어야 한다.

원산지상품의 역내포괄적경제동반자협정 원산지 국가는 그 상품이 제3.2조(원산지상품)에 따라 그 상품의 원산지 지위를 획득한 당사자이다. 제3.2조(원산지상품) 나호와 관련하여, 원산지상품의 역내포괄적경제동반자협정 원산지 국가는 수출 당사자이다. 다만, 그 원산지상품에 대하여 제5항에 규정된 최소공정 외의 생산 공정이 그 수출 당사자에서 발생했어야 한다.

제2항에도 불구하고, 수입 당사자가 부속서 I (관세 양허표)에 포함된 자신의 양허표 부록에 적시한 원산지상품에 대하여 역내포괄적경제동반자협정의 원산지 국가는 수출당사자이다. 다만, 그 상품이 그 부록에 명시된 추가 요건을 충족하여야 한다.

원산지상품의 수출 당사자가 제2항 및 제3항에 따른 역내포괄적경제동반자협정의 원산지 국가로 설정되지 않은 경우, 그 원산지상품에 대한 역내포괄적경제동반자협정의 원산지 국가는 수출 당사자에서 그 상품의 생산에 사용된 원산지 재료에 최고 가치를 기여한 당사자이다. 그러한 경우, 그 원산지상품은 그 역내포괄적경제동반자협정의 원산지 국가의 원산지상품에 적용 가능한 특혜관세대우 자격을 가진다.

제2항의 목적상, "최소공정"은 아래에 규정된 공정이다.

가. 운송 또는 보관 목적상 상품이 양호한 상태로 유지되도록 보장하는 보존 공정

나. 운송이나 판매를 위한 상품의 포장 또는 전시

다. 체질, 감별, 선별, 분류, 연마, 절단, 쪼개기, 분쇄, 구부리기, 감기 또는 풀기로 구성된 단순한 공정

라. 마크, 라벨, 로고 또는 그 밖의 유사한 구별 표시를 상품이나 상품의 포장에 부착 또는 인쇄

마. 상품의 특성을 실질적으로 변경하지 않는 물 또는 다른 물질로 단순 희석

바. 제품의 부품으로의 분해

사. 동물의 도살[5]

아. 단순한 페인팅 및 광택 공정

자. 단순한 탈피, 씨 제거 또는 탈각

차. 다른 종류인지 여부와 관계없이 상품의 단순한 혼합, 또는

카. 가호부터 차호까지 언급된 둘 이상의 공정의 조합

6. 제1항 및 제4항에도 불구하고, 수입 당사자는 수입자에게 다음 중 하나로 특혜관세대우를 신청할 수 있도록 허용한다.

    가. 수입 당사자가 그러한 상품의 생산에 사용된 원산지재료에 기여한 당사자들로부터의동일한 원산지상품에 적용하는 관세 중 최고 세율. 다만, 그 수입자가 그러한 신청을 입증할 수 있어야 한다. 보다 명확히 하기 위하여, 원산지재료는 최종상품의 원산지지위에 대한 신청에서 고려된 그러한 원산지재료만을 지칭한다. 또는

    나. 수입 당사자가 당사자들로부터의 동일한 원산지상품에 적용하는 관세 중 최고 세율

7. 제20.8조(일반 검토)에도 불구하고, 당사자들은 이 협정의 발효일부터 2년 내에, 그리고 그 후에는 매 3년마다 또는 당사자들 간 합의하는 대로 이 조의 요건과 부속서 I (관세양허표)에 포함된 당사자 양허표의 부록에 규정된 세번의 수 및 조건을 줄이거나 철폐하기 위하여 이 조의 검토를 개시한다.

8. 제7항에도 불구하고, 당사자는 부속서 I (관세 양허표)에 포함된 자신의 양허표 부록과 관련하여, 다른 국가 또는 개별 관세 영역이 이 협정에 가입하는 경우에는 이 부록의 추가요건을 포함하여 자신의 부록을 개정할 수 있는 권리를 유보한다. 그러한 개정은 모든 당사자의 합의를 조건으로 하고 제20.4조(개정) 및 제20.9조(가입)에 따라 발효한다.

## 4. 운송요건

### (1) 개요

① 「직접운송」이란 특혜관세 대상이 되는 물품이 수출당사국을 출발하여 비당사국을 거치지 않고 곧바로 수입당사국으로 운송되어야 하는 원칙을 말한다.

② 우리나라가 맺은 협정에서 운송요건을 규정하는 방식은 유럽형과 미주형 두 가지로 나눌 수 있다.

③ 유럽형은 협정문 상에 직접운송이 충족할 것을 명시·요구한다. 다만, 비당사국을 거쳐 운송되더라도(비당사국 경유·환적) "경유/환적"조건이 충족되면 직접운송된 것으로 간주한다.

④ 미주형은 「직접운송」을 규정하지 않고 "통과/환적" 조건만을 규정하고 충족 시 비당사국 통과/환적 물품에 대해 협정을 적용한다.

| 유럽형(16개 협정) | 미주형(3개 협정) |
|---|---|
| 싱가포르·아세안·인도·EFTA·EU·튀르키예·페루·호주·중국·베트남·뉴질랜드·콜롬비아·중미·영국·RCEP·캄보디아·이스라엘·인도네시아  | 칠레·미국·캐나다 🔳 |

> 🧑 **해설**
>
> 한–미 FTA는 직접운송을 규정하고 있지 않아 제3국에서 물건이 적출되어 수입당사국으로 운송 되어도 협정을 적용 받을 수 있다. 즉, 미국에서 제3국 보세구역에 장치하였다가 우리나라 구매자가 나타나면 그 때 계약하여 운송한 경우에도 FTA특혜관세를 받을 수 있다. 🔳

⑤ "직접운송을 규정하고 있는 협정"이나 "직접운송을 규정하고 있지 않는 협정" 모두 물품이 "직접운송" 되었을 경우 협정적용에 문제가 없다. 다만 유럽·미주형 모두 비당사국 경유·환적(통과/환적)이 발생하였을 때 "경유/환적(통과/환적)" 조건이 충족되었는지를 살펴보고 특혜관세 혜택을 부여한다.

> 🧑 **해설**
>
> 협정에서 정한 "경유/환적(통과/환적) 조건"으로는 세관통제요건」, 「제3국(비당사국) 작업 인정 범위」, 「추가 충족요건(일부협정)」등이 있다.

### (2) 협정별 운송요건

① **개요** : 미주형·유럽형 모두 직접운송 되었을 시 협정적용에 문제가 없다. 다만, 비당사국을 경유/환적(통과/환적) 시 협정에서 정한 "경유/환적(통과/환적) 조건" 충족이 매우 중요하며, 이는 수입국 세관에 수입자가 입증하여야 한다. 각 협정별 직접운송 규정 명시 여부 및 "경유/환적(통과/환적) 조건"은 다음과 같다.

② 직접운송 규정 명시 여부

　㉠ 유럽형 협정은 싱가포르 · 아세안 · 인도 · EFTA · EU · 튀르키예 · 페루 · 호주 · 중국 · 베트남 · 뉴질랜드 · 콜롬비아 · 중미 · 영국 · 캄보디아 · 이스라엘 · 인도네시아와의 협정 및 RCEP이다. 이들 협정은 협정문에 당사국 간 직접운송을 명시하고 충족을 요구하는 협정이다. **1**

　㉡ 영국과의 협정에서는 한시적(협정발효 후 3년)으로 "양 당사국" 뿐만 아니라 "EU 경유" 시에도 직접운송으로 인정된다. 다만 비당사국을 거쳐 운송된(제3국 경유 · 환적) 물품도 "경유/환적(통과/환적) 조건" 하에서 직접운송된 것으로 간주하여 협정을 적용한다.

　※ EU 경유는 이 협정의 발효부터 3년 후에 삭제되는 것으로 간주한다. **2**

　㉢ 미주형 협정으로는 칠레 및 미국, 캐나다와의 FTA가 있으며, 이들 협정은 협정문상 직접운송을 명시하지 않고, 비당사국 통과 · 환적 시 충족되어야하는 조건만을 명시하고 있다. **5**

　예시 A사는 중국 소재 수출자로부터 미국에서 생산된 X(모든 공정 미국에서 수행)를 수입하고 있다. 미국에서 생산된 완제품이 중국으로 운송되었다가 다시 한국으로 수입되고 있다. 한 · 미 FTA 협정관세 적용이 가능한지 여부

　정답 한미FTA는 직접운송규정이 없어 양 당사자 간 직접적으로 운송될 것을 요건으로 하지는 않지만, 비당사국(중국)을 거쳐(통과 및 환적) 우리나라로 운송될 때 ① 한미 양국이 아닌 제3국(중국)에서 단순 하역작업이나 제품의 보존이나 운송에 필요한 작업이 아닌 실질적인 가공작업이 이루어진 경우, 또는 ② 해당상품이 경유국에서 세관당국의 통제 하에 있지 아니한 경우에는 원산지상품으로 인정되지 않아 한 · 미 FTA 특혜관세를 적용받을 수 없다. 따라서, 한국의 수입자는 미국의 생산자가 발급한 원산지 증명서와 함께 경유국인 중국에서 추가가공이 없고 중국 세관 통제하에 있었음을 서류로 입증하여야 한다.

| 협정 | 직접운송 규정여부 | 경유 · 환적(통과 · 환적) 조건 | | | | BWT 거래 허용 |
|---|---|---|---|---|---|---|
| | | 경유국 작업 인정범위 | 세관통제 요건 | 추가 충족 요건 | | |
| 싱가포르 | O | 하역 · 재선적 · 상자포장 · 포장 · 재포장 · 상품보존 필요공정 **1** | O | – | | O |
| EFTA | O | 하역 · 재선적 · 탁송품분리 · 상품 보존 필요공정 · 파이프라인 운송 | O | – | | O |
| 아세안 베트남 인도네시아 | O | 하역 · 재선적 · 상품보존 필요공정 | × | – 지리 · 운송상 정당화<br>– 경유국 거래 · 소비 불인정<br>※ 수출당사국발행 통과선 하증권 | | × |
| 인도 | O | 하역 · 재선적 · 상품보존 필요공정 | O | – 경유국 거래 · 소비 불인정 | | × |
| EU · 튀르키예 · 영국 | O | 하역 · 재선적 · 상품보존 필요공정 | O | – 단일 탁송화물만 허용<br>– 자유유통 위해 미반출<br>※ 단일운송서류/경유국 세관발행 증명서 | | × |

| | | | | | |
|---|---|---|---|---|---|
| 페루 | O | 하역 · 재선적 · 재포장 · 상품보존 필요공정 | O | – 경유국 거래 · 교역 불인정 | × |
| 호주 | O [1] | 하역 · 재선적 · 보관 · 재포장 · 재라벨링 · 운송목적 분리 · 보존 필요공정 | O [1] | – | O |
| 중국 | O | 하선 · 운송목적 분리 · 재선적 · 상품보존공정 | O [1] | – 지리 · 운송상 정당화<br>– 경유국 거래 · 소비 불인정<br>※ 복합운송 또는 결합운송서류 [1] | × |
| 뉴질랜드 | O | 하역 · 운송목적 분리 · 재선적 · 상품보존공정 | O | – | O |
| 콜롬비아 | O | 하선 · 운송목적 분리 · 재선적 · 상품보존공정 | O | – 경유국 거래 · 소비금지 | × |
| 중미 | O | 하역 · 재선적 · 재포장 · 상품보존 필요공정 | O | – 단일 운송서류 · 경유국 관세당국 발행 증명서 | × |
| 미국 | × [1] | 하역 · 재선적 · 상품 보존 및 운송 필요공정 | O | – | O |
| 칠레 | × | 하역 · 재선적 · 상자포장 · 포장과 재포장 · 상품보존 및 운송필요공정 | O | – | O |
| 캐나다 | × | 하역 · 운송목적분리 · 재선적 · 상품보존 필요공정 | O | – 경유국 거래 · 소비금지 | × |
| RCEP | O | 하역 · 재선적 · 보관 · 상품보존 필요공정 | O | | O |
| 캄보디아 | O | 하역 · 재선적 · 보관 · 상품보존 | O | – | O |
| 이스라엘 | O | 하역 · 재선적 · 상품보존 필요공정 | O | – 단일 탁송화물만 허용<br>– 비당사국 거래 · 소비 · 사용 금지<br>※ 항공화물운송장, 선하증권, 복합운송 또는 결합운송서류<br>※ 비당사국 관세 당국에 의하여 발급된 증명서로 상품의 정확한 설명, 비당사국에서의 상품의 하역 및 재선적날짜와 장소, 상품 상태 등을 포함한 서류 | × |

③ 협정별 경유 · 환적(통과 · 환적) 조건

  ㉠ 제3국 경유 · 환적 시 비당사국 허용작업 범위

    • 비당사국을 거쳐 운송될 경우 비당사국에서 수행 가능한 작업의 범위를 협정마다 규정하고 있어 이를 준수하여야 한다. 기본적으로 제3국의 경유 · 환적 시「하역 · 재선적 · 상품보존에 필요한 공정」등을 허용한다.

    • 한–EFTA FTA는「탁송품의 분리」와「파이프라인 운송」을 허용하고 있다. [5]

- EU · 튀르키예 · 영국과의 FTA에는 단일탁송화물에 대해서만 경유나 환적이 인정되며, 한-EFTA FTA에서 「탁송품의 분리」가 가능한 것과 상반된다(추가충족조건 단일탁송화물 설명 함께 참고). **1**
- 한-호주 FTA는 타 협정에서는 허용되지 않는 제3국에서의 「재라벨링」을 허용된다. **9**
- 호주 · 중국 · 뉴질랜드 · 콜롬비아와의 FTA는 「운송상 이유로 인한 분리」를 규정하고 있다. 운송 목적상 불가피하게 분리 운송될 수밖에 없는(과대중량, 선복부족) 상품에 대해 특혜관세가 적용될 수 있도록 상품분리 사유에 명확성을 부여한 것으로 보인다. **3**

ⓛ 제3국 세관통제 요건 및 입증서류

- 제3국을 경유하여 운송되는 경우, 비당사국 세관 통제하(보세구역)에 있었다는 것을 수입자가 서류로서 입증하여야 한다.
- 아세안 · 베트남 · 인도네시아와의 협정에서는 세관통제요건을 협정문상에 명시하지 않았으나, 제3국을 거쳐 운송될 시 보세구역을 벗어나도 무방하다는 것을 의미하는 것이 아니며 실무적으로는 입증해야지만 협정적용이 가능하다. **4**
- 또한 경유 · 환적 시 수출당사국의 운송인이 발행한 통과선하증권(중간 경유 또는 환적지가 표시되는 선하증권)이 제3국을 경유하여 운송될 시 필수입증서류로 협정문상에 명시하고 있다. **8**
- 한-중 FTA에서는 비당사국에서 일시 보관되는 경우 보관기간은 비당사국에 반입일부터 3개월을 초과해서는 안된다. 다만 불가항력적인 상황 발생시 그 비당사국에 상품이 보관되는 기간은 3개월을 초과할 수 있으나 6개월을 초과할 수 없다. **4**
- 한-칠레 FTA는 수출당사국 물품이 제3국을 경유나 환적 시 수입당사국 영역으로의 수입기간을 제한하지 않는다는 것을 명시하고 있다. **1**
- 일반적으로 우리나라에서는 적출국(수출당사국)과 경유국(비당사국 경유국가), 목적국(수입당사국)이 명확히 작성된 운송서류를 제출할 경우 직접운송된 것으로 간주한다.

ⓒ 추가충족조건 및 제3국 BWT거래 허용여부

- 일부 협정에서 제3국(비당사국) 경유 환적 시 추가적으로 충족되어야 하는 조건을 두고 있다.
- 협정별 주요한 추가충족조건을 살펴보면, 아세안 · 중국 · 베트남 · 인도네시아와의 협정은 제3국 경유 사유를 지리적 또는 운송상의 이유만으로 경유 · 환적을 허용하고, 제3국에서 거래 또는 소비가 발생하지 않아야 한다는 조건을 규정한다. **6**

 해설

지리적 사유는 당사국이 내륙국으로 항구가 없어 제3국 경유하여 수출하는 경우로 해석할 수 있으며, 운송상 사유는 직항노선이 없거나 운송편(항공, 선박)의 사정으로 부득이하게 제3국 경유 등으로 해석할 수 있다.

- 제3국 경유물품에 대해 아세안·베트남·인도네시아와의 협정에서는 수출당사국에서 발행한 통과선하증권이 필수입증서류로 규정하고 있어 제출하지 않을 경우 협정 관세가 배제될 수 있다. **5**

**심화**

한-인도네시아 FTA에서는 통과선화증권의 범위에 "수출 당사국부터 수입 당사국까지의 상품의 전체 운송경로를 포함한 운송 문서를 결합한 것을 포함한다"고 규정하고 있어, 아세안 및 베트남과의 협정에서 요구하는 단일의 통과선화증권에 비해 완화된 형태로 규정하고 있다.

- 아세안·베트남·인도·페루·중국·콜롬비아·캐나다·이스라엘·인도네시아와의 협정에서는 경유국(비당사국)에서 거래나 소비되지 않아야 한다는 조건이 있다. **3**
- 이렇게 단일의 운송서류나 통과선하증권, 경유국 거래·소비를 불인정함으로써 BWT 거래를 불허하는 것으로 해석할 수 있다. 단일의 운송서류의 경우, 물품의 운송 시작 단계에서부터 최종 목적국이 수입당사국으로 정해져 있어야 하며, 제3국에서 거래나 소비를 금지할 경우, 거래 발생 전 제3국에 물품을 이동시킨 후 거래하는 것을 금지하므로 BWT 거래가 제한된다.
- 또한 EU, 튀르키예 및 영국·이스라엘과의 협정에서는 단일탁송화물에 대해서만 경유·환적을 허용한다. **1**

**단일탁송화물(한-EU FTA)**

수출자로부터 수하인에게 일시에 송부된 제품이거나, 수출자로부터 수하인으로의 선적에 대한 "단일의 운송서류"에 의하여, 또는 그러한 서류가 없는 경우 "단일의 송품장"에 의하여 다루어지는 제품을 말하는데, 이는 결과적으로 운송 중 물품 분할을 허용하지 않는 것이다. **2**

④ 직접운송 협정별 규정

**한-싱가포르 FTA**

〈제4.15조 직접운송〉
상품이 제4.2조의 요건을 충족시키면서 생산되었다 하더라도, 그 상품이 생산된 후 다음의 경우에 해당한다면 그 상품은 당사국의 원산지상품으로 간주되지 아니한다.
가. 상품이 타방 당사국의 영역으로 직접 운송되지 아니한 경우, 또는
나. 상품이 이 협정상의 당사국이 아닌 국가의 영역을 통하여 운송되거나 환적된 경우 수입자가 제5.9조 다호에 규정된 요건을 충족시키지 못한 경우

〈제5.9조 다. 특혜관세대우의 거부〉
다. 상품이 이 협정상 당사국이 아닌 국가의 영역을 통하여 선적되거나 그 영역에서 환적된 경우 그 상품의 수입자가 수입 당사국의 관세행정기관이 요청하는 다음을 제공하지 아니한 경우
　(1) 상품이 비당사국의 영역에 있는 동안 세관의 통제 하에 있었음을 수입 당사국의 관세행정기관이 만족할 수 있는 수준으로 나타내는 세관관리문서의 사본

(2) 하역 · 재선적 · 크레이팅 · 포장 · 재포장 또는 상품을 양호한 상태로 유지하는데 필요한 그 밖의 작업 이외의 작업을 비당사국에서 거치지 아니하였음을 입증하는 것으로서 비당사국의 관세행정기관 또는 그 밖의 관련기관이 제공하는 정보, 또는

(3) 하역 · 재선적 · 크레이팅 · 포장 · 재포장 또는 상품을 양호한 상태로 유지하는데 필요한 그 밖의 작업 이외의 작업을 비당사국에서 거치지 아니하였음을 입증하는 것으로서 수입자가 제출하는 그 밖의 정보 또는 상업서류

## 한-EFTA FTA

〈제1조 정의〉

"탁송품"이라 함은 수출자로부터 수하인에게 송부된 상품이거나 수출자로부터 수하인으로의 선적과 관련된 하나의 운송서류에 의하여 다루어지는 상품 또는 그러한 운송서류가 없는 경우 하나의 송장에 의하여 다루어지는 상품을 말한다. **1**

〈제14조 직접 운송〉

이 협정상 규정된 특혜대우는 이 부속서의 요건을 충족하고 대한민국과 유럽자유무역연합 회원국 간 직접 운송되는 상품에만 적용한다. 그러나 그 상품이 하역, 재선적, 탁송품의 분리, 또는 상품을 양호한 상태로 보존하기 위하여 마련된 작업을 제외한 작업을 거치지 아니할 경우, 비당사국의 영역을 경유하여 운송될 수 있다. 그 기간동안 그 상품은 경유국 세관의 감시 하에 있어야 한다. **1**

수입자는 관세당국의 요청시 제1항에서 규정된 요건을 충족하였다는 적절한 증거를 수입 당사국의 법령에 따라 관세당국에 제공한다.

제1항의 적용의 목적상, 원산지상품은 대한민국 또는 유럽자유무역연합 회원국 간 영역 외의 영역을 통과하는 파이프라인을 통하여 운송될 수 있다. **1**

## 한-아세안 FTA

〈부속서3 제9조 직접운송〉

특혜 관세 대우는 이 부속서의 요건을 충족하고, 수출 당사국과 수입 당사국 영역 간에 직접 운송된 상품에 적용된다.

제1항의 규정에 불구하고, 상품이 수출 당사국 및 수입 당사국 영역이 아닌 하나 또는 그 이상의 경유하는 제3국을 경유하여 운송되더라도, 다음을 조건으로, 직접 운송된 것으로 간주한다.

가. 그 경유가 지리적 이유로 또는 오직 운송 요건에만 관련된 고려에 의하여 정당화될 것

나. 그 상품이 경유국에서 거래 또는 소비되지 아니하였을 것, 그리고

다. 그 상품이 하역, 재선적 또는 그 상품을 좋은 상태로 유지하는데 요구되는 공정 외의 어떠한 공정도 거치지 아니하였을 것

〈부록1 제19조〉

원산지규정에 관한 부속서3 제9조의 이행 목적상, 수출 당사국과 수입 당사국의 영역이 아닌 하나 또는 그 이상의 중간 경유국의 영역을 통하여 운송이 이루어지는 경우, 다음의 각 호의 서류를 수입 당사국의 관련 정부 당국에 제출하여야 한다.

가. 수출 당사국에서 발행한 통과선하증권

나. 원산지증명서 원본

다. 물품의 상업송장 원본의 부본

라. 그 밖에 부속서3 제9조의 요건을 충족하였다는 증거인 증빙서류가 있는 경우 그 서류

## 한-인도 CEPA

〈제 3.15조 직접운송〉

특혜관세대우는 이 장의 요건을 충족하고 수출 당사국과 수입 당사국의 영역 간에 직접적으로 수송된 상품에 적용된다.

제1항에도 불구하고, 상품이 수출 당사국과 수입 당사국의 영역 이외에 하나 또는 그 이상의 중간 제3국을 경유하여 수송되더라도 직접적으로 운송된 것으로 간주된다. 다만,

가. 그 상품이 경유국에서 거래 또는 소비되지 아니하였어야 한다.

나. 그 상품이 하역 및 재선적 또는 그 상품을 좋은 상태로 유지하는데 요구되는 공정 이외의 어떠한 공정도 거치지 아니하였어야 한다. 그리고

다. 그 상품이 경유국에서 세관의 통제 하에 남아있었어야 한다.

〈제4.8조 특혜관세대우의 신청〉

3. 제1항 라호의 목적상, 수입 당사국의 관세당국은 수입자에게 그 상품이 제3.15조(직접운송)에 따라 선적되었음을 증명하기 위하여 다음을 제출하도록 요구할 수 있다.
  가. 상품의 수입 전 운송경로와 모든 선적 및 환적 지점을 나타내는 선하증권 또는 화물운송장, 그리고
  나. 비당사국을 거쳐 선적되거나 비당사국에서 환적되는 상품의 경우, 그 상품이 비당사국에서 세관의 통제 하에 있었음을 나타내는 세관 통제 서류의 사본

## 한-EU FTA

〈제1조 정의〉

탁송화물이란 수출자로부터 수하인에게 일시에 송부된 제품이거나, 수출자로부터 수하인으로의 선적에 대한 단일의 운송서류에 의하여, 또는 그러한 서류가 없는 경우 단일의 송품장에 의하여 다루어지는 제품을 말한다.

〈제13조 직접 운송〉

이 협정에 규정된 특혜대우는 이 의정서의 요건을 충족하면서 양 당사자 간 직접적으로 운송되는 제품에만 적용된다. 그러나 단일 탁송화물을 구성하는 제품은 상황이 발생하면 다른 영역에서 환적 또는 일시적으로 창고 보관되어 그 다른 영역을 통해 운송될 수 있다. 다만, 그 제품이 통과 또는 창고 보관하는 국가에서 자유로운 유통을 위해 반출되지 아니해야 하고, 하역, 재선적 또는 제품을 양호한 상태로 보존하기 위해 고안된 모든 공정 이외의 공정을 거치지 아니해야 한다.

제1항에 규정된 조건이 충족되었다는 증거는 수입당사자에 적용 가능한 절차에 따라 관세당국에 다음을 제출하여 제공된다.

가. 제3국에서 원산지제품의 환적 또는 보관과 관련된 상황의 증거
나. 수출당사자에서 경유국을 통한 통과를 다루고 있는 단일 운송서류, 또는
다. 경유국의 관세당국이 발행한 다음의 증명서
  (1) 제품의 정확한 설명을 제공하는 것
  (2) 제품의 하역 및 재선적 일자, 적용 가능한 경우, 선박명 또는 사용된 다른 운송수단을 기재하는 것, 그리고
  (3) 제품이 경유국에 머물러 있는 그 상태를 증명하는 것

## 한-페루 FTA

〈제3.14조 직접운송〉

원산지상품이 그 원산지 지위를 유지하기 위해서는, 그 원산지 상품은 양 당사국 간 직접 운송되어야 한다. 제1항에도 불구하고, 다음의 상품은 수출 당사국에서 수입 당사국으로 직접 운송된 것으로 간주된다.

가. 비당사국의 영역을 통과하지 않고 운송된 상품, 그리고
나. 그러한 비당사국에서의 환적 또는 일시적 보관 여부와 관계없이, 하나 이상의 비당사국을 관세당국의 통제 하에 경유하여 운송된 상품, 다만, 그 상품은
(1) 그러한 비당사국에서 거래되거나 교역되지 않아야 한다. 그리고
(2) 그러한 비당사국에서 하역 및 재선적, 재포장 또는 그 상품을 양호한 상태로 유지하기 위해 필요한 공정외의 어떠한 공정도 거치지 않아야 한다.

3. 제1항 및 제2항의 준수는 수입 당사국의 관세당국에 다음의 문서를 제출함으로써 증명된다.
  가. 경유 또는 환적의 경우, 각 경우에 맞게, 원산지 국가로부터 수입국으로의 운송을 증명하는 항공화물운송장, 선하증권 또는 복합 또는 결합 운송 문서와 같은 운송 문서, 그리고
  나. 보관의 경우, 각 경우에 맞게, 원산지 국가로부터 수입국으로의 운송을 증명하는 항공화물운송장, 선하증권 또는 복합 또는 결합 운송 문서와 같은 운송 문서와 더불어 그 비당사국의 국내 법령에 따라 이 작업을 승인한 관세당국 또는 그 밖의 권한 있는 당국이 발행한 문서

## 한-튀르키예 FTA

〈제13조 직접운송〉

이 협정에 규정된 특혜대우는 이 의정서의 요건을 충족하면서 양 당사국 간 직접적으로 운송되는 제품에만 적용된다. 그러나 단일 탁송화물을 구성하는 제품은 상황이 발생하면 다른 영역에서 환적 또는 일시적으로 창고 보관되어 그 다른 영역을 통해 운송될 수 있다. 다만 그 제품이 통과 또는 창고 보관되는 국가에서 자유로운 유통을 위해 반출되지 아니해야 하고 하역, 재선적 또는 제품을 양호한 상태로 보존하기 위해 고안된 모든 공정 외의 공정을 거치지 아니해야 한다.

제1항에 규정된 조건이 충족되었다는 증거는 수입 당사국에 적용 가능한 절차에 따라 관세당국에 다음 중 하나를 제출하여 제공된다.

가. 비당사국에서 원산지제품의 환적 또는 보관과 관련된 상황의 증거

나. 수출 당사국으로부터 경유국을 통한 통과를 다루고 있는 단일 운송서류, 또는

다. 경유국의 관세당국이 발행한 다음의 증명서
  (1) 제품의 정확한 설명을 제공하는 것
  (2) 제품의 하역 및 재선적 일자, 그리고 적용 가능한 경우, 선박명 또는 사용된 다른 운송수단을 기재한 것, 그리고
  (3) 제품이 경유국에 머물러 있는 그 상태를 증명하는 것

## 한-호주 FTA

〈제3.14조 직접 운송〉

원산지상품은 제3.1조에 따라 결정된 원산지 지위를 유지한다. 다만, 그 상품은 비당사국 영역을 통과하지 아니하고 수입 당사국으로 직접 운송되어야 한다.

비당사국 영역을 통하여 운송되는 원산지상품은 다음의 경우에는 제3.1조에 따라 결정된 원산지 지위를 유지하지 아니한다.

가. 그 상품이 하역, 재선적, 보관, 재포장, 재라벨링, 운송상의 이유로 인한 화물 분리 또는 상품을 양호한 상태로 보존하거나 당사국 영역으로 운송하기 위하여 필요한 그 밖의 공정 이외에, 양 당사국의 영역 밖에서 어떠한 그 이후의 생산이나 그 밖의 공정을 거치는 경우, 또는 **1**

나. 그 상품이 비당사국의 영역에서 세관당국의 통제하에 머물러 있지 아니하는 경우

## 한-중국 FTA

〈제3.14조 직접운송〉

특혜관세대우를 주장하는 당사국의 원산지상품은 당사국 간 직접 운송된다.

하나 이상의 비당사국에서 경유하여 운송되는 상품은 그러한 비당사국에서 환적 또는 일시 보관을 하는 지에 상관없이 다음을 조건으로, 당사국 간 직접 운송된 것으로 간주한다.

가. 통과를 위한 상품의 반입은 지리적 이유 또는 오직 운송 요건에만 관련된 고려에 의하여 정당화될 것

나. 그 상품이 그 비당사국에서 거래 또는 소비되지 아니할 것, 그리고

다. 그 상품이 하역, 운송상의 이유로 인한 화물의 분리, 그리고 재선적 또는 그 상품을 양호한 상태로 보존하기 위하여 필요한 공정 외에 비당사국에서 그 밖의 어떠한 공정도 거치지 아니할 것, 상품이 이 항에 규정된 대로 비당사국에서 일시 보관되는 경우, 그 상품은 보관되는 동안 그 비당사국 관세당국의 통제 하에 머물러 있어야 한다. 그 비당사국에서 상품이 보관되는 기간은 상품의 반입일부터 3개월을 초과하지 아니한다. 불가항력의 상황이 발생하는 경우, 그 비당사국에 상품이 보관되는 기간은 상품의 반입일부터 3개월을 초과할 수 있으나 6개월을 초과해서는 아니된다. **3**

3. 이 조 제2항의 목적상, 다음의 서류가 상품의 수입 신고 시에 수입 당사국의 관세당국에 제출된다.
  가. 통과 또는 환적의 경우에는 항공화물운송장, 선하증권 또는 수출 당사국에서부터 수입 당사국까지의 전체운송 경로가 포함된 복합운송이나 결합운송서류와 같은 운송서류, 그리고
  나. 보관 또는 컨테이너를 적출하는 경우, 항공화물운송장, 선하증권 또는 수출 당사국에서부터 수입 당사국까지의 전체 운송 경로가 포함된 복합운송이나 결합운송서류와 같은 운송서류, 그리고 비당사국 관세당국이 제공하는 증빙서류, 수입국 관세당국은 그러한 증빙서류를 발급할 수 있는 그러한 비당사국의 그 밖의 권한 있는 기관을 지정하고 그러한 지정에 대하여 수출국 관세당국에 통보할 수 있다.

## 한-베트남 FTA

〈제3.8조 직접 운송〉

1. 특혜관세대우는 이 장의 요건을 충족하면서 양 당사국의 영역 간에 직접 운송되는 상품에 적용된다.

2. 제1항에도 불구하고, 상품이 양 당사국의 영역 외에 하나 이상의 비당사국을 경유하여 운송되더라도, 다음의 경우, 직접 운송되는 것으로 간주한다.
  가. 그 통과가 지리적 이유로 또는 오직 운송 요건에만 관련된 고려에 의하여 정당화되는 경우
  나. 그 상품이 경유국에서 거래 또는 소비되지 아니한 경우, 그리고
  다. 그 상품이 하역 및 재선적 또는 그 상품을 양호한 상태로 유지하기 위하여 요구되는 공정 외의 어떠한 공정도 거치지 아니한 경우 **1**

〈제3.23조 직접 운송의 이행〉
제3.8조 이행의 목적상, 수출 당사국과 수입 당사국 외에, 하나 이상의 중간 경유국들의 영역을 통하여 운송이
이루어지는 경우, 다음 각 호의 서류를 수입 당사국의 관련 정부 당국에 제출한다.
가. 수출 당사국의 영역에서 발급된 통과선하증권 **1**
나. 원산지 증명서
다. 상품에 대한 상업송장 원본의 사본, 그리고
라. 제3.8조의 요건을 준수하였다는 증거로서 그 밖의 관련 증빙서류가 있는 경우 그 서류

〈제3.24조 통과 또는 보관중인 상품에 대한 경과 규정〉
이 협정의 규정은 이 장의 규정을 준수하고, 이 협정의 발효일에 통과 중이거나 양 당사국의 세관보세창고에
임시 보관 중이거나 또는 자유지역 내에 있는 상품에 적용될 수 있다. 다만, 협정의 발효일부터 12개월 이내에
그 상품이 제3.8조와 제3.23조에 따라 직접 운송되었다는 것을 보여주는 서류와 함께 소급하여 발급된 원산지
증명서를 수입 당사국의 관세당국에 제출하는 것을 조건으로 한다.

## 한-뉴질랜드 FTA

〈제3.16조 직접 운송〉
1. 원산지상품은 제3.2조에 따라 결정된 원산지 지위를 유지한다. 다만, 그 상품은 비당사국 영역을 통과하지
   아니하고 수입 당사국으로 직접 운송되어야 한다.
   비당사국 영역을 통하여 운송되는 원산지상품은 다음의 경우에는 원산지 지위를 유지하지 아니한다.
   가. 그 상품이 하역, 일시적 보관, 운송상의 이유로 인한 화물 분리, 재선적 또는 상품을 양호한 상태로 보
       존하거나 수입 당사국 영역으로 운송하기 위하여 필요한 그 밖의 공정 외에, 양 당사국의 영역 밖에서
       어떠한 그 이후의 생산이나 그 밖의 공정을 거치는 경우, 또는
   나. 그 상품이 비당사국의 영역에서 세관당국의 통제에서 벗어난 경우

## 한-콜롬비아 FTA

〈제3.15조 직접 운송〉
비당사국의 영역을 통해 운송되는 원산지상품은 다음이 증명될 수 없는 한 비원산지상품으로 간주된다.
가. 그 상품이 하역, 운송 이유로 한 분리, 재선적 또는 상품을 양호한 상태로 보존하기 위하여 필요한 그 밖
    의 모든 공정 이외에, 비당사국의 영역에서 어떠한 추가 생산이나 그 밖의 공정도 거치지 아니한다는 것
나. 그 상품이 한쪽 또는 양 당사국의 영역 밖에서 세관 통제 하에 머물러 있다는 것, 그리고
다. 그 상품이 그 비당사국의 영역에서 거래 또는 소비되지 아니한다는 것

2. 제1항에 규정된 조건이 충족되었다는 증거는 요청이 있는 경우 수입 당사국에서 적용 가능한 절차에 따라
   관세당국에 다음을 제출함으로써 제공된다.
   가. 비당사국의 영역에서의 상품의 환적 또는 보관과 관련된 상황의 증거, 또는
   나. 비당사국의 관세당국 또는 그 밖의 권한 있는 당국이 발급하고 제1항에 규정된 조건이 충족되었음을 적
       시하는 서류

## 한-중미 FTA

〈제3.14조 직접 운송〉
1. 상품이 그 원산지 지위를 유지하기 위해서는 수출 당사국에서 수입 당사국으로 직접 운송된다.
2. 제1항에도 불구하고, 하나 이상의 당사국 또는 비당사국을 경유하여 운송되는 상품은 경유국에서의 환적
   또는 일시 보관 여부와 관계없이 다음을 조건으로, 수출 당사국에서 수입 당사국으로 직접 운송된 것으로
   간주된다.
   가. 그 상품이 관세당국의 통제하에 있을 것, 그리고
   나. 그 상품이 경유국에서 하역 및 재선적, 재포장 또는 그 상품을 양호한 상태로 유지하기 위하여 요구되
       는 공정 이외의 어떠한 공정도 거치지 아니할 것
3. 제2항에 규정된 조건이 충족되었다는 증거는 수입 당사국의 관세당국에 다음을 제출하여 제공된다.
   가. 수출 당사국으로부터 경유국을 통한 통과를 다루고 있는 단일 운송서류
   나. 경유국으로부터 수입 당사국까지의 통과를 다루고 있는 운송서류와 다음을 포함하고 있는 경유국 관세
       당국이 발행한 증명서
       (1) 제품의 정확한 설명

(2) 제품의 하역 및 재선적 일자, 그리고 적용 가능한 경우, 선박명 또는 사용된 다른 운송수단, 그리고
(3) 제품이 경유국에 머물러 있는 그 상태
다. 이를 제공하지 못하는 경우, 제4장(통관 절차 및 무역원활화)에 설립된 원산지 규정 및 원산지 절차 그리고 통관 및 무역원활화 위원회에서 당사국들이 합의한 수입 당사국의 관세당국을 만족시키는 모든 입증 서류

## 한-영 FTA

〈제1조 정의〉
탁송화물이란 수출자로부터 수하인에게 일시에 송부된 제품이거나, 수출자로부터 수하인으로의 선적에 대한 단일의 운송서류에 의하여, 또는 그러한 서류가 없는 경우 단일의 송품장에 의하여 다루어지는 제품을 말한다.

〈제13조 직접 운송〉
1. 이 협정에 규정된 특혜대우는 이 의정서의 요건을 충족하면서 양 당사국 간 또는 EU를 경유하여 직접적으로 운송되는 제품에만 적용된다. 그러나 단일 탁송화물을 구성하는 제품은 상황이 발생하면 다른 영역에서 환적 또는 일시적으로 창고 보관되어 그 다른 영역을 통해 운송될 수 있다. 다만, 그 제품이 통과 또는 창고 보관하는 국가에서 자유로운 유통을 위해 반출되지 아니해야 하고, 하역, 재선적 또는 제품을 양호한 상태로 보존하기 위해 고안된 모든 공정 외의 공정을 거치지 아니해야 한다.
2. 제1항에 규정된 조건이 충족되었다는 증거는 수입 당사국에 적용 가능한 절차에 따라 관세당국에 다음을 제출하여 제공된다.
가. 제3국에서 원산지제품의 환적 또는 보관과 관련된 상황의 증거
나. 수출 당사국에서 경유국을 통한 통과를 다루고 있는 단일 운송서류, 또는
다. 경유국의 관세당국이 발행한 다음의 증명서
(1) 제품의 정확한 설명을 제공하는 것
(2) 제품의 하역 및 재선적 일자, 그리고 적용 가능한 경우, 선박명 또는 사용된 다른 운송수단을 기재하는것, 그리고
(3) 제품이 경유국에 머물러 있는 그 상태를 증명하는 것

## RCEP

〈제3.15조 직접 운송〉
1. 원산지상품은 다음의 조건을 충족한 경우 제3.2조(원산지상품)에 따라 결정된 원산지 지위를 유지한다.
가. 그 상품이 수출 당사자에서 수입 당사자로 직접 운송되었을 것, 또는
나. 그 상품이 수출 당사자와 수입 당사자 외에 하나 이상의 당사자들(이하 이 조에서 "중간 경유 당사자들"이라 한다) 또는 비당사자들을 통하여 운송되었을 것. 다만, 그 상품은
(1) 하역, 재선적, 보관 또는 그 상품을 양호한 상태로 보존하거나 수입 당사자로 운송하기 위하여 필요한 그 밖의 모든 공정과 같은 물류 활동을 제외하고, 중간 경유 당사자들 또는 비당사자들에서 추가 가공을거치지 않았어야 한다. 그리고
(2) 중간 경유 당사자들 또는 비당사자들에서 관세당국의 통제 하에 머물러 있어야 한다.
2. 제1항 나호의 준수는 수입 당사자의 관세 당국의 요청이 있는 경우 중간 경유 당사자들 또는 비당사자들의 통관서류나 그 밖의 모든 적절한 서류를 수입 당사자의 관세당국에 제출하여 입증된다.
3. 제2항에 언급된 적절한 서류는 수입 당사자의 관세당국이 요청할 수 있는 항공화물운송장, 선하증권, 복합 또는 결합운송 서류, 그 상품에 대한 상업송장 원본의 사본, 재무 기록, 비조작 증명서 또는 그 밖의 관련 증명서류 같은 상업선적 서류나 화물운송 서류를 포함할 수 있다.

## 한-캄보디아 FTA

〈제3.9조 직접운송〉
1. 특혜관세대우는 이 장의 요건을 충족하면서 수출 당사국과 수입 당사국의 영역 간에 직접 운송되는 상품에 적용된다.
2. 제1항에도 불구하고, 상품이 수출 당사국 및 수입 당사국의 영역 외에 하나 이상의 중간 제3국을 경유하여 운송되더라도, 다음의 경우, 직접 운송된 것으로 여겨진다.
가. 그 상품이 중간 경유국의 관세행정기관의 통제하에 머물러 있는 경우, 그리고
나. 그 상품이 하역 및 재선적, 보관 또는 그 상품을 양호한 상태로 유지하기 위하여 요구되는 공정 외의 어떠한 공정도 거치지 않은 경우

〈제3.32조 직접운송의 증명서류〉

제3.9조를 이행하기 위한 목적상, 양 당사국 외에 하나 이상의 중간 경유국들의 영역을 통하여 운송이 이루어지는 경우, 다음의 서류를 수입 당사국의 관련 정부 당국에 제출한다.

가. 수출 당사국의 영역에서 발급된 통과선하증권. 이는 수출 당사국부터 수입 당사국까지의 상품의 전체 운송 경로를 포함한 운송 서류를 결합한 것을 포함한다. 또는

나. 제3.9조의 요건이 준수되고 있다는 증거로서 그 밖의 관련 증명서류가 있는 경우 그 서류

〈제3.32조 정의〉

마. 탁송품이란 수출자로부터 수하인에게 일시에 송부된 상품이거나, 수출자로부터 수하인으로의 선적에 대한 단일의 운송서류에 의하여, 또는 그러한 서류가 없는 경우 단일의 송장에 의하여, 다루어지는 상품을 말한다.

〈제3.13조 직접 운송〉

1. 이 협정에 따라 규정된 특혜대우는 이 장의 요건을 충족하면서 한국과 이스라엘간 직접운송되는 상품에만 적용된다. 그러나 단일 탁송물을 구성하는 상품은 상황이 발생하면 그 밖의 영역에서 그 관세 당국의 감시 하에 환적 또는 일시적으로 창고보관되어 그러한 영역을 통하여 운송될 수 있다. 다만,

   가. 상품이 통과 중인 비당사국에서 거래, 소비 또는 사용이 의도되지 않아야 하고, 그리고

   나. 하역, 재선적 또는 그 상품을 양호한 상태로 보존하기 위하여 고안된 공정 외의 공정을 거치지 않는다.

2. 제1항에 규정된 조건이 충족되었다는 증거는 수입 당사국의 관세 당국에 다음을 제출함으로써 제공된다.

   가. 원산지국으로부터 수입국까지의 운송을 증명하는 항공화물운송장, 선하증권 또는 복합운송이나 결합운송 서류와 같은 운송서류

   나. 상품이 통과 중이었던 비당사국의 관세 당국에 의하여 발급된 증명서로서, 상품의 정확한 설명, 그 비당사국에서의 상품의 하역 및 재선적 날짜와 장소, 그리고 상품이 놓여진 상태를 포함한 것, 또는

   다. 위의 서류가 없는 경우, 직접 선적을 증명할 그 밖의 서류

3. 양 당사국은 다른 쪽 당사국으로 수출되기 전에 비당사국으로 반출되고 제3.6조에서 정의된 것 이상의 작업 또는 가공을 거치지 않은 원산지 상품이 양 당사국에 의하여 결정될 조건에 따라 원산지 지위를 잃지 않도록 허용하는 메커니즘의 가능성을 이 협정의 발효일부터 2년 내에 논의하기로 합의한다.

〈제3.9조 직접 운송〉

1. 특혜관세대우는 이 장의 요건을 충족하면서 수출 당사국과 수입 당사국의 영역 간에 직접 운송되는 상품에 적용된다.

2. 제1항에도 불구하고, 상품이 수출 당사국 및 수입 당사국의 영역 외에 하나 이상의 중간 제3국을 경유하여 운송되더라도, 다음의 경우 직접 운송된 것으로 간주한다.

   가. 그 통과가 지리적 이유로 또는 오직 운송 요건에만 관련된 고려에 의하여 정당화되는 경우

   나. 그 상품이 경유국에서 거래 또는 소비되지 않은 경우, 그리고

   다. 그 상품이 하역 및 재선적이나 그 상품을 양호한 상태로 유지하기 위하여 요구되는 공정 외의 어떠한 공정도 거치지 않은 경우

3. 제2항의 이행의 목적상, 양 당사국 외에 하나 이상의 중간 경유국들의 영역을 통하여 운송이 이루어지는 경우, 다음의 서류를 수입 당사국의 관련 정부 당국에 제출한다.

   가. 수출 당사국의 영역에서 발급된 통과선하증권. 이는 수출 당사국부터 수입 당사국까지의 상품의 전체 운송경로를 포함한 운송 문서를 결합한 것을 포함한다. 또는

   나. 제2항의 요건이 준수되고 있다는 증거로서 그 밖의 관련 증명 서류가 있는 경우 그 서류

〈제4.12조 환적〉

상품이 제4.2조의 요건을 충족시키면서 생산되었다 하더라도 그 상품이 생산된 후 당사국 영역 밖에서 다음 경우에 해당될 경우에는 그 상품은 원산지상품으로 간주되지 아니한다.

가. 하역, 재선적, 상자포장, 포장과 재포장 또는 상품을 좋은 상태로 보존하거나 당사국의 영역까지 수송하기 위해 필요한 모든 다른 종류의 작업 이외의 추가적 생산이나 작업을 거친 경우, 또는

나. 비당사국의 영역 내의 세관당국의 통제 또는 감독 하에 있지 않은 경우

〈통일규칙 제6-1조 환적〉

1. 협정 제4장 및 제5장의 목적상, 일방당사국의 상품이 제3국을 통하여 운송될 경우
   가. 최종목적지가 기재된 선하증권이 제3국에서 발급되는 경우, 그 상품에 대한 특혜관세대우 신청은 그 상품이 수입 당사국의 영역으로 수입되기 전까지의 운송경로 및 모든 선적·환적 경로를 나타내는 송장, 선하증권 또는 화물운송장과 같은 증빙서류로 입증되어야 한다.
   나. 제3국을 경유하거나, 제3국에서 환적된 수출 당사국 상품에 대하여 수입 당사국 영역으로의 수입 기간 제한은 두지 아니한다.
2. 이 조 제1항의 목적상, 제3국을 통하여 운송되는 당사국 상품은 협정 제4장과 제5장의 규정을 충족하여야 한다.

## 한-미국 FTA

〈제6.13조 통과·환적〉

각 당사국은 다음의 경우 상품이 원산지상품으로 간주되지 아니하도록 규정한다.

가. 그 상품이 하역·재선적 또는 상품을 양호한 상태로 보존하거나 당사국의 영역으로 운송하기 위하여 필요한 그 밖의 공정 이외에 양 당사국의 영역 밖에서 이후의 생산이나 그 밖의 어떠한 공정이라도 거치는 경우, 또는 **1**

나. 그 상품이 비당사국의 영역에서 세관당국의 통제 하에 머물러 있지 아니하는 경우 **1**

## 한-캐나다 FTA

〈제3.16조 통과 및 환적〉

비당사국 영역을 통해 운송되는 원산지상품은 다음 사항을 입증하지 못하는 경우, 비원산지상품으로 간주된다.

가. 그 상품이 하역, 운송상 이유로 인한 분리, 재선적 또는 상품을 양호한 상태로 보존하기 위하여 필요한 그 밖의 모든 공정 이외에, 그 비당사국의 영역에서 어떠한 추가 생산이나 그 밖의 공정을 거치지 아니한다는것

나. 그 상품이 한쪽 또는 양 당사국 영역 밖에서 세관 통제 하에 있다는 것, 그리고

다. 그 상품이 그 비당사국의 영역에서 거래 또는 소비되지 아니하는 것

〈통일규칙 제7조〉

이 협정 제4.2조 제1항 라호에 따라 수입 참여국의 관세행정기관이 요청하는 경우, 수입자는 그 상품이 이 협정 제3.16조(통과 및 환적)에 따라 선적되었음을 그 참여국의 관세행정기관에 다음을 제출하면서 입증해야 할 것이다.

가. 상품의 수입 전 운송경로와 모든 선적 및 환적지점을 나타내는 선하증권 또는 화물운송장, 그리고

나. 상품이 비참여국의 영역을 경유하여 운송되는 경우, 그 상품이 그 비참여국에 있는 동안 세관의 통제 하에 있었음을 그 관세행정기관에 나타내는 세관 통제 서류의 사본

# 품목별원산지기준

## 1. 개요

### (1) 개념

① 품목별원산지기준(PSR ; Product Specific Rules)은 일반적으로 원산지상품(완전생산품, 불완전생산품, 원산지재료생산품) 유형 중 불완전생산품에 대하여 원산지충족여부를 판정 하는 기준이다. 세번변경기준, 가공공정기준, 부가가치기준 등 세 가지 기준을 사용하여 원산지를 판정한다. **2**

② 원산지재료생산품은 투입된 원재료가 모두 원산지재료이기 때문에 원산지 상품으로 인정된다. **1**

> 👤 **해설**
>
> 협정 상대국의 여러 원산지상품(비원산지재료만으로 가공된 후 동 협정에서 정한 원산지기준을 충족한 물품임)을 수입하여 이들만을 재료로 충분한 가공을 거쳐 제조된 물품은 원산지재료생산품이다.

③ 세번변경기준, 부가가치기준, 가공공정기준 중 하나의 기준을 설정하고 충족을 요구하면 단일기준이라 하며, 두 가지 이상의 기준을 설정하고 수출자가 유리한쪽을 선택하여 충족시키는 것을 선택기준, 둘 이상의 기준을 설정하고 모두 충족시켜야하는 것을 조합기준이라 한다. **3**

예시 **품목별 원산지 기준 형태**

| 적용 물품 | 협정 | 기준 형태 | 품목별 원산지 기준 |
|---|---|---|---|
| 제2852호 | 한-미 | 단일기준 | CTH **1** |
| | 한-EFTA | 선택기준 | CTH or MC 50% **1** |
| | 한-인도 | 조합기준 | CTSH + RVC 35% **1** |

### (2) 품목별원산지기준 설정방식

① 일반물품 설정방식

㉠ 품목별원산지기준은 일반적으로 협정문에 「원산지규정」의 부속서로 설정하며, 제01류~제97류에 해당하는 품목에 대하여 HS 2단위 또는 4단위 또는 6단위별로 규정한다. **1**

㉡ 품목별원산지기준 설정 시 특정품목에 대한 산업보호의 필요성이 있는 품목은 생산에 사용되는 특정 핵심 재료의 원산지 인정요건으로 완전생산요건을 두는 경우가 있다. **2**

예시 한-미 FTA 일반주해 사례

한-미 FTA에서 품목별 원산지기준상 '제외된 특정 세번의 재료'는 원산지재료를 사용하여야하나, 최소허용기준 만큼은 비원산지 재료를 사용할 수 있다. ❷

이 조항의 의미는 만약 HS 1302.19호의 상품의 원산지기준이 "다른 류에 해당하는 물품(소호제1211.20호의 것을 제외)에서 변경된 것"일 경우, 세번변경이 제외되는 제1211.20호의 재료는 원산지재료를 사용하라는 의미라는 것이다. ❶

② **특정협정품목 설정방식** : 일반적으로 품목별원산지기준은 제1류-제97류의 품목별로 설정된다. 다만, 일부 협정에서 특정품목에 대하여 품목별원산지기준을 일괄 또는 추가적으로 설정하는 방식이 있으며, 다음의 3가지 유형이다.

㉠ 「부(Section)」, 「류(Chapter)」등의 「주(Note)」로 규정하는 방식
- 「원산지규정」의 부속서인 「품목별원산지기준」에 개별적으로 설정된 품목별원산지기준 외에 「부(Section)」, 「류(Chapter)」등의 「주(Note)」의 형태로 추가적인 원산지결정기준을 설정하는 협정이 있다.
- 한-미 FTA 품목별원산지기준에서 제27류에 해당하는 품목의 개별 원산지결정기준이 4단위 또는 6단위별로 설정되어 있으나, 제27류에 주(Note) 형태로 가공공정기준을 추가로 설정하고 있어 개별기준을 충족하거나 주(Note)에 규정된 공정을 거치면 원산지상품으로 인정된다. ❷

㉡ 품목별원산지기준 미규정 품목에 공통으로 적용하는 방식
- 아세안 및 인도와의 협정에서 제1류-제97류의 물품 중 품목별원산지기준이 설정되어있지 않은 품목에는 공통적인 원산지결정기준을 적용하여 원산지를 판정한다.
- 한-아세안 FTA는 개별 품목별원산지기준이 설정되지 아니한 품목에 4단위 세번변경기준(CTH ; Change of Tariff Heading) 또는 부가가치기준 40%(RVC 40%) 중 하나를 선택하여 원산지 충족여부를 판정한다. ❸
- 한-인도 CEPA는 개별 품목별원산지기준이 명시되지 않은 품목에 6단위 세번변경기준(CTSH ; Change of Tariff Sub-Heading)과 부가가치기준 35%(RVC 35%)를 동시에 충족하도록 규정하고 있다. ❹

㉢ 세번변경기준 미충족품목 부가가치기준을 적용하는 방식
- 칠레 및 캐나다와의 FTA에서는 개별 품목별원산지기준이 세번변경기준으로 설정되어 있는 품목에 대하여 품목분류 원칙상 세번변경기준을 충족하기 어려운 경우 부가가치기준을 적용할 수 있도록 규정하고 있다 ❹
- 한-칠레 FTA의 품목별원산지기준(부속서4)에서 개별 품목별원산지기준이 세번변경기준으로 규정된 품목 중 세번변경기준을 충족하지 못할 경우 부가가치기준(공제법 45%, 집적법 30%)을 적용하여 원산지를 판정할 수 있도록 규정하고 있다. 다만, 제61류-제63류(의류, 섬유제품) 물품에 대해서는 적용을 제외한다. ❹

- 한-캐나다 FTA는 상품과 그 상품의 생산에 사용된 하나 이상의 비원산지재료가 동일한 소호 또는 더 이상 소호로 세분화되지 않는 동일한 호로 분류되어 그 상품이 품목별원산지기준(세번변경기준)을 충족할 수 없는 경우 그 비원산지재료의 가치가 그 상품의 공장도가격 55%를 초과하지 아니하면 원산지상품으로 인정된다. 다만, 최종제품의 HS가 제01류~제21류, 제3901호-제3915호, 제50류-제63류에 해당하는 경우 적용되지 않는다(제3.3조 제2항). **3**

## (3) 원산지충족여부 판단을 위한 원산지재료와 비원산지재료의 구분

① 품목별원산기준 충족여부 판정 시 기본은 원산지재료(역내산재료)와 비원산지재료(역외산재료)를 구분할 수 있어야 한다.

② 재료를 국내에서 조달하였다고 모두 한국산이 아니며, 외국에서 수입하였다고 모두 역외산재료가 아니라는 것에 유의하여야 한다. **1**

### 원산지재료 및 비원산지재료 구분

| 원재료 조달방식 | 원산지지위 | 원산지지위 구분 조건 |
|---|---|---|
| 국내조달 | 원산지재료 | 활용 협정의 원산지결정기준 충족한 재료(원산지확인서 보유) **2** |
| | 비원산지재료 | • 활용 협정의 원산지결정기준 미충족 재료<br>• 원산지 미상 재료(여러 유통 단계를 거쳐 최초 원산지 미상)<br>• 원산지결정기준은 충족하였으나 원산지확인서 미확보 재료 |
| 수입 | 원산지재료 | 협정 상대국에게 원산지결정기준을 충족한 재료(원산지증명서보유) **1** |
| | 비원산지재료 | • 협정 상대국 이외 국가에서 수입한 재료<br>• 협정 상대국에서 원산지결정기준을 충족한 재료이나 원산지증명서 미보유 재료<br>• 협정 상대국에서 수입한 재료이나 원산지결정기준 미충족 재료 |
| 자가생산 (중간재) | 원산지재료 | 활용 협정의 원산지결정기준 충족 재료 **1** |
| | 비원산지재료 | 활용 협정의 원산지결정기준 미충족 재료 |

원재료 구분 시 원산지재료임을 서류로서 입증해야 하며 증빙서류를 수령하지 못하면 비원산지재료로 구분해야 한다. **1**

## 2. 세번변경기준 **2**

## (1) 개요

① HS 품목분류체계는 통상 가공도에 따라 세번을 부여하므로 세번이 바뀌면 상품의 본질적 특성이 바뀐다고 전제한다.

② 세번변경기준(Change in Tariff Classification Criterion)은 투입된 비원산지재료들의 세번과 완성품 세번이 상이하면 원산지를 인정하는 기준이다. **1**

③ 세번변경기준은 제조에 사용된 「원산지재료」의 세번변경 여부는 고려하지 않으며, 「비원산지재료」의 세번에서 완제품의 세번으로 세번변경이 발생하면 물품의 실질이 변화하였다고 인정하는 기준이다. **3**

④ HS 코드가 국제적으로 널리 채택되고 있어 투명성을 확보할 수 있고, 원산지 충족여부 판정이 용이하므로 각 협정에서 품목별원산지기준으로 세번변경기준의 채택비율이 높다. **1**

⑤ 그러나 충분가공원칙과 관련하여 원재료 세번에서 완성품의 세번으로 변경이 발생하나 물품의 본질적 특성이 변하지 않은 경우가 있으므로 세번변경기준 충족여부 확인 시 불인정공정 해당여부도 함께 검토하여야 한다. **1**

## (2) 세번변경기준 유형

① 세번변경기준은 2단위 세번변경기준(CC ; Change of Chapter), 4단위 세번변경기준(CTH ; Change of Tariff Heading), 6단위 세번변경기준(CTSH ; Change of Tariff Sub Heading)이 있다. **1**

② 일반적으로 2단위보다 4단위, 4단위보다는 6단위 세번변경기준이 유사한 물품에서 세번변경이 가능하므로 쉽게 충족할 수 있다. **1**

③ 역외산 원재료의 세번이 변경되지 않을 경우, 최소허용수준 및 누적기준 등 특례규정을 통해 원산지를 충족할 수 있는 여지가 있는지 확인할 필요가 있다. **2**

④ 세번변경기준은 「세번변경＋제외세번」 형태로 규정하는 방식이 있다. 세번변경＋제외세번 형태로 원산지결정기준이 설정된 품목은 제외세번에 해당하는 원재료는 반드시 역내산재료(원산지재료)를 사용하여야 한다는 의미이다. **3**

예시 **세번변경기준**

제0901.21호의 한-미 FTA 원산지결정기준은 6단위 세번변경기준이며, 볶지 않은 커피(0901.11)를 원재료로 볶았다면 볶은 커피(0901.21)가 되어 원산지가 충족된다. **1**

예시 **세번변경기준 해석 연습(제7220.20호)**

| 협정 | 협정문상 원산지결정기준 | 원산지결정기준 해석 |
|---|---|---|
| 한-중 | 4단위 세번변경기준(제7218호 또는 제7219호에 해당하는 물품은 제외한다) | HS 4단위 세번변경기준으로 다만 제7218호 또는 제7219호의 재료가 생산에 사용되었다면 원산지재료를 사용해야 한다. |
| 한-페루 | 다른 소호에 해당하는 물품에서 변경 된 것 | 동일 소호(HS 6단위)의 역외산 재료가 제품 생산에 사용되지 않으면 된다. |
| 한-튀르키예 | 제7218호의 잉곳, 기타 일차형상 또는 제품의 재료로부터 생산된 것 | 제7218호의 잉곳, 기타 일차 형상 또는 반제품의 비원산지재료로 역내에서 생산하면 된다. |
| 한-인도 | 다른 호에 해당하는 재료로부터 생산 된 것 | 동일호(HS 4단위)의 역외산 재료가 생산에 사용되지 않으면 된다. |

예시 **세번변경기준 해석 연습**

> 다른 류에 해당하는 재료(제5401호부터 제5402호까지, 제5403.33호부터 제5403.39호까지, 제5403.42호부터 제5405호까지 및 제5501호부터 제5507호까지의 것은 제외한다)로부터 생산된 것

1. 면사의 원산지결정기준은 2단위 세번변경기준으로서 일부 원재료의 사용을 제외하고 있는 기준이다.
2. 면사의 경우 역외산 원면(HS 제5201호)을 사용하여 방적한 경우에도 원산지기준을 충족하지 못한다.
3. 동 면사의 생산에 재생사(HS 제5403.33호)를 사용할 경우에는 반드시 역내산 재생사를 사용해야 원산지기준을 충족한다.
4. 제외세번에 해당하는 원재료부터의 변경을 막고 있는 것이므로 제외세번에 해당하는 원재료가 사용된다면 역내산재료만이 사용되어야 하는 것을 의미한다.

예시 **세번변경기준 판정 연습**

〈완제품인 자동차용 에어백(제8708.95호)의 원재료명세서〉

| NO | 구성부품 | HS CODE | 원산지 |
|----|---------|---------|--------|
| 1 | Cover Assy | 제8708.29호 | 한국 |
| 2 | Cushion Assy | 제8708.99호 | 영국 |
| 3 | MGT Plate | 제8708.95호 | 미국 |
| 4 | Inflator | 제8708.95호 | 한국 |
| 5 | Horn Assy | 제8512.30호 | 베트남 |

〈원산지결정기준〉

| 한–EU FTA | 다음 각 호의 어느 하나에 해당하는 것에 한정한다.<br>1. 모든 호(그 제품의 호는 제외한다)에 해당하는 재료로부터 생산된 것<br>2. 해당 물품의 생산에 사용된 모든 비원산지 재료의 가격이 해당 물품의 공장도가격의 50%를 초과하지 아니한 것 |
|-----------|------------------------------------------------------------------------------|
| 한–베트남 FTA | 다음 각 호의 어느 하나에 해당하는 것에 한정한다.<br>1. 다른 호에 해당하는 재료로부터 생산된 것<br>2. 40% 이상의 역내 부가가치가 발생한 것 |

Q1. 한–베트남 FTA의 경우 연번 3번 미국산 원재료로 인해 세번변경기준을 충족하지 못한다.
A. O, 2번, 3번 원재료의 경우 완제품 세 번과 4단위 호가 동일하므로 세번변경기준 불충족함 (1번 4번의 경우 역내산임)

Q2. 한–EU FTA 세번변경기준을 불충족하나 최소허용수준을 검토할 필요가 있다.
A. O, 2번, 3번 원재료의 경우 완제품 세 번과 4단위 호가 동일하므로 세번변경기준 불충족함 (1번의 경우 역내산임)

## 3. 가공공정기준

### (1) 개념

① 가공공정기준(Processing Operation Criterion)은 특정 제조 · 가공 · 공정 방법 자체를 원산지결정기준으로 설정하여 역내에서 그 제조 · 가공 · 공정 방법 등을 수행하면 원산지를 인정하는 기준이다. **1**

② 가공공정기준은 원재료의 원산지를 불문하고 규정된 공정이 수행된 국가를 원산지로 한다. **1**

**예시** 황산테레빈유

• 한-중 FTA는 세번변경기준을 적용하고 있으나, 한-EU FTA에서는 증류 또는 정제에 의해 정화 공정을 거치면 원산지를 인정하는 가공공정기준이 포함되어 있다.

• 제재목의 경우도 한-중 FTA에서는 4단위 세번변경기준을 규정하고 있으나, 한-EU FTA는 대패질, 연마 또는 엔드-조인트하는 공정(가공공정기준)을 거치면 원산지상품으로 인정받을 수 있다.

| 품명 | HS | 협정 | 원산지기준 |
|---|---|---|---|
| 황산테레빈유 | 3805.10 | 한-EU FTA | 다음 각 호의 어느 하나에 해당하는 것에 한정한다.<br>황산테레빈원유를 증류 또는 정제에 의해 정화한 것<br>해당 물품의 생산에 사용된 모든 비원산지재료의 가격이 해당 물품의 공장도 가격의 40%를 초과하지 아니한 것 |
| | | 한-중 FTA | 4단위 세번변경기준 |
| 제재목 | 4407.10 | 한-EU FTA | 대패질, 연마 또는 엔드-조인트한 것 |
| | | 한-중 FTA | 4단위 세번변경기준 |

### (2) 적용범위

① 가공공정기준은 세번변경기준, 부가가치기준에 비하여 적용 품목의 범위는 좁으며 석유제품, 화학제품, 플라스틱, 섬유제품 등 특정가공을 거치면 물품의 실질이 변화하는 산업(품목)에 주로 차용하고 있다. **3**

② 가공공정기준은 석유제품, 화학제품, 플라스틱, 섬유제품 등에 주로 채택하고 있다. **1**

③ 가공공정기준은 개별기준으로 설정하는 것 이외에도 세번변경기준과 가공공정기준 중 하나를 선택하여 적용할 수 있는 선택기준이나, 세번변경기준 또는 부가가치기준과 동시에 충족하도록 하는 조합기준 형태가 있다. 또한 품목의 「부」, 「류」 등에 '주'로 일괄기준을 규정하는 방식이 있다.

※ 가공공정기준에는 최소허용기준이 적용되지 않는다. **1**

### (3) 산업별 가공공정기준

① 석유제품

㉠ 페루 · 미국 · 호주 · 캐나다 · 뉴질랜드 · 콜롬비아 · 이스라엘과의 FTA는 품목별원산지기준에 제27류(광물성 연료, 광물류와 이들의 증류물, 역청물질 및 광물성 왁스)에 대하여 품목의 개별기준과 제27류 「주(Note)」에 규정된 공정 중 어느 하나를 충족하면 원산지상품으로 인정받는다. **1**

ⓒ 제27류 개별기준은 대부분 세번변경기준으로 규정되어 있으며, 제27류 주에서 정한 화학
반응이나 증류법 등을 규정하고 있다.

## 협정별 석유제품의 가공공정기준

| 협정 | 화학반응 | 증류법(상압, 감압) | 직접혼합 |
|---|---|---|---|
| 미국, 호주, 뉴질랜드, 콜롬비아 | 제2707호 및 제2710호 | 제2710호 | – |
| 캐나다 | 제2707호 및 제2710호 | 제2710호 | 제2710호 |
| 페루 | 제2707호 – 제2710호 | 세2710호 | – |
| 이스라엘 | 제27류 | 제2710호 | – |

## 한미FTA 및 한캐나다FTA 제27류 주

### 한-미 FTA의 부속서 가 2부 〈제27류의 주〉

이 류의 목적상, "화학반응"이란 분자 내 결합이 깨지고 새로운 분자 내 결합 생성에 의하거나 분자 내 원자
의 공간배열을 변경함으로써 새로운 구조를 가진 분자가 되는 공정(생화학공정을 포함한다)을 말한다.

다음은 이 정의의 목적상 화학반응으로 간주하지 아니한다. **1**
가. 물 또는 다른 용제에 용해된 것 **1**
나. 용제(용매물을 포함한다)의 제거, 또는 **1**
다. 결정수의 첨가 또는 제거

제2710호의 목적상, 다음 공정들은 원산지의 지위를 부여한다. **1**
가. 상압증류법 : 석유가 증류탑에서 끓는점에 따라 분획된 후 그 증기가 응축하여 상이한 액화 분획물이 되는
분리 공정
나. 감압증류법 : 분자증류법만큼 낮지 않지만, 대기압보다 낮은 압력에서 증류

### 한-캐나다 FTA 부속서 3-1, 품목별 원산지 규정(PSR) 〈제27류의 주〉

주 1 : 제2707호와 제2710호의 목적상, "화학반응"이란 분자 내 결합이 깨지고 새로운 분자 내 결합이
생성되거나 분자 내 원자의 공간배열의 변경결과로 새로운 구조를 가진 분자가 되는 공정(생화학 공정
을 포함한다)을 말한다.
다음 사항들은 이 정의의 목적상 화학반응으로 간주하지 아니한다.
가. 물 또는 다른 용제에 용해된 것
나. 용제(용매물을 포함한다)의 제거, 또는
다. 결정수의 첨가 또는 제거

주 2 : 제2710호의 목적상, 다음 공정들은 원산지 지위를 부여한다. **1**
가. 상압증류법 : 석유가 증류탑에서 끓는점에 따라 분획되고 그 증기가 응축하여 상이한 액화 분획물이 되는
분리공정, 또는
나. 감압증류법 : 분자증류법보다 낮지 않지만, 대기압보다 낮은 압력에서 증류

주 3 : 제2710호의 목적상, "직접혼합"이란 정제공정으로서 처리단위로부터의 다양한 석유스트림과 저장탱크
로부터의 석유구성요소가 결합하여 최종제품을 생산하는 것을 말한다. 최종제품은 사전에 결정된 수치
로 제2710호에 분류되는 것이다. 다만, 비원산지재료의 구성비가 물품 총량의 25%를 초과하지 않는
경우에 한정한다. **1**

- 석유제품 화학반응 공정 : 역외산(비원산지재료) 벙커시유를 역내에서 화학반응시켜 가솔린을 제조하면 세번이 제2710호로 동일하나, 제27류 「주(Note)」의 화학공정을 거친 경우 원산지상품으로 인정된다.

> **예시** 한-미 FTA 제2710호 품목별원산지기준
> 다음 각 호의 어느 하나에 해당하는 것에 한정한다.
> 1. 같은 호에 해당하는 다른 물품으로부터 생산된 것. 다만, 화학반응, 상압증류법 또는 감압증류법을 거친 것에 한정한다.
> 2. 다른 호에 해당하는 재료(제2207호의 것은 제외한다)로부터 생산된 것

- 석유 증류법 공정 : 상압증류법, 감압증류법 공정에 따라 역외산 원유를 증류하여 휘발유, 항공유, 등유, 경유, 증유로 각각 분리하면 원산지상품으로 인정받는다.

② 화학 · 플라스틱 · 고무제품 가공공정기준

㉠ 미국 · 콜롬비아 · 이스라엘과의 FTA는 제6부(화학공업 제품 : 제28류~제38류) 및 제7부(플라스틱 제품, 고무제품 : 제39류~제40류)에 가공공정기준을 채택하고 있다.

㉡ 호주 · 캐나다 · 뉴질랜드 · 중미와의 FTA는 제6부(화학공업 제품 : 제28류~38류)에만 가공공정기준을 정하고 있다.

㉢ 주요 공정은 화학공정, 정제, 혼합, 입자크기의 변화, 표준물질, 이성체 분리, 분리금지 등이며, 협정별로 적용할 수 있는 품목의 범위가 다르다.

### 협정별 화학 플라스틱 고무제품 가공공정기준

| 구분 | 화학반응 | 정제 | 혼합배합 | 입자 크기변화 | 표준물질 | 이성체 분리 | 분리금지 |
|---|---|---|---|---|---|---|---|
| 미국 콜롬비아 | 28~38류 (제3823호 적용 제외), 39~40류 | 28~38류, 39~40류 | 30류, 31류, 33~38류(제3808호 제외), 39~40류 **1** | 30류, 31류, 33류, 39류 | 38~38류 | 28~ 38류, 39류 | 28~38류 |
| 중미 | 28~38류 (제3823호 제외) | 28~38류 | 30류, 31류, 33~38류 (제3808호 제외) | 30류, 31류, 33류 | 28~38류 | 28~38류 | 28~38류 |
| 호주 뉴질랜드 | 28류~38류 (제3823호 적용 제외) | 28~35류, 38류 | 30류, 31류, 제3302호, 제3502. 20호, 제3506호~ 제3507호, 제3707호 | 제30류, 제31류 | 28~32류 , 35류 38류 | 28~ 32류, 35류 | 28~38류 |
| 캐나다 | 28류, 29류 | 28류, 29류 | – | – | – | 29류 | 28류, 29류 |
| 이스라엘 | 28류~40류 (제3828호 제외)* | 28류~ 40류 | 30류, 31류, 33~38류(제3808호 제외), 39~40류 | 30류, 31류, 33류, 39류 | 28~38류 | 28류~ 38류, 39류 | 28류~ 38류 |

> **예시** 한-미 FTA는 '품목별원산지기준 제6부(화학공업제품 : 제28류～제38류) 주(note)'에 개별 품목별원산지기준과는 별개로 역내에서 특정 공정이 수행되는 경우에도 원산지상품으로 인정하고 있다. 이 때 양당사국 역내에서 미리 결정된 명세서에 따라 혼합된 제32류 제품은 원산지상품으로 인정될 수 없다. 혼합은 제30류, 제31류, 제33류 내지 제38류(제3808호 제외) 물품에 적용되기 때문이다.
>
> **예시** 한-페루 FTA는 정제공정을 인정하지 않는다.

## 한-미 FTA 품목별원산지기준 제6부 주

- 주 1 : 따로 명시된 것을 제외하고 제6부의 규칙 제1항 내지 규칙 제7항 중 하나 이상을 충족하는 이부의 류 또는 호에 해당하는 물품은 원산지로 간주한다.
- 주 2 : 주1 규정에도 불구하고, 물품이 이 부의 원산지규정에 따라 품목분류 변경 적용이 되거나 부가가치 요건에 충족될 경우 원산지 물품으로 간주한다.
- 규칙 1 : 화학반응
  일방 또는 양 당사국의 역내에서 화학반응의 결과로 생산된 제28류 내지 38류에 해당하는 물품(제3823호의 것을 제외한다)은 원산지상품으로 간주한다.

  주 : 이 부의 목적상, 화학반응이란 분자 내 결합이 깨지고 새로운 분자 내 결합 생성에 의하거나 분자에서 원자의 입체자리 변경에 따라 새로운 구조를 가진 분자가 되는 공정(생화학 공정 포함)을 말한다.
  다음 사항들은 원산지 물품 여부를 결정하는 목적상 화학반응으로 간주하지 않는다.
  1. 물 또는 다른 용제에 용해된 것 **②**
  2. 용제(용매물을 포함한다)의 제거 **①**
  3. 결정수의 첨가 또는 제거 **①**

  **예** 화학반응(Chemical Reaction) : 반응 전 재료와 화학반응 후 물품의 세 번은 동일하나 분자 내 결합이 깨지고 새로운 분자 내 결합이 생기므로 원산지상품으로 인정된다. **①**

- 규칙 2 : 정제
  정제 조건에 충족하는 제28류 내지 제38류에 해당하는 물품은 원산지로 간주된다. 다만, 정제는 일방 또는 양 당사국의 역내에서 이루어지고 다음의 결과가 발생하여야 한다.
  1. 불순물의 80% 이상 제거된 경우 **①**
  2. 불순물의 감소 또는 제거 결과로 다음의 물품에 알맞게 된 경우
      가. 의료용품, 의약품, 화장품, 수의약 또는 식품 등급 물질
      나. 분석, 진단, 실험실용 화학제품 또는 시약
      다. 미량원소에 사용되는 구성요소 또는 성분
      라. 특수 광학용
      마. 건강과 안전을 위한 무독성용 **①**
      바. 생명공학용
      사. 분리공정에 사용되는 담체
      아. 핵등급용

**해설**

정제 전후 물품의 세번은 동일하나 공통기준에서 규정하고 있는 정제과정을 거치면 원산지상품으로 인정
받을 수 있다.

> **예시** 95% 에틸렌(제2901.21호)을 정제공정을 통해 99.9% 에틸렌(제2901.21호)으로 제조한 경우
> 원산지상품으로 인정받을 수 있다.

- 규칙 3 : 혼합

  제30류, 제31류 또는 제33류 내지 제38류의 물품(제3808호는 제외한다)은 미리 결정된 명세서에 따
  라 재료의 계획적이고 비율적으로 관리되는 혼합 또는 융합(분산을 포함한다)의 결과로 물품의 목적
  또는 용도에 관련된 다른 본질적인 물리적 또는 화학적 특성을 가지는 제품이 제조되어 원료물질과 다
  르고 협정의 일방 또는 양 당사국의 영역 내에서 발생한 경우 원산지로 간주한다.

- 규칙 4 : 입자 크기의 변화

  제30류, 제31류 또는 제33류의 물품은 계획적이고 조절된 물품의 입자크기의 변형(수지 용해와 다음
  에 수반되는 침전에 의한 미소화를 포함하고 단순 분쇄 또는 압착에 의한 것은 제외한다)의 결과로 원
  료와 다른 물리적 또는 화학적 특성을 가지고 결과물의 목적에 관련된 정의된 입자 크기, 정의된 입자
  크기 분포 또는 정해진 표면적을 가진 물품으로 되어 협정의 일방 또는 양 당사국의 영역 내에서 발생
  한 경우 원산지로 간주된다. **1**

- 규칙 5 : 표준 물질

  제28류 내지 제38류에 해당하는 물품의 경우, 표준물질의 생산이 협정의 일방 또는 양 당사국의 역내
  에서 이루어진 것은 원산지 물품으로 간주한다.
  이 규칙의 목적상, 표준물질(표준 용액을 포함한다)은 제조자에 의해 보증된 정확한 순도 또는 비율이
  표시된 것으로 분석, 검정 또는 참고용에 적절한 조제를 말한다.

- 규칙 6 : 이성체 분리

  제28류 내지 38류에 해당하는 물품의 경우, 이성체 혼합물로부터 이성체의 유리 또는 분리가 협정의
  일방 또는 양 당사국의 역내에서 이루어진 것은 원산지 물품으로 간주한다.

- 규칙 7 : 분리 금지

  제28류 내지 38류에 해당하는 물품의 경우, 인조 혼합물에서 하나 또는 그 이상의 물질로 분리된 결과
  로서 일방 또는 양 당사국의 영역 내에서 품목분류 변경된 물품은 유리된 물질이 일방 또는 양 당사국
  의 영역 내에서 화학반응이 이뤄지지 않았다면 원산지 물품으로 간주하지 아니한다.

③ 섬유제품의 가공공정기준

## (1) 제조공정

① 원료를 섬유(fibers)상태로 만들어 방적공정을 거치며 실(Yarns)이 되고, 이후 제직공정을 거치면 직물(woven fabrics) 또는 편물(knit fabrics)이 된다.

② 직물을 용도에 맞는 크기와 형태로 자르는 재단공정(cutting)을 거쳐 실로 박음질하는 봉제공정(sewing)을 마치면 최종 제품인 의류가 만들어진다.

③ FTA 협정에서 섬유분야에 대한 원산지결정기준으로 섬유원료, 원사기준, 직물기준, 재단과 봉제, 의류가공 등이 있다. 용융과 방사과정을 거쳐 섬유를 생산하고 방적공적을 거쳐야 원산지를 인정하는 경우가 섬유기준(Fiber Forward)로 가장 엄격하고, 그 다음으로 실을 만드는 방적공정(Yarn Forward)이 있고 그 다음 직물을 짜는 제직공정(Fabric Forward)이 있다. 이후 의류제조를 위하여 필요한 재단공정(Cut and Sew)등을 결정기준으로 정하기도 한다.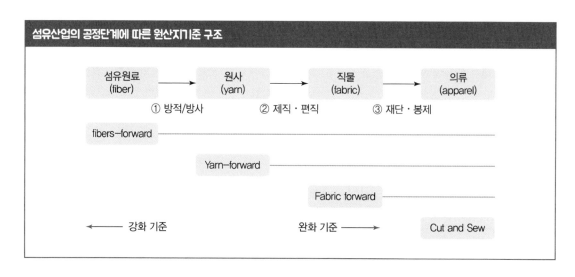

④ 섬유 · 의류 제품의 품목분류체계는 가공도에 따른 제품의 변화가 반영된다. 제50류~제55류의 각호 분류체계는 섬유 → 사 → 직물의 가공도 순으로 배열되어 있다.

⑤ 또한 제50류~제55류의 직물이 재단 · 봉제가공을 거쳐 제62류의 물품이 되며, 제50류~제55류의 사(Yarns) 역시 편직공정을 거쳐 제60류로, 다시 재단 · 봉제 공정을 거쳐 제61류에 분류되므로 공정이 수행되면서 세번이 변경된다.

⑥ 각 국가는 섬유산업의 민감성 때문에 다른 품목에 비하여 매우 엄격한 기준을 둔 경우가 많다. ▣

⑦ 칠레 · 미국 · 페루 · 콜롬비아와의 FTA는 직물 및 의류의 기본원칙으로 「원사기준(yarn forward)」을 채택하고 있다. ▣

⑧ 의류의 경우 이 기준을 충족하려면 실(yarn)을 만드는 공정에서부터 직물을 만드는 공정, 재단 · 봉제공정까지 해당국에서 수행되어야 한다. ▣

⑨ 또한, 우리가 맺은 협정에서 EU · 튀르키예 · 영국과의 FTA를 제외한 대부분의 협정에서는 섬유산업의 원산지결정기준은 섬유 단계별 공정을 근간으로 세번변경기준 형태로 설정하는 경우가 많다. ▣

**섬유산업의 공정단계에 따른 원산지기준 구조**

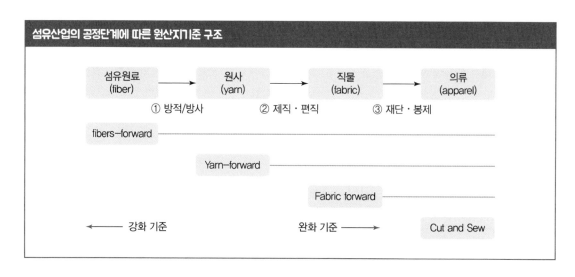

## (2) 협정별 섬유제품 원산지결정기준

### ① EU · 튀르키예 · 영국과의 FTA

⊙ EU, 튀르키예 및 영국과의 FTA는 섬유제품에 대하여 두 가지 공정 이상을 수행하는 이중실질변형기준(Double Substantial Transformation)을 도입하고 있다. [1]

ⓒ 다시 말해 사(실)의 경우 용융 및 방사과정을 거쳐 섬유를 생산하고 방적공정을 거쳐야 원산지가 충족되도록 원산지결정기준을 설정한 경우가 많으며, 직물의 경우 역외산 섬유원료로 사(방적 공정)를 만들고 제직 공정을 거쳐야 원산지상품으로 인정받을 수 있다. [1]

ⓒ 앞서 섬유산업의 원산지기준 구조에서 보듯이 사(Yarn) 제조에 수반되는 「방적 또는 방사공정」, 직물 제조에 수반되는 「제직 또는 편직공정」, 의류 제조에 수반되는 「재단 · 봉제공정」, 양말이나 장갑처럼 별도의 추가적인 재단 · 봉제없이 편직만을 통해 최종제품의 형상을 만드는 「편성공정」을 상품의 원산지를 부여하는 주요한 「실질적 변형(Substantial Transformation)」으로 간주한다.

> **해설**
>
> • 제61류 의류에 원산지결정기준이 "비원산지 원사로부터 생산된 것"이라면 역내에서 2단계 실질적 변형(제직/편직＋재단/봉재)이 발생되어야 한다는 의미이다. [1]
>
> • 원산지결정기준에 별도의 언급이 없는 경우, 염색이나 날염, 기타 후가공 공정은 실질적 변형에 해당하지 아니한다. 다만, EFTA · EU · 튀르키예 · 영국과 FTA의 경우 예외적으로 역외산 직물을 수입하여 역내에서 날염 또는 염색을 수행한 경우 부가가치기준을 충족하면 역내산으로 인정되는 품목도 있다. [1]

**예시** 한-EU FTA 제61류 원산지결정기준 적용 및 해설 사례

〈제조과정〉
EU로 수출할 양말을 제조하기 위해 중국에서 POY(Pre-Oriented Yam)사를 수입, 한국에서 연신(장섬유의 원길이를 늘려 장력을 증가시키는 공정)을 통해 DTY(Drawn Textured Yams)만들었다. DTY를 구입한 국내 양말 제조기업에서 제6115호 해당하는 편물제 양말을 최종 제조하였다. 편물제 양말은 편성(knit-to-shape)에 의해 양말의 형상이 제조되었다.

| 제61류 | 한-EU FTA 품목별 원산지결정기준 |
|---|---|
| | 다음 각 호의 어느 하나에 해당하는 것에 한정한다.<br>1. 천연 그리고/또는 인조스테이플 섬유의 방적 또는 인조필라멘트사의 방사와 이에 수반 하는 편성(니팅) 공정(제품의 성형을 위한 것)을 거친 생산<br>2. 편성(니팅) 및 절단을 포함한 완성공정을 거친 생산(모양(폼)으로 절단되었거나 직접 모양(폼)을 갖춘 메리야스 편물 또는 뜨개질 편물의 두 조각 이상을 맞추어 제조한 것) |

→ 원산지결정기준 충족여부를 살펴보면, 1, 2번 원산지기준 모두 충족하지 아니한다(역내에서 실을 제조하여 양말을 편성하여 생산하거나 역외산 실로 편성이 이루어진 경우 두 조각 이상 봉제공정이 수행되어야 한다).

② 한-인도 CEPA
　㉠ 한-인도 CEPA의 경우는 제50류~제60류 해당물품(사ㆍ직물 등)은 4단위 세번변경기준과 역내부가가치 40% 기준(CTH＋RVC 40%)을 동시에 충족하여야 한다. **2**
　㉡ 제61류~제63류 해당물품의 원산지기준은 「비원산지 원사로부터 생산된 것」이라 규정되어 있다. 따라서 역외산 원사로 직물을 생산하여 동 직물로 의류를 생산하면 원산지를 인정해주는 「fabric forward」 기준을 채택하고 있다. **4**

③ 칠레ㆍ미국ㆍ페루ㆍ콜롬비아ㆍ중미와의 FTA
　㉠ 칠레ㆍ미국ㆍ페루ㆍ콜롬비아ㆍ중미와의 FTA는 제50류에서 제63류까지 품목별 원산지기준으로 대부분 「세번변경기준＋제외세번규정」 방식을 채택하고 있다.

 **해설**
> 한ㆍ미 FTA는 다른 FTA와 달리 섬유제품의 원산지규정을 제4장에서 별도로 정하고 있다. 제4장은 제42류(여행가방), 제50류 내지 제63류(방직용 섬유와 그 제품), 제7019호 유리섬유, 제9404.90호 이불ㆍ배개 등에 적용된다.

　㉡ 류변경(CC), 호변경(CTH), 소호변경(CTSH)을 기준으로 설정하고, 사용되는 원재료 중 특정원재료의 사용을 제외하고 있다(역내산재료 사용요구).

**예시** 한-미 FTA상 제6101.20호의 남자용 의류의 원산지결정기준

다른 류에 해당하는 재료(제5106호부터 제5113호까지, 제5204호부터 제5212호까지, 제5307호부터 제5308호까지, 제5310호부터 제5311호까지, 제5401호부터 제5402호까지, 제5403.33호부터 제5403.39호까지, 제5403.42호부터 제5408호까지, 제5508호부터 제5516호까지 및 제6001호부터 제6006호까지의 것은 제외한다)로부터 생산된 것. 다만, 다음 각 호의 요건을 모두 충족한 것으로 한정한다.

체약당사국에서 재단[또는 편성(knit to shape)]이 이루어지고, 봉제 또는 기타의 방법으로 결합 공정이 수행된 것

보이는 안감이 제61류의 주석 1에 따른 요건을 충족한 것

> 〈제61류의 주석 1〉
> 다음에 해당하는 물품[미합중국 통합관세율표(HTSUS)의 제5408.22.10호ㆍ제5408.23.11호ㆍ제5408.23.21호 및 제5408.24.10호에 해당하는 물품은 제외한다]이 특정 남ㆍ여 슈트, 슈트형 재킷, 스커트, 오버코트, 카코트, 아노락, 윈드브레이커 및 이와 유사한 물품의 보이는 안감(visible lining material)으로 사용되는 때에는 체약당사국에서 완전하게 형성되고 마무리되어야 한다.

ⓒ 2단위 세번변경기준＋제외세번 형태로 원산지결정기준이 설정되어 있으며, 제외 세번에 해당하는 경우 원산지재료만 사용되어야 한다. 괄호 안에 규정된 세번은 사(yarn)와 직물에 해당하는 세번이므로 사부터 역내산을 사용하여 재단·봉제까지 요구하고 있는 것이다. **1**

ⓓ 이에 사를 제조하는 공정인 방적 또는 방사, 제직 또는 편직 공정이 수행되어야 하고 최종적으로 의류 제조공정인 재단 및 봉제 공정도 이루어져야 한다. **1**

ⓔ 그리고 〈제61류의 주석1〉에 해당하는 안감규정도 충족되어야 한다. 즉, 역내에서 방적 또는 방사·제직·재단·봉제 공정 등 모두 수행되어야 한다.

ⓕ 제61류 및 제62류 의류제품 등에 대해 한－미 FTA에서는 아래와 같이 7가지 유형의 원산지 기준을 가지고 있다. 한－칠레 FTA의 경우 A와 C유형이 없으며, 한－페루 FTA는 B와 F유형이 있다. 한－콜롬비아 FTA는 B유형만을 규정하고 있다.

 **해설**

한－미 FTA 의류의 원산지 판정에 있어 원산지기준은 그 상품의 세번을 결정하는 구성요소에만 적용한다. 따라서 세번을 결정하는 구성요소가 아닌 의류 부속품(예 : 금속제 후크, 직물제 단추, 커프스 등)은 원산지 판정시 제외된다. **1**

예시 **면방적사(HS 제5204호～제5207호)의 한－미 FTA 원산지결정기준**

> 다른 류에 해당하는 재료(제5401호부터 제5402호까지, 제5403.33호부터 제5403.39호까지, 제5403.42호부터 제5405호까지 및 제5501호부터 제5507호까지의 것은 제외한다)로부터 생산된 것

① 면방적사 원산지결정기준은 「2단위 세 번변경기준」과 「제외세번규정」으로 구성되어 있다.

② 면방적사 생산 시 면섬유(제5201호~제5203호)를 역외산으로 사용할 경우에는 2단위 세번변경을 충족하지 못한다.

③ 제외되는 세번은 역외산 실을 사용할 수 없다는 의미로 Yarn-forward를 의미한다.

④ 제5401호의 역내산 원재료를 사용하여 면방적사(HS 제5204호～제5207호)를 생산한 경우 원산지결정 기준을 충족할 수 있다.

**제61류~제62류 원산지결정기준 유형**

| 유형 | 내용 |
|---|---|
| A TYPE | CC+예외규정+재단·봉제+안감규정 |
| B TYPE | CC+예외규정+재단·봉제 |
| C TYPE | • 특정품목 : CC+예외규정+재단·봉제<br>• 일반품목 : CC+예외규정+재단·봉제+안감규정 |
| D TYPE | • 특정재료 : 특정재료+재단·봉제<br>• 일반재료 : CC+예외규정+재단·봉제 |
| E TYPE | CC+예외규정+재단·봉제+앙상블 부분품 안감규정 |
| F TYPE | CC+재단·봉제 |
| G TYPE | CC+예외규정+재단·봉제+스키슈트 부분품 안감규정 |

ⓢ 한-중미 FTA는 모든 직물류의 원산지결정기준은 Yarn-forward(세번변경+제외세번) 규정을 적용하고 있으며, 제외세번은 사(Yarn) 세 번이다. **1**

ⓞ 섬유류 일부 품목(제54류, 제55류, 제60류, 제61류, 제62류, 제63류)에 대하여 원산지결정기준을 협정 상대국마다 상이하게 설정하고 있다. 예를 들어 제61류~제63류에 대하여서는 엘살바도르만 Yarn-forward(세번변경+제외세번) 규정을 적용한다. 그 이외 협정상대국 코스타리카, 온두라스, 니카라과, 파나마는 제외세번규정 없이 2단위 세번변경기준을 적용하고 있다. **1**

④ 싱가포르 · EFTA · 아세안 · 호주 · 캐나다 · 중국 · 베트남 · 뉴질랜드 · 캄보디아 · 이스라엘 · 인도네시아와의 협정 및 RCEP

㉠ 싱가포르 · EFTA · 아세안 · 호주 · 캐나다 · 중국 · 베트남 · 뉴질랜드 · 인도네시아와의 협정 및 RCEP은 제50류~제60류(사 · 직물)는 세번변경기준을 적용하는 품목이 많으며, EFTA · 아세안 · 중국 · 베트남 · 캄보디아 · 이스라엘과의 FTA는 부가가치기준을 선택적 혹은 조합하여 사용하고 있다.

㉡ 의류상품(제61류 및 제62류)은 주로 역내국에서 2단위 세번변경(다른 류에 해당하는 재료로부터 생산된 것)을 요구하고 있으며, 이는 타 협정에 비해 매우 완화된 기준이라 할 수 있다.

㉢ 공정기준으로 해석하면 비원산지 직물로 역내에서 재단 · 봉제 공정 등을 통해 의류를 생산한 경우 원산지를 인정하는 「Cut & Sew rule」이라 할 수 있다. 품목에 따라 상이할 수 있으니 협정적용 시 확인이 필요하다.

㉣ 특히 RCEP과 한-인도네시아 CEPA는 의류(제61류 및 제62류)상품에 대해 예외 없이 2단위 세번변경기준(CC)만을 적용함으로써 기존 한-아세안 FTA에서의 "재단 및 봉제"요건을 삭제하여 기준을 완화하고 있다.

## 협정별 섬유류 품목별원산지기준 요약

| 협정 | 사 및 직물(50~60류) | 의류제품(61~62류) | 비고 |
|---|---|---|---|
| 칠레 | CTH | CC+역내 원단+재단/봉제 | 의류 위주의 yarn forward |
| 싱가포르 | CTH | CC+재단/봉제 | – |
| EFTA | CTH or 특정공정 | CC+재단/봉제 | |
| ASEAN | CTH or 염색/날염 or RVC 40%[1] | (CC+재단/봉제) or RVC 40%[2] | – |
| 인도 | CTH+RVC40% | fabric forward | – |
| EU/튀르키예/영국 | 2단계실질변형 | 제직기준 | – |
| 페루 | CC/CTH | CC+재단/봉제 | yarn forward |
| 미국 | CC/CTH+제외세번 | CC+재단/봉제+Lining요건 | yarn forward |
| 호주, 캐나다 | CC/CTH | CC+재단/봉제 | – |
| 중국 | CC/CTH+제외세번 or 부가가치 40% | CC or 부가가치 40% | – |
| 베트남 | CTH or 부가가치 40% | CC+재단/봉제 or 부가가치 40% | |
| 뉴질랜드 | CC | CC | – |
| 콜롬비아 | CC/CTH+제외세번 | CC+제외세번 | yarn forward |
| 중미 | 주로 CC/CTH+제외세번 (일부품목 협정상대국별 원산지결정기준 상이) | CC+제외세번(엘살바도르) CC(그 이외 협정상대국) | yarn forward(협정상대국에 따라 원산지결정기준 상이한 품목 존재) |
| RCEP | CC/CTH+제외세번 | CC | |
| 캄보디아 | CC/CTH+제외세번[3] or RVC40% or 염색/날염[1] | CC or RVC 40% | |
| 이스라엘 | CC/CTH or MC60% | CC+재단/봉제 | |
| 인도네시아 | CC/CTH | CC | |

1) 품목번호 제5007호, 제5111–제5113호, 제5309호~제5311호 해당물품 한정
2) 제62류 중 제6213호, 제6214호 해당품목은 다른 기준 적용
3) 품목번호 제5006호, 제5109호, 제5207호, 제5511호 적용

## 4. 부가가치기준 ❸

### (1) 개념

① 부가가치기준(Value Added Criterion)은 역내에서 일정한 수준의 경제적 가치가 창출된 경우에 원산지상품으로 인정하는 기준이다. ❶

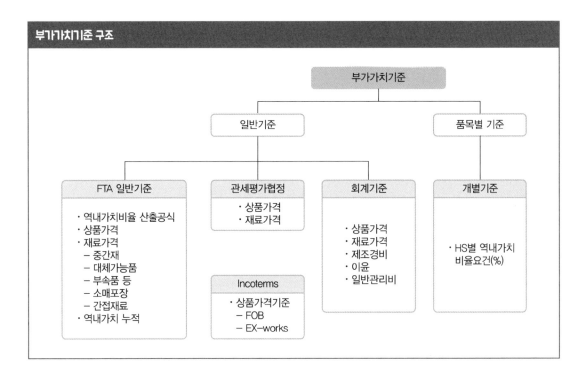

② 협정별로 「일반기준」으로 부가가치비율 계산공식, 상품 및 재료 가격 계상기준 중 기본적인 사항을 「품목별원산지기준」에서 품목별로 요구되는 부가가치비율을 정하고 있다.

③ 재료비에 포함되는 항목의 구체적인 범위와 제조경비·이윤 및 일반경비 등의 계상기준은 관세평가협정, 인코텀즈 및 각국에서 일반적으로 인정된 회계기준을 따르도록 하고 있다.

## 5. 역내가치포함비율 산출공식

### (1) 개요

① 부가가치기준 산출공식은 대표적으로 역내가치비율이 일정수준 이상일 것을 요구하는 RVC법 (Regional Value Contents)과 역외가치가 일정수준 이하일 것을 요구하는 MC법(iMport Contents)이 있다. ❸

② RVC의 계산 방식은 다시 공제법, 집적법, 순원가법으로 나뉜다. ❶

③ FTA별로 채택하고 있는 산출공식을 보면 싱가포르·인도·중국과의 협정은 공제법만을 사용한다. ⓫

④ 칠레 · 페루 · 호주 · 뉴질랜드 · 아세안 · 중미 · RCEP · 캄보디아 · 인도네시아와의 협정은 공제법과 집적법을 두고 수출자가 유리한쪽을 선택하도록 하고 있다. 다만 한-아세안 FTA는 동일한 회계연도 동안에는 동일한 계산방법을 사용하여야 한다. **4** (FTA 관세특례법시행규칙 별표4)

 **해설**

과거 한-아세안 FTA는 국가별로 하나의 산출 공식만을 선택하여 사용하도록 규정하여, 우리나라는 공제법만을 사용하였으나, 2015년 추가 협상을 통해 수출자가 유리한 산출 방식을 사용할 수 있도록 합의되었으며, 2017년부터 시행 중이다. **3**

⑤ 미국 · 콜롬비아와의 FTA에서는 공제법, 집적법 중 수출자가 유리한쪽을 선택하여 사용하며, 자동차 관련 상품에는 순원가법도 사용할 수 있다. **6**

⑥ EFTA, EU, 튀르키예, 캐나다, 영국, 이스라엘과의 FTA는 MC법을 사용하며 한-캐나다 FTA는 자동차 제품에 집적법 및 순원가법도 추가로 선택하여 사용할 수 있다. **6**
 ※ 집적법만 사용하는 FTA는 없음

⑦ 한-캐나다 FTA는 제8701호~제8706호에 해당하는 상품은 MC법, 순원가법, 집적법을 선택적으로 사용할 수 있다. 제8707호~제8708호에 해당하는 상품은 MC법과 순원가법을 선택적으로 적용할 수 있다.

| 미주 | | | 유럽 | 중동 | 아시아 | |
|---|---|---|---|---|---|---|
| 미국, 콜롬비아 | 칠레, 페루, 중미 | 캐나다 | EFTA, EU, 튀르키예, 영국 | 이스라엘 | 아세안, 베트남, 호주, 뉴질랜드, RCEP, 캄보디아 인도네시아 | 인도, 중국 싱가포르 |
| 공제법 집적법 순원가법 : 자동차관련제품 | 공제법 집적법 | MC법 자동차관련제품* : 순원가법, 집적법 | MC법 | MC법 | 공제법 집적법 | 공제법 |

 ※ 한-캐나다 FTA 순원가 및 집적법은 자동차(제8701호부터 제8708호) 관련 품목에 적용한다.

## (2) 집적법(BU ; Build-up Method)

생산자가 상품의 생산에 사용한 원산지재료비가 상품의 가격에서 차지하는 비율을 산출하는 방식이다. 따라서 투입 원재료 중 원산지재료비 차지 비율이 높은 기업에 유리하다.

$$부가가치비율(RVC)^* = \frac{원산지재료비(Value\ of\ Originating\ Materual)}{상품가격} \times 100$$

 ※ RVC : % 표시된 역내가치포함비율
 ※ VOM : 생산자가 그 제품 생산을 위하여 사용한 원산지재료의 가격

## (3) 공제법(BD ; Build-down Method)

상품가격에서 비원산지재료의 가격을 제외한 가치를 역내가치로 보는 방식이다. 따라서 원산지재료비의 차지 비율이 낮으나, 가공비 차지 비율이 높은 기업에 유리하다. **1**

$$부가가치비율(RVC)^* = \frac{상품가격 - 비원산지재료비\,(Value\,of\,Non-Originating\,Material)}{상품가격}$$

※ RVC : % 표시된 역내가치포함비율
※ VMM : 생산자가 그 제품 생산을 위하여 사용한 비원산지재료의 가격

**예시** 국내 A사는 한국 공장에서 생산된 냉장고를 싱가포르로 수출하고자 한다. 다음 중 한-싱가포르 FTA 협정에 따라 원산지결정을 할 경우에 맞는 것은?

〈원산지결정기준〉
다음 각 호의 어느 하나에 해당하는 것에 한정한다.
다른 호에 해당하는 재료로부터 생산된 것
다른 소호에 해당하는 재료로부터 생산된 것. 다만, 50% 이상의 역내 부가가치가 발생한 것에 한정한다(소수점 이하 버림).

〈재료구성 및 재료비 내역〉

| 제품명 | 주요 원재료 | 품목번호 | 원산지 | 가격(원) | 비고 |
|---|---|---|---|---|---|
| 냉장고 8418.10 | 압축기 | 제8414.30-1000호 | 한국 | 3,500 | |
| | 냉매 | 제2901.10-1000호 | 한국 | 3,000 | |
| | 냉장고 틀 | 제8418.91-0000호 | 중국 | 2,500 | 통관수수료 400원 포함 |
| | 기타 부분품 | 제8418.99-0000호 | 일본 | 4,000 | 국제운송비 500원 포함 |
| | 합계 | | | 13,000 | |
| | 직접 노무비 및 직접경비 | | | 1,000 | |
| | 제조 간접비 | | | 1,000 | |
| | 판매관리비/이윤 | | | 500 | |
| | 기타 비용/국내운송비 | | | 500 | |
| | FOB 상품가격 | | | 16,000 | |

- 세번변경기준
  - [4단위 세번변경, CTH] 비원산지재료인 냉장고 틀과 기타 부분품의 4단위 세번변경요건 불충족하며 최소허용수준을 적용하여도 6,100[중국산 2,500-400=2,100원 및 일본산 4,000원(국제운송 비는 공제대상 아님)]/16,000*100=38.1%로 불충족
  - [6단위 세번변경, CTSH] 세번변경 충족
- 부가가치기준
  - [공제법(BD)] 상품가격 16,000, 비원산지재료 6,100원[중국산 2,500-400=2,100원 및 일본산 4,000원(국제운송비는 공제대상 아님)]
  - (상품가격 16,000원 - 비원산지재료비 6,100원)/16,000원*100=61.8%

**예시** 베트남 수출자 호치민상사는 공기조절기(제8415.10호)를 한국으로 수출한다. 제품에 사용되는 부분품(제8515.90호)의 원산지 및 생산원가 등의 내역이 아래와 같을 때 한-아세안 FTA 원산지결정기준 충족여부에 대한 검토 내용으로 맞는 것은?

- 국별 원재료가격 : 한국 15원, 인도 30원, 방글라데시 30원, 태국 15원, 원산지 미상 30원
- 직접노무비(Direct Labour Cost) : 10원
- 직접경상비(Direct Overhead Cost) : 10원
- 이윤(Profit) : 10원
- 공장도가격(ex-Factory Price) : 150원
- 선적항까지의 내륙운송비 : 10원, FOB가격 : 160원
- 공기조절기(HS 제8415.10호) 원산지결정기준은 RVC 45%
※ 베트남은 공제법 적용, 원산지물품은 증빙서류 보유, 협정 다른 요건 충족

- 부가가치기준 : 비원산지재료의 합(인도＋방글라데시＋원산지 미상＝90원)
- $RVC = \dfrac{FOB - VNM(90원)}{FOB(160원)} \times 100\% = 43.75\% < RVC\ 45\%$ (특혜비적용)

## (4) 순원가법(NC ; Net Cost Method)

① 순원가는 총비용에서 「판촉, 마케팅, 판매 후 서비스, 로열티, 운송·포장 관련 비용, 비허용이자비용」을 차감한 것을 말한다. **1**

② 순원가법은 미국, 캐나다, 콜롬비아와의 FTA에서 자동차류(자동차 및 그 부분품)에 한정하여 사용한다. **1**

ㄱ 미국, 콜롬비아 순원가 산출 공식

$$부가가치비율(RVC) = \frac{순원가 - 비원산지재료}{순원가(NC)} \times 100$$

ㄴ 캐나다 순원가 산출 공식

$$부가가치비율(RVC) = \frac{비원산지재료}{순원가(NC)} \times 100$$

※ RVC : %로 표시된 역내가치포함비율
※ 순원가(Net Cost) : 순원가는 총비용에서 판촉, 마케팅, A/S, 로열티, 운송, 포장 관련비용 및 비허용 이자비용을 뺀 가격
※ 비원산지재료 : 생산자가 그 제품 생산을 위하여 사용한 비원산지재료의 가격

**미국, 캐나다, 콜롬비아와의 FTA 자동차 관련 상품의 추가적 부가가치 계산방식**

| 세번 | 품명 | 한-미 (순원가법) | 한-캐나다 (순원가법 또는 집적법) | 한-콜롬비아 (순원가법) |
|---|---|---|---|---|
| 8407.31<br>8407.32<br>8407.33<br>8407.34 | 왕복이나 로터리 방식으로 움직이는 불꽃점화식 피스톤 엔진(제87류의 차량 추진용 왕복 피스톤 엔진) [1] | O | × | × |
| 8408.20 | 압축점화식 피스톤 내연기관(87류의 차량추진용 엔진) | O | × | × |
| 8701 | 트랙터 | O | O<br>(순원가법 또는 집적법) | O |
| 8702 | 10인 이상 수송용의 자동차 | O | O<br>(순원가법 또는 집적법) | O |
| 8703 | 주로 사람을 수송할 수 있도록 설계제작된 승용자동차와 기타의 차량 | O | O<br>(순원가법 또는 집적법) | O |
| 8704 | 화물자동차 | O | O<br>(순원가법 또는 집적법) | O |
| 8705 | 특수용도차량 | O | O<br>(순원가법 또는 집적법) | O |
| 8706 | 엔진을 갖춘 섀시 [1] | O | O<br>(순원가법 또는 집적법) | O |
| 8707 | 차체 [1] | O | O<br>(순원가법) | × |
| 8708 | 부분품과 부속품 | O | O<br>(순원가법) | × |

### (5) MC법(iMport Contents Method)

MC법은 「공장도 가격에서 비원산지재료비가 일정비율 이하일 것」을 요구하는 방식으로 EFTA · EU · 튀르키예 · 캐나다 · 영국 · 이스라엘과의 협정에서 채택하고 있다. [1]

$$부가가치비율(MC) = \frac{비원산지재료(VNM)}{공장도가격(EXM)} \times 100$$

※ MC : %로 표시된 비원산지재료비 비율
※ VNM : 생산자가 그 제품 생산을 위하여 사용한 비원산지재료의 가격
※ EXW(EX-Work Price) : 제품의 공장도 가격에서 환급되는 모든 내국세를 공제한 가격

### (6) 협정별 부가가치기준 비교

① 부가가치 비율은 협정 및 품목에 따라 충족요구 비율이 30~60%로 다양하게 정해지는데, RVC는 이 비율이 높을수록, MC는 이 비율이 낮을수록 원산지 인정이 까다롭게 된다. [1]

## 협정별 부가가치기준 비교

| 구분 | 부가가치 | 요건 | 산출공식 | 상품가격 계상기준 |
|---|---|---|---|---|
| 칠레 | RVC | (45~80%) | 공제법, 집적법 | 조정가격 |
| 싱가포르 | RVC | (45~55%) | 공제법 | 조정가격(FOB기초 조정된 관세가격) |
| 미국 | RVC | (35~60%) | 공제법, 집적법, 순원가법 | 조정가치, 순원가 |
| 호주 | RVC | (30~40%) | 공제법, 집적법 | 조정가치 |
| 콜롬비아 | RVC | (30~60%) | 공제(순원가법)/집적법 | 조정가치 |
| 인도 | RVC | (25~40%) | 공제법 | FOB(관세평가에 따라 결정된 FOB) |
| 중국 [1] | RVC | (40~60%) | 공제법 | FOB<br>(관세평가에 따라 결정된 FOB) |
| 베트남 | RVC | (40~45%) | 공제법, 집적법 | FOB(관세평가에 따라 결정된 FOB) |
| 아세안 [1] | RVC | (35~60%) | 공제법, 집적법 | FOB |
| 페루 | RVC | (20~50%) | 공제법, 집적법 | FOB [1] |
| 뉴질랜드 | RVC | (30~40%) | 공제법, 집적법 | FOB |
| 중미 | RVC | (20~50%) | 공제법, 집적법 | FOB |
| EFTA | MC | (30~60%) | MC | 공장도 가격 [1] |
| EU/튀르키예/영국 [1] | MC | (20~50%) | MC | 공장도 가격 |
| 캐나다 [1] | MC | (10~65%) | MC, 순원가, 집적법 | 공장도 가격(거래가격), 순원가 |
| RCEP | RVC | 40% | 공제법, 집적법 | FOB [1] |
| 캄보디아 | RVC | (35~70%) | 공제법, 집적법 | FOB |
| 이스라엘 | MC | (50~60%) | MC | 공장도가격 |
| 인도네시아 | RVC 또는 QVC로 명시 | 40% | 공제법, 집적법 | FOB |

※ QVC : 인정가치포함비율(qualifying value content)

② RVC 기준은 역내가치비율이 일정수준 이상 발생하여야 하는 것이므로 원산지결정기준에서 설정된 비율보다 산출된 비율이 같거나 높아야 충족된다. 다만 한-캐나다 FTA 순원가법은 역외산재료의 가치가 일정수준 이하일 것을 요구하는 방식을 채택하고 있어 MC법과 유사하다. [2]

③ MC법은 역외산 재료의 가치가 일정수준 이하일 것을 요구하는 산출 공식이므로 원산지결정기준에서 설정된 비율보다 산출된 비율이 같거나 작아야 원산지가 충족된다. [1]

| 계산 방식 | 원산지결정기준 | 충족 범위 |
|---|---|---|
| RVC | 집적법 35% | 산출된 부가가치 $\geq$ 35% |
| | 공제법 55% | 산출된 부가가치 $\geq$ 55% |
| | 순원가법 35%(미국, 콜롬비아) | 산출된 부가가치 $\geq$ 35% |
| | 순원가법 65%(캐나다) [1] | 산출된 부가가치 $\leq$ 65% |
| MC법 | MC 50% | 산출된 부가가치 $\leq$ 50% |

## 6. 상품가격의 계상

① 부가가치 비율을 산출하기 위해서는 우선 분모 값인 상품가격이 결정되어야 한다. 상품가격은 FTA에 따라 상이하며 EFTA · EU · 튀르키예 · 캐나다 · 영국 · 이스라엘과의 FTA의 경우 공장도가격(EX-works)을 사용한다. **1**

② 아세안 · 페루 · 뉴질랜드 · 중미 · 캄보디아와의 FTA 및 RCEP은 FOB 가격을 사용하며, 인도 · 중국 · 베트남 · 인도네시아와의 협정은 관세평가협정에 따른 FOB, 나머지 FTA는 FOB에 근접한 가격을 사용한다고 말할 수 있다.

③ 칠레 · 싱가포르 · 미국과의 FTA를 보면 상품가격인 조정가격(가치)을 "역내가치 포함비율 공식 및 최소허용기준의 적용 목적상 관세평가협정 제1조 내지 제8조, 제15조 및 이들 조항의 주해에 따라 산정된 가격을 말하며, 필요시 당사국의 국내법에 따라 이미 제외되지 않은 수출국으로부터 수입국까지 상품을 국제적으로 운송하는데 발생하는 모든 운송, 보험 및 관련서비스 비용, 부과금 및 경비를 제외하여 조정한 가격을 말한다."고 규정하고 있다. **1**

   FOB에 근접한 가격이지만 관세평가협정상 조정요소에 따라 상이할 수 있다는 의미이다.

④ 원산지결정대상인 상품가격의 산출방법은 WTO의 관세평가협정 원칙에 따르고, 수출국으로부터 수입국까지의 운송 등과 관련하여 발생한 각종 비용을 제외한다.

> 📈 **TIP  조정가격과 INCOTERMS상 가격**
>
> - 조정가격은 관세 과세가격에서 INCOTERMS의 FOB 거래조건에서 적용되는 위험과 비용부담 분기점 이후부터 수입항까지 운송과정에서 발생된 운임, 보험료, 기타 운송관련 비용 등을 제외한 금액을 말한다.
> - 그러므로 이 가격이 곧 FOB 조건으로 매매계약을 체결하였을 때 구매자가 판매자에게, 또는 판매자를 위하여 지불하였거나 지불할 금액은 아닌 것이다. 적지 않은 사람들이 관세의 과세가격을 운임 · 보험료를 포함하여 과세하는 경우 CIF 가격으로, 이를 포함하지 않는 경우 FOB 가격으로 이해하는 경우가 적지 않으나 이러한 오해로 인해 부가가치 계산에서 오류가 발생할 수 있다.
> - 우리나라의 경우 원천적으로 과세가격은 구매자가 물품의 수입과 관련하여 실제로 지불하였거나 지불할 가격에 수입항까지의 운송과정에서 발생한 운임 · 보험료 등을 포함하는 것으로 결정하고 있는데, 그 가격이 CIF 조건에 규정되어 있는 가격과 반드시 일치하는 것은 아니다.
> - 관세법 제30조의 실거래가격의 개념은 구매자가 실제로 지불하였거나 지불할 가격에 정해진 가산요소 해당금액을 더하고, 역시 따로 정해진 공제요소 해당금액을 뺀 것이다. 실거래가격의 실제로 지불하였거나 지불할 금액, 가산요소 해당금액, 공제요소 해당금액 가운데는 CIF 조건의 가격에 포함되는 것도 있고 포함되지 않는 것도 있다. 예를 들어 수입 후 설치 · 조립과 관련되는 비용이 CIF 조건의 가격에 포함되어 있더라도 이는 과세가격에서 제외되어야 하고, 매매계약이 아닌 별도의 기술도입 계약에 의해 제3자에게 지불되는 로열티라도 그것이 수입물품의 거래조건으로 지불된 것이라면 CIF 조건의 가격과는 관계없지만 과세가격에는 포함되어야 하는 것이다.
> - 원산지결정과 관련한 부가가치 계산에서 FOB 가격, EXW 가격 혹은 CIF 가격이란 용어가 자주 사용되는데 이는 이들 조건을 적용할 때의 매도인과 매수인간 위험과 비용부담의 분기점을 기준으로 운임 · 보험료 등 운송과정에서 발생하는 각종 비용의 포함여부를 결정하되 상품의 거래가격은 어디까지나 WTO 관세평가협정의 원칙에 따라 산출된 관세의 과세가격을 의미한다.

⑤ 조정가격은 무역 거래조건과 관련된다. 무역에서 통상 사용하는 INCOTERMS(2020)의 거래조건 중 원산지결정에 주로 활용되는 것은 EXW와 FOB 조건이다.

⑥ 순원가는 한-미 FTA와 한-캐나다 협정문에서 「총비용에서 총비용에 포함되어 있는 판촉·마케팅·판매 후 서비스 비용·로열티·운송·포장 비용, 그리고 비허용 이자비용을 차감한 것을 말한다.」라고 규정하고 있다. 앞의 단계별 원가구성에서 총비용은 제조원가에 판매 및 일반관리비용을 모두 합한 가격이며, 이 중 판매 및 일반관리비에 포함되어 있는 제외비용 등을 차감하여 순원가를 산출한다.

## 7. 협정별 상품가격의 계상

### (1) 협정별 상품가격 비교

① EFTA·EU·튀르키예·캐나다·영국·이스라엘과의 FTA는 공장도 가격, 아세안·페루·뉴질랜드·중미·캄보디아와의 FTA 및 RCEP은 FOB 가격, 이외의 칠레·싱가포르·미국·호주·콜롬비아·인도·중국·베트남·인도네시아와 협정은 평가협정에 기초한 FOB에 근접한 가격이라 할 수 있다.

② 칠레·싱가포르·미국·호주·콜롬비아와의 FTA는 「조정가치」 등으로 표현하고, 인도·중국·베트남·인도네시아와의 협정은 「FOB」로 표현하나 관세평가를 기초로 한다고 규정하고 있다. 표현의 차이가 있지만 의미는 모두 관세평가에 기초한 FOB로 동일하다.

③ 부가가치 산정을 위한 상품가격은 공장도가격(EX-WORK)과 본선인도가격(FOB)으로 구분되고, 일부 협정에서는 관세평가협정을 고려하여 결정한다. **1**

### 협정별 상품가격 계상기준

| 협정 | 기준가격 | 공제요소 | 근거 |
|---|---|---|---|
| 칠레 | 조정가격(평가협정 산정가격) **1** | 국제운송 관련 모든 비용 (운임·보험료 등) | 제4.1조 |
| 싱가포르 | FOB 가격에 기초 조정된 관세가격 | 상품 수출시 경감 면제 또는 환급된 내국소비세 | 제4.1조 제4.5조 |
| 미국 **1** | 조정가치(평가협정 산정가격) | 국제운송 관련 모든 비용 (운임·보험료 등) | 제6.22조 |
| 호주 | 조정가치(평가협정에 따라 결정된 FOB) | – | 제6.22조 |
| 콜롬비아 | 조정가치(평가협정에 따라 결정된 FOB) | – | 제3.3조 |
| 인도 | 평가협정에 따라 결정된 FOB | – | 제3.30조 |
| 중국/인도네시아 **1** | 평가협정에 따라 결정된 FOB | – | 제3.1조 |
| 베트남 | 평가협정에 따라 결정된 FOB | – | 제3.26조 |
| 아세안 **1** | FOB | – | 제1조 |
| 페루 | FOB | – | 제3.3조 |
| 뉴질랜드/RCEP/캄보디아 | FOB | – | 제3.1조 |
| 중미 | FOB | – | 제3.28조 |
| EFTA/EU/튀르키예/영국 **1** | 공장도 가격 **1** | 환급내국세 | 제1조 |
| 캐나다 | 공장도 가격(거래가격) | – | 제3.20조 |
| 이스라엘 | 공장도가격 | 환급내국세 | 제3.22조 |

**TIP** 한-미 FTA상 조정가치의 개념

1. 조정가치

관세평가협정 제1조 내지 제8조, 제15조 및 그 상응하는 주해에 따라 결정된 가치를 말하며, 필요한 경우, 수출국으로부터 수입지까지 제품의 국제수송에 수반되는 모든 운송, 보험 및 관련 서비스에 대하여 발생한 모든 비용·부과금 또는 경비를 제외하기 위하여 조정된 가치를 말한다(한-미 FTA 4.1조 조정가치).

2. 조정가치 예시

- 거래조건 DDP 250,000 USD
- 판매 및 일반관리비 10,000 USD
- 운송비 세부내역
  - 수출국내 운임 : 3,000 USD
  - 수출국내 수출관련 부대비용 : 2,000 USD
  - 국제 해상운임 및 보험료 : 20,000 USD
  - 수입국내 운임 : 1,500 USD
  - 수입국내 수입관련 부대비용 및 제세 : 2,200 USD
- 상기의 거래조건의 경우 조정가치를 구하면, =DDP(250,000USD)-국제해상운임 및 보험료(20,000USD)- 수입국내 운임(1,500USD)-수입국내 수입관련 부대비용 및 제세(2,200 USD)=226,000 USD

## (2) 협정별 상품가격 근거규정

① EU·EFTA·튀르키예·영국·이스라엘과의 FTA에서 "공장도 가격이라 함은 최종 작업 또는 가공을 거친 당사국 내의 제조자의 공장도 상품에 지급하였거나 지급하여야 할 가격을 말한다. 다만, 그 가격은 상품에 사용된 모든 재료의 가격을 포함하고, 동 상품의 수출 시 환급되는 내국세를 공제한다."라고 규정하고 있다. ❶

② 한-캐나다 FTA에서 "상품의 거래가격 또는 공장도 가격이란 ⓐ 생산지에서 생산자에 의하여 판매되는 상품의 당시 거래가격 또는 ⓑ 그 상품의 관세가격이며, 필요한 경우 화물운송비 및 보험료와 같이 그 상품이 생산지를 떠난 이후에 발생하는 모든 비용을 공제하도록 조정된 가격"이라 규정하고 있다. 즉 "공장도 가격"을 의미한다.

 **해설**

거래가격이란 상품의 생산자의 거래에 있어서, 그 상품 또는 재료에 대하여 실제 지급되었거나 지급되어야 할 가격으로서, 「관세평가협정」의 제8조제1항, 제3항, 제4항의 원칙에 따라 특히 수수료, 생산지원, 로열티 또는 권리사용료와 같은 비용을 포함하도록 조정된 가격(관세가격)을 말한다(제3.20조).

③ 아세안·페루·뉴질랜드·중미·캄보디아와의 FTA 및 RCEP에서 "FOB라 함은 생산자로부터 해외 최종 선적항 또는 선적지까지의 운송비를 포함한 상품의 본선 인도 가격을 말한다."라고 규정하여 INCOTERMS의 의미와 일치하나, 인도·중국·베트남·인도네시아와의 협정에서는 "FOB 가격이란 상품이 지정된 수출항에서 운반기로 선적될 때, 상품의 가격과 운반기로 상품을 가져오는데 필요한 모든 비용을 포함, 상품에 대하여 수출업자에게 실제로 지불되었거나 지불하여야 할 가격을 말한다. 이 가격산정은 관세평가협정에 따라 정해진다."라고 다르게 규정하고 있다.

④ 호주 · 콜롬비아와의 FTA에서 조정가치는 "① 해외 최종선적 항구 또는 장소까지 드는 운송 및 보험 비용을 포함하여 관세평가협정에 따라 결정된 상품의 본선인도가격의 가치(FOB) 또는 ② 상품의 본선인도가격 가치가 없거나 알지 못하고 확인할 수 없는 경우 필요한 변경을 가하여 관세평가협정에 따라 결정된 가치"라고 규정하고 있어 결국에는 관세평가협정에 따라 조정된 FOB가치를 의미하고 있다.

**예시 협정별 상품가격 표현**

| 한–페루 FTA |
| --- |
| 〈제3.16조 정의〉<br>본선인도가격이란 수송수단과 관계없이, 최종 수출 항구 또는 최종 수출 지점까지의 수송비용을 포함한 상품의 본선인도가격을 말한다. **1** |
| **한–호주 FTA** |
| 〈제3.3조 역내가치포함비율〉<br>조정가치는 상품의 조정가치이며, 아래와 같다. **1**<br>가. 해외 최종 선적 항구 또는 장소까지 드는 운송 및 보험비용을 포함하여 관세평가협정에 따라 결정된 상품의 본선인도가격의 가치 또는<br>나. 상품의 본선인도가격 가치가 없거나 알지 못하고 확인할 수 없는 경우, 필요한 변경을 가하여 관세평가협정에 따라 결정된 가치 |

## 8. 협정별 재료비의 계상

### (1) 재료의 의미

① 재료는 통상 부품이나 원료와 같이 그 상품에 물리적으로 결합된 직접재료를 말한다. 촉매나 윤활유와 같은 간접재료 비용은 재료비로 계상하지 않고, 제조간접비용에 계상하는 것이 일반적이다.

> **해설** 간접재료에는 촉매, 연료, 공구, 주형, 작업복, 윤활유 등이 있다. **1**

② 재료는 원산지재료와 비원산지재료로 구분할 수 있으며, 원산지기준을 충족한 원재료를 원산지재료(OM ; Originating Materials), 기준을 충족하지 못한 비원산지재료」(NOM ; Non-Originating Materials)라 한다. 비원산지재료에는 원산지 미상 재료도 포함된다.

### (2) 재료비 계산

① 우리나라가 맺은 FTA에서 재료비를 규정하는 방식은 크게 매입경로별로 규정하는 방식, 재료의 원산지 지위별로 규정하는 방식이 있다.

② 매입 경로별 규정 방식

    ㉠ 칠레 · 싱가포르 · 미국 · 호주 · 콜롬비아 · 뉴질랜드와의 FTA는 매입경로별(수입, 국내조달, 자가생산재료)로 구분하여 재료비를 다르게 계상하고, 조달한 재료가 원산지재료이면 가산요소를 비원산지재료이면 공제요소를 두어 재료비의 가격을 조정할 수 있도록 규정한 협정이다.

    ㉡ 매입 경로별 규정 방식에서 수입한 재료 중에도 원산지재료가 있을 수 있고, 국내 조달 또는 자가 생산한 원재료 중에도 역외산재료가 있을 수 있다.

### 재료 매입 경로와 원산지 지위 **1**

| 협정 | 수입재료 | 국내조달 재료 | 무료(할인)조달재료 · 자가생산재료 |
|---|---|---|---|
| 칠레(제4.1조) | (실제지급가격 - 모든 국제운송비용) **4** | 실제지급가격 **1** | 생산제비용, 이윤 가산 |
| 미국(제6.3조) | | | |
| 싱가포르(제4.1조) | (실제지급가격 + 모든 국제운송비) **2** | (실제지급가격 + 매입제비용) **1** | |
| 호주(제3.4조) | CIF **2** | 실제지급가격 **1** | |
| 콜롬비아(제3.4조) | | 실제지급가격 | |
| 뉴질랜드(제3.5조) | | 거래가격 **1** | |

    ㉢ 국내조달재료 : 국내에서 구입한 재료는 칠레 · 미국 · 호주 · 콜롬비아 · 뉴질랜드와의 FTA의 경우 실제지급가격으로 하고, 한-싱가포르 FTA는 매입제비용을 포함한다. 후자의 경우 자사로 운반하는 비용 등이 추가될 수 있으므로 국내재료비의 가치를 높일 수 있다.

    ㉣ 무료 · 할인조달 재료 : 외국 또는 국내에서 무료 또는 할인가격으로 입수하거나, 자사에서 직접 생산한 재료(중간재)는 생산 제비용에 이윤을 가산한 가격으로 한다.

    • 원산지재료 가산요소

      – 원산지재료 가산요소는 국내외 운송비, 환급 받은 것을 제외한 조세, 관세사 수수료, 재활용분을 제외한 폐기물 가격이다. 이들을 포함하면 자사가 처분 가능한 상태로 취득하는 데까지 드는 비용 등을 가산요소로 두고 있다. **2**

      – 즉, 수입, 국내조달, 자가생산한 원재료가 원산지재료이면 조달경로의 따른 기준가격에서 가산요소들 더한 가격이 원산지재료비로 조정된다.

      – 한-싱가포르 FTA는 원산지재료에 대한 가산요소가 없으므로 위의 「재료비 계상 기준가격」을 가산요소 없이 사용한다.

## 원산지 재료비 가산요소

| FTA | 가산요소 | | | |
|---|---|---|---|---|
| 칠레(제4.1조) | 화물운송비 · 보험료 · 포장비 등 (국제＋국내) | 조세(관세) (환급액 제외) | 통관중개수수료 | 재활용분을 제외한 폐기물 비용 (한–호주 규정 없음) |
| 미국(제6.4조) | | | | |
| 호주(제3.4조) | | | | |
| 뉴질랜드(제3.5조) | | | | |
| 콜롬비아(제3.4조) | | | | |

- 비원산지재료 공제요소
  - 칠레 · 미국 · 호주 · 뉴질랜드 · 콜롬비아와의 FTA는 국내외 화물 · 보험료 · 포장비 등 비용, 환급액을 제외한 조세, 통관 중개수수료, 재활용 분을 제외한 폐기물 비용(호주 규정 없음), 비원산지재료에 포함된 원산지재료비를 공제한다. 즉 수입, 국내조달, 자가생산한 원재료가 비원산지재료이면, 조달경로의 따른 기준가격에서 공제요소를 차감한 금액이 최종 비원산지재료에 대한 가치로 조정된다.

### 🧑‍💼 해설

- 부가가치세는 통상 환급을 받게 되고, 관세도 수출용 원재료로 사용한 경우 환급을 받을 수 있으므로 이러한 경우에는 조세를 공제할 수 없고 비원산지재료비에 포함시켜야 한다.
- 비원산지물품을 수입하여 원산지재료비와 결합시켜 생산한「재료」가 그 원산지결정기준을 충족하면 그 재료비 전체를 원산지재료비에 계상하고(roll up), 기준을 충족하지 못하면 그 재료비 전체를 비원산지재료비에 계상하는 것이 원칙이나(roll down), 비원산지재료비에 포함된 원산지재료비를 공제하여 원산지재료비에 계상할 수 있도록 하는「불완전 roll down」이 인정된다.

  - 싱가포르와의 FTA는 공제요소가 동일하지만 국내 운송비만 공제할 수 있다. 호주 · 콜롬비아와의 FTA에서는 비원산지재료 생산에서 발생한 가공비도 공제할 수 있다.

## 비원산지 재료비 공제요소 ❶

| FTA | 공제요소 | | | | |
|---|---|---|---|---|---|
| 칠레(제4.1조) | 운송비 (국제＋국내) | 조세 (환급액 제외) | 통관중개수수료 | 재활용분을 제외한 폐기물 비용(한–호주 FTA는 제외) | 비원산지재료에 포함된 원산지재료 가치 |
| 미국(제6.4조)  | | | | | |
| 뉴질랜드(제3.5조) | | | | | |
| 호주(제3.4조) | | | | | |
| 콜롬비아(제3.4조) | | | | | |
| 싱가포르(제4.1조) ❶ | 운송비(국내) | | | | |

※ 호주, 콜롬비아 FTA 비원산지재료 가치 추가 공제 요소 : 비원산지재료 생산에서 발생한 가공비용

| 한–호주 FTA |
| :-- |

〈제3.4조 재료의 가치〉

1. 제2항을 조건으로, 제3.3조에 언급된 비원산지재료의 가치는 다음과 같다.
   가. 상품의 생산자에 의하여 직접 수입된 재료의 경우, 재료 수입 시 운임보험료포함가격, 또는 **1**
   나. 상품이 생산된 당사국의 영역에서 획득된 재료의 경우, 그 당사국의 영역에서 최초로 확인할 수 있는 비원산지재료의 가치
2. 제1항의 목적상, 제1항에 따라 포함된 경우, 다음은 비원산지재료의 가치에서 차감될 수 있다.
   가. 당사국의 영역에서 비원산지재료의 생산에 사용된 원산지재료의 가치
   나. 당사국의 영역 내에서 또는 양 당사국의 영역 간에 생산자의 소재지로 재료를 운송하는 데서 발생한 화물 운송비, 보험료, 포장비 및 그 밖의 모든 비용 **1**
   다. 납부되었거나 납부되어야 할 관세 또는 조세에 대한 공제를 포함하여, 면제 · 환급 · 환급가능하거나 달리 회수 가능한 관세 및 조세 이외의 것으로서, 한쪽 또는 양 당사국의 영역에서 납부된 재료에 대한 관세 · 조세 및 통관 중개수수료, 그리고
   라. 한쪽 또는 양 당사국의 영역에서 비원산지재료의 생산에서 발생한 가공 비용
3. 제4항을 조건으로, 제3.3조에 언급된 원산지재료의 가치는 다음과 같다.
   가. 상품의 생산자에 의하여 직접 수입된 재료의 경우, 재료 수입 시 운임보험료포함가격
   나. 상품이 생산된 당사국의 영역에서 획득된 재료의 경우, 그 재료의 가치, 또는
   다. 자가생산된 재료의 경우, 일반 경비를 포함하여 재료의 생산에서 발생한 모든 비용의 합계 및 통상적인 거래 과정에서 부가되는 이윤에 상당하는 이윤액
4. 제3항의 목적상, 제3항에 따라 포함되지 아니하는 경우, 다음은 원산지재료의 가치에 추가될 수 있다.
   가. 당사국의 영역 내에서 또는 양 당사국의 영역 간에 생산자의 소재지로 재료를 운송하는 데서 발생한 화물 운송비, 보험료, 포장비 및 그 밖의 모든 비용, 그리고
   나. 납부되었거나 납부되어야 할 관세 또는 조세에 대한 공제를 포함하여, 면제 · 환급 · 환급가능하거나 달리 회수 가능한 관세 및 조세 이외의 것으로서, 한쪽 또는 양 당사국의 영역에서 납부된 재료에 대한 관세 · 조세 및 통관 중개수수료

③ 원산지 지위별 규정 방식

　㉠ EFTA, 아세안, EU, 튀르키예, 페루, 캐나다, 베트남, 중미, 영국, RCEP, 캄보디아, 인도네시아와의 협정은 원산지재료와 비원산지재료로 나누어 규정하고 있다. **1**

　㉡ 중국, 인도, 이스라엘와의 협정은 원산지재료비의 계상기준을 규정하고 있지 않으며, 비원산지재료비의 계상기준만을 명시하고 있다.

**재료비 계산기준**

| 협정 | 원산지재료비 | 비원산지재료비 |
| :--: | :-- | :-- |
| EFTA | 하목의 정의에 따라 준용된 원산지재료가격(제1조 거) | • 수입시 과세가격(CIF) 또는<br>• 이를 알 수 없거나 확인할 수 없는 경우, 당사국 내에서 지급한 최초 확인 가능 가격(제1조 하) **2** |
| 아세안 | 원산지재료 + 직접노동비용 + 직접경상비용 + 운송비용 + 이윤 **2** (제4조 2) | • 수입시 과세가격(CIF) 또는 **1**<br>• 이를 알 수 없는 경우 「상품」 생산국 국내 최초확인 가격(제4조 2) **1** |

| | | |
|---|---|---|
| EU<br>튀르키예<br>영국 | • 사목의 정의에 따라 준용된 원산지재료 가격(제1조 아목)<br>• 자가 생산된 원산지재료의 가치는 재료의 생산으로 초래된 모든 비용과 무역의 일반과정에서 추가된 이윤과 동등한 이윤 금액을 포함(주해 4) | • 수입시 과세가격(CIF) 또는 ❷<br>• 이를 알 수 없거나 확인할 수 없는 경우, 당사국내에서 지급한 최초 확인 가능 가격 ❷ (제1조 사목)<br>• 역내 생산 비원산지재료에 포함된 원산지재료비공제(주해 3) |
| 페루 | 원산지 재료의 가치(제3.3조) | • 상품의 생산자에 의해 직접 수입된 재료는 운임보험료포함가격(CIF)<br>• 상품이 생산된 영역에서 획득된 재료는 화물비, 보험료, 포장비 및 공급자의 창고로부터 생산자의 소재지로 그 재료를 운송하는데 발생한 그 밖의 비용을 고려하지 않은 거래 가치<br>• 자가 생산된 재료는 일반 경비를 포함하여 재료의 생산에서 발생한 모든 비용의 합계+통상적인 거래과정에 부가되는 이윤에 상당하는 이윤액 가산 가능(제3.3조) |
| 캐나다 | 제3.6조 제2항에 규정된 경우를 제외하고 그 상품이 생산된 당사국의 영역에서 적용할 수 있는 일반적으로 인정되는 회계원칙에 따라 생산자가 소재한 당사국의 생산자에 의해 지불되었거나 지불되어야 할 재료 가치(제3.5조) | • 제3조 제2항에 규정된 경우를 제외하고, 제3.12조 및 부속서 3-가에 규정된 비원산지 구성상품과 비원산지 포장재료 및 용기를 포함하며,<br>• 당사국으로의 수입 당시 재료의 거래가격 또는 관세가격으로서, 필요한 경우 수입 장소로 재료를 운송하는데 발생한 화물운송비, 보험료, 포장비 및 그 밖의 모든 비용을 포함하도록 조정된 가치, 또는<br>• 국내 거래인 경우, 그 재료의 가치는 관세평가협정의 원칙에 따라, 국제 거래와 같은 방법으로 결정(제3.5조) |
| | 〈제3.6조 제2항〉<br>• 그 상품의 생산자에 의해 생산된 모든 상품에 대하여 발생되어, 그 자가생산 재료에 합리적으로 할당될 수 있는 총 비용, 또는<br>• 그 자가생산 재료에 대하여 발생되어, 그 자가생산 재료에 합리적으로 할당될 수 있는 총 비용을 포함하는 모든 비용의 합 | |
| 베트남 | 원산지재료비용 + 노무비 + 간접비 + 이윤 + 그 밖의 비용(제3.3조 2) | • 그 재료, 부품 또는 상품의 수입 시 운임보험료포함가격, 또는<br>• 작업 또는 공정이 발생한 당사국의 영역에서 원산지가 결정되지 아니한 재료, 부품 또는 상품에 지불이 된, 최초로 확인할 수 있는 가격(제3.3조) |
| 중미 | 원산지 재료의 가치(제3.3조) | • 상품의 생산자에 의하여 직접 수입된 재료는 운임보험료포함가격(CIF)<br>• 상품이 생산된 영역에서 획득된 재료는 화물비, 보험료, 포장비 및 공급자의 창고로부터 생산자의 소재지로 그 재료를 운송하는데 발생한 그 밖의 비용을 고려하지 아니하는 거래 가치<br>• 자가생산된 재료는 일반적인 비용을 포함하여 재료의 생산에서 발생된 모든 비용의 총합+추가적으로, 통상적인 거래과정에서 부가되는 이윤에 상당하는 이윤액 추가 가능(제3.3조) |

| | | |
|---|---|---|
| 인도 | – | • 수입 시 과세가격(CIF) 또는 **2**<br>• 이를 알 수 없는 경우 「상품」 생산국 국내 최초 확인 가격(제3.4조 4) **1**<br>• 생산자의 소재지로 수송하는데 발생한 국내수송비용과 관세 또는 조세(면제, 환급액 제외), 통관 중개 수수료 공제 가능(제3.4조) **2** |
| 중국 | – | • 수입된 비원산지 재료의 경우, 수입 시 재료의 운임보험료포함가격<br>• 당사국에서 획득된 비원산지재료의 경우, 그 당사국에서 상품의 생산에 사용된 비원산지재료에 대해 가장 이른 시점에 확인 가능한 지불된 가격 또는 지불하여야 하는 가격(운송비, 보험료, 포장비, 그리고 공급자의 창고에서 생산자의 장소로 재료를 운송하는 것으로 인하여 발생하는 그 밖의 어떠한 비용도 포함하지 아니함)(제3.5조) |
| RCEP | • 획득되거나 자가생산되어 상품의 생산에 사용된 원산지재료, 부품 또는 생산품 가치 **1**<br>• 직접법/집적법 RVC 계산시 분자 가치(원산지재료가치 + 직접노무비 + 직접경비 + 이윤 + 그 밖의 비용) | • 수입된 재료는 운임보험료포함가격(CIF) **1**<br>• 당사자에서 획득된 재료는 최초로 확인할 수 있는 지불된 가격 또는 지불해야 하는 가격<br>• 생산자에게 운송하는데 발생한 화물운송비, 보험료, 포장비 및 그 밖의 운송 관련 비용, 면제, 환급되거나 회수되는 관세 외의 관세, 조세 및 통관 중개수수료, 재활용될 수 있는 부스러기나 부산물의 가치를 차감한 폐기물과 유출물의 비용 공제 가능(제3.5조) |
| 캄보디아 | • 상품의 생산에서 생산자가 획득하거나 자가생산한 원산지 재료, 부품 또는 상품의 가치<br>• 직접법/집적법 RVC 계산시 분자 가치 = 원산지재료가치 + 직접노무비 + 직접경비 + 이윤 + 그 밖의 비용(제3.4조) | • 그 재료, 부품 또는 상품의 수입 시 운임보험료포함가격(CIF), 또는<br>• 작업 또는 가공이 발생한 당사국의 영역에서 원산지가 결정되지 않은 재료, 부품 또는 상품에 지불된, 최초로 확인된 가격(제3.4조) |
| 이스라엘 | – | • 사용된 비원산지 재료의 수입 시 관세가격 또는<br>• 이를 알 수 없는 경우, 1994년도 GATT 제7조 및 1994년도 GATT 제7조의 이행에 관한 협정(관세평가협정)에 따라 이에 상당하는 가격(제3.32조) |
| 인도네시아 | • 원산지재료가치 + 직접노무비 + 직접경비운송비 + 이윤(제3.4조) | • 수입시 운임보험료포함가격, 또는<br>• 작업 또는 공정이 발생한 당사국의 영역에서 최초로 확인된 가격(제3.4조) |

• 한–아세안 FTA
 – 비원산지재료비 : CIF가격으로 하되, 이를 알 수 없는 경우에는 「상품」 생산국에서 최초로 확인 가능한 가격으로 정하고 있다.
 – 직접 수입한 경우 CIF가격을, 비원산지재료를 국내에서 구입하거나 자가 생산한 경우 구입가격 또는 이에 준하는 원가를 사용한다.

- 원산지재료비 : 제조원가에 이윤과 운송비용을 포함한 가격으로 한다. 원산지재료를 수입한 경우 수입가격에 국내운송비용을 포함하고, 국내에서 구입한 경우 물품구입대금에 운송비용을 더한 가격으로 한다. ❶

- 한-EFTA FTA 비원산지재료비 : 수입 시 과세가격으로 하고, 이를 알 수 없거나 확인할 수 없는 경우에는 당사국 내에서 지급한 최초의 확인 가능한 가격으로 한다.

- 한-EU/한-튀르키예/한-영 FTA : 한-EFTA와 동일하기 비원산지재료비는 수입 시 과세가격으로 하고, 이를 알 수 없거나 확인할 수 없는 경우에는 당사국 내에서 지급한 최초의 확인 가능한 가격으로 한다. 그러나 비원산지재료의 가치는 비원산지재료를 생산하는 데 사용된 자가생산 원산지재료를 포함한 원산지재료의 가치를 제품의 공장도 가격에서 공제하도록 하고 있고, 자가생산된 원산지재료의 가치의 경우도 재료의 생산으로 초래된 모든 비용과 무역의 일반과정에서 추가된 이윤과 동등한 이윤금액을 포함한다고 규정하고 있다 ❶ (주해 3, 4).

- 한-페루 FTA 비원산지재료비 : 상품의 생산자가 직접 수입하는 재료의 경우, 재료 수입 시 CIF가격, 국내에서 생산자에 의해 획득된 재료는 거래가치(화물비, 보험료, 포장비 및 공급자의 창고로부터 생산자의 소재지로 그 재료를 운송하는데 발생한 비용은 제외), 자가생산재료의 경우는 제조원가와 이윤을 합한 가격으로 한다. 여기서 언급된 가치는 관세평가협정에 따라 결정된다.

- 한-캐나다 FTA
  - 비원산지재료비 : 재료 수입시 거래가격 또는 관세가격(CIF), 국내 거래는 관세평가협정의 원칙에 따라 국제거래와 같은 방법으로 결정되며 상황에 따라 수정된 가치(실제지불가격)이다.
  - 원산지재료비 : 자가생산 재료가치를 제외하고 상품 생산국에서 적용할 수 있는 일반적으로 인정되는 회계원칙에 따라 당사국 생산자에 의해 지불되었거나 지불되어야 할 재료의 가치이다.

- 한-베트남 FTA
  - 원산지재료비 : 원산지재료의 가치로 원산지재료비, 노무비, 간접비, 이윤과 그 밖의 비용을 포함하여 계상한다.
  - 비원산지재료비 : 재료 수입시 CIF가격, 또는 당사국 영역에서 지불된 최초로 확인할 수 있는 가격을 사용한다.

- 한-중미 FTA 비원산지재료비 : 재료 수입시 CIF가격, 국내조달시 화물비, 보험료, 포장비 및 공급자의 창고로부터 생산자의 소재지로 그 재료를 운송하는데 발생한 그 밖의 비용을 고려하지 아니하는 거래 가치, 자가생산재료의 경우 생산에 발생된 모든 비용과 이윤을 합한 금액을 사용한다.

- 한–인도 CEPA
  - 원산지재료비 : 원산지재료의 가격계산 기준 미규정
  - 비원산지재료비 : 한–인도 CEPA에서 정한 수입 비원산지재료비 계산 기준은 수입항 도착가격(CIF)이다. 다만, 이를 알 수 없는 경우에는 「상품」 생산국에서 최초로 확인 가능한 가격으로 한다.
  - 공제요소로 「생산자의 소재지로 그 재료를 수송하는데 발생한 국내수송비용, 납부되었거나 납부되어야 할 관세 또는 조세, 면제 · 환급 · 환급가능하거나 달리 회수 가능한 관세 및 조세 이외의 것으로서 어느 한쪽 또는 양 당사국의 영역에서 납부된 재료에 대한 관세 · 조세 및 통관 중개수수료」 등이 포함된 경우는 공제할 수 있다.
- 한–중 FTA
  - 원산지재료비 : 원산지재료의 가격계산 기준 미규정
  - 비원산지재료비 : 수입시 운임보험료 포함가격(CIF)을 사용하며, 국내 조달 시 국내에서 지불된 최초확인 가능한 가격(국내외 운송비, 보험료, 포장비, 그 밖의 모든 비용 공제한 금액)을 사용한다.
- RCEP
  - 원산지재료비 : 획득되거나 자가생산되어 상품의 생산에 사용된 원산지재료, 부품 또는 생산품의 가치이다.
  - 비원산지재료비 : 수입된 재료의 경우, 수입 시 재료의 운임보험료포함가격(CIF)을 사용하며, 당사자에서 획득된 재료의 경우, 최초로 확인할 수 있는 지불된 가격 또는 지불해야 하는 가격(국내 운송비, 보험료, 포장비 및 그 밖의 운송관련 비용, 면제, 환급되거나 달리 회수되는 관세 외의 관세, 조세 및 통관 중개수수료, 재활용될 수 있는 부스러기나 부산물의 가치를 차감한 폐기물과 유출물의 비용을 공제한 금액)을 사용한다.
- 한–캄보디아 FTA
  - 원산지재료비 : 원산지재료가치(VOM)는 상품의 생산에서 생산자가 획득하거나 자가생산한 원산지 재료, 부품 또는 상품의 가치이다.
  - 비원산지재료비 : 비원산지 재료의 가치를 말하며, 1) 그 재료, 부품 또는 상품의 수입 시 운임보험료포함가격(CIF), 또는 2) 작업 또는 가공이 발생한 당사국의 영역에서 원산지가 결정되지 않은 재료, 부품 또는 상품에 지불된, 최초로 확인된 가격이다.
- 한–이스라엘 FTA
  - 원산지재료비 : 원산지재료의 가격계산 기준 미규정
  - 비원산지재료비 : 비원산지 재료의 가치란 사용된 비원산지 재료의 수입 시 관세가격, 또는 이를 알 수 없는 경우, 1994년도 GATT 제7조 및 1994년도 GATT 제7조의 이행에 관한 협정(관세평가협정)에 따라 이에 상당하는 가격을 말한다.

- 한-인도네시아 CEPA
  - 원산지재료비 : 원산지재료의 가치를 말하며, 원산지재료, 직접 노무비, 직접 경비, 운송비 및 이윤의 가치를 포함한다.
  - 비원산지재료비 : 비원산지재료의 가치를 말하며, 1) 그 재료, 부품 또는 상품의 수입 시 운임보험료포함가격, 또는 2) 작업 또는 공정이 발생한 당사국의 영역에서 원산지가 결정되지 않은 재료, 부품 또는 상품에 지불된, 최초로 확인된 가격이다.

## 9. 역내부가가치 산출사례 ④

### (1) 사례 1

문제1

다음은 자동차 에어컨(HS 제8415.20호)의 원재료명세서이다. 원산지결정기준에 대한 아래의 설명 중 맞는 것은?

| No. | 원재료명 | 원재료가격(원) | HS-CODE | 원산지 | 입증서류 |
|---|---|---|---|---|---|
| 1 | Compressor | 20,000 | 제8414.30호 | 한국 | 원산지확인서 |
| 2 | Elec. Motor | 15,000 | 제8501.51호 | 한국 | 원산지확인서 |
| 3 | Fan | 10,000 | 제8414.59호 | 미상 | 없음 |
| 4 | Casing | 8,000 | 제8415.90호 | 미상 | 없음 |
| 5 | Discharge Grill | 4,500 | 제8415.90호 | 한국 | 원산지확인서 |
| 6 | PCB | 20,000 | 제8537.10호 | 미상 | B/L, 인보이스 |
| 7 | Bolt & Nut | 1,000 | 제7318.15호 | 베트남 | 한-아세안 FTA C/O |
| 재료비 합계 | | 78,500 | | | |
| 직접노무비 등 | | 16,500 | | | |
| 공장도가격(EXW) | | 95,000 | | | |
| 운송비 | | 3,500 | | | |
| 상품가격(FOB) | | 98,500 | | | |

〈원산지결정기준〉

| 한-아세안 FTA | 다음 각 호의 어느 하나에 해당하는 것으로 한정한다.<br>1. 다른 호에 해당하는 재료로부터 생산된 것<br>2. 40% 이상의 역내부가가치가 발생한 것 |
|---|---|
| 한-중 FTA | 다른 소호에 해당하는 재료로부터 생산된 것 |

① 한-아세안 FTA 원산지 판정 시 부가가치기준을 적용하는 경우 역내산 재료비는 41,500원이다.
② 한-아세안 FTA 최소기준 적용 시 원산지상품으로 인정받을 수 있다.
③ 한-아세안 FTA 부가가치기준(집적법)을 충족하지 않는다.
④ 한-중 FTA 세번변경기준은 충족하지 않는다.

최소기준은 세번이 변경되지 않는 비원산지재료에 대해서만 검토하는 것이므로 세번이 변경되지 않으며 원산지가 미상인 4번 원재료에 대해서만 검토를 하면 되고, 해당 원재료의 가격(8,000원)이 상품가격(98,500원)의 10%를 초과하지 않으므로 최소기준 적용으로 세번변경기준 충족이 가능해진다.

정답 2

## (2) 사례 2

문제2

국내 B기업은 싱가포르에서 삼푸 원액을 벌크 상태로 국내 반입하여 이를 소매용 포장용기에 넣는 작업을 한 후 스위스로 수출한다. 동 수출제품(제3305.10호)의 생산에 소요된 원가 내역은 다음과 같다. 한-EFTA FTA 원산지기준은 CTH 또는 MC 50%이다. 이와 관련한 설명으로 틀린 것은?

- 수출가격(단가/box) : FOB $200
- 국내물류 : $3
- 원가구성내역
  - 재료비 : $80
    - 싱가포르산 삼푸 원액(제3305.10호) : $75
    - 중국산 플라스틱 포장용기 : $5
  - 노무비 : $60
  - 기타제조경비 : $27
  - 이윤 및 일반경비 : $30

① 삼푸 원액과 최종 제품 간에 4단위 세번변경이 발생하지 아니하여 부가가치기준을 적용하기로 하였다
② 이 물품의 부가가치기준을 계산할 때 수출물품의 기준가격은 $197 이다.
③ 이 수출물품의 생산에 사용된 비원산지재료의 가치비율을 계산하면 40.6% 이다.
④ 이 물품은 원산지상품으로 인정 받을 수 있다.

① 선택기준이므로 세번변경기준이 충족하지 않아 부가가치기준을 산출할 수 있다.
② MC법은 상품의 가격에 공장도가격을 사용한다. FOB 가격에서 국내물류비(운송비)를 공제하면, 공장도 가격으로 조정된다($200-$3=$197)
③ 이 수출물품의 생산에 사용된 비원산지재료($75+$5)의 가치비율을 계산하면 40.6% 이다.
   ※ 캐나다 협정을 제외하고 그 이외 협정은 소매포장·용기를 원산지지위별로 구분계상
④ 삼푸 원액을 소매용 포장용기에 적입하는 작업은 불인정공정에 해당한다. 따라서 부가가치기준을 충족하였다 하더라도 불인정공정 조항에 따라 원산지가 부인된다.

정답 4

## (3) 사례 3

문제3

국내 A사는 한국 공장에서 생산된 텔레비전을 체코로 수출하고자 한다. 다음 중 한-EU FTA에 따라 부가가치기준을 적용하고자 할 경우 부가가치 비율이 바르게 산출된 것은? (소수점 이하는 버림)

〈가격구성내역〉

| 가격구성요소 | 품명 | 원산지 | 가격(원) |
|---|---|---|---|
| 원재료 | A | 중국 | 300,000 |
| | B | 독일 | 200,000 |
| | C | 한국 | 250,000 |
| | D | 한국 | 100,000 |
| 노무비 | | | 70,000 |
| 직접경비 | | | 50,000 |
| 제조 간접비 | | | 5,000 |
| 판매/일반 관리비 | | | 20,000 |
| 이익 | | | 30,000 |
| 수출국내 운임 | | | 10,000 |
| 총계(FOB) | | 1,035,000 | |

* 원재료의 원산지 관련 증빙서류는 보유하고 있음.

① BD 71%

② BD 52%

③ MC 29%

④ MC 48%

 **해설**

한-EU FTA는 MC법을 사용하며, 300,000/(1,035,000-10,000)×100＝29.2%이다.

**정답** 3

# CHAPTER [04] 일반기준의 특례기준

## 1. 누적기준

### (1) 개요
① 세번변경기준, 부가가치기준 또는 가공공정기준의 충족을 용이하게 해준다. ⬛
② 누적기준은 협정 상대국의 원산지재료도 우리나라 원산지재료로 인정하므로 원산지 영역을 확대하여 역내산 재료의 사용 및 역내가공을 촉진하는 효과가 있다. ⬛
③ 한-미 FTA에서는 각 당사국은 어느 한쪽 당사국의 원산지상품이나 재료가 다른 쪽 당사국의 영역에서 상품에 결합된 경우, 다른 쪽 당사국을 원산지로 간주하도록 규정한다. ⬛

### (2) 개념
누적(accumulation)이란 물품의 원산지결정 시 체약상대국에서 발생한 생산과정 투입요소를 자국의 것으로 간주하는 것을 말한다. ⬛

### (3) 누적요소
① 상대국에서 발생한 생산요소 즉 누적요소(투입요소)는 재료와 공정이 있다. 재료누적은 상대국재료를 우리나라 원산지재료로 인정하므로 세번변경기준 또는 부가가치기준 충족이 용이해진다. ⬛
② 공정누적은 최종제품의 원산지판정 시 상대국에서 수행된 공정까지 고려하여 원산지를 판정할 수 있다. ⬛
③ 실무적으론 협정 상대국 재료를 누적시키기 위해서는 해당 협정의 원산지증명서가 필요하다. ⬛

 해설

공정누적은 재료누적과는 다르게 협정상대국에서 수행된 공정을 입증하는 것은 실무적으로 쉽지 않다.

④ 재료누적은 모든 협정이 인정하고 공정누적은 칠레, 싱가포르, 페루, 미국, 캐나다, 호주, 뉴질랜드, 콜롬비아의 FTA에서 인정된다. ⬛
⑤ 한-영 FTA에서는 한시적(협정발효 후 3년 ⬛)으로 EU산 재료 및 공정에 대해 누적을 인정하고 있으며, RCEP의 경우 공정누적 도입을 위한 검토를 협정 발효일에 개시하여 5년 내에 검토를 마치도록 하는 조항(제3.4조 제2항)을 두고 있다.

| 협정 | 공정누적 | 재료누적 |
|---|---|---|
| 칠레, 싱가포르, 페루, 미국, 캐나다, 호주, 뉴질랜드, 콜롬비아 | O **4** | O **2** |
| 인도, 아세안, EFTA, EU, 튀르키예, 중국, 베트남, 중미, 영국(EU공정 인정), RCEP, 이스라엘, 캄보디아, 인도네시아 | × **6** | |

⑥ EFTA · EU · 튀르키예 · 영국과의 FTA에서는 재료누적의 인정조건으로 상대국 원산지재료를 사용하여 최종물품을 생산한 체약당사국에서 불인정공정을 넘어서는 공정을 거치는 경우로 한정하고 있다. **3**

⑦ 다른 협정에서도 불인정공정 조항이 원산지규정 부속서 전체에 적용된다는 것이 명시되어 있거나, 「이 장의 그 밖의 모든 적용 가능한 요건을 충족하여야 한다.」고 규정하므로 누적의 인정조건으로 최종물품을 생산한 당사국에서 충분한 공정을 거쳐야 한다고 해석할 수 있다.

  ㉠ 한-아세안 FTA 공정누적 불인정 원칙 **1**

  ㉡ 한-아세안 FTA 품목별 기준에 따라 공정누적 예외적 인정

  **예** 한 · 아세안 FTA는 제61류 의류 생산시 재단 · 봉재 공정 수행국을 1국으로 한정하지 않고, 역내에서 수행되는 것을 허용 **1**

---

**관련규정** | **한-EFTA FTA 단순가공품 특례규정**

어떤 당사국 물품을 동일한 상태 또는 단순가공하여 다른 당사국으로 수출하는 경우 당초의 원산지가 유지됨. 다수의 당사국 재료가 사용되나 충분한 가공이 아닌 경우 사용된 당사국 재료 중 최고 가격의 재료 원산지를 해당 수출물품 원산지로 간주

---

**예시**

한-EFTA FTA 단순가공품 특례규정은 당사국 A의 원산지 물품을 B 당사국으로 반입한 후 원상태 또는 단순가공 후 C 당사국으로 다시 수출하는 경우 이 물품의 원산지가 A국으로 인정되는 특례조항이다. **1**

## (4) 누적의 형태

① FTA에서 적용되고 있는 누적기준 형태로는 양자누적(bilateral cumulation), 완전누적(full cumulation), 교차누적(cross cumulation) 등 세 가지가 있다.

② 양자누적은 협정 상대국 간 원산지상품이나 재료를 물리적으로 결합하여 최종제품을 생산하는 것을 재료누적을 의미하며, 상대국 상품이나 재료를 누적하기 위해서는 협정에서 정한 원산지규정을 충족한 원산지상품이어야 한다.

③ 완전누적은 단일의 특혜 영역으로 간주되는 복수 국가 간 적용하는 방식으로 협정당사국들에서 수행된 모든 작업이나 가공을 최종물품 원산지결정 시 고려한다. **1**

따라서 추가적인 작업이나 가공을 위해 한쪽 당사국에서 다른 쪽 당사국으로 수출 시 양자누적과 달리 누적대상 재료나 상품이 원산지 지위를 획득하지 않아도 된다. **2**

④ 교차누적은 협정당사국이 아닌 일정 국가들에 의해 공급된 재료가 일정 조건하에서 「역내산」으로 간주되는 것을 말한다. 한-캐나다 FTA는 자동차 상품(HS 제8701호부터 제8706호) 생산에 사용된 미국산 부품(제84류, 제85류, 제87류 및 제94류)에 대해 교차누적을 인정한다. **7**

⑤ 미국에서 생산된 자동차 부품이 우리나라 및 캐나다로 수입되어도 한-캐나다 FTA에 규정된 품목별원산지기준을 충족한 경우 원산지재료로 간주된다.

**한-캐나다 FTA 부속서 3-가 품목별 원산지 규정**

제8701호부터 제8706호까지의 물품의 원산지결정의 목적상, 한쪽 당사국의 영역 내의 물품 생산에 사용된 제84류, 제85류, 제87류 또는 제94류의 모든 재료는 다음의 경우 원산지로 인정된다.
1. 해당 재료가 미합중국의 영역으로부터 당사자의 영역으로 수입된 경우, 그리고
2. 미합중국의 영역이 이 협정에 의하여 지정된 자유무역지역의 일부인 경우, 해당 재료는 이 협정의 적용 가능한 원산지규정하에서 원산지재료로 간주된다.

⑥ 한-중미 FTA는 차후 협의를 거쳐 협정당사국이 아닌 국가의 물품을 누적시킬 수 있는 기회를 열어 놓았다. 한-중미 FTA에 「한국과 최소 1개의 중미공화국은 양 당사국 모두 무역협정을 체결한 제3국과 원산지를 누적하기 위한 목적으로 원산지 규정의 규약을 개선할 가능성을 고려할 수 있다.」라고 규정하고 있어 교차누적에 대해 협의할 수 있다고 규정하고 있다.

## (5) 누적의 범위

① 누적방식

㉠ 누적할 수 있는 지역적 범위는 양국누적과 다국누적으로 나눌 수 있다. 양국누적은 협정 당사국이 모두 각각 1개국인 경우 1+1방식으로 상호간 누적을 인정하는 것이다. 다국누적은 한쪽 또는 양쪽 당사국이 여러 국가로 구성된 경우에 1+n 또는 n+n방식으로 누적을 인정하는 것이다.

㉡ 아세안, EFTA와의 FTA에서는 기본적으로 다국누적(1+n방식)이 인정된다. **2**

**심화**

한-아세안 FTA에서는 어느 국가(any party)로 규정하면 수출당사국 이외의 회원국 다국누적을 허용하는 것이며, 수출한 국가(exporting party)로 명시된 경우 양국누적만을 허용하는 것을 의미한다.

ⓒ 아세안·EFTA·중미와의 협정에서는 아세안연합 및 EFTA연합, 중미연합(중미공동시장)을 협정당사국으로 인정하지 않고 개별 국가를 당사국으로 인정하므로 기준에서 다국누적을 제한하는 경우가 있으므로 주의하여야 한다.

ⓓ 한-EU FTA의 경우 EU 자체를 당사국으로 인정하고 있으므로 양국누적(1+1) 형태이며, 그 이외 1개국과 맺은 협정도 양국누적 형태이다. **1**

- 한-아세안 FTA 다국누적 인정 : 한-아세안 FTA 쌀가루(HS 1102.90-2000)의 품목별 원산지결정기준에서 「어떤 국가(any party)」에서 생산될 것으로 규정하고 있어 수출국 당사국 이외의 회원국 다국누적 허용
- 한-아세안 FTA 다국누적 제한 : 한-아세안 FTA 옥수수가루(HS 1102.20)의 품목별 원산지결정기준에서 「수출한 국가(exporting party)」에서 생산될 것으로 규정하여 양국누적만 인정

**심화** | **한-중미 FTA 누적 주의사항**

- 한-중미 FTA는 기본적으로 다국누적(1+n) 방식을 따르는데, 다만 섬유제품에 대해서는 협정 상대국에 따라 품목별원산지기준이 다른 경우 누적시킬 수 없다.

| 한-중미 FTA 〈제3.6조 누적〉 |
| --- |
| 1. 코스타리카, 엘살바도르, 온두라스, 니카라과, 파나마 또는 한국의 영역을 원산지로 하는 상품이나 재료가 코스타리카, 엘살바도르, 온두라스, 니카라과, 파나마 또는 한국의 영역 내에서 최종재의 재료로 사용되는 경우, 그 상품이나 재료는 그 최종재의 작업 또는 가공이 발생한 후자의 영역의 원산지상품으로 간주된다.[1] [2] |
| 2. 한국과 최소 1개의 중미 공화국은 양 당사국 모두 무역협정을 체결한 제3국[3]과 원산지를 누적하기 위한 목적으로 원산지 규정의 규약을 개선할 가능성을 고려할 수 있다. |
| 1) 제1항의 이행을 목적으로, 원산지 누적은 동일한 품목별원산지규정을 가진 공화국들 간에만 적용된다. |
| 2) 당사국은 이 협정이 발효되지 아니한 중미 공화국의 상품 또는 재료는 누적하지 아니한다. |
| 3) 보다 명확히 하기 위하여, "제3국"이란 한국과 중미 공화국들을 제외한 모든 국가를 말한다. |

- 섬유류의 가공공정기준 설명 시 일부 품목의 원산지결정기준이 협정 상대국에 따라 다르다고 설명하였다. 이렇게 동일 품목에 대하여 협정상대국의 원산지결정기준이 다른 경우 누적시킬 수 없다.

| 한-중미 FTA 원산지결정기준 | | |
| --- | --- | --- |
| 원재료 | 5408.10-5408.34<br>(직물) | (코스타리카, 온두라스, 니카라과, 파나마)<br>다른 호에 해당하는 물품(제5205호부터 제5206호, 제5401호, 제5402호, 제5404호, 제5406호 또는 제5503호부터 제5510호까지의 물품은 제외한다)에서 소호 제5408.10호부터 제5408.34호까지에 해당하는 물품으로 변경된 것<br><br>(엘살바도르)<br>다른 류에 해당하는 물품(제5205호부터 제5206호 또는 제5503호부터 제5510호까지의 물품은 제외한다)에서 소호 제5408.10호부터 제5408.34호까지에 해당하는 물품으로 변경된 것 |

| | | (코스타리카, 온두라스, 니카라과, 파나마)<br>다른 류에 해당하는 물품에서 소호 제6201.11호부터 제6217.90호까지에 해당하는 물품으로 변경된 것 |
|---|---|---|
| 최종제품 | 6201<br>(의류) | (엘살바도르)<br>다른 류에 해당하는 물품(제5204호부터 제5212호, 제5401호부터 제5408호, 제5503호부터 제5516호, 제5802호, 제5804호 또는 제6001호부터 제6006호까지의 물품을 제외한다)에서 소호 제6201.11호부터 제6217.90호까지에 해당하는 물품으로 변경된 것 |

- 제5408호에 대해 한-중미 FTA는 협정상대국에서 따라 품목별원산지기준이 상이한데, 코스타리카 · 온두라스 · 니카라과 · 파나마(CTH＋제외세번)와 엘살바도르(CC＋제외세번)가 다르게 규정하고 있다.
- 예를 들어 코스타리카에서 제5408.21호의 직물을 수입하고, 엘살바도르에서 제5408.31호의 직물을 수입하여 우리나라에서 제6201호에 의류를 생산 후 엘살바도르로 수출하는 경우 코스타리카의 원재료는 협정관세를 적용받아 수입할 수 있으나 누적시킬 수는 없다.
- 코스타리카에서 수입한 제5408.21호의 원산지결정기준이 코스타리카와 엘살바도르가 상이하기 때문이다. 이에 코스타리카 원재료는 역외산 재료로 취급받는다.
- 최종 물품의 원산지를 판정해 보면 엘살바도르의 제6201호의 원산지결정기준은 2단위 세번변경기준＋제외세번 형태로 설정되어 있다. 코스타리카에서 수입한 제5408.21호의 직물을 누적시킬 수 없는 역외산 재료(제외세번 : 제5408호)이므로 품목별원산지기준을 충족하지 못하게 된다. 제5408.21호를 역내산 재료로 조달하거나, 최소허용수준 충족여부를 살펴보아야 한다.

| 투입원재료 | | | 최종제품 |
|---|---|---|---|
| 투입원재료 HS | 원산지 | 원산지지위 | |
| 5408.21 | 코스타리카 | 역외산(누적적용 불가) | 의류(제6201호) |
| 5408.31 | 엘살바도르 | 역내산 | |

- 반대로 코스타리카로 의류를 수출하는 경우 엘살바도르에서 수입한 제5408.31호의 원재료는 협정관세를 받고 수입할 수 있으나, 누적시킬 수 없다. 앞 사례와 동일하게 코스타리카와 엘살바도르의 제5408.31호의 원산지결정기준이 상이하기 때문이다. 하지만 최종제품에 대한 우리나라와 코스타리카 간 원산지결정기준은 2단위 세번변경으로 엘살바도르 원재료 제5408.31호에서 제62류도 2단위 세번변경이 발생하여 원산지가 충족된다.

## (6) 적용 사례

완제품 : LED 모듈(HS CODE : 제9405.40호)
적용협정 : 한-미 FTA
물품설명 : 광고간판 내부에 설치되어 조명으로 사용되는 물품
원산지결정기준 : 다른 류에 해당하는 재료로부터 생산된 것(2단위 세번변경기준)

| 투입원재료 | | | | |
|---|---|---|---|---|
| 연번 | 원재료명 | HS 코드 | 원산지 | 가격(원) |
| 1 | PCB 기판 | 8534.00 | 한국 | 100 |
| 2 | LED 칩 | 8541.40 | 중국 | 50 |
| 3 | 다이오드 | 8541.10 | 인도 | 70 |

| 4 | 전기저항기 | 8533.29 | 독일 | 60 |
|---|---|---|---|---|
| 5 | LED 모듈하우징 | 9405.99 | 미국 | 160 |
| 6 | 스크류 | 7318.15 | 한국 | 70 |

① 세번변경여부를 판정 원재료는 연번 2 · 3 · 4 원재료로 해당 원재료는 2단위 세번변경이 발생하므로 원산지가 충족된다.

② 역내산 재료를 확인해보면 연번 1 · 6 원재료는 한국산이며, 연번 5 원재료는 미국산(원산지증명서 보유)으로 우리가 활용하고자 하는 협정상대국 원재료이므로 누적기준에 따라 역내산 원재료 취급을 받게 된다. 만약 연번 5 원재료가 미국산이 아닌 일본산이라면, 동 물품은 2단위 세번변경기준을 충족하지 못하게 된다.

### (6) 협정별 규정

**한─중국 FTA 〈제3.6조 누적〉**

한쪽 당사국의 원산지상품 또는 재료가 다른 쪽 당사국에서 상품에 결합되는 경우, 그렇게 결합된 상품 또는 재료는 다른 쪽 당사국에서의 원산지상품 또는 재료로 간주된다. **1**

## 2. 최소허용기준

### (1) 개념

① 최소허용기준(De minimis)은 어떤 물품의 생산과정에 사용된 비원산지재료가 당해물품에서 차지하는 비중이 미미한 경우에는 협정에서 규정한 품목별원산지 요건(세번변경기준, 특정비원산지재료 사용금지)을 충족하지 못하더라도 원산지물품으로 인정하는 규정이다. **1**

② 세번변경기준을 충족시키지 못하는 「비원산지재료」의 차지하는 비중(가격 혹은 중량)이 협정에서 정한 수준 이하로 사용되었을 경우 원산지물품으로 인정하며, 미소기준이라고도 한다.

### (2) 협정별 비교

① 대부분의 협정에서 최소허용수준을 일반품목군, 농축수산물(제01류~제24류), 섬유(제50류~제63류)류 제품으로 나누어 규정하고 있다. 다만 아세안 · EU · 튀르키예 · 베트남 · 영국 · 캄보디아 · 인도네시아와의 협정 및 RCEP은 일반품목군과 농축수산물을 구분없이 적용한다. **3**

② **일반품목(가격기준)** : 협정별 일반품목군의 최소허용수준 인정 범위를 살펴보면, 최종제품의 가격에서 세번변경이 충족되지 않는 원재료의 가치가 한─칠레 FTA는 8% 이하, 그 이외 협정은 10% 이하일 때 원산지상품으로 인정한다.

| 협정 | 기준가격 | 비중 |
|---|---|---|
| 칠레 **1** | 조정가격 | 8% **4** |
| 싱가포르 | 관세가격 | 10% **2** |
| 미국, 호주, 콜롬비아 | 조정가치 | |
| 아세안, 인도, 페루, 중국, 베트남, 뉴질랜드, 중미, RCEP, 캄보디아, 인도네시아 | FOB* **1** | |
| EFTA, EU, 튀르키예, 캐나다, 영국, 이스라엘 | 공장도 가격 **1** | |

※ 인도, 중국, 베트남, 인도네시아의 FOB 가격은 관세평가협정에 따라 결정된 FOB 가격을 의미

③ **농수산물(가격기준)** : 농수축산물의 경우 대부분의 협정에서 6단위 세번변경이 이루어지면서 투입비율(일반품목군과 동일) 충족을 동시에 요구하고 있다. 아세안·베트남·EU·튀르키예·영국·캄보디아·인도네시아와의 FTA와 RCEP는 투입비율만을 규정하고 있다.

| 협정 | 기준가격 | 비중 | 특징 |
|---|---|---|---|
| 칠레 | 조정가격 | 8% 이하 **2** | 1류~24류 CTSH 충족 시 적용 가능 |
| 싱가포르 | 관세가격 | 10% 이하 | 1류~14류 적용 제외 **2** |
| | | | 15류~24류 CTSH 충족 시 적용 가능 **1** |
| 미국 | 조정가치 | | 1류~24류 CTSH 충족 시 적용 가능(일부 제외) **1** |
| 호주 | | | 1류~14류 CTSH 충족 시 적용 가능(일부 제외) |
| 아세안**1**, RCEP, 캄보디아 | FOB* | | 제한 없음 **2** |
| 인도, 페루 | | | 1류~14류 적용 제외 **1**, 15류~24류 적용 가능 |
| 중국, 중미 | | | 15류~24류 CTSH 충족 시 적용 가능 |
| 베트남, 인도네시아 | | | 제한없음 **1** |
| 뉴질랜드 | | | 1류~14류 적용 가능(단순한 혼합 이상인 경우만) |
| EFTA | 공장도 가격 | | 1류~24류 CTSH 충족시 적용 가능(일부제외) |
| EU, 튀르키예, 영국 | | | 제한없음 **1** |
| 캐나다 | | | 1류~21류 CTSH 충족 시 적용 가능(일부제외) |
| 이스라엘 | | | 1류~14류 적용제외 |
| | | | 15류~24류 CTSH 충족 시 적용 가능 |
| 콜롬비아 | 조정가치 | | 1류~24류 CTSH 충족 시 적용 가능(15류 일부 제외) |

※ 인도, 중국, 베트남, 인도네시아의 FOB 가격은 평가협정에 따라 결정된 FOB 가격을 의미한다.

④ **섬유제품(중량기준)**

　㉠ 섬유류는 일반적으로 중량을 기준으로 최소허용수준을 산출하며, 협정별로 허용비중을 다양하게 설정하고 있다.

　㉡ 중국·베트남·뉴질랜드와의 FTA는 중량 또는 가격기준을 선택적으로 사용하여 판정할 수 있다. **5**

| 협정 | 비중 |
|---|---|
| 미국, 인도 | 7% **6** |
| 칠레, 싱가포르 | 8% |
| 아세안, EFTA, 페루, 호주, 캐나다, 콜롬비아, 중미, RCEP, 이스라엘, 캄보디아, 인도네시아 | 10% **1** |
| 중국, 베트남, 뉴질랜드 | 10%(중량 또는 가격기준) **2** |
| EU, 튀르키예, 영국 | 8~30%(일부는 가격기준)* |

 **해설**

EU, 튀르키예, 영국 협정의 경우 섬유제품에 대한 최소허용수준은 일괄적으로 8~30%를 적용하는 것이 아니다. EU, 튀르키예, 및 영국 협정에서는 대부분의 섬유 품목별원산지기준이 가공공정기준으로 되어 있어, 가공공정기준에서 사용을 허용하지 않는 비원산지재료의 최소허용수준을 정하고 있는 것이다. 섬유류의 최소허용수준은 품목별 원산지결정기준 주석 5와 6에 품목에 따라 나누어 규정하고 있다. 이에 최소허용수준 적용에 유의하여야 한다. 즉, 다른 협정과 달리 섬유류에 대한 최소허용기준 조항을 일반기준이 아닌 품목별 원산지결정기준 주석에서 규정하고 있는 것이다. **1**

**최소허용수준 협정별 비교**

| 구분 | 가격기준으로 최소허용수준 산출 | | | 중량기준 산출 |
|------|------|------|------|------|
| | 기준가격 | 일반품목 | 농축수산물 | 섬유류 |
| 칠레 | 조정가치 | 8% 이하 | 1류~24류 CTSH 충족하면 8% 이하 **1** | 8% 이하 |
| 싱가포르 | 관세가격 | 10% 이하 | 1류~14류 적용제외<br>15류~24류 CTSH 충족하면 10% 이하 | 8% 이하 |
| 아세안<br>RCEP<br>캄보디아<br>인도네시아 | FOB | | 10% 이하 **1** | 10% 이하 |
| 인도 | FOB | 10% 이하<br>**2** | 1류~14류 적용제외 **2**<br>15류~24류 10% 이하 | 7% 이하 |
| EFTA | 공장도 가격 | 10% 이하 | 1류~24류 CTSH 충족하면 10% 이하 | 10% 이하 |
| 미국 | 조정가치 | 10% 이하 | 1류~24류 CTSH 충족하면 10% 이하(일부제외) | 7% 이하 **1** |
| EU/튀르키<br>예/영국 | 공장도 가격 | | 10% 이하 | 8~30% 이하<br>(일부가격 기준) |
| 페루 | FOB | 10% 이하 | 1류~14류 적용제외 **1**<br>15류~24류 10% 이하 | 10% 이하 **1** |
| 호주 | 조정가치 | 10% 이하 | 1류~14류 CTSH 충족하면 적용 가능 10% 이하<br>(일부품목적용 제외)<br>15류~24류 10% 이하 | 10% 이하 |
| 캐나다 | 공장도 가격 | 10% 이하 | 1류~21류 CTSH 충족하면 적용 가능 10% 이하 | 10% 이하 **1** |
| 이스라엘 | 공장도 가격 | 10% 이하 | 1류~14류 적용제외<br>15류~24류 CTSH 충족시 10% 이하 | 10% 이하 |
| 중국 | FOB **1** | 10% 이하 | 1류~14류 적용 불가<br>15류~24류 CTSH 충족시 10% 이하 **1** | 10% 이하 **1**<br>(중량 또는 가격 기준) |
| 베트남 | | | 10% 이하 **1** | |
| 뉴질랜드 | | 10% 이하 | 1류~14류 적용 가능(단순한 혼합을 초과하는 공정)<br>10% 이하 **1**<br>15류~24류 10% 이하 | |
| 콜롬비아 | 조정가치 | 10% 이하 | 1류~24류 CTSH 충족시 적용 가능 10% 이하(15류<br>분류되는 비원산지재료 일부 최소허용수준 적용<br>제외) | 10% 이하 **1** |
| 중미 | FOB | 10% 이하 | 1류~14류 적용제외<br>15류~24류 CTSH 충족시 10% 이하 | 10% 이하 |

**예시** 한-호주 FTA에서는 제1류부터 제14류까지의 상품에 대한 최소허용기준의 적용은 비원산 지재료가 다른 상품의 생산에 사용 또는 소비되고 그 과정이 단순한 혼합을 초과하는 과정인 경우로 한하고 있다. **1**

## (3) 적용사례

### ① 가격기준 적용사례 : 한-미 FTA 일반품목군 최소허용수준 판정예시

완제품 : 볼베어링(제8482.10호), 9,530원(FOB)
활용 협정 : 한-미 FTA
판정 원산지결정기준 : 다른 소호에 해당하는 재료(제8482.99호의 것은 제외한다)로부터 생산된 것

| 투입원재료 | | | | |
|---|---|---|---|---|
| 연번 | 원재료명 | HS 코드 | 원산지 | 가격(원) |
| 1 | Cago | 8482.99 | 일본 | 350 |
| 2 | Ball | 8482.91 | 미국 | 960 |
| 3 | Molded Seal | 8482.99 | 한국 | 980 |
| 4 | Outer Ring | 8482.99 | 한국 | 1,790 |
| 5 | Inner Ring | 8482.99 | 미국 | 1,190 |

상품가격에서 연번1 원재료의 가치가 한-미 FTA 일반품목군의 최소허용수준 10% 이하
(350/9,530=3.6%)를 충족하여 원산지상품으로 인정받을 수 있다.

### ② 중량기준 적용사례(한-미 FTA) : 한-미 FTA 일반품목군 최소허용수준 판정예시

완제품 : 남성용 셔츠(HS 6105)
활용 협정 : 한-미 FTA
판정 원산지결정기준 : 다른 류에 해당하는 재료(제5106호부터 제5113호까지, 제5204호부터 제5212호까지,
제5307호부터 제5308호까지, 제5310호부터 제5311호까지, 제5401호부터 제5402호까지, 제5403.33호부터
제5403.39호까지, 제5403.42호부터 제5408호까지, 제5508호부터 제5516호까지 및 제6001호부터 제6006호
까지의 것은 제외한다)로부터 생산된 것. 다만, 체약당사국에서 재단[또는 편성(knit to shape)]이 이루어지고,
봉제 또는 기타의 방법으로 결합 공정이 수행된 것으로 한정한다.

| 투입원재료 | | | | |
|---|---|---|---|---|
| 연번 | 원재료명 | HS 코드 | 원산지 | 중량(g) |
| 1 | 원단(100% cotton) | 5205.47 | 한국 | 183.2 |
| 2 | 심지(Interlining) | 6217.10 | 미상 | 51.2 |
| 3 | 재봉사(Sewing Thread) | 5401.10 | 미상 | 5.5 |
| 4 | 어깨테잎(Should Tape) | – | 한국 | 3.1 |
| 합계 | | | | 243 |

예시 한-미 FTA 일반품목군 최소허용수준 판정예시

㉠ 해당 사례는 비원산지재료인 제5401.10호 재봉사가 제외세번에 해당되어 세번변경기준을
   충족하지 못한다.

㉡ 한-미 FTA에서 전체 구성요소 중량의 7% 이하로서 비원산지재료가 투입되었을 경우 최소
   허용수준을 인정하고 있다. 이에 총 투입요소 243그램에서 재봉사(5.5g)의 비율은 2.26%
   로 최소허용수준을 충족하여 원산지상품으로 인정받을 수 있다.

## 3. 중간재

### (1) 개념

① 중간재(intermediate materials)란 최종물품 생산자가 최종물품 생산에 투입하기 위하여 자가생산(직접생산)하고 원산지지위를 획득한 중간 원재료를 말한다. ❷

② 중간재 규정은 완제품의 원산지결정기준이 부가가치기준인 품목에 주로 이용된다. ❶

③ 중간재의 자격을 갖춘 물품은 동 물품을 생산하기 위해 투입된 비원산지재료비 외에 그 중간재 전체 가격을 원산지재료비로 계상한다. ❶

### (2) 중간재 규정의 필요성

① 중간재 규정의 취지는 중간 원재료를 역내의 다른 업체에서 조달한 경우와 직접생산한 경우 간의 형평성을 맞추기 위한 것이다. ❷

② 중간재 규정이 없을 경우 최종제품의 원산지판정 시 자가생산한 부품을 최종제품에 투입한 생산자는 부품을 다른 기업에서 조달받아 최종제품을 생산하는 기업보다 부가가치기준 충족에 불리하다. ❷

### (3) 협정별 비교

① 인정여부

㉠ 아세안 · 인도와의 협정은 중간재 규정을 두고 있지 않다. ❻ 다만, 아세안의 경우 국내법에서 중간재를 인정하고 있다. ❷

㉡ 칠레 · 싱가포르 · 미국 · 페루 · 호주 · 콜롬비아 · 중미 · 인도네시아와의 협정은 중간재 규정을 별도로 두어 적용범위 및 적용품목 지정 여부에 대하여 규정하고 있다.

㉢ 칠레 · 싱가포르 · 미국과의 FTA에서는 「자가생산품」에 대해서만 중간재를 인정하고 있으며, ❺

㉣ 페루 · 호주 · 콜롬비아 · 중미 · 인도네시아와의 협정에서는 「자가생산품」뿐 아니라 「역내생산품」까지도 폭넓게 인정하고 있다. ❷

> 👤 **해설**
>
> 역내생산품을 인정한다는 의미는 최종물품의 생산자가 직접 생산하지 않은 물품, 즉 역내에서 생산되어 공급받은 물품도 포함하여 중간재를 폭넓게 인정한다는 의미이나 자가생산품만을 중간재로 인정하는 협정도 조달재료는 '원산지확인서등을 통해 원산지재료로 인정하므로 실제 의미는 크지 않다.

㉤ 칠레 및 싱가포르와의 FTA에 의하여 중간재로 인정받으려면 최종제품 생산자가 사전에 해당재료를 지정하는 절차를 거쳐야 한다. ❽ 또한 중간재로 지정된 물품 생산에 사용된 재료가 부가가치기준 적용 품목인 재료는 중간재로 중복 지정할 수 없도록 하고 있다. ❷

ⓗ EFTA · EU · 튀르키예 · 중국 · 베트남 · 뉴질랜드 · 영국 · 이스라엘 · 캄보디아과의 FTA 및 RCEP에서는 중간재 규정을 별도로 두고 있지는 않으나, 원산지규정에서 「비원산지재료가 한쪽 또는 양 당사국의 영역에서 충분한 생산을 거치는 경우 그 결과물인 상품은 원산지상품으로 간주되며, 그 상품이 이후의 다른 상품의 생산에 사용될 때 그 상품에 포함된 비원산지재료는 고려되지 아니한다.」고 규정하고 있다. 2️⃣ 자가생산한 재료는 물론이고 역내에서 생산된 원산지재료를 외부로부터 구입하여 사용한 경우에도 Roll up을 인정한다. 1️⃣

---

### 🙍 해설

원산지재료와 비원산지재료를 사용하여 생산한 재료가 원산지기준을 충족하면 그 재료비 전체를 원산지재료비에 계상하는 것을 roll up이라 하고, 기준을 충족하지 못하면 그 재료비 전체를 비원산지재료비에 계상하는 것을 roll down이라 한다. 2️⃣

---

ⓢ 캐나다와의 FTA에서 「자가생산 재료」 조항을 별도로 두어, 생산자의 선택에 따라 자가생산재료가 그 자체의 원산지기준을 충족한 경우 그 재료 전체를 원산지재료로 또는 불충족한 경우 비원산지재료로 지정할 수 있도록 하고 있다. 3️⃣

| 구분 | 칠레. 싱가포르 | 미국, 뉴질랜드 | 페루, EFTA, EU, 튀르키예, 호주, 캐나다, 중국, 베트남, 콜롬비아, 중미, 이스라엘, 캄보디아, 영국, RCEP, 인도네시아 | 아세안, 인도 |
|---|---|---|---|---|
| 중간재 인정여부 | O | O | O | × 3️⃣ |
| 적용범위 | 자가생산품 | 자가생산품 | 역내생산품 1️⃣ | × |
| 중간재 지정의무 | O | × | × | × |

※ 한–아세안 FTA는 협정상 규정이 없으나 국내법에서 인정 1️⃣

② 중간재 가격계상 기준

㉠ 싱가포르 · 미국 · EU · 페루 · 튀르키예 · 호주 · 뉴질랜드 · 콜롬비아 · 중미 · 영국과의 FTA에서 자가생산 재료의 가격을 일반경비를 포함하여 재료의 생산에서 발생한 모든 비용과 이윤을 합한 금액으로 규정하고 있다. 3️⃣

㉡ 캐나다와의 FTA에서는 「그 상품의 생산자에 의해 생산된 모든 상품에 대하여 발생되어, 그 자가생산 재료에 합리적으로 할당될 수 있는 총 비용」 또는 「그 자가생산 재료에 대하여 발생되어, 그 자가생산 재료에 합리적으로 할당될 수 있는 총 비용을 포함하는 모든 비용의 합」으로 규정하여 이윤을 고려하지 않고 있다.

㉢ 캐나다와의 FTA에서는 자가생산 재료의 가격에 이윤을 제외하도록 규정하고 있다. 2️⃣

㉣ 칠레 · EFTA · 베트남 · 중국 · 이스라엘 · 캄보디아 · 인도네시아와의 협정 및 RCEP에서는 중간재 가격에 대한 규정은 없으나 일반적으로 인정되는 기업회계기준을 적용한다. 자가생산 재료가 아닌 외부 구입재료에 대한 가격의 산정은 보편적으로 국내에서 구입한 경우 그 매입가격, 체약국에서 수입하는 경우 과세가격으로 계상하나, 협정별로 상이할 수 있다.

ⓜ 원산지재료와 비원산지재료를 투입하여 생산한 재료가 원산지기준을 충족하지 못하고 동 재료가 그 이후의 다른 상품의 생산에 사용된 때에는 그 이후에 생산된 상품의 재료비 계산 시 그 재료 전체를 비원산지재료비로 계상할 필요는 없다. 원산지결정기준을 충족하지 못 한 원재료에 투입된 비원산지와 원산지재료를 구분하여 각각의 재료비 항목으로 계산할 수 있다.

## (4) 중간재 적용 사례

예시 한-EU FTA 중간재 활용 예시

완제품 : CCTV HS 제8525호
활용 협정 : 한-EU FTA
원산지결정기준 :
제8525호(CCTV)-해당 물품의 생산에 사용된 모든 비원산지재료의 가격이 해당 물품의 공장도 가격의 50%를 초과 하지 아니한 것(MC 50%)
제8529호(중간재)-해당 물품의 생산에 사용된 모든 비원산지재료의 가격이 해당 물품의 공장도 가격의 50%를 초 과하지 아니한 것(MC 50%)

| 투입원재료 | | | | |
|---|---|---|---|---|
| 연번 | 원재료 | HS 코드 | 원산지 | 가격($) |
| 1 | MAIN PCB ASSY (원재료 ①+②+③) | 8529 | MC 50% 충족으로 원산지재료 지위 획득 | 13 (원재료 ①+②+③) |
| ① | IC | 8542 | 중국 | 4 |
| ② | 다이오드 | 8541 | 인도 | 2 |
| ③ | PCB | 8534 | 한국 | 7 |
| 2 | BARREL ASSY | 8525 | 일본 | 10 |
| 노무비+경비+이윤 | | | | 3 |
| 공장도 가격 | | | | 26 |

※ CCTV 생산기업은 MAIN PCB ASSY를 자가생산(중간재)하였다.

① 중간재규정 미사용

ㄱ 원산지 판정 시 원산지재료는 PCB($7)만 인정되고 나머지 원재료는 모두 비원산지재료(4 +2+10=$16)이다.

ㄴ 공장도 가격에서 비원산지재료 비중을 산출해보면, 16/26×100=61.5%로 최종제품의 원 산지결정기준 MC 50%를 충족하지 않아 한-EU FTA를 활용할 수 없다.

② 중간재규정 사용

ㄱ 중간재인 MAIN PCB ASSY의 원산지를 판정해보면, 중간재 가격 $13(이윤, 비용 미포함 금액)에서 비원산지재료의 가치가 $6로 46.1%(6/13×100)로 MC 50%를 충족하므로 원 산지재료로 인정된다.

ㄴ 중간재 가격 $13에는 중국산 IC($4) 및 인도산 다이오드($2)의 가격이 포함되어 있으나 중 간재가격 전체인 $13를 원산지재료비로 계상한다.

ⓒ 최종제품의 원산지충족여부를 확인해보면 원산지재료 MAIN PCB ASSY의 가치는 $13이며, 비원산지재료 BARREL ASSY의 가치는 $10, 공장도 가격은 $26이다. 공장도 가격에서 비원산지재료의 비중을 산출해보면 $10/26 \times 100 = 38.4\%$로 MC 50%를 충족하여 원산지상품으로 인정받는다.

③ 중간재규정의 세번변경기준 적용

ⓐ 협정에서는 중간재규정은 최종물품이 부가가치기준을 적용 시「중간재 가격 계상기준 및 향후 다른 물품 제조에 원재료로 사용될 시 중간재에 포함되어 있는 비원산지재료는 미고려한다」등을 규정한다.

ⓑ 최종제품의 품목별원산지기준이 세번변경인 경우에 대해서는 명시하고 있지 않으나, 세번변경기준 적용품목에도 활용할 수 있다. **1**

## (5) 협정별 규정

| 한-베트남 FTA |
| --- |
| 〈제3.3조 완전하게 획득되거나 생산되지 아니하는 상품〉<br>4. 원산지상품이 그 이후 다른 상품의 생산에 사용되는 경우, 그 이후에 생산된 상품의 원산지 지위를 결정하는 목적상 원산지상품에 포함된 비원산지재료는 고려되지 아니한다. **1** |

# 4. 대체가능물품(Fungible goods or materials)

## (1) 개념

① 대체가능물품이란 동종 동질의 곡물, 과일, 볼트, 너트, 베어링, 타이어 등과 같이 물품의 특성이 본질적으로 동일하여 원산지가 서로 다르더라도 상업적으로 대체하여 사용할 수 있는 상품 또는 재료를 말한다. **1**

② FTA에서는 기본적으로 원산지물품과 비원산지물품을 물리적으로 구분·관리하는 것이 원칙이다. 그러나 물리적으로 원산지지위별로 구분·보관하는데 기술적 어려움이 있거나 상당한 비용이 소요되는 경우 비원산지물품과 원산지물품의 혼합보관을 허용하고, **1**

③ 특정 날짜에 수출된 상품 또는 생산에 투입된 원재료의 원산지를 재고관리기법에 따라 결정할 수 있도록 하는 것이 대체가능물품 특례이다.

④ 협정상 대체가능물품 규정에 따라 원산지를 판단할 수 있는 물품의 종류에 제한이 없으므로 다이오드, 액정판넬과 같은 공산품에도 적용할 수 있다. **1**

## (2) 재고관리기법에 의한 원산지결정

① 재고관리기법은 생산국(수출국)에서 일반적으로 인정되는 기법에 의해 원산지를 결정한다. **3**

② 개별법, 선입선출법, 후입선출법, 평균법 등이 있다. 대체로 평균법이 가장 많이 적용되고 있다. **3**

③ 생산자가 하나의 재고관리기법을 선택하면 당해 회계연도 중에는 변동 없이 계속 적용하여야 한다. **2**

④ 재고관리기법은 해당 회계연도에만 같은 방법을 사용하고, 다음 회계연도에서는 다른 방법으로 변경할 수 있다. **1**

---

### 재고관리기법

**1. 개별법**

물품의 원산지재료와 비원산지재료를 구분하여 각 재료의 원산지에 따라 그 물품의 원산지를 결정하는 방법이다.

**2. 선입선출법**

생산자가 물품의 생산을 위하여 취득한 후 입고한 재료 중 먼저 입고한 재료가 먼저 출고된 것으로 보아 먼저 입고된 재료의 원산지나 가격 등을 기준으로 그 물품의 원산지를 결정하는 방법이다.

**3. 후입선출법**

생산자가 물품의 생산을 위하여 취득한 후 입고한 재료 중 가장 최근에 입고한 재료가 먼저 출고된 것으로 보아 최근에 입고된 재료의 원산지나 가격 등을 기준으로 그 물품의 원산지를 결정하는 방법이다.

**4. 평균법**

보관 중인 원산지재료와 비원산지재료의 구성비율을 기준으로 그 물품의 원산지를 결정하는 방법이다. 평균법 적용 시 원산지재료와 비원산지재료의 구성비율 계산은 보관 또는 취득한 원산지재료와 비원산지재료의 취득가격이나 수량 등을 기준으로 하며, **1**

취득가격은 「법인세법 시행령」에 따른 총평균법이나 이동평균법에 따라 계산한다.

---

### 총평균법과 이동평균법

• 총평균법 : 자산을 품종별·종목별로 당해 사업연도개시일 현재의 자산에 대한 취득가액의 합계액과 당해 사업연도 중에 취득한 자산의 취득가액의 합계액의 총액을 그 자산의 총 수량으로 나눈 평균단가에 따라 산출한 취득가액을 그 자산의 평가액으로 하는 방법

• 이동평균법 : 자산을 취득할 때마다 장부시재금액을 장부시재수량으로 나누어 평균단가를 산출하고 그 평균단가에 의하여 산출한 취득가액을 그 자산의 평가액으로 하는 방법

---

### (3) 협정별 비교

① 개요

ㄱ 우리가 맺은 FTA에서는 대체가능재료만을 규정하는 협정과 재료 및 상품을 규정하는 협정으로 구분할 수 있다.

ㄴ 재료만을 인정하는 협정은 수출국(생산국)에서 최종제품의 원산지결정시 제품 생산에 사용되는 대체가능재료의 원산지를 수출국(생산국)기준의 재고관리기법에 따라 결정하도록 허용하는 것을 의미한다.

ⓒ 상품까지 허용하고 있는 협정은 원산지 구분이 어려운 대체가능상품(화학물질 등)까지도 재고관리기법에 따라 원산지를 결정하여 원산지증명서 발급을 허용하는 것을 말한다.

ⓓ 재고관리기법에 따른 상품의 원산지결정은 수출국(생산국)에서만 가능하지 수입국에서는 허용될 수 없다. 상품의 원산지결정은 수출국(생산국)에서 수행되어야 하기 때문이다.

| 인정범위 | 상품 및 재료 | 재료 |
|---|---|---|
| 협정 | 칠레, 싱가포르, 미국, 페루, 호주, 캐나다, 베트남, 뉴질랜드, 콜롬비아, 중미, RCEP, 캄보디아, 인도네시아 **4** | 아세안, 인도, EFTA, EU, 튀르키예, 중국, 영국, 이스라엘 **1** |

 **해설**

칠레, 싱가포르, 미국, 페루, 호주, 캐나다, 베트남, 뉴질랜드, 콜롬비아, 중미, 캄보디아, 인도네시아와의 협정 및 RCEP은 상품 및 재료까지 규정하고 있으며, 아세안, 인도, EFTA, EU, 튀르키예, 중국, 영국, 이스라엘과의 협정은 특혜대상이 되는 물품 생산에 사용되는 재료만 규정하고 있다. **1**

② 상품 및 재료를 대상으로 하는 협정

㉠ 칠레 · 싱가포르 · 미국 · 페루 · 호주 · 캐나다 · 베트남 · 뉴질랜드 · 콜롬비아 · 중미 · 캄보디아 · 인도네시아와의 협정 및 RCEP은 대체가능물품 규정 적용범위를 상품 및 재료로 규정하고, 회계연도 중 동일한 재고관리기법을 적용하도록 하고 있다.

㉡ 상기 협정은 대체가능한 재료뿐만 아니라 상대국에 수출되는 상품도 원산지 및 비원산지상품이 혼합 보관되는 경우 동 물품의 원산지를 재고관리기법으로 결정하여 원산지증명서를 발급할 수 있다. **1**

③ 재료를 대상으로 하는 협정

㉠ EFTA · 아세안 · 인도 · EU · 튀르키예 · 중국 · 영국 · 이스라엘과의 협정은 적용대상을 재료로만 한정하고 있다. EFTA · EU · 튀르키예 · 영국과의 FTA에서는 생산자의 증빙서류 보관책임 및 정보제공 의무를 다른 협정에 비해 강하게 요구하고 있으며, 또한 당사국이 재고관리기법 적용을 위한 세관당국의 사전승인제를 운영할 수 있도록 한 점이 특징이다.

㉡ EFTA · EU · 인도 · 튀르키예 · 영국 · 이스라엘과의 협정은 「특정 참고기간 동안 재료가 물리적으로 구분되었을 경우보다 더 많은 제품이 원산지 지위를 부여받지 아니하도록 보장할 수 있어야 한다」는 규정이 있다.

## 5. 간접재료

### (1) 간접재료의 개념

① 일반적으로 재료는 최종제품에 물리적으로 결합되는 물품을 말한다.

② 간접재료(indirect materials)란 최종제품 생산에 사용되나 물리적으로 결합되지 않는 재료를 말한다. **2** 예를 들어 제품의 생산 및 검사 과정에서 사용되는 물품이나 생산설비 · 생산시설을 유지하기 위한 물품 등을 말하며 중립재(neutral elements)라고도 한다. **1**

③ 협정에서 간접재료는 최종제품에 물리적으로 결합되지 않으므로 원산지결정시 「재료」(원산지 또는 비원산지재료)로 간주하지 않는 것이 일반적이다.

④ 이에 세번변경기준 적용 시 비원산지물품이라 하더라도 세번변경 요건을 충족할 필요가 없다. 부가가치기준 적용 시 재료비에 계상하지 않고, 제조 간접비에 포함시킨다.

예시 **간접재료 예시**

• 생산용 재료 : 촉매, 연료, 공구, 주형, 작업복, 윤활유
• 시험용 재료 : 상품의 시험 및 검사용 설비, 장치, 소모품
• 설비용 재료 : 설비, 건물 유지보수용 부품, 재료
• 생산에 사용된 그 밖의 재료로서 합리적으로 입증될 수 있는 것

## (2) 협정별 비교

① 우리나라가 맺은 FTA는 간접재료를 재료로 보지 않는 협정과 원산지재료로 간주하는 협정으로 나눌 수 있다.

② 칠레, 호주, 뉴질랜드와의 FTA 및 RCEP은 간접재료의 역내 · 외산 재료인지를 불문하고 원산지재료로 간주한다. **1**

③ 최종물품의 품목별원산지기준이 세번변경기준 적용 시 고려할 필요가 없으며, 부가가치기준 적용 시 간접재료의 가치를 원산지재료비에 계상하므로 부가가치 증대 효과가 있다. **1**

④ 싱가포르 · EFTA · 아세안 · 인도 · 미국 · EU · 튀르키예 · 페루 · 캐나다 · 콜롬비아 · 중국 · 베트남 · 중미 · 영국 · 이스라엘 · 캄보디아 · 인도네시아와의 협정은 간접재료를 재료로 보지 않으므로 최종물품의 품목별원산지기준이 세번변경기준일 때 원산지 판정에 고려하지 않으며, 부가가치기준 적용시 제조 간접비(상품에 가격에 반영)에 계상된다. **2**

| 구분 | 「재료」로 보지 않는 협정 | 원산지재료로 간주하는 협정 |
|---|---|---|
| 해당 협정 | 싱가포르, EFTA, 아세안, 인도, 미국, EU, 튀르키예, 페루, 캐나다, 콜롬비아, 중국, 베트남, 중미, 영국, 이스라엘, 캄보디아, 인도네시아 **4** | 칠레, 호주, 뉴질랜드, RCEP **6** |
| 원산지 충족 판정 | 세번변경기준 : 미고려 **1** 부가가치기준 : 간접재료를 제조간접비에 계상 **3** | 세번변경기준 : 미고려 **1** 부가가치기준 : 간접재료의 원산지를 따지지 않고 원산지재료비에 계상 |

예시 한-호주 FTA는 상품에 물리적으로 결합되지 아니한 비원산지 간접재료도 원산지재료로 간주하므로 역내부가가치 증대 효과가 있다. **1**

## (3) 간접재료 적용예시

완제품 : 스마트폰(HS 8517.12)

| 연번 | 원재료명 | HS 코드 | 원산지 | 가격($) |
|---|---|---|---|---|
| | | 투입원재료 | | |
| 1 | CPU | 8534.10 | 한국 | 60 |
| 2 | 스피커, 이어폰 | 8517.70 | 미국 | 20 |
| 3 | 프레임 | 8532.21 | 미국 | 20 |
| 4 | 디스플레이 | 8517.70 | 미국 | 40 |
| 5 | USB 케이블 | 8523.29 | 미국 | 10 |
| 6 | 생산설비용 연료 (간접재) | 2710 | 미국 | 2 |
| 7 | 상품 시험장비 부품 (간접재) | 9033 | 미국 | 3 |

① 칠레, 호주, 뉴질랜드와의 협정 및 RCEP에서는 간접재료의 원산지를 불문하고 원산지재료에 계상하도록 규정하고 있어, 원산지재료비는 $65(연번 1+6+7)이며, 비원산지재료비는 $90(연번 2+3+4+5)이다.

② 이외의 협정에서는 부가가치기준 적용 시 간접재료를 제조간접비에 계상하므로 원산지재료비는 $60(연번 1)이며, 비원산지재료비는 $90(연번 2+3+4+5)이다.

# 6. 부속품 · 예비부분품 · 공구

## (1) 개념

① 부속품 · 예비부분품 · 공구 등은 자동차(본체)와 함께 제공되는 예비타이어(예비부품) 및 차량용 잭(공구) 또는 전자제품(본체)과 함께 제공되는 매뉴얼(부속품) 등 물품이라 할 수 있다. ②

② 협정에서는 부속품 등에 대한 정의를 별도로 규정하지 않고 있으며, 그 용도 · 성상 · 거래조건 등을 고려하여 판단하여야 한다.

예시 **부속품 · 예비부품 · 공구 예시**
- 부속품 : 전자제품 코드, 덮개, 매뉴얼 ①
- 예비부품 : 에어콘 먼지 수집기, 예비타이어
- 공구 : 차량용 잭, 자전거 도구세트

## (2) 적용 조건 및 협정별 규정

① 부속품 · 예비부분품 · 공구 등이 본체 물품과 별도로 송품장이 발행되지 않고, 그 가격(가치) 및 수량(양)이 그 상품에 대해 통상적인 수준인 경우에 인정된다. ④

② 우리나라가 맺은 협정에서 본체 물품의 원산지결정기준이 세번변경기준인 경우 해당 부속품 · 예비부분품 · 공구는 원산지 판정에 고려할 필요가 없다. ③

ⓒ 부가가치기준 적용 시에는 대부분의 협정에서 해당 부속품 · 예비부분품 · 공구의 원산지지위별로 구분하여 본체의 역내부가가치비율을 계산한다. ②

② 다만 아세안, 캐나다, 베트남과의 FTA는 세번변경기준 및 부가가치기준 적용 시 재료로 고려할 필요가 없어 가장 폭 넓게 예외를 인정하고 있다. **2**

| 구분 | 미고려 협정 | 원산지별로 구분계상 하는 협정 |
|---|---|---|
| 부가가치기준 적용시 | 아세안, 캐나다, 베트남 **7** | 인도, 칠레, 싱가포르, 미국, EFTA, EU, 튀르키예, 페루, 호주, 콜롬비아, 중국, 뉴질랜드, 중미, 영국, RCEP, 이스라엘, 캄보디아, 인도네시아 **6** |
| 세번변경기준 적용시 | 모든 협정 본체의 원산지 판정 시 미고려 **2** ||

예시 한−베트남 FTA의 경우 부가가치기준 적용 시 자동차에 기본적으로 포함되어 있는 중국산 공구세트(1개)는 자동차의 원산지 상품 결정 시 고려할 필요가 없다.

## 7. 소매용 포장 · 용기

### (1) 개념

소매용 포장 · 용기의 범위는 관세 · 통계 통합 품목분류표의 해석에 관한 통칙 제5호에 규정하고 있으며, 그 요지는 포장 · 용기로서의 용도와 특성을 가지고 있어 내용물과 같은 세번에 분류되고 같이 공급되어야 한다는 것이다. **2**

### (2) 협정별 비교

① 협정별 내용

| 구분 | 원산지별로 구분하는 협정 | 미고려 협정 |
|---|---|---|
| 부가가치 기준 적용 시 | 칠레, 싱가포르, EFTA, 아세안, 인도, EU, 튀르키예, 페루, 미국, 호주, 중국, 베트남, 뉴질랜드, 콜롬비아, 중미, 영국, RCEP, 이스라엘, 캄보디아, 인도네시아 **5** | 캐나다 **8** |
| 세 번변경기준 적용 시 | 모든 협정 원산지 판정 시 고려하지 않음 **4** ||

㉠ 한 − EFTA FTA에서는 소매용 · 포장재 특례는 협정문상 규정되어 있지 않으며, 국내법인 「FTA관세특례법시행규칙 별표 2」 한−싱가포르 FTA를 준용하도록 하고 있다.

㉡ EU, 튀르키예 및 영국 및 이스라엘과의 FTA 경우도 「HS 통칙 5에 따라 포장재가 품목분류의 목적상 제품에 포함되는 경우, 그 포장재는 원산지를 결정하기 위한 목적상 포함되고 제품이 원산지제품인 경우 원산지제품으로 간주된다.」라고 규정되어 있다. **1**

㉢ 내용품의 원산지기준이 세번변경기준인 경우 내용품의 원산지를 따르므로 포장재는 원산지 결정의 고려대상이 아니며, 부가가치기준 적용 시에는 원산지별로 구분 계산해야 한다.

## 8. 운송(수송) 포장 · 용기

### (1) 개념

우리가 맺은 모든 FTA에서는 운송(수송)용 포장 및 용기는 최종제품의 원산지결정 시 고려하지 않는다. **1**

## (2) 협정별 비교

### ① 협정별 내용

ㄱ 칠레, 싱가포르, 아세안, 인도, 페루, 미국, 호주, 캐나다, 콜롬비아, 중국, 뉴질랜드, 베트남, 중미, 캄보디아, 인도네시아와의 협정 및 RCEP에서는 수송용 포장 재료 및 용기를 제외하고 내용물의 원산지를 결정하도록 명시하고 있다.

ㄴ EFTA, EU, 튀르키예, 영국, 이스라엘과의 FTA는 협정문상 명문화 되어있지 않다. **1**

ㄷ 그러나 국내법(FTA관세특례법 시행규칙)에서 다른 FTA와 같은 내용으로 규정하고 있기 때문에 결과적으로 모두 동일하게 적용된다.

| 구분 | 원산지재료 구분여부 |
|---|---|
| 세번변경기준 | 모든 협정 고려하지 않음 **5** |
| 부가가치기준 | |

## 9. 세트물품

### (1) 개념

① 세트물품이란 서로 다른 물품을 하나의 세트로 구성하여 유통되는 제품을 의미한다. **1**

② 세트물품의 원산지 판정은 전체세트물품 가치 중 비원산지물품의 가치가 협정에서 정한 일정 수준 이하이면 구성 물품 전체를 원산지상품으로 인정하는 특례규정이다. **2**

③ 우리나라가 맺은 FTA는 세트물품 특례를 인정하고 있는 협정과 인정하지 않는 협정이 있다. **1**

④ 세트물품을 인정하는 협정은 「관세·통계통합품목분류표의 해석에 관한 통칙」 제3호를 따르도록 하고 있으며, 분류기준을 아래와 같이 규정하고 있다. 주요내용은 다른 호에 분류되는 둘 이상의 물품들이 특정 활동을 위해 조합되고 소매포장된 것으로 한정하고 있다. **1**

---

### 세트물품 분류기준

- 소매용으로 하기 위하여 세트로 한 물품으로 보아 그 중 본질적인 특성을 차지하는 하나의 물품이 해당하는 호로 일괄분류하기 위해서는 다음 세 가지 조건을 모두 충족해야 한다.
  - 서로 다른 호로 분류될 수 있는 둘 이상의 제품으로 구성된 것(**예** 동일한 6개의 포크 세트는 이 통칙이 의미하는 세트로 간주할 수 없다) **2**- 어떤 요구를 충족시키기 위해서나 어떤 특정의 활동을 행하기 위하여 함께 조합된 것 **1**
  - 재포장 없이 소비자에게 직접 판매하도록 소매용으로 포장된 것 **1**
- 이와 같은 「세트」의 경우, 구성요소 또는 함께 조합된 구성요소들에 따라 분류하여야 하는데, 전체로 볼 때 그들이 그 세트의 본질적인 특성을 부여하고 있는 것으로 간주될 수 있는 것이어야 한다.

## (2) 협정별 비교

① HS 통칙 제3호에 의한 세트물품의 특례를 인정하는 협정은 EFTA · EU · 튀르키예 · 캐나다 · 영국 · 미국 · 페루 · 중국 · 콜롬비아 · 중미 · 이스라엘와의 FTA이며, 나머지 협정은 세트물품 특례를 인정하지 않는다. **1**

| 구분 | EFTA · EU 튀르키예 · 캐나다 · 영국 · 이스라엘 | 미국 | | 페루 · 중국 · 중미 | 콜롬비아 |
| --- | --- | --- | --- | --- | --- |
| | | 일반품목 | 섬유류 | | |
| 세트물품 예외 인정 여부 | O | O | O | O | O |
| 비원산지 물품 허용한도 | 공장도 가격의 15% 이하 **8** | 조정가치의 15% 이하 **3** | 관세가치의 10% 이하 **2** | FOB* 가격의 15% 이하 **10** | 조정가치의 15% 이하 **1** |

※ 중국의 경우 FOB가격은 평가협정에 따라 결정된 FOB가격을 의미한다.

> 칠레 · 싱가포르 · 아세안 · 인도 · 호주 · 뉴질랜드 · 베트남 · RCEP · 캄보디아 · 인도네시아와의 FTA는 세트물품 규정이 없어 활용할 수 없음 [품목별 원산지기준(PSR)을 적용하여 판정] **4**

### 👤 해설   세트물품의 적용 주의사항

- 세트물품 규정 적용 시 HS 통칙 3호가 적용되지 않은 물품은 동 세트규정을 적용하지 않는다. **1**
- 예를 들어 HS 9605호의 개인용 여행세트의 경우가 여기에 해당된다. **2**
- 한 · 미 FTA에서 세트물품에 대한 규정은 있으나 동 품목이 HS 통칙 3호에 의한 세트가 아니므로 세트 규정을 적용하지 않고 품목별 원산지기준인 「다른 류에 해당하는 재료로부터 생산된 것」을 적용한다.

② 세트물품을 규정하지 않는 협정은(칠레 · 싱가포르 · 아세안 · 인도 · 호주 · 뉴질랜드 · 베트남 · RCEP · 캄보디아 · 인도네시아) 품목분류 기준 상 세트로 분류되는 호의 품목별 원산지결정기준을 적용한다. 다만, 일부협정에서 "단순한 세트 구성"은 불인정공정의 하나로 규정하는 협정이 있어 해당 협정에서는 원산지상품으로 인정받기 어렵다.

③ HS 통칙 3의 세트에 해당되지 않는 경우는 각 구성 제품별로 품목번호를 확인하고 원산지를 판정하여야 한다.

### (3) 한-중 FTA 세트물품 판정예시

- 완제품 : 이발세트 제8510호
- 원산지결정기준 : 다음 각 호의 어느 하나에 해당하는 것에 한정한다.
  - 다른 소호에 해당하는 재료로부터 생산된 것
  - 40% 이상의 역내부가가치가 발생한 것
- 활용 협정 : 한-중 FTA
- 불인정공정 해당 여부 : 매칭(물품 세트의 구성)은 한-중 FTA에서 불인정공정으로 규정

| 구성물품 | | | | |
|---|---|---|---|---|
| 연번 | 품명 | HS 코드 | 원산지 | 가격(원) |
| 1 | 전기이발기 | 8510 | 한국 | 20,000 |
| 2 | 빗 | 9615 | 한국 | 1,000 |
| 3 | 가위 | 8213 | 인도 | 1,500 |
| 4 | 면수건 | 6302 | 엘살바도르 | 1,000 |

① 세번변경이 발생하거나 부가가치가 40% 이상 발생하여도 불인정공정에 해당하므로 원산지상품으로 인정받을 수 없으므로 세트물품 특례기준을 사용하여 원산지 충족여부를 판정하여야 한다.

② "세트물품" 특례규정을 사용하여 원산지를 판정해보면 원산지물품은 전기이발기 및 빗이며 가위와 면수건이 역외산 물품이다.

③ 역외산 물품의 가격은 2,500원으로 제품의 총 가격(23,500원)에서 비원산지물품이 차지하는 비중이 10.6%로, 한-중 FTA에서 세트물품 특례인정기준(15%) 이하이므로 원산지상품으로 인정받을 수 있다.

## 10. 재수입물품

### (1) 개념

① FTA에서 적용되는 영역원칙상 당사국에서 비당사국으로 수출된 원산지상품은 재반입시 비원산지상품으로 간주한다. **2**

② 재수입물품의 특례는 이러한 FTA 영역원칙의 예외를 인정하는 규정으로 일부협정에서 인정하고 있다. **1**

③ 이 규정은 재수입물품의 수입 시 협정적용을 의미하는 것이 아니며, 재수입된 물품이 다른 상대국으로 수출 시 원산지상품으로 인정여부를 결정하는 것이다.

④ 재수입물품의 특례규정은 제3국으로 수출되었던 물품이 재수입되고, 재수입된 물품이 협정 상대국으로 수출시 원산지상품 인정여부를 결정하기 위함이다. **1**

> **예시** 한국에서 생산한 가전제품을 일본으로 수출하였다가 원상태로 다시 반송된 물품을 스위스로 재수출할 경우 동 가전제품의 원산지는 한국산으로 인정받아 특혜관세를 적용받을 수 있게 된다.

⑤ 재수입물품이 FTA 특혜를 받기 위해서는 해당물품이 활용하고자 하는 협정의 원산지결정기준을 충족하고 재수입된 상품이 수출된 상품과 동일하여야 하며, 상품의 상태를 보존하기 위하여 필요한 것 이상의 공정을 거치지 않은 물품이어야 한다. **2**

## (2) 협정별 내용

① EFTA · 인도 · EU · 튀르키예 · 페루 · 캐나다 · 콜롬비아 · 중미 · 영국 · 이스라엘과의 협정에서는 비당사국으로부터 재수입된 물품에 대해서는 특혜를 받을 수 있는 특례조항을 규정하고 있다. **1**

② 한-아세안 FTA의 경우는 협정상 규정되어 있지 않으나, 국내법인 「FTA관세특례법 시행규칙 별표 2」에서 규정하고 있다. **1**

③ 한-중미 FTA에서는 '상품의 재수출(제3.16조)' 규정을 두고 있다. 비당사국으로부터 반입되고 그 이후 재수출 당사국의 영역 내에 위치한 자유지역에서 다른 쪽 당사국으로 재수출되는 상품에 대한 통제 및 감시를 재수출증명서로 증명하는 경우 원산지상품으로 인정한다. 이러한 상품의 원산지 지위는 그 비당사국과 다른 쪽 당사국 간에 발효 중인 무역협정에 따라 결정된다. 다만, 당사국의 자유지역 내에서 그 상품이 그 원산지 지위를 변화시키는 변형 공정을 거치지 아니하고, 그 상품이 관세당국의 통제와 감시 하에 머물러 있어야 하며, 그 상품에 수행된 공정이 당사국 영역 내 자유지역의 관세당국이 발행한 재수출증명서에 명시되어야 한다.

④ 그 이외 협정은 비당사국에서 재반입된 물품이 각 협정에서 정한 품목별원산지기준을 충족해야만 특혜를 적용한다.

⑤ 이와 달리 칠레 · 미국 · 싱가포르 · 호주 · 중국 · 베트남 · 뉴질랜드 · 캄보디아 · 인도네시아와의 협정 및 RCEP에서는 원상태 재수입물품에 대한 특례조항이 없어 재수입물품에 대한 특례를 인정하지 않는다.

| 재수입물품 특례 인정 협정 | 재수입물품 특례 불인정 협정 |
|---|---|
| EFTA, 인도, EU, 튀르키예, 페루, 캐나다, 콜롬비아, 아세안, 중미, 영국, 이스라엘 **4** | 칠레, 싱가포르, 미국, 호주, 중국, 베트남, 뉴질랜드, RCEP, 캄보디아, 인도네시아 **6** |

## 11. 제3국 보세전시용품

① 제3국에서 전시를 위하여 발송된 원산지상품이 전시기간 중 일부가 판매되고 전시가 끝난 후 협정당사국으로 운송된 경우, 특혜관세 적용 시 운송요건의 충족여부 검토가 필요하다. **1**

| 제3국 보세전시용품의 특례 인정 협정 | 제3국 보세전시용품의 특례 불인정 협정 |
|---|---|
| 싱가포르 · 호주 · 미국 · 칠레 · EFTA · 뉴질랜드 · 아세안 · 튀르키예 · RCEP · 이스라엘 · 캄보디아 **2** | 인도 · 페루 · 캐나다 · 콜롬비아 · 베트남 · 중국 · 중미 · EU · 영국 · 인도네시아 **1** |

② 싱가포르 · 호주 · 미국 · 칠레 · EFTA · 뉴질랜드 · 캄보디아와의 FTA 및 RCEP에서는 "운송요건"에 제3국에서의 거래제한이 없으므로 제3국 보세전시용품도 운송요건만 충족하면 특혜적용이 가능하다. **4**

예시 한–싱가포르 FTA는 제3국에서 전시된 원산지 상품이 어느 한쪽 당사국으로 수입되는 경우 제3국에서의 세관통제 등 일정 조건을 충족하는 경우 직접운송의 예외를 적용할 수 있다.

③ 제3국에서 물품의 거래를 금지하는 인도 · 페루 · 캐나다 · 콜롬비아 · 베트남 · 중국 · 인도네시아와의 협정과 단일탁송화물만 제3국 경유를 허용하고 있는 EU 및 영국과의 FTA는 특혜적용이 가능하지 않다. 1️⃣

④ 아세안과의 FTA에서는 경유국에서 거래나 소비를 금지하고 있지만 협정에서 별도의 규정을 두어 제3국 보세전시용품의 특례를 인정하고 있다. 1️⃣

⑤ 튀르키예 · 이스라엘과의 FTA에서는 단일 탁송화물만 제3국 경유를 허용하나, 별도 조항을 두어 제3국에서 전시를 위하여 발송된 원산지물품이 일정조건을 충족하는 경우 협정적용이 가능하도록 규정하고 있다. 1️⃣

> 🧑‍🏫 **해설**
>
> 한–이스라엘 FTA는 직접운송 규정에서 단일탁송화물에 대해서만 경유환적을 인저하여, 제3국에서 거래 · 소비도 금지하고 있으나, 제3국 보세전시용품에 관한 특례를 명시하고 있음

⑥ 한–아세안 FTA는 직접운송 규정에도 불구하고 제3국에서의 전시를 위하여 수출 당사국의 영역으로부터 발송되고 전시기간 중 또는 전시 후에 일방 당사국으로의 수입을 위하여 판매된 물품에 대해 원산지규정 부속서의 요건을 충족하는 것을 조건으로 특혜관세대우를 부여한다. 다만, 1) 수출자가 그 물품을 수출 당사국의 영역으로부터 전시회가 개최된 국가로 발송하고, 그 물품을 그 국가에서 전시한 사실 2) 수출자가 수입 당사국의 화주에게 그 물품을 판매하거나 인도한 사실 3) 물품이 전시회 기간 중 또는 전시회 직후에 전시 목적으로 발송된 상태로 수입 당사국의 영역으로 발송한 사실을 수입 당사국의 관세당국이 만족할 수 있도록 입증하여야 한다.

⑦ 한–튀르키예 · 이스라엘과 FTA는 운송요건에서 단일 탁송화물에 대해서 경유 · 환적을 인정하나 비당사국의 영역에서 전시를 위하여 발송되고 전시 후에 어느 한쪽 당사국으로의 수입을 위하여 판매된 원산지제품은 수입 시 특혜관세를 적용받을 수 있다. 1️⃣
다만, 1) 수출자가 그 제품을 어느 한쪽 당사국으로부터 전시회가 개최된 국가로 운송하고, 그 제품을 그 국가에서 전시한 사실 2) 수출자가 어느 한쪽 당사국의 인에게 그 제품을 판매 또는 달리 처분한 사실 ③ 제품이 전시회 기간 중 또는 전시회 직후에 전시를 위하여 발송된 상태로 운송된 사실, 그리고 3) 제품이 전시를 위하여 운송된 후 전시회에서 전시 이외의 목적으로 사용되지 아니한 사실이 관세당국이 만족할 수 있도록 입증되어야 한다. 1️⃣

⑧ 원산지증명서는 협정에 따라 작성되어야 하고 수입 당사국에서 적용 가능한 절차에 따라 수입 당사국의 관세당국에 제출되어야 한다. 전시회의 명칭 및 주소는 원산지증명서에 표시되어야 한다. 한-튀르키예 FTA에서는 필요한 경우 제품이 전시되었던 상태에 대한 추가 증빙서류를 요구할 수 있다. **1**

⑨ 전시물품에 대한 특혜적용은 전시기간 동안 전시제품이 세관의 통제 하에 있는 경우, 외국제품 판매를 목적으로 하여 개인적인 목적으로 개최되지 아니한, 상점 또는 사업장 내 모든 무역, 산업, 농업 또는 공예품 전시회, 박람회 또는 이와 유사한 공개전시에 적용된다. **1**

⑩ 아세안 · 튀르키예 · 이스라엘과 FTA에서 한-아세안 FTA에서는 적용범위가 외국물품 판매 목적의 모든 무역으로 제한이 없으나 튀르키예 · 이스라엘과 FTA는 개인적인 목적으로 개최되는 전시는 제외하고 있다. **1**

MEMO

# 수출입통관
# 절차

 **2016년~2023년 총 16회 원산지관리사 기출문제 분석**

**1** 시험에 한 번 출제됨　　**6** 시험에 여섯 번 출제됨

**2** 시험에 두 번 출제됨　　**7** 시험에 일곱 번 출제됨

**3** 시험에 세 번 출제됨　　**8** 시험에 여덟 번 출제됨

**4** 시험에 네 번 출제됨　　**9** 시험에 아홉 번 출제됨

**5** 시험에 다섯 번 출제됨

## 01 통칙

### 제1조(목적) **1**

이 법은 관세의 부과 · 징수 및 수출입물품의 통관을 적정하게 하고 관세수입을 확보함으로써 국민경제의 발전에 이바지함을 목적으로 한다.

> 관세법에는 관세범의 조사와 처분에 관한 규정을 두어 관세법 위반자에 대한 형사처벌이 가능함을 규정하고 있다. **1**

#### 관세의 성격

① 관세는 최종 소비자가 실질적으로 납부한다. **2**
② 관세는 물품에 부과 · 징수하는 대물세의 성격을 갖는다. **1**
③ 관세는 물품을 수입신고하는 때마다 신고납부(또는 부과 · 징수)하기 때문에 수시세이다. **1**
④ 우리나라는 수입되는 모든 물품을 과세대상으로 취급하는 관세포괄주의를 채택하고 있다. **1**
⑤ 관세법상 납세의무자인 수입자와 실질적 부담자인 구매자가 일치하지 않고, 구매자에게 관세가 전가됨으로 간접세이다. **4**
⑤ 관세는 소비를 궁극적인 과세대상으로 하며, 사람이 특정의 소비를 하고 있다는 사실에 대하여 부과하는 조세이므로 소비세이다. **2**
⑥ 관세는 관세영역을 전제로 한다. **1**
⑦ 관세는 납세의무자에 대하여 직접적인 반대급부 없이 강제적으로 부과 · 징수한다. **3**
⑧ 관세는 자유무역의 장벽이 된다. **1**
⑨ 관세는 수입을 직접 통제하지는 않지만 '가격'이라는 수단을 사용하므로 간접통제수단이 된다. **1**
⑩ 관세는 법률 및 조약에 의하여 부과징수한다. **1**
⑪ 우리나라는 관세포괄주의를 채택하고 있다. **1**
⑫ 관세는 국가가 부과징수의 주체가 된다. **1**

## 제2조(정의)

이 법에서 사용하는 용어의 뜻은 다음과 같다.

1. "수입"이란 외국물품을 우리나라에 반입(보세구역을 경유하는 것은 보세구역으로부터 반입하는 것을 말한다)하거나 우리나라에서 소비 또는 사용하는 것(우리나라의 운송수단 안에서의 소비 또는 사용을 포함)을 말한다.

2. "수출"이란 내국물품을 외국으로 반출하는 것을 말한다. **2**

3. "반송"이란 국내에 도착한 외국물품이 수입통관절차를 거치지 아니하고 다시 외국으로 반출되는 것을 말한다. **4**

4. "외국물품"이란 다음 각 목의 어느 하나에 해당하는 물품을 말한다. **1**

    가. 외국으로부터 우리나라에 도착한 물품[외국의 선박 등이 공해에서 채집하거나 포획한 수산물 등을 포함한다]으로서 수입신고가 수리되기 전의 것 **6**

    > 예시 브라질에서 선적되어 부산항에서 하역후 서울 보세창고로 보세운송중인 커피원두

    나. 수출신고가 수리된 물품 **4**

    > 예시 A사가 수출신고하고 신고수리된 자동차가 울산자동차 전용부두에 선적대기 중인 경우

5. "내국물품"이란 다음 각 목의 어느 하나에 해당하는 물품을 말한다.

    가. 우리나라에 있는 물품으로서 외국물품이 아닌 것

    나. 우리나라의 선박 등이 공해에서 채집하거나 포획한 수산물 등 **6**

    > 예시 우리나라 국적 선박 "보세호"가 공해상에서 포획한 고등어

    > 예시 우리나라 선박이 러시아 쿠릴열도 근처 공해에서 포획한 킹크랩과 대게

    다. 입항전수입신고가 수리된 물품 **5**

    라. 수입신고수리전 반출승인을 받아 반출된 물품 **4**

    > 예시 C사가 긴급하게 코로나백신을 만들기 위하여 보세창고에 있는 물품을 수입신고 수리 전에 세관장의 반출승인을 받아 반출한 원재료

    마. 수입신고전 즉시반출신고를 하고 반출된 물품 **4**

6. "국제무역선"이란 무역을 위하여 우리나라와 외국 간을 운항하는 선박을 말한다.

7. "국제무역기"란 무역을 위하여 우리나라와 외국 간을 운항하는 항공기를 말한다.

8. "국내운항선"이란 국내에서만 운항하는 선박을 말한다.

9. "국내운항기"란 국내에서만 운항하는 항공기를 말한다.

10. "선박용품"이란 음료, 식품, 연료, 소모품, 밧줄, 수리용 예비부분품 및 부속품, 집기, 그 밖에 이와 유사한 물품으로서 해당 선박에서만 사용되는 것을 말한다. **1**

11. "항공기용품"이란 선박용품에 준하는 물품으로서 해당 항공기에서만 사용되는 것을 말한다.

12. "차량용품"이란 선박용품에 준하는 물품으로서 해당 차량에서만 사용되는 것을 말한다.

13. "통관"이란 이 법에 따른 절차를 이행하여 물품을 수출·수입 또는 반송하는 것을 말한다. **2**

14. "환적"이란 동일한 세관의 관할구역에서 입국 또는 입항하는 운송수단에서 출국 또는 출항하는 운송수단으로 물품을 옮겨 싣는 것을 말한다. **4**

15. "복합환적"이란 입국 또는 입항하는 운송수단의 물품을 다른 세관의 관할구역으로 운송하여 출국 또는 출항하는 운송수단으로 옮겨 싣는 것을 말한다.

16. "운영인"이란 다음 각 목의 어느 하나에 해당하는 자를 말한다.
    가. 특허보세구역의 설치 · 운영에 관한 특허를 받은 자
    나. 종합보세사업장의 설치 · 운영에 관한 신고를 한 자

17. "세관공무원"이란 다음 각 목의 사람을 말한다.
    가. 관세청장, 세관장 및 그 소속 공무원
    나. 그 밖에 관세청 소속기관의 장 및 그 소속 공무원

18. "탁송품"이란 상업서류, 견본품, 자가사용물품, 그 밖에 이와 유사한 물품으로서 국제무역선 · 국제무역기 또는 국경출입차량을 이용한 물품의 송달을 업으로 하는 자(물품을 휴대하여 반출입하는 것을 업으로 하는 자는 제외한다)에게 위탁하여 우리나라에 반입하거나 외국으로 반출하는 물품을 말한다.

19. "전자상거래물품"이란 사이버몰(컴퓨터 등과 정보통신설비를 이용하여 재화를 거래할 수 있도록 설정된 가상의 영업장을 말한다) 등을 통하여 전자적 방식으로 거래가 이루어지는 수출입물품을 말한다.

## 02 | 법 적용의 원칙 등

## 03 | 기간과 기한

### 제8조(기간 및 기한의 계산)

① 기간의 계산 ❸

이 법에 따른 기간을 계산할 때 수입신고수리전 반출승인을 받은 경우에는 그 승인일을 수입신고의 수리일로 본다.

> **해설**
> • 기간이란 일정시점에서 다른 일정시점까지의 계속되는 시간으로서 해당 기간 동안에는 지속적인 효력이 있다.
> • 기한이란 미리 정해놓은 장래의 특정시점을 말한다. ❶

② 민법준용 **4**

이 법에 따른 기간의 계산은 이 법에 특별한 규정이 있는 것을 제외하고는 「민법」에 따른다.

> **관련규정**
>
> 기간을 주·월 또는 연으로 정하는 경우로서 그 기간이 오전 영시로부터 시작하는 때에는 초일을 산입한다. **1**

③ 기한의 계산 **5**

이 법에 따른 기한이 다음 각 호의 어느 하나에 해당하는 경우에는 그 다음 날을 기한으로 한다.

1. 토요일 및 일요일
2. 「공휴일에 관한 법률」에 따른 공휴일 및 대체공휴일 **1**
3. 「근로자의 날 제정에 관한 법률」에 따른 근로자의 날 **1**
4. 그 밖에 대통령령으로 정하는 날

④ 장애발생의 경우 **4**

국가관세종합정보망, 연계정보통신망 또는 전산처리설비가 대통령령으로 정하는 장애로 가동이 정지되어 이 법에 따른 기한까지 이 법에 따른 신고, 신청, 승인, 허가, 수리, 교부, 통지, 통고, 납부 등을 할 수 없게 되는 경우에는 그 장애가 복구된 날의 다음 날을 기한으로 한다.

## 제9조(관세의 납부기한 등)

① 관세의 납부기한

관세의 납부기한은 이 법에서 달리 규정하는 경우를 제외하고는 다음 각 호의 구분에 따른다. **1**

1. 제38조제1항에 따른 납세신고를 한 경우 : 납세신고 수리일부터 15일 이내 **4**
2. 제39조제3항에 따른 납부고지를 한 경우 : 납부고지를 받은 날부터 15일 이내 **4**
3. 제253조제1항에 따른 수입신고전 즉시반출신고를 한 경우 : 수입신고일부터 15일 이내 **4**

② 수리전 납부 **1**

납세의무자는 제1항에도 불구하고 수입신고가 수리되기 전에 해당 세액을 납부할 수 있다.

**예시** 납부기한 계산

1. 갑은 2023년 4월 4일 화요일 관세법상 월별납부 제도를 이용하여 A물품에 대하여 납세신고 및 수리를 받음
2. 2023년 날짜 : 4월 19일 수요일, 4월 28일 금요일, 5월 1일(근로자의 날)
   → 월별납부제도를 활용하고 있으므로 해당사례의 경우 원칙적으로 4월 30일까지 납부기한이나, 4월 30일은 일요일이므로 공휴일에 해당되어 그 다음날을 기한으로 하나, 다음날도 근로자의 날이므로, 그 다음날인 5월 2일이 납부기한이 된다.

③ 월별납부 [4]

세관장은 납세실적 등을 고려하여 관세청장이 정하는 요건을 갖춘 성실납세자가 대통령령으로 정하는 바에 따라 신청을 할 때에는 제1항제1호 및 제3호에도 불구하고 납부기한이 동일한 달에 속하는 세액에 대하여는 그 기한이 속하는 달의 말일까지 한꺼번에 납부하게 할 수 있다. 이 경우 세관장은 필요하다고 인정하는 경우에는 납부할 관세에 상당하는 담보를 제공하게 할 수 있다.

---

**관련규정**    영 제1조의5(월별납부)

② 세관장은 월별납부의 승인을 신청한 자가 법 관세청장이 정하는 요건을 갖춘 경우에는 세액의 월별납부를 승인하여야 한다. 이 경우 승인의 유효기간은 승인일부터 그 후 2년이 되는 날이 속하는 달의 마지막 날까지로 한다. [1]

⑤ 승인을 갱신하려는 자는 서류를 갖추어 그 유효기간 만료일 1개월 전까지 승인갱신 신청을 하여야 한다. [1]

⑥ 세관장은 승인을 받은 자에게 승인을 갱신하려면 승인의 유효기간이 끝나는 날의 1개월 전까지 승인갱신을 신청하여야 한다는 사실과 갱신절차를 승인의 유효기간이 끝나는 날의 2개월 전까지 휴대폰에 의한 문자전송, 전자메일, 팩스, 전화, 문서 등으로 미리 알려야 한다. [1]

---

## 제10조(천재지변 등으로 인한 기한의 연장) [1]

세관장은 천재지변이나 그 밖에 대통령령으로 정하는 사유로 이 법에 따른 신고, 신청, 청구, 그 밖의 서류의 제출, 통지, 납부 또는 징수를 정하여진 기한까지 할 수 없다고 인정되는 경우에는 1년을 넘지 아니하는 기간을 정하여 대통령령으로 정하는 바에 따라 그 기한을 연장할 수 있다. 이 경우 세관장은 필요하다고 인정하는 경우에는 납부할 관세에 상당하는 담보를 제공하게 할 수 있다.

---

**관련규정**    영 제2조(천재지변 등으로 인한 기한의 연장)

④ 세관장은 법 제10조에 따라 납부기한을 연장한 때에는 납부고지를 해야 한다. [1]

⑥ 세관장은 납부기한연장을 받은 납세의무자가 다음 각호의 1에 해당하게 된 때에는 납부기한연장을 취소할 수 있다.
  1. 관세를 지정한 납부기한 내에 납부하지 아니하는 때
  2. 재산상황의 호전 기타 상황의 변화로 인하여 납부기한연장을 할 필요가 없게 되었다고 인정되는 때
  3. 파산선고, 법인의 해산, 기타의 사유로 당해 관세의 전액을 징수하기 곤란하다고 인정되는 때

⑦ 세관장은 납부기한연장을 취소한 때에는 15일 이내의 납부기한을 정하여 납부고지를 해야 한다. [2]

---

# 04 | 서류의 송달 등

## 제11조(납부고지서의 송달)

### ① 원칙적 송달방법

관세 납부고지서의 송달은 납세의무자에게 직접 발급하는 경우를 제외하고는 인편, 우편 또는 전자송달의 방법으로 한다.

> **🧑‍🏫 해설**
>
> 납부고지서의 송달은 부과고지제도에서 납부기한과 관련이 있으므로 정확한 일자를 확인해야 한다. ①

### ② 공시송달 ②

납부고지서를 송달받아야 할 자가 다음 각 호의 어느 하나에 해당하는 경우에는 납부고지사항을 공고한 날부터 14일이 지나면 납부고지서의 송달이 된 것으로 본다. ①

1. 주소, 거소, 영업소 또는 사무소가 국외에 있고 송달하기 곤란한 경우
2. 주소, 거소, 영업소 또는 사무소가 분명하지 아니한 경우
3. 납세의무자가 송달할 장소에 없는 경우로서 등기우편으로 송달하였으나 수취인 부재로 반송되는 경우 등 대통령령으로 정하는 경우

---

**관련규정** | **영 제2조의2(공시송달)**

"등기우편으로 송달하였으나 수취인 부재로 반송되는 경우 등 대통령령으로 정하는 경우"란 다음 각 호의 어느 하나에 해당하는 경우를 말한다.

1. 서류를 등기우편으로 송달하였으나 수취인이 부재중인 것으로 확인되어 반송됨으로써 납부기한까지 송달이 곤란하다고 인정되는 경우
2. 세관공무원이 2회 이상 납세자를 방문[처음 방문한 날과 마지막 방문한 날 사이의 기간이 3일(기간을 계산할 때 공휴일, 대체공휴일, 토요일 및 일요일은 산입하지 않는다) 이상이어야 한다]해 서류를 교부하려고 하였으나 수취인이 부재중인 것으로 확인되어 납부기한까지 송달이 곤란하다고 인정되는 경우

---

### ③ 효력발생시기

공고는 다음 각 호의 어느 하나에 해당하는 방법으로 게시하거나 게재하여야 한다. 이 경우 제1호에 따라 공시송달을 하는 경우에는 다른 공시송달 방법과 함께 하여야 한다.

1. 국가관세종합정보망에 게시하는 방법
2. 관세청 또는 세관의 홈페이지, 게시판이나 그 밖의 적절한 장소에 게시하는 방법

3. 해당 서류의 송달 장소를 관할하는 특별자치시·특별자치도·시·군·구의 홈페이지, 게시판이나 그 밖의 적절한 장소에 게시하는 방법

4. 관보 또는 일간신문에 게재하는 방법

## 제12조(신고 서류의 보관기간)

이 법에 따라 가격신고, 납세신고, 수출입신고, 반송신고, 보세화물반출입신고, 보세운송신고를 하거나 적재화물목록을 제출한 자는 신고 또는 제출한 자료를 신고 또는 제출한 날부터 5년의 범위에서 대통령령으로 정하는 기간 동안 보관하여야 한다.

---

**관련규정**　　영 제3조(신고서류의 보관기간)

법 제12조에서 "대통령령으로 정하는 기간"이란 다음 각 호의 구분에 따른 기간을 말한다.
1. 다음 각 목의 어느 하나에 해당하는 서류 : 해당 신고에 대한 수리일부터 5년
　　가. 수입신고필증 **1**
　　나. 수입거래관련 계약서 또는 이에 갈음하는 서류 **1**
　　다. 지식재산권의 거래에 관련된 계약서 또는 이에 갈음하는 서류 **3**
　　라. 수입물품 가격결정에 관한 자료
2. 다음 각 목의 어느 하나에 해당하는 서류 : 해당 신고에 대한 수리일부터 3년
　　가. 수출신고필증 **1**
　　나. 반송신고필증
　　다. 수출물품·반송물품 가격결정에 관한 자료 **1**
　　라. 수출거래·반송거래 관련 계약서 또는 이에 갈음하는 서류 **2**
3. 다음 각 목의 어느 하나에 해당하는 서류 : 해당 신고에 대한 수리일부터 2년
　　가. 보세화물반출입에 관한 자료 **1**
　　나. 적재화물목록에 관한 자료 **1**
　　다. 보세운송에 관한 자료 **1**

---

# CHAPTER [02] 과세가격과 관세의 부과 · 징수

## 01 통칙

### 제14조(과세물건)

수입물품에는 관세를 부과한다. **1**

 해설

과세물건, 과세표준, 관세율, 납세의무자를 관세의 4대 요건이라 한다. **1**

### 제16조(과세물건 확정의 시기)

관세는 수입신고(입항전수입신고 포함)를 하는 때의 물품의 성질과 그 수량에 따라 부과한다. 다만, 다음 각 호의 어느 하나에 해당하는 물품에 대하여는 각 해당 호에 규정된 때의 물품의 성질과 그 수량에 따라 부과한다. **1**

1. 외국물품인 선박(항공기)용품과 국제무역선(기) 안에서 판매할 물품이 하역허가의 내용대로 운송수단에 적재되지 아니하여 관세를 징수하는 물품 : 하역을 허가받은 때 **1**
2. 보세구역 밖에서 보수작업시 지정기간이 경과하여 관세를 징수하는 물품 : 보세구역 밖에서 하는 보수작업을 승인받은 때 **2**
3. 보세구역 장치물품이 멸실되거나 폐기되어 관세를 징수하는 물품 : 해당 물품이 멸실되거나 폐기된 때 **4**
4. 보세공장 · 보세건설장 · 종합보세구역 외 작업시 지정기간의 경과로 관세를 징수하는 경우 : 작업을 허가받거나 신고한 때 **1**
5. 보세운송기간이 경과하여 관세를 징수하는 경우 : 보세운송을 신고하거나 승인받은 때 **1**
6. 수입신고가 수리되기 전에 소비하거나 사용하는 물품(법 제239조에 따라 소비 또는 사용을 수입으로 보지 아니하는 물품은 제외한다) : 해당 물품을 소비하거나 사용한 때 **1**
7. 수입신고 전 즉시반출신고를 하고 반출한 물품 : 수입신고 전 즉시반출신고를 한 때 **5**
8. 우편으로 수입되는 물품(일반수입신고대상 우편물은 제외) : 통관우체국에 도착한 때 **3**
9. 도난물품 또는 분실물품 : 해당 물품이 도난되거나 분실된 때
10. 이 법에 따라 매각되는 물품 : 해당 물품이 매각된 때 **2**
11. 수입신고를 하지 아니하고 수입된 물품(1호부터 10호까지에 규정된 것 제외) : 수입된 때 **1**

## 제17조(적용 법령)

관세는 수입신고 당시의 법령에 따라 부과한다. 다만, 다음 각 호의 어느 하나에 해당하는 물품에 대하여는 각 해당 호에 규정된 날에 시행되는 법령에 따라 부과한다.

1. 제16조 각 호의 어느 하나에 해당되는 물품 : 그 사실이 발생한 날
2. 보세건설장에 반입된 외국물품 : 사용 전 수입신고가 수리된 날 **4**

> **예시** A상사가 일본으로부터 철강제품 생산기계를 수입하여 천안세관 관할 보세건설장에 반입하여 건설공사를 하고자 한다. 이 때 법령의 적용시점은 사용 전 수입신고 수리일이다.

## 제18조(과세환율)

과세가격을 결정하는 경우 외국통화로 표시된 가격을 내국통화로 환산할 때에는 제17조에 따른 날(보세건설장에 반입된 물품의 경우에는 수입신고를 한 날을 말한다)이 속하는 주의 전주의 기준환율 또는 재정환율을 평균하여 관세청장이 그 율을 정한다.

## 제19조(납세의무자)

① 본래적 납세의무자 및 신고인의 연대납세의무

다음 각 호의 어느 하나에 해당하는 자는 관세의 납세의무자가 된다.

1. 수입신고를 한 물품인 경우에는 그 물품을 수입신고하는 때의 화주(화주가 불분명할 때에는 다음 각 목의 어느 하나에 해당하는 자를 말한다.). 다만, 수입신고가 수리된 물품 또는 수입신고수리전 반출승인을 받아 반출된 물품에 대하여 납부하였거나 납부하여야 할 관세액이 부족한 경우 해당 물품을 수입신고하는 때의 화주의 주소 및 거소가 분명하지 아니하거나 수입신고인이 화주를 명백히 하지 못하는 경우에는 그 신고인이 해당 물품을 수입신고하는 때의 화주와 연대하여 해당 관세를 납부하여야 한다.

   가. 수입을 위탁받아 수입업체가 대행수입한 물품인 경우 : 그 물품의 수입을 위탁한 자 **2**

   나. 수입을 위탁받아 수입업체가 대행수입한 물품이 아닌 경우 : 대통령령으로 정하는 상업서류(송품장, 선하증권, 항공화물운송장)에 적힌 물품수신인 **1**

   다. 수입물품을 수입신고 전에 양도한 경우 : 그 양수인 **2**

2. 외국물품인 선박(기)용품과 국제무역선(기) 안에서 판매할 물품이 하역허가의 내용대로 운송수단에 적재되지 아니하여 관세를 징수하는 물품은 하역허가를 받은 자 **1**

3. 보수작업을 승인받고 보세구역 밖에서 보수작업을 하는 경우로서 지정기간이 경과하여 관세를 징수하는 물품인 경우에는 보세구역 밖에서 하는 보수작업을 승인받은 자

4. 보세구역에 장치된 외국물품이 멸실되거나 폐기되어 관세를 징수하는 물품인 경우에는 운영인 또는 보관인 **5**

5. 보세공장·보세건설장·종합보세구역 외 작업시 지정기간의 경과로 관세를 징수하는 물품인 경우에는 보세공장 외 작업, 보세건설장 외 작업 또는 종합보세구역 외 작업을 허가받거나 신고한 자

6. 보세운송의 신고 또는 승인을 받은 물품이 지정된 기간 안에 목적지에 도착되지 않아 관세를 징수하는 물품인 경우에는 보세운송을 신고하였거나 승인을 받은 자 **5**

7. 수입신고가 수리되기 전에 소비하거나 사용하는 물품인 경우에는 그 소비자 또는 사용자 **3**

8. 수입신고 전 즉시반출신고를 하고 반출한 물품으로서 수입신고기간 내에 수입신고를 하지 않아 관세를 징수하는 물품인 경우에는 해당 물품을 즉시 반출한 자 **4**

9. 우편으로 수입되는 물품인 경우에는 그 수취인 **1**

10. 도난물품이나 분실물품인 경우에는 다음 각 목에 규정된 자

　　가. 보세구역의 장치물품 : 그 운영인 또는 화물관리인 **4**

　　나. 보세운송물품 : 보세운송을 신고하거나 승인을 받은 자

　　다. 그 밖의 물품 : 그 보관인 또는 취급인

11. 이 법 또는 다른 법률에 따라 따로 납세의무자로 규정된 자

12. 상기 11.까지 외의 물품인 경우에는 그 소유자 또는 점유자

② 경합 **5**

제1항제1호에 따른 화주 또는 신고인(원칙적인 납세의무자)과 제1항제2호부터 제11호까지에 규정된 자(특별납세의무자)가 경합되는 경우에는 제1항제2호부터 제11호까지에 규정된 자(특별납세의무자)를 납세의무자로 한다.

---

**심화** | **납세의무자 제반규정 (법 제19조)**

③ 납세보증자

　이 법 또는 다른 법령, 조약, 협약 등에 따라 관세의 납부를 보증한 자는 보증액의 범위에서 납세의무를 진다.

⑤ 연대납세의무자

　제1항 각 호에 따른 물품에 관계되는 관세·가산세 및 강제징수비에 대해서는 다음 각 호에 규정된 자가 연대하여 납부할 의무를 진다.

1. 제1항제1호에 따른 수입신고물품의 경우 다음 각 목에 규정된 자

　　가. 수입신고물품이 공유물이거나 공동사업에 속하는 물품인 경우 : 그 공유자 또는 공동사업자인 납세의무자

　　나. 수입신고인이 수입신고를 하면서 수입신고하는 때의 화주가 아닌 자를 납세의무자로 신고한 경우 : 수입신고인 또는 납세의무자로 신고된 자가 관세포탈 또는 부정감면의 범죄를 저지르거나 제271조제1항(제270조제1항 또는 제4항에 따른 행위를 교사하거나 방조한 경우에 한정한다)에 따른 범죄를 저질러 유죄의 확정판결을 받은 경우 그 수입신고인 및 납세의무자로 신고된 자와 해당 물품을 수입신고하는 때의 화주. 다만, 관세포탈 또는 부정감면으로 얻은 이득이 없는 수입신고인 또는 납세의무자로 신고된 자는 제외한다.

　　다. 다음 중 어느 하나를 업으로 하는 자("구매대행업자")가 화주로부터 수입물품에 대하여 납부할 관세 등에 상당하는 금액을 수령하고, 수입신고인 등에게 과세가격 등의 정보를 거짓으로 제공한 경우 : 구매대행업자와 수입신고하는 때의 화주

　　　　　1) 자가사용물품을 수입하려는 화주의 위임에 따라 해외 판매자로부터 해당 수입물품의 구매를 대행하는 것
　　　　　2) 사이버몰 등을 통하여 해외로부터 구매 가능한 물품의 정보를 제공하고 해당 물품을 자가사용물품으로 수입하려는 화주의 요청에 따라 그 물품을 구매해서 판매하는 것
　　　2. 제1항제2호부터 제12호까지의 규정에 따른 물품에 대한 납세의무자가 2인 이상인 경우 그 2인 이상의 납세의무자

⑧ 국세기본법 준용
　　관세의 징수에 관하여는 「국세기본법」 제38조부터 제41조까지의 규정을 준용한다.

⑨ 제2차 납세의무자 **2**
　　제8항에 따라 준용되는 「국세기본법」에 따른 제2차 납세의무자는 관세의 담보로 제공된 것이 없고 납세의무자와 관세의 납부를 보증한 자가 납세의무를 이행하지 아니하는 경우에 납세의무를 진다.

> 제2차 납세의무자는 청산인, 출자자, 법인, 사업양수인이다.

⑩ 양도담보권자의 물적납세의무
　　납세의무자(관세의 납부를 보증한 자와 제2차 납세의무자를 포함한다.)가 관세·가산세 및 강제징수비를 체납한 경우 그 납세의무자에게 「국세기본법」에 따른 양도담보재산이 있을 때에는 그 납세의무자의 다른 재산에 대하여 강제징수를 하여도 징수하여야 하는 금액에 미치지 못한 경우에만 「국세징수법」를 준용하여 그 양도담보재산으로써 납세의무자의 관세·가산세 및 강제징수비를 징수할 수 있다. 다만, 그 관세의 납세신고일(제39조에 따라 부과고지하는 경우에는 그 납부고지서의 발송일을 말한다) 전에 담보의 목적이 된 양도담보재산에 대해서는 그러하지 아니하다.

## 02　납세의무의 소멸 등

### 제20조(납부의무의 소멸)

관세 또는 강제징수비를 납부하여야 하는 의무는 다음 각 호의 어느 하나에 해당되는 때에는 소멸한다.

1. 관세를 납부하거나 관세에 충당한 때
2. 관세부과가 취소된 때
3. 관세를 부과할 수 있는 기간에 관세가 부과되지 아니하고 그 기간이 만료된 때
4. 관세징수권의 소멸시효가 완성된 때

해설

관세부과권이란 이미 성립된 관세채권의 구체적 내용을 확정하는 공법상 형성권, 즉 관세의 부과와 결정 등의 행정처분을 할 수 있는 세관장의 권리를 말한다. 관세부과의 제척기간은 해당 기간동안 세관장에 의하여 행사되지 아니하면 자동적으로 소멸하게 된다. **1**

## 제21조(관세부과의 제척기간)

① 일반적인 제척기간 **8**

관세는 해당 관세를 부과할 수 있는 날부터 5년이 지나면 부과할 수 없다. 다만, 부정한 방법으로 관세를 포탈하였거나 환급 또는 감면받은 경우에는 관세를 부과할 수 있는 날부터 10년이 지나면 부과할 수 없다.

---

**관련규정   영 제6조(관세부과 제척기간의 기산일)**

관세부과의 제척기간을 산정할 때 수입신고한 날의 다음날을 관세를 부과할 수 있는 날로 한다. 다만, 다음 각 호의 경우에는 해당 호에 규정된 날을 관세를 부과할 수 있는 날로 한다. **4**

1. 법 제16조제1호 내지 제11호(과세물건 확정의 예외적인 시기)에 해당되는 경우에는 그 사실이 발생한 날의 다음날 **3**
2. 의무불이행 등의 사유로 감면된 관세를 징수하는 경우에는 그 사유가 발생한 날의 다음날 **3**
3. 보세건설장에 반입된 외국물품의 경우에는 다음 각목의 날중 먼저 도래한 날의 다음날 **4**
   가. 건설공사완료보고를 한 날
   나. 특허기간(특허기간을 연장한 경우에는 연장기간을 말한다)이 만료되는 날
4. 과다환급 또는 부정환급 등의 사유로 관세를 징수하는 경우에는 환급한 날의 다음날 **2**
5. 잠정가격을 신고한 후 확정된 가격을 신고한 경우에는 확정된 가격을 신고한 날의 다음 날(다만, 확정가격 신고 기간 내에 확정된 가격을 신고하지 아니하는 경우에는 해당 기간의 만료일의 다음날) **4**

---

② 특례적인 제척기간

다음 각 호의 어느 하나에 해당하는 경우에는 제1항에도 불구하고 해당 호에 규정된 기간까지는 해당 결정 · 판결 · 회신결과 또는 경정청구에 따라 경정이나 그 밖에 필요한 처분을 할 수 있다.

1. 다음 각 목의 어느 하나에 해당하는 경우 : 그 결정 · 판결이 확정된 날부터 1년 **4**
   가. 이의신청, 심사청구 또는 심판청구에 대한 결정이 있는 경우 **4**
   나. 「감사원법」에 따른 심사청구에 대한 결정이 있는 경우 **1**
   다. 「행정소송법」에 따른 소송에 대한 판결이 있는 경우 **2**
   라. 압수물품의 반환결정이 있는 경우 **1**

2. 이 법과 「자유무역협정의 이행을 위한 관세법의 특례에 관한 법률」 및 조약·협정 등에서 정하는 바에 따라 양허세율의 적용여부 및 세액 등을 확정하기 위하여 원산지증명서를 발급한 국가의 세관이나 그 밖에 발급권한이 있는 기관에게 원산지증명서 및 원산지증명서확인자료의 진위 여부, 정확성 등의 확인을 요청한 경우 : 다음 각 목의 날 중 먼저 도래하는 날부터 1년

가. 해당 요청에 따라 회신을 받은 날

나. 이 법과 「자유무역협정의 이행을 위한 관세법의 특례에 관한 법률」 및 조약·협정 등에서 정한 회신기간이 종료된 날

3. 다음 각 목의 어느 하나에 해당하는 경우 : 경정청구일 또는 결정통지일부터 2개월

가. 경정청구가 있는 경우

나. 수입물품의 과세가격 조정 신청에 대한 결정통지가 있는 경우 **1**

## 제22조(관세징수권 등의 소멸시효)

① 관세징수권 소멸시효

관세의 징수권은 이를 행사할 수 있는 날부터 다음 각 호의 구분에 따른 기간 동안 행사하지 아니하면 소멸시효가 완성된다.

1. 5억원 이상의 관세(내국세를 포함한다) : 10년 **2**
2. 제1호 외의 관세 : 5년

② 환급청구권 소멸시효 **1**

납세자의 과오납금 또는 그 밖의 관세의 환급청구권은 그 권리를 행사할 수 있는 날부터 5년간 행사하지 아니하면 소멸시효가 완성된다.

③ 소멸시효 기산일

제1항에 따른 관세의 징수권과 제2항에 따른 과오납금 또는 그 밖의 관세의 환급청구권을 행사할 수 있는 날은 대통령령으로 정한다.

---

**관련규정** 영 제7조(관세징수권 소멸시효의 기산일)

① 관세징수권을 행사할 수 있는 날은 다음 각 호의 날로 한다.
  1. 신고납부 규정에 따라 신고납부하는 관세에 있어서는 수입신고가 수리된 날부터 15일이 경과한 날의 다음날. 다만, 월별납부의 경우에는 그 납부기한이 경과한 날의 다음 날로 한다. **2**
  1의 2. 보정신청 규정에 의하여 납부하는 관세에 있어서는 부족세액에 대한 보정신청일의 다음 날의 다음 날
  2. 수정신고 규정에 의하여 납부하는 관세에 있어서는 수정신고일의 다음날의 다음 날 **2**
  3. 부과고지하는 관세의 경우 납부고지를 받은 날부터 15일이 경과한 날의 다음 날 **1**

4. 즉시반출규정에 의하여 납부하는 관세에 있어서는 수입신고한 날부터 15일이 경과한 날의 다음날

5. 그 밖의 법령에 따라 납부고지하여 부과하는 관세의 경우 납부기한을 정한 때에는 그 납부기한이 만료된 날의 다음 날 **1**

② 관세환급청구권을 행사할 수 있는 날은 다음 각 호의 날로 한다.

1. 경정으로 인한 환급의 경우에는 경정결정일 **2**

2. 착오납부 또는 이중납부로 인한 환급의 경우에는 그 납부일 **1**

3. 계약과 상이한 물품 등에 대한 환급의 경우에는 당해 물품의 수출신고수리일 또는 보세공장 반입신고일

3의 2. 폐기, 멸실, 변질, 또는 손상된 물품에 대한 환급의 경우에는 해당 물품이 폐기, 멸실, 변질 또는 손상된 날

3의 3. 수입한 상태 그대로 수출되는 자가사용물품에 대한 환급의 경우에는 수출신고가 수리된 날. 다만, 수출신고가 생략되는 물품의 경우에는 운송수단에 적재된 날로 한다.

3의 4. 국제무역선, 국제무역기 또는 보세판매장에서 구입한 후 환불한 물품에 대한 환급의 경우에는 해당 물품이 환불된 날

3의 5. 종합보세구역에서 물품을 판매하는 자가 환급받고자 하는 경우에는 환급에 필요한 서류의 제출일 **2**

4. 수입신고 또는 입항전수입신고를 하고 관세를 납부한 후 신고가 취하 또는 각하된 경우에는 신고의 취하일 또는 각하일 **1**

5. 적법하게 납부한 후 법률의 개정으로 인하여 환급하는 경우에는 그 법률의 시행일 **2**

## 제23조(시효의 중단 및 정지)

### ① 관세징수권 소멸시효 중단

관세징수권의 소멸시효는 다음 각 호의 어느 하나에 해당하는 사유로 중단된다.

1. 납부고지 **2**

2. 경정처분 **2**

3. 납부독촉

4. 통고처분 **3**

5. 고발 **1**

6. 「특정범죄 가중처벌 등에 관한 법률」에 따른 공소제기

7. 교부청구 **2**

8. 압류 **2**

② 환급청구권 소멸시효 중단

환급청구권의 소멸시효는 환급청구권의 행사로 중단된다.

> ### 해설  소멸시효의 중단
>
> 1. 소멸시효의 중단이란 시효의 진행 중에 시효의 기초가 된 사실 상태와 다른 일정한 사유의 발생으로 이미 경과한 시효기간의 효력이 상실되는 것을 말하며 중단사유가 종료된 때부터 소멸시효가 새로이 시작된다. **1**
> 2. 관세징수권의 소멸시효가 중단되면 관세를 징수할 수 있는 기간이 연장되는 효과를 불러온다. 즉 시효의 중단은 권리권자(세관장)를 보호하기 위한 것으로 권리자가 권리행사를 위한 진정한 노력을 했는지가 중요하다. **1**

③ 관세징수권 소멸시효 정지 **5**

관세징수권의 소멸시효는 관세의 분할납부기간, 징수유예기간, 압류·매각의 유예기간 또는 사해행위 취소소송기간 중에는 진행하지 아니한다.

> ### 해설  소멸시효의 정지
>
> 1. 소멸시효의 정지란 징수권을 행사할 수 없는 일정한 사유로 인하여 시효의 진행이 일시적으로 멈추는 것을 말한다. **2**
> 2. 소멸시효의 정지에 있어서는 이미 경과한 시효기간은 그대로 효력을 가지며, 정지사유가 종료할 때에는 당초의 소멸시효가 계속적으로 진행된다. **2**

④ 사해행위 취소소송

제3항에 따른 사해행위 취소소송으로 인한 시효정지의 효력은 소송이 각하, 기각 또는 취하된 경우에는 효력이 없다.

⑤ 민법준용

관세징수권과 환급청구권의 소멸시효에 관하여 이 법에서 규정한 것을 제외하고는 「민법」을 준용한다. **1**

## 03  납세담보

## 제27조(가격신고)

① 가격신고 **6**

관세의 납세의무자는 수입신고를 할 때 대통령령으로 정하는 바에 따라 세관장에게 해당 물품의 가격신고를 하여야 한다. 다만, 통관의 능률을 높이기 위하여 필요하다고 인정되는 경우에는 대통령령으로 정하는 바에 따라 물품의 수입신고를 하기 전에 가격신고를 할 수 있다.

**관련규정** 영 제15조(가격신고)

① 가격신고를 하려는 자는 다음 각 호의 사항을 적은 서류를 세관장에게 제출하여야 한다.
   1. 수입관련거래에 관한 사항
   2. 과세가격산출내용에 관한 사항
② 세관장은 다음 각 호의 어느 하나에 해당하는 경우로서 관세청장이 정하여 고시하는 경우에는 제1항 각 호에 해당하는 서류의 전부 또는 일부를 제출하지 아니하게 할 수 있다.
   1. 같은 물품을 같은 조건으로 반복적으로 수입하는 경우 **1**
   2. 수입항까지의 운임 및 보험료 외에 우리나라에 수출하기 위하여 판매되는 물품에 대하여 구매자가 실제로 지급하였거나 지급하여야 할 가격에 가산할 금액이 없는 경우
   3. 그 밖에 과세가격결정에 곤란이 없다고 인정하여 관세청장이 정하는 경우
③ 세관장은 가격신고를 하려는 자가 제2항제1호에 해당하는 경우에는 가격신고를 일정기간 일괄하여 신고하게 할 수 있다. **1**

**관련규정** 규칙 제2조(가격신고의 생략)

① 가격신고대상
가격신고를 생략할 수 있는 물품은 다음 각 호와 같다.
   1. 정부 또는 지방자치단체가 수입하는 물품 **1**
   2. 정부조달물품
   3. 공공기관이 수입하는 물품
   4. 관세 및 내국세등이 부과되지 않는 물품
   5. 방위산업용 기계와 그 부분품 및 원재료로 수입하는 물품. 다만, 해당 물품과 관련된 중앙행정기관의 장의 수입확인 또는 수입추천을 받은 물품에 한정한다.
   6. 수출용 원재료 **1**
   7. 특정연구기관이 수입하는 물품
   8. 과세가격이 미화 1만불 이하인 물품. 다만, 개별소비세, 주세, 교통ㆍ에너지ㆍ환경세가 부과되는 물품과 분할하여 수입되는 물품은 제외한다.

9. 종량세 적용물품. 다만, 종량세와 종가세 중 높은 세액 또는 높은 세율을 선택하여 적용해야 하는 물품의 경우에는 제외한다. **1**

10. 과세가격 결정방법의 사전심사 결과가 통보된 물품. 다만, 영 제16조제1항 각 호의 물품은 제외한다.

② 가격신고생략대상 중 가격신고대상

다음 각 호의 어느 하나에 해당하는 물품은 제1항(제10호는 제외한다)에 따른 가격신고 생략 물품에 해당하지 않는 것으로 한다.

1. 과세가격에 가산할 금액이 있는 물품
2. 부과고지에 따라 세관장이 관세를 부과 · 징수하는 물품 **2**
3. 잠정가격신고대상물품
4. 수입신고수리전 세액심사대상 물품 중 체납자 및 불성실신고인 신고물품, 가격변동이 큰 물품 등

## 제28조(잠정가격의 신고 등)

① 납세의무자는 가격신고를 할 때 신고하여야 할 가격이 확정되지 아니한 경우로서 대통령령으로 정하는 경우에는 잠정가격으로 가격신고를 할 수 있다. 이 경우 신고의 방법과 그 밖에 필요한 사항은 대통령령으로 정한다.

② 납세의무자는 잠정가격으로 가격신고를 하였을 때에는 대통령령으로 정하는 기간 내에 해당 물품의 확정된 가격을 세관장에게 신고하여야 한다.

③ 세관장은 납세의무자가 기간 내에 확정된 가격을 신고하지 아니하는 경우에는 해당 물품에 적용될 가격을 확정할 수 있다. 다만, 납세의무자가 폐업, 파산신고, 법인해산 등의 사유로 확정된 가격을 신고하지 못할 것으로 인정되는 경우에는 제2항에 따른 기간 중에도 해당 물품에 적용될 가격을 확정할 수 있다.

④ 세관장은 확정된 가격을 신고받거나 가격을 확정하였을 때에는 대통령령으로 정하는 바에 따라 잠정가격을 기초로 신고납부한 세액과 확정된 가격에 따른 세액의 차액을 징수하거나 환급하여야 한다.

---

**관련규정** **영 제16조(잠정가격의 신고 등)**

③ 잠정가격으로 가격신고를 한 자는 2년의 범위 안에서 구매자와 판매자 간의 거래계약의 내용 등을 고려하여 세관장이 지정하는 기간 내에 확정가격을 신고하여야 한다. 이 경우 잠정가격으로 가격신고를 한 자는 관세청장이 정하는 바에 따라 전단에 따른 신고기간이 끝나기 30일 전까지 확정가격의 계산을 위한 가산율을 산정해 줄 것을 요청할 수 있다. **6**

④ 세관장은 구매자와 판매자간의 거래계약내용이 변경되는 등 잠정가격을 확정할 수 없는 불가 피한 사유가 있다고 인정되는 경우로서 납세의무자의 요청이 있는 경우에는 기획재정부령으로 정하는 바에 따라 제3항 전단에 따른 신고기간을 연장할 수 있다. 이 경우 연장하는 기간은 제3항 전단에 따른 신고기간의 만료일부터 2년을 초과할 수 없다. **2**

## 과세가격 결정방법 적용 순서 ❸

제1방법(제30조) 해당물품의 거래가격을 기초로 한 과세가격 결정
제2방법(제31조) 동종동질물품의 거래가격을 기초로 한 과세가격 결정
제3방법(제32조) 유사물품의 거래가격을 기초로 한 과세가격 결정
제4방법(제33조) 국내판매가격을 기초로 한 과세가격 결정
제5방법(제34조) 산정가격을 기초로 한 과세가격의 결정
제6방법(제35조) 합리적 기준에 따른 과세가격의 결정

## 제30조(과세가격 결정의 원칙)

① 과세가격 결정원칙 및 가산요소

수입물품의 과세가격은 우리나라에 수출하기 위하여 판매되는 물품에 대하여 구매자가 실제로 지급하였거나 지급하여야 할 가격에 다음 각 호의 금액을 더하여 조정한 거래가격으로 한다. 다만, 다음 각 호의 금액을 더할 때에는 객관적이고 수량화할 수 있는 자료에 근거하여야 하며, 이러한 자료가 없는 경우에는 이 조에 규정된 방법으로 과세가격을 결정하지 아니하고 제31조부터 제35조까지에 규정된 방법으로 과세가격을 결정한다.

---

**심화** 영 제17조(우리나라에 수출하기 위하여 판매되는 물품의 범위)

법 제30조제1항 본문의 규정에 의한 우리나라에 수출하기 위하여 판매되는 물품에는 다음 각호의 물품은 포함되지 아니하는 것으로 한다.
1. 무상으로 수입하는 물품
2. 수입 후 경매 등을 통하여 판매가격이 결정되는 위탁판매수입물품 ❶
3. 수출자의 책임으로 국내에서 판매하기 위하여 수입하는 물품
4. 별개의 독립된 법적 사업체가 아닌 지점 등에서 수입하는 물품
5. 임대차계약에 따라 수입하는 물품 ❶
6. 무상으로 임차하는 수입물품
7. 산업쓰레기 등 수출자의 부담으로 국내에서 폐기하기 위하여 수입하는 물품 ❶

---

1. 구매자가 부담하는 수수료와 중개료. 다만, 구매수수료는 제외한다. ❸
2. 해당 수입물품과 동일체로 취급되는 용기의 비용과 해당 수입물품의 포장에 드는 노무비와 자재비로서 구매자가 부담하는 비용 ❺
3. 구매자가 해당 수입물품의 생산 및 수출거래를 위하여 대통령령으로 정하는 물품 및 용역을 무료 또는 인하된 가격으로 직접 또는 간접으로 공급한 경우에는 그 물품 및 용역의 가격 또는 인하차액을 해당 수입물품의 총생산량 등 대통령령으로 정하는 요소를 고려하여 적절히 배분한 금액(생산지원비) ❷

법 제30조제1항제3호에서 "대통령령으로 정하는 물품 및 용역"이란 구매자가 직접 또는 간접으로 공급하는 것으로서 다음 각 호의 어느 하나에 해당하는 것을 말한다.

1. 수입물품에 결합되는 재료 · 구성요소 · 부분품 및 그 밖에 이와 비슷한 물품 **2**
2. 수입물품의 생산에 사용되는 공구 · 금형 · 다이스 및 그 밖에 이와 비슷한 물품으로서 기획재정부령으로 정하는 것 **1**
3. 수입물품의 생산과정에 소비되는 물품 **2**
4. 수입물품의 생산에 필요한 기술 · 설계 · 고안 · 공예 및 디자인. 다만, 우리나라에서 개발된 것은 제외한다. **3**

4. 특허권, 실용신안권, 디자인권, 상표권 및 이와 유사한 권리를 사용하는 대가로 지급하는 것으로서 산출된 금액 **1**
5. 해당 수입물품을 수입한 후 전매 · 처분 또는 사용하여 생긴 수익금액 중 판매자에게 직접 또는 간접으로 귀속되는 금액(사후귀속이익) **2**
6. 수입항까지의 운임 · 보험료와 그 밖에 운송과 관련되는 비용으로서 대통령령으로 정하는 바에 따라 결정된 금액. 다만, 기획재정부령으로 정하는 수입물품의 경우에는 이의 전부 또는 일부를 제외할 수 있다. **1**

② 실제지급가격 및 공제요소

제1항 본문에서 "구매자가 실제로 지급하였거나 지급하여야 할 가격"이란 해당 수입물품의 대가로서 구매자가 지급하였거나 지급하여야 할 총금액을 말하며, 구매자가 해당 수입물품의 대가와 판매자의 채무를 상계하는 금액, 구매자가 판매자의 채무를 변제하는 금액, 그 밖의 간접적인 지급액을 포함한다. 다만, 구매자가 지급하였거나 지급하여야 할 총금액에서 다음 각 호의 어느 하나에 해당하는 금액을 명백히 구분할 수 있을 때에는 그 금액을 뺀 금액을 말한다.

1. 수입 후에 하는 해당 수입물품의 건설, 설치, 조립, 정비, 유지 또는 해당 수입물품에 관한 기술지원에 필요한 비용 **3**
2. 수입항에 도착한 후 해당 수입물품을 운송하는 데에 필요한 운임 · 보험료와 그 밖에 운송과 관련되는 비용 **1**
3. 우리나라에서 해당 수입물품에 부과된 관세 등의 세금과 그 밖의 공과금 **1**
4. 연불조건의 수입인 경우에는 해당 수입물품에 대한 연불이자 **3**

**영 제20조의2(간접지급금액 등)**

① "그 밖의 간접적인 지급액"에는 다음 각 호의 금액이 포함되는 것으로 한다.

1. 수입물품의 대가 중 전부 또는 일부를 판매자의 요청으로 제3자에게 지급하는 경우 그 금액

2. 수입물품의 거래조건으로 판매자 또는 제3자가 수행해야 하는 하자보증을 구매자가 대신하고 그에 해당하는 금액을 할인받았거나 하자보증비 중 전부 또는 일부를 별도로 지급하는 경우 그 금액

3. 수입물품의 거래조건으로 구매자가 외국훈련비, 외국교육비 또는 연구개발비 등을 지급하는 경우 그 금액

4. 그 밖에 일반적으로 판매자가 부담하는 금융비용 등을 구매자가 지급하는 경우 그 금액

③ 거래가격 적용배제

다음 각 호의 어느 하나에 해당하는 경우에는 제1항에 따른 거래가격을 해당 물품의 과세가격으로 하지 아니하고 제31조부터 제35조까지에 규정된 방법으로 과세가격을 결정한다.

1. 해당 물품의 처분 또는 사용에 제한이 있는 경우. 다만, 세관장이 거래가격에 실질적으로 영향을 미치지 아니한다고 인정하는 제한이 있는 경우 등 대통령령으로 정하는 경우는 제외한다.

**영 제21조(처분 또는 사용에 대한 제한의 범위)**

물품의 처분 또는 사용에 제한이 있는 경우에는 다음 각호의 경우가 포함되는 것으로 한다.

1. 전시용·자선용·교육용 등 당해 물품을 특정용도로 사용하도록 하는 제한 **2**

2. 당해 물품을 특정인에게만 판매 또는 임대하도록 하는 제한 **3**

3. 기타 당해 물품의 가격에 실질적으로 영향을 미치는 제한 **1**

**영 제22조(거래가격에 영향을 미치지 아니하는 제한 등)**

① 법 제30조제3항제1호 단서에서 "거래가격에 실질적으로 영향을 미치지 아니한다고 인정하는 제한이 있는 경우 등 대통령령으로 정하는 경우"란 다음 각 호의 어느 하나에 해당하는 제한이 있는 경우를 말한다.

1. 우리나라의 법령이나 법령에 의한 처분에 의하여 부과되거나 요구되는 제한 **1**

2. 수입물품이 판매될 수 있는 지역의 제한 **1**

3. 그 밖에 해당 수입물품의 특성, 해당 산업부문의 관행 등을 고려하여 통상적으로 허용되는 제한으로서 수입가격에 실질적으로 영향을 미치지 않는다고 세관장이 인정하는 제한

2. 해당 물품에 대한 거래의 성립 또는 가격의 결정이 금액으로 계산할 수 없는 조건 또는 사정에 따라 영향을 받은 경우

**영 제22조(거래가격에 영향을 미치지 아니하는 제한 등)**

② 금액으로 계산할 수 없는 조건 또는 사정에 의하여 영향을 받은 경우에는 다음 각호의 경우가 포함되는 것으로 한다.
1. 구매자가 판매자로부터 특정수량의 다른 물품을 구매하는 조건으로 당해 물품의 가격이 결정되는 경우 ❶
2. 구매자가 판매자에게 판매하는 다른 물품의 가격에 따라 당해 물품의 가격이 결정되는 경우
3. 판매자가 반제품을 구매자에게 공급하고 그 대가로 그 완제품의 일정수량을 받는 조건으로 당해 물품의 가격이 결정되는 경우

3. 해당 물품을 수입한 후에 전매·처분 또는 사용하여 생긴 수익의 일부가 판매자에게 직접 또는 간접으로 귀속되는 경우. 다만, 제1항에 따라 적절히 조정할 수 있는 경우는 제외한다.
4. 구매자와 판매자 간에 대통령령으로 정하는 특수관계가 있어 그 특수관계가 해당 물품의 가격에 영향을 미친 경우. 다만, 해당 산업부문의 정상적인 가격결정 관행에 부합하는 방법으로 결정된 경우 등 대통령령으로 정하는 경우는 제외한다.

**영 제23조(특수관계의 범위 등)**

① "대통령령으로 정하는 특수관계"란 다음 각 호의 어느 하나에 해당하는 경우를 말한다.
1. 구매자와 판매자가 상호 사업상의 임원 또는 관리자인 경우 ❶
2. 구매자와 판매자가 상호 법률상의 동업자인 경우
3. 구매자와 판매자가 고용관계에 있는 경우 ❶
4. 특정인이 구매자 및 판매자의 의결권 있는 주식을 직접 또는 간접으로 5퍼센트 이상 소유하거나 관리하는 경우 ❶
5. 구매자 및 판매자중 일방이 상대방에 대하여 법적으로 또는 사실상으로 지시나 통제를 할 수 있는 위치에 있는 등 일방이 상대방을 직접 또는 간접으로 지배하는 경우 ❶
6. 구매자 및 판매자가 동일한 제3자에 의하여 직접 또는 간접으로 지배를 받는 경우
7. 구매자 및 판매자가 동일한 제3자를 직접 또는 간접으로 공동지배하는 경우
8. 구매자와 판매자가 「국세기본법 시행령」 각 호의 어느 하나에 해당하는 친족관계에 있는 경우

**예시** 과세가격 산정

우리나라에 소재하고 있는 무역회사 A사는 중국에 소재하고 있는 제조회사 B사와 아래와 같은 조건으로 국제매매계약을 체결하고 인조대리석을 수입하고자 한다.
- 수입물품 : 인조대리석 상판 600*1,000mm
- 단가 : 수입물품 1개당 FOB 30$(USD)
- 수량 : 10,000개
- 국제 해상운임 : 20,000,000원(수입항 도착 후 국내 발생 운임 500,000원 포함)

- 적하보험료 : 100,000원(A사가 수입항까지 발생한 보험료를 국내에 소재한 보험회사에 지급)
- 과세환율 : 1,200/USD

**정답** 361,600,000원

 **해설**

(단가 30$*수량 10,000개*과세환율 1,200원)+국제운송 운임 1,500,000원(국내 수입 후 발생 운임 500,000 원 공제)+보험료 10,000원(국내 소재 보험회사 지급여부 관계없음)=361,600,000원

### 제31조(동종 · 동질물품의 거래가격을 기초로 한 과세가격의 결정)

① 제30조에 따른 방법으로 과세가격을 결정할 수 없는 경우에는 과세가격으로 인정된 사실이 있는 동종 · 동질물품의 거래가격으로서 다음 각 호의 요건을 갖춘 가격을 기초로 하여 과세가격을 결정한다.

1. 과세가격을 결정하려는 해당 물품의 생산국에서 생산된 것으로서 해당 물품의 선적일에 선적되거나 해당 물품의 선적일을 전후하여 가격에 영향을 미치는 시장조건이나 상관행에 변동이 없는 기간 중에 선적되어 우리나라에 수입된 것일 것

2. 거래 단계, 거래 수량, 운송 거리, 운송 형태 등이 해당 물품과 같아야 하며, 두 물품 간에 차이가 있는 경우에는 그에 따른 가격차이를 조정한 가격일 것

### 제32조(유사물품의 거래가격을 기초로 한 과세가격의 결정)

① 제30조와 제31조에 따른 방법으로 과세가격을 결정할 수 없을 때에는 과세가격으로 인정된 사실이 있는 유사물품의 거래가격으로서 제31조제1항 각 호의 요건을 갖춘 가격을 기초로 하여 과세가격을 결정한다.

### 제33조(국내판매가격을 기초로 한 과세가격의 결정)

① 제30조부터 제32조까지에 규정된 방법으로 과세가격을 결정할 수 없을 때에는 제1호의 금액에서 제2호부터 제4호까지의 금액을 뺀 가격을 과세가격으로 한다. 다만, 납세의무자가 요청하면 제34조에 따라 과세가격을 결정하되 제34조에 따라 결정할 수 없는 경우에는 이 조, 제35조의 순서에 따라 과세가격을 결정한다. **1**

1. 해당 물품, 동종 · 동질물품 또는 유사물품이 수입된 것과 동일한 상태로 해당 물품의 수입신고일 또는 수입신고일과 거의 동시에 특수관계가 없는 자에게 가장 많은 수량으로 국내에서 판매되는 단위가격을 기초로 하여 산출한 금액 **2**

2. 국내판매와 관련하여 통상적으로 지급하였거나 지급하여야 할 것으로 합의된 수수료 또는 동종 · 동류의 수입물품이 국내에서 판매되는 때에 통상적으로 부가되는 이윤 및 일반경비에 해당하는 금액 **2**

3. 수입항에 도착한 후 국내에서 발생한 통상의 운임·보험료와 그 밖의 관련 비용

4. 해당 물품의 수입 및 국내판매와 관련하여 납부하였거나 납부하여야 하는 조세와 그 밖의 공과금 **1**

## 제34조(산정가격을 기초로 한 과세가격의 결정)

① 제30조부터 제33조까지에 규정된 방법으로 과세가격을 결정할 수 없을 때에는 다음 각 호의 금액을 합한 가격을 기초로 하여 과세가격을 결정한다.

1. 해당 물품의 생산에 사용된 원자재 비용 및 조립이나 그 밖의 가공에 드는 비용 또는 그 가격

2. 수출국 내에서 해당 물품과 동종·동류의 물품의 생산자가 우리나라에 수출하기 위하여 판매할 때 통상적으로 반영하는 이윤 및 일반 경비에 해당하는 금액

3. 해당 물품의 수입항까지의 운임·보험료와 그 밖에 운송과 관련된 비용으로서 제30조제1 항제6호(가산요소 중 운임)에 따라 결정된 금액

## 제35조(합리적 기준에 따른 과세가격의 결정)

① 제30조부터 제34조까지에 규정된 방법으로 과세가격을 결정할 수 없을 때에는 대통령령으로 정하는 바에 따라 제30조부터 제34조까지에 규정된 원칙과 부합되는 합리적인 기준에 따라 과세가격을 결정한다.

② 제1항에 따른 방법으로 과세가격을 결정할 수 없을 때에는 국제거래시세·산지조사가격을 조정한 가격을 적용하는 방법 등 거래의 실질 및 관행에 비추어 합리적으로 인정되는 방법에 따라 과세가격을 결정한다.

---

**관련규정** **영 제29조(합리적 기준에 따른 과세가격의 결정)**

② 법 제35조의 규정에 의하여 과세가격을 결정함에 있어서는 다음 각호의 1에 해당하는 가격을 기준으로 하여서는 아니 된다(적용 불가능한 가격).

1. 우리나라에서 생산된 물품의 국내판매가격 **2**

2. 선택 가능한 가격 중 반드시 높은 가격을 과세가격으로 하여야 한다는 기준에 따라 결정하는 가격 **1**

3. 수출국의 국내판매가격 **1**

4. 동종·동질물품 또는 유사물품에 대하여 법 제34조의 규정에 의한 방법외의 방법으로 생산 비용을 기초로 하여 결정된 가격 **1**

5. 우리나라 외의 국가에 수출하는 물품의 가격 **1**

6. 특정수입물품에 대하여 미리 설정하여 둔 최저과세기준가격

7. 자의적 또는 가공적인 가격

③ 상기 규정에 따른 방법을 적용하기 곤란하거나 적용할 수 없는 경우로서 다음 각 호의 어느 하나에 해당하는 물품에 대한 과세가격 결정에 필요한 기초자료, 금액의 계산방법 등 세부사항은 기획재정부령으로 정할 수 있다.

1. 수입신고전에 변질·손상된 물품
2. 여행자 또는 승무원의 휴대품·우편물·탁송품 및 별송품
3. 임차수입물품
4. 중고물품
5. 법 제188조 단서의 규정에 의하여 외국물품으로 보는 물품
6. 범칙물품
7. 석유로서 국제거래시세를 조정한 가격으로 보세구역에서 거래되는 물품
8. 그 밖에 과세가격결정에 혼란이 발생할 우려가 있는 물품으로서 기획재정부령으로 정하는 물품

## 제37조(과세가격 결정방법의 사전심사)

① 과세가격 결정방법 사전심사

납세신고를 하여야 하는 자는 과세가격 결정과 관련하여 다음 각 호의 사항에 관하여 의문이 있을 때에는 가격신고를 하기 전에 관세청장에게 미리 심사하여 줄 것을 신청할 수 있다.

1. 제30조제1항부터 제3항까지에 규정된 사항
2. 제30조에 따른 방법으로 과세가격을 결정할 수 없는 경우에 적용되는 과세가격 결정방법
3. 특수관계가 있는 자들 간에 거래되는 물품의 과세가격 결정방법

특수관계가 있는 자들 간에 거래되는 물품의 과세가격의 결정방법에 대하여 관세평가분류원에 사전심사 (ACVA)를 신청할 수 있다.

🧑‍🏫 **해설**

과세가격결정방법의 사전심사는 수입신고 전에 세액의 산출과 관련한 사항을 확인할 수 있는 제도이다.

② 통보기간

신청을 받은 관세청장은 대통령령으로 정하는 기간 이내에 과세가격의 결정방법을 심사한 후 그 결과를 신청인에게 통보하여야 한다.

법 제37조제2항에서 "대통령령으로 정하는 기간"이란 다음 각 호의 구분에 따른 기간을 말한다. 이 경우 관세청장이 제출된 신청서 및 서류의 보완을 요구한 경우에는 그 기간은 산입하지 아니한다.

1. 법 제37조제1항제1호 및 제2호에 해당하는 경우 : 1개월 **1**

2. 법 제37조제1항제3호에 해당하는 경우 : 1년

③ 재심사 **1**

결과를 통보받은 자가 그 결과에 이의가 있는 경우에는 그 결과를 통보받은 날부터 30일 이내에 대통령령으로 정하는 바에 따라 관세청장에게 재심사를 신청할 수 있다.


**05** **부과와 징수**


제5관 **세액의 확정**

### 제38조(신고납부)

① 납세신고

물품(제39조에 따라 세관장이 부과고지하는 물품은 제외한다)을 수입하려는 자는 수입신고를 할 때에 세관장에게 납세신고를 하여야 한다. **2**

관련규정 **영 제32조(납세신고)**

① 납세신고를 하고자 하는 자는 수입신고서에 동조 각호의 사항외에 다음 각호의 사항을 기재하여 세관장에게 제출하여야 한다.

1. 당해 물품의 관세율표상의 품목분류 · 세율과 품목분류마다 납부하여야 할 세액 및 그 합계액 **1**

2. 법 기타 관세에 관한 법률 또는 조약에 의하여 관세의 감면을 받는 경우에는 그 감면액과 법적 근거 **1**

3. 특수관계에 해당하는지 여부와 그 내용

4. 기타 과세가격결정에 참고가 되는 사항

② 세액심사

세관장은 납세신고를 받으면 수입신고서에 기재된 사항과 이 법에 따른 확인사항 등을 심사하되, 신고한 세액에 대하여는 수입신고를 수리한 후에 심사한다. 다만, 신고한 세액에 대하여 관세채권을 확보하기가 곤란하거나, 수입신고를 수리한 후 세액심사를 하는 것이 적당하지 아니하다고 인정하여 기획재정부령으로 정하는 물품의 경우에는 수입신고를 수리하기 전에 이를 심사한다.

③ 자율심사

세관장은 납세실적과 수입규모 등을 고려하여 관세청장이 정하는 요건을 갖춘 자가 신청할 때에는 납세신고한 세액을 자체적으로 심사("자율심사")하게 할 수 있다. 이 경우 해당 납세의무자는 자율심사한 결과를 세관장에게 제출하여야 한다.

④ 정정 **7**

납세의무자는 납세신고한 세액을 납부하기 전에 그 세액이 과부족하다는 것을 알게 되었을 때에는 납세신고한 세액을 정정할 수 있다. 이 경우 납부기한은 당초의 납부기한으로 한다.

## 제38조의2(보정)

### ① 보정신청 **5**

납세의무자는 신고납부한 세액이 부족하다는 것을 알게 되거나 세액산출의 기초가 되는 과세가격 또는 품목분류 등에 오류가 있는 것을 알게 되었을 때에는 신고납부한 날부터 6개월 이내("보정기간")에 대통령령으로 정하는 바에 따라 해당 세액을 보정하여 줄 것을 세관장에게 신청할 수 있다.

### ② 보정신청통지 **1**

세관장은 신고납부한 세액이 부족하다는 것을 알게 되거나 세액산출의 기초가 되는 과세가격 또는 품목분류 등에 오류가 있다는 것을 알게 되었을 때에는 납세의무자에게 해당 보정기간에 보정신청을 하도록 통지할 수 있다. 이 경우 세액보정을 신청하려는 납세의무자는 세관장에게 신청하여야 한다.

### ④ 납부기한 **7**

납세의무자가 부족한 세액에 대한 세액의 보정을 신청한 경우에는 해당 보정신청을 한 날의 다음 날까지 해당 관세를 납부하여야 한다.

### ⑤ 보정이자 **1**

세관장은 세액을 보정한 결과 부족한 세액이 있을 때에는 제42조에도 불구하고 납부기한 다음 날부터 보정신청을 한 날까지의 기간과 금융회사의 정기예금에 대하여 적용하는 이자율을 고려하여 대통령령으로 정하는 이율에 따라 계산한 금액을 더하여 해당 부족세액을 징수하여야 한다. 다만, 다음 각 호의 어느 하나에 해당하는 경우에는 그러하지 아니하다.
1. 국가 또는 지방자치단체가 직접 수입하는 물품 등 대통령령으로 정하는 물품의 경우
2. 신고납부한 세액의 부족 등에 대하여 납세의무자에게 대통령령으로 정하는 정당한 사유가 있는 경우
3. 우편물(일반수입신고물품 제외)
4. 천재지변 등으로 인한 기한 연장 사유에 해당하는 경우
5. 법 해석에 관한 질의, 회신 등에 따라 신고납부했으나 이후 동일한 사안에 대해 다른 과세처분을 하는 경우

### ⑥ 가산세징수

제5항에도 불구하고 납세의무자가 제42조제2항에 따른 부정한 행위로 과소신고한 후 신청을 한 경우에는 세관장은 제42조제2항에 따른 가산세를 징수하여야 한다.

## 제38조의3(수정 및 경정)

### ① 수정신고 및 납부기한 ☑

납세의무자는 신고납부한 세액이 부족한 경우에는 수정신고(보정기간이 지난 날부터 제척기간이 끝나기 전까지로 한정한다)를 할 수 있다. 이 경우 납세의무자는 수정신고한 날의 다음 날까지 해당 관세를 납부하여야 한다.

### ② 경정청구 ☑

납세의무자는 신고납부한 세액, 보정신청한 세액, 수정신고한 세액이 과다한 것을 알게 되었을 때에는 최초로 납세신고를 한 날부터 5년 이내에 대통령령으로 정하는 바에 따라 신고한 세액의 경정을 세관장에게 청구할 수 있다.

### ③ 소송 및 판결 등에 의한 경정청구

납세의무자는 최초의 신고 또는 경정에서 과세표준 및 세액의 계산근거가 된 거래 또는 행위 등이 그에 관한 소송에 대한 판결에 의하여 다른 것으로 확정되는 등 사유가 발생하여 납부한 세액이 과다한 것을 알게 되었을 때에는 제2항에 따른 기간에도 불구하고 그 사유가 발생한 것을 안 날부터 2개월 이내에 납부한 세액의 경정을 세관장에게 청구할 수 있다.

### ④ 처리기한 ☑

세관장은 경정의 청구를 받은 날부터 2개월 이내에 세액을 경정하거나 경정하여야 할 이유가 없다는 뜻을 그 청구를 한 자에게 통지하여야 한다.

### ⑤ 처리기한 경과시 불복청구

경정을 청구한 자가 2개월 이내에 통지를 받지 못한 경우에는 그 2개월이 되는 날의 다음 날부터 이의신청, 심사청구, 심판청구 또는 「감사원법」에 따른 심사청구를 할 수 있다.

### ⑥ 경정 ☑

세관장은 납세의무자가 신고납부한 세액, 납세신고한 세액 또는 경정청구한 세액을 심사한 결과 과부족하다는 것을 알게 되었을 때에는 대통령령으로 정하는 바에 따라 그 세액을 경정하여야 한다.

## 제39조(부과고지)

### ① 대상물품

다음 각 호의 어느 하나에 해당하는 경우에는 제38조에도 불구하고 세관장이 관세를 부과·징수한다.

1. 과세물건 예외적 확정시기에 해당되어 관세를 징수하는 경우
2. 보세건설장에서 건설된 시설로서 수입신고가 수리되기 전에 가동된 경우 ☑
3. 보세구역에 반입된 물품이 수입신고가 수리되기 전에 반출된 경우 ☑

4. 납세의무자가 관세청장이 정하는 사유로 과세가격이나 관세율 등을 결정하기 곤란하여 부과고지를 요청하는 경우 **2**

5. 수입신고전 즉시반출신고를 하고 즉시 반출한 물품을 10일의 기간 내에 수입신고를 하지 아니하여 관세를 징수하는 경우 **1**

6. 그 밖에 납세신고가 부적당한 것으로서 기획재정부령으로 정하는 경우

---

**관련규정** | **규칙 제9조(부과고지 대상물품)**

법 제39조제1항제6호의 규정에 의하여 세관장이 관세를 부과고지하는 물품은 다음 각호와 같다.
1. 여행자 또는 승무원의 휴대품 및 별송품 **1**
2. 우편물(일반수입신고물품 제외) **1**
3. 법령의 규정에 의하여 세관장이 관세를 부과 · 징수하는 물품 **1**
4. 납세신고가 부적당하다고 인정하여 관세청장이 지정하는 물품

---

## 제40조(징수금액의 최저한)

세관장은 납세의무자가 납부하여야 하는 세액이 대통령령으로 정하는 금액 미만인 경우에는 이를 징수하지 아니한다.

---

**관련규정** | **영 제37조(징수금액의 최저한)**

① 세관장이 징수하지 아니하는 금액은 1만원으로 한다.
② 제1항에 따라 관세를 징수하지 아니하게 된 경우에는 당해 물품의 수입신고수리일을 그 납부일로 본다. **1**

---

## 제42조(가산세)

① 세관장은 납세의무자가 법정납부기한까지 미납부세액을 징수하거나 수정신고 또는 경정에 따라 부족세액을 징수할 때에는 다음 각 호의 금액을 합한 금액을 가산세로 징수한다. **2**

1. 부족세액의 100분의 10

2. 다음 각 목의 금액을 합한 금액

   가. 미납부세액 또는 부족세액 × 법정납부기한의 다음 날부터 납부일까지의 기간(납부고지일부터 납부고지서에 따른 납부기한까지의 기간은 제외한다) × 금융회사 등이 연체대출금에 대하여 적용하는 이자율 등을 고려하여 대통령령으로 정하는 이자율

   나. 법정납부기한까지 납부하여야 할 세액 중 납부고지서에 따른 납부기한까지 납부하지 아니한 세액 × 100분의 3(관세를 납부고지서에 따른 납부기한까지 완납하지 아니한 경우에 한정한다)

② 부정과소신고의 경우

납세자가 부정한 행위로 과소신고한 경우에는 세관장은 부족세액의 100분의 40에 상당하는 금액과 제1항 제2호의 금액을 합한 금액을 가산세로 징수한다.

③ 무신고의 경우

세관장은 수입신고를 하지 아니하고 수입된 물품에 대하여 관세를 부과·징수할 때에는 다음 각 호의 금액을 합한 금액을 가산세로 징수한다.

1. 해당 관세액의 100분의 20(제269조의 죄에 해당하여 처벌받거나 통고처분을 받은 경우에는 100분의 40)
2. 다음 각 목의 금액을 합한 금액
   가. 해당 관세액×수입된 날부터 납부일까지의 기간(납세고지일부터 납세고지서에 따른 납부기한까지의 기간은 제외한다)×금융회사 등이 연체대출금에 대하여 적용하는 이자율 등을 고려하여 대통령령으로 정하는 이자율
   나. 해당 관세액 중 납세고지서에 따른 납부기한까지 납부하지 아니한 세액×100분의 3(관세를 납세고지서에 따른 납부기한까지 완납하지 아니한 경우에 한정한다)

**심화 📊 가산세의 감면**

① 가산세 전부면제
   1. 수입신고가 수리되기 전에 관세를 납부한 결과 부족세액이 발생한 경우로서 수입신고가 수리되기 전에 납세의무자가 해당 세액에 대하여 수정신고를 하거나 세관장이 경정하는 경우 ❶
   2. 잠정가격신고를 기초로 납세신고를 하고 이에 해당하는 세액을 납부한 경우(납세의무자가 제출한 자료가 사실과 다름이 판명되어 추징의 사유가 발생한 경우는 제외한다) ❶
   3. 국가 또는 지방자치단체가 직접 수입하는 물품 등 대통령령으로 정하는 물품의 경우 ❶
   4. 신고납부한 세액의 부족 등에 대하여 납세의무자에게 대통령령으로 정하는 정당한 사유가 있는 경우
② 신고불성실가산세 전부면제
   1. 특수관계가 있는 자들 간에 거래되는 물품의 과세가격 결정방법에 관한 사전심사의 결과를 통보받은 경우 그 통보일부터 2개월 이내에 통보된 과세가격의 결정방법에 따라 해당 사전심사의 결과를 통보받은 날 전에 신고납부한 세액을 수정신고하는 경우
   2. 수리 전 세액심사규정에 따라 기획재정부령으로 정하는 물품 중 감면대상 및 감면율을 잘못 적용하여 부족세액이 발생한 경우
③ 신고불성실가산세 일부면제
   수정신고(보정기간이 지난 날부터 1년 6개월이 지나기 전에 한 수정신고로 한정한다)를 한 경우에는 다음 각 목의 구분에 따른 금액. 다만, 해당 관세에 대하여 과세표준과 세액을 경정할 것을 미리 알고 수정신고를 한 경우로서 기획재정부령으로 정하는 경우는 제외한다.

가. 보정기간이 지난 날부터 6개월 이내에 수정신고한 경우 : 제42조 제1항 제1호의 금액의 100분의 20

나. 보정기간이 지난 날부터 6개월 초과 1년 6개월 이내에 수정신고한 경우 : 제42조 제1항 제1호의 금액의 100분의 10

④ 납부지연가산세 일부면제

관세심사위원회가 기간 내에 과세전적부심사의 결정·통지를 하지 아니한 경우 : 결정·통지가 지연된 기간에 대하여 부과되는 가산세(제42조 제1항 제2호 가목에 따른 계산식에 결정·통지가 지연된 기간을 적용하여 계산한 금액에 해당하는 가산세를 말한다) 금액의 100분의 50 **1**

---

**해설  관세법상 가산세의 종류**

① 신고 불성실·납부지연 가산세
② 재수출 불이행 가산세
③ 수입·반송 신고 지연 가산세
④ 휴대품·이사물품 미신고 가산세
⑤ 즉시반출 후 수입신고 지연 가산세

---

**심화  재수출면세(제97조) 가산세**

① 수입신고 수리일부터 다음 각 호의 어느 하나의 기간에 다시 수출하는 물품에 대하여는 그 관세를 면제할 수 있다.

1. 기획재정부령으로 정하는 물품 : 1년의 범위에서 대통령령으로 정하는 기준에 따라 세관장이 정하는 기간. 다만, 세관장은 부득이한 사유가 있다고 인정될 때에는 1년의 범위에서 그 기간을 연장할 수 있다.

2. 1년을 초과하여 수출하여야 할 부득이한 사유가 있는 물품으로서 기획재정부령으로 정하는 물품 : 세관장이 정하는 기간

④ 세관장은 관세를 면제받은 물품 중 기획재정부령으로 정하는 물품이 같은 항에 규정된 기간 내에 수출되지 아니한 경우에는 500만원을 넘지 아니하는 범위에서 해당 물품에 부과될 관세의 100분의 20에 상당하는 금액을 가산세로 징수한다. **2**

---

### 제43조(관세의 현장 수납)

① 다음 각 호의 어느 하나에 해당하는 물품에 대한 관세는 그 물품을 검사한 공무원이 검사 장소에서 수납할 수 있다.

1. 여행자의 휴대품 **1**
2. 조난 선박에 적재된 물품으로서 보세구역이 아닌 장소에 장치된 물품

---

제2관  **강제징수 등**

| 제3관 | 관세환급금의 환급 등 |

> **해설**
>
> 관세 등의 환급이란 납세의무자가 납부한 관세 등을 일정한 사유로 인해 과세관청으로부터 다시 돌려받는 것을 말한다.

## 제46조(관세환급금의 환급)

① **관세환급금의 환급**

세관장은 납세의무자가 관세·가산세 또는 강제징수비의 과오납금 또는 이 법에 따라 환급하여야 할 환급세액의 환급을 청구할 때에는 지체 없이 이를 관세환급금으로 결정하고 30일 이내에 환급하여야 하며, 세관장이 확인한 관세환급금은 납세의무자가 환급을 청구하지 아니하더라도 환급하여야 한다. ②

② **충당**

세관장은 관세환급금을 환급하는 경우에 환급받을 자가 세관에 납부하여야 하는 관세와 그 밖의 세금, 가산세 또는 강제징수비가 있을 때에는 환급하여야 하는 금액에서 이를 충당할 수 있다.

③ **양도**

납세의무자의 관세환급금에 관한 권리는 대통령령으로 정하는 바에 따라 제3자에게 양도할 수 있다.

④ **국가재정법의 예외**

관세환급금의 환급은 「국가재정법」에도 불구하고 대통령령으로 정하는 바에 따라 한국은행의 해당 세관장의 소관 세입금에서 지급한다. ①

## 제47조(과다환급관세의 징수)

① 세관장은 관세환급금의 환급에 있어서 그 환급액이 과다한 것을 알게 되었을 때에는 해당 관세환급금을 지급받은 자로부터 과다지급된 금액을 징수하여야 한다.

② 세관장은 제1항에 따라 관세환급금의 과다환급액을 징수할 때에는 과다환급을 한 날의 다음 날부터 징수결정을 하는 날까지의 기간에 대하여 대통령령으로 정하는 이율에 따라 계산한 금액을 과다환급액에 더하여야 한다.

## 제48조(관세환급가산금)

세관장은 관세환급금을 환급하거나 충당할 때에는 대통령령으로 정하는 관세환급가산금 기산일부터 환급결정 또는 충당결정을 하는 날까지의 기간과 대통령령으로 정하는 이율에 따라 계산한 금액을 관세환급금에 더하여야 한다. 다만, 국가 또는 지방자치단체가 직접 수입하는 물품 등에 대하여는 그러하지 아니하다. ②

# CHAPTER [03] 세율 및 품목 분류

## 01 통칙

### 제49조(세율의 종류)
수입물품에 부과되는 관세의 세율은 다음 각 호와 같다.
1. 기본세율
2. 잠정세율
3. 제51조부터 제67조까지, 제67조의2 및 제68조부터 제77조까지의 규정에 따라 대통령령 또는 기획재정부령으로 정하는 세율(탄력관세, 양허관세)

### 제50조(세율 적용의 우선순위)
관세율은 다음 각 호의 순서에 따라 적용한다. ❸
1. 1순위 : 덤핑방지관세, 상계관세, 보복관세, 긴급관세, 특정국물품긴급관세. 농림축산물에 대한 특별긴급관세, 조정관세(법 제69조 제2호)
2. 2순위 : 국제협력관세, 편익관세
3. 3순위 : 조정관세(법 제69조 제1호 · 제3호 · 제4호), 할당관세, 계절관세
4. 4순위 : 일반특혜관세
5. 5순위 : 잠정세율
6. 6순위 : 기본세율

---

**관련규정** 적용 시 고려사항

1. 국제협력관세 및 편익관세의 세율(2순위)은 3순위 내지 6순위의 세율보다 낮은 경우에 한하여 우선적용
2. 3순위의 할당관세는 4순위의 일반특혜관세의 세율보다 낮은 경우만 우선적용 ❶
3. 다만, 국제기구와의 관세에 관한 협상에서 국내외의 가격차에 상당하는 율로 양허하거나 국내시장 개방과 함께 기본세율보다 높은 세율로 양허한 농림축산물 중 대통령령으로 정하는 물품에 대하여 양허한 세율(시장접근물량에 대한 양허세율을 포함한다)은 기본세율 및 잠정세율에 우선적용 ❶
4. 기본세율과 잠정세율은 별표 관세율표에 따르되, 잠정세율을 기본세율에 우선적용

---

예시 세율적용의 우선순위

조정관세 6%, 일반특혜관세 4%, FTA 협정관세 7%, 기본관세 5%

정답 조정관세가 가장 우선한다.

 **해설**

조정관세 1순위 또는 3순위이고, 일반특혜관세는 4순위, 기본세율은 마지막 순위이다. FTA협정관세는 2순위이나 후순위보다 낮은 경우에만 적용하므로 조정관세가 적용된다.

---

## 02 세율의 조정

 **해설**

탄력관세는 법률에서 정한 범위 안에서 관세율의 변경권을 행정부에 위임한 관세이다. 탄력관세의 부과주체는 크게 대통령과 기획재정부장관으로 구분된다.

### 제51조(덤핑방지관세의 부과대상)

국내산업과 이해관계가 있는 자로서 대통령령으로 정하는 자 또는 주무부장관이 부과요청을 한 경우로서 외국의 물품이 정하는 정상가격 이하로 수입("덤핑")되어 다음 각 호의 어느 하나에 해당하는 것("실질적 피해등")으로 조사를 통하여 확인되고 해당 국내산업을 보호할 필요가 있다고 인정되는 경우에는 그 물품과 공급자 또는 공급국을 지정하여 해당 물품에 대하여 정상가격과 덤핑가격 간의 차액("덤핑차액")에 상당하는 금액 이하의 관세("덤핑방지관세")를 추가하여 부과할 수 있다. **❶**

1. 국내산업이 실질적인 피해를 받거나 받을 우려가 있는 경우
2. 국내산업의 발전이 실질적으로 지연된 경우

**해설**

덤핑방지관세는 불공정무역 행위로 인한 선의의 경쟁자의 피해를 방지하고 자유무역을 훼손하는 결과를 방지하기 위한 목적이 있다.

## 제57조(상계관세의 부과대상)

국내산업과 이해관계가 있는 자로서 대통령령으로 정하는 자 또는 주무부장관이 부과요청을 한 경우로서, 외국에서 제조·생산 또는 수출에 관하여 직접 또는 간접으로 보조금이나 장려금("보조금등")을 받은 물품의 수입으로 인하여 다음 각 호의 어느 하나에 해당하는 것("실질적 피해등")으로 조사를 통하여 확인되고 해당 국내산업을 보호할 필요가 있다고 인정되는 경우에는 기획재정부령으로 그 물품과 수출자 또는 수출국을 지정하여 그 물품에 대하여 해당 보조금등의 금액 이하의 관세("상계관세")를 추가하여 부과할 수 있다. **1**

1. 국내산업이 실질적인 피해를 받거나 받을 우려가 있는 경우
2. 국내산업의 발전이 실질적으로 지연된 경우

## 제63조(보복관세의 부과대상)

① 교역상대국이 우리나라의 수출물품 등에 대하여 다음 각 호의 어느 하나에 해당하는 행위를 하여 우리나라의 무역이익이 침해되는 경우에는 그 나라로부터 수입되는 물품에 대하여 피해상당액의 범위에서 관세("보복관세")를 부과할 수 있다. **2**

1. 관세 또는 무역에 관한 국제협정이나 양자 간의 협정 등에 규정된 우리나라의 권익을 부인하거나 제한하는 경우 **1**
2. 그 밖에 우리나라에 대하여 부당하거나 차별적인 조치를 하는 경우

## 제65조(긴급관세의 부과대상 등)

① 부과대상 **3**

특정물품의 수입증가로 인하여 동종물품 또는 직접적인 경쟁관계에 있는 물품을 생산하는 국내산업("국내산업")이 심각한 피해를 받거나 받을 우려("심각한 피해등")가 있음이 조사를 통하여 확인되고 해당 국내산업을 보호할 필요가 있다고 인정되는 경우에는 해당 물품에 대하여 심각한 피해등을 방지하거나 치유하고 조정을 촉진("피해의 구제등")하기 위하여 필요한 범위에서 관세("긴급관세")를 추가하여 부과할 수 있다.

⑤ 부과기간

긴급관세의 부과기간은 4년을 초과할 수 없으며, 잠정긴급관세는 200일을 초과하여 부과할 수 없다. 다만, 재심사의 결과에 따라 부과기간을 연장하는 경우에는 잠정긴급관세의 부과기간, 긴급관세의 부과기간, 「대외무역법」에 따른 수입수량제한 등의 적용기간 및 그 연장기간을 포함한 총 적용기간은 8년을 초과할 수 없다. **1**

## 제68조(농림축산물에 대한 특별긴급관세)

① 국내외 가격차에 상당한 율로 양허한 농림축산물의 수입물량이 급증하거나 수입가격이 하락하는 경우에는 양허한 세율을 초과하여 관세("특별긴급관세")를 부과할 수 있다.

## 제69조(조정관세의 부과대상)

다음 각 호의 어느 하나에 해당하는 경우에는 100분의 100에서 해당 물품의 기본세율을 뺀 율을 기본세율에 더한 율의 범위에서 관세를 부과할 수 있다. 다만, 농림축수산물 또는 이를 원재료로 하여 제조된 물품의 국내외 가격차가 해당 물품의 과세가격을 초과하는 경우에는 국내외 가격차에 상당하는 율의 범위에서 관세를 부과할 수 있다.

1. 산업구조의 변동 등으로 물품 간의 세율 불균형이 심하여 이를 시정할 필요가 있는 경우 **1**
2. 공중도덕 보호, 인간·동물·식물의 생명 및 건강 보호, 환경보전, 한정된 천연자원 보존 및 국제평화와 안전보장 등을 위하여 필요한 경우 **1**
3. 국내에서 개발된 물품을 일정 기간 보호할 필요가 있는 경우 **2**
4. 농림축수산물 등 국제경쟁력이 취약한 물품의 수입증가로 인하여 국내시장이 교란되거나 산업기반이 붕괴될 우려가 있어 이를 시정하거나 방지할 필요가 있는 경우 **1**

## 제71조(할당관세)

① 세율인하

다음 각 호의 어느 하나에 해당하는 경우에는 100분의 40의 범위의 율을 기본세율에서 빼고 관세를 부과할 수 있다. 이 경우 필요하다고 인정될 때에는 그 수량을 제한할 수 있다.

1. 원활한 물자수급 또는 산업의 경쟁력 강화를 위하여 특정물품의 수입을 촉진할 필요가 있는 경우 **2**
2. 수입가격이 급등한 물품 또는 이를 원재료로 한 제품의 국내가격을 안정시키기 위하여 필요한 경우 **1**
3. 유사물품 간의 세율이 현저히 불균형하여 이를 시정할 필요가 있는 경우 **1**

② 세율인상

특정물품의 수입을 억제할 필요가 있는 경우에는 일정한 수량을 초과하여 수입되는 분에 대하여 100분의 40의 범위의 율을 기본세율에 더하여 관세를 부과할 수 있다. 다만, 농림축수산물인 경우에는 기본세율에 동종물품·유사물품 또는 대체물품의 국내외 가격차에 상당하는 율을 더한 율의 범위에서 관세를 부과할 수 있다.

## 제72조(계절관세)

① 계절에 따라 가격의 차이가 심한 물품으로서 동종물품·유사물품 또는 대체물품의 수입으로 인하여 국내시장이 교란되거나 생산 기반이 붕괴될 우려가 있을 때에는 계절에 따라 해당 물품의 국내외 가격차에 상당하는 율의 범위에서 기본세율보다 높게 관세를 부과하거나 100분의 40의 범위의 율을 기본세율에서 빼고 관세를 부과할 수 있다.

### 제73조(국제협력관세)

① 관세협상

정부는 우리나라의 대외무역 증진을 위하여 필요하다고 인정될 때에는 특정 국가 또는 국제기구와 관세에 관한 협상을 할 수 있다.

② 관세양허

협상을 수행할 때 필요하다고 인정되면 관세를 양허할 수 있다. 다만, 특정 국가와 협상할 때에는 기본 관세율의 100분의 50의 범위를 초과하여 관세를 양허할 수 없다.

### 제74조(편익관세의 적용기준 등)

① 관세에 관한 조약에 따른 편익을 받지 아니하는 나라의 생산물로서 우리나라에 수입되는 물품에 대하여 이미 체결된 외국과의 조약에 따른 편익의 한도에서 편익관세를 부여할 수 있다.

### 제76조(일반특혜관세의 적용기준)

① 대통령령으로 정하는 개발도상국가("특혜대상국")를 원산지로 하는 물품 중 특혜대상물품에 대하여는 기본세율보다 낮은 세율의 관세("일반특혜관세")를 부과할 수 있다.

## 03 세율의 적용 등

### 제81조(간이세율의 적용)

① 간이세율 적용대상

다음 각 호의 어느 하나에 해당하는 물품 중 대통령령으로 정하는 물품에 대하여는 다른 법령에도 불구하고 간이세율을 적용할 수 있다.

1. 여행자 또는 외국을 오가는 운송수단의 승무원이 휴대하여 수입하는 물품 **2**
2. 우편물. 다만, 제258조제2항에 따라 제241조제1항에 따른 수입신고를 하여야 하는 우편물은 제외한다. **1**
4. 탁송품 또는 별송품 **3**

---

**관련규정** 영 제96조(간이세율의 적용)

② 간이세율 적용제외

다음 각호의 물품에 대하여는 간이세율을 적용하지 아니한다.

1. 관세율이 무세인 물품과 관세가 감면되는 물품 **1**
2. 수출용원재료 **1**

---

3. 범칙행위에 관련된 물품
4. 종량세가 적용되는 물품 ❸
5. 다음 각목의 1에 해당하는 물품으로서 관세청장이 정하는 물품
가. 상업용으로 인정되는 수량의 물품 ❶
나. 고가품
다. 당해 물품의 수입이 국내산업을 저해할 우려가 있는 물품
라. 단일한 간이세율의 적용이 과세형평을 현저히 저해할 우려가 있는 물품
6. 화주가 수입신고를 할 때에 과세대상물품의 전부에 대하여 간이세율의 적용을 받지 아니할 것을 요청한 경우의 당해 물품

## 제82조(합의에 따른 세율 적용)

### ① 합의에 따른 세율 적용 ❶

일괄하여 수입신고가 된 물품으로서 물품별 세율이 다른 물품에 대하여는 신고인의 신청에 따라 그 세율 중 가장 높은 세율을 적용할 수 있다.

### ② 효과

제1항을 적용할 때에는 불복규정(관세법 제5장 제2절)은 적용하지 아니한다.

## 제83조(용도세율의 적용)

### ① 적용대상 ❶

용도에 따라 세율을 다르게 정하는 물품을 세율이 낮은 용도에 사용하여 해당 물품에 그 낮은 세율("용도세율")의 적용을 받으려는 자는 대통령령으로 정하는 바에 따라 세관장에게 신청하여야 한다. 다만, 물품의 성질과 형태가 그 용도 외의 다른 용도에 사용할 수 없는 경우에는 그러하지 아니하다.

### ② 사후관리

용도세율이 적용된 물품은 그 수입신고의 수리일부터 3년의 범위에서 대통령령으로 정하는 기준에 따라 관세청장이 정하는 기간에는 해당 용도 외의 다른 용도에 사용하거나 양도할 수 없다. 다만, 다음 각 호의 어느 하나에 해당하는 경우에는 그러하지 아니하다.
1. 대통령령으로 정하는 바에 따라 미리 세관장의 승인을 받은 경우
2. 물품의 성질과 형태가 그 용도 외의 다른 용도에 사용할 수 없는 경우

### 제86조(특정물품에 적용될 품목분류의 사전심사)

① 신청

물품을 수출입하려는 자, 수출할 물품의 제조자 및 관세사등은 수출입신고를 하기 전에 서류를 갖추어 관세청장에게 해당 물품에 적용될 별표 관세율표상의 품목분류를 미리 심사하여 줄 것을 신청할 수 있다.

> **해설** 품목분류 사전심사의 대상은 별도로 제한하지 않는다. **1**

② 통지 **1**

사전심사의 신청을 받은 관세청장은 해당 물품에 적용될 품목분류를 심사하여 대통령령으로 정하는 기간(30일) 이내에 이를 신청인에게 통지하여야 한다. 다만, 제출자료의 미비 등으로 품목분류를 심사하기 곤란한 경우에는 그 뜻을 통지하여야 한다.

심사기간에 보정기간은 포함하지 않는다. **1**

③ 재심사 **2**

통지를 받은 자는 통지받은 날부터 30일 이내에 서류를 갖추어 관세청장에게 재심사를 신청할 수 있다. 이 경우 관세청장은 해당 물품에 적용될 품목분류를 재심사하여 60일 이내에 이를 신청인에게 통지하여야 한다.

⑤ 효력

세관장은 수출입신고가 된 물품이 통지한 물품과 같을 때에는 그 통지 내용에 따라 품목분류를 적용하여야 한다. 이 경우 재심사 결과 적용할 품목분류가 변경되었을 때에는 신청인이 변경 내용을 통지받은 날과 고시 또는 공표일 중 빠른 날("변경일")부터 변경된 품목분류를 적용하되, 다음 각 호의 기준에 따라 달리 적용할 수 있다.

1. 변경일부터 30일이 지나기 전에 우리나라에 수출하기 위하여 선적된 물품에 대하여 변경 전의 품목분류를 적용하는 것이 수입신고인에게 유리한 경우 : 변경 전의 품목분류 적용 **1**
2. 다음 각 목의 어느 하나에 해당하는 경우 : 변경일 전에 수출입신고가 수리된 물품에 대해서도 소급하여 변경된 품목분류 적용
   가. 거짓자료 제출 등 신청인에게 책임 있는 사유로 품목분류가 변경된 경우

나. 다음의 어느 하나에 해당하는 경우로서 수출입신고인에게 유리한 경우

　　1) 신청인에게 자료제출 미비 등의 책임 있는 사유가 없는 경우

　　2) 신청인이 아닌 자가 관세청장이 결정하여 고시하거나 공표한 품목분류에 따라 수출입신고를 한 경우

⑦ 유효기간 **2**

통지받은 사전심사 결과 또는 통지받은 재심사 결과는 품목분류가 변경되기 전까지 유효하다.

## 01 감면

## 02 환급 및 분할납부 등

### 제106조(계약 내용과 다른 물품 등에 대한 관세 환급)

① 관세환급요건

수입신고가 수리된 물품이 계약 내용과 다르고 수입신고 당시의 성질이나 형태가 변경되지 아니한 경우로서 다음 각 호의 어느 하나에 해당하면 그 관세를 환급한다. **2**

1. 외국으로부터 수입된 물품 : 보세구역(보세구역 외 장치허가 규정에 따라 세관장의 허가를 받았을 때에는 그 허가받은 장소를 포함한다.) 또는 자유무역지역 중 관세청장이 수출물품을 일정기간 보관하기 위하여 필요하다고 인정하여 고시하는 장소에 해당 물품을 반입(수입신고 수리일부터 1년 이내에 반입한 경우로 한정한다)하였다가 다시 수출한 경우 **3**

2. 보세공장에서 생산된 물품 : 수입신고 수리일부터 1년 이내에 보세공장에 해당 물품을 다시 반입한 경우 **2**

② 일부수출

세관장이 환급세액을 산출하는 데에 지장이 없다고 인정하여 승인한 경우에는 그 수입물품의 일부를 수출하였을 때에도 그 관세를 환급할 수 있다.

③ 폐기환급 **2**

수입물품의 수출을 갈음하여 이를 폐기하는 것이 부득이하다고 인정하여 그 물품을 수입신고 수리일부터 1년 내에 보세구역에 반입하여 미리 세관장의 승인을 받아 폐기하였을 때에는 그 관세를 환급한다.

④ 지정보세구역 장치 중 환급 **3**

수입신고가 수리된 물품이 수입신고 수리 후에도 지정보세구역에 계속 장치되어 있는 중에 재해로 멸실되거나 변질 또는 손상되어 그 가치가 떨어졌을 때에는 그 관세의 전부 또는 일부를 환급할 수 있다.

## 제106조의2(수입한 상태 그대로 수출되는 자가사용물품 등에 대한 관세 환급)

① 관세환급요건

    수입신고가 수리된 개인의 자가사용물품이 수입한 상태 그대로 수출되는 경우로서 다음 각 호의 어느 하나에 해당하는 경우에는 수입할 때 납부한 관세를 환급한다. 이 경우 수입한 상태 그대로 수출되는 경우의 기준은 대통령령으로 정한다. **2**

    1. 수입신고 수리일부터 6개월 이내에 보세구역 또는 자유무역지역 중 관세청장이 수출물품을 일정기간 보관하기 위하여 필요하다고 인정하여 고시하는 장소에 반입하였다가 다시 수출하는 경우 **4**

    2. 수입신고 수리일부터 6개월 이내에 관세청장이 정하는 바에 따라 세관장의 확인을 받고 다시 수출하는 경우 **1**

    3. 수출신고가 생략되는 탁송품 또는 우편물로서 기획재정부령으로 정하는 금액 이하인 물품을 수입신고 수리일부터 6개월 이내에 수출한 후 관세청장이 정하는 바에 따라 세관장의 확인을 받은 경우

② 자진신고물품 관세환급

    여행자가 자진신고한 물품이 다음 각 호의 어느 하나에 해당하게 된 경우에는 자진신고할 때 납부한 관세를 환급한다.

    1. 국제무역선 또는 국제무역기 안에서 구입한 물품이 환불된 경우

    2. 보세판매장에서 구입한 물품이 환불된 경우

---

**심화** | **법 제107조(관세의 분할납부)**

  ① 천재지변 분할납부

    세관장은 천재지변이나 그 밖에 대통령령으로 정하는 사유로 이 법에 따른 신고, 신청, 청구, 그 밖의 서류의 제출, 통지, 납부 또는 징수를 정하여진 기한까지 할 수 없다고 인정될 때에는 1년을 넘지 아니하는 기간을 정하여 관세를 분할하여 납부하게 할 수 있다. **2**

  ② 정책적 분할납부

    다음 각 호의 어느 하나에 해당하는 물품이 수입될 때에는 세관장은 기획재정부령으로 정하는 바에 따라 5년을 넘지 아니하는 기간을 정하여 관세의 분할납부를 승인할 수 있다.

      1. 시설기계류, 기초설비품, 건설용 재료 및 그 구조물과 공사용 장비로서 기획재정부장관이 고시하는 물품. 다만, 기획재정부령으로 정하는 업종에 소요되는 물품은 제외한다.

      2. 정부나 지방자치단체가 수입하는 물품으로서 기획재정부령으로 정하는 물품

      3. 학교나 직업훈련원에서 수입하는 물품과 비영리법인이 공익사업을 위하여 수입하는 물품으로서 기획재정부령으로 정하는 물품

      4. 의료기관 등 기획재정부령으로 정하는 사회복지기관 및 사회복지시설에서 수입하는 물품으로서 기획재정부장관이 고시하는 물품

      5. 기획재정부령으로 정하는 기업부설연구소, 산업기술연구조합 및 비영리법인인 연구기관, 그 밖에 이와 유사한 연구기관에서 수입하는 기술개발연구용품 및 실험실습용품으로서 기획재정부장관이 고시하는 물품

6. 기획재정부령으로 정하는 중소제조업체가 직접 사용하려고 수입하는 물품. 다만, 기획재정부령으로 정하는 기준에 적합한 물품이어야 한다.
7. 기획재정부령으로 정하는 기업부설 직업훈련원에서 직업훈련에 직접 사용하려고 수입하는 교육용품 및 실험실습용품 중 국내에서 제작하기가 곤란한 물품으로서 기획재정부장관이 고시하는 물품
⑨ 분할납부 취소
다음 각 호의 어느 하나에 해당하는 경우에는 납부하지 아니한 관세의 전액을 즉시 징수한다.
1. 관세의 분할납부를 승인받은 물품을 제2항에서 정한 기간에 해당 용도 외의 다른 용도로 사용하거나 해당 용도 외의 다른 용도로 사용하려는 자에게 양도한 경우
2. 관세를 지정된 기한까지 납부하지 아니한 경우. 다만, 관세청장이 부득이한 사유가 있다고 인정하는 경우는 제외한다.
3. 파산선고를 받은 경우
4. 법인이 해산한 경우

**관련규정** | **영 제127조(관세의 분할납부고지)**

① 관세의 분할납부를 승인한 때에는 납부기한 별로 납부고지를 해야 한다. **1**
② 세관장은 법 제107조제9항에 따라 관세를 징수하는 때에는 15일 이내의 납부기한을 정하여 납부고지를 해야 한다. **1**

## 제7장 보세구역

## 01 통칙

### 제154조(보세구역의 종류) **4**
보세구역은 지정보세구역·특허보세구역 및 종합보세구역으로 구분하고, 지정보세구역은 지정장치장 및 세관검사장으로 구분하며, 특허보세구역은 보세창고·보세공장·보세전시장·보세건설장 및 보세판매장으로 구분한다.

 **해설**
보세구역은 외국물품을 수입신고 수리전 상태에서 장치·전시·제조·가공·건설·판매 등을 할 수 있는 장소이다. **1**

**해설** 지정보세구역은 소극적 보세구역이고 특허보세구역이나 종합보세구역은 적극적 보세구역이다. **1**

## 제155조(물품의 장치)

① 보세구역 집중장치의무

외국물품과 내국운송의 신고를 하려는 내국물품은 보세구역이 아닌 장소에 장치할 수 없다. 다만, 다음 각 호의 어느 하나에 해당하는 물품은 그러하지 아니하다.

1. 수출신고가 수리된 물품 **2**
2. 크기 또는 무게의 과다나 그 밖의 사유로 보세구역에 장치하기 곤란하거나 부적당한 물품
3. 재해나 그 밖의 부득이한 사유로 임시로 장치한 물품
4. 검역물품 **1**
5. 압수물품 **1**
6. 우편물품

## 제156조(보세구역 외 장치의 허가)

① 제155조제1항제2호에 해당하는 물품을 보세구역이 아닌 장소에 장치하려는 자는 세관장의 허가를 받아야 한다. **3**

## 제157조(물품의 반입·반출)

① 반출입신고 **4**

보세구역에 물품을 반입하거나 반출하려는 자는 세관장에게 신고하여야 한다.

② 참여 및 검사 **1**

보세구역에 물품을 반입하거나 반출하려는 경우에는 세관장은 세관공무원을 참여시킬 수 있으며, 세관공무원은 해당 물품을 검사할 수 있다.

## 제157조의2(수입신고수리물품의 반출)

관세청장이 정하는 보세구역에 반입되어 수입신고가 수리된 물품의 화주 또는 반입자는 장치기간에도 불구하고 그 수입신고 수리일부터 15일 이내에 해당 물품을 보세구역으로부터 반출하여야 한다. 다만, 외국물품을 장치하는 데에 방해가 되지 아니하는 것으로 인정되어 세관장으로부터 해당 반출기간의 연장승인을 받았을 때에는 그러하지 아니하다.

## 제158조(보수작업)

① 보수작업 **3**

보세구역에 장치된 물품은 그 현상을 유지하기 위하여 필요한 보수작업과 그 성질을 변하지 아니하게 하는 범위에서 포장을 바꾸거나 구분·분할·합병을 하거나 그 밖의 비슷한 보수작업을 할 수 있다. 이 경우 보세구역에서의 보수작업이 곤란하다고 세관장이 인정할 때에는 기간과 장소를 지정받아 보세구역 밖에서 보수작업을 할 수 있다.

② 승인 **4**

보수작업을 하려는 자는 세관장의 승인을 받아야 한다.

③ 승인여부통지

세관장은 승인의 신청을 받은 날부터 10일 이내에 승인 여부를 신청인에게 통지하여야 한다.

⑤ 외국물품 의제 **6**

보수작업으로 외국물품에 부가된 내국물품은 외국물품으로 본다.

⑥ 외국물품 사용금지 **2**

외국물품은 수입될 물품의 보수작업의 재료로 사용할 수 없다.

---

**관련규정** | **보수작업의 한계 (보세화물관리에 관한 고시 제22조)**

① 보수작업의 허용범위는 다음 각 호만 해당되며 별표 관세율표(HSK 10단위)의 변화를 가져오는 것은 보수작업으로 인정할 수 없다. 다만, 수출이나 반송 과정에서 부패·변질의 우려가 있는 경우 등 세관장이 타당하다고 인정하는 경우에는 그러하지 아니하다. **4**
   1. 물품의 보존을 위해 필요한 작업(부패, 손상 등을 방지하기 위한 보존 작업 등) **2**
   2. 물품의 상품성 향상을 위한 개수작업(포장개선, 라벨표시, 단순절단 등) **2**
   3. 선적을 위한 준비작업(선별, 분류, 용기변경 등) **1**
   4. 단순한 조립작업(간단한 세팅, 완제품의 특성을 가진 구성요소의 조립 등)
   5. 상기와 유사한 작업

---

## 제159조(해체·절단 등의 작업)

① 보세구역에 장치된 물품에 대하여는 그 원형을 변경하거나 해체·절단 등의 작업을 할 수 있다.

② 작업을 하려는 자는 세관장의 허가를 받아야 한다. **3**

## 제160조(장치물품의 폐기)

① 폐기승인 **3**

부패·손상되거나 그 밖의 사유로 보세구역에 장치된 물품을 폐기하려는 자는 세관장의 승인을 받아야 한다.

② 즉시징수 **2**

보세구역에 장치된 외국물품이 멸실되거나 폐기되었을 때에는 그 운영인이나 보관인으로부터 즉시 그 관세를 징수한다. 다만, 재해나 그 밖의 부득이한 사유로 멸실된 때와 미리 세관장의 승인을 받아 폐기한 때에는 예외로 한다.

③ 잔존물 과세 **3**

폐기승인을 받은 외국물품 중 폐기 후에 남아 있는 부분에 대하여는 폐기 후의 성질과 수량에 따라 관세를 부과한다.

④ 폐기명령

세관장은 보세구역에 장치된 물품 중 다음 각 호의 어느 하나에 해당하는 것은 화주 등에게 이를 반송 또는 폐기할 것을 명하거나 화주등에게 통고한 후 폐기할 수 있다. 다만, 급박하여 통고할 여유가 없는 경우에는 폐기한 후 즉시 통고하여야 한다. **1**

1. 사람의 생명이나 재산에 해를 끼칠 우려가 있는 물품
2. 부패하거나 변질된 물품 **1**
3. 유효기간이 지난 물품
4. 상품가치가 없어진 물품 **1**
5. 상기에 준하는 물품으로서 관세청장이 정하는 물품

## 제161조(견본품 반출)

① 견본품 반출허가 **4**

보세구역에 장치된 외국물품의 전부 또는 일부를 견본품으로 반출하려는 자는 세관장의 허가를 받아야 한다.

② 통지

세관장은 허가의 신청을 받은 날부터 10일 이내에 허가 여부를 신청인에게 통지하여야 한다.

④ 견본품 채취 **1**

세관공무원은 보세구역에 반입된 물품에 대하여 검사상 필요하면 그 물품의 일부를 견본품으로 채취할 수 있다.

⑤ 의제

다음 각 호의 어느 하나에 해당하는 물품이 사용·소비된 경우에는 수입신고를 하여 관세를 납부하고 수리된 것으로 본다.

1. 제4항에 따라 채취된 물품
2. 다른 법률에 따라 실시하는 검사·검역 등을 위하여 견본품으로 채취된 물품으로서 세관장의 확인을 받은 물품

## 제164조(보세구역의 자율관리)

### ① 자율관리 보세구역 **1**

보세구역 중 물품의 관리 및 세관감시에 지장이 없다고 인정하여 세관장이 지정하는 보세구역("자율관리보세구역")에 장치한 물품은 세관공무원의 참여와 이 법에 따른 절차 중 관세청장이 정하는 절차를 생략한다.

> 세관장의 직접적인 규제를 완화하고 관세행정의 능률적인 수행과 질서유지를 도모할 수 있는 보세구역을 자율관리보세구역이라 한다.

### ② 지정신청 **3**

보세구역의 화물관리인이나 운영인은 자율관리보세구역의 지정을 받으려면 세관장에게 지정을 신청하여야 한다.

### ③ 보세사 채용 **3**

자율관리보세구역의 지정을 신청하려는 자는 해당 보세구역에 장치된 물품을 관리하는 사람("보세사")을 채용하여야 한다.

## 제165조(보세사의 자격 등)

### ① 보세사 자격 **1**

운영인의 결격사유에 해당하지 아니하는 사람으로서 보세사 시험에 합격한 사람은 보세사의 자격이 있다.

---

**관련규정** **영 제185조(보세사의 직무 등)**

① 보세사의 직무는 다음 각 호와 같다.
1. 보세화물 및 내국물품의 반입 또는 반출에 대한 참관 및 확인 **1**
2. 보세구역안에 장치된 물품의 관리 및 취급에 대한 참관 및 확인
3. 보세구역출입문의 개폐 및 열쇠관리의 감독
4. 보세구역의 출입자관리에 대한 감독
5. 견본품의 반출 및 회수 **1**
6. 기타 보세화물의 관리를 위하여 필요한 업무로서 관세청장이 정하는 업무

---

### ③ 보세사 등록 **1**

자격을 갖춘 사람이 보세사로 근무하려면 해당 보세구역을 관할하는 세관장에게 등록하여야 한다.

④ 재등록제한 **1**

등록이 취소된 후 2년이 지나지 아니한 사람은 제3항에 따른 등록을 할 수 없다.

⑤ 보세사 등록취소

세관장은 등록을 한 사람이 다음 각 호의 어느 하나에 해당하는 경우에는 등록의 취소, 6개월 이내의 업무정지, 견책 또는 그 밖에 필요한 조치를 할 수 있다. 다만, 제1호 및 제2호에 해당하면 등록을 취소하여야 한다.

1. 운영인의 결격사유의 어느 하나에 해당하게 된 경우 **1**
2. 사망한 경우 **1**
3. 이 법이나 이 법에 따른 명령을 위반한 경우 **1**

## 01 지정보세구역

제1관 통칙

### 제166조(지정보세구역의 지정)

① 지정대상

세관장은 다음 각 호의 어느 하나에 해당하는 자가 소유하거나 관리하는 토지 · 건물 또는 그 밖의 시설("토지등")을 지정보세구역으로 지정할 수 있다.

1. 국가
2. 지방자치단체
3. 공항시설 또는 항만시설을 관리하는 법인 **1**

② 동의 **1**

세관장은 해당 세관장이 관리하지 아니하는 토지등을 지정보세구역으로 지정하려면 해당 토지등의 소유자나 관리자의 동의를 받아야 한다. 이 경우 세관장은 임차료 등을 지급할 수 있다.

### 제167조(지정보세구역 지정의 취소) **1**

세관장은 수출입물량이 감소하거나 그 밖의 사유로 지정보세구역의 전부 또는 일부를 보세구역으로 존속시킬 필요가 없어졌다고 인정될 때에는 그 지정을 취소하여야 한다.

## 제169조(지정장치장) 4

지정장치장은 통관을 하려는 물품을 일시 장치하기 위한 장소로서 세관장이 지정하는 구역으로 한다.

## 제170조(장치기간) 5

지정장치장에 물품을 장치하는 기간은 6개월의 범위에서 관세청장이 정한다. 다만, 관세청장이 정하는 기준에 따라 세관장은 3개월의 범위에서 그 기간을 연장할 수 있다.

## 제172조(물품에 대한 보관책임)

① 보관책임 3

   지정장치장에 반입한 물품은 화주 또는 반입자가 그 보관의 책임을 진다.

② 화물관리인 지정 1

   세관장은 지정장치장의 질서유지와 화물의 안전관리를 위하여 필요하다고 인정할 때에는 화주를 갈음하여 보관의 책임을 지는 화물관리인을 지정할 수 있다. 다만, 세관장이 관리하는 시설이 아닌 경우에는 세관장은 해당 시설의 소유자나 관리자와 협의하여 화물관리인을 지정하여야 한다.

> **관련규정**    **영 제187조(화물관리인의 지정)**
>
> ① 화물관리인으로 지정받을 수 있는 자는 다음 각 호의 어느 하나에 해당하는 자로 한다.
> 1. 직접 물품관리를 하는 국가기관의 장
> 2. 관세행정 또는 보세화물의 관리와 관련 있는 비영리법인 1
> 3. 해당 시설의 소유자 또는 관리자가 요청한 자(법 제172조제2항 단서에 따라 화물관리인을 지정하는 경우로 한정한다)

⑤ 세관장의 화물관리 1

   세관장은 불가피한 사유로 화물관리인을 지정할 수 없을 때에는 화주를 대신하여 직접 화물관리를 할 수 있다. 이 경우 화물관리에 필요한 비용을 화주로부터 징수할 수 있다.

> **관련규정**    **영 제187조(화물관리인의 지정)**
>
> ④ 화물관리인 지정의 유효기간은 5년 이내로 한다. 3
> ⑤ 화물관리인으로 재지정을 받으려는 자는 유효기간이 끝나기 1개월 전까지 세관장에게 재지정을 신청하여야 한다. 2

### 제173조(세관검사장)

① 세관검사장

세관검사장은 통관하려는 물품을 검사하기 위한 장소로서 세관장이 지정하는 지역으로 한다.

② 반입검사

세관장은 관세청장이 정하는 바에 따라 검사를 받을 물품의 전부 또는 일부를 세관검사장에 반입하여 검사할 수 있다.

③ 검사비용

세관검사장에 반입되는 물품의 채취·운반 등에 필요한 비용("검사비용")은 화주가 부담한다. 다만, 국가는 중소기업 또는 중견기업의 컨테이너 화물로서 해당 화물에 대한 검사 결과 이 법 또는 「대외무역법」 등 물품의 수출입과 관련된 법령을 위반하지 아니하는 경우의 물품 등 대통령령으로 정하는 물품에 대해서는 예산의 범위에서 관세청장이 정하는 바에 따라 해당 검사비용을 지원할 수 있다.

## 03　특허보세구역

제1관　통칙

### 제174조(특허보세구역의 설치·운영에 관한 특허)

① 특허보세구역을 설치·운영하려는 자는 세관장의 특허를 받아야 한다. 기존의 특허를 갱신하려는 경우에도 또한 같다.

> **해설**
>
> 특허보세구역은 영리를 목적으로 하는 토지나 시설 중에서 신청에 의해서 세관장이 보세구역으로 특허한 구역이다.

### 제176조(특허기간)

① 특허기간

특허보세구역의 특허기간은 10년 이내로 한다.

② 예외적인 특허기간

제1항에도 불구하고 보세전시장과 보세건설장의 특허기간은 다음 각 호의 구분에 따른다. 다만, 세관장은 전시목적을 달성하거나 공사를 진척하기 위하여 부득이하다고 인정할 만한 사유가 있을 때에는 그 기간을 연장할 수 있다.

1. 보세전시장 : 해당 박람회 등의 기간을 고려하여 세관장이 정하는 기간
2. 보세건설장 : 해당 건설공사의 기간을 고려하여 세관장이 정하는 기간 **2**

### 제176조의2(특허보세구역의 특례)

⑥ 보세판매장의 특허를 받은 자는 두 차례에 한정하여 대통령령으로 정하는 바에 따라 특허를 갱신할 수 있다. 이 경우 갱신기간은 한 차례당 5년 이내로 한다.

### 제177조(장치기간)

① 특허보세구역에 물품을 장치하는 기간은 다음 각 호의 구분에 따른다.

1. 보세창고 : 다음 각 목의 어느 하나에서 정하는 기간
   가. 외국물품 : 1년의 범위에서 관세청장이 정하는 기간. 다만, 세관장이 필요하다고 인정하는 경우에는 1년의 범위에서 그 기간을 연장할 수 있다. **2**
   나. 내국물품 : 1년의 범위에서 관세청장이 정하는 기간
   다. 정부비축용물품, 정부와의 계약이행을 위하여 비축하는 방위산업용물품, 장기간 비축이 필요한 수출용원재료와 수출품보수용 물품으로서 세관장이 인정하는 물품, 국제물류의 촉진을 위하여 관세청장이 정하는 물품 : 비축에 필요한 기간 **2**
2. 그 밖의 특허보세구역 : 해당 특허보세구역의 특허기간

### 제178조(반입정지 등과 특허의 취소)

① 반입정지

세관장은 특허보세구역의 운영인이 다음 각 호의 어느 하나에 해당하는 경우에는 관세청장이 정하는 바에 따라 6개월의 범위에서 해당 특허보세구역에의 물품반입 또는 보세건설·보세판매·보세전시 등("물품반입등")을 정지시킬 수 있다.

1. 장치물품에 대한 관세를 납부할 자금능력이 없다고 인정되는 경우 **2**
2. 본인이나 그 사용인이 이 법 또는 이 법에 따른 명령을 위반한 경우 **1**
3. 해당 시설의 미비 등으로 특허보세구역의 설치 목적을 달성하기 곤란하다고 인정되는 경우 **5**
4. 그 밖에 제1호부터 제3호까지의 규정에 준하는 것으로서 대통령령으로 정하는 사유에 해당하는 경우

> **관련규정** 영 제193조의2(특허보세구역의 물품반입 정지 사유)
>
> "대통령령으로 정하는 사유"란 다음 각 호의 어느 하나에 해당하는 경우를 말한다.
> 1. 재고조사 결과 원자재소요량 관리가 적정하지 않은 경우
> 2. 1년 동안 계속하여 물품의 반입·반출 실적이 없거나, 6개월 이상 보세작업을 하지 않은 경우
> 3. 운영인이 최근 1년 이내에 법에 따른 절차 등을 위반한 경우 등 관세청장이 정하는 사유에 해당하는 경우

### ② 특허취소

세관장은 특허보세구역의 운영인이 다음 각 호의 어느 하나에 해당하는 경우에는 그 특허를 취소할 수 있다. 다만, 제1호, 제2호 및 제5호에 해당하는 경우에는 특허를 취소하여야 한다. **1**
1. 거짓이나 그 밖의 부정한 방법으로 특허를 받은 경우 **2**
2. 운영인의 결격사유에 해당하게 된 경우 **1**
3. 1년 이내에 3회 이상 물품반입등의 정지처분(과징금 부과처분을 포함)을 받은 경우 **2**
4. 2년 이상 물품의 반입실적이 없어서 세관장이 특허보세구역의 설치 목적을 달성하기 곤란하다고 인정하는 경우
5. 특허보세구역 운영인 명의대여 금지를 위반하여 명의를 대여한 경우 **3**

### ③ 과징금

세관장은 물품반입등의 정지처분이 그 이용자에게 심한 불편을 주거나 공익을 해칠 우려가 있는 경우에는 특허보세구역의 운영인에게 물품반입등의 정지처분을 갈음하여 해당 특허보세구역 운영에 따른 매출액의 100분의 3 이하의 과징금을 부과할 수 있다.

 **해설** 이 경우 과징금의 분할 납부는 허용된다.

---

### 제2관　보세창고

### 제183조(보세창고)

### ① 보세창고 기능

보세창고에는 외국물품이나 통관을 하려는 물품을 장치한다.

### ② 내국물품 장치신고 **8**

운영인은 미리 세관장에게 신고를 하고 제1항에 따른 물품의 장치에 방해되지 아니하는 범위에서 보세창고에 내국물품을 장치할 수 있다. 다만, 동일한 보세창고에 장치되어 있는 동안 수입신고가 수리된 물품은 신고 없이 계속하여 장치할 수 있다.

③ 내국물품 장치승인 **4**

운영인은 보세창고에 1년(제2항 단서에 따른 물품은 6개월) 이상 계속하여 제2항에서 규정한 내국물품만을 장치하려면 세관장의 승인을 받아야 한다.

## 제184조(장치기간이 지난 내국물품) **8**

① 제183조제2항에 따른 내국물품으로서 장치기간이 지난 물품은 그 기간이 지난 후 10일 내에 그 운영인의 책임으로 반출하여야 한다.

---

제3관   **보세공장**

### 제185조(보세공장)

① 보세공장의 기능 **1**

보세공장에서는 외국물품을 원료 또는 재료로 하거나 외국물품과 내국물품을 원료 또는 재료로 하여 제조 · 가공하거나 그 밖에 이와 비슷한 작업을 할 수 있다.

**관련규정**   **영 제199조(보세공장원재료의 범위 등)**

① 보세공장원재료는 다음 각 호의 어느 하나에 해당하는 것을 말한다. 다만, 기계 · 기구 등의 작동 및 유지를 위한 연료, 윤활유 등 제품의 생산 · 수리 · 조립 · 검사 · 포장 및 이와 유사한 작업에 간접적으로 투입되어 소모되는 물품은 제외한다. **1**
  1. 당해 보세공장에서 생산하는 제품에 물리적 또는 화학적으로 결합되는 물품 **3**
  2. 해당 보세공장에서 생산하는 제품을 제조 · 가공하거나 이와 비슷한 공정에 투입되어 소모되는 물품 **2**
  3. 해당 보세공장에서 수리 · 조립 · 검사 · 포장 및 이와 유사한 작업에 직접적으로 투입되는 물품 **4**
② 보세공장원재료는 원자재소요량을 객관적으로 계산할 수 있는 물품이어야 한다. **1**

② 내국작업 허가 **1**

보세공장에서는 세관장의 허가를 받지 아니하고는 내국물품만을 원료로 하거나 재료로 하여 제조 · 가공하거나 그 밖에 이와 비슷한 작업을 할 수 없다.

⑤ 업종제한 **2**

보세공장 중 수입하는 물품을 제조 · 가공하는 것을 목적으로 하는 보세공장의 업종은 기획재정부령으로 정하는 바에 따라 제한할 수 있다.

**규칙 제69조(보세공장업종의 제한)**

법 제185조제5항에 따른 수입물품을 제조·가공하는 것을 목적으로 하는 보세공장의 업종은 다음 각호에 규정된 업종을 제외한 업종으로 한다.
1. 국내외 가격차에 상당하는 율로 양허한 농·임·축산물을 원재료로 하는 물품을 제조·가공하는 업종 **1**
2. 국민보건 또는 환경보전에 지장을 초래하거나 풍속을 해하는 물품을 제조·가공하는 업종으로 세관장이 인정하는 업종

⑥ 직접반입 후 수입신고 **1**

세관장은 수입통관 후 보세공장에서 사용하게 될 물품에 대하여는 보세공장에 직접 반입하여 수입신고를 하게 할 수 있다.

## 제186조(사용신고 등) **1**

① 운영인은 보세공장에 반입된 물품을 그 사용 전에 세관장에게 사용신고를 하여야 한다. 이 경우 세관공무원은 그 물품을 검사할 수 있다.

## 제187조(보세공장 외 작업 허가)

① 세관장은 가공무역이나 국내산업의 진흥을 위하여 필요한 경우에는 기간, 장소, 물품 등을 정하여 해당 보세공장 외에서 작업을 허가할 수 있다. **2**

## 제188조(제품과세) **5**

외국물품이나 외국물품과 내국물품을 원료로 하거나 재료로 하여 작업을 하는 경우 그로써 생긴 물품은 외국으로부터 우리나라에 도착한 물품으로 본다. 다만, 세관장의 승인을 받고 외국물품과 내국물품을 혼용하는 경우에는 그로써 생긴 제품 중 해당 외국물품의 수량 또는 가격에 상응하는 것은 외국으로부터 우리나라에 도착한 물품으로 본다.

예시 제품과세

(주)커스브로는 보세공장에서 제품생산 전 세관장으로부터 보세공장 혼용작업 승인을 받고, 외국원료와 내국원료를 반입하여 기계를 생산하였다. (주)커스브로는 보세공장 생산물품인 기계를 제품과세통관하고자 한다. 아래 정보를 바탕으로 계산할 수 있는 관세액은?

- 제품가격 : 10,000,000원
- 전체원료 : 8,000,000원
- 외국원료 : 4,000,000원
- 제품 관세율 : 10%

정답 500,000원

**해설**

제품가격에 투입되어 있는 전체원료 중 외국원료가 차지하는 비율이 50%이므로 제품가격의 50%의 상응하는 것이 외국으로부터 우리나라에 도착한 물품이라고 보고 5,000,000원에 관세율 10%을 곱하면 500,000원이 관세액이된다.

## 제189조(원료과세)

① **원료과세**

보세공장에서 제조된 물품을 수입하는 경우 제186조에 따른 사용신고 전에 미리 세관장에게 해당 물품의 원료인 외국물품에 대한 과세의 적용을 신청한 경우에는 제16조(과세물건 확정시기)에도 불구하고 사용신고를 할 때의 그 원료의 성질 및 수량에 따라 관세를 부과한다. 5

② **포괄신청**

세관장은 대통령령으로 정하는 기준에 해당하는 보세공장에 대하여는 1년의 범위에서 원료별, 제품별 또는 보세공장 전체에 대하여 제1항에 따른 신청을 하게 할 수 있다. 1

**관련규정** **영 제205조(원료과세 적용신청 방법 등)**

③ "대통령령으로 정하는 기준"이란 다음 각 호와 같다.
1. 최근 2년간 생산되어 판매된 물품 중 수출된 물품의 가격 비율이 100분의 50 이상일 것 1
2. 관세청장이 정하여 고시하는 성실도 및 원자재 관리방법 등에 관한 기준을 충족할 것

**심화** **보세공장 운영에 관한 고시 제27조(수출·수입 또는 국외반출의 신고)**

② 다음 각 호의 어느 하나에 해당하는 물품은 수입신고를 하여야 하며, 세관장은 필요한 경우 관련 증명자료의 제출을 요구할 수 있다.
1. 보세공장에서 생산한 제품과 잉여물품 중 국내로 수입하려는 물품 1
2. 수입통관 후 보세공장에서 사용할 물품
3. 보세공장으로부터 수입한 물품을 보세공장에서 제조되어 반출된 제품의 하자보수용 물품, 보세공장에서 제조 · 가공하여 반출한 후 하자발생, 불량, 구매자의 인수거절 등으로 인하여 반송된 물품과 하자보수, 성능개선 등 목적으로 보세공장에 재반입되는 물품이 반입되어 외국물품 또는 환급대상내국물품을 사용하여 수리 후 다시 반출하는 물품 또는 그 대체품
4. 해당 보세공장에서 생산하는 제품의 연구개발을 위하여 해당 보세공장의 시설을 이용하여 연구 · 시험용 제품의 제조 · 가공에 사용하는 원재료를 사용하여 제조 · 가공된 물품 중 시험 · 연구용 물품
5. 원재료로서 세관장이 그 사유와 증명자료 심사결과 타당하다고 인정하는 원재료

## 제4관 | 보세전시장

### 제190조(보세전시장)

보세전시장에서는 박람회, 전람회, 견본품 전시회 등의 운영을 위하여 외국물품을 장치·전시하거나 사용할 수 있다.

## 제4관 | 보세건설장

### 제191조(보세건설장)

보세건설장에서는 산업시설의 건설에 사용되는 외국물품인 기계류 설비품이나 공사용 장비를 장치·사용하여 해당 건설공사를 할 수 있다.

> 보세건설장 반입대상 물품에는 산업시설에 병설되는 식당, 공원, 숙사 등 부대시설을 건설하기 위한 물품도 해당된다.

> **관련규정** 영 제210조(보세건설장 반입물품의 범위)
>
> 보세건설장에 반입할 수 있는 물품은 법 제191조의 규정에 의한 외국물품 및 이와 유사한 물품으로서 당해 산업시설의 건설에 필요하다고 세관장이 인정하는 물품에 한한다.

### 제192조(사용 전 수입신고) ①

운영인은 보세건설장에 외국물품을 반입하였을 때에는 사용 전에 해당 물품에 대하여 수입신고를 하고 세관공무원의 검사를 받아야 한다. 다만, 세관공무원이 검사가 필요 없다고 인정하는 경우에는 검사를 하지 아니할 수 있다.

> **관련규정** 영 제211조(건설공사 완료보고) ①
>
> 보세건설장의 운영인은 수입신고를 한 물품을 사용한 건설공사가 완료된 때에는 지체없이 이를 세관장에게 보고하여야 한다.

### 제194조(보세건설물품의 가동 제한) ②

운영인은 보세건설장에서 건설된 시설을 수입신고가 수리되기 전에 가동하여서는 아니 된다.

관세법상 보세판매장의 종류로는 출국장면세점, 입국장면세점, 시내면세점, 외교관면세점이 있다.
※ 지정면세점의 경우 조세특례제한법에 의한 면세점이다.

### 제196조(보세판매장)

① 보세판매장에서는 다음 각 호의 어느 하나에 해당하는 조건으로 물품을 판매할 수 있다.

  1. 해당 물품을 외국으로 반출할 것. 다만, 외국으로 반출하지 아니하더라도 외국에서 국내로 입국하는 자에게 물품을 인도하는 경우에는 해당 물품을 판매할 수 있다.

  2. 외교관용 물품 등의 면세규정에 따라 관세의 면제를 받을 수 있는 자가 해당 물품을 사용할 것

② 제1항에도 불구하고 공항 및 항만 등의 입국경로에 설치된 보세판매장에서는 외국에서 국내로 입국하는 자에게 물품을 판매할 수 있다.

---

**심화**  **제176조의2(특허보세구역의 특례)**

① 세관장은 제196조 제1항에 따라 물품을 판매하는 보세판매장 특허를 부여하는 경우에 중소기업 및 중견기업으로서 매출액, 자산총액 및 지분 소유나 출자 관계 등이 기준에 맞는 기업 중 특허를 받을 수 있는 요건을 갖춘 자("중소기업 등")에게 대통령령으로 정하는 일정 비율이상의 특허를 부여하여야 하고, 상호출자제한기업집단에 속한 기업에 대해 대통령령으로 정하는 일정 비율 이상의 특허를 부여할 수 없다. 다만, 세관장은 제196조 제2항에 따라 물품을 판매하는 보세판매장의 경우에는 중소기업 등에게만 특허를 부여할 수 있다.

② 제1항에도 불구하고 기존 특허가 만료되었으나 신규특허의 신청이 없는 등 대통령령으로 정하는 경우에는 제1항을 적용하지 아니한다.

③ 보세판매장의 특허는 대통령령으로 정하는 일정한 자격을 갖춘 자의 신청을 받아 대통령령으로 정하는 평가기준에 따라 심사하여 부여한다. 기존 특허가 만료되는 경우에도 또한 같다.

④ 보세판매장의 특허수수료는 운영인의 보세판매장별 매출액을 기준으로 기획재정부령으로 정하는 바에 따라 다른 종류의 보세구역 특허수수료와 달리 정할 수 있다.

⑥ 특허를 받은 자는 두 차례에 한정하여 대통령령으로 정하는 바에 따라 특허를 갱신할 수 있다. 이 경우 갱신기간은 한 차례당 5년 이내로 한다.

⑦ 기획재정부장관은 매 회계연도 종료 후 4개월 이내에 보세판매장별 매출액을 대통령령으로 정하는 바에 따라 국회 소관 상임위원회에 보고하여야 한다.

# 04 종합보세구역

## 제197조(종합보세구역의 지정 등)

① 지정 **3**

관세청장은 직권으로 또는 관계 중앙행정기관의 장이나 지방자치단체의 장, 그 밖에 종합보세구역을 운영하려는 자("지정요청자")의 요청에 따라 무역진흥에의 기여 정도, 외국물품의 반입 · 반출 물량 등을 고려하여 일정한 지역을 종합보세구역으로 지정할 수 있다.

---

**관련규정** 영 제214조(종합보세구역의 지정 등)

① 종합보세구역은 다음 각 호의 어느 하나에 해당하는 지역으로서 관세청장이 종합보세구역으로 지정할 필요가 있다고 인정하는 지역을 그 지정대상으로 한다.
1. 「외국인투자촉진법」에 의한 외국인투자지역 **1**
2. 「산업입지 및 개발에 관한 법률」에 의한 산업단지
4. 「유통산업발전법」에 의한 공동집배송센터
5. 「물류시설의 개발 및 운영에 관한 법률」에 따른 물류단지
6. 기타 종합보세구역으로 지정됨으로써 외국인투자촉진 · 수출증대 또는 물류촉진 등의 효과가 있을 것으로 예상되는 지역

---

② 종합보세기능

종합보세구역에서는 보세창고 · 보세공장 · 보세전시장 · 보세건설장 또는 보세판매장의 기능 중 둘 이상의 기능("종합보세기능")을 수행할 수 있다.

## 제198조(종합보세사업장의 설치 · 운영에 관한 신고 등)

① 종합보세구역에서 종합보세기능을 수행하려는 자는 그 기능을 정하여 세관장에게 종합보세사업장의 설치 · 운영에 관한 신고를 하여야 한다. **2**

## 제199조(종합보세구역에의 물품의 반입 · 반출 등)

① 종합보세구역에 물품을 반입하거나 반출하려는 자는 대통령령으로 정하는 바에 따라 세관장에게 신고하여야 한다.

## 제199조의2(종합보세구역의 판매물품에 대한 관세 등의 환급)

① 외국인 관광객 등 대통령령으로 정하는 자가 종합보세구역에서 구입한 물품을 국외로 반출하는 경우에는 해당 물품을 구입할 때 납부한 관세 및 내국세등을 환급받을 수 있다. **2**

## 제200조(반출입물품의 범위 등)

① 종합보세구역에서 소비하거나 사용되는 물품으로서 기획재정부령으로 정하는 물품은 수입통관 후 이를 소비하거나 사용하여야 한다. **1**

> **관련규정** **규칙 제71조(수입통관 후 소비 또는 사용하는 물품)**
>
> 법 제200조제1항의 규정에 의하여 수입통관후 소비 또는 사용하여야 하는 물품은 다음 각호의 것으로 한다. **1**
> 1. 제조 · 가공에 사용되는 시설기계류 및 그 수리용 물품 **3**
> 2. 연료 · 윤활유 · 사무용품 등 제조 · 가공에 직접적으로 사용되지 아니하는 물품

② 장치기간 **4**

종합보세구역에 반입한 물품의 장치기간은 제한하지 아니한다. 다만, 보세창고의 기능을 수행하는 장소 중에서 관세청장이 수출입물품의 원활한 유통을 촉진하기 위하여 필요하다고 인정하여 지정한 장소에 반입되는 물품의 장치기간은 1년의 범위에서 관세청장이 정하는 기간으로 한다.

③ 반출입 제한

세관장은 종합보세구역에 반입 · 반출되는 물품으로 인하여 국가안전, 공공질서, 국민보건 또는 환경보전 등에 지장이 초래되거나 종합보세구역의 지정 목적에 부합되지 아니하는 물품이 반입 · 반출되고 있다고 인정될 때에는 해당 물품의 반입 · 반출을 제한할 수 있다.

## 제201조(운영인의 물품관리)

① 운영인은 종합보세구역에 반입된 물품을 종합보세기능별로 구분하여 관리하여야 한다.
② 세관장은 종합보세구역에 장치된 물품 중 제208조제1항 단서에 해당되는 물품은 같은 조에 따라 매각할 수 있다.
③ 운영인은 종합보세구역에 반입된 물품을 종합보세구역 안에서 이동 · 사용 또는 처분을 할 때에는 장부 또는 전산처리장치를 이용하여 그 기록을 유지하여야 한다. 이 경우 기획재정부령으로 정하는 물품은 미리 세관장에게 신고하여야 한다.
⑤ 운영인은 종합보세구역에 장치된 물품 중 반입한 날부터 6개월 이상의 범위에서 관세청장이 정하는 기간이 지난 외국물품이 다음 각 호의 어느 하나에 해당하는 경우에는 관세청장이 정하여 고시하는 바에 따라 세관장에게 그 외국물품의 매각을 요청할 수 있다. **1**
1. 화주가 분명하지 아니한 경우
2. 화주가 부도 또는 파산한 경우
3. 화주의 주소 · 거소 등 그 소재를 알 수 없는 경우

4. 화주가 수취를 거절하는 경우

5. 화주가 거절의 의사표시 없이 수취하지 아니한 경우

## 제202조(설비의 유지의무 등)

① 운영인은 대통령령으로 정하는 바에 따라 종합보세기능의 수행에 필요한 시설 및 장비 등을 유지하여야 한다.

② 종합보세구역에 장치된 물품에 대하여 보수작업을 하거나 종합보세구역 밖에서 보세작업을 하려는 자는 대통령령으로 정하는 바에 따라 세관장에게 신고하여야 한다. **1**

## 제204조(종합보세구역 지정의 취소 등)

① 지정취소

관세청장은 종합보세구역에 반입·반출되는 물량이 감소하거나 그 밖에 대통령령으로 정하는 사유로 종합보세구역을 존속시킬 필요가 없다고 인정될 때에는 종합보세구역의 지정을 취소할 수 있다.

② 기능수행중지

세관장은 종합업장의 운영인이 다음 각 호의 어느 하나에 해당하는 경우에는 6개월의 범위에서 운영인의 종합보세기능의 수행을 중지시킬 수 있다.

1. 운영인이 설비의 유지의무를 위반한 경우

2. 운영인이 수행하는 종합보세기능과 관련하여 반입·반출되는 물량이 감소하는 경우

3. 1년 동안 계속하여 외국물품의 반입·반출 실적이 없는 경우

③ 폐쇄명령

세관장은 종합보세사업장의 운영인이 다음 각 호의 어느 하나에 해당하는 경우에는 그 종합보세사업장의 폐쇄를 명하여야 한다.

1. 거짓이나 그 밖의 부정한 방법으로 종합보세사업장의 설치·운영에 관한 신고를 한 경우

2. 운영인의 결격사유의 어느 하나에 해당하게 된 경우

3. 다른 사람에게 자신의 성명·상호를 사용하여 종합보세사업장을 운영하게 한 경우

# 제9장 통관

## 01 통칙

### 제1관 통관요건

### 제226조(허가 · 승인 등의 증명 및 확인)

① 증명 **4**

수출입을 할 때 법령에서 정하는 바에 따라 허가 · 승인 · 표시 또는 그 밖의 조건을 갖출 필요가 있는 물품은 세관장에게 그 허가 · 승인 · 표시 또는 그 밖의 조건을 갖춘 것임을 증명하여야 한다.

② 공고 **2**

통관을 할 때 제1항의 구비조건에 대한 세관장의 확인이 필요한 수출입물품에 대하여는 다른 법령에도 불구하고 그 물품과 확인방법, 확인절차, 그 밖에 필요한 사항을 대통령령으로 정하는 바에 따라 미리 공고하여야 한다.

---

**관련규정** | 관세법 제226조에 따른 세관장확인물품 및 확인방법 지정고시

② 다음 각 호의 어느 하나에 해당되는 물품은 세관장확인을 생략한다.
1. 「대외무역법 시행령」에 따른 수출입승인면제물품(제2호의 물품은 제외한다). 다만, 다음 각 목의 법령을 적용받는 물품은 세관장이 수출입요건 구비 여부를 확인한다.
   가. 「마약류 관리에 관한 법률」 **3**
   나. 「식물방역법」 **1**
   다. 「야생생물 보호 및 관리에 관한 법률」
   라. 「총포 · 도검 · 화약류 등의 안전관리에 관한 법률」
   마. 「수산생물질병 관리법」 **3**
   바. 「가축전염병 예방법」 **4**
   사. 「폐기물의 국가 간 이동 및 그 처리에 관한 법률」
   아. 「약사법」(식품의약품안전처장이 지정하는 오 · 남용우려 의약품에 한정한다. 다만, 자가치료 목적으로 처방전을 세관장에게 제출하는 경우에는 세관장 확인을 생략한다)
   자. 「수입식품안전관리 특별법」(「수입식품안전관리특별법 시행규칙」 별표상 특정식품등은 제외한다)
   차. 「통신비밀보호법」 **4**
   카. 「화학물질관리법」(금지물질, 제한물질에 한함. 다만, 제한물질 중 시험 · 연구 · 검사용 시약은 제외)

---

타. 「생물다양성 보전 및 이용에 관한 법률」

파. 「생활화학제품 및 살생물제의 안전관리에 관한 법률」

2. 「통합공고」제12조(요건면제) 제1항 각 호에 해당되어 요건면제확인서를 제출한 물품

3. 「관세법」에 따른 수출입 안전관리 우수업체, 자율확인우수기업 등 별표 5의 세관장확인생략 대상법령 및 수출입자가 수출입신고하는 물품. 다만, 제1호 단서에 해당하는 물품은 제외한다.

## 제227조(의무 이행의 요구)

① 세관장은 다른 법령에 따라 수입 후 특정한 용도로 사용하여야 하는 등의 의무가 부가되어 있는 물품에 대하여는 문서로써 해당 의무를 이행할 것을 요구할 수 있다. **1**

| 관련규정 | 영 제234조(의무의 면제) |
| --- | --- |

수입신고수리시에 부과된 의무를 면제받고자 하는 자는 다음 각호의 1에 해당하는 경우에 한하여 당해 의무이행을 요구한 세관장의 승인을 얻어야 한다. **2**

1. 법령이 정하는 허가·승인·추천 기타 조건을 구비하여 의무이행이 필요하지 아니하게 된 경우 **1**

2. 법령의 개정 등으로 인하여 의무이행이 해제된 경우

3. 관계행정기관의 장의 요청 등으로 부과된 의무를 이행할 수 없는 사유가 있다고 인정된 경우

## 제228조(통관표지)

세관장은 관세 보전을 위하여 필요하다고 인정할 때에는 대통령령으로 정하는 바에 따라 수입하는 물품에 통관표지를 첨부할 것을 명할 수 있다. **3**

| 관련규정 | 영 제235조(통관표지의 첨부) |
| --- | --- |

① 세관장은 다음 각호의 1에 해당하는 물품에 대하여는 관세보전을 위하여 통관표지의 첨부를 명할 수 있다.

1. 법에 의하여 관세의 감면 또는 용도세율의 적용을 받은 물품 **1**

2. 법 제107조제2항의 규정에 의하여 관세의 분할납부승인을 얻은 물품 **1**

3. 부정수입물품과 구별하기 위하여 관세청장이 지정하는 물품

## 제229조(원산지 확인 기준)

① 원산지 확인 기준

이 법, 조약, 협정 등에 따른 관세의 부과 · 징수, 수출입물품의 통관, 원산지증명서 등의 확인 요청에 따른 조사 등을 위하여 원산지를 확인할 때에는 다음 각 호의 어느 하나에 해당하는 나라를 원산지로 한다.

1. 해당 물품의 전부를 생산 · 가공 · 제조한 나라
2. 해당 물품이 2개국 이상에 걸쳐 생산 · 가공 또는 제조된 경우에는 그 물품의 본질적 특성을 부여하기에 충분한 정도의 실질적인 생산 · 가공 · 제조 과정이 최종적으로 수행된 나라

---

**관련규정** | **규칙 제74조(일반물품의 원산지결정기준)**

① 완전생산기준

법 제229조제1항제1호의 규정에 의하여 원산지를 인정하는 물품은 다음 각호와 같다.
1. 당해 국가의 영역에서 생산된 광산물과 식물성 생산물
2. 당해 국가의 영역에서 번식 또는 사육된 산 동물과 이들로부터 채취한 물품
3. 당해 국가의 영역에서의 수렵 또는 어로로 채집 또는 포획한 물품
4. 당해 국가의 선박에 의하여 채집 또는 포획한 어획물 기타의 물품
5. 당해 국가에서의 제조 · 가공의 공정 중에 발생한 부스러기 **2**
6. 당해 국가 또는 그 선박에서 제1호 내지 제5호의 물품을 원재료로 하여 제조 · 가공한 물품

② 세번변경기준

법 제229조제1항제2호의 규정에 의하여 2개국 이상에 걸쳐 생산된 물품의 원산지는 당해 물품의 생산과정에 사용되는 물품의 품목분류표상 6단위 품목번호와 다른 6단위 품목번호의 물품을 최종적으로 생산한 국가로 한다. **3**

③ 가공공정기준 및 부가가치기준

관세청장은 제2항의 규정에 의하여 6단위 품목번호의 변경만으로 본질적 특성을 부여하기에 충분한 정도의 실질적인 생산과정을 거친 것으로 인정하기 곤란한 품목에 대하여는 주요공정 · 부가가치 등을 고려하여 품목별로 원산지기준을 따로 정할 수 있다.

④ 불인정공정

다음 각호의 1에 해당하는 작업이 수행된 국가는 제2항의 규정에 의한 원산지로 인정하지 아니한다.
1. 운송 또는 보세구역장치중에 있는 물품의 보존을 위하여 필요한 작업
2. 판매를 위한 물품의 포장개선 또는 상표표시 등 상품성 향상을 위한 개수작업 **1**
3. 단순한 선별 · 구분 · 절단 또는 세척작업
4. 재포장 또는 단순한 조립작업
5. 물품의 특성이 변하지 아니하는 범위안에서의 원산지가 다른 물품과의 혼합작업
6. 가축의 도축작업(다만, 한–미 FTA, 한–카 FTA 등 예외) **1**

※ 일부협정에서 예외적으로 원산지를 인정하는 경우도 있다.

---

| 관련규정 | 규칙 제75조(특수물품의 원산지결정기준) |

① 특수물품 원산지결정기준

규칙 제74조에도 불구하고 촬영된 영화용 필름, 부속품·예비부분품 및 공구와 포장용품은 다음 각 호의 구분에 따라 원산지를 인정한다.

1. 촬영된 영화용 필름은 그 제작자가 속하는 국가 **1**
2. 기계·기구·장치 또는 차량에 사용되는 부속품·예비부분품 및 공구로서 기계·기구·장치 또는 차량과 함께 수입되어 동시에 판매되고 그 종류 및 수량으로 보아 통상 부속품·예비부분품 및 공구라고 인정되는 물품은 당해 기계·기구 또는 차량의 원산지 **2**
3. 포장용품은 그 내용물품의 원산지. 다만, 품목분류표상 포장용품과 내용품을 각각 별개의 품목번호로 하고 있는 경우에는 그러하지 아니한다. **4**

| 관련규정 | 규칙 제76조(직접운송원칙) |

원산지를 결정할 때 해당 물품이 원산지가 아닌 국가를 경유하지 아니하고 직접 우리나라에 운송·반입된 물품인 경우에만 그 원산지로 인정한다. 다만, 다음 각 호의 어느 하나에 해당하는 물품인 경우에는 우리나라에 직접 반입한 것으로 본다.

1. 다음 각 목의 요건을 모두 충족하는 물품일 것
   가. 지리적 또는 운송상의 이유로 단순 경유한 것
   나. 원산지가 아닌 국가에서 관세당국의 통제하에 보세구역에 장치된 것
   다. 원산지가 아닌 국가에서 하역, 재선적 또는 그 밖에 정상 상태를 유지하기 위하여 요구되는 작업 외의 추가적인 작업을 하지 아니한 것
2. 박람회·전시회 및 그 밖에 이에 준하는 행사에 전시하기 위하여 원산지가 아닌 국가로 수출되어 해당 국가 관세당국의 통제하에 전시목적에 사용된 후 우리나라로 수출된 물품일 것 **1**

| 심화 | 제231조(환적물품 등에 대한 유치 등) |

① 세관장은 일시적으로 육지에 내려지거나 다른 운송수단으로 환적 또는 복합환적되는 외국물품 중 원산지를 우리나라로 허위 표시한 물품은 유치할 수 있다. **2**
② 유치하는 외국물품은 세관장이 관리하는 장소에 보관하여야 한다. 다만, 세관장이 필요하다고 인정할 때에는 그러하지 아니하다.
③ 세관장은 외국물품을 유치할 때에는 그 사실을 그 물품의 화주나 그 위임을 받은 자에게 통지하여야 한다.
④ 세관장은 통지를 할 때에는 이행기간을 정하여 원산지 표시의 수정 등 필요한 조치를 명할 수 있다. 이 경우 지정한 이행기간 내에 명령을 이행하지 아니하면 매각한다는 뜻을 함께 통지하여야 한다.
⑤ 세관장은 명령이 이행된 경우에는 물품의 유치를 즉시 해제하여야 한다.

## 제232조(원산지증명서 등)

① 원산지증명서 제출

이 법, 조약, 협정 등에 따라 원산지 확인이 필요한 물품을 수입하는 자는 해당 물품의 원산지증명서를 제출하여야 한다. 다만, 대통령령으로 정하는 물품의 경우에는 그러하지 아니하다.

---

**관련규정**　**영 제236조(원산지증명서의 제출 등)**

① 제출대상 **2**
　다음 각 호의 어느 하나에 해당하는 자는 해당 물품의 수입신고 시에 그 물품의 원산지증명서를 세관장에게 제출하여야 한다. 다만, 제1호에 해당하는 자로서 수입신고 전에 원산지증명서를 발급받았으나 분실 등의 사유로 수입신고 시에 원산지증명서를 제출하지 못한 경우에는 원산지증명서 유효기간 내에 해당 원산지증명서 또는 그 부본을 제출할 수 있다.
　1. 법·조약·협정 등에 의하여 다른 국가의 생산물품에 적용되는 세율보다 낮은 세율을 적용받고자 하는 자로서 원산지확인이 필요하다고 관세청장이 정하는 자
　2. 관세율의 적용 기타의 사유로 인하여 원산지확인이 필요하다고 관세청장이 지정한 물품을 수입하는 자
② 원산지증명서 제출면제
　법 제232조제1항 단서의 규정에 의하여 다음 각호의 물품에 대하여는 제1항의 규정을 적용하지 아니한다.
　1. 세관장이 물품의 종류·성질·형상 또는 그 상표·생산국명·제조자 등에 의하여 원산지를 확인할 수 있는 물품 **2**
　2. 우편물(일반수입신고 대상물품은 제외한다) **3**
　3. 과세가격이 15만원 이하인 물품 **3**
　4. 개인에게 무상으로 송부된 탁송품·별송품 또는 여행자의 휴대품 **4**
　5. 기타 관세청장이 관계행정기관의 장과 협의하여 정하는 물품
③ 원산지증명서 발급기관
　세관장에게 제출하는 원산지증명서는 다음 각호의 1에 해당하는 것이어야 한다.
　1. 원산지국가의 세관 기타 발급권한이 있는 기관 또는 상공회의소가 당해 물품에 대하여 원산지국가를 확인 또는 발행한 것
　2. 원산지국가에서 바로 수입되지 아니하고 제3국을 경유하여 수입된 물품에 대하여 그 제3국의 세관 기타 발급권한이 있는 기관 또는 상공회의소가 확인 또는 발행한 경우에는 원산지국가에서 당해 물품에 대하여 발행된 원산지증명서를 기초로 하여 원산지국가를 확인 또는 발행한 것 **1**
　3. 관세청장이 정한 물품의 경우에는 당해 물품의 상업송장 또는 관련서류에 생산자·공급자·수출자 또는 권한있는 자가 원산지국가를 기재한 것
④ 유효기간
　원산지증명서에는 해당 수입물품의 품명, 수량, 생산지, 수출자 등 관세청장이 정하는 사항이 적혀 있어야 하며, 제출일부터 소급하여 1년(다음 각 호의 구분에 따른 기간은 제외한다) 이내에 발행된 것이어야 한다. **1**

---

1. 원산지증명서 발행 후 1년 이내에 해당 물품이 수입항에 도착하였으나 수입신고는 1년을 경과하는 경우 : 물품이 수입항에 도착한 날의 다음 날부터 해당 물품의 수입신고를 한 날 까지의 기간
2. 천재지변, 그 밖에 이에 준하는 사유로 원산지증명서 발행 후 1년이 경과한 이후에 수입항 에 도착한 경우 : 해당 사유가 발생한 날의 다음 날부터 소멸된 날까지의 기간

---

**관련규정** | **영 제236조의2(원산지 등에 대한 사전확인)**

① 사전확인
원산지확인이 필요한 물품을 수입하는 자는 관세청장에게 다음 각호의 1에 해당하는 사항에 대하여 당해 물품의 수입신고를 하기 전에 미리 사전확인하여 줄 것을 신청할 수 있다. **2**
1. 원산지 확인기준의 충족여부
2. 조약 또는 협정 등의 체결로 인하여 관련법령에서 특정물품에 대한 원산지 확인기준을 달리 정하고 있는 경우에 당해 법령에 따른 원산지 확인기준의 충족여부
3. 원산지 확인기준의 충족여부를 결정하기 위한 기초가 되는 사항으로서 관세청장이 정하는 사항
4. 그 밖에 관세청장이 원산지에 따른 관세의 적용과 관련하여 필요하다고 정하는 사항
② 사전확인서 교부 **2**
사전확인의 신청을 받은 경우 관세청장은 60일 이내에 이를 확인하여 그 결과를 기재한 서류 ("사전확인서")를 신청인에게 교부하여야 한다. 다만, 제출자료의 미비 등으로 인하여 사전확인이 곤란한 경우에는 그 사유를 신청인에게 통지하여야 한다.
③ 사전확인서 적용 **1**
세관장은 수입신고된 물품 및 원산지증명서의 내용이 사전확인서상의 내용과 동일하다고 인정되는 때에는 특별한 사유가 없는 한 사전확인서의 내용에 따라 관세의 경감 등을 적용하여야 한다.
④ 이의제기 **1**
제2항에 따른 사전확인의 결과를 통지받은 자(사전확인서의 내용변경 통지를 받은 자를 포함한다)는 그 통지내용에 이의를 제기하려는 경우 그 결과를 통지받은 날부터 30일 이내에 신청서에 이의제기 내용을 확인할 수 있는 자료를 첨부하여 관세청장에게 제출하여야 한다.

## 제232조의2(원산지증명서의 발급 등)

① 이 법, 조약, 협정 등에 따라 관세를 양허받을 수 있는 물품의 수출자가 원산지증명서의 발급을 요청하는 경우에는 세관장이나 그 밖에 원산지증명서를 발급할 권한이 있는 기관은 그 수출자에게 원산지증명서를 발급하여야 한다.

### 제234조(수출입의 금지)

다음 각 호의 어느 하나에 해당하는 물품은 수출하거나 수입할 수 없다.

1. 헌법질서를 문란하게 하거나 공공의 안녕질서 또는 풍속을 해치는 서적·간행물·도화, 영화·음반·비디오물·조각물 또는 그 밖에 이에 준하는 물품 **5**
2. 정부의 기밀을 누설하거나 첩보활동에 사용되는 물품 **3**
3. 화폐·채권이나 그 밖의 유가증권의 위조품·변조품 또는 모조품 **4**

### 제235조(지식재산권 보호)

① 다음 각 호의 어느 하나에 해당하는 지식재산권을 침해하는 물품은 수출하거나 수입할 수 없다.

1. 「상표법」에 따라 설정등록된 상표권 **1**
2. 「저작권법」에 따른 저작권등
3. 「식물신품종 보호법」에 따라 설정등록된 품종보호권
4. 「농수산물 품질관리법」에 따라 등록되거나 조약·협정 등에 따라 보호대상으로 지정된 지리적표시권등
5. 「특허법」에 따라 설정등록된 특허권
6. 「디자인보호법」에 따라 설정등록된 디자인권

### 제237조(통관의 보류)

① 통관보류대상

세관장은 다음 각 호의 어느 하나에 해당하는 경우에는 해당 물품의 통관을 보류할 수 있다.

1. 수출·수입 또는 반송에 관한 신고서의 기재사항에 보완이 필요한 경우 **5**
2. 제출서류 등이 갖추어지지 아니하여 보완이 필요한 경우
3. 이 법에 따른 의무사항을 위반하거나 국민보건 등을 해칠 우려가 있는 경우 **3**
4. 안전성 검사가 필요한 경우 **3**
5. 「국세징수법」및 「지방세징수법」에 따라 세관장에게 강제징수 또는 체납처분이 위탁된 해당 체납자가 수입하는 경우
6. 그 밖에 이 법에 따라 필요한 사항을 확인할 필요가 있다고 인정하여 대통령령으로 정하는 경우(관세 관계 법령을 위반한 혐의로 고발되거나 조사를 받는 경우)

② 통관보류통지

세관장은 통관을 보류할 때에는 즉시 그 사실을 화주(화주의 위임을 받은 자 포함) 또는 수출입신고인에게 통지하여야 한다.

③ 조치요구

세관장은 통지할 때에는 이행기간을 정하여 통관의 보류 해제에 필요한 조치를 요구할 수 있다.

④ 통관요청

통관의 보류 사실을 통지받은 자는 세관장에게 통관 보류사유에 해당하지 아니함을 소명하는
자료 또는 세관장의 통관 보류 해제에 필요한 조치를 이행한 사실을 증명하는 자료를 제출하고
해당 물품의 통관을 요청할 수 있다. 이 경우 세관장은 해당 물품의 통관 허용 여부(허용하지
아니하는 경우에는 그 사유를 포함)를 요청받은 날부터 30일 이내에 통지하여야 한다.

## 제238조(보세구역 반입명령)

① 의의

관세청장이나 세관장은 다음 각 호의 어느 하나에 해당하는 물품으로서 이 법에 따른 의무사항
을 위반하거나 국민보건 등을 해칠 우려가 있는 물품에 대해서는 대통령령으로 정하는 바에 따
라 화주 또는 수출입 신고인에게 보세구역으로 반입할 것을 명할 수 있다. **2**

1. 수출신고가 수리되어 외국으로 반출되기 전에 있는 물품
2. 수입신고가 수리되어 반출된 물품

④ 수출입신고수리 취소 **1**

반입된 물품이 국외로 반출 또는 폐기되었을 때에는 당초의 수출입 신고 수리는 취소된 것으로
본다. 이 경우 해당 물품을 수입할 때 납부한 관세는 환급한다.

⑤ 반입의 예외

제1항에도 불구하고 관세청장이나 세관장은 법 위반사항이 경미하거나 감시 · 단속에 지장이
없다고 인정되는 경우에는 반입의무자에게 해당 물품을 보세구역으로 반입하지 아니하고 필요
한 조치를 하도록 명할 수 있다.

## 제245조(반입명령)

① 반입대상

관세청장 또는 세관장은 수출입신고가 수리된 물품이 다음 각 호의 어느 하나에 해당하는 경우
에는 해당 물품을 보세구역으로 반입할 것을 명할 수 있다. 다만, 해당 물품이 수출입신고가 수
리된 후 3개월이 지났거나 관련 법령에 따라 관계행정기관의 장의 시정조치가 있는 경우에는 그
러하지 아니하다. **4**

1. 법 제227조에 따른 의무를 이행하지 아니한 경우
2. 원산지 표시가 적법하게 표시되지 아니하였거나 수출입신고 수리 당시와 다르게 표시되어
   있는 경우 **3**
3. 품질 등의 표시가 적법하게 표시되지 아니하였거나 수출입신고 수리 당시와 다르게 표시되
   어 있는 경우 **3**
4. 지식재산권을 침해한 경우 **4**

제4관 **통관의 예외 적용**

### 제239조(수입으로 보지 아니하는 소비 또는 사용)

외국물품의 소비나 사용이 다음 각 호의 어느 하나에 해당하는 경우에는 이를 수입으로 보지 아니한다.

1. 선박용품·항공기용품 또는 차량용품을 운송수단 안에서 그 용도에 따라 소비하거나 사용하는 경우 **3**
2. 선박용품·항공기용품 또는 차량용품을 세관장이 정하는 지정보세구역에서 「출입국관리법」에 따라 출국심사를 마치거나 우리나라에 입국하지 아니하고 우리나라를 경유하여 제3국으로 출발하려는 자에게 제공하여 그 용도에 따라 소비하거나 사용하는 경우 **1**
3. 여행자가 휴대품을 운송수단 또는 관세통로에서 소비하거나 사용하는 경우 **6**
4. 이 법에서 인정하는 바에 따라 소비하거나 사용하는 경우

### 제240조(수출입의 의제)

① 수입의 의제

다음 각 호의 어느 하나에 해당하는 외국물품은 이 법에 따라 적법하게 수입된 것으로 보고 관세 등을 따로 징수하지 아니한다.

1. 체신관서가 수취인에게 내준 우편물 **4**
2. 이 법에 따라 매각된 물품 **3**
3. 이 법에 따라 몰수된 물품 **2**
4. 이 법에 따른 통고처분으로 납부된 물품 **4**
5. 법령에 따라 국고에 귀속된 물품 **2**
6. 몰수를 갈음하여 추징된 물품

② 수출 및 반송의 의제 **4**

체신관서가 외국으로 발송한 우편물은 이 법에 따라 적법하게 수출되거나 반송된 것으로 본다.

---

## 02 수출·수입 및 반송

 **해설**

수입신고는 신고의 자격을 가진 자가 법에서 정한 요건과 형식을 갖추어 세관장에게 신고할 내용을 알리는 의사표시이다.

**해설** 원칙적으로 수입신고하는 때에 과세물건, 적용법령, 과세환율 및 납세의무자가 확정된다.

## 제241조(수출 · 수입 또는 반송의 신고)

① 신고 **2**

물품을 수출 · 수입 또는 반송하려면 해당 물품의 품명 · 규격 · 수량 및 가격과 그 밖에 대통령령으로 정하는 사항을 세관장에게 신고하여야 한다.

② 간이신고 **1**

다음 각 호의 어느 하나에 해당하는 물품은 대통령령으로 정하는 바에 따라 제1항에 따른 신고를 생략하게 하거나 관세청장이 정하는 간소한 방법으로 신고하게 할 수 있다.

1. 휴대품 · 탁송품 또는 별송품
2. 우편물
3. 관세가 면제되는 물품(제91조부터 제94조까지, 제96조제1항 및 제97조제1항)
3의2. 제135조(입항절차), 제136조(출항절차), 제149조(국경출입차량의 도착절차) 및 제150조(국경출입차량의 출발절차)에 따른 보고 또는 허가의 대상이 되는 운송수단. 다만, 다음 각 목의 어느 하나에 해당하는 운송수단은 제외한다.
  가. 우리나라에 수입할 목적으로 최초로 반입되는 운송수단
  나. 해외에서 수리하거나 부품 등을 교체한 우리나라의 운송수단
  다. 해외로 수출 또는 반송하는 운송수단
4. 국제운송을 위한 컨테이너(별표 관세율표 중 기본세율이 무세인 것으로 한정한다)

③ 신고기한

수입하거나 반송하려는 물품을 지정장치장 또는 보세창고에 반입하거나 보세구역이 아닌 장소에 장치한 자는 그 반입일 또는 장치일부터 30일 이내에 제1항에 따른 신고를 하여야 한다. **3**

④ 신고지연가산세

세관장은 대통령령으로 정하는 물품을 수입하거나 반송하는 자가 제3항에 따른 기간 내에 수입 또는 반송의 신고를 하지 아니한 경우에는 해당 물품 과세가격의 100분의 2에 상당하는 금액의 범위에서 대통령령으로 정하는 금액을 가산세로 징수한다. **3**

⑤ 미신고가산세

세관장은 다음 각 호의 어느 하나에 해당하는 경우에는 해당 물품에 대하여 납부할 세액(관세 및 내국세를 포함한다)의 100분의 20(제1호의 경우에는 100분의 40으로 하되, 반복적으로 자진신고를 하지 아니하는 경우 등에는 100분의 60)에 상당하는 금액을 가산세로 징수한다. **4**

1. 여행자나 승무원이 제2항제1호에 해당하는 휴대품(관세의 면제를 받는 물품은 제외한다)을 신고하지 아니하여 과세하는 경우 **2**

2. 우리나라로 거주를 이전하기 위하여 입국하는 자가 입국할 때에 수입하는 이사물품(관세의 면제를 받는 물품은 제외한다)을 신고하지 아니하여 과세하는 경우 **1**

⑥ 미신고가산세 **1**

전기 · 유류 등 대통령령으로 정하는 물품을 그 물품의 특성으로 인하여 전선이나 배관 등 시설 또는 장치 등을 이용하여 수출 · 수입 또는 반송하는 자는 1개월을 단위로 하여 해당 물품에 대한 사항을 다음 달 10일까지 신고하여야 한다.

---

| 관련규정 | 수입통관 사무처리에 관한 고시 |
|---|---|

**제3조(정의)**

1. "출항전신고"라 함은 항공기로 수입되는 물품이나 일본, 중국, 대만, 홍콩으로부터 선박으로 수입되는 물품을 선(기)적한 선박 등이 해당물품을 적재한 항구나 공항에서 출항하기 전에 수입신고하는 것을 말한다. **1**

3. "보세구역 도착전신고"라 함은 수입물품을 선(기)적한 선박 등이 입항하여 해당물품을 통관하기 위하여 반입하려는 보세구역(부두 밖 컨테이너 보세창고와 컨테이너 내륙통관기지를 포함)에 도착하기 전에 수입신고하는 것을 말한다.

**제6조(신고의 시기)** **2**

수입하려는 자는 출항전신고, 입항전신고, 보세구역 도착전신고, 보세구역 장치후신고 중에서 필요에 따라 신고방법을 선택하여 수입신고할 수 있다.

**제11조(신고의 효력발생시점)**

수입신고의 효력발생시점은 전송된 신고자료가 통관시스템에 접수된 시점으로 한다. 다만, 수작업에 의하여 신고하는 때에는 신고서가 통관지세관에 접수된 시점으로 한다.

**제15조(수입신고시 제출서류)**

① 전자제출

신고인은 서류제출대상으로 선별된 수입신고 건에 대하여는 수입신고서에 다음 각 호의 서류를 스캔 등의 방법으로 전자 이미지화하거나 무역서류의 전자제출을 이용하여 통관시스템에 전송하는 것을 원칙으로 한다.

1. 송품장. 다만, 잠정가격으로 수입신고 할 때 송품장이 해외에서 도착하지 아니한 경우에는 계약서(송품장은 확정가격신고 시 제출)
2. 가격신고서(해당물품에 한하며, 전산으로 확인 가능한 경우에는 서류제출대상에서 제외한다)
3. 선하증권(B/L)부본이나 항공화물운송장(AWB)부본
4. 포장명세서(포장박스별로 품명(규격) · 수량을 기재해야 하며, 세관장이 필요 없다고 인정하는 경우는 제외한다)
5. 원산지증명서(해당물품에 한한다) **1**
6. 기타 관세청장이 정하는 서류

② 종이서류 제출대상

제1항에도 불구하고 다음 각 호의 어느 하나에 해당하는 경우에는 종이서류를 제출하여야 한다.

1. 킴벌리프로세스증명서 제출대상물품(원본) **1**
2. 일시수입통관증서(A.T.A Carnet)에 의한 일시수입물품(원본) **2**
3. SOFA 협정 적용대상물품(원본 또는 주한미군에서 전자 서명하여 교부한 증명서) **1**
4. 사전세액심사 대상물품.

## 제16조(B/L분할신고 및 수리)

① 수입신고는 B/L 1건에 대하여 수입신고서 1건으로 한다. 다만, 다음 각 호의 어느 하나에 해당하는 경우에는 B/L분할신고 및 수리를 할 수 있으며, 보세창고에 입고된 물품으로서 세관장이 「보세화물관리에 관한 고시」에 따른 보세화물관리에 지장이 없다고 인정하는 경우에는 여러 건의 B/L에 관련되는 물품을 1건으로 수입신고할 수 있다. **1**

1. B/L을 분할하여도 물품검사와 과세가격 산출에 어려움이 없는 경우
2. 신고물품 중 일부만 통관이 허용되고 일부는 통관이 보류되는 경우 **1**
3. 검사 · 검역결과 일부는 합격되고 일부는 불합격된 경우이거나 일부만 검사 · 검역 신청하여 통관하려는 경우 **1**
4. 일괄사후납부 적용 · 비적용 물품을 구분하여 신고하려는 경우

## 제35조(신고수리)

④ 신고수리의 효력발생시점은 통관시스템을 통하여 신고인에게 신고수리가 되었음을 통보한 시점으로 한다. 다만, 수작업에 의하여 신고수리하는 때에는 신고인에게 신고필증을 교부한 시점으로 한다. **1**

---

**관련규정** | **수출통관 사무처리에 관한 고시**

### 제4조(신고의 시기) **1**

수출하려는 자는 해당 물품이 장치된 물품소재지를 관할하는 세관장에게 수출신고를 하여야 한다. 다만 제32조부터 제35조까지 별도로 정한 특수형태의 수출인 경우에는 해당 규정을 따른다.

### 제6조(수출신고의 기준) **1**

수출신고는 해당 물품을 외국으로 반출하려는 선박 또는 항공기의 적재단위(S/R 또는 S/O, B/L 또는 AWB)별로 하여야 한다. 다만, 제50조 및 제51조에서 별도로 정한 경우에는 그렇지 않다.

### 제8조(수출신고의 효력발생시점) **4**

수출신고의 효력발생시점은 전송된 신고자료가 통관시스템에 접수된 시점으로 한다

### 제7조(수출신고 및 제출서류)

① 수출신고를 하려는 자는 전자문서로 작성된 수출신고서 등 신고자료와 함께 송품장 등 관련서류를 전자제출하거나 전자이미지로 통관시스템에 전송하여야 한다. 다만, 전자제출 또는 전자이미지로 전송할 수 없는 수출신고건에 대하여는 서류로 제출할 수 있다. **1**

② 신고인은 다음 각 호의 어느 하나에 해당하는 물품에 대하여는 신고자료 등을 통관시스템에 전송한 후 수출신고서및 해당호에서 정하는 구비서류를 세관장에게 제출하여야 한다. 다만, 해당 구비서류를 전자이미지로 전송한 경우에는 그러하지 아니하다. **2**

1. 법 제226조와「세관장확인물품 및 확인방법 지정고시」에 따른 수출물품 : 각 개별법령별 요건확인 서류(단, 수출요건내역을 전산망으로 확인할 수 없는 경우에 한함)

2. 계약내용과 상이하여 재수출하는 물품 또는 재수출조건부로 수입통관되어 수출하는 물품 : 계약상이 및 재수출조건부 수출 심사에 필요한 서류(다만, 재수출조건부 수출의 경우 단순반복 사용을 위한 포장용기는 제외) **4**

3. 수출자가 재수입시 관세 등의 감면, 환급 또는 사후관리 등을 위하여 서류제출로 신고하거나 세관검사를 요청하는 물품 : 각 사실관계 확인 서류(다만, 단순반복 사용을 위한 포장용기는 제외)

4. 수출통관시스템에서 서류제출대상으로 통보된 물품 : 수출신고 심사에 필요한 서류 등

## 제21조(수출신고의 수리)

수출신고의 수리는 다음 각 호의 구분에 의한 신고서 처리방법에 따른다. **1**

1. 자동수리대상은 통관시스템에서 자동으로 신고수리 **1**

2. 심사대상은 심사후 수리

3. 검사대상은 검사후 수리. 다만, 적재지검사대상은 수출물품을 적재하기 전에 검사를 받는 조건으로 신고를 수리할 수 있다. **1**

## 제22조(수출신고필증의 교부)

① 세관장은 수출신고를 수리한 때에는 세관특수청인에 관한 규정(재정경제부 훈령)에 따른 세관특수청인을 전자적으로 날인한 수출신고필증을 교부한다. 다만, 다음 각 호의 사유가 있을 때에는 해당 각 호의 방법으로 교부한다. **2**

1. 부득이한 사정으로 신고필증을 전자적으로 교부할 수 없는 경우 : 수출신고서에 세관특수청인을 직접 날인하여 교부

2. 신고물품의 규격수가 50개를 초과하여 전산으로 입력하지 않고 신고서 및 신고필증에 상세내역사항을 별도의 붙임서류로 첨부하여 신고하는 경우 : 세관특수청인을 전자적으로 날인한 신고필증과 붙임서류의 경계면에 신고서 처리담당자 인장을 날인하여 교부

## 제32조(선상수출신고)

① 수출하려는 물품이 다음 각 호의 어느 하나에 해당하는 경우에는 해당 물품을 선적한 후 선상에서 수출신고를 할 수 있다.

1. 선적한 후 공인검정기관의 검정서(SURVEY REPORT)에 의하여 수출물품의 수량을 확인하는 물품(例 산물 및 광산물) **1**

2. 물품의 신선도 유지 등의 사유로 선상 수출신고가 불가피하다고 인정되는 물품(例 내항선에 적재된 수산물을 다른 선박으로 이적하지 아니한 상태로 외국무역선으로 자격변경하여 출항하고자 하는 경우)

3. 자동차운반전용선박에 적재하여 수출하는 신품자동차 **3**

③ 선상수출신고를 하려는 자는 사전에 수출신고수리전적재허가(신청)서를 세관장에 제출하고 허가를 받아야 한다. 이 경우 세관장은 수출 물품의 특성 등을 감안하여 1년 범위내에서 일괄하여 허가할 수 있다. **1**

## 제33조(현지수출 어패류신고) ■

어패류를 출항허가를 받은 운반선에 의하여 현지에서 수출하는 것이 부득이한 경우에는 수출 후 대금결제전까지 출항허가를 받은 세관장에게 신고자료를 전송하고, 신고서류에 수출실적을 증명하는 서류(에 Cargo Receipt)를 첨부하여 제출하여야 한다.

## 제34조(원양수산물 신고) ②

우리나라 선박이 공해에서 채포한 수산물을 현지 판매하는 경우에는 수출자가 수출후 대금결제전까지 수출사실을 증명하는 서류[에 Cargo Receipt, B/L, Final(Fish) Settlement]가 첨부된 수출실적보고서(수출신고서 양식 사용)를 한국원양산업협회를 경유하여 서울세관장에게 신고자료를 전송하여야 한다.

## 제35조(잠정수량신고ㆍ잠정가격신고 대상물품의 수출신고)

① 배관 등 고정운반설비를 이용하여 적재하는 경우 또는 제조공정상의 이유 및 국제원자재 시세에 따른 금액이 사후에 확정되어 수출신고시에 수량이나 가격 확정이 곤란한 물품 중 다음 각 호의 어느 하나에 해당하는 물품을 수출하려는 자는 별지 제1호서식에 의거 수출신고시에 적재예정수량 및 금액을 신고하고, 적재완료일로부터 수량의 경우 5일, 금액의 경우 180일이 경과하기 전까지 실제 공급한 수량 및 금액을 신고할 수 있다. ■
  1. 가스
  2. 액체
  3. 전기
  4. HS 제50류부터 제60류까지 중 직물 및 편물
  5. HS 71류부터 83류까지의 귀금속 및 비금속제 물품
  6. 전자상거래 수출물품
  7. 위탁판매 수출물품
  8. 그 밖에 계약의 내용이나 거래의 특성상 잠정수량 또는 잠정가격으로 신고하는 것이 불가피하다고 세관장이 인정하는 물품

## 제35조의2(전자상거래 물품 등의 간이수출신고)

① 수출하려는 물품 가격이 200만원(FOB 기준) 이하이고 다음 각 호의 어느 하나에 해당하는 경우에는 간이수출신고를 할 수 있다. 다만, 제7조제2항제1호와 제2호에 해당하는 물품은 제외한다. ■
  1. 수출신고서상 신고구분을 전자상거래 간이수출신고로 신고하거나 전자상거래 간이신고 시스템으로 신고하는 수출물품
  2. 수출목록 변환신고 시스템을 통해 신고하는 수출물품

## 제45조(수출물품의 적재)

① 수출자는 수출신고가 수리된 물품을 법 제251조제1항에 따라 수출신고가 수리된 날부터 30일 이내에 우리나라와 외국간을 왕래하는 운송수단에 적재하여야 한다.
② 수출자 및 국제무역선(기)의 선(기)장은 제32조부터 제34조까지의 특수형태의 수출을 제외하고는 수출신고 수리 전에 수출하려는 물품을 국제무역선(기)에 적재해서는 안 된다.
③ 출항 또는 적재 일정변경 등 부득이한 사유로 인하여 적재기간을 연장하려는 자는 변경 전 적재기간 내에 통관지 세관장에게 적재기간 연장승인(신청)서를 제출하여야 한다. ■

## 제242조(수출 · 수입 · 반송 등의 신고인) 4

신고는 화주 또는 관세사등의 명의로 하여야 한다. 다만, 수출신고의 경우에는 화주에게 해당 수출물품을 제조하여 공급한 자의 명의로 할 수 있다.

## 제243조(신고의 요건)

② 수입의 신고는 해당 물품을 적재한 선박이나 항공기가 입항된 후에만 할 수 있다.

③ 반송의 신고는 해당 물품이 이 법에 따른 장치 장소에 있는 경우에만 할 수 있다.

④ 밀수출 등 불법행위가 발생할 우려가 높거나 감시단속을 위하여 필요하다고 인정하여 대통령령으로 정하는 물품은 관세청장이 정하는 장소에 반입한 후 수출의 신고를 하게 할 수 있다. 1

> **관련규정** **영 제248조의2(보세구역 반입 후 수출신고의 대상 등)**
>
> ① 반입 후 수출신고물품
> 법 제243조 제4항에서 "대통령령으로 정하는 물품"이란 다음 각 호의 어느 하나에 해당하는 물품으로서 관세청장이 정하여 고시하는 물품을 말한다.
> 1. 도난우려가 높은 물품 등 국민의 재산권 보호를 위하여 수출관리가 필요한 물품
> 2. 고세율 원재료를 제조 · 가공하여 수출하는 물품 등 부정환급 우려가 높은 물품
> 3. 국민보건이나 사회안전 또는 국제무역질서 준수 등을 위해 수출관리가 필요한 물품

## 제244조(입항전수입신고)

① 입항 전 수입신고 3

수입하려는 물품의 신속한 통관이 필요할 때에는 제243조제2항에도 불구하고 해당 물품을 적재한 선박이나 항공기가 입항하기 전에 수입신고를 할 수 있다. 이 경우 입항전수입신고가 된 물품은 우리나라에 도착한 것으로 본다.

② 물품검사 통보 1

세관장은 입항전수입신고를 한 물품에 대하여 물품검사의 실시를 결정하였을 때에는 수입신고를 한 자에게 이를 통보하여야 한다.

③ 검사대상으로 결정된 물품

검사대상으로 결정된 물품은 수입신고를 한 세관의 관할 보세구역에 반입되어야 한다. 다만, 세관장이 적재상태에서 검사가 가능하다고 인정하는 물품은 해당 물품을 적재한 선박이나 항공기에서 검사할 수 있다.

④ 검사대상으로 결정되지 아니한 물품

검사대상으로 결정되지 아니한 물품은 입항 전에 그 수입신고를 수리할 수 있다.

> **관련규정** 영 제249조(입항전 수입신고)
>
> ① 입항 전 수입신고 시기 ③
>    수입신고는 당해 물품을 적재한 선박 또는 항공기가 그 물품을 적재한 항구 또는 공항에서 출항하여 우리나라에 입항하기 5일 전(항공기의 경우 1일 전)부터 할 수 있다.
> ② 출항 전 수입신고
>    출항부터 입항까지의 기간이 단기간인 경우 등 당해 선박 등이 출항한 후에 신고하는 것이 곤란하다고 인정되어 출항하기 전에 신고하게 할 필요가 있는 때에는 관세청장이 정하는 바에 따라 그 신고시기를 조정할 수 있다. ①
> ③ 도착 후 수입신고대상
>    다음 각 호의 어느 하나에 해당하는 물품은 해당 물품을 적재한 선박 등이 우리나라에 도착된 후에 수입신고하여야 한다.
>    1. 세율이 인상되거나 새로운 수입요건을 갖추도록 요구하는 법령이 적용되거나 적용될 예정인 물품 ⑤
>    2. 수입신고하는 때와 우리나라에 도착하는 때의 물품의 성질과 수량이 달라지는 물품으로서 관세청장이 정하는 물품

## 제2관　물품의 검사

### 제246조(물품의 검사)

① 세관공무원은 수출·수입 또는 반송하려는 물품에 대하여 검사를 할 수 있다.

② 관세청장은 검사의 효율을 거두기 위하여 검사대상, 검사범위, 검사방법 등에 관하여 필요한 기준을 정할 수 있다.

③ 화주는 수입신고를 하려는 물품에 대하여 수입신고 전에 관세청장이 정하는 바에 따라 확인을 할 수 있다.

## 제3관　신고의 처리

### 제248조(신고의 수리)

① 신고의 수리 ①

세관장은 신고가 이 법에 따라 적합하게 이루어졌을 때에는 이를 지체 없이 수리하고 신고인에게 신고필증을 발급하여야 한다. 다만, 국가관세종합정보망의 전산처리설비를 이용하여 신고를 수리하는 경우에는 관세청장이 정하는 바에 따라 신고인이 직접 전산처리설비를 이용하여 신고필증을 발급받을 수 있다.

② 담보제공 요구

세관장은 관세를 납부하여야 하는 물품에 대하여는 신고를 수리할 때에 다음 각 호의 어느 하나에 해당하는 자에게 관세에 상당하는 담보의 제공을 요구할 수 있다.

1. 이 법 또는 「수출용원재료에 대한 관세 등 환급에 관한 특례법」를 위반하여 징역형의 실형을 선고받고 그 집행이 끝나거나 면제된 후 2년이 지나지 아니한 자

2. 이 법 또는 「수출용원재료에 대한 관세 등 환급에 관한 특례법」를 위반하여 징역형의 집행유예를 선고받고 그 유예기간 중에 있는 자

3. 벌금형 또는 통고처분을 받은 자로서 그 벌금형을 선고받거나 통고처분을 이행한 후 2년이 지나지 아니한 자

4. 수입신고일을 기준으로 최근 2년간 관세 등 조세를 체납한 사실이 있는 자 **2**

5. 수입실적, 수입물품의 관세율 등을 고려하여 대통령령으로 정하는 관세채권의 확보가 곤란한 경우에 해당하는 자

## 제250조(신고의 취하 및 각하)

### ① 취하 **7**

신고는 정당한 이유가 있는 경우에만 세관장의 승인을 받아 취하할 수 있다. 다만, 수입 및 반송의 신고는 운송수단, 관세통로, 하역통로 또는 이 법에 규정된 장치 장소에서 물품을 반출한 후에는 취하할 수 없다.

### ② 취하 승인 시 효력 **2**

수출·수입 또는 반송의 신고를 수리한 후 제1항에 따라 신고의 취하를 승인한 때에는 신고수리의 효력이 상실된다.

---

**관련규정** **수입신고의 취하(수입통관 사무처리에 관한 고시 제18조)**

② 수입신고취하신청(승인)서를 접수한 세관장은 다음 각 호의 어느 하나에 해당하는 경우에 한하여 수입신고취하를 승인해야 하며, 접수일로부터 10일 이내에 승인 여부를 신청인에게 통지해야 한다.

1. 수입계약 내용과 상이한 물품, 오송물품, 변질·손상물품 등을 해외공급자 등에게 반송하기로 한 경우

2. 재해 기타 부득이한 사유로 수입물품이 멸실되거나 세관의 승인을 얻어 폐기하려는 경우 **1**

3. 통관보류, 통관요건 불합격, 수입금지물품 등의 사유로 반송하거나 폐기하려는 경우 **1**

4. 그 밖에 제1호부터 제3호에 준하는 정당한 사유가 있다고 인정되는 경우

---

**수출신고의 취하 (수출통관 사무처리에 관한 고시 제27조)**

① 수출신고를 취하하려는 자는 수출신고취하승인(신청)서에 신고취하신청내역을 기재하여 통관지세관장에게 전송하고, 증빙서류를 제출해야 한다. **1**

② 수출신고취하신청(승인)서를 접수한 세관장은 정당한 이유가 있는 경우에 한정하여 수출신고 취하를 승인하여야 한다.

③ 세관장이 수출신고 취하승인하였을 때 수출신고 또는 수출신고수리의 효력은 상실된다. **1**

③ 각하 **4**

세관장은 신고가 그 요건을 갖추지 못하였거나 부정한 방법으로 신고되었을 때에는 해당 수출·수입 또는 반송의 신고를 각하할 수 있다.

**수입신고의 각하(수입통관 사무처리에 관한 고시 제19조)**

① 세관장은 다음 각 호의 어느 하나에 해당하는 경우 수입신고를 각하할 수 있다.

1. 사위 기타 부정한 방법으로 신고한 경우 **1**

2. 멸각, 폐기, 공매·경매낙찰, 몰수확정, 국고귀속이 결정된 경우 **2**

3. 제7조에 따른 출항전신고나 입항전신고의 요건을 갖추지 아니한 경우 **1**

4. 출항전신고나 입항전신고한 화물이 도착하지 아니한 경우 **1**

5. 기타 수입신고의 형식적 요건을 갖추지 못한 경우

**수출신고의 각하 (수출통관 사무처리에 관한 고시 제30조)**

세관장은 다음 각 호의 어느 하나에 해당하는 경우에는 수출신고를 각하할 수 있다. 이 경우 세관장은 즉시 통관시스템에 등록하고 그 사실을 신고인에게 통보하여야 한다.

1. 거짓 또는 그 밖의 부정한 방법으로 신고한 경우 **1**

2. 그 밖에 수출신고의 형식적 요건을 갖추지 못한 경우

## 제251조(수출신고수리물품의 적재 등)

① 수출신고가 수리된 물품은 수출신고가 수리된 날부터 30일 이내에 운송수단에 적재하여야 한다. 다만, 기획재정부령으로 정하는 바에 따라 1년의 범위에서 적재기간의 연장승인을 받은 것은 그러하지 아니하다. **3**

### 제252조(수입신고수리전 반출)

수입신고를 한 물품을 세관장의 수리 전에 해당 물품이 장치된 장소로부터 반출하려는 자는 납부하여야 할 관세에 상당하는 담보를 제공하고 세관장의 승인을 받아야 한다. 다만, 정부 또는 지방자치단체가 수입하거나 담보를 제공하지 아니하여도 관세의 납부에 지장이 없다고 인정하는 물품에 대하여는 담보의 제공을 생략할 수 있다. **1**

---

**관련규정** 신고수리전 반출 (수입통관 사무처리에 관한 고시 제38조)

① 수입통관에 곤란한 사유가 없는 물품으로서 다음 각 호의 어느 하나에 해당하는 경우에는 세관장이 신고수리 전 반출을 승인할 수 있다.
1. 완성품의 세번으로 수입신고수리 받고자 하는 물품이 미조립상태로 분할선적 수입된 경우
2. 「조달사업에 관한 법률」에 따른 비축물자로 신고 된 물품으로서 실수요자가 결정되지 아니한 경우 **1**
3. 사전세액심사 대상물품(부과고지물품을 포함한다)으로서 세액결정에 오랜 시간이 걸리는 경우 **2**
4. 품목분류나 세율결정에 오랜 시간이 걸리는 경우 **1**
5. 수입신고 시 원산지증명서를 세관장에게 제출하지 못한 경우 **1**

---

**심화** 영 제256조(신고수리 전 반출)

③ 담보제공 생략

다음 각 호의 어느 하나에 해당하는 물품에 대해서는 법 제252조 단서에 따라 담보의 제공을 생략할 수 있다. 다만, 제2호 및 제3호의 물품을 수입하는 자 중 관세 등의 체납불성실신고 등의 사유로 담보제공을 생략하는 것이 타당하지 아니하다고 관세청장이 인정하는 자가 수입하는 물품에 대해서는 담보를 제공하게 할 수 있다.
1. 국가, 지방자치단체, 공공기관, 지방공사 및 지방공단이 수입하는 물품 **1**
2. 학술연구용품 감면을 적용받는 기관이 수입하는 물품
3. 최근 2년간 법 위반 사실이 없는 수출입자 또는 신용평가기관으로부터 신용도가 높은 것으로 평가를 받은 자로서 관세청장이 정하는 자가 수입하는 물품
4. 수출용 원재료 등 수입물품의 성질, 반입사유 등을 고려할 때 관세채권의 확보에 지장이 없다고 관세청장이 인정하는 물품
5. 거주 이전의 사유, 납부할 세액 등을 고려할 때 관세채권의 확보에 지장이 없다고 관세청장이 정하여 고시하는 기준에 해당하는 자의 이사물품

## 제253조(수입신고전의 물품 반출)

### ① 수입신고 전의 물품반출 **2**

수입하려는 물품을 수입신고 전에 운송수단, 관세통로, 하역통로 또는 이 법에 따른 장치 장소로부터 즉시 반출하려는 자는 대통령령으로 정하는 바에 따라 세관장에게 즉시반출신고를 하여야 한다. 이 경우 세관장은 납부하여야 하는 관세에 상당하는 담보를 제공하게 할 수 있다.

### ② 즉시반출을 할 수 있는 자 또는 물품은 대통령령으로 정하는 바에 따라 세관장이 지정한다.

---

**관련규정**    영 제257조(수입신고전 물품반출)

② 즉시반출을 할 수 있는 자 및 물품은 다음 각호의 1에 해당하는 것중 증명 등 구비조건의 확인에 지장이 없는 경우로서 세관장이 지정하는 것에 한한다.

   1. 관세 등의 체납이 없고 최근 3년 동안 수출입실적이 있는 제조업자 또는 외국인투자자가 수입하는 시설재 또는 원부자재 **1**

   3. 기타 관세 등의 체납우려가 없는 경우로서 관세청장이 정하는 물품

---

### ③ 수입신고 **4**

즉시반출신고를 하고 반출을 하는 자는 즉시반출신고를 한 날부터 10일 이내에 수입신고를 하여야 한다.

### ④ 가산세 및 지정취소 **2**

세관장은 반출을 한 자가 10일 이내 수입신고를 하지 아니하는 경우에는 관세를 부과·징수한다. 이 경우 해당 물품에 대한 관세의 100분의 20에 상당하는 금액을 가산세로 징수하고, 지정을 취소할 수 있다.

---

**심화**    제254조(전자상거래물품의 특별통관 등)

① 관세청장은 전자상거래물품에 대하여 대통령령으로 정하는 바에 따라 수출입신고·물품검사 등 통관에 필요한 사항을 따로 정할 수 있다.

② 관세청장은 관세의 부과·징수 및 통관을 위하여 필요한 경우 사이버몰을 운영하는 구매대행업자, 통신판매업자 또는 통신판매중개를 하는 자에게 전자상거래물품의 주문·결제 등과 관련된 거래정보로서 대통령령으로 정하는 정보를 제1항에 따른 수입신고 전에 제공하여 줄 것을 요청할 수 있다.

③ 제2항에 따라 요청받은 정보의 제공 방법·절차 등 정보의 제공에 필요한 사항은 대통령령으로 정한다.

④ 관세청장은 납세자의 권리 보호를 위하여 화주에게 전자상거래물품의 통관 및 납세와 관련된 사항으로서 대통령령으로 정하는 사항을 안내할 수 있다.

---

## 제254조의2(탁송품의 특별통관)

### ① 수입신고생략

탁송품으로서 기획재정부령으로 정하는 물품은 운송업자("탁송품 운송업자")가 통관목록을 세관장에게 제출함으로써 수입신고를 생략할 수 있다.

### ③ 실제 배송한 주소지 제출의무

탁송품 운송업자는 제출한 통관목록에 적힌 물품수신인의 주소지(수입신고를 한 탁송품의 경우에는 수입신고서에 적힌 납세의무자의 주소지)가 아닌 곳에 탁송품을 배송하거나 배송하게 한 경우에는 배송한 날이 속하는 달의 다음달 15일까지 실제 배송한 주소지를 세관장에게 제출하여야 한다.

### ④ 수입신고생략 적용배제

세관장은 탁송품 운송업자가 규정을 위반하거나 이 법에 따라 통관이 제한되는 물품을 국내에 반입하는 경우에는 제1항에 따른 통관절차의 적용을 배제할 수 있다.

---

**관련규정** | **특송물품 수입통관 사무처리에 관한 고시**

**제2조(정의)**

1. "특송업체"란 세관장에게 등록한 업체를 말한다.

**제8조(신고구분)**

① 특송물품에 대한 통관절차는 다음 각 호에 따른다.

1. 국내거주자가 수취하는 자가사용물품 또는 면세되는 상용견품 중 물품가격이 미화 150달러(미합중국과의 협정에 따른 특송물품 통관의 특례에 해당하는 물품은 미화 200달러) 이하에 해당하는 물품("목록통관특송물품")은 특송업체가 통관목록을 세관장에게 제출함으로써 수입신고를 생략할 수 있다.

2. 물품가격이 미화 150달러(미합중국과의 협정에 따른 특송물품 통관의 특례에 해당하는 물품은 미화 200달러)를 초과하고 2,000달러 이하인 물품("간이신고특송물품")은 간이한 방법으로 신고할 수 있다.

3. 물품가격이 미화 2,000달러를 초과하는 물품("일반수입신고특송물품")은 수입신고를 하여야 한다.

---

**(아이콘) 해설**

특송물품은 물품가격에 따라 목록통관, 간이신고, 일반수입신고로 구분하여 신고방법을 달리하고 있다.

# CHAPTER [05] 인코텀즈 및 운송서류

## 1. 정형거래조건(INCOTERMS 2020)

### (1) 인코텀즈 2020의 주요 특징

① 개념

㉠ 인코텀즈(INCOTERMS 2020, International Commercial Terms)란 국제매매계약에서 이용되고 있는 전형적인 무역조건, CIF · FOB 등 무역용어의 해석을 통일하기 위하여 국제 상업회의소(ICC)가 정한 규칙이다.

㉡ Incoterms는 매매물품의 소유권 이전 문제를 다루지 않는다. **1**

㉢ 사용 가능한 운송수단에 의한 구분

| 구분 | 정형거래조건 | |
|---|---|---|
| 복합운송조건 **3**<br>(Rules for Any Mode of Transport) | • EXW(공장도인도조건)<br>• CPT(운송비지급인도조건)<br>• DAP(목적지인도조건)<br>• DDP(관세지급인도조건) | • FCA(운송인인도조건)<br>• CIP(운송비 · 보험료지급인도 조건)<br><br>• DPU(도착지양하인도조건) |
| 해상 및 내수로운송조건 **3**<br>(Rules for Sea and Inland Waterway Transport) | • FAS(선측인도조건)<br>• CFR(운임포함조건) | • FOB(본선인도조건)<br>• CIF(운임보험료포함조건) |

㉣ 위험 및 비용부담의무에 따른 구분 : 양극단(two extremes)의 E 규칙과 D 규칙 사이에, 3개의 F 규칙과 4개의 C 규칙이 있다.

| E 조건 | Departure(출발지) | EXW |
|---|---|---|
| F 조건 | Main Carriage Unpaid(주운임 미지급) | FCA, FAS, FOB |
| C 조건 | Main Carriage paid(주운임 지급) | CFR, CIF, CPT, CIP |
| D 조건 | Arrival(도착지) | DAP, DPU, DDP |

② 주요 개정사항

㉠ 당사자 의무 조항 비교(Incoterms 2010/2020)

• A1/B1에서 당사자의 기본적인 물품제공/대금지급의무를 규정하고, 이어 인도조항과 위험이전조항을 보다 두드러진 위치인 A2와 A3으로 각각 옮겼다.

• 비용규정을 A9/B9에 배치하였다.

㉡ CIP 최대부보의무 변경

• CIF와 CIP는 매도인의 적하보험 담보조건을 차별화하여 CIF는 최소담보조건인 ICC(C) 조건으로, CIP는 최대담보조건인 ICC(A)로 하고 있다. **1**

- 인코텀즈는 구속력이 없으므로 필요한 경우 당사자들은 상호합의를 통해 낮은 수준의 보험가입이 가능하다.

| 조건 | 인코텀즈 2010 | 인코텀즈 2020 |
|---|---|---|
| CIF | 매도인의 최소부보 의무 ICC(C) | • 매도인의 최소부보 의무 ICC(C) **1**<br>• 높은 수준의 담보조건부보 합의 가능 |
| CIP | 매도인의 최소부보 의무 ICC(C) | • 매도인의 최대부보 의무 ICC(A)<br>• 낮은 수준의 담보조건부보 합의 가능 |

ⓒ FCA 본선적재표기 선하증권
- FCA는 해상운송과 항공운송, 복합운송에 모두 적용될 수 있는 조건이다.
- FCA조건이 해상운송에 적용될 때 매도인 또는 매수인이 본선적재부기(On board notation)가 있는 선하증권(On board B/L)이 필요할 수 있다.
- FCA의 물품인도는 본선적재 전에 완료되나 운송인은 운송계약상 물품이 실제로 선적된 후에 비로소 선적선하증권을 발행할 의무와 권리가 있다.
- FCA에서 매수인이 운송인에게 본선적재표기 선하증권을 발행할 것을 지시한 경우 매도인은 본선적재표기 선하증권을 발급받을 수 있다. **1**

ⓓ DAT → DPU 변경
- DAT를 DPU(Delivered at Place Unloaded)로 변경하고, 순서는 DAP, DPU, DDP 순으로 재정렬하였다.
- DAT(Delivered at Terminal)는 터미널에서 양하·인도해주는 조건이었으나 DPU(Delivered at Place Unloaded)는 인도장소(목적지)가 터미널로 제한되지 않는다.
- DAP(Delivered at Place)는 지정된 장소까지 가져다주지만 짐을 내리지 않고 인도하는 조건으로 DPU는 운송수단에서 양하한 후 인도하고 DAP는 양하하지 않고 매수인 처분하에 둠으로써 인도한다.
- DPU에서는 매도인이 물품을 목적지의 지정된 장소에 도착한 후 운송수단으로부터 양하할 의무를 부담한다. **1**

ⓔ 자가운송수단 허용
- FCA의 경우 매수인은 지정인도장소에서 물품을 수취하기 위해 자신의 운송수단을 사용할 수 있다.
- DAP, DPU, DDP의 경우 매도인은 지정목적지까지 운송을 제3자에게 위탁하지 않고 자신의 운송수단을 사용하여 운송할 수 있다.

ⓕ 운송·수출통관·비용규정에 보안관련 의무를 삽입

ⓖ 사용자를 위한 설명문 및 소개문(Introduction) 강화

※ 소개문은 인코텀즈 2020 규칙 자체의 일부를 구성하지 않음에 유의한다.

① EXW(Ex Works, 공장인도규칙)(Insert named place of delivery)

> "EX Works" means that the seller delivers when it places the goods at the disposal of the buyer at the sellers premises or at another named place(i.e., works, factory, warehouse, etc.). The seller does not need to load the goods on any collecting vehicle, nor does it need to clear the goods for export, where such clearance is applicable.
>
> EXW represents the minimum obligation for the seller, and the buyer has to bear all costs and risks involved in taking the goods from the agreed point, if any' at the named place of delivery
>
> 해설
> "EXW"란 매도인이 계약물품을 자신의 영업장 구내 또는 기타 지정된 장소(작업장, 공장, 창고 등)에서 매수인의 임의처분상태로 둘 때 인도하는 것을 의미한다.

매도인은 물품을 수취용 차량에 적재하거나 수출물품에 대한 통관절차를 이행할 의무가 없다. EXW 조건은 매도인을 위한 최소한의 의무를 나타내며, 매수인은 합의된 지점, 만약에 있다면 인도의 지정된 장소로부터 물품을 인수하는 데에 수반되는 모든 비용과 위험을 부담해야 한다.

② FCA(Free CArrier, 운송인인도규칙)(Insert named place of delivery)

> "Free Carrier" means that the seller delivers the goods to the buyer in one or other of two ways.
>
> First, when the named place is the seller's premises, the goods are delivered when they are loaded on the means of transport arranged by the buyer.
>
> Second, when the named place is another place, the goods are delivered when, having been loaded on the seller's means of transport, they reach the named other place and are ready for unloading from that seller's means of transport and at the disposal of the carrier or of another person nominated by the buyer.
>
> 해설
> "운송인인도"는 다음의 두 가지 방법 중에 하나 또는 다른 방식으로 매수인에게 물품을 인도하는 것을 의미한다.
> 첫째, 지정장소가 매도인의 영업구내라면 물품은 매수인이 준비한 운송수단에 적재될 때 인도된다.
> 둘째, 지정장소가 그 밖의 장소인 경우 물품은 매도인의 운송수단에 적재되어서 지정장소에 도착하고 양하 준비된 상태로 매수인이 지정한 운송인이나 제3자의 처분하에 놓인 때 인도된다. **1**

FCA규칙은 매도인이 물품을 영업소 또는 기타 지정장소에서 매수인이 지정한 운송인이나 제3자에게 인도하는 것을 의미하며, 원칙적으로 매수인은 자신의 비용으로 물품을 지정인도장소로부터 운송계약을 체결해야 한다. **1**

③ CPT(Carriage Paid To, 운송비지급인도규칙)(Insert named place of destination)

> "Carriage Paid To" means that the seller delivers the goods to the carrier or another person nominated by the seller at an agreed place(if any such place is agreed between the parties) and that the seller must contract for and pay the costs of carriage necessary to bring the goods to the named place of destination.
>
> 해설
> "운송비지급"은 매도인이 합의된 장소(양 당사자의 합의장소)에서 자신에 의해 지정된 운송인이나 다른 당사자에게 물품을 인도하는 것을 말하며, 매도인은 지정된 도착지까지 물품을 운송하기 위해 필요한 운송비를 지불하는 것에 대한 계약을 체결해야 한다.

- CPT 규칙에서 매도인은 매수인에 대하여 보험계약을 체결할 의무가 없지만, 매수인의 요청이 있는 경우 매수인의 위험과 비용으로 부보에 필요한 정보를 제공해야 한다. **1**
- CPT 규칙은 운송인에게 물품을 인계하는 때에 매도인의 인도의무가 완료되기 때문에 매도인은 물품을 수입통관하거나 수입관세를 부담할 필요가 없으며, 수입통관절차를 수행할 의무가 없다. **1**

④ CIP(Carriage and Insurance Paid to, 운송비 · 보험료지급인도규칙)(Insert named place of destination)

> "Carriage and Insurance Paid To" means that the seller delivers the goods —and transfers the risk— to the buyer by handing them over to the carrier contracted by the seller or by procuring the goods so delivered.
>
> 해설
> "운송비 · 보험료지급"은 매도인은 매도인과 계약을 체결한 운송인에게 물품을 교부함으로써 또는 그렇게 인도된 물품을 조달함으로써 매수인에게 물품을 인도(위험을 이전)한다.

⑤ DAP(Delivered At Place, 도착지인도규칙)(Insert named place of destination)

> "Delivered At Place" means that the seller delivers when the goods are placed at the disposal of the buyer on the arriving means of transport ready for unloading at the named place of destination. The seller bears all risks involved in bringing the goods to the named place.
>
> 해설
> "목적지인도규칙"(DAP)이란 물품이 지정목적지에서 도착운송수단에 실린 채 양하준비된 상태로 매수인의 임의처분 하에 놓이는 때에 매도인이 인도한 것으로 된다. 매도인은 지정목적지까지 물품을 운송하는 데 발생하는 모든 위험을 부담한다.

DAP 규칙에서 매도인은 물품을 수입통관하거나 수입관세를 부담하거나 수입통관절차를 수행할 의무가 없다. **1**

⑥ DPU(Delivered At Place Unloaded, 도착지양하인도조건)(Insert named place of destination)

> "Delivered at Place Unloaded" means that the seller delivers the goods –
> and transfers risk – to the buyer when the goods, once unloaded from the
> arriving means of transport, are placed at the disposal of the buyer at a
> named place of destination or at the agreed point within that place, if any
> such point is agreed.
>
> The seller bears all risks involved in bringing the goods to and unloading
> them at the named place of destination. Should the parties intend the seller
> not to bear the risk and cost of unloading, the DPU rule should be avoided
> and DAP should be used instead.
>
> **해설**
> "도착지양하인도"는 지정목적지 또는 지정목적지 내에 어떠한 지점이 합의된 경우에
> 는 그 지점에서 물품이 도착운송수단으로부터 양하된 채로 매수인의 처분 하에 놓인
> 때 매도인이 매수인에게 물품을 인도(위험을 이전)하는 것을 말한다.
> 매도인은 지정목적지까지 가져가서 그곳에서 물품을 양하하는데 수반되는 모든 위험
> 을 부담한다. 당사자들이 매도인이 양하의 위험과 비용을 부담하기를 원치 않는 경우
> 에는 DPU를 피하고 그 대신 DAP를 사용하여야 한다.

⑦ DDP(Delivered Duty Paid, 관세지급인도규칙)(Insert named place of destination)

> "Delivered Duty Paid" means that the seller delivers the goods when the
> goods are placed at the disposal of the buyer, cleared for import on the
> arriving means of transport ready for unloading at the named place of
> destination. The seller bears all the costs and risks involved in bringing the
> goods to the place to destination and has an obligation to clear the goods
> not only for export but also for import, to pay any duty for both export and
> import and to carry out all customs formalities.
>
> **해설**
> "관세지급인도"란 매도인이 지정목적지에서 수입통관을 이행하고 도착된 운송수단으
> 로부터 양륙하지 않은 상태로 매수인의 임의처분하에 둔 때 물품이 인도되는 것을 말
> 한다. 매도인은 목적지로 물품을 운송하는 데 포함되는 모든 비용과 위험을 부담하고
> 물품의 수출통관뿐 아니라 수입통관에 대한 의무가 있으며, 수출 · 수입관세 모두를
> 납부하고 모든 통관절차를 이행해야 하는 의무를 가진다.

DDP 규칙에서 매도인은 수입지의 세관에서 부과하는 관세뿐만 아니라 특별히 매매계약에서
명시적으로 합의하지 않는 한 부가가치세 등 수입통관 시 부과되는 기타 세금을 부담해야 한
다. **1**

⑧ FAS(Free Alongside Ship, 선측인도규칙)(Insert named port of shipment)

> "Free Alongside Ship" means that the seller delivers when the goods are placed alongside the vessel (e.g., on a quay or a barge) nominated by the buyer at the named port of shipment. The risk of loss of or damage to the goods passes when the goods are alongside the ship, and the buyer bears all costs from that moment onwards.
>
> **해설**
> "선측인도"란 물품이 지정선적항에서 매수인이 지정한 선박의 선측(부두나 바지선)에 물품이 놓인 때 매도인이 물품을 인도하는 것을 말한다. 물품의 멸실 또는 훼손의 위험은 물품이 선측에 놓인 때 이전하고, 매수인은 그 순간부터 향후의 모든 비용을 부담한다.

FAS 규칙에서 매도인은 해당되는 경우에 물품의 수출통관을 하여야 한다. **1**

⑨ FOB(Free On Board, 본선인도규칙)(Insert named port of shipment)

> "Free On Board" means that the seller delivers the goods on board the vessel nominated by the buyer at the named port of shipment or procures the goods already so delivered. The risk of loss of or damage to the goods passes when the goods are on board the vessel, and the buyer bears all costs from that moment onwards.
>
> **해설**
> "본선인도"는 물품을 지정선적항에서 매수인이 지정된 본선상에 적재함으로써 또는 이미 그렇게 인도된 물품을 조달함으로써 인도하여야 한다. 물품의 멸실 또는 훼손의 위험은 물품이 선박에 적재된 때 이전하고, 매수인은 그 순간부터 향후의 모든 비용을 부담한다.

FOB 규칙은 매도인이 물품을 지정선적항에서 매수인에 의하여 지정된 본선에 적재하여 인도하거나 이미 그렇게 인도된 물품을 조달하는 것을 의미한다. **1**

⑩ CFR(Cost and Freight, 운임포함인도규칙)

> "Cost and Freight" means that the seller delivers the goods on board the vessel or procures the goods already so delivered. The risk of loss of or damage to the goods passes when the goods are on board the vessel. The seller must contract for and pay the costs and freight necessary to bring the goods to the named port of destination.
>
> **해설**
> "운임포함인도"란 매도인이 물품을 선박에 적재하거나 또는 이미 그렇게 인도된 물품을 조달하는 것을 의미한다. 물품의 멸실 또는 훼손의 위험은 물품이 선박에 적재된 때 이전한다. 물품이 선박에 적재될 때 물품에 대한 멸실 또는 손상에 대한 위험은 양도된다. 매도인은 반드시 지정된 목적항까지 운송하는 데 필요한 운임과 비용을 지급하고 계약을 체결해야 한다.

CFR 규칙은 매도인은 합의된 목적항까지 운송계약 체결 의무가 있으나, 물품인도는 본선에 적재함으로써 또는 그렇게 인도된 물품을 조달함으로써 인도하여야 한다. **1**

⑪ CIF(Cost, Insurance and Freight, 운임 · 보험료포함인도규칙)(Insert named port of destination)

> "Cost, Insurance and Freight" means that the seller delivers the goods on board the vessel or procures the goods already so delivered. The risk of loss of or damage to the goods passes when the goods are on board the vessel. The seller must contract for and pay the costs and freight necessary to bring the goods to the named port of destination.
>
> The seller also contracts for insurance cover against the buyer s risk of loss of or damage to the goods during the carriage. The buyer should note that under CIF the seller is required to obtain insurance only on minimum cover. Should the buyer wish to have more insurance protection, it will need either to agree as much expressly with the seller or to make its own extra insurance arrangements.
>
> 해설
> "운임 · 보험료 포함인도"는 매도인이 선박에 적재하거나 또는 이미 그렇게 인도된 물품을 조달하는 것이다. 물품에 대한 멸실 또는 손상에 대한 위험은 물품이 본선상에 인도된 때 양도된다. 매도인은 반드시 지정된 목적항에 물품을 운송하는 데 필요한 운임과 이를 지급하는 계약을 체결해야 한다. 매도인은 또한 운송 중에 물품이 멸실되거나 손상되는 매수인의 위험에 대하여 보험계약에 대하여 보험계약을 체결한다. 매수인은 CIF 조건하에서 매도인이 최소한의 부보에 근거한 보험계약 체결이 요구된다. 매수인이 이보다 더 큰 부보조건을 원한다면 그는 매도인과 명시적으로 담보의 정도를 합의하거나, 자신의 부담으로 추가 보험계약을 체결할 필요가 있다.

CIF 규칙에서 매도인이 부보하는 보험금액은 최소한 매매계약에서 약정된 대금에 10%를 더한 금액이어야 한다. **1**

## 2. 선하증권(B/L, Bill of Lading)

### (1) 개요

① 개념

㉠ 송화인에 대하여 특정선박에 특정화물이 적재되었다는 사실을 기재하고 수령한 화물의 운송과 인도를 약속하기 위하여 선주 또는 선장이 서명하여 발행한 문서이다.

㉡ B/L은 운송인(선사)이 작성하여 송화인에게 교부한다.

㉢ 선하증권에는 필수기재사항이 기재되고 운송인이 기명날인 또는 서명하여야 한다. **1**

② 성격
  ㉠ 운송계약 증빙
    • 선하증권은 운송인이 발신인으로부터 물품을 수령했다는 수령증으로 기능한다. **1**
    • 선하증권은 그 자체가 계약서는 아니므로 운송계약의 직접적인 증거가 아니고 추정적 증거(Prima Facie Evidence)가 된다. **4**
    • 선화증권은 운송계약서는 아니지만 운송인과 송화인 간에 운송계약이 체결되었음을 추정하게 하는 증거증권의 기능을 가진다.
  ㉡ 권리증권
    • 선의의 소지인에 대하여 그것과 상환으로 선적화물을 인도할 것을 확약한 권리증권이다. **1**
    • 선하증권(B/L)은 운송인이 계약에 따라 증권의 정당한 소지인에게 인도받는 화물을 전달할 것을 약속하는 유가증권이다. **1**
    • 선하증권은 증권의 소지인이 물품의 정당한 권리자임을 증명하는 증빙서류로서 기능한다. **1**
  ㉢ 유통증권
    • 선하증권은 유가증권으로서 배서 또는 양도에 의해 소유권이 이전되는 유통증권이다.
    • 선하증권은 누구를 화물의 수하인으로 발행하느냐에 따라 유통선하증권이 되기도 하고, 비유통선하증권이 되기도 한다. **1**
  ㉣ 인도청구권
    • 선하증권의 소지인은 물품이 도착하면 선하증권을 내주고 물품을 찾을 수 있는 인도청구권을 가진다. **1**
    • 2인 이상의 선하증권 소지인이 운송물의 인도를 청구한 때에는 선장은 지체없이 운송물을 공탁하고 각 청구자에게 그 통지를 하여야 한다. **1**
    • 운송인이 선하증권에 기재된 통지수령인에게 운송물에 관한 통지를 한 때에는 발신인 및 선하증권소지인과 그 밖의 물품수신인에게 통지한 것으로 본다. **1**
      - 양륙항에서 수통의 선하증권 중 1통을 소지한 자가 운송물의 인도를 청구하는 경우에는 선장은 그 인도를 거부하지 못한다. **1**

### 해상화물운송장(SWB, SeaWay Bill)

1. 개념
   ① 선하증권과 마찬가지로 운송계약의 증거, 화물 수취의 증거로 발행되는 운송서류이다. **3**
   ② 해상화물운송장에는 해상화물운송장임을 표시하는 것 외에 선하증권의 기재사항을 기재하고 운송인이 기명날인 또는 서명하여야 한다. **1**
   ③ 해상화물운송장은 당사자 사이의 합의에 따라 전자식으로도 발행할 수 있다. **2**
   ④ 선하증권이 발행되면 해상화물운송장은 발행되지 않는다. **4**

2. 특징

　① 비권리증권

　　㉠ 해상화물운송장은 소지하고 있더고 하더라도 권리증서의 기능이 없으므로 수하인 이외에 제3
　　　자가 물품에 대한 권리를 주장할 수 없다. **5**

　　㉡ 권리증서로서의 기능이 없으므로 송하인은 수하인이 인도를 청구하기 전까지 자유롭게 수하인
　　　을 변경할 수 있다. **1**

　② 비유가증권 : 해상화물운송장은 단순히 화물의 수취증이며, 양륙지에서 화물과 상환으로 제출되
　　는 것을 요구하지 않으므로 유가증권이 아니다. **2**

　③ 비유통증권

　　㉠ 선하증권과는 달리 기명식, 비유통증권으로만 발행된다. **3**

　　㉡ 운송인이 운송물을 인도함에 있어서 수령인이 해상화물운송장에 기재된 수하인 또는 그 대리
　　　인이라고 믿을 만한 정당한 사유가 있는 때에는 수령인이 권리자가 아니라고 하더라도 운송인
　　　은 그 책임을 면한다. **1**

## 전자선하증권

1. 개념

　① 전자선하증권은 운송인이 선하증권을 서면으로 발행하는 대신에, 법무부가 지정하는 등록기관에
　　전자선하증권을 등록하는 방식으로, B/L을 전자문서로 유통하는 제도이다. **1**

　② 전자선하증권의 권리자란 등록기관으로부터 최초로 전자선하증권을 발행받은 자 또는 전자선하
　　증권의 양수인을 말한다. **2**

2. 특징

　① 전자선하증권이 발행된 경우에는 선하증권, 용선계약부선하증권, 해상화물운송장의 운송증서를
　　발행할 수 없다. **5**

　② 전자선하증권의 권리자는 지정된 등록기관을 통하여 상대방에게 송신하는 방식으로 그 권리를 양
　　도할 수 있다. **1**

3. 전자선하증권 등의 보존

　등록기관의 업무준칙에는 전자선하증권 및 그 발행·양도와 양수·전환·변경 등에 관련된 전자기
　록을 다음 각 호의 기간 이상 보존하는 내용을 규정하여야 한다.

　① 운송물의 인도가 이루어진 경우 인도한 날부터 10년

　② 운송물의 인도가 이루어지지 아니한 경우에는 전자선하증권기록이 작성된 날부터 10년 **2**

　③ 서면선하증권으로 전환된 경우에는 해당 전자선하증권의 전자등록부를 폐쇄한 날부터 10년

## (2) 종류

① 수하인 지명방식에 따른 구분

    ㉠ 기명식 선하증권(Straight B/L) **1**

- 선하증권의 수하인란에 수하인의 성명 또는 상호 및 주소가 기재된 선하증권으로 화물에 대한 권리가 수화인에게 귀속되는 선화증권 **1**
- 선하증권에 기재된 특정 수하인이 아니면 원칙적으로 화물을 수령할 수 없다. **1**
- 기명식 선화증권은 화물의 전매나 유통이 어렵다. **1**

    ㉡ 지시식 선하증권(Order B/L) : Order B/L은 수화인란에 특정인을 기재하고 있지 않은 선하증권이다. **1**

② 통선하증권(Through B/L)

    ㉠ 개념

- 통과선하증권은 첫 번째 운송업자가 그 전운송구간에 대하여 발행하는 선하증권으로 최초의 운송업자가 전 구간의 운송에 대하여 모든 책임을 진다. **5**
- 선사 및 운송주선인이 최초화물 인수 시 발급한다. **2**

    ㉡ 특징

- 환적에 따른 절차 및 비용을 감소하고자 하는 경우 사용된다. **1**
- 통과선하증권은 환적선하증권과 유사한 용도를 가지고 있으나 환적할 때마다 운송계약을 맺는 불편과 비용절감을 위하여 사용된다. **1**

③ 환적선하증권(Transshipment B/L)

    ㉠ 개념

- 운송경로의 표시에 있어 도중의 환적을 증권면에 기재한 선하증권을 말한다.
- 물품이 운송되다가 중간에 다른 운송수단으로 환적될 수 있다는 사실을 기재한 선하증권을 말한다. **1**

    ㉡ 특징

- 하나의 운송수단으로 도착지까지 운송되지 않고 여러 운송수단을 통하여 운송되는 경우에 사용된다. **1**
- 환적선하증권은 도착지까지 여러 운송수단을 통하여 운송되는 경우에 사용되며 각 구간의 운송인이 자신의 운송구간에 대해서 책임을 진다. **2**
- Transshipment B/L이 각 구간의 운송인이 자신의 운송구간에 대해서 책임을 진다면, Through B/L은 최초의 선하증권 발행인이 전 구간에 걸쳐 책임을 진다. **1**

④ 제3자선하증권(Third Party B/L)

　㉠ 무역거래의 당사자(수출상)가 아닌 다른 자가 송하인으로 발행되는 선하증권이며 주로 중계
무역에 이용된다.

　㉡ Third Party B/L을 사용하면 물건을 보내는 사람이 선하증권에 기재되지만 실제 신용장의
수익자는 제3자가 된다. **1**

　㉢ 선하증권상의 송하인이 수익자가 아닌 선하증권으로, 수익자 대신 관세사 등 통관대리인이
송하인을 대신하여 선적하는 경우 등에 사용된다. **3**

⑤ Switch B/L

　㉠ 개념

　　• 중계무역에서 실제 공급자가 중계업자를 수하인으로 선하증권을 발행하고, 이를 근거로
중계업자가 최종매수인을 수하인으로 하여 발행하는 선하증권이다. **1**

　　• 중계무역업자가 본래의 선하증권을 근거로 송하인, 수하인, 통지처 등을 변경하여 재발행
한 선하증권을 말한다. **3**

　㉡ 특징

　　• 무역업자가 실공급자와 실수요자를 모르게 하기 위하여 사용하는 B/L로서 중계무역에 사
용된다.

　　• Switch B/L은 송하인, 수하인, 통지처 등을 변경하여 재발행한다. 단, 선박명, 선적항,
도착지 등은 변경할 수 없으므로 주의해야 한다. **1**

　**예시** Switch B/L이 발행되는 상황 **1**

• 부산에 소재하는 중계무역상 A가 일본에 있는 B로부터 물품을 구매하여 영국에 있는 C에게
판매하고자 한다.

• 이를 위해 동경에서 부산으로 물품을 반입하여 포장을 변경한 다음 영국행 선박에 적재하였다.

• A는 이 물품에 대해 송하인과 수하인, 통지처 등의 사항을 변경한 선하증권을 선사로부터 다
시 발급받았다.

⑥ Stale B/L : Stale B/L은 선하증권의 제시 시기가 선적일 후 21일이 경과하는 등 필요 이상으
로 지연되었을 때 그렇게 지연된 B/L을 말한다. **1**

---

### Back Dated B/L

실제 선적일보다 소급된 일자로 발행일로 하여 발행된 선하증권을 말하며, 신용장의 요건을 충족시키는
일자를 발행일로 하여 발급된다. **3**

⑦ Surrender B/L

　　㉠ 송화주에게 발행된 유통성 선하증권을 송화주가 배서하여 운송인에게 반환함으로써, 선하증권의 유통성이 소멸된 B/L을 말한다.

　　㉡ 선화증권의 권리증권 기능을 포기한 것으로서 선화증권 원본 없이 전송 받은 사본으로 화물을 인수할 수 있도록 발행된 선화증권

> 선적서류보다 물품이 먼저 목적지에 도착하는 경우, 수입화주가 화물을 조기에 인수하기 위해 사용할 수 있는 서류로는 해상화물운송장(SeaWay bill), Surrender B/L, L/G(Letter of Guarantee)이 있다.

⑧ Groupage B/L와 House B/L

　　㉠ Groupage B/L : 컨테이너를 이용하여 화물을 수출함에 있어 선사가 포워더에게 발행하는 서류로 Master B/L이라고도 한다.

　　㉡ House B/L **1** : 혼재를 주선한 운송주선인이 운송인으로부터 Master B/L을 받고 각 화주들에게 발행해 주는 선하증권이다.

**심화** **재래선의 경우 선하증권 발행절차 1**

1. 선복요청서(Shipping Request ; S/R)
2. 요청승낙 및 선복예약서 (Booking Note) 작성
3. 운송인은 송하인에게 선적지시서(Shipping Order ; S/O)를 교부
4. 송하인은 선적업자에 S/O를 제출하고 물품을 선적한 후, 본선수취증(Mate's Receipt ; M/R)을 본선에서 수취하여 운송인에게 제출
5. 운송인은 M/R을 수령하고 B/L을 송하인에게 발행

**심화** **상법 제853조(선하증권의 기재사항)**

선하증권에는 다음 각 호의 사항을 기재하고 운송인이 기명날인 또는 서명하여야 한다.
1. 선박의 명칭 · 국적 및 톤수 **1**
2. 송하인이 서면으로 통지한 운송물의 종류, 중량 또는 용적, 포장의 종별, 개수와 기호
3. 운송물의 외관상태 **2**
4. 용선자 또는 송하인의 성명 · 상호 **1**
5. 수하인 또는 통지수령인의 성명 · 상호 **1**
6. 선적항
7. 양륙항
8. 운임
9. 발행지와 그 발행연월일 **1**
10. 수통의 선하증권을 발행한 때에는 그 수
11. 운송인의 성명 또는 상호
12. 운송인의 주된 영업소 소재지

# 3. 항공화물운송장(AWB, Air Way Bill)

## (1) 개념

① 송하인과 운송인과의 사이에 화물의 운송계약이 체결되었다는 것을 나타내는 증거서류이다. **1**

② 항공화물운송장은 3통의 원본과 6부 이상의 부본이 1세트로 발행되는데, 원본은 항공사용(for carrier), 수하인용(for consignee), 화주용(for shipper)으로 사용된다. **3**

③ 항공화물운송장의 부본은 항공사간 운임정산 및 대리점용으로 활용된다. **1**

> **심화** 📈 | **상법 제923조(항공화물운송장의 발행)**
>
> 항공화물운송장 중 제1원본에는 "운송인용"이라고 적고 송하인이 기명날인 또는 서명하여야 하고, 제2원본에는 "수하인용"이라고 적고 송하인과 운송인이 기명날인 또는 서명하여야 하며, 제3원본에는 "송하인용"이라고 적고 운송인이 기명날인 또는 서명하여야 한다. **1**

## (2) 특징

① 송하인은 항공화물운송장에 적었거나 운송인에게 통지한 운송물의 명세 또는 운송물에 관한 진술이 정확하고 충분함을 운송인에게 담보한 것으로 본다. **1**

② 송하인은 운송물의 명세 또는 운송물에 관한 진술이 정확하지 아니하거나 불충분하여 운송인이 손해를 입은 경우에는 운송인에게 배상할 책임이 있다. **1**

③ 2개 이상의 운송물이 있는 경우에는 운송인은 송하인에 대하여 각 운송물마다 항공화물운송장의 교부를 청구할 수 있다. **1**

④ 운송인은 기재사항을 전산정보처리조직에 의하여 전자적 형태로 저장하거나 그 밖의 다른 방식으로 보존함으로써 항공화물운송장의 교부에 대체할 수 있다. **1**

## (3) 기능

① 화물인도증서

ㄱ 운송인은 항공화물운송장에 적힌 운송물의 중량, 크기, 포장개수 및 외관상태 대로 운송물을 수령한 것으로 추정한다. **1**

ㄴ 항공화물운송장은 운송계약의 증거, 화물수령증, 보험증서, 송장, 청구서, 수입통관자료, 운송인에 대한 송하인의 지시서, 수하인에의 화물인도증서의 역할을 한다.

ㄷ 항공화물운송장은 원칙적으로 송하인이 작성하고 상환증권의 성격을 갖지 않는다.

② 비유통성

ㄱ 화물의 수령 및 운송계약체결을 증명하는 단순한 증거서류에 지나지 않고 유통이 금지된 비유통증권이며 유가증권이 아니다. **1**

ⓛ 항공화물운송장은 화물의 운송계약체결의 증거이며, 화주로부터 화물을 수령하였다는 기능을 가지고 있으나 비유통 증권이다. **1**

ⓒ 수취식으로 발행된다.

ⓔ 일반적으로 기명식으로 발행되어 유통성이 없다. **7**

# 실전
# 모의고사

# 실전모의고사

**01** 자유무역협정에 대한 설명으로 맞는 것은?

① WTO체제의 기본원칙 중 FTA와 관련이 깊은 원칙은 '시장접근보장' 원칙인데, FTA는 협정의 대상이 된 국가 또는 지역에 대하여 특혜를 부여하게 되므로, 특혜를 배제하고 국가 간에 평등하게 대우할 것을 규정한 시장접근보장 원칙과 배치되기 때문이다.

② WTO는 GATT의 원칙과 협정을 수용하였으며, GATT 제24조(영토적 적용, 국경무역, 관세동맹 및 자유무역지역)에 의하여 FTA가 허용되고 있으므로 모든 형태의 조약과 협정이 GATT 제24조에 부합하는 것이라면 모두 자유무역협정으로 인식한다.

③ FTA는 공산품, 농산물, 서비스, 지적재산권 등을 기본으로 하고 환경, 노동 등 분야까지 광범위하게 포괄하고 있다.

④ 수출자가 활용할 수 있는 FTA가 중복될 때에는 적용가능한 FTA 중 더 낮은 세율의 FTA를 사용해야 한다.

**02** FTA 관세특례법상 정의에 대한 설명으로 맞는 것은?

① "체약상대국"이란 우리나라와 협정을 체결한 국가(국가연합 · 경제공동체 또는 독립된 관세영역을 제외한다)를 말한다.

② "협정관세"란 협정에 따라 체약상대국을 원산지로 하는 수출물품에 대하여 관세를 철폐하거나 세율을 연차적으로 인하하여 부과하여야 할 관세를 말한다.

③ "세번변경기준"이란 법 제7조제1항제2호가목에 따라 해당 물품이 2개국 이상에 걸쳐 생산된 경우로서 해당 물품의 통합품목분류표상의 품목번호와 해당 물품의 생산에 사용된 원산지재료의 품목번호가 일정 단위 이상이 다른 경우 해당 물품을 최종적으로 생산한 국가를 원산지로 인정하는 기준을 말한다.

④ "영해"란 협정에서 다르게 정하는 경우를 제외하고는 「해양법에 관한 국제연합 협약」에 따라 결정된 기선으로부터 12해리 이내의 수역으로서 국제법 및 각 체약당사국의 국내법에 따라 주권이 미치는 수역을 말한다.

**03** 한–아세안 FTA에 따라 필리핀이 '민감품목'으로 지정한 X품목의 관세율이 다음과 같다고 할 때 필리핀에서 X품목을 우리나라로 수입할 때 적용되는 관세율로 맞는 것은? (단, X품목에 대한 필리핀의 관세율은 6%이다.)

- 기본세율 : 8%
- 한–아세안 FTA 협정세율 : 2%
- WTO 양허세율(MFN) : 7%
- APTA 관세율 : 7%

① 2%  ② 6%
③ 7%  ④ 8%

**04** FTA 관세특례법상 특혜적용요건에 대한 설명으로 맞는 것은?

① 한–미 FTA하에서 중개무역의 이유로 체약당사국이 아닌 제3국 소재회사가 발행한 원산지증명서는 유효한 것으로 인정되지 않는다.

② 한–EU FTA에서는 EU 각 개별 회원국만 당사국으로 인정되므로 EU 역내에서 가공생산되고 협정상 원산지기준을 충족하는 물품은 협정관세적용 대상이 아니다.

③ FTA는 협정에 따라 생산자, 수출자, 수입자의 개념을 모두 규정하는 경우, 생산자와 수출자의 정의만 규정하는 경우, 수입자의 정의만 규정하는 경우로 구분된다.

④ 제3국에서 발행된 송품장 원산지신고서의 경우 원산지증명서로 볼 수 있으므로 유효한 원산지 증명서가 된다.

**05** FTA 관세특례법상 협정관세의 적용신청 등에 대한 설명으로 맞는 것은?

① 협정관세의 적용을 신청할 때에 수입자는 원산지증빙서류를 갖추고 있어야 하며, 수입신고시 수리전까지 세관장에게 제출하여야 한다.

② 수입자가 협정관세의 적용을 신청할 당시에 갖추어야 할 원산지증명서는 수입신고수리일을 기준으로 원산지증명서 유효기간 이내의 것이어야 한다.

③ 세관장은 협정관세의 적용신청을 받은 경우에 관세를 체납하고 있는 자가 수입하는 물품(체납액이 10만원 미만이거나 체납기간이 7일 이내인 경우는 제외)은 수입신고를 수리하기 전에 심사한다.

④ 수입자는 세관장이 수입자가 신고한 품목분류와 다른 품목분류를 적용하여 「관세법」 제38조의3제6항(경정) 또는 제39조제2항(부족액 징수)에 따라 관세를 징수하는 경우 납부고지를 받은 날부터 30일 동안 협정관세의 사후적용을 신청할 수 있다.

**06** FTA 관세특례법상 원산지증명서 유효기간에 대한 설명으로 맞는 것은?

① 이스라엘과의 협정 : 발급일 다음날부터 1년
② 인도네시아와의 협정 : 발급일 또는 서명일부터 2년
③ 미합중국과의 협정 : 서명일부터 1년
④ 호주와의 협정 : 발급일 또는 서명일부터 2년


**07** 한-호주 FTA 중 원산지증명서 발급기관으로 틀린 것은?

① 호주산업협회(Australian Industry Group)
② International Export Certification Services
③ 호주상공회의소(Australian Chamber of Commerce and Industry)
④ 호주세관(Australian customs)


**08** FTA협정별 기관발급 원산지증명서 발급신청자로 틀린 것은?

① 아세안회원국과의 협정 : 수출자 또는 생산자 또는 권한을 위임받은 그들의 대리인
② 이스라엘과의 협정 : 수출자, 생산자 또는 수출자의 책임하에 그의 권한을 부여받은 대리인
③ 중국과의 협정 : 수출자, 생산자 또는 수출자의 책임하에 그의 권한을 부여받은 대리인
④ 싱가포르와의 협정 : 수출자 또는 생산자, 수출자, 생산자 또는 수출자로부터 권한을 위임받은 대리인


**09** FTA 관세특례법령상 수출물품에 대한 원산지증명서의 발급절차에 대한 설명으로 맞는 것은?

① 원산지증명서의 발급을 신청하려는 자는 수출신고수리가 완료되기 전까지 원산지증명서 발급 신청서에 신청필요서류를 첨부하여 증명서발급기관에 제출해야 한다.
② 개성공업지구에서 생산된 물품의 경우에는 개성공단 국내제조확인서를 제출하여 필요서류를 갈음할 수 있다.
③ 수출자와 생산자가 다른 경우 생산자는 원산지소명서를 증명서발급기관에 직접 제출할 수 있다.
④ 원산지증명서의 발급을 신청하려는 자는 서면으로 증명서발급기관에 신청하는 것을 원칙으로 한다. 다만, 증명서발급기관의 장이 인정하는 경우에는 전자적인 방법으로 신청할 수 있다.

**10** 다음 중 한-EU FTA 원산지증명서의 발급방식에 대한 설명으로 맞는 것은?

① 한-EU FTA 원산지증명서는 수출자가 자율적으로 작성·서명한 것으로 원산지인증수출자만이 발급 가능하다.

② 한-EU FTA 원산지인증수출자가 수출국 세관당국에 서면확인서를 제출한 경우에는 성명과 서명을 생략할 수 있다.

③ 총 가격이 700달러 초과하지 아니하는 물품의 모든 수출자는 원산지증명서를 발급할 수 있으며 이 경우 물품의 총 가격은 단일 운송서류(운송서류가 없는 경우에는 송품장을 말한다)에 의하여 단일 수출자로부터 단일 수하인에게 일시에 송부된 물품의 총가격을 기준으로 계산한다.

④ 총 가격 계산 시 단일 수출자로부터 단일 수하인에게 동시에 송부된 물품이 여러 개인 경우에는 동시에 송부된 물품 가격을 합계하지 않고 각각 건별로 계산한다.

**11** FTA 관세특례법령상 원산지확인서에 대한 설명으로 맞는 것은?

① 관세청장은 「농수산물 품질관리법 시행규칙」에 따른 농산물이력추적관리등록증, 수산물이력추적관리등록증 또는 그 밖에 이와 유사한 서류를 원산지확인서로 인정하여 고시할 수 있다.

② 원산지확인서는 그 정의와 형태는 국가별로 상이하나 협정상 내용을 국내입법화한 제도이다.

③ 수출물품의 생산에 사용되는 재료 또는 최종물품을 생산하거나 공급하는 자("재료 또는 최종물품 생산자등")는 생산자 또는 수출자의 요청이 있는지 여부에 관계 없이 해당 재료 또는 최종물품의 원산지확인서를 생산자 또는 수출자에게 제공하여야 한다.

④ 수출물품의 생산에 사용되는 재료 또는 최종물품을 동일한 생산자 또는 수출자에게 장기간 계속적·반복적으로 공급하는 재료 또는 최종물품 생산자등은 생산자 또는 수출자의 요청이 있는 경우 수입신고수리일로부터 12개월을 초과하지 아니하는 범위에서 최초의 원산지확인서를 반복하여 사용할 수 있는 확인서를 작성하여 제공할 수 있다.

**12** FTA 협정별 원산지증명서 서식 및 증명방법에 대한 설명으로 맞는 것은?

① 한-인도 CEPA : 양국 간 각자 증명서식

② 한-캄보디아 FTA : 송품장 신고방식

③ 한-미 FTA : 통일증명양식

④ 한-이스라엘 FTA : 통일증명양식

**13** FTA 관세특례법상 업체별 원산지 인증수출자의 인증요건으로 맞는 것은?

① 수출실적이 있는 물품 또는 새롭게 수출하려는 물품이 원산지 결정기준을 충족하는 물품(품목번호 4단위를 기준으로 한다)임을 증명할 수 있는 전산처리시스템을 보유하고 있거나 그 밖의 방법으로 증명할 능력이 있을 것

② 원산지인증수출자 인증신청일 이전 최근 1년간 서류의 보관의무를 위반한 사실이 없을 것

③ 원산지인증수출자 인증신청일 이전 최근 1년간 속임수 또는 부정한 방법으로 원산지증명서를 발급신청하거나 작성ㆍ발급한 사실이 없을 것

④ 원산지증명서 작성대장을 비치ㆍ관리하고 기획재정부령으로 정하는 원산지관리전담자를 지정ㆍ운영할 것

**14** FTA 관세특례법상 체약상대국의 요청에 따른 원산지조사결과 통지기간으로 맞는 것은?

① 인도 : 조사 요청일부터 3개월. 다만, 인도의 관세당국과 협의하여 인도와의 협정에 따라 조사 요청을 접수한 날부터 6개월의 범위에서 그 기간을 연장할 수 있다.

② 이스라엘 : 조사 요청일부터 10개월. 다만, 이스라엘 관세당국이 추가 정보를 요청하는 경우에는 그 요청을 받은 날부터 30일 이내에 해당 정보를 제공해야 한다.

③ 역내경제협정당사국 : 조사 요청을 접수한 날부터 90일

④ 튀르키 : 조사 요청일을 접수한 날의 다음날부터 10개월

**15** FTA 관세특례법령상 섬유 관련 물품에 대한 미합중국의 요청에 따른 원산지 조사에 관한 설명으로 맞는 것은?

① 관세청장은 미합중국과의 협정에 따라 미합중국에 수출된 미합중국과의 협정에 따른 품목("섬유 관련 물품")에 대하여 미합중국의 관세당국으로부터 수출물품에 대한 원산지증빙서류의 진위 여부와 그 정확성 등에 관한 확인을 요청받은 경우 요청받은 날부터 12개월 이내에 확인에 필요한 조사를 완료하여야 한다.

② 관세청장은 조사를 완료하였을 때에는 미합중국 관세당국이 요청한 날부터 6개월 이내에 관련 증빙자료 등을 포함하여 조사결과서를 미합중국의 관세당국에 통지하여야 한다.

③ 관세청장은 수출물품에 대한 원산지 조사를 할 때 미합중국의 관세당국으로부터 미합중국과의 협정에 따른 원산지 검증 요청(공동현장방문 및 미합중국의 검증지원 요청을 포함한다)을 받은 경우에는 특별한 사정이 없으면 허락하여야 한다.

④ 세관장은 미합중국과의 협정에 따라 공동현장방문을 할 때에는 사전통지하여야 하며, 이 경우 조사대상자가 미합중국 관세당국의 현지조사에 동의하지 아니하면 현지조사를 할 수 없다.

**16** FTA 관세특례법령상 원산지조사기간 중 협정관세 적용보류에 관한 설명으로 다음 빈칸에 들어갈 단어로 맞는 것은?

> 세관장은 제17조에 따른 원산지 조사를 하는 경우 또는 원산지 확인 요청을 한 경우에는 기획재정부령으로 정하는 기간[수입자에게 (　　　)부터 (　　　)] 동안 조사대상자가 추가로 수입하는 동종 동질의 물품에 대하여 대통령령으로 정하는 바에 따라 협정관세의 적용을 보류할 수 있다. 이 경우 그 보류 대상은 해당 조사대상 물품의 동일한 수출자 또는 생산자로부터 수입하는 물품으로 한정한다.

① 서면조사를 통지한 날 – 원산지 조사 결과를 통지한 날
② 서면조사를 통지한 날 – 원산지 조사 결과를 통지한 날의 다음 날
③ 서면조사를 통지한 날의 다음 날 – 원산지 조사 결과를 통지한 날
④ 서면조사를 통지한 날의 다음 날 – 원산지 조사 결과를 통지한 날의 다음 날

**17** FTA 관세특례법령상 긴급관세조치에 관한 설명으로 맞는 것은?

① 기획재정부장관은 협정에서 정하는 범위에서 체약상대국을 원산지로 하는 특정 물품의 수입 증가로 인하여 같은 종류의 물품 또는 직접적인 경쟁관계에 있는 물품을 생산하는 국내 산업의 심각한 피해 또는 국내 시장의 교란이 발생하거나 발생할 우려("심각한 피해등")가 있다고 대통령령으로 정하는 조사를 통하여 확인한 경우에는 그 심각한 피해등을 구제하기 위하여 필요한 범위에서 해당 물품에 대하여 대통령령으로 정하는 바에 따라 협정관세의 연차적인 인하 적용을 중지하거나 세율을 인상하는 등의 조치("긴급관세조치")를 할 수 있다.

② 무역위원회는 조사를 시작하거나 신청인으로부터 조사의 신청을 받았으나 조사를 시작하지 아니하기로 결정하였을 때에는 그 사실을 기획재정부장관에게 즉시 통보하여야 하며, 무역위원회는 조사를 시작하였을 때에는 그 사실을 수출국정부 및 수출자에게 서면으로 통보하여야 한다.

③ 기획재정부장관은 협정에서 정하는 바에 따라 체약상대국을 원산지로 하는 동일 물품에 대하여 긴급관세조치와 「관세법」에 따른 긴급관세를 부과하는 조치를 동시에 적용할 수 있다.

④ 잠정긴급관세조치의 기간은 200일(칠레를 원산지로 하는 수입물품에 대해서는 120일을, 페루 및 인도네시아를 원산지로 하는 수입물품에 대해서는 160일을 말한다)을 초과할 수 없다.

**18** FTA 협정별 특송화물 통관특례규정에 대한 설명으로 맞는 것은?

① 한-뉴질랜드 FTA : 통상적인 상황 하에서, 미화 150달러 이하 특송화물에 대하여 관세가 부과되지 아니할 것이고 공식적인 반입서류도 요구되지 아니할 것임을 규정한다.

② 한-콜롬비아 FTA : 통상적인 상황 하에서, 미화 100달러 이하 특송화물에 대하여 관세가 부과되지 아니할 것이고 공식적인 반입서류도 요구되지 아니할 것임을 규정한다.

③ 한-중미 FTA : 통상적인 상황 하에서, 미화 200달러 이하 특송화물에 대하여 관세가 부과되지 아니할 것임을 규정한다. 공식적인 반입서류는 각 당사국의 법과 규정에 따라 간소화된다.

④ 한-미 FTA : 통상적인 상황 하에서, 미화 150달러 이하 특송화물의 경우 관세 또는 세금이 부과되지 아니할 것이고 공식적인 반입서류도 요구되지 아니할 것임을 규정한다.

**19** FTA 관세특례법령상 원산지 등에 대한 사전심사에 대한 설명으로 맞는 것은?

① 협정관세의 적용에 대한 기초가 되는 사항으로서 원산지결정기준의 충족 여부 등 대통령령으로 정하는 사항에 대하여 의문이 있는 자(체약상대국의 수출자 및 생산자에 한정한다)는 해당 물품의 수입신고를 하기 전에 관세청장에게 대통령령으로 정하는 서류를 갖추어 사전심사하여 줄 것을 신청할 수 있다.

② 사전심사의 유효기간은 결과통지일로부터 3년이다.

③ 해당물품의 생산에 사용된 재료의 원산지표시에 관한 사항 등은 사전심사의 대상이다.

④ 관세청장은 제출된 서류가 미비하여 원산지결정기준의 충족 여부 등의 신청사항을 사전심사하기가 곤란하다고 인정될 때에는 20일 이내의 기간을 정하여 보정을 요구할 수 있다.

**20** FTA 관세특례법령상 관세청장이 협정을 통일적이고 효율적으로 시행하기 위하여 협정에서 정하는 바에 따라 체약상대국의 관세당국과 협력할 수 있는 사항으로 틀린 것은?

① 다른 법률에 저촉되지 아니하는 범위에서의 정보 교환

② 협정을 통일적으로 이행하고 효율적으로 시행하기 위하여 필요한 사항으로서 대통령령으로 정하는 사항

③ 체약상대국의 관세당국과 자율발급 방식에 따라 작성하는 원산지증명서에 포함되는 정보를 전자적으로 교환하는 시스템의 구축·운영

④ 세관기술의 지원

**21** FTA 관세특례법령상 협정관세의 적용제한 사유에 대한 설명으로 맞는 것은?

① 원산지증빙서류의 기재사항을 단순한 착오로 잘못 기재한 것으로서 원산지결정에 실질적인 영향을 미치지 아니하는 경우

② 체약상대국수출자등이 관세청장 또는 세관장의 서면조사에 대하여 기획재정부령으로 정하는 기간 이내에 회신하지 아니한 경우 또는 관세청장 또는 세관장의 현지조사에 대한 동의 요청에 대하여 기간 이내에 동의 여부에 대한 통보를 하지 아니하거나 특별한 사유 없이 동의하지 아니하는 경우

③ 사전심사를 신청한 수입자가 사전심사의 결과에 영향을 미칠 수 있는 자료를 실수로 제출하지 아니한 경우

④ 관세청장 또는 세관장이 원산지의 정확성 여부를 확인할 수 없는 경우로서 기획재정부령으로 정하는 사유에 해당되는 경우

**22** FTA 관세특례법령상 체약당사국의 조사결과 회신기간에 대한 설명으로 맞는 것은?

① 중국의 관세당국에 요청한 경우 : 중국의 관세당국이 원산지확인 요청을 접수한 날부터 10개월

② 호주의 증명서발급기관에 요청한 경우 : 관세청장 또는 세관장이 호주의 증명서발급기관에 원산지확인을 요청한 날부터 30일. 다만 호주와의 협정에 따라 관세청장 또는 세관장은 호주의 증명서발급기관이 회신기간의 연장을 요청한 경우에는 30일을 초과하지 아니하는 범위에서 그 기한을 연장할 수 있다.

③ 유럽자유무역연합회원국의 관세당국에 요청한 경우 : 관세청장 또는 세관장이 원산지확인을 요청한 날부터 150일

④ 인도의 증명서발급기관에 요청한 경우 : 인도의 증명서 발급기관이 원산지확인 요청을 접수한 날부터 3개월. 다만, 관세청장 또는 세관장이 필요하다고 인정하는 경우에는 인도와의 협정에 따라 해당 확인요청이 접수된 날부터 30일의 범위에서 그 기간을 연장할 수 있다.

**23** FTA 관세특례법령상 협정관세 적용제한자의 지정 및 지정해제에 대한 설명으로 맞는 것은?

① 세관장은 협정에서 정하는 바에 따라 최근 5년간 3회 이상 반복적으로 원산지증빙서류의 주요 내용을 거짓으로 작성하거나 잘못 작성한 체약상대국수출자등을 협정관세 적용제한자로 지정할 수 있다.

② 세관장은 적용제한자로 지정된 자가 수출 또는 생산하는 동종동질의 물품 전체에 대하여 대통령령으로 정하는 바에 따라 1년(협정에서 정한 기간이 1년을 초과하는 경우에는 그 기간)의 범위에서 협정관세를 적용하지 아니할 수 있다.

③ 세관장은 적용제한자로 지정된 자가 대통령령으로 정하는 바에 따라 원산지증빙서류를 성실하게 작성하였음을 입증하는 경우에는 그 지정을 해제할 수 있다.

④ 세관장은 적용제한자 지정의 해제를 결정하였을 때에는 그 사실을 관세청장에게 보고한 후 해제를 결정한 날부터 15일 이내에 지정정보통신망에 게시하여야 하며, 필요한 경우 관할세관의 게시판에 게시할 수 있다.

**24** FTA 관세특례법상 비밀유지의무에 대한 설명으로 맞는 것은?

① 세관공무원 상호 간에 관세의 부과·징수, 통관 또는 질문·검사상의 필요에 따라 제공하는 경우에는 비밀취급자료를 자료제출자의 동의 없이 제공할 수 있다.

② 비밀취급요청을 받은 관세청장, 세관장 및 발급권한기관의 장은 제출자의 요청이 있는 경우 해당 자료를 지정하여 비밀로 취급하여야 한다.

③ 관세청장 및 세관장은 체약상대국의 관세당국이 비밀취급자료 제공을 요청하는 경우에는 자료제출자에게 그 사실을 통보하고, 자료제공에 관한 동의가 없는 경우에도 체약상대국의 관세당국에 그 자료를 제공할 수 있다.

④ 관세청장 및 세관장은 체약상대국의 관세당국에 비밀취급자료를 제공할 때에는 제공되는 자료의 비밀유지에 관한 보증서를 요구할 수 있다. 이 경우 체약상대국의 관세당국이 보증서 제공을 거부하더라도 자료제공을 거부할 수 없다.

**25** FTA 관세특례법령상 벌칙에 대한 설명으로 맞는 것은?

① 비밀유지의무를 위반하여 비밀취급자료를 타인에게 제공 또는 누설하거나 목적 외의 용도로 사용한 자는 3년 이하의 징역 또는 1천만원 이하의 벌금에 처한다.

② 과실로 협정 및 이 법에 따른 원산지증빙서류를 사실과 다르게 신청하여 발급받았거나 작성·발급한 자는 2천만원 이하의 벌금에 처한다. 다만, 원산지증빙서류의 수정 통보를 한 자는 그러하지 아니하다.

③ 원산지증빙서류의 오류 내용을 통보받고도 이를 세관장에게 세액정정·세액보정 신청 또는 수정신고를 하지 아니한 자는 1천만원 이하의 과태료를 부과한다.

④ 정당한 사유 없이 원산지증빙서류 등의 제출기간 이내에 서류를 제출하지 아니한 자는 1천만원 이하의 과태료를 부과한다.

**01** 관세율표의 해석에 관한 통칙 규정에 대한 설명으로 맞는 것은?

① 각 호에 열거된 물품에는 불완전한 물품이나 미완성된 물품이 제시된 상태에서 완전한 물품이나 완성된 물품의 본질적인 특성을 지니고 있지 않은 경우에는 그 불완전한 물품이나 미완성된 물품이 포함되는 것으로 본다.

② 각 호에 열거된 물품에는 조립되지 않거나 분해된 상태로 제시된 완전한 물품이나 완성된 물품도 제외되는 것으로 본다.

③ 각 호에 열거된 재료·물질에는 해당 재료·물질과 다른 재료·물질과의 혼합물 또는 복합물이 제외되는 것으로 본다.

④ 내용물과 함께 제시되는 포장용기는 이들이 그러한 물품의 포장용으로 정상적으로 사용되는 것으로서 명백히 반복적으로 사용하기에 적합한 것이라면 내용물과 별개로 품목분류를 하여야 한다.

**02** 관세율표의 해석에 관한 통칙 각 규정별로 적절히 연결한 품목분류 사례로 틀린 것은?

① 아동용 캐리어로 가방(제4202호)과 운반용구(제6307호)로 사용할 수 있는 물품 - 통칙 제3호 가목

② 용해성 커피(제2101호), 도자기로 만든 컵과 받침(제6912호)이 함께 종이상자에 소매용으로 포장된 물품 - 통칙 제1호

③ 플라스틱으로 만든 점프볼로 오락용(제9503호)과 운동용(제9506호)으로 사용할 수 있는 물품 - 통칙 제3호 다목

④ 빵 사이에 쇠고기를 넣은 샌드위치(제1602호)와 프렌치프라이(제2004호)를 소매 포장한 물품 - 통칙 제3호 나목

**03** 관세율표 제1부의 살아있는 동물과 동물성생산품의 품목분류에 관한 설명으로 맞는 것을 모두 고른 것은?

> ㉠ 제1부에 열거된 동물의 특정 속이나 종에는 문맥상 달리 해석되지 않는 한 그 속이나 종의 어린 것은 제외된다.
> ㉡ 관세율표에서 "건조한 것"에는 문맥상 달리 해석되지 않는 한 탈수하거나 증발시키거나 동결 건조한 것이 포함된다.
> ㉢ 관세율표 제3류에서 펠릿이란 소량의 점결제를 첨가하여 응결시킨 물품을 말한다.
> ㉣ 운송 도중에 죽은 동물이 식용에 적합한 경우에는 제0511호로 분류한다.

① ㉠, ㉡　　　　　　　　　　　　　② ㉡, ㉢
③ ㉢, ㉣　　　　　　　　　　　　　④ ㉡, ㉣

**04** 대두와 관련된 물품 중 관세율표 품목분류가 틀린 것은?

① 대두박 → 제2008호
② 대두유 → 제1507호
③ 두부 → 제2106호
④ 대두박의 단백질 함유량이 90% 이상이 되도록 농축한 것 → 제3504호

**05** 관세율표 제25류에 분류되는 광물성 생산품의 가공공정에 따른 품목분류 설명으로 맞는 것은?

① 초크는 제25류에 분류되지만 필기용 초크는 제96류에 분류한다.
② 소금은 제25류에 분류되지만 순염화나트륨은 제28류에 분류한다.
③ 천연 흑연은 제38류에 분류되지만 인조 흑연은 제25류에 분류한다.
④ 황은 제28류에 분류되지만 승화황은 제25류에 분류한다.

**06** 관세율표 제6부의 화학공업이나 연관공업 생산품에 속한 해당 류에 분류되는 물품으로 맞는 것은?

① 제32류 : 염색용 추출물, 페인트, 매스틱, 영화용 물품
② 제34류 : 비누, 유기계면활성제, 조제향료, 치과용왁스
③ 제35류 : 단백질계 물질, 변성전분, 글루(glues), 조제효소
④ 제36류 : 화약류, 화공품, 발화성 합금, 성냥, 바이오디젤

**07** 다음 중 제39류의 대한 설명으로 맞는 것은?

| 품목번호 | 품명 |
|---|---|
| 3901 | 에틸렌의 ㉠ 중합체 (㉡ 일차제품으로 한정한다) |
| ㉢ 3915 | 플라스틱의 웨이스트 · 페어링 · 스크랩 |
| 3917 | ㉣ 플라스틱의 관 · 파이프 · 호스와 이들의 연결구류(이하 생략) |

① ㉠의 중합체는 분자량이 매우 작은 물질을 말한다.

② 불규칙한 모양의블록 형태를 가지고 있는 에틸렌은 ㉡의 일차제품으로 볼 수 없다.

③ 단일 열가소성 물질의 웨이스트가 페이스트 형태로 변형된 경우에는 ㉢인 제3915호에서 제외
해서 제39류의 마지막 호에 분류한다.

④ ㉣의 "플라스틱"의개념은 제84류에 나타나는 동일 용어(예 제8465호의 "플라스틱"의 가공용
공작기계)의 개념과 차이가 없다.


**08** 고무로 만든 제품 중 관세율표 제40류(고무와 그 제품)에 분류할 수 없는 것은?

① 고무의 웨이스트

② 가황고무로 만든 파이프

③ 고무로 만든 장갑

④ 제16부에 분류되는 전기기기의 부분품으로서 경질고무로 만든 것


**09** 다음의 재료의 함량비율로 구성된 직물 중 관세율표상 제51류로 분류할 수 있는 물품으로 맞는
것은?

① 양모 20%, 동물의 부드러운 털 15%, 면 30%, 견 35%

② 아마 25%, 황마 25%, 면 5%, 양모 45%

③ 면 50%, 동물의 부드러운 털 50%

④ 폴리에스테르 필라멘트섬유 25%, 양모 45%, 비스코스레이온 스테이플섬유 30%

**10** 관세율표 제61류, 제62류(의류와 그 부속품)의 분류에 대한 설명으로 맞는 것은?

① "슈트"란 겉감이 동일 직물로 제조된 두 부분이나 세 부분으로 구성된 세트의류로서 모닝드레스[등으로부터 상당히 아래까지 둥근 밑단(tail)이 있는 클레인재킷(커터웨이)과 줄무늬가 있는 긴 바지로 구성된 것]를 포함한다.

② "앙상블(ensemble)"이란 소매용으로 판매하는 동일 직물의 여러 단으로 만든 세트의류를 말하는 것으로서 상반신용 의류 두 점, 하반신용 의류 한 점[긴 바지 · 짧은 바지(breeches)와 반바지(shorts) (수영복은 제외한다) · 스커트나 치마바지로서 멜빵과 가슴받이가 모두 없는 것으로 한정한다]으로 이루어져 있다.

③ 정사각형이나 거의 정사각형인 스카프와 이와 유사한 물품 중 각 변의 길이가 60센티미터 이하인 것은 손수건(제6214호)으로 분류하며, 어느 한 변의 길이가 60센티미터를 초과하는 것은 제6213호로 분류한다.

④ 남성용이나 소년용 의류인지, 여성용이나 소녀용 의류인지를 판별할 수 없는 의류는 남성용이나 소년용 의류에 해당하는 호로 분류한다.

**11** 관세율표 제11부(방직용 섬유와 그 제품)에 대한 설명으로 틀린 것은?

① 제11부와 이 표에서 "탄성사"란 합성섬유로 만든 필라멘트사(모노필라멘트를 포함하며 텍스처드사는 제외한다)로서 원래의 길이의 3배로 늘려도 끊어지지 않고, 원래의 길이의 2배로 늘린 후 5분 이내에 원래의 길이의 2배 이하로 되돌아가는 실을 말한다.

② 문맥상 달리 해석되지 않는 한 각각 서로 다른 호로 분류되는 "방직용 섬유의 의류"는 소매용 세트도 각각 해 당 호로 분류하며, "방직용 섬유의 의류"란 제6101호부터 제6114호까지와 제6201호부터 제6211호까지의 의류를 말한다.

③ 이 표의 메리야스 편물과 그 제품에는 스티치본딩 방식으로 만든 물품(체인스티치가 방직용 섬유의 실로 만들어진 것으로 한정한다)이 제외된다.

④ 생사를 뽑는데 적합한 누에고치는 제11부에서 제외된다.

**12** 다음 중 관세율표 제64류의 신발류와 관련된 규정(제외 규정 포함)에 대한 설명으로 틀린 것은?

① 바닥을 대지 않고 얇은 소재(🔢 종이 · 플라스틱 박판)로 만든 일회용 신발 제64류에 분류한다.

② 롤러스케이트가 붙은 스케이팅부츠는 제64류에 분류한다.

③ 스케이팅부츠, 스키부츠, 레슬링부츠, 복싱부츠, 사이클 신발은 관세율표 제64류 소호주 제1호에 따라 스포츠용 신발류에 해당된다.

④ 신발에 사용되는 끈은 신발류의 부분품이므로 제6406호에 분류한다.

## 13  다음의 합금판에 대한 적절한 품목분류로 틀린 것은?

① 구리 80%, 니켈 20% 합금의 경우 제74류로 분류한다.

② 철 30%, 강 30%, 구리 40% 합금의 경우 제74류로 분류한다.

③ 니켈 30%, 코발트 25%, 나트륨 45% 합금의 경우 제75류로 분류한다.

④ 알루미늄 30%, 코발트 25%, 나트륨 45%의 합금의 경우 제76류로 분류한다.

## 14  관세율표 제16부 주 규정의 설명으로 틀린 것은?

① 축음기 바늘용으로 가공한 사파이어나 다이아몬드로서 장착되지 않은 것은 제16부에서 제외한다.

② 제8484호 · 제8544호 · 제8545호 · 제8546호 · 제8547호의 물품의 부분품은 제16부에서 포함한다.

③ 두 가지 이상의 기계가 함께 결합되어 하나의 완전한 기계를 구성하는 복합기계는 문맥상 달리 해석 되지 않는 한 이들 요소로 구성된 단일의 기계로 분류하거나 주된 기능을 수행하는 기계로 분류한다.

④ 하나의 기계가 각종 개별기기로 구성되어 있는 경우에 이들이 제84류나 제85류 중의 어느 호에 명백하게 규정된 기능을 함께 수행하기 위한 것일 때에는 개별기기 별로 각각 품목분류한다.

## 15  관세율표 제16부 주 제2호의 부분품에 대한 설명으로 틀린 것은?

① 제84류나 제85류 중 어느 특정한 호에 포함되는 물품인 부분품은 각각 해당 호로 분류한다.

② 제16부의 부분품은 제16부의 주 제1호, 제84류의 주 제1호, 제85류의 주 제1호에 규정한 물품을 포함한다.

③ 그 밖의 부분품으로서 특정한 기계나 동일한 호로 분류되는 여러 종류의 기계에 전용되거나 주로 사용되는 부분품은 그 기계가 속하는 호에 분류한다. 그 밖의 각종 부분품은 경우에 따라 집단 부분품 호(제8409호, 제8431호, 제8448호, 제8466호, 제8473호, 제8503호, 제8522호, 제8529호, 제8538호)로 분류한다.

④ 그 밖의 각종 부분품이 그 기계가 속하는 호나 집단 부분품호로 분류하지 못하는 경우에는 제8487호나 제8548호로 분류한다.

**16** 관세율표 제16부의 기계류와 기기에 대한 분류기준으로 맞는 것은?

① 2가지 이상의 기계가 함께 결합되어 하나의 완전한 기계를 구성하는 복합기계는 단일의 기계로 분류하거나 주된 용도를 수행하는 기계로 분류한다.

② 2가지 이상의 여러 기능을 수행하는 다기능 기계를 주기능에 따라 분류할 수 없는 경우 문맥상 별도규정이 없으면 통칙 제4호에 따라 가장 유사한 호로 분류한다.

③ 개별기기로 따로 분리되어 구성된 기능단위 기계의 경우, 명백하게 규정된 기능을 함께 수행하기 위한 것일 때에는 그 전부를 그 기능에 따라 해당하는 호로 분류하며 보조적 기능을 수행하는 기기도 함께 분류한다.

④ 하나의 기계가 여러 용도에 사용되는 기계로서 주 용도가 명확한 경우 그 주 용도를 유일한 용도로 취급하여 분류한다.


**17** 다음은 관세율표 제16부 주 제3호(기능단위기계) 규정을 적용한 품목분류로 틀린 것은?

> 두 가지 이상의 기계가 함께 결합되어 하나의 완전한 기계를 구성하는 복합기계와 그 밖의 두 가지 이상의 보조기능이나 선택기능을 수행할 수 있도록 디자인된 기계는 문맥상 달리 해석되지 않는 한 이들 요소로 구성된 단일의 기계로 분류하거나 주된 기능을 수행하는 기계로 분류한다.

① 발아기, 맥아파쇄기, 반죽통, 여과통으로 구성된 양조용 기계 – 제8438호

② 양하용이나 하역용 기계와 결합된 공업용 노 – 제8417호나 제8514호

③ 종이를 접기 위한 보조기계와 결합된 인쇄기계 – 제8443호

④ 보조적인 포장기계와 결합된 담배제조기 – 제8478호


**18** 관세율표상 제85류 내용으로 틀린 것은?

① 제8523호의 솔리드스테이트 비휘발성 기억장치는 인쇄회로 기판 위에 하나 이상의 집적회로 형태의 플래쉬메모리(flash memory)를 동일 하우징속에 구성하고, 연결용 소켓을 갖춘 기억장치를 말한다. 이러한 물품은 집적회로 형태의 제어기와 축전기·저항기와 같은 수동 개별 부품을 갖춘 것도 있다.

② 제8534호의 인쇄회로에는 인쇄공정 중에 얻어지는 소자 외의 소자가 결합된 회로와 개별·불연속 저항기, 축전기나 인덕턴스를 포함한다.

③ 제8534호의 인쇄회로란 인쇄제판기술(예 양각·도금·식각)이나 막 회로기술로 도체소자·접속자나 그 밖의 인쇄된 구성 부분(예 인덕턴스·저항기·축전기)을 절연기판 위에 형성하여 만든 회로를 말한다.

④ 제8523호의 스마트카드란 하나 이상의 칩 형태 전자집적회로(하나의 마이크로프로세서, 램이나 롬)를 내장한 카드를 말한다.

**19** 관세율표 제91류의 시계와 그 부분품에 대한 규정으로 맞는 것은?

① 케이스를 귀금속으로 만든 것이나 귀금속을 입힌 금속으로 만든 손목시계(제9101호)의 범위에는 케이스가 귀금속을 박은 비금속으로 만들어진 것은 제외한다.

② 휴대용 시계의 체인은 제71류의 해당 호에 분류하며 시계 부분품(제91류)로 분류하지 않는다.

③ 시계의 유리와 추는 시계 부분품(제91류)으로 분류한다.

④ 시계 스프링은 제91류의 시계 부분품에 분류하지 않고, 범용성 부분품(제15부)으로 분류한다.

**20** 의료용품에 대한 호(4단위)의 분류로 틀린 것은?

① 보호용 안경과 고글 : 제9004호

② 펠트나 부직포(제5602호나 제5603호의 직물로 만든 것으로 침투 도포 피복 적층했는지에 상관없다)로 만든 의료용 방진복[방적 의류를 포함] : 제6307호

③ 회전식 X-레이 기기로써 폐렴을 진단하기 위해 몸은 얇은 조각을 이미지화하는 CT(Computed tomography) 스캐너 : 제9022호

④ 변성하지 않은 에틸알코올(알코올의 전 용량이 80% 미만인 것으로 한정) : 제2209호

**21** 다음 중 관세율표 제17부의 부분품에 해장하는 물품은?

① 세미디젤엔진

② 변속기

③ 인젝션펌프

④ 점화플러그

**22** 다음 중 관세율표 제8708호(차량용 부분품과 부속품)에 분류되는 물품으로 틀린 것은?

① 어린이 보호용 카시트

② 방열기

③ 철강제의 디스크형 차륜

④ 캠샤프트

**23** 다음 중 관세율표 제17부의 품목분류에 대한 규정으로 맞는 것은?

① 수륙양용 자동차는 제89류에 분류한다.

② 자동차의 소음기(머플러)는 제84류로 분류한다.

③ 엔진이나 내부장치를 갖추지 않는 자동차는 제87류에 분류할 수 있다.

④ 궤도주행 전용으로 설계된 철도용이나 궤도용 차량은 제87류에 분류한다.

**24** 관세율표상 다음 물품의 품목분류에 대한 내용으로 틀린 것은?

① 순환용 후드 – 제8414호

② 크레인이 결합된 작업트럭 – 제8704호

③ 플라스틱으로 만든 애자 – 제8546호

④ 필라멘트램프 : 제8539호

**25** 관세율표상 다음 물품의 품목분류에 대한 내용으로 틀린 것은?

① 광섬유 다발 – 제9001호

② 의료진찰용 특수안경 – 9003

③ 방향탐지용 컴퍼스 – 제9014호

④ 전시형으로 설계된 기구와 모형 – 제9023호

---

**3과목  원산지결정기준**

**01** FTA 원산지결정기준의 관한 규정 중 일반기준으로 틀린 것은?

① 완전생산기준                    ② 세번변경기준

③ 역내가공원칙                    ④ 충분가공원칙

02 다음은 우리나라가 체결한 FTA 원산지결정기준 중 완전생산기준에 대한 설명이다. 틀린 것은?

① 한국과 호주 내에서 완전생산된 생산품 또는 그 파생품만으로 전적으로 생산된 상품이 호주로 수출될 때 해당 수출품은 한-호주 FTA에서 완전생산품으로 인정된다.
② 한국 기업이 태국산 치어를 수입하여 한국 내에서 양식한 후 터키로 수출할 경우, 한-터키 FTA에서 해당 수출품은 완전생산품으로 인정된다.
③ 한국 기업이 중국과 합작하여 '개발권'을 가지고 한국의 영역(영해) 밖의 해저에서 채취된 상품을 영국에 수출할 때, 채취된 상품은 한-EU FTA에서 완전생산품목으로 인정된다.
④ 한국 국기를 게양하였으나 베트남 선박으로 등록된 선박을 이용하여 영해상에서 연어를 획득하여 이를 스위스에 수출할 경우, 한-EFTA FTA에서 해당 연어는 완전생산품으로 인정된다.

03 우리나라가 체결한 FTA 협정상 영역의 범위에 대한 내용 중 맞는 것은?

① 칠레 · 페루 · 콜롬비아 등 남미국가와의 FTA에서는 한 개 당사국 내에서 완전생산된 물품만을 완전생산품으로 인정하여 영역의 범위가 한 개의 당사국으로 한정된다.
② 미국 · 호주와의 FTA에서는 상품의 원산지결정 시 영역의 범위를 한 개의 당사국으로 한정한다.
③ EFTA · EU · 튀르키예와의 FTA는 영역의 범위가 당사국뿐만 아니라 상대국까지 확장된다.
④ 아세안, 인도와의 FTA는 '수출국 또는 수출당사국'이라고 규정하여 완전생산기준을 충족하기 위한 영역의 범위를 보다 명확히 표현하고 있다.

04 개성공단 입주기업이 우리나라가 체결한 FTA를 활용하기 위한 요건으로 틀린 것은?

① 한-싱가포르 FTA에서는 개성공단 생산제품 중 4,625개 품목을 지정하여 역외가공을 인정하고 있다.
② 한-아세안 FTA에서는 개성공단 생산제품에 대하여 최종제품의 가격(FOB)에서 비원산지요소 투입비율이 40% 이하일 것과 역외가공품의 총재료비에서 원산지재료비 비중이 60% 이상일 것을 요구한다.
③ 한-EFTA FTA에서는 품목제한이 없으나, 역외국에서 투입된 비원산지투입요소 비율이 공장도가격에서 40% 이하이면 품목제한 없이 일반적으로 역외가공을 인정하고 있다.
④ 미국, EU, 터키, 호주, 캐나다, 뉴질랜드, 중미, 영국과의 FTA「한반도 역외가공지역 위원회」를 설치하여 추후 논의하도록 규정하고 있어 현재는 역외가공규정을 활용할 수 없다.

**05** 한국의 기업 K는 베트남에서 피부용 로션(제3304.99호)을 벌크 상태로 국내 반입하여 이를 소매용 포장용기에 넣는 작업을 한 후 스위스로 수출한다. 이와 관련한 설명으로 맞는 것은? (한-EFTA FTA 원산지결정기준 : CTH or MC 50%)

- 수출가격 : FOB $200
- 국내물류비 : $10
- 원가구성내역
  - 재료비 : $80
    베트남산 로션(제3304.99호) : $70
    태국산 플라스틱 포장용기 : $30
  - 노무비 : $60
  - 기타제조경비 : $27
  - 이윤 및 일반경비 : $30

① 피부용 로션과 최종 제품 간에 4단위 세번변경이 발생하지 아니하며, 이 경우에는 부가가치기준도 적용여부도 검토할 수 없다.
② 이 물품의 부가가치기준을 계산할 때 수출물품의 기준가격은 $200이다.
③ 이 수출물품의 생산에 사용된 비원산지재료의 가치비율을 계산하면 52.63%이다.
④ 이 물품은 원산지상품으로 인정 받을 수 있다.

**06** 우리나라의 FTA 중 협정별 운송요건에 관한 설명이다. ㉠, ㉡, ㉢에 들어갈 FTA협정으로 맞는 것은?

가. ( ㉠ )는 운송상의 이유로 인한 분리를 허용하여, 운송 목적상 불가피하게 분리 운송될 수 밖에 없는 상품에 대해 특혜 관세가 적용될 수 있도록 하였다.
나. ( ㉡ )는 탁송품의 분리와 파이프라인 운송을 허용하고 있다.
다. ( ㉢ )는 타 협정에서는 허용되지 않는 제3국에서의 재라벨링을 허용하고 있다.

| | ㉠ | ㉡ | ㉢ |
|---|---|---|---|
| ① | 한-콜롬비아 FTA | 한-EFTA FTA | 한-호주 FTA |
| ② | 한-칠레 FTA | 한-EU FTA | 한-터키 FTA |
| ③ | 한-호주 FTA | 한-EFTA FTA | 한-베트남 FTA |
| ④ | 한-EU FTA | 한-미 FTA | 한-뉴질랜드 FTA |

**07** 터보블로워기계(HS 제8414.59호)를 생산하여 한-미 FTA(원산지 : 한국)를 적용하고자 검토하고 있는 다음 내용 중 맞는 것은? (한-미 FTA 원산지결정기준 : CTSH)

① 베트남에서 수입하고 있는 원재료 중 제품단가의 40%를 차지고 있는 밸브(HS 제8481.80호)를 원산지 상품으로 대체하여야 한다.

② 일본으로 수출된 후 상품의 상태를 보존하기 위한 단순공정만을 거쳐 한국으로 재수입한 원상태 물품을 미국으로 수출하는 경우에는 특혜 적용이 가능하다.

③ 홍콩의 수출자를 통해 한국에서 미국으로 선적한 경우, 원산지증명서에 송품장을 발급한 제3자의 정보를 기재하여야만 특혜 적용이 가능하다.

④ 싱가포르의 보세구역 내 K상사의 물류기지에서 원상태로 장치하고 있던 물품을 싱가포르에서 미국으로 운송한 경우에도 FTA 특혜를 받을 수 있다.

**08** 한-EU FTA의 와인(HS 제2204.29호)에 대한 원산지결정기준은 아래와 같다. 관련된 설명 중 틀린 것은?

> 모든 호(그 제품의 호는 제외한다)에 해당하는 재료로부터 생산된 것. 다만, 사용된 모든 포도 또는 포도로부터 얻어진 재료는 체약당사국에서 완전 생산된 것으로 한정한다.

① 이탈리아산 포도를 사용해서 프랑스에서 만든 포도주는 동 원산지기준을 충족한다.

② 체약당사국에서 완전생산될 것을 요구하고 있으므로 1국 완전생산으로 프랑스 내에서 생산된 포도주의 경우에는 포도는 프랑스에서 완전생산되어야 한다.

③ 품목별 기준은 4단위 세 번변경을 기본으로 하고 있으며, 이 호에 속한 역외산의 와인으로 혼합하여 제조한 와인은 동 기준을 충족하지 않는다.

④ 포도는 체약당사국에서 완전생산될 것을 요구하고 있다.

**09** 국내에 소재하는 K상사는 미국의 S상사에 세탁기를 수출하려고 한다. 관련된 설명으로 틀린 것은?

〈수출물품〉
세탁기(HS 제8450.11호) (원산지결정기준 : CTSH)

〈원재료〉
1. 모터(HS 제8501.31호) (원산지결정기준 : CTH)
2. 부분품(HS 8450.90호) (원산지결정기준 : CTH)

① 한국산 모터와 미국산 부분품을 사용하여 생산된 세탁기를 미국에 수출하는 경우에는 한-미 FTA를 적용할 수 없다.
② 중국산 모터와 부분품을 사용하여 생산된 완전자동세탁기를 미국에 수출하는 경우에는 한-미 FTA를 적용할 수 있다.
③ 모터에 사용된 비원산지 재료의 4단위 세 번이 변경되면 모터의 원산지는 한국산이다.
④ 세탁기는 6단위 세 번변경기준을 채택하고 있어 세탁기 제조에 사용된 비원산지 재료의 6단위 세 번이 변경되면 원산지상품으로 인정된다.

**10** 다음 내용을 해석한 내용으로 틀린 것은?

| HS 코드 | 품목 | 원산지결정기준 | FTA |
|---------|------|----------------|-----|
| 제2309.90호 | 배합사료 | RVC 40 | 한-아세안 |
| 제3304.99호 | 기초 화장품 | CTH or MC 40 | 한-EU |
| 제2202.99호 | 음료 | 다른 류에 해당하는 재료로부터 생산한 것 | 한-중 |

① 배합사료에 대한 원산지결정기준은 역내가치비율이 일정수준 이상일 것을 요구하는 부가가치 계산 방식이며, 우리나라의 경우 BD방법과 BU방법 중 선택적으로 활용할 수 있다.
② 음료의 경우 제22류에 해당하지 않는 수입산 원재료만을 기초로 충분한 가공을 거쳐 생산하였을 경우 한-중 FTA 적용이 가능하다.
③ 배합사료에 대한 누적기준을 활용하고자 할 경우 Form VK 원산지증명서를 수취한 원재료에 대해서는 한-아세안 FTA의 역내산 원재료로 활용이 가능하다.
④ 기초화장품의 경우 2단위 세 번변경기준과 부가가치기준 중 어느 한 기준만을 충족하여도 한-EU FTA 적용이 가능하다.

**11** 한-미 FTA 협정상 면사(HS 제5204호~제5207호)의 원산지결정기준이다. 이에 대한 설명으로 맞는 것은?

> 다른 류에 해당하는 재료(제5401호부터 제5402호까지, 제5403.33호부터 제5403.39호까지, 제5403.42호부터 제5405호까지 및 제5501호부터 제5507호까지의 것은 제외한다)로부터 생산된 것

① 면사의 원산지결정기준은 가공공정기준으로 볼 수 있다.
② 면사의 경우 역외산 원면(HS 제5201호)을 사용하여 방적한 경우에는 원산지기준을 충족한다.
③ 동 면사의 생산에 재생사(HS 제5403.33호)를 사용할 경우에는 반드시 역내산 재생사를 사용해야 원산지기준을 충족한다.
④ 위 기준에서 규정한 제외 세 번에서 면사가 제조되면 원산지기준을 충족하는 것을 말한다.

**12** 다음은 역내가치포함비율 계산방법에 대한 설명이다. 맞는 설명으로 묶인 것은?

> 가. 싱가포르, 인도, 중국과의 FTA는 공제법만을 사용한다.
> 나. 한-아세안 FTA는 국가별로 하나의 산출 공식만을 선택하여 사용하도록 규정하여 우리나라는 계속 공제법을 사용하고 있다.
> 다. EFTA, EU, 터키, 캐나다와의 FTA는 MC법을 사용하며, 한-캐나다 FTA는 자동차제품에 한하여 집적법 또는 순원가법도 선택하여 사용할 수 있다.
> 라. FTA에서 규정하는 부가가치기준 규정 방식은 RVC방법과 MC법이 있으며, MC법의 계산 방식은 공제법, 집적법, 순원가법으로 나뉜다.

① 가, 다                    ② 나, 라
③ 가, 라                    ④ 다, 다

**13** 베트남 수출자 A사는 공기조절기를 한국으로 수출한다. 한-아세안 FTA 원산지결정기준 충족 여부에 대한 설명으로 맞는 것은? (※ 베트남은 공제법 적용하며, 협정상 다른 요건은 충족된 것으로 본다.)

- 원재료가격  1) 이탈리아 30원          2) 미국 30원
            3) 태국 15원            4) 원산지국 알 수 없음 30원
            5) 한국 15원
- 직접노무비 : 10원
- 직접경상비 : 10원
- 이윤 : 10원
- EXW 가격 : 150원
- 선적항까지의 내륙운송비 : 10원
- FOB 가격 : 160원
- 해상운임 및 보험료 : 20원
- CIF 가격 : 180원
- 공기조절기(HS 제8415.10호) 원산지결정기준은 RVC 45%

① RVC 40.75%로 특혜관세 비적용          ② RVC 43.75%로 특혜관세 비적용
③ RVC 45.75%로 특혜관세 적용            ④ RVC 45.62%로 특혜관세 적용

**14** 다음 물품의 한-EU FTA 부가가치기준 산출 비율로 맞는 것은?

| 구분 | | 가격(비용) | 비고 |
|---|---|---|---|
| 직접재료비 | 수입 비원산지재료비 | 232,000원 | 수입 비원산지재료비에 수입국내운송비 80,000원이 포함되어 있음 |
| 직접노무비 및 경비 | | 21,020원 | |
| 제조간접비 | | 2,000원 | |
| 판매 및 일반관리비 | | 16,200원 | |
| 이윤 | | 29,000원 | |
| 운송비 (19,100원) | 수출국내 운임 | 6,900원 | |
| | 수출관련 부대비용 | 2,200원 | |
| | 수출국제운임 및 보험료 | 15,000원 | |
| 상품가격 | | 319,320원 | |
| 수출환급금(내국세) | | 10,000원 | |
| 한-EU FTA 원산지결정기준 | | MC 50% | |

① 52.37%(원산지결정기준 불충족)          ② 72.65%(원산지결정기준 불충족)
③ 78.58%(원산지결정기준 불충족)          ④ 79.93%(원산지결정기준 불충족)

**15** 한-아세안 FTA의 부가가치기준 적용시 원산지재료비와 비원산지재료비 계상방식에 대한 설명으로 맞는 것은?

① 비원산지재료비는 직접 수입한 경우에는 FOB가격으로 한다.
② 비원산지재료비는 직접 수입한 경우의 가격을 알 수 없는 경우 상품 생산국에서 최종적으로 확인된 가격으로 한다.
③ 국내에서 구입한 원산지재료는 구입대금에 운송비용을 더한 가격으로 한다.
④ 수입한 원산지재료는 원산지재료비에 국내운송비용을 제외한다.


**16** 중간재 규정에 대한 설명으로 옳은 것은?

① 한-아세안 FTA는 중간재에 대한 규정이 없어서 우리나라 FTA관세특례법상에도 별도로 중간재를 인정하고 있지 않다.
② 한-싱가포르 FTA에서 중간재의 가격은 일반경비를 제외한 후 재료의 생산시 발생한 모든 비용과 이윤을 합산하여 결정하도록 하고 있다.
③ 한-캐나다 FTA의 경우 자가생산 재료 조항을 별도로 두어 생산자의 선택에 따라 자가 생산재료가 그 자체의 원산지기준을 충족한 경우 그 재료 전체를 원산지재료로 또는 불충족한 경우 비원산지재료로 지정할 수 있도록 하고 있다.
④ 한-EU FTA의 경우 중간재 규정을 별도로 두고 있으며 자가생산한 재료는 물론이고 역내에서 생산된 원산지재료를 외부로부터 구입하여 사용한 경우에도 Roll-up을 인정한다.


**17** FTA 협정상 대체가능물품에 대한 설명 중 옳은 것은?

① 생산자가 하나의 재고관리기법을 선택한 경우 회계연도 안에서 자유롭게 해당 재고관리기법을 변경할 수 있다.
② 싱가포르, 미국, 페루와의 FTA에서 대체가능물품은 재료 및 상품 모두에 적용할 수 있다.
③ 협정상 대체가능물품 특례규정에 따라 원산지를 판단할 수 있는 대상물품은 다이오드, 액정 판넬과 같은 공산품에만 적용할 수 있다.
④ 아세안, 인도, 중미, 이스라엘과의 FTA에서 대체가능물품은 재료로만 한정하고 있고, 상품에는 적용할 수 없다.

**18** 우리나라가 체결한 FTA의 최소허용기준에 대한 설명이다. 빈칸에 들어갈 내용으로 옳은 것은?

| 협정 | 제품 유형 | 허용 비중 | 산정 기준 |
|---|---|---|---|
| (가) | 일반품목(섬유, 농수산물 제외) | 8% 이하 | 조정가격 |
| 미국 | 섬유 | 7% 이하 | (나) |
| 베트남 | 일반품목(섬유, 농수산물 제외) | 10% 이하 | (다) |
| 콜롬비아 | 섬유 | (라) | 중량 |

① (가) EFTA
② (나) 가격 또는 중량
③ (다) CIF 가격
④ (라) 10% 이하

**19** 원산지결정 특례기준인 재수입물품에 대한 설명으로 맞는 것은? (단, 협정상 제반조건은 충족한 것으로 본다.)

① 한국의 A사는 해당 물품을 일본에 수출하였다가 원상태로 반송된 후 다시 스위스로 수출하였는데 한–EFTA에 따라 원산지를 인정받아 특혜관세를 적용받았다.
② 한국의 B사는 한국산 물품을 인도네시아에 수출하였다가 원상태로 반송된 후 다시 뉴질랜드로 수출하였는데 한–뉴질랜드 FTA의 특례조항에 따라 원산지상품으로 인정받았다.
③ 한국의 C사는 한국산 물품을 중국에 수출하였다가 원상태로 반송된 후 다시 칠레로 직접 수출하였는데 한–칠레 FTA에 따라 원산지를 그대로 인정받아 특혜관세를 적용받았다.
④ 한국의 D사는 한국산 물품을 태국에 수출하였다가 원상태로 반송된 후 인도로 수출하였는데 한–인도 CEPA에서는 원상태 재수입물품 특례조항이 없어 특혜관세를 적용받지 못하였다.

**20** 한–아세안 및 한–베트남 FTA 비교설명에 대한 내용으로 맞는 것은?

① 두 협정 모두 공정누적과 재료누적을 인정한다.
② 한–베트남 FTA는 재료만 대체가능물품으로 인정하고 한–아세안 FTA는 상품 및 재료를 대체가능 물품으로 인정한다.
③ 두 협정 모두 원산지결정기준이 부가가치기준인 경우 부속품 · 예비부분품 · 공구의 원산지지위를 고려하여 원산지별로 구분하여 계산한다.
④ 두 협정 모두 세트물품의 특례를 인정하지 않는다.

**21** RCEP에 대한 설명으로 맞는 것은?

① RCEP은 산 동물로부터 획득한 물품의 경우 획득 요건만을 요구한다.
② RCEP은 역외산 치어를 사용하여 당사국에서 양식한 경우 완전생산기준을 충족한다.

③ RCEP은 영역 밖 바다 어획물 및 이들의 가공품의 경우 당사국 등록 요건만을 요구한다.

④ RCEP은 불인정공정 규정을 도입하지 않았다.

## 22 RCEP에 대한 설명으로 맞는 것은?

① RCEP의 경우 협정문상 직접운송을 명시하지 않고, 비당사국 통과 · 환적 시 충족되어야하는 조건만을 명시하고 있다.

② RCEP은 역내가치포함비율 산출공식으로 공제법만을 사용하고 있다.

③ RCEP은 상품가격 계상시 FOB 가격을 사용한다.

④ RCEP의 경우 공정누적과 재료누적을 모두 인정하고 있다.

## 23 RCEP과 한-이스라엘 협정의 대한 비교 설명으로 맞는 것은?

① RCEP의 경우 일반품목에 대해 최소허용수준 인정범위가 FOB 기준 10% 이내여야 하며, 한-이스라엘 협정의 경우에는 공장도 가격 기준 10% 이내이다.

② RCEP의 경우 섬유제품에 대해 최소허용수준 인정범위가 중량기준 10% 이내여야 하며, 이스라엘의 경우 중량기준 8% 이내여야 한다.

③ RCEP의 경우 협정문상 중간재 규정을 별도로 두고 있지는 않으나, 이스라엘의 경우 중간재 규정을 별도로 두어 적용범위 및 적용품목 지정 여부에 대하여 규정하고 있다.

④ RCEP은 간접재료를 재료로 보지 않으므로 최종물품의 품목별원산지기준이 세번변경기준일 때 원산지 판정에 고려하지 않으며 이스라엘과의 협정은 간접재료의 역내 · 외산 재료인지를 불문하고 원산지재료로 간주한다.

## 24 부속품, 예비부분품, 공구의 원산지결정기준에 대한 설명으로 맞는 것은?

① 부속품 · 예비부분품 · 공구 등은 자동차와 별도로 제공되는 예비타이어 및 차량용 잭 또는 전자제품과 별도로 제공되는 매뉴얼 등 물품이라 할 수 있다.

② 아세안, 캐나다, 인도네시아와의 FTA는 세번변경기준 및 부가가치기준 적용 시 재료로 고려할 필요가 없어 가장 폭 넓게 예외를 인정하고 있다.

③ 부가가치기준 적용 시에는 대부분의 협정에서 해당 부속품 · 예비부분품 · 공구의 원산지지위 별로 구분하여 본체의 역내부가가치비율을 계산한다.

④ 부속품 · 예비부분품 · 공구 등이 본체 물품과 별도로 송품장이 발행되고, 그 가격 및 수량이 그 상품에 대해 통상적인 수준인 경우에 인정된다.

**25 캄보디아 및 인도네시아와의 FTA 협정에 대한 설명으로 맞는 것은?**

① 캄보디아와 인도네시아 협정 모두 재료누적은 인정하되 공정누적은 인정하지 않는다.

② 최소허용기준에 대해 캄보디아와의 협정의 경우 일반품목군, 농축수산물, 섬유류 제품으로 나누어 규정하나 인도네시아와의 협정의 경우 일반품목군과 농축수산물을 구분없이 적용한다.

③ 캄보디아와 인도네시아 협정에서 자가생산 재료의 가격은 일반경비를 포함하여 재료의 생산에서 발생한 모든 비용과 이윤을 합한 금액으로 규정하고 있다.

④ 캄보디아 · 인도네시아와의 FTA는 세트물품의 특례를 인정하고 있다.

<br>

**4과목　수출입통관절차**

<br>

**01 관세법상 용어의 정의 등에 대한 설명으로 틀린 것은?**

① 우리나라의 선박이 공해에서 채집한 수산물을 외국으로 반출하는 경우 수출에 해당한다.

② 보세구역에 장치된 물품의 보수작업 결과 외국물품에 부가된 내국물품은 수입신고의 대상이 아니다.

③ 여행자가 과세대상인 휴대품을 운송수단 내에서 소비하는 경우 관세의 징수대상이 아니다.

④ 체신관서가 외국으로 발송한 우편물은 관세법에 따라 적법하게 수출되거나 반송된 것으로 본다.

<br>

**02 다음 중 과세물건의 확정시기에 대한 설명으로 맞는 것은?**

① 보세구역에 장치된 외국물품이 폐기됨에 따라 관세를 징수하는 물품은 폐기한 때

② 보세운송하는 외국물품이 지정된 기간 내에 목적지에 도착하지 아니하여 관세를 징수하는 물품은 보세운송이 도착한 때

③ 수입신고전 즉시반출신고를 하고 반출한 물품은 수입신고전 즉시반출신고를 한 때

④ 이 법에 따라 매각되는 물품은 해당 물품이 매각공고한 때

**03** 관세법 제30조(당해물품의 거래가격을 기초로 한 과세가격 결정방법)에 따라 산출된 과세가격으로 맞는 것은?

> 우리나라의 수입자 X사는 중국에 소재하고 있는 제조회사 Y사와 아래와 같은 조건으로 국제매매 계약을 체결하고 반도체웨이퍼를 수입하고자 한다.
> • 수입물품 : 반도체 웨이퍼(총 100,000개, 1개당 FOB 30$)
> • 해상운임 : 2,000,000원(수입항 도착 후 국내 발생 운임 500,000원 포함)
> • 적하보험 : 가입하지 않음(단, X사가 만약 수입항까지 해상보험을 가입하였다면 국내 소재 보험회사에 지급하게 되는 보험료는 100,000원임)
> • 과세환율 : 1,200원/USD

① 361,500,000원
② 361,600,000원
③ 362,000,000원
④ 362,100,000원

**04** 간이세율의 적용 등 세율의 적용에 대한 설명으로 맞는 것은?

① 종량세가 적용되는 물품은 간이세율을 적용한다.
② 용도에 따라 세율을 다르게 정하는 물품을 세율이 낮은 용도에 사용하려는 자는 대통령령으로 정하는 바에 따라 세관장의 승인을 받아야 한다. 다만, 물품의 성질과 형태가 그 용도 외의 다른 용도에 사용할 수 없는 경우에는 예외로 한다.
③ 일반수입신고대상 우편물을 제외한 우편물은 간이세율 적용대상이다.
④ 일괄하여 수입신고가 된 물품으로서 물품별 세율이 다른 물품에 대하여는 신고인의 신청에 따라 그 세율 중 가장 낮은 세율을 적용할 수 있다.

**05** 관세법상 세율 적용의 우선순위와 관련한 설명으로 맞는 것은?

① 편익관세는 국제협력관세보다 우선하여 적용한다.
② 조정관세는 어떠한 경우든 일반특혜관세보다 우선하여 적용한다.
③ 계절관세는 일반특혜관세의 세율보다 낮은 경우에 한하여 우선하여 적용한다.
④ 국제협력관세는 상계관세보다 세율이 낮은 경우에 한해 우선적용한다.

**06** 품목분류 사전심사에 대한 설명으로 맞는 것은?

① 품목분류 사전심사를 받고자 하는 자는 세관장에게 당해 물품에 적용될 관세율표상의 품목분류를 미리 심사하여 줄 것을 신청할 수 있다.

② 품목분류 사전심사 신청을 받은 자는 해당 물품에 적용될 품목분류를 심사하여 사전심사신청을 받은 날로부터 15일 이내에 신청인에게 통지하여야 한다.

③ 통지받은 품목분류 사전심사 또는 재심사 결과의 유효기간은 품목분류가 변경되기 전까지 유효하다.

④ 국가 또는 지방자치단체가 수입하는 물품은 품목분류 사전심사대상에서 제외한다.

**07** 납세신고 및 가격신고에 대한 설명으로 맞는 것은?

① 신속통관이 필요한 경우 수입신고 전에 납세신고할 수 있다.

② 관세를 체납하고 있는 자가 신고하는 물품(체납액이 10만원 미만이거나 체납기간 3일 이내에 수입신고하는 경우를 제외한다)에 대한 납세신고는 수입신고를 수리하기 전에 세액을 심사한다.

③ 잠정가격으로 가격신고를 한 자는 1년의 범위 안에서 구매자와 판매자 간의 거래계약의 내용 등을 고려하여 세관장이 지정하는 기간 내에 확정가격을 신고하여야 한다.

④ 관세 및 내국세 등이 부과되지 않는 물품은 가격신고를 생략할 수 있다.

**08** 관세법상 세액의 확정에 대한 설명으로 맞는 것은?

① 납세의무자는 납세신고한 세액을 납부하기 전에 그 세액이 부족하다는 것을 알게 되었을 때에는 납세신고한 세액을 정정할 수 있다.

② 납세의무자는 신고납부한 세액이 부족하다는 것을 알게 되었을 때에는 신고납부한 날부터 3개월 이내에 세액 보정을 세관장에게 신청할 수 있다.

③ 납세의무자는 신고납부한 세액이 부족한 경우에는 보정기간이 지난 날부터 부과제척 기간이 끝나기 전까지 수정신고를 할 수 있다.

④ 납세의무자는 신고납부한 세액이 과다한 것을 알게 되었을 때에는 납세신고가 수리된 날부터 5년 이내에 신고한 세액의 경정을 세관장에게 청구할 수 있다.

**09** 다음 사례의 관세의 납부기한으로 맞는 것은?

> 가. 부산항 입항 및 보세창고 반입 : 2024. 4. 14.
> 나. 수입신고전 즉시반출신고 : 2024. 4. 18.
> 다. 수입신고(신고납부) : 2024. 4. 20.
> 라. 수입신고수리 : 2024. 4. 24.
> (5월 3일은 석가탄신일, 5월 5일은 어린이날, 5월 6일은 토요일, 5월 9일은 대통령 선거일)

① 5월 3일
② 5월 4일
③ 5월 8일
④ 5월 10일

**10** 휴대품과 이사화물의 미신고 가산세에 대한 설명으로 틀린 것은?

① 여행자나 승무원이 휴대품을 신고하지 아니하여 과세하는 경우(휴대품 감면세를 적용하는 경우는 제외) 해당 물품에 대하여 납부할 세액(관세 및 내국세를 포함)의 100분의 40에 상당하는 가산세를 납부해야 한다.

② ①의 행위를 반복적으로 자진신고를 하지 아니하는 경우에는 해당 물품에 대하여 납부할 세액 (관세 및 내국세를 포함)의 100분의 40에 상당하는 가산세를 납부해야 한다.

③ 우리나라로 거주를 이전하기 위하여 입국하는 자가 입국할 때에 수입하는 이사물품을 신고하지 아니하여 과세하는 경우(이사화물 감면세를 적용받은 경우는 제외) 해당 물품에 대하여 납부할 세액(관세 및 내국세를 포함)의 100분의 40에 상당하는 가산세를 납부해야 한다.

④ ③의 행위를 반복적으로 위반하는 경우에는 해당 물품에 대하여 납부할 세액(관세 및 내국세를 포함)의 100분의 60에 상당하는 가산세를 납부해야 한다.

**11** 보세건설장에 반입한 외국물품의 부과제척기간의 기산일로 맞는 것은?

> • 보세건설장 특허일 : 2024. 1. 15.
> • 보세건설장 외국물품 반입일 : 2024. 2. 1.
> • 수입신고일 : 2024. 2. 15.
> • 건설공사 완료보고 : 2024. 6. 29.
> • 수입신고수리일 : 2024. 7. 10.

① 2024. 2. 2.
② 2024. 2. 16.
③ 2024. 6. 30.
④ 2024. 7. 11.

**12** 관세법령상 관세징수권의 소멸시효에 대한 설명으로 맞는 것은?

① 신고납부하는 관세에 있어서 소멸시효 기산일은 수입신고가 수리된 날부터 15일이 경과한 날의 다음 날이다.

② 통고처분을 받으면 관세징수권의 소멸시효가 정지되나, 고발되면 소멸시효가 중단된다.

③ 5억원 이상의 관세(내국세 제외)는 관세징수권을 행사할 수 있는 날부터 10년간 행사하지 않으면 소멸시효가 완성된다.

④ 관세의 분할납부기간 중에는 관세징수권의 소멸시효가 중단한다.


**13** 관세법상 관세의 환급대상에 대한 설명으로 맞는 것은?

① 수출용원재료 등을 수입하여 제조·가공 후 수입신고 수리일로부터 1년 이내에 보세구역에 반입한 물품에 대한 관세환급(이 경우 다시 수출해야 한다)

② 외국으로부터 수입된 물품으로 계약 상이로 수입신고 수리일부터 1년 이내에 원상태로 보세구역에 반입하였다가 수출한 물품에 대한 관세환급

③ 자가사용물품이 수입한 상태 그대로 수출되는 경우로서 수입신고 수리일부터 3개월 이내에 원상태로 보세구역에 반입한 물품에 대한 관세환급(이 경우 다시 수출해야 한다)

④ 보세공장에서 생산된 물품으로 계약 상이로 수입신고 수리일부터 1년 이내에 원상태로 보세공장에 다시 반입한 물품에 대한 관세환급(이 경우 다시 수출해야 한다)


**14** 관세법상 통관제도에 대한 설명으로 맞는 것은?

① 풍속을 해치는 서적·간행물 등과 화폐·채권 기타 유가증권은 수출입이 금지되는 물품이다.

② 수입신고에 따른 신고서의 기재사항이나 신고 시 제출서류 등이 갖추어지지 아니하여 보완이 필요한 경우에는 수입을 제한할 수 있다.

③ 수입하려는 물품을 지정장치장 또는 보세창고에 반입하거나 보세구역이 아닌 장소에 장치한 자는 그 반입일 또는 장치일부터 30일 이내에 수입신고를 하여야 한다.

④ 관세청장이 정하는 보세구역에 반입되어 수입신고가 수리된 물품의 화주 또는 반입자는 원칙적인 장치기간에도 불구하고 그 수입신고 수리일부터 10일 이내에 해당 물품을 보세구역으로부터 반출하여야 한다.

**15** 수입신고가 수리되어 반출된 물품에 대해 보세구역으로 반입명령하는 경우에 대한 설명으로 맞는 것은?

① 보세구역 반입명령을 받은 자는 해당 물품을 사업장 소재지 관할 보세구역으로 반입하여야 한다.

② 관세청장은 반입의무자에게 반입된 물품을 국외로 반출 또는 폐기할 것을 명하거나 반입의무자가 위반사항 등을 보완 또는 정정한 이후 국내로 반입하게 할 수 있다.

③ 반출 또는 폐기에 드는 비용은 보세구역 운영인이 부담한다.

④ 수입물품이 식물방역법에 따른 검역을 거치지 아니한 경우에는 반입명령 대상이다.

**16** 관세법상 원산지 확인 기준 및 원산지증명 등에 대한 설명으로 맞는 것은?

① 품목분류표상 포장용품과 내용품을 각각 별개의 품목번호로 하고 있는 경우에는 포장용품의 원산지는 그 내용물품의 원산지로 한다.

② 원산지 확인이 필요한 물품이지만 개인에게 유상으로 송부된 탁송품 또는 여행자 휴대품은 원산지 증명서 제출을 생략한다.

③ 차량과 함께 수입되어 동시에 판매되는 차량 부속품은 그 종류 및 수량으로 보아 통상 부속품으로 인정되지 않는 경우 부속품의 원산지는 당해 차량의 원산지로 한다.

④ 판매를 위한 물품의 포장개선 또는 상표표시 등 상품성 향상을 위한 개수작업을 수행한 국가는 원산지를 인정하지 않는다.

**17** 수입신고시기에 대한 설명으로 맞는 것은?

① 수입신고는 선적 전, 입항 전, 보세구역도착 전, 보세구역장치 후 신고로 구분할 수 있다.

② 새로운 수입요건을 갖추도록 요구하는 법령이 적용될 물품도 입항전신고 대상이다.

③ 수입물품을 적재한 항공기 등이 입항하여 당해 물품을 통관하기 위하여 반입하고자 하는 보세구역에 도착하기 전에 수입신고하는 것을 보세구역 도착 전 신고라 한다.

④ 입항전신고가 된 물품은 내국물품으로 본다.

**18** 수출·수입 또는 반송 신고에 대한 다음 설명 중 맞는 것은?

① 국가관세종합정보망의 전산처리설비를 이용하여 신고를 수리하는 경우에는 관세청장이 정하는 바에 따라 신고인이 직접 전산처리설비를 이용하여 신고필증을 발급받을 수 있다.

② 세관장은 관세를 납부하여야 하는 물품에 대하여는 수입신고를 수리할 때에 수입신고일을 기준으로 최근 1년간 관세 등 조세를 체납한 사실이 있는 자에게 관세에 상당하는 담보의 제공을 요구할 수 있다.

③ 수입 및 반송의 신고는 운송수단, 관세통로, 하역통로 또는 관세법에 규정된 장치 장소에서 물품을 반출한 후에도 정당한 이유가 있는 경우 세관장의 승인을 받아 취하할 수 있다

④ 세관장은 수입신고의 형식적 요건을 갖추지 못하였거나 부정한 방법으로 신고되었을 때에는 해당 수입신고를 취하할 수 있다.

**19** 관세법령상 수입신고 전 물품반출에 대한 설명으로 맞는 것은?

① 수입신고 전에 물품을 즉시 반출하려는 자는 기획재정부령으로 정하는 바에 따라 세관장에게 즉시반출신고를 하여야 한다.

② 즉시반출신고를 하고 반출을 하는 자는 즉시반출신고를 한 날부터 10일 이내에 수입신고를 하여야한다.

③ 세관장은 즉시반출한 자가 기간 내에 수입신고를 하지 아니하는 경우에는 해당 물품에 대한 제세의 100분의 20에 상당하는 금액을 가산세로 징수한다.

④ 즉시반출신고를 하고 반출된 물품은 외국물품으로 보며, 수입신고를 하여야 내국물품으로 본다.

**20** 자율관리보세구역에 대한 설명으로 맞는 것은?

① 관세행정의 능률적인 수행과 질서유지를 도모하기 위해 세관의 직접적인 참여를 통해 관리하는 보세구역을 자율관리보세구역이라 한다.

② 누구든지 다른 사람의 성명·상호를 사용하여 보세사의 업무를 수행하거나 자격증 또는 등록증을 빌려서는 아니 된다.

③ 일반직공무원으로 5년 이상 관세행정에 종사한 경력이 있는 사람이 보세사 시험에 응시하는 경우에는 보세사 자격시험을 면제한다.

④ 보세구역 중 물품의 관리 및 세관감시에 지장이 없다고 인정하여 관세청장이 정하는 바에 따라 세관장이 지정하는 보세구역(자율관리 보세구역)에 장치한 물품은 세관공무원의 참여와 관세법에 따른 절차 중 세관장이 정하는 절차를 생략한다.

**21** 관세법상 보세구역에 대한 다음 설명 중 맞는 것은?

① 지정장치장에 물품을 장치하는 기간은 3개월의 범위에서 관세청장이 정한다. 다만, 관세청장이 정하는기준에 따라 세관장은 6개월의 범위에서 그 기간을 연장할 수 있다.

② 특허보세구역의 특허기간은 10년 이내로 되어있음에도 불구하고 보세공장은 해당 건설공사의 기간을 고려하여 세관장이 정하는 기간으로 한다.

③ 운영인은 보세창고에 1년(동일한 보세창고에 장치되어 있는 동안 수입신고가 수리된 물품은 6개월) 이상 계속하여 내국물품만을 장치하려면 세관장의 승인을 받아야 한다.

④ 보세창고에 장치한 내국물품으로서 장치기간이 지난 물품은 그 기간이 지난 후 15일 내에 그 운영인의 책임으로 반출하여야 한다.

**22** 다음 사례에서 보세공장 제조물품을 수입통관하는 경우 관세는?

㈜커스브로사는 보세공장에서 제품생산 전에 세관장으로부터 보세공장 혼용작업 승인을 받고, 외국원료와 내국원료를 반입하여 제품을 생산한 후 제품과세 통관을 하고자 한다. 동 물품에 대한 관세액은?
- 외국원료 가격 : 4,000,000원
- 내국원료 가격 : 4,00,0000원
- 제품가격 : 10,000,000원
- 제품 관세율 : 8%
- 원료 관세율 : 10%

① 400,000원  ② 500,000원
③ 800,000원  ④ 1,000,000원

**23** 종합보세구역에 대한 설명으로 맞는 것은?

① 세관장은 무역진흥에의 기여정도, 외국물품의 반입·반출 물량 등을 고려하여 일정한 지역을 종합 보세구역으로 지정할 수 있다.

② 종합보세구역에서 종합보세기능을 수행하려는 자는 세관장에게 설치·운영에 관한 신고를 하여야 한다.

③ 종합보세구역에 반입한 물품의 6개월이며, 3개월 연장가능하다.

④ 종합보세구역에서 제조·가공에 사용되는 시설기계류 및 그 수리용 물품은 수입신고 전에 소비 또는 사용할 수 있다.

**24** Incoterms 2020 규칙 중 위험의 이전시기가 동일한 것은?

① EXW-FAS                 ② FOB-FCA

③ FOB-CIF                ④ FOB-FAS


**25** 운송서류에 대한 설명으로 맞는 것은?

① 환적선하증권은 도착지까지 여러 운송수단을 통하여 운송되는 경우에 사용되며 최초 운송인이 전 운송구간에 대해서 책임을 진다.

② 전자선하증권이 발행된 경우에는 선하증권, 용선계약부 선하증권 및 해상화물 운송장의 운송증서를 발행할 수 있다.

③ 해상화물운송장은 소지하고 있다고 하더라도 권리증서의 기능이 없으므로 수하인 이외에 제3자가 물품에 대한 권리를 주장할 수 없다.

④ 항공화물운송장은 3통의 원본과 3부 이상의 부본으로 구성되며, 제1원본은 송하인용이고 제2원본은 수하인용이며 제3원본은 운송인용이다.

토마토패스 원산지관리사 핵심정리요약집

# 실전
# 모의고사
## 정답 및 해설

# 실전모의고사 — 정답 및 해설

## 1과목 | FTA 협정 및 법령

| 01 | ② | 02 | ④ | 03 | ② | 04 | ① | 05 | ③ | 06 | ④ | 07 | ④ | 08 | ④ | 09 | ③ | 10 | ② |
|----|---|----|---|----|---|----|---|----|---|----|---|----|---|----|---|----|---|----|---|
| 11 | ① | 12 | ④ | 13 | ④ | 14 | ③ | 15 | ③ | 16 | ① | 17 | ① | 18 | ② | 19 | ④ | 20 | ③ |
| 21 | ② | 22 | ② | 23 | ③ | 24 | ① | 25 | ④ | | | | | | | | | | | | |

### 01 정답 | ②

해설 |

① WTO체제의 기본원칙 중 FTA와 관련이 깊은 원칙은 '최혜국대우'원칙인데, FTA는 협정의 대상이 된 국가 또는 지역에 대하여 특혜를 부여하게 되므로, 특혜를 배제하고 국가 간에 평등하게 대우할 것을 규정한 최혜국대우 원칙과 배치되기 때문이다.

② WTO는 GATT의 원칙과 협정을 수용하였으며, GATT 제24조(영토적 적용, 국경무역, 관세동맹 및 자유무역지역)에 의하여 FTA가 허용되고 있다. 따라서, 모든 형태의 조약과 협정이 GATT 제24조에 부합하는 것이라면 모두 자유무역협정으로 인식한다.

③ WTO체제의 주요대상은 공산품, 농산물, 서비스, 지적재산권, 정부조달, 환경, 노동, 규범 등으로 확대하고 있으나, FTA는 공산품, 농산물, 서비스, 지적재산권 등을 기본으로 하고 환경, 노동 등 논란분야는 회피하고 있다.

④ FTA가 중복될 때 유리한 조건에 따라 수출자 또는 수입자가 선택하여 활용할 수 있다. 통상적으로 저세율의 FTA를 활용하는 것이 일반적이겠으나 C/O 발급자격 구비 등의 문제 등에 의해 더 높은 세율의 FTA를 활용할 수도 있다.

### 02 정답 | ④

해설 |

① "체약상대국"이란 우리나라와 협정을 체결한 국가(국가연합·경제공동체 또는 독립된 관세영역을 포함한다)를 말한다.

② "협정관세"란 협정에 따라 체약상대국을 원산지로 하는 수입물품에 대하여 관세를 철폐하거나 세율을 연차적으로 인하하여 부과하여야 할 관세를 말한다.

③ "세번변경기준"이란 법 제7조제1항제2호가목에 따라 해당 물품이 2개국 이상에 걸쳐 생산된 경우로서 해당 물품의 통합품목분류표상의 품목번호와 해당 물품의 생산에 사용된 비원산지재료의 품목번호가 일정 단위 이상이 다른 경우 해당 물품을 최종적으로 생산한 국가를 원산지로 인정하는 기준을 말한다.

### 03 정답 | ②

해설 |

한-아세안 FTA에 따른 상호대응세율 적용물품은 아세안 국가가 자국산업 보호 등을 목적으로 우리나라 수출품에 대해 고관세를 유지하고 있는 품목(민감품목)중 당해 품목이 우리나라로 수입될 경우 향후 국내산업 피해가 우려되는 품목에 대해 협정에서 약속한 협정관세 혜택을 부여하지 않고 관세법 제50조에 따른 적용세율(최혜국세율)을 초과하지 않는 범위에서 아세안국가와 동일한 관세율(상호대응 세율)과 「FTA관세특례법 시행령」 별표 4에서 규정하는 협정관세율 중 높은 세율을 적용한다

04 정답 | ①

해설 |

② 한-EU FTA에서는 EU 각 회원국과 EU 그 자체도 당사국으로 인정되므로 EU 역내에서 가공생산되고 협정상 원산지기준을 충족하는 물품은 협정관세적용 대상이 된다.

③ FTA는 협정에 따라 생산자, 수출자, 수입자의 개념을 모두 규정하는 경우, 생산자와 수출자의 정의만 규정하는 경우, 생산자의 정의만 규정하는 경우로 구분된다.

④ 정형화된 서식이 없이 일반적으로 인정되는 상업서류에 원산지 문구를 기재하여 원산지신고서로 인정받는 FTA(例 EU)하에서는 송품장에 원산지문구를 기재하는 방식의 '원산지신고서'는 반드시 체약당사국 내에서 발행되어야 한다. 송품장 원산지신고서는 원산지증명서이므로 제3국 발행되면 무효이다.

05 정답 | ③

해설 |

① 협정관세의 적용을 신청할 때에 수입자는 원산지증빙서류를 갖추고 있어야 하며, 세관장이 요구하면 제출하여야 한다.

② 수입자가 협정관세의 적용을 신청할 당시에 갖추어야 할 원산지증명서는 수입신고일을 기준으로 원산지증명서 유효기간 이내의 것이어야 한다.

④ 수입자(제8조 및 이 조 제1항에 따라 협정관세 적용을 신청한 수입자는 제외한다)는 세관장이 수입자가 신고한 품목분류와 다른 품목분류를 적용하여 「관세법」 제38조의3제6항(경정) 또는 제39조제2항(부족액 징수)에 따라 관세를 징수하는 경우 납부고지를 받은 날부터 3개월 이내로서 대통령령으로 정하는 기간 이내(45일)에 협정관세의 사후적용을 신청할 수 있다.

06 정답 | ④

해설 |

① 이스라엘과의 협정 : 발급일 또는 서명일부터 12개월

② 인도네시아와의 협정 : 발급일부터 1년. 다만, 인도네시아와의 협정에 따라 잘못 발급된 원산지증명서를 대체하기 위하여 재발급되는 원산지증명서의 경우에는 당초 발급된 원산지증명서의 발급일부터 1년으로 한다.

③ 미합중국과의 협정 : 서명일부터 4년

07 정답 | ④

해설 |

호주와의 협정에 따라 호주를 원산지로 하는 물품에 대하여 원산지증명서를 발급하는 기관은 다음 각 호와 같다.

1. 호주상공회의소(Australian Chamber of Commerce and Industry, ACCI)
2. 호주산업협회(Australian Industry Group, AiG)
3. International Export Certification Services
4. Trade Window Origin Pty Limited

08 정답 | ④

해설 | 싱가포르의 경우 수출자 또는 수출자로부터 권한을 위임받은 대리인이 발급신청자이다.

09 정답 | ③

해설 |

① 원산지증명서의 발급을 신청하려는 자는 수출물품의 선적이 완료되기 전까지 원산지증명서 발급신청서에 각 호의 서류를 첨부하여 증명서발급기관에 제출해야 한다.

② 개성공업지구에서 생산된 물품의 경우에는 「관세법 시행령」에 따른 보세운송신고서 사본을 제출할 수 있다.

④ 원산지증명서의 발급을 신청하려는 자는 전자적인 방법으로 증명서발급기관에 신청하는 것을 원칙으로 한다. 다만, 증명서발급기관의 장이 인정하는 경우에는 서면으로 신청할 수 있다.

**10** 정답 | ②

해설 |

① 총 가격이 6천 유로 이하의 경우에는 원산지인증수출자가 아니더라도 FTA 원산지증명서의 발급 가능하다.

③ 총 가격이 6천 유로를 초과하지 아니하는 물품의 모든 수출자는 원산지증명서를 발급할 수 있으며 이 경우 물품의 총 가격은 단일 운송서류(운송서류가 없는 경우에는 송품장을 말한다)에 의하여 단일 수출자로부터 단일 수하인에게 일시에 송부된 물품의 총가격을 기준으로 계산한다.

④ 총 가격 계산 시 단일 수출자로부터 단일 수하인에게 동시에 송부된 물품이 여러 개인 경우에는 동시에 송부된 물품 가격의 합계로 한다.

**11** 정답 | ①

해설 |

② 원산지확인서는 협정에 규정이 없으며, 우리나라에서 운영하는 제도이다.

③ 수출물품의 생산에 사용되는 재료 또는 최종물품을 생산하거나 공급하는 자('재료 또는 최종물품 생산자등')는 생산자 또는 수출자의 요청이 있는 경우 해당 재료 또는 최종물품의 원산지확인서를 생산자 또는 수출자에게 제공할 수 있다.

④ 수출물품의 생산에 사용되는 재료 또는 최종물품을 동일한 생산자 또는 수출자에게 장기간 계속적·반복적으로 공급하는 재료 또는 최종물품 생산자등은 생산자 또는 수출자의 요청이 있는 경우 물품공급일부터 12개월을 초과하지 아니하는 범위에서 최초의 원산지확인서를 반복하여 사용할 수 있는 확인서('원산지포괄확인서')를 작성하여 제공할 수 있다.

**12** 정답 | ④

해설 |

① 한-인도 CEPA : 통일증명서식

② 한-캄보디아 FTA : 통일증명서식

③ 한-미 FTA : 정형양식 없음(권고서식 사용)

④ 한-이스라엘 FTA : 통일증명양식

**13** 정답 | ④

해설 |

① 수출실적이 있는 물품 또는 새롭게 수출하려는 물품이 원산지 결정기준을 충족하는 물품(품목번호 6단위를 기준으로 한다)임을 증명할 수 있는 전산처리시스템을 보유하고 있거나 그 밖의 방법으로 증명할 능력이 있을 것

② 원산지인증수출자 인증신청일 이전 최근 2년간 제10조제1항제2호 및 제3호에 따른 서류의 보관의무를 위반한 사실이 없을 것

③ 원산지인증수출자 인증신청일 이전 최근 2년간 속임수 또는 부정한 방법으로 원산지증명서를 발급신청하거나 작성·발급한 사실이 없을 것

**14** 정답 | ③

해설 |

① 인도 : 조사 요청을 접수한 날부터 3개월. 다만, 인도의 관세당국과 협의하여 인도와의 협정에 따라 조사 요청을 접수한 날부터 6개월의 범위에서 그 기간을 연장할 수 있다.

② 이스라엘 : 조사 요청일부터 10개월. 다만, 이스라엘 관세당국이 추가 정보를 요청하는 경우에는 그 요청을 받은 날부터 90일 이내에 해당 정보를 제공해야 한다.

④ 튀르키 : 조사 요청일부터 10개월

15 정답 | ③

해설 |

① 관세청장은 미합중국과의 협정에 따라 미합중국에 수출된 미합중국과의 협정에 따른 품목('섬유 관련 물품')에 대하여 미합중국의 관세당국으로부터 법 제18조제1항에 따른 수출물품에 대한 원산지증빙서류의 진위 여부와 그 정확성 등에 관한 확인을 요청받은 경우 요청받은 날부터 6개월 이내에 확인에 필요한 조사를 완료하여야 한다.

② 관세청장은 조사를 완료하였을 때에는 미합중국 관세당국이 요청한 날부터 12개월 이내에 관련 증빙자료 등을 포함하여 조사결과서를 미합중국의 관세당국에 통지하여야 한다.

④ 관세청장은 미합중국과의 협정에 따라 공동현장방문을 할 때에는 사전통지 없이 현장에서 조사통지를 할 수 있다. 이 경우 조사대상자가 미합중국 관세당국의 현지조사에 동의하지 아니하면 현지조사를 할 수 없다.

16 정답 | ①

해설 |

세관장은 제17조에 따른 원산지 조사를 하는 경우 또는 제19조에 따른 원산지 확인 요청을 한 경우에는 기획재정부령으로 정하는 기간(수입자에게 서면조사를 통지한 날부터 원산지 조사 결과를 통지한 날) 동안 조사대상자가 추가로 수입하는 동종동질의 물품에 대하여 대통령령으로 정하는 바에 따라 협정관세의 적용을 보류할 수 있다. 이 경우 그 보류 대상은 해당 조사대상 물품의 동일한 수출자 또는 생산자로부터 수입하는 물품으로 한정한다.

17 정답 | ①

해설 |

② 무역위원회는 조사를 시작하거나 신청인으로부터 조사의 신청을 받았으나 조사를 시작하지 아니하기로 결정하였을 때에는 그 사실을 기획재정부장관에게 즉시 통보하여야 하며, 무역위원회는 조사를 시작하였을 때에는 그 사실을 체약상대국 정부에 서면으로 통보하여야 한다.

③ 기획재정부장관은 협정에서 정하는 바에 따라 체약상대국을 원산지로 하는 동일 물품에 대하여 긴급관세조치와 「관세법」에 따른 긴급관세를 부과하는 조치를 동시에 적용할 수 없다.

④ 잠정긴급관세조치의 기간은 200일(칠레를 원산지로 하는 수입물품에 대해서는 120일을, 페루 및 인도네시아를 원산지로 하는 수입물품에 대해서는 180일을 말한다)을 초과할 수 없다

18 정답 | ②

해설 |

특송화물에 대해 인도, 페루, 미국, 콜롬비아, 중국, 뉴질랜드, 베트남, 중미공화국들과의 협정 및 RCEP에서는 체약상대국 간 신속한 통관절차를 채택하거나 유지하도록 규정하고 있다. 특히 미국, 콜롬비아, 뉴질랜드 및 중미와의 협정에서는 일정금액 이하인 경우 관세 등이 부과되지 아니하고, 공식적인 서류도 요구하지 아니하거나 간소화 하도록 규정하고 있다.

| FTA 구분 | 관련 조문 |
|---|---|
| 한-미 FTA | 통상적인 상황 하에서, 미화 200달러 이하 특송화물의 경우 관세 또는 세금이 부과되지 아니할 것이고 공식적인 반입서류도 요구되지 아니할 것임을 규정한다. |
| 한-콜롬비아 FTA | 통상적인 상황 하에서, 미화 100달러 이하 특송화물에 대하여 관세가 부과되지 아니할 것이고 공식적인 반입서류도 요구되지 아니할 것임을 규정한다. |
| 한-뉴질랜드 FTA | 통상적인 상황 하에서, 미화 100달러 이하 특송화물에 대하여 관세가 부과되지 아니할 것이고 공식적인 반입서류도 요구되지 아니할 것임을 규정한다. |
| 한-중미 FTA | 통상적인 상황 하에서, 미화 150달러 이하 특송화물에 대하여 관세가 부과되지 아니할 것임을 규정한다. 공식적인 반입서류는 각 당사국의 법과 규정에 따라 간소화된다. |

19 정답 | ④

해설 |

① 협정관세의 적용에 대한 기초가 되는 사항으로서 원산지결정기준의 충족 여부 등 대통령령으로 정하는 사항에 대하여 의문이 있는 자(체약상대국의 수출자 및 생산자와 그 대리인을 포함한다)는 해당 물품의 수입신고를 하기 전에 관세청장에게 대통령령으로 정하는 서류를 갖추어 사전심사하여 줄 것을 신청할 수 있다.

② 사전심사의 유효기간은 정해져 있지 않다.

③ 해당물품의 생산에 사용된 재료의 원산지표시에 관한 사항 등은 사전심사의 대상이 아니다.

20 정답 | ③

해설 |

관세청장은 협정을 통일적이고 효율적으로 시행하기 위하여 협정에서 정하는 바에 따라 다음 각 호의 사항에 관하여 체약상대국의 관세당국과 협력할 수 있다.

1. 통관 절차의 간소화

2. 다른 법률에 저촉되지 아니하는 범위에서의 정보 교환

3. 세관기술의 지원

4. 체약상대국의 관세당국과 제11조제1항제1호(기관발급)에 따라 작성·발급하는 원산지증명서에 포함되는 정보를 전자적으로 교환하는 시스템의 구축·운영

5. 그 밖에 협정을 통일적으로 이행하고 효율적으로 시행하기 위하여 필요한 사항으로서 대통령령으로 정하는 사항

21 정답 | ②

해설 |

① 정당한 사유 없이 수입자, 체약상대국의 수출자 또는 생산자가 관세청장 또는 세관장이 요구한 자료를 원산지증빙서류 등의 제출기간에 따른 기간 이내에 제출하지 아니하거나 거짓으로 또는 사실과 다르게 제출한 경우. 다만, 원산지증빙서류의 기재사항을 단순한 착오로 잘못 기재한 것으로서 원산지결정에 실질적인 영향을 미치지 아니하는 경우는 제외한다.

② 체약상대국수출자등이 관세청장 또는 세관장의 서면조사에 대하여 기획재정부령으로 정하는 기간 이내에 회신하지 아니한 경우 또는 관세청장 또는 세관장의 현지조사에 대한 동의 요청에 대하여 기간 이내에 동의 여부에 대한 통보를 하지 아니하거나 특별한 사유 없이 동의하지 아니하는 경우

③ 사전심사를 신청한 수입자가 사전심사의 결과에 영향을 미칠 수 있는 자료를 고의로 제출하지 아니하였거나 거짓으로 제출한 경우 또는 사전심사서에 기재된 조건을 이행하지 아니한 경우

④ 그 밖에 관세청장 또는 세관장이 원산지의 정확성 여부를 확인할 수 없는 경우로서 대통령령으로 정하는 사유에 해당되는 경우

22 정답 | ②

해설 |

① 중국의 관세당국에 요청한 경우 : 중국의 관세당국이 원산지확인 요청을 접수한 날부터 6개월

③ 유럽자유무역연합회원국의 관세당국에 요청한 경우 : 관세청장 또는 세관장이 원산지확인을 요청한 날부터 15개월

④ 인도의 증명서발급기관에 요청한 경우 : 인도의 증명서 발급기관이 원산지확인 요청을 접수한 날부터 3개월. 다만, 관세청장 또는 세관장이 필요하다고 인정하는 경우에는 인도와의 협정에 따라 해당 확인요청이 접수된 날부터 6개월의 범위에서 그 기간을 연장할 수 있다.

23 정답 | ③

해설 |

① 세관장은 협정에서 정하는 바에 따라 최근 5년간 2회 이상 반복적으로 원산지증빙서류의 주요 내용을 거짓으로 작성하거나 잘못 작성한 체약상대국수출자등을 협정관세 적용제한자로 지정할 수 있다.

② 세관장은 적용제한자로 지정된 자가 수출 또는 생산하는 동종동질의 물품 전체에 대하여 대통령령으로 정하는 바에 따라 5년(협정에서 정한 기간이 5년을 초과하는 경우에는 그 기간)의 범위에서 협정관세를 적용하지 아니할 수 있다.

④ 세관장은 적용제한자 지정의 해제를 결정하였을 때에는 그 사실을 관세청장에게 보고한 후 해제를 결정한 날부터 7일 이내에 지정정보통신망에 게시하여야 하며, 필요한 경우 관할세관의 게시판에 게시할 수 있다.

24 정답 | ①

해설 |

② 비밀취급요청을 받은 관세청장, 세관장 및 발급권한기관의 장은 특별한 사유가 없으면 해당 자료를 지정하여 비밀로 취급하여야 한다.

③ 관세청장 및 세관장은 체약상대국의 관세당국이 비밀취급자료 제공을 요청하는 경우에는 자료제출자에게 그 사실을 통보하고, 자료제공에 관한 동의를 받았을 때에만 체약상대국의 관세당국에 그 자료를 제공할 수 있다.

④ 관세청장 및 세관장은 체약상대국의 관세당국에 비밀취급자료를 제공할 때에는 제공되는 자료의 비밀유지에 관한 보증서를 요구할 수 있다. 이 경우 체약상대국의 관세당국이 보증서 제공을 거부하면 자료제공을 거부할 수 있다.

25 정답 | ④

해설 |

① 비밀유지의무를 위반하여 비밀취급자료를 타인에게 제공 또는 누설하거나 목적 외의 용도로 사용한 자는 3년 이하의 징역 또는 3천만원 이하의 벌금에 처한다.

② 과실로 협정 및 이 법에 따른 원산지증빙서류를 사실과 다르게 신청하여 발급받았거나 작성·발급한 자는 300만원 이하의 벌금에 처한다. 다만, 원산지증빙서류의 수정 통보를 한 자는 그러하지 아니하다.

③ 원산지증빙서류의 오류 내용을 통보받고도 이를 세관장에게 세액정정·세액보정 신청 또는 수정신고를 하지 아니한 자는 500만원 이하의 과태료를 부과한다.

| 2과목 | 품목분류 | | | | | | | | | | | | | | | | | | |
|------|------|------|------|------|------|------|------|------|------|------|------|------|------|------|------|------|------|------|------|
| 01 | ④ | 02 | ① | 03 | ② | 04 | ① | 05 | ① | 06 | ③ | 07 | ④ | 08 | ④ | 09 | ① | 10 | ① |
| 11 | ② | 12 | ③ | 13 | ② | 14 | ③ | 15 | ② | 16 | ④ | 17 | ① | 18 | ② | 19 | ① | 20 | ② |
| 21 | ② | 22 | ① | 23 | ③ | 24 | ② | 25 | ② | | | | | | | | | | |

01 정답 | ④

해설 |

① 각 호에 열거된 물품에는 불완전한 물품이나 미완성된 물품이 제시된 상태에서 완전한 물품이나 완성된 물품의 본질적인 특성을 지니고 있으면 그 불완전한 물품이나 미완성된 물품이 포함되는 것으로 본다.

② 각 호에 열거된 물품에는 조립되지 않거나 분해된 상태로 제시된 완전한 물품이나 완성된 물품도 포함되는 것으로 본다.

③ 각 호에 열거된 재료·물질에는 해당 재료·물질과 다른 재료·물질과의 혼합물 또는 복합물이 포함되는 것으로 본다.

④ 통칙 제5호나목에서 '내용물과 함께 제시되는 포장재료와 포장용기는 이들이 그러한 물품의 포장용으로 정상적으로 사용되는 것이라면 그 내용물과 함께 분류한다. 다만, 그러한 포장재료나 포장용기가 명백히 반복적으로 사용하기에 적합한 것이라면 그렇지 않다.'라고 규정하고 있어 명백히 반복적으로 사용하기에 적합한 포장용기는 내용물과 별개로 품목분류 하여야 한다.

**02 정답 | ①**

해설 |

아동용 캐리어로 가방(제4202호)과 운반용구(제6307호)로 사용할 수 있는 물품은 WCO 분류사례에 의거 통칙 제3호 나목(본질적인 특성)에 따라 분류한다.

※ ②의 경우 어떤 요구를 충족시키거나 특정 활동을 행하기 위해 함께 조합된 것으로 볼 수 없으므로 통칙 제3호 나목의 세트물품으로 인정되지 않으므로 해당 물품들은 통칙 제1호(호의 용어 및 관련 주 규정)에 따라 분류가능한 호로 각각 분류된다.

**03 정답 | ②**

해설 |

㉠ 제1부에 열거된 동물의 특정 속이나 종에는 문맥상 달리 해석되지 않는 한 그 속이나 종의 어린 것도 포함된다. 〈제1부 주1〉

㉣ 운송 도중에 죽은 동물(곤충을 포함한다)은 그것들이 식용에 적합한 경우에는 제0201호부터 제0205호까지와, 제0207호, 제0208호나 제0410호에 분류하고, 그 밖의 경우에는 제0511호에 분류한다.

**04 정답 | ①**

해설 | 대두박 → 제2304호

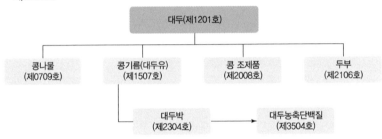

**05 정답 | ①**

해설 |

① 초크는 제25류에 분류되지만 필기용 초크는 제96류에 분류한다.

② 소금 및 암염은 제25류에 분류되며, 정제하여도 제25류에 분류된다.

③ 천연 흑연은 제25류에 분류되지만 인조 흑연은 제38류에 분류한다.

④ 황은 제25류에 분류되지만 승화황은 제28류에 분류한다.

**06 정답 | ③**

해설 |

① 영화용 물품 : 제37류

② 조제향료 : 제33류

④ 바이오디젤 : 제38류(제3826호)

**07 정답 | ④**

해설 |

① ㉠의 중합체는 분자량이 매우 큰 물질(고분자)을 뜻하며, 한 종류 이상의 단량체 단위가 반복된 것이 특성인 분자로 조성된다.

② 불규칙한 모양의블록 형태를 가지고 있는 에틸렌은 ㉡의 일차제품으로 볼 수 있다.

③ 단일 열가소성 물질의 웨이스트가 페이스트 형태(=일차제품 형태의 일종)로 변형된 경우에는 ㉢에서 제외해서 제3901호 내지 제3914호에 분류한다.

08 정답 | ④

해설 |

① 고무의 웨이스트 : 제4004호

② 가황고무로 만든 파이프 : 제4009호

③ 고무로 만든 장갑 : 제4015호

④ 제16부에 분류되는 전기기기의 부분품으로서 경질고무로 만든 것 (제40류 주 제2호에 의해 제외됨)

09 정답 | ①

해설 |

① 제51류인 양모와 동물의 부드러운 털의 함량이 35%로 견(50류)과 동일한 비중이므로 가장 마지막 류인 제51류로 분류한다.

② 마직물의 합이 50%로 최대중량이므로 제53류로 분류한다.

③ 면과 섬수모가 동일한 양이므로 가장 마지막 호인 제52류로 분류한다.

④ 인조섬유인 제54류(합성 필라멘트)와 제55류(재생스테이플섬유)의 합이 55%로 최대 중량을 차지하므로 제54류 또는 제55류에 분류되며, 이 중 스테이플섬유의 중량이 높으므로 제55류에 분류한다.

10 정답 | ①

해설 |

① '슈트'란 겉감이 동일 직물로 제조된 두 부분이나 세 부분으로 구성된 세트의류로서 모닝드레스[등으로부터 상당히 아래까지 둥근 밑단(tail)이 있는 클레인재킷(커터웨이)과 줄무늬가 있는 긴 바지로 구성된 것]를 포함한다.

② '앙상블(ensemble)'이란 상반신용 의류 한 점, 한 종류나 두 종류의 하반신용 의류로 이루어져 있다.

③ 정사각형이나 거의 정사각형인 스카프와 이와 유사한 물품 중 각 변의 길이가 60센티미터 이하인 것은 손수건(제6213호)으로 분류하며, 어느 한 변의 길이가 60센티미터를 초과하는 것은 제6214호로 분류한다.

④ 남성용이나 소년용 의류인지, 여성용이나 소녀용 의류인지를 판별할 수 없는 의류는 여성용이나 소녀용 의류에 해당하는 호로 분류한다.

11 정답 | ②

해설 |

① 제11부와 이 표에서 '탄성사'란 합성섬유로 만든 필라멘트사(모노필라멘트를 포함하며 텍스처드사는 제외한다)로서 원래의 길이의 3배로 늘려도 끊어지지 않고, 원래의 길이의 2배로 늘린 후 5분 이내에 원래의 길이의 1.5배 이하로 되돌아가는 실을 말한다.

③ 이 표의 메리야스 편물과 그 제품에는 스티치본딩 방식으로 만든 물품(체인스티치가 방직용 섬유의 실로 만들어진 것으로 한정한다)이 포함된다.

④ 누에고치(제5001호)는 제11부에 포함된다.

12 정답 | ③

해설 |

① 바닥을 대지 않고 얇은 소재(◍ 종이 · 플라스틱 박판)로 만든 일회용 신발류는 그 구성 재료에 따라 분류하며 제64류에는 분류하지 않는다.

② 롤러스케이트가 붙은 스케이팅부츠는 제64류에서 제외되며 제95류에 분류한다.

④ 신발에 사용되는 끈은 제64류 주 제2호 규정에 따라 제6406호에서 제외된다.

※ 제64류 주 제2호 : 제6406호의 부분품에는 못 · 프로텍터 · 아일릿 · 훅 · 버클 · 장신구 · 끈 · 레이스 · 폼퐁이나 그 밖의 트리밍(각각 해당하는 호로 분류한다)과 제9606호의 단추나 기타의 물품을 포함하지 않는다.

13  정답 | ②
해설 |
① 구리의 중량이 80%로 가장 많으므로 제74류로 분류한다.
② 철+강의 중량이 60%로 가장 많으므로 제72류로 분류한다.
③ 니켈 중량이 30%로 가장 많으므로 제75류로 분류한다.
④ 알루미늄 30%, 코발트 25%, 나트륨 45%의 나트륨을 제외한 알루미늄의 중량이 가장 많으므로 제76류로 분류한다.

14  정답 | ③
해설 |
① 축음기 바늘용으로 가공한 사파이어나 다이아몬드로서 장착되지 않은 것은 제8522호로 분류한다.
② 제8484호 · 제8544호 · 제8545호 · 제8546호 · 제8547호의 물품의 부분품은 제16부에서 제외한다.
④ 하나의 기계가 각종 개별기기로 구성되어 있는 경우에도 이들이 제84류나 제85류 중의 어느 호에 명백하게 규정된
    기능을 함께 수행하기 위한 것일 때에는 그 전부를 그 기능에 따라 해당하는 호로 분류한다.

15  정답 | ②
해설 |
제16부의 주 제1호, 제84류의 주 제1호, 제85류의 주 제1호에 규정된 물품은 제외한다.

16  정답 | ④
해설 |
① 복합기계는 단일의 기계로 분류하거나 주된 기능을 수행하는 기계로 분류한다(제16부 주 제3호 규정).
② 2가지 이상의 여러 기능을 수행하는 다기능 기계를 주기능에 따라 분류할 수 없는 경우 문맥상 별도규정이 없으면
    통칙 제3호 다목에 따라 분류 가능한 호 중에서 마지막 호로 분류한다.
③ 기능단위 기계의 경우 그 전부를 그 기능에 따라 해당하는 호로 분류하며, 보조적 기능을 수행하는 기기는 제외되어
    각각 해당 호로 분류한다(제16부 주 제4호 해설 내용).

17  정답 | ①
해설 |
"발아기, 맥아파쇄기, 반죽통, 여과통으로 구성된 양조장 기계 – 제8438호"는 제16부 주 제4호에 대한 규정을 적용한
품목분류이다.

18  정답 | ②
해설 |
④ 제8534호의 인쇄회로에는 인쇄공정 중에 얻어지는 소자 외의 소자가 결합된 회로와 개별 · 불연속 저항기, 축전기나
    인덕턴스를 포함하지 않는다.)

19  정답 | ①
해설 |
제9101호에는 케이스 전부를 귀금속으로 만든 것이나 귀금속을 입힌 금속으로 만든 것과, 제7101호부터 제7104호까지의
천연진주 · 양식진주나 귀석 · 반귀석(천연의 것, 합성 · 재생한 것)을 위의 재료에 결합시킨 휴대용 시계만을 분류한다.
다만, 케이스가 귀금속을 박은 비금속으로 만들어진 휴대용 시계는 제9102호로 분류한다. (제91류 주 제2호, 귀금속
케이스를 갖춘 시계의 분류기준)
② 휴대용 시계의 체인(제7113호 또는 제7117호), (제91류 주 제1호 나목)
③ 시계 유리와 추는 구성 재료에 따라 분류(제91류 주 제1호 가목)
④ 시계의 스프링(제9114호), (제91류 주 제1호 다목)

## 20  정답 | ②

해설 | 펠트나 부직포를 만든 의류는 제6210호에 분류한다.

## 21  정답 | ②

해설 |

① 제8408호          ② 제8708호          ③ 제8413호          ④ 제8511호

## 22  정답 | ①

해설 |

어린이 카시트의 경우에는 제9401호에 분류된다.

## 23  정답 | ③

해설 |

① 수륙양용 자동차는 제87류에 분류한다(제17부 주 제4호).
② 자동차의 소음기(머플러)는 제8708호 자동차 부분품으로 분류한다.
④ 궤도주행 전용으로 설계된 철도용이나 궤도용 차량은 제87류에서 제외한다(제87류 주 제1호).

## 24  정답 | ②

해설 | 크레인이 결합된 작업트럭 - 제8426호

## 25  정답 | ②

해설 | 안과의가 눈의 검사에 사용하는 특수한 안경(제9018호)

| 3과목 | 원산지결정기준 | | | | | | | | | | | | | | | | | | | |
|---|---|---|---|---|---|---|---|---|---|---|---|---|---|---|---|---|---|---|---|---|
| 01 | ② | 02 | ② | 03 | ④ | 04 | ③ | 05 | ③ | 06 | ① | 07 | ③ | 08 | ② | 09 | ① | 10 | ③ |
| 11 | ③ | 12 | ① | 13 | ② | 14 | ① | 15 | ③ | 16 | ③ | 17 | ② | 18 | ④ | 19 | ① | 20 | ④ |
| 21 | ② | 22 | ③ | 23 | ① | 24 | ③ | 25 | ① | | | | | | | | | | |

## 01  정답 | ②

해설 |

완전생산기준, 역내가공원칙, 충분가공원칙은 일반기준으로 분류한다. 세번변경기준은 부가가치기준, 가공공정기준과 함께 품목별 원산지기준으로 분류한다.

## 02  정답 | ②

해설 |

한-터키 FTA에서는 당사국에서 태어나고 자란 어류, 갑각류 또는 연체류의 양식제품만 완전생산품으로 인정한다.

## 03  정답 | ④

해설 |

① 칠레 · 페루 · 콜롬비아 등과의 FTA에서는 상품의 원산지 결정시 영역의 범위를 '일방 또는 양당사국'으로 규정하고 있으므로 영역의 범위는 당사국 뿐만 아니라 상대국까지 확장된다.
② 미국 · 호주와의 FTA에서는 상품의 원산지결정시 영역의 범위가 당사국뿐만 아니라 상대국까지 확장된다.
③ EFTA · EU · 튀르키예와의 FTA는 영역의 범위를 한 개의 당사국으로 한정한다.

**04** 정답 | ③

해설 | 투입된 비원산지투입요소 비율이 공장도가격에서 10% 이하일 것을 요구하는 경우 품목의 제한을 두고 있지 않으며, 투입된 비원산지투입요소 비율이 공장도가격에서 40% 이하일 것을 요구하는 품목은 267개 품목에 한정하고 있다.

**05** 정답 | ③

해설 |

① 선택기준이므로 세번변경기준이 충족하지 않으면 부가가치기준 충족여부를 검토할 수 있다.

② MC법은 상품의 가격에 공장도가격(EXW)을 사용하므로 FOB 가격(200$)에서 국내물류비(운송비)(10$)를 공제하면, 공장도가격(EXW)이 된다($190)

④ 소매용 포장용기 적입작업은 불인정공정에 해당하므로 세 번변경기준 또는 부가가치충족여부와 관계없이 원산지지위를 부여받을 수 없다.

**06** 정답 | ①

해설 |

㉠ 한-EFTA FTA는 탁송품의 분리와 파이프라인 운송을 허용하고 있다.

㉡ 한-호주 FTA는 타 협정에서는 허용되지 않는 제3국에서의 재라벨링을 허용하고 있다.

㉢ 호주, 중국, 뉴질랜드, 콜롬비아 FTA는 운송상의 이유로 인한 분리를 규정하고 있다.

**07** 정답 | ③

해설 |

① 원산지 결정기준을 충족하기 위한 6단위 세 번이 다르므로 거래선 변경은 불필요하다.

② 한-미 FTA에서는 원상태 재수입물품에 대한 특례조항이 없어 재수입물품에 대한 특례를 인정하지 않는다.

③ 한-미 FTA는 제3국 송장에 대한 조항을 두고 있지 않으므로 비당사국에서 송품장이 발급된다 할지라도 협정상 유효한 거래당사자인 수출자 혹은 생산자가 원산지증명서를 발급한 경우에는 FTA 협정관세를 적용받을 수 있다.

④ 수입자가 확정되지 않은 상태에서 제3국 보세구역에 장치하였다가 구매자가 나타는 시점에 계약하여 수입당사국으로 운송한 경우에도 FTA 특혜를 받을 수 있다.

**08** 정답 | ②

해설 | EU의 경우 EU를 당사자로 규정하므로 프랑스 포도를 사용해서 이탈리아에서 제조한 경우에도 기준을 충족한다.

**09** 정답 | ①

해설 |

미국산 부분품을 사용할지라도 6단위 세 번이 변경되므로 원산지상품으로 인정받아 한-미 FTA 적용이 가능하다.

**10** 정답 | ③

해설 |

배합사료에 대한 누적기준을 활용하고자 할 경우 Form AK 원산지증명서를 수취한 원재료에 대해서는 한-아세안 FTA의 역내산 원재료로 활용이 가능하다.

**11** 정답 | ③

해설 |

① 면사의 원산지결정기준은 2단위 세 번변경기준으로서 일부 원재료의 사용을 제외하고 있는 기준이다.

② 면사의 경우 역외산 원면(HS 제5201호)을 사용하여 방적한 경우에도 원산지기준을 충족하지 못한다.

④ 제외세번에 해당하는 원재료로부터의 변경을 막고 있는 것으로 제외세번에 해당하는 원재료가 사용된다면 역내산재료만이 사용되어야 하는 것을 의미하므로 조건 없이 제외세번 원재료를 사용하여 생산하는 의미가 아니다.

**12 정답 | ①**

해설 |

나. 한-아세안 FTA는 국가별로 하나의 산출 공식만을 선택하여 사용하도록 규정하여 우리나라는 공제법을 사용하였으나, 추가 협상을 통해 수출자가 유리한 산출방식을 사용할 수 있도록 개정되었다.

라. FTA에서 규정하는 부가가치기준 규정 방식은 RVC방법과 MC법이 있으며, RVC법의 계싼 방식은 공제법, 집적법, 순원가법으로 나뉜다.

**13 정답 | ②**

해설 |

부가가치기준 : 비원산지재료의 합(이탈리아 + 미국 + 원산지미상 = 90원)

$$RVC = \frac{FOB - VNM(90원)}{FOB(160원)} \times 100\% = 43.75\% < RVC\ 45\%$$

**14 정답 | ①**

해설 |

한-EU FTA의 상품가격 계상기준은 공장도가격을 기준으로 환급 내국세를 공제해야 하므로, 상품 가격 324,320원에서 운송비 합계 24,100원과 수출환급금 10,000원을 공제한 290,220원이 부가가치기준 계산을 위한 상품가격이 되고, 비원산지재료의 가격은 CIF기준이므로 152,000으로 비원산지부가 가치비율이 52.37%로 원산지결정기준을 불충족한다.

**15 정답 | ③**

해설 |

① 비원산지재료비는 직접 수입한 경우에는 CIF가격으로 한다.

② 비원산지재료비는 CIF 가격을 알 수 없는 경우 상품 생산국에서 최초로 확인 가능한 가격으로 한다.

④ 원산지재료를 수입한 경우 수입가격에 국내운송비용을 더한 가격으로 한다.

**16 정답 | ③**

해설 |

① 한-아세안 FTA는 중간재에 대한 규정이 없으나, 우리나라 「FTA관세특례법 시행규칙」 별표에서 이를 인정하고 있다.

② 한-싱가포르 FTA에서 중간재의 가격은 일반경비를 포함하여 재료의 생산시 발생한 모든 비용과 이윤을 합산하여 결정하도록 하고 있다.

④ EU 협정에서는 중간재 규정을 별도로 규정하고 있지 않으나, 〈 제5조 충분하게 작업 또는 가공된 제품 〉 비원산지재료가 충분한 가공을 거쳐 원산지상품이 된 경우 그 제품에 포함된 비원산지재료는 다른 상품 원산지판정에 고려되지 않는다고 규정하고 있다.

**17 정답 | ②**

해설 |

① 생산자가 하나의 재고관리기법을 선택하면 당해 회계연도 동안에는 변동 없이 계속 적용하여야 한다.

③ 협정상 대체가능물품 특례규정에 따라 원산지를 판단할 수 있는 대상물품의 종류에 제한이 없으므로 다이오드, 액정판넬과 같은 공산품에도 적용할 수 있다.

④ 아세안, 인도, 이스라엘의 FTA에서 대체가능물품은 재료로만 한정하고 있고, 상품에는 적용할 수 없다. 중미와의 FTA에서는 재상품 및 재료 모두 적용이 가능하다.

18 정답 | ④

해설 |

| 협정 | 제품 유형 | 허용 비중 | 산정 기준 |
|---|---|---|---|
| 칠레 | 일반품목(섬유, 농수산물 제외) | 8% 이하 | 조정가격 |
| 미국 | 섬유 | 7% 이하 | 중량 |
| 베트남 | 일반품목(섬유, 농수산물 제외) | 10% 이하 | FOB 가격 |
| 콜롬비아 | 섬유 | 10% 이하 | 중량 |

19 정답 | ①

해설 | 뉴질랜드, 칠레, 싱가포르, 미국, 호주, 중국, 베트남과의 FTA에는 재수입물품 특례조항이 없어 재수입물품에 대한 특례를 인정하지 않는다.

20 정답 | ④

해설 |

① 아세안, 베트남 모두 재료누적만 인정한다.
② 한-아세안 FTA는 재료만 대체가능물품으로 인정하고 한-베트남 FTA는 상품 및 재료를 대체가능 물품으로 인정한다.
③ 아세안, 베트남 모두 미고려 협정이다.

21 정답 | ②

해설 |

① 산 동물로부터 획득한 물품의 경우 '사육+획득' 요건을 요구한다.
③ RCEP은 영역 밖 바다 어획물 및 이들의 가공품의 경우 '당사국 등록+당사국 국기게양'을 원산지 인정요건으로 한다.
④ RCEP은 불인정공정 규정을 두고 있다.

22 정답 | ③

해설 |

① RCEP의 경우 협정문에 당사국 간 직접운송을 명시하고 충족을 요구하고 있다(유럽형 협정).
② RCEP은 공제법과 집적법을 두고 수출자가 유리한 쪽을 선택하도록 하고 있다.
④ RCEP의 경우 재료누적은 인정하고 있으나 공정누적은 인정하지 않는다.

23 정답 | ①

해설 |

② RCEP과 이스라엘 모두 중량기준 10% 이내여야 한다.
③ 이스라엘 및 RCEP 협정문상 모두 중간재 규정을 별도로 두고 있지는 않다.
④ RCEP은 간접재료의 역내·외산 재료인지를 불문하고 원산지재료로 간주한다. 이스라엘과의 협정은 간접재료를 재료로 보지 않으므로 최종물품의 품목별원산지기준이 세번변경기준일 때 원산지 판정에 고려하지 않으며, 부가가치기준 적용시 제조 간접비(상품에 가격에 반영)에 계상된다.

24 정답 | ③

해설 |

① 부속품·예비부분품·공구 등은 자동차(본체)와 함께 제공되는 예비타이어(예비부품) 및 차량용 잭(공구) 또는 전자제품(본체)과 함께 제공되는 매뉴얼(부속품) 등 물품이라 할 수 있다.
② 아세안, 캐나다, 베트남과의 FTA는 세번변경기준 및 부가가치기준 적용 시 재료로 고려할 필요가 없어 가장 폭넓게 예외를 인정하고 있다.
④ 부속품·예비부분품·공구 등이 본체 물품과 별도로 송품장이 발행되지 않고, 그 가격(가치) 및 수량(양)이 그 상품에 대해 통상적인 수준인 경우에 인정된다.

25 정답 | ①

해설 |

② 최소허용수준에 대해 아세안 · EU · 튀르키예 · 베트남 · 영국 · 캄보디아 · 인도네시아와의 협정 및 RCEP은 일반품목
군과 농축수산물을 구분없이 적용한다.

③ 캄보디아 · 인도네시아와의 협정 및 RCEP에서는 중간재 가격계상에 대하여 규정은 없으나 일반적으로 인정되는 기업회
계기준을 적용한다.

④ 캄보디아 · 인도네시아와의 FTA는 세트물품 규정이 없어 활용할 수 없다.

| **4과목 \| 수출입통관절차** | | | | | | | | | | | | | | | | | | |
|------|------|------|------|------|------|------|------|------|------|------|------|------|------|------|------|------|------|------|------|
| 01 | ② | 02 | ③ | 03 | ① | 04 | ③ | 05 | ② | 06 | ③ | 07 | ④ | 08 | ③ | 09 | ② | 10 | ① |
| 11 | ③ | 12 | ① | 13 | ② | 14 | ③ | 15 | ② | 16 | ④ | 17 | ③ | 18 | ① | 19 | ② | 20 | ② |
| 21 | ③ | 22 | ① | 23 | ② | 24 | ③ | 25 | ③ | | | | | | | | | | |

01 정답 | ②

해설 | 보세구역에 장치된 물품의 보수작업 결과 외국물품에 부가된 내국물품은 외국물품으로 보기 때문에 수입신고 대상
이다.

02 정답 | ③

해설 |

① 보세구역에 장치된 외국물품이 폐기됨에 따라 관세를 징수하는 물품은 폐기승인을 받은 때

② 보세운송하는 외국물품이 지정된 기간 내에 목적지에 도착하지 아니하여 관세를 징수하는 물품은 보세운송을 신고하거나
승인받은 때

④ 이 법에 따라 매각되는 물품은 해당 물품이 매각된 때

03 정답 | ①

해설 |

관세 과세가격 = 실제지급금액 + 가산요소(운임 + 보험료) − 공제요소(수입 후 발생운송비)

= 단가 30$ × 수량 10,000개 × 과세환율 1,200원 × 국제운송 운임 1,500,000원(국내 수입 후 발생 운임
500,000원 공제)

= 361,500,000원

04 정답 | ③

해설 |

① 종량세가 적용되는 물품은 원칙적으로 간이세율을 적용하지 않는다.

② 용도에 따라 세율을 다르게 정하는 물품을 세율이 낮은 용도에 사용하려는 자는 대통령령으로 정하는 바에 따라 세관장에게
신청해야 한다.

④ 일괄하여 수입신고가 된 물품으로서 물품별 세율이 다른 물품에 대하여는 신고인의 신청에 따라 그 세율 중 가장 높은
세율을 적용할 수 있다.

05 정답 | ②

해설 |

① 편익관세와 국제협력관세는 세율적용의 우선순위상 동 순위이다.

② 조정관세는 어떤 경우든 잠정세율보다 우선적용한다.

③ 할당관세는 일반특혜관세의 세율보다 낮은 경우에 우선하여 적용한다.

④ 상계관세는 국제협력관세보다 우선하여 적용한다.

**06 정답 | ③**

해설 |

① 품목분류 사전심사를 받고자 하는 자는 관세청장에게 당해 물품에 적용될 관세율표상의 품목분류를 미리 심사하여 줄 것을 신청할 수 있다.

② 품목분류 사전심사 신청을 받은 관세청장은 해당 물품에 적용될 품목분류를 심사하여 사전심사신청을 받은 날로부터 30일 이내에 신청인에게 통지하여야 한다.

④ 품목분류 사전심사의 대상은 별도로 제한하지 않는다.

**07 정답 | ④**

해설 |

① 수입하려는 자는 수입신고를 할 때에 세관장에게 관세의 납부에 관한 신고를 하여야 한다. 즉, 수입신고 전에 납세신고를 할 수 없다.

② 관세를 체납하고 있는 자가 신고하는 물품(체납액이 10만원 미만이거나 체납기간 7일 이내에 수입신고하는 경우를 제외한다)에 대한 납세신고는 수입신고를 수리하기 전에 세액을 심사한다.

③ 잠정가격으로 가격신고를 한 자는 2년의 범위 안에서 구매자와 판매자 간의 거래계약의 내용 등을 고려하여 세관장이 지정하는 기간 내에 확정가격을 신고하여야 한다.

**08 정답 | ③**

해설 |

① 납세의무자는 납세신고한 세액을 납부하기 전에 그 세액이 과부족하다는 것을 알게 되었을 때에는 납세신고한 세액을 정정할 수 있다.

② 납세의무자는 신고납부한 세액이 부족하다는 것을 알게 되었을 때에는 신고납부한 날부터 6개월 이내에 세액 보정을 세관장에게 신청할 수 있다.

④ 납세의무자는 신고납부한 세액이 과다한 것을 알게 되었을 때에는 최초로 납세신고를 한 날부터 5년 이내에 신고한 세액의 경정을 세관장에게 청구할 수 있다.

**09 정답 | ②**

해설 |

• 수입신고 전 즉시반출신고를 한 경우 수입신고일(4. 18)부터 15일 이내가 관세의 납부기한이다.

• 따라서, 원칙적인 납부기한은 24. 5. 3.이나 석가탄신일(공휴일)이므로 다음 날인 5월 4일이 납부기한이 된다.

**10 정답 | ①**

해설 |

② ①의 행위를 반복적으로 자진신고를 하지 아니하는 경우에는 해당 물품에 대하여 납부할 세액(관세 및 내국세를 포함)의 100분의 60에 상당하는 가산세를 납부해야 한다.

③ 우리나라로 거주를 이전하기 위하여 입국하는 자가 입국할 때에 수입하는 이사물품을 신고하지 아니하여 과세하는 경우(이사화물 감면세를 적용받은 경우는 제외) 해당 물품에 대하여 납부할 세액(관세 및 내국세를 포함)의 100분의 20에 상당하는 가산세를 납부해야 한다.

④ 이사물품을 반복적으로 자진신고 하지 않을 경우 가산세를 가산하여 징수하지 않는다. 휴대품을 반복적으로 자진신고 하지 않을 경우 가산세를 징수한다.

**11** 정답 | ③

해설 |

1. 보세건설장의 경우 부과제척기간의 기산일은 아래와 같다.

   보세건설장에 반입된 외국물품의 경우에는 다음 각 목의 날 중 먼저 도래한 날의 다음 날

   가. 건설공사완료보고를 한 날

   나. 특허기간(특허기간을 연장한 경우에는 연장기간을 말한다)이 만료되는 날

2. 건설공사 완료보고(24. 6. 29)의 다음 날인 24. 6. 30이 부과제척기간의 기산일이 된다.

   ※ 본 사례에서는 특허기간 만료일이 별도제시되지 않음

**12** 정답 | ①

해설 |

② 통고처분과 고발은 소멸시효 중단 사유에 해당한다.

③ 5억원 이상의 관세(내국세 포함)는 관세징수권을 행사할 수 있는 날부터 10년간 행사하지 않으면 소멸시효가 완성된다.

④ 관세의 분할납부기간 중에는 관세징수권의 소멸시효가 정지한다.

**13** 정답 | ②

해설 |

① 수출용원재료 등에 대한 관세환급은 관세법상 관세환급제도가 아니라 「수출용 원재료에 대한 관세 등 환급에 관한 특례법」상 환급 제도이다.

③ 자가사용물품이 수입한 상태 그대로 수출되는 경우로서 수입신고 수리일부터 6개월 이내에 원상태로 보세구역에 반입하였다가 수출한 물품에 대한 관세환급

④ 보세공장에서 생산된 물품의 경우에는 다시 수출하지 않아도 관세환급대상이다

**14** 정답 | ③

해설 |

① 화폐·채권 기타 유가증권은 수출입 금지물품이 아니다. 수출입 금지물품은 "화폐·채권이나 그 밖의 유가증권의 위조품·변조품 또는 모조품"이다.

② 수입신고에 따른 신고서의 기재사항이나 신고 시 제출서류 등이 갖추어지지 아니하여 보완이 필요한 경우에는 통관을 보류할 수 있다.

④ 관세청장이 정하는 보세구역에 반입되어 수입신고가 수리된 물품의 화주 또는 반입자는 원칙적인 장치기간에도 불구하고 그 수입신고 수리일부터 15일 이내에 해당 물품을 보세구역으로부터 반출하여야 한다.

**15** 정답 | ②

해설 |

① 보세구역 반입명령을 받은 자는 해당 물품을 지정받은 보세구역으로 반입하여야 한다.

③ 반출 또는 폐기에 드는 비용은 반입의무자가 부담한다.

④ 수입물품이 식물방역법에 따른 검역을 거치지 아니한 경우에는 반입명령 대상이 아니다.

**16** 정답 | ④

해설 |

① 포장용품의 원산지는 그 내용물품의 원산지로 한다. 다만, 품목분류표상 포장용품과 내용품을 각각 별개의 품목번호로 하고 있는 경우에는 그러하지 아니한다.

② 개인에게 무상으로 송부된 탁송품·별송품 또는 여행자의 휴대품은 원산지증명서의 제출을 면제한다.

③ 차량과 함께 수입되어 동시에 판매되는 차량 부속품은 그 종류 및 수량으로 보아 통상 부속품으로 인정되는 경우 부속품의 원산지는 당해 차량의 원산지로 한다.

**17** 정답 | ③

해설 |

① 수입신고는 출항 전, 입항 전, 보세구역도착 전, 보세구역장치 후 신고로 구분할 수 있다.

② 새로운 수입요건을 갖추도록 요구하는 법령이 적용되거나 적용될 예정인 물품은 당해 선박 등이 우리나라에 입항한(도착된) 후에 신고하여야 한다.

④ 입항전신고가 된 물품은 우리나라에 도착된 것으로 본다.

**18** 정답 | ①

해설 |

국가관세종합정보망의 전산처리설비를 이용하여 신고를 수리하는 경우에는 관세청장이 정하는 바에 따라 신고인이 직접 전산처리설비를 이용하여 신고필증을 발급받을 수 있다.

② 세관장은 관세를 납부하여야 하는 물품에 대하여는 수입신고를 수리할 때에 수입신고일을 기준으로 최근 2년간 관세 등 조세를 체납한 사실이 있는 자에게 관세에 상당하는 담보의 제공을 요구할 수 있다.

③ 신고는 정당한 이유가 있는 경우에만 세관장의 승인을 받아 취하할 수 있다. 다만, 수입 및 반송의 신고는 운송수단, 관세통로, 하역통로 또는 관세법에 규정된 장치 장소에서 물품을 반출한 후에는 취하할 수 없다.

④ 세관장은 수입신고의 형식적 요건을 갖추지 못하였거나 부정한 방법으로 신고되었을 때에는 해당 수입신고를 각하할 수 있다.

**19** 정답 | ②

해설 |

① 수입신고 전에 물품을 즉시 반출하려는 자는 대통령령으로 정하는 바에 따라 세관장에게 즉시반출신고를 하여야 한다.

③ 세관장은 즉시반출한 자가 기간 내에 수입신고를 하지 아니하는 경우에는 해당 물품에 대한 관세의 100분의 20에 상당하는 금액을 가산세로 징수한다.

④ 즉시반출신고를 하고 반출된 물품은 내국물품으로 본다.

**20** 정답 | ②

해설 |

① 세관장의 직접적인 규제를 가급적 완화하고 관세행정의 능률적인 수행과 질서유지를 도모할 수 있는 보세구역을 자율관리보세구역이라 한다.

③ 일반직공무원으로 5년 이상 관세행정에 종사한 경력이 있는 사람이 보세사 시험에 응시하는 경우에는 시험 과목 수의 2분의 1을 넘지 아니하는 범위에서 대통령령으로 정하는 과목을 면제한다.

④ 보세구역 중 물품의 관리 및 세관감시에 지장이 없다고 인정하여 관세청장이 정하는 바에 따라 세관장이 지정하는 보세구역(자율관리 보세구역)에 장치한 물품은 세관공무원의 참여와 관세법에 따른 절차 중 관세청장이 정하는 절차를 생략한다.

**21** 정답 | ③

해설 |

① 지정장치장에 물품을 장치하는 기간은 6개월의 범위에서 관세청장이 정한다. 다만, 관세청장이 정하는기준에 따라 세관장은 3개월의 범위에서 그 기간을 연장할 수 있다.

② 특허보세구역의 특허기간은 10년 이내로 되어있음에도 불구하고 보세건설장은 해당 건설공사의 기간을 고려하여 세관장이 정하는 기간으로 한다.

④ 보세창고에 장치한 내국물품으로서 장치기간이 지난 물품은 그 기간이 지난 후 10일 내에 그 운영인의 책임으로 반출하여야 한다.

22 정답 | ①

해설 |

- 혼용작업 승인을 받았으므로, 전체 제품가격에서 외국원료가 차지하는 비중만큼 관세를 부과하면 된다.
- $10,000,000(제품가격) \times (4,000,000(외국원료)/8,000,000(전체원료)) = 5,000,000$
- $5,000,000 \times 제품관세율(8\%) = 400,000원$

23 정답 | ②

해설 |

① 관세청장은 무역진흥에의 기여정도, 외국물품의 반입 · 반출 물량 등을 고려하여 일정한 지역을 종합 보세구역으로 지정할 수 있다.

③ 종합보세구역은 장치기간을 제한하지 아니한다.

④ 종합보세구역에서 제조 · 가공에 사용되는 시설기계류 및 그 수리용 물품은 수입통관 후에 소비 또는 사용하여야 한다.

24 정답 | ③

해설 |

- EXW : 매도인이 그의 영업소 또는 기타 지정장소(예컨대, 작업장, 공장, 창고 등)에서 물품을 매수인의 처분 하에 두는 때
- FAS : 물품이 지정선적항에서 매수인에 의하여 지정된 본선의 선측(예컨대, 부두 혹은 바지선)에 놓이는 때
- FCA : 매도인이 물품을 그의 영업소 또는 기타 지정장소에서 매수인이 지정한 운송인이나 제3자에게 인도한 때
- FOB, CIF : 물품이 본선에 적재된 때

25 정답 | ③

해설 |

① 환적선하증권은 도착지까지 여러 운송수단을 통하여 운송되는 경우에 사용되며 각 구간의 운송인이 자신의 운송구간에 대해서 책임을 진다.

② 전자선하증권이 발행된 경우에는 선하증권, 용선계약부 선하증권 및 해상화물 운송장의 운송증서를 발행할 수 없다.

④ 항공화물운송장은 3통의 원본과 6부이상의 부본이 1세트로 발행된다. 항공화물운송장 중 제1원본은 "운송인용", 제2원본은 "수하인용", 제3원본은 "송하인용"이라고 적고 운송인이 기명날인 또는 서명하여야 한다.

# 저자약력

---

## 변달수

원산지관리사 자격시험 출제선정위원 역임
現 국제원산지정보원 품목분류 자문위원
現 FTA통상진흥센터 FTA원산지 자문위원

### 〈자격/학력/수상〉
- 제29회 관세사 자격시험 최연소합격(2012)
- 충남대학교 일반대학원 무역학 박사수료(FTA비즈니스학 석사)
- 서울대학교 국제대학원 FTA전문가과정 수료
- 2021 KCA 소비자평가 우수전문인(관세사 부문) 수상
- 2022 서울본부세관 관세행정표창

### 〈경력〉
- 現 다미관세사무소 대표관세사
- 現 관세청 공익관세사
- 前 국제물류주선기업 ㈜에쎄코리아 대표이사 역임
- 前 브이에이치엘세한관세법인 대표관세사 역임
- 前 한국조세재정연구원 세법연구센터

### 〈연구/강의〉
- 한국무역학회, 한국관세학회 정회원
- 한국관세사회 관세미래발전연구소 연구위원
- 법무부 법교육센터 전문강사
- 공단기 공무원 관세법 강사
- 토마토패스 원산지관리사, 보세사, 국제무역사, 물류관리사 강사
- FTA관세무역학원 FTA 실무과정, 관세사 관세법 및 환급특례법 강사
- FTA원산지실무과정 강사(산림청, 코트라, 무역협회, 중소벤처기업진흥공단, 농수산식품유통공사, 금산군청, 충남대학교, 목원대학교, 영동미래고등학교 등 각종 기관, 학교, 산업체)(강의 시수 연 400시간 이상)
- FTA컨설팅(원산지증명서, 원산지확인서, 원산지인증수출자, 원산지사후검증)(100개 社 이상 컨설팅 수행)

### 〈보유자격증〉
관세사, 원산지관리사, 국제무역사, 보세사, 물류관리사, 국제물류사, 유통관리사2급, 무역영어1급, 무역관리사, 수입관리사, 외환전문역2종

〈논문〉
- 조세심판원 결정 사례를 이용한 FTA협정관세 사후추징 가산세에 관한 연구(석사학위논문, 2019)
- FTA를 이용한 수입거래 하에서 발생하는 관세가산세 불복사례 연구(한국관세학회, 2020)
- 국제물류보안환경 변화에 따른 통관업 담당자 관련 제도비교연구(한국조세재정연구원, 2020)
- 캐나다 통관제도 연구(한국조세재정연구원, 2021)

〈도서〉
공단기 공무원 관세법(패스온탑), 보세사 3주완성(예문사), 물류관리사 3주완성(예문사), 국제무역사 초단기합격(예문사) 외

MEMO

MEMO

# 01 증권경제전문 토마토TV가 만든 교육브랜드

토마토패스는 24시간 증권경제 방송 토마토TV · 인터넷 종합언론사 뉴스토마토 등을 계열사로
보유한 토마토그룹에서 출발한 금융전문 교육브랜드 입니다.
경제 ·금융· 증권 분야에서 쌓은 경험과 전략을 바탕으로 최고의 금융교육 서비스를 제공하고 있으며
현재 무역 · 회계 · 부동산 자격증 분야로 영역을 확장하여 괄목할만한 성과를 내고 있습니다.

| 뉴스토마토 | TomatotV | 토마토증권통 | e⁄Tomat |
|---|---|---|---|
| www.newstomato.com | tv.etomato.com | stocktong.io | www.etomato.cor |
| 싱싱한 정보, 건강한 뉴스 | 24시간 증권경제 전문방송 | 가장 쉽고 빠른 증권투자! | 맛있는 증권정보 |

# 02 차별화된 고품질 방송강의

토마토 TV의 방송제작 장비 및 인력을 활용하여 다른 업체와는 차별화된 고품질 방송강의를 선보입니
터치스크린을 이용한 전자칠판, 핵심내용을 알기 쉽게 정리한 강의 PPT,
선명한 강의 화질 등 으로 수험생들의 학습능력 향상과 수강 편의를 제공해 드립니다.

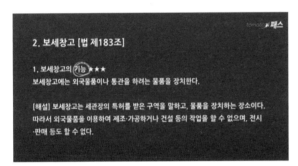

# 03 최신 출제경향을 반영한 효율적 학습구성

토마토패스에서는 해당 자격증의 특징에 맞는 커리큘럼을 구성합니다.
기본서의 자세한 해설을 통해 꼼꼼한 이해를 돕는 정규이론반(기본서 해설강의) · 핵심이론을 배우고
실전문제에 바로 적용해보는 이론 + 문제풀이 종합형 핵심종합반 · 실전감각을 익히는
출제 예상 문제풀이반 · 시험 직전 휘발성 강한 핵심 항목만 훑어주는 마무리특강까지!
여러분의 합격을 위해 최대한의 효율을 추구하겠습니다.

**정규이론반   핵심종합반   문제풀이반   마무리특강**

# 04 가장 빠른 1:1 수강생 학습 지원

**1:1 Q&A 상담문의**

24시간 내 빠른 답변,
학습 외 문의 및 상담
1:1 상담문의 게시판

**1:1 강사님께 질문하기**

각 자격증 전담강사가
직접 답변해주는
1:1 학습질문 게시판

토패스에서는 가장 빠른 학습지원 및 피드백을 위해 다음과 같이 1:1 게시판을 운영하고 있습니다.

Q&A 상담문의 (1:1) ㅣ 학습 외 문의 및 상담 게시판, 24시간 이내 조치 후 답변을 원칙으로 함 (영업일 기준)

강사님께 질문하기(1:1) ㅣ 학습 질문이 생기면 즉시 활용 가능, 각 자격증 전담강사가 직접 답변하는 시스템

각 자격증 별 강사님과 함께하는 오픈카톡 스터디, 네이버 카페 운영 등 수강생 편리에 최적화된
환경 제공을 위해 최선을 다하고 있습니다.

# 05 100% 리얼 후기로 인증하는 수강생 만족도

**96.4**

2020 하반기 수강후기 별점 기준 (100으로 환산)

토패스는 결제한 과목에 대해서만 수강후기를 작성할 수 있으며,
후기의 경우 합격증 첨부 방식을 통해 100% 실제 구매자 및 합격자의 후기를 받고 있습니다.
선배들의 생생한 수강후기와 만족도를 토마토패스 홈페이지 수강후기 게시판에서 만나보세요!
푸짐한 상품이 준비된 합격후기 작성 이벤트가 상시로 진행되고 있으니,
이 교재로 공부하고 계신 예비합격자분들의 합격 스토리도 들려주시기 바랍니다.

# 강의 수강 방법
## PC

## 01 토마토패스 홈페이지 접속

www.tomatopass.com

## 02 회원가입 후 자격증 선택

· 회원가입시 본인명의 휴대폰 번호와 비밀번호 등록
· 자격증은 홈페이지 중앙 카테고리 별로 분류되어 있음

## 03 원하는 과정 선택 후 '자세히 보기' 클릭

## 04 상세안내 확인 후 '수강신청' 클릭하여 결제

· 결제방식 [ 무통장입금(가상계좌) / 실시간 계좌이체 / 카드 결제 ] 선택 가능

## 05 결제 후 '나의 강의실' 입장

## 06 '학습하기' 클릭

## 07 강좌 '재생' 클릭

· IMG Tech 사의 Zone player 설치 필수
· 재생 버튼 클릭시 설치 창 자동 팝업

## 강의 수강 방법
## 모바일

· 아이패드 · 아이폰 · 안드로이드 가능

# 01 토마토패스 모바일 페이지 접속

**WEB** · 안드로이드 인터넷, ios safari에서
www.tomatopass.com 으로 접속하거나

 Samsung Internet (삼성 인터넷)

 Safari (사파리)

**APP** · 구글 플레이 스토어 혹은 App store에서
합격통 혹은 토마토패스 검색 후 설치

 Google Play Store

 앱스토어    **tomato 패스** 합격통

# 02  존플레이어 설치 (버전 1.0)

· 구글 플레이 스토어 혹은 App store에서 '존플레이어' 검색 후 버전 1.0 으로 설치
(***2.0 다운로드시 호환 불가)

# 03  토마토패스로 접속 후 로그인

# 04  좌측 👤아이콘 클릭 후
## '나의 강의실' 클릭

# 05 강좌 '재생' 버튼 클릭

· 기능소개
과정공지사항 : 해당 과정 공지사항 확인
강사님께 질문하기 : 1:1 학습질문 게시판
Q&A  상담문의 : 1:1 학습외 질문 게시판
재생 : 스트리밍, 데이터 소요량 높음, 수강 최적화
다운로드 : 기기 내 저장, 강좌 수강 시 데이터 소요량 적음
PDF : 강의 PPT 다운로드 가능

---

👤 **토마토패스** ☰

| 금융투자자격증 | 은행/보험자격증 | FPSB/국제자격증 | 회계/세무자 |

**나의 강의실**

| 과정공지사항 | 강사님께 질문하기 |
| 학습자료실 | Q&A 상담문의 |

| 과정명 | 증권투자권유대행인 핵심종합반 |
| 수강기간 | 2021-08-23 ~ 2022-08-23 |
| 최초 수강일 | 2021-08-23 | 최근 수강일 | 2021-09-09 |
| 진도율 | 77.0% |

| 강의명 | 재생 | 다운로드 | 진도율 | PDF |
|---|---|---|---|---|
| 1 강 금융투자상품01 | ▶ | ⬇ | 0% | ⬆ |
| 2 강 금융투자상품02 | ▶ | ⬇ | 100% | ⬆ |
| 3 강 금융투자상품03 | ▶ | ⬇ | 100% | ⬆ |
| 4 강 유가증권시장, 코스닥시장01 | ▶ | ⬇ | 94% | ⬆ |
| 5 강 유가증권시장, 코스닥시장02 | ▶ | ⬇ | 71% | ⬆ |
| 6 강 유가증권시장, 코스닥시장03 | ▶ | ⬇ | 0% | ⬆ |
| 7 강 채권시장01 | ▶ | ⬇ | 96% | ⬆ |
| 8 강 채권시장02 | ▶ | ⬇ | 0% | ⬆ |
| 9 강 기타 증권시장 | ▶ | ⬇ | 93% | ⬆ |

토마토패스
# 원산지관리사 핵심정리요약집

———

초 판 발 행     2023년 10월 5일

저     자     변달수
발 행 인     정용수
발 행 처     (주)예문아카이브
주     소     서울시 마포구 동교로 18길 10 2층
T   E   L     02) 2038-7597
F   A   X     031) 955 – 0660

등 록 번 호     제2016-000240호

정     가     32,000원

홈페이지 http://www.yeamoonedu.com

ISBN     979-11-6386-217-8     [13320]